谢群 刘锦山 主编

长春市图书馆志

（2011—2020）

上

国家图书馆出版社

图书在版编目（CIP）数据

长春市图书馆志：2011—2020 / 谢群，刘锦山主编 . —
北京 ：国家图书馆出版社，2023.9
　　ISBN 978-7-5013-7538-7

　　Ⅰ.①长… Ⅱ.①谢… ②刘… Ⅲ.①图书馆事业—概况—
长春—2011-2020 Ⅳ.① G259.273.41

　　中国版本图书馆 CIP 数据核字（2022）第 138305 号

书　　名　**长春市图书馆志（2011—2020）（上下册）**
　　　　　CHANGCHUNSHI TUSHUGUAN ZHI (2011—2020)
　　　　　(SHANGXIACE)
著　　者　谢群　刘锦山　主编
责任编辑　张晴池
封面设计　项梦怡

出版发行　国家图书馆出版社（北京市西城区文津街 7 号　100034）
　　　　　（原书目文献出版社　北京图书馆出版社）
　　　　　010-66114536　63802249　nlcpress@nlc.cn（邮购）
网　　址　http://www.nlcpress.com
排　　版　北京旅教文化传播有限公司
印　　装　河北鲁汇荣彩印刷有限公司
版次印次　2023 年 9 月第 1 版　2023 年 9 月第 1 次印刷

开　　本　787mm×1092mm　1/16
印　　张　42.5
字　　数　780 千字
书　　号　ISBN 978-7-5013-7538-7
定　　价　280.00 元

《长春市图书馆志（2011—2020）》
编委会

主　编：谢　群　刘锦山

副主编：姚淑慧　朱亚玲　路维平　常　盛　王英华

编　委：丁文伍　于　涵　于雅彬　王彦萍　王嘉雷　朱玲玲

　　　　刘剑英　刘彩虹　刘锦秀　刘　群　安山山　李岩峰

　　　　李莹波　李　超　孟　静　赵春杰　赵星月　赵　婷

　　　　耿岱文　徐　骐　谢彦君

长春市图书馆"十三五"时期愿景、使命

愿景

涵养城市文化，引领阅读风尚

在知识全球化时代，长春市图书馆将汇聚多样性、开放性和高品质的文献信息资源，整合知识、服务和技术，引领全民阅读，为建设东北亚现代文化名城和书香社会提供信息文献支持，为读者带来卓越的阅读、学习、交流体验。

使命

1. 东北亚城市文化地标

以长春市历史文脉和文化特色为根基，收集地方传统文化及东北亚城市特色文化资源，提供文献、信息、知识、展览等多样化服务，以展示城市文化特质、传承城市文化个性、丰富城市文化内涵、促进对外文化交流为己任，努力成为具有影响力的城市文化地标。

2. 市民终身学习中心

以倡导全民阅读为路径，发挥图书馆社会教育职能，支持终身教育，建设书香社会。为公众提供自主学习和独立研究的空间、信息资源、设备和服务，促进公民素质提升和社会文明进步。

3. 城市第三文化空间

搭建公众之间及公众与图书馆资源、社会公益性群体、政府组织间的互动交流平台，广泛、深入地参与和影响公众文化生活，促进文化资源流动和知识、信息的交流，提高公众日常生活中的文化含量和文化品质。

4. 开放共享的知识网络

在知识全球化时代，整合馆藏、行业内外及网络开放的信息资源，构建覆盖全市、资源共享、便捷高效的数字图书馆网络，以"互联网＋公共文化服务"为理念，提供集网站，手机、平板 App，触屏应用，互动电视等多种应用形式为一体的数字化、全媒体服务，实现公共数字文化的广泛传播与共享应用。

5. 全市图书馆协作发展引擎

构建长春市图书馆总分馆服务体系，推进全市公共图书馆服务的均等化、标准化。完善基层分馆的规范化管理。指导和协调全市公共图书馆业务建设，开展面向基层馆员的辅导和培训。

所获重要荣誉

2011 年

荣获中国图书馆学会"2010 年度'全民阅读'先进单位"称号

2012 年

荣获中国图书馆学会"全民阅读示范基地"称号

"义务小馆员"志愿服务活动荣获文化部"全国基层文化志愿服务活动优秀项目"奖

荣获全国社会科学普及工作经验交流会组委会"全国人文社会科学普及基地"称号

2013 年

获国家图书馆邀请成为文津图书奖联合评审单位

2014 年

荣获人力资源和社会保障部、文化部"全国文化系统先进集体"称号

2015 年

荣获全国社会科学普及工作经验交流会组委会"全国社会科学普及教育基地"称号

入选吉林省古籍重点保护单位

2016 年

《文化之隅——城市热读讲座精编》荣获全国社会科学普及工作组委会"全国优秀

社会科学普及作品"奖

2017 年

荣获中国图书馆学会"全民阅读示范基地"称号
荣获中央精神文明建设指导委员会"全国文明单位"称号

2018 年

在第六次全国县级以上公共图书馆评估定级中被文化和旅游部评为"一级图书馆"
"小树苗"亲子阅读荣获全国终身学习活动周工作小组、中国成人教育协会"2018年终身学习品牌项目"奖

2019 年

荣获全国妇联"全国维护妇女儿童权益先进集体"荣誉称号
"城市书网"工程惠及幸福春城项目荣获中共长春市委宣传部"2018年度全市宣传思想文化工作创新奖"

2020 年

荣获全国妇联家庭和儿童工作部"全国家庭亲子阅读体验基地"称号
荣获中央精神文明建设指导委员会"全国文明单位"称号

2014 年改造修缮后的长春市图书馆

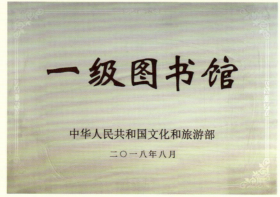

获评"全国文明单位""一级图书馆"

"4·23"世界读书日举办"传递知识　全民阅读"图书漂流活动（2011年）

"城市热读"讲座：增强文化创造力　建设文化强国（2012年）

2012 年书博会系列活动现场，小读者们现场体验电子报刊阅读（2012 年）

承办 2013 年长春市社区文化工作者培训班（2013 年）

长春图书馆第十五届有奖征联优秀作品展（2013 年）

谢群馆长荣获长春市"三八红旗手"称号（2014 年）

"全国文化系统先进集体"揭牌仪式（2014年）

"长图雅音"东北师范大学管弦乐团专场音乐会（2014年）

广受市民欢迎的书法家写赠春联活动（2015 年）

承办第 27 届全国十五城市公共图书馆工作研讨会（2015 年）

长春市民读书节开幕式（2016 年）

长春市图书馆 24 小时自助图书馆开馆（2016 年）

"阅读从图书馆出发"阅读健康走活动（2016 年）

流动图书馆在经开区服务（2017 年）

复旦大学资深教授、政协第十二届全国委员会常务委员葛剑雄受邀在吉林大学前卫校区主讲
"城市热读"（2017 年）

"新春启阅有佳礼"迎新送祝福活动（2018 年）

户外宣传《中华人民共和国公共图书馆法》（2018 年）

在长春市友好城市——日本仙台市的市图书馆设置"长春之窗"文化交流图书角专架（2018 年）

真人图书馆活动（2018 年）

"百人千诵"大型诵读活动（2018 年）

长春消夏阅读季暨市民读书节闭幕式的诗歌朗诵活动（2019 年）

在图书馆院内喷泉旁举办的共阅·春城仲夏之"草坪音乐趴"活动（2019 年）

"辉煌 70 载，祖国发展我成长" 朗诵比赛（2019 年）

长春市图书馆 "阅·唱团" 在长春消夏阅读季暨市民读书节闭幕式上演出（2019 年）

"阅美万家" 2020 新年诗会（2020 年）

市民读书节开幕式上举办"书醒书包"全城首发活动（2020 年）

在长春市图书馆庭院举办"仲夏夜换书大集"活动（2020 年）

馆员业务培训与交流活动（2020 年）

长春市图书馆向日葵小镇阅书房（2020 年）

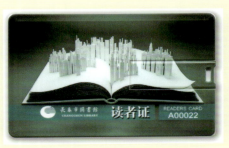

长春市图书馆读者证

序一

　　长春市图书馆是一座百年老馆，其历史可追溯至 1910 年，是我国最早的公共图书馆之一。和美、英、德、法等国家相比，我国公共图书馆事业起步稍晚一些，但一个多世纪的时间内，尤其是改革开放以来，公共图书馆事业无论在馆舍建设还是在公众服务方面都取得了长足的进步。如今，我国的图书馆事业正在从过去还历史欠账、填补空白为主的"量的增长"阶段，走向"质的发展"新时代。

　　最近十年可以说是我国图书馆事业发展史上最好的时期，而展现在读者眼前的这部《长春市图书馆志（2011—2020）》，正是在这一时期里一个东北地区公共图书馆创新成长的真实写照。从长春市图书馆这十年的发展，我们可以充分感受到新时代中国特色城市公共图书馆的新气象。

　　《长春市图书馆志（2011—2020）》全书分编年发展史、专题发展史、统计数据、大事记、附录五大部分，记录了长春市图书馆"十二五"和"十三五"时期的发展成就，既有以时间为序的纵向记载，也有以专题为脉的横向展示，还包括图书馆各方面的统计数据。读者可经由此书全面了解长春市图书馆近十年的发展变化，并从中看到新时代公共图书馆的发展趋势。

　　本书精彩之处有三。

　　第一，发展历程的生动记述。本书详细记录了长春市图书馆十年内事业发展的全过程，包括行政管理、业务发展、服务拓展和社区延伸等。在这些成长细节中，我们看到了馆领导班子和全体同人齐心协力投身事业发展的精神风貌。本书以图文并茂的形式，让读者从原本枯燥的数据和史实中感受长春市图书馆这些年发生的一个个富有节奏感的创新故事，更让读者在阅读这本新式志书时产生新鲜感和亲切感。

第二，求新求变的品牌塑造。2011 年是"十二五"的开局之年，我国公共图书馆开始广泛实行免费开放，这一年也是我国第一批国家公共文化服务体系示范区创建之年。此后 10 年，公共图书馆总分馆制建设普遍推广，《中华人民共和国公共图书馆法》也颁布实施。长春市图书馆站在百年新征程的起点上，开拓创新，锐意进取，走出了一条区域公共图书馆发展的新道路：不仅实现了免费开放，而且以长春市创建国家公共文化服务体系示范区这一事件为契机，在馆员队伍建设、读者服务、馆藏建设、馆舍设施等方面持续发力，推动图书馆管理与服务日益自动化、数字化、智能化，同时积极探索中心馆—总分馆体系建设，打造"城市书网"，吸纳万科公司等社会力量参与图书馆发展建设，共建"阅书房"，不断创新服务内容和形式，形成了"长图展览""城市热读""小树苗"等一系列公益文化服务品牌。

第三，文化传承的长春特色。长春市是一个历史文化资源十分丰富的城市。长春市图书馆重视古籍文献、伪满文献等特色资源的建设，设立"地方作家作品"专架、长春"院士图书"专架、专题文库，同时探索发展"长春记忆"项目。从这些富有本地特色的项目与服务，我们可以看出长春市图书馆在区域文化传承方面的不懈努力和执着追求。此外，从馆内专门规划的数字阅读体验区、信息共享咨询中心/市民数字学习中心、电子阅览室、视听艺术馆、创空间等现代化服务区域，以及每年开展的丰富多样的讲座、展览、培训以及各种读者活动，我们可以感受到这些具有多元性、创新性和包容性的服务活动正有力地推动社区信息与知识的交流和分享，丰富人民群众日益增长且多元化的精神文化需求。

目前，各国图书馆都在积极探索图书馆转型发展，希望使图书馆从书的图书馆走向人的图书馆。在《长春市图书馆"十三五"发展规划（2016—2020 年）》中，长春市图书馆将其使命明确为"努力成为东北亚城市文化地标、市民终身学习中心、城市第三空间、开放共享的知识网络以及全市图书馆协作发展引擎"。在"十四五"开局之年，长春市图书馆以崭新的精神面貌和积极的前行姿态，站在又一个新的起跑线上，迎接挑战，拥抱未来。

衷心祝愿长春市图书馆未来发展得更好。

吴建中 *

2021 年 9 月 1 日

---

* 中国图书馆学会学术研究委员会名誉主任、澳门大学图书馆馆长。

序二

在公共文化服务日益受到国家高度重视的大背景下，我国公共图书馆事业呈现稳步向前的发展态势，公共图书馆在法治化、数字化、社会化、标准化、均等化的道路上蓬勃发展。近十年来，我国公共图书馆事业取得了巨大的成就，但同时也面临着许多新的机遇与挑战，有许多问题亟待解决。如今，在图书馆迈入"十四五"高质量发展之际，回顾总结过往经验，启迪谋划未来发展，具有十分重要的意义。

近几年来，各地图书馆在树立新理念、创新服务模式的同时，积极开展业务研究，编撰出版本馆馆史，出现了图书馆盛世修志的新景象。《长春市图书馆志（2011—2020）》就是在这一背景下通过对长春市图书馆2011年至2020年的发展进行回顾和总结而产生的新成果。全书分五个部分：第一部分"编年发展史"分"十二五"时期、"十三五"时期两个阶段，按时间顺序将2011年至2020年长春市图书馆发生的事件一一记录，仿佛慢慢打开一卷历史卷轴，带读者细致观览长春市图书馆的发展之路。第二部分"专题发展史"则以主题为序，分为党建工作、文化建设、空间建设、组织管理、队伍建设、资源建设、技术建设、体系建设、服务创新、品牌建设和学术研究11个章节，详略得当，重点突出，犹如一棵枝叶繁茂、脉络分明的树木，从不同方面展现了长春市图书馆在十年发展建设中取得的成就。第三部分"统计数据"包含馆领导任职表、图书馆部门建制及人员组成表、图书馆党群组织表、图书馆人力资源统计表、图书馆经费年表、图书馆馆藏资源表、图书馆人员在学会及学术机构任职情况表、图书馆科研成果表、图书馆获奖情况表、媒体报道与业界交流统计表等一系列表格和相关信息数据，直观地展现了长春市图书馆 2011 年至 2020 年的历年发展情况。第四部分"大事记"简要列出了长春市图书馆十年间的重要事件。第五部分"附录"包括《长春市图书馆章程（试行）》《长春市公共图书馆中心馆—总分馆管理规范》《长春市图书馆服务规范》《长春市图书馆"十三五"发展规划（2016—2020 年）》四个在长春市图书馆发展中有着提纲挈领地位的制度。全书内容翔实，图文并茂地展示了珍贵的史料，彩页部分还展现了长春市图书馆的重要活动照片、读者证等图片。

长春市图书馆是一所百年老馆，其发展历史与我国现代图书馆事业发展基本同步，是一个有着典型代表意义的个案，极具研究价值。近十年来，图书馆发展的外部环境发生了巨大变化，如法制体系渐趋完善、财政投入日益增加、科学技术日新月异、读者需求多元发展。在图书馆领域，图书馆人的职业自觉也在不断强化，关于图书馆精神与权利的探讨不断深入，馆员在职培训与继续教育受到重视，图书馆人整体素养不断提升，业务技能与科研水平逐渐增强，并在实践中积极创新；同时，还开展总分馆制建设，多举措推广全民阅读，实施法人治理结构改革……从《长春市图书馆志（2011—2020）》一书中，我们可以看到长春市图书馆在以上相关方面的出色表现。

以长春市图书馆开展的丰富多样的阅读推广活动为例：图书馆既有在重要节庆日开展的大型系列主题活动，如每年元旦、春节、元宵时举办的迎新春活动、从每年 9 月改为在世界读书日前后举办的长春市民读书节活动；也有专门面向不同读者群体举办的公益文化服务活动，如面向 0—3 岁婴幼儿的"爱贝阅读计划"，面向少儿群体的"小树苗"亲子阅读系列活动，面向老年人的"乐龄"老年读者服务，面向残障人士的"温暖时光"文化助残服务；还有以满足市民艺术文献阅读需求为初衷的"长图雅音"高雅艺术沙龙，主打"科普阅读＋创新创意"的"创空间"服务品牌；等等。许多创新模式与经验有推广应用价值。

长春市图书馆的总分馆服务体系建设也具有典型意义。公共图书馆通过总分馆制建设，可打破现行管理体制限制，最有效地实现为全社会提供普遍均等的图书馆服务，因而各地图书馆在总分馆制建设方面进行了持续探索。2011 年，长春市图书馆借长春市创建国家公共文化服务体系示范区这一契机推进总分馆建设，取得了明显成效。到 2016 年，长春市图书馆对其总分馆发展模式做出重大变革，矢志转型，探索建立"中心馆—总分馆"公共图书馆服务体系建设新模式，并在 2017 年启动"城市书网"服务项目，打造标准化示范分馆。2019 年起又继续创新，以"政府主导，社会合作，联盟运营，便民共享"的方式建设"阅书房"，有力促进了图书馆服务的社会化、标准化、均等化发展。

　　图书馆创新与发展既离不开社会各方面的支持，更离不开图书馆人的支持。图书馆人传播文化的崇高使命、追求卓越的坚定志向、自强不息的拼搏精神、坚守专业的职业智慧，可以造就一个令业界称赞的优秀图书馆。《长春市图书馆志（2011—2020）》一书是长春市图书馆人给长春市，给吉林省，给全国交出的一份亮眼的成绩单。相信在未来，不管是面对数字技术的挑战，还是面临业务新难题，长春市图书馆都会勇立潮头，再造辉煌。祝福长春市图书馆！祝福公共图书馆事业！祝福每一位图书馆人！

　　　　　　　　　　　　　　　　　　柯平[*]
　　　　　　　　　　　　　　　　　　2021 年 9 月 2 日

---

　　* 南开大学信息资源管理系教授。

目录

前言

长春市图书馆的历史渊源可以追溯至 1910 年。党的十八大以来，得益于国家对公共文化服务事业的重视和支持，百年老馆长春市图书馆焕发出勃勃的青春活力，迎来前所未有的发展机遇。

2011 年 5 月，文化部、财政部公布第一批创建国家公共文化服务体系示范区名单，长春市名列其中。作为长春市公共文化服务体系的重要组成部分，长春市图书馆在市委市政府的大力支持下，"十二五"期间持续提高馆员队伍的整体素养，不断优化部门建制与管理，推行图书馆法人治理结构改革，持续丰富馆藏文献资源体系，取得了很大成绩。2014 年，图书馆完成总馆改造修缮工程，于当年世界读书日重新开放，并举办了文化展览、公益讲座、文献展阅、阅读分享、数字阅读、读者荐书、惠读活动等"新市图开放月"系列阅读活动，让广大读者体验更加舒适且现代化的阅读环境与服务设施。

2016 年 5 月，《长春市图书馆"十三五"发展规划（2016—2020 年）》正式发布，该文件确立长春市图书馆在这一时期的愿景、使命、服务理念和战略目标，推动图书馆步入一个新的发展阶段。"十三五"期间，长春市图书馆在馆党委和领导班子的带领下，坚持"公益、开放、平等、包容"的办馆理念，遵循以人为本、服务至上的服务宗旨，以"涵养城市文化，引领阅读风尚"为愿景，致力于将长春市图书馆打造成东北亚城市文化地标、市民终身学习中心、城市第三文化空间、开放共享的知识网络以及全市图书馆协作发展引擎。

这 10 年间，提升服务效能、服务品质，不断满足人民群众对美好文化生活的需求成为长春市图书馆各项工作的重心。2011 年初，长春市图书馆贯彻落实《文化部、财政部关于推进全国美术馆、公共图书馆、文化馆（站）免费开放工作的意见》，全面实行免费开放。随后 10 年间，长春市图书馆坚持以人民为中心，推陈出新，锐意进取，陆续创新一系列便民、利民、惠民服务举措，包括：引进新设备、应用新技术，广泛提供自助式、数字化文献借阅服务；构建"中心馆—总分馆"服务体系，建设城市书网，拓展图书馆服务范围；基于少儿、老年人、残疾人等特殊群体的特殊需求，提供相应服务，切实保障弱势群体的文化权益；组织开展各类读者活动和相关公益性服务，积极推动全民阅读；设立"地方作家作品"专架、"长春院士图书"专架、新时代传习所等，发扬地方特色文化，传播正能量，为坚定新时代中国特色社会主义文化自信做出积极贡献。

长春市图书馆每年都以节假日、重大纪念日、"4·23"世界读书日、长春市民读书节、图书馆服务宣传周、科普周等重要时间节点为契机，举办不同主题的系列阅读推广活动，其中迎新春系列活动和长春市民读书节系列活动已在社会上拥有广泛影响力。至2020年，长春市图书馆已形成一系列有着忠实用户群的公益文化服务品牌，包括"城市热读"公益讲座、"小树苗"亲子阅读、"义务小馆员"社会实践、"小手牵小手"爱心公益置换、"爱贝阅读计划"、"长图雅音"高雅艺术沙龙、"品读聚乐部"、"乐龄"老年读者服务、"温暖时光"文化助残服务、"长春星火阅读计划"领读者、"漫读"书友会等。图书馆每年举办品牌活动约700场次，受众近20万人次，各项活动屡获国家级、省级、市级荣誉奖励。

这10年是我国公共图书馆事业浓墨重彩、高歌前行的重要发展时期。受惠于党和政府打造的有利环境，得力于全馆上下的团结努力，长春市图书馆成就了一个精彩的10年。《长春市图书馆志（2011—2020）》一书即记载了这10年的发展历程。本书包括编年发展史、专题发展史、统计数据、大事记、附录五大部分。编年发展史分为"十二五"时期、"十三五"时期，按照时间顺序逐年记录长春市图书馆的发展脉络；专题发展史则分别展现长春市图书馆在党建工作、文化建设、空间建设、组织管理、队伍建设、资源建设、技术建设、体系建设、服务创新、品牌建设和学术研究方面的发展成就；统计数据以数据表格形式反映长春市图书馆的10年；大事记简要呈现长春市图书馆的重要大事；附录则收录了《长春市图书馆章程（试行）》《长春市公共图书馆中心馆—总分馆管理规范》《长春市图书馆服务规范》《长春市图书馆"十三五"发展规划（2016—2020年）》等重要规章制度。

如果说我国公共图书馆事业这10年的发展是一片波澜壮阔的大海，那么长春市图书馆这10年的发展就是一朵小小的浪花，但一朵浪花也可以折射出整个大海。本书既是长春市图书馆这10年发展过程的记录，也是我国公共图书馆事业这10年发展过程的反映。因此，本书不仅可以为长春市图书馆的未来发展提供借鉴，而且可以帮助我们在更加宏阔的时代背景下思考和研究我国公共图书馆事业的未来发展。

由于编著者水平有限，书中疏漏之处在所难免，敬请各位读者朋友批评指正。

谢群

2021年8月1日

第一部分　编年发展史

一、"十二五"时期（2011—2015 年）

长春市图书馆^①总馆馆舍位于吉林省长春市朝阳区同志街 1956 号，此处馆舍于 1992 年 5 月 5 日竣工并交付使用，1992 年 8 月 28 日举行开馆典礼向社会开放。当时馆名为"长春图书馆"，由时任长春市副市长、书法家于福今题写馆名。长春市图书馆的历史最早可追溯至 1910 年，至 2011 年已百年有余。"十二五"期间，我国公共图书馆整体事业发展迎来前所未有的大好机遇。2011 年 1 月 26 日，《文化部、财政部关于推进全国美术馆、公共图书馆、文化馆（站）免费开放工作的意见》发布，全面启动所有公益性文化单位的免费开放工作。2013 年 1 月 30 日，文化部印发《全国公共图书馆事业发展"十二五"规划》，该文件是首次由政府部门牵头制定的全国性的公共图书馆事业中长期发展规划，为公共图书馆的发展提供重要指引。以百年积淀为基石，又逢大有可为之时机，长春市图书馆在"十二五"时期得以迅速发展。

"十二五"之初，长春市图书馆积极响应国家号召，全面实行免费开放，并以长春市创建国家公共文化服务体系示范区为契机，进一步完善基础设施建设，于 2011 年 11 月 15 日接管"满铁长春图书馆"旧址，更名为长春市图书馆铁南分馆。2012 年至 2014 年，长春市图书馆完成对总馆的全面改造修缮，馆舍焕然一新，让读者享受到布局开放、环境优雅、设备先进、服务完善的图书馆。

"十二五"期间，长春市图书馆还持续建设馆藏文献信息资源，加强数字资源、特色馆藏的建设，在扎实推进基础业务工作的同时积极进行管理与服务创新，增设新媒体服务部，成立长春市图书馆理事会，广泛采用 RFID^②及移动互联网技术，陆续开通长春市图书馆微信公众号、"长图在线"手机图书馆、长春网络图书馆等，形成以传统借

---

① 长春市图书馆曾用馆名为"长春图书馆"。为保持历史的真实面貌，图书馆参与外界活动、获得表彰时，本书皆以当时采用的名称为准。其他情况俱用长春市图书馆。

② RFID，即 Radio Frequency Identification，无线射频识别。

阅服务为基础，以数字资源远程访问服务为补充的现代化图书馆服务格局，持证读者从2.5万人增至48.2万人。同时，长春市图书馆逐年推进总分馆建设，建成长春地区联合编目、资源共享、通借通（定）还的图书馆服务体系；着力开展阅读推广工作，创建馆刊《品读》，创办"长图雅音"、"小树苗"亲子阅读、"乐龄"老年读者服务、"温暖时光"文化助残服务等公益文化服务品牌，"城市热读"公益讲座、长图展览、长图公益课堂等系列活动实现常态化开展，举办各类读者活动千余次，受众60余万人。长春市图书馆先后被授予"全民阅读"先进单位、全民阅读示范基地、全国人文社会科学普及基地、全国文化系统先进集体等荣誉称号。

2011 年

1月26日，长春市人民政府印发《长春市2011年民生行动计划》，将扩建长春市图书馆纳入当年民生行动计划。

1月26日，长春市财政局分馆暨全国文化信息资源共享工程基层服务网点揭牌，采用"一卡通"通借通还通阅管理。

1月，图书馆被长春市人民政府授予"2010年度全市文教工作先进单位"称号。

2月初，图书馆第十三届有奖春联征集活动优秀春联作品展揭开帷幕。本次展览是以"繁荣文化　畅想生活"为主题的有奖春联征集活动的后续。来自24个省（自治区、直辖市）以及香港特别行政区的154位春联爱好者共有605副春联作品参评，最终活动评出优秀春联作品67副，其中一等奖作品3副、二等奖作品23副、三等奖作品41幅。

2月16日，为贯彻落实《文化部、财政部关于推进全国美术馆、公共图书馆、文化馆（站）免费开放工作的意见》精神，图书馆从该日起全面免费开放。在原有的对青少年、老年人、下岗职工、残障群体等办证免费，网络资源检索下载免费，公益性讲座和展览免费，存包免费等免费服务的基础上，图书馆进一步拓展免费服务的范围，开放所有的公共设施空间和场地，免去办证费、验证费、自修室使用费、电子阅览室上网费等。

2月19日，"长春图书馆2010年度优秀读者、2011年优秀春联作者表彰大会"在图书馆院士厅举行。参与会议的领导、获奖代表、读者、各大新闻媒体记者和图书馆员工等共有200余人。大会对施立学等25位优秀读者和张扬等57位优秀春联作者给予表彰和奖励。吉林省民俗学会理事长施立学作为优秀读者代表发言。

2月23日，文化部副部长杨志今在文化部社会文化司司长于群、文化部全国文化信息资源建设管理中心主任张彦博、社会文化司图书馆处处长陈胜利陪同下，到长春市督导基层文化服务工作及全国文化信息资源共享工程建设情况。杨志今副部长分别视察了长春市东站十委社区图书分馆和宽城区兰家镇广宁村综合文化室，听取了长春数字化学习港和全国文化信息资源共享工程社区基层网点建设、全国文化信息资源共享工程资源利用现状、长春市图书馆"一卡通"通借通还等情况介绍，对长春网联全市的公共文化服务模式给予充分肯定。杨志今副部长指出今后要针对农民的信息需求，加大资源供给力度，提供政策保障，切实保障基层群众的求知、求乐的文化需要。

4月23日，"传递知识　全民阅读"图书漂流活动在长春市图书馆总馆一楼大厅正式启动。此次活动由长春市文化局主办，长春市图书馆和长春市少年儿童图书馆承办。活动由长春市文化局局长吴强主持，长春市政府副秘书长卢福建、市委宣传部副部长张鸣雨以及市人大、市政协、吉林省文化厅、市新闻出版局等相关部门领导出席活动。部分市民、"漂友"代表以及热心读者参加启动仪式。

4月23日，"长图在线"手机图书馆服务（m.ccelib.com）开通，该平台通过图书馆 WAP 网站，为读者提供书目查询、文献续借及 200 余种电子期刊阅读服务。

5月20日，长春图书馆和双阳区图书馆共建的太平镇二道村分馆暨全国文化信息资源共享工程基层服务点揭牌仪式举行。太平镇二道村分馆是长春市成为国家首批公共文化服务体系示范区创建城市以来建立的第一个示范点，它的揭牌标志着长春市 2011 年公共文化服务体系示范区建设拉开序幕。

5月25日，长春市市长崔杰主持召开市政府专题会议，研究如何进一步推进文化建设。会议确定尽快启动长春市图书馆全面维修工程。由市图书馆提出改造修缮方案，市财政局审核后抓紧拨付维修经费。加大对市图书馆购书经费投入的力度。按照修旧如旧的原则修缮"满铁长春图书馆"旧址，满足公众阅读需求。通过整合、收集伪满文献资料，将此处发展成"满铁"及伪满文献资料主题馆。修缮改造和搜集文献资金由市财政拨付。

5月31日，由长春市图书馆铁北分馆与吉林省童晟智教教育集团联合主办的"图书馆里过六一　七彩童心绘党旗"庆六一主题活动在铁北分馆举行，吉林省童晟智教教育集团 600 余名师生参加活动。

2011 年"图书馆里过六一　七彩童心绘党旗"庆六一主题活动

5 月，图书馆被中国图书馆学会授予"2010 年度'全民阅读'先进单位"称号。

5 月，图书馆以"庆祝中国共产党成立 90 周年　推进公共图书馆免费开放"为主题，开展 2011 年度图书馆服务宣传周活动，活动内容共 26 项。

6 月 10 日，长春市第一五五中学分馆暨全国文化信息资源共享工程基层服务点揭牌。

6 月 23 日至 7 月 5 日，由中共长春市委创先争优活动领导小组办公室、中共长春市委组织部、中共长春市委宣传部主办，长春市图书馆协办的"庆九十华诞　展争创风采——长春市纪念建党 90 周年暨深入开展创先争优活动主题图片展"在总馆二楼展厅展出。

6 月 26 日，为庆祝中国共产党成立 90 周年，"阳光少年热爱党"文艺汇演活动在图书馆院士厅举行，来自长春市不同学校的 70 余名学生带来了 15 个精彩节目。

庆祝中国共产党成立 90 周年"阳光少年热爱党"文艺汇演

7月14日，"满铁长春图书馆"旧址复原工程认证会在总馆二楼会议室举行，长春市文化局副局长刘宏宇、文物处处长邵金波等相关人员参加认证会。

7月20日，双阳区虹桥医院分馆暨全国文化信息资源共享工程基层服务点揭牌。

7月22日，国家图书馆立法决策服务部主任卢海燕等一行4人到图书馆参观调研。

8月13日至18日，副馆长吴锐等赴波多黎各参加由国际图联主办的第77届国际图联大会。本次会议主题为"图书馆的自我超越——整合、创新与信息服务"。

9月21日，在由吉林省文化厅主办、文化信息资源共享工程吉林省级分中心承办的"第二届文化共享杯——吉林省文化信息资源共享工程知识与技能竞赛"中，由长春市支中心正式在编人员长春市图书馆数字资源部耿岱文、长春地区县（市、区）支中心正式在编人员、基层服务点专兼职人员以及领队各1名人员组成的长春地区代表队以出色的表现夺取冠军，耿岱文与其他三位选手荣获集体一等奖。

9月22日，由日本国际交流基金会组织，来自日本的高中生交流访问团一行10人到长春市图书馆内长春国际交流之窗进行友好访问。当天，来自长春东北师范大学留日预校、吉林大学、长春理工大学、长春师范学院等校的30余名学生参加交流会活动。

10月14日，图书馆数字资源部耿岱文作为吉林代表队成员，随队参加文化部全国文化信息资源建设管理中心主办的"第二届文化共享杯——全国文化信息资源共享工程知识与技能竞赛"，荣获集体三等奖；研究辅导部丁文伍为代表队选手之一。

10月20日，向国家图书馆提供3万余页伪满时期特色文献，供全国共享。

10月28日，日本国驻沈阳总领事馆总领事松本盛雄一行3人来到长春国际交流之窗，副馆长范敏、青少年读者工作部主任于雅彬接待并进行短暂交流。日本总领事向交流之窗捐赠日本驻华大使丹羽宇一郎所著图书《負けてたまるか！若者のための仕事論》（《绝不认输！年轻人的职业观》）共计15册。

10月，图书馆获2011中国图书馆学会年会征文活动组织奖。

10月至11月，图书馆开展"为民服务创先争优推进月"活动，包括设定"党员示范岗""读者服务文明岗""巾帼文明岗""青年文明号""三八红旗集体""为民服务创先争优"岗位，开展"三亮、三创、三评"服务①，开展"文明优质服务公约"自查、

———————

① "三亮、三创、三评"服务具体指：亮标准、亮身份、亮承诺，创读者服务标兵、创读者满意窗口单位、创优质服务品牌，党员自评和互评、主管馆长点评、开展群众测评。

组织各种读者活动、为基层送书、"三帮扶"①回访等多项活动。

11 月 11 日，长春市人大代表团一行 14 人到图书馆视察工作。

11 月 15 日，和平大戏院迁出，图书馆正式接管"满铁长春图书馆"旧址，并更名为长春市图书馆铁南分馆。

11 月 18 日至 19 日，副馆长范敏赴南宁参加由国家图书馆主办、广西壮族自治区图书馆承办的"第十三届全国省、自治区、直辖市、较大城市图书馆馆长联席会议"。本次会议主题为"学习贯彻十七届六中全会精神，创新工作思路，推动图书馆事业大发展"。

12 月 6 日，铁南分馆被长春市人民政府确定为第八批市级文物保护单位。

12 月 12 日至 16 日，参考咨询部金钟春主任及孙一平赴北京参加由国家图书馆立法决策服务部主办的"全国省级公共图书馆决策咨询服务理论与实务培训"。

12 月，图书馆评选出 2011 年度"读者服务文明岗"5 个，分别为还书台岗位、报纸阅览室岗位、中小学生阅览室岗位、网上参考咨询岗位、第一中文图书阅览室岗位；评选出 2011 年度"读者服务标兵"9 人，分别为王立波、范崔岩、刘艳梅、牟燕、张海峰、刘劲节、程华、谢彦君、苗林，并给予一定的奖励。

是年，图书馆总馆馆舍修缮及改造工程被纳入长春市民生行动计划和全市公共文化服务体系示范区建设重要工程，完成了对地下管道、供暖设备等的改造，馆舍四区大部分的装修，以及对会议室、贵宾室等的改造。

是年，图书馆订购图书总计 21 216 种 49 051 册，分类编目 23 614 种 59 275 册，随书带盘 307 种 526 盒，文献入藏 20 563 种 166 314 册（件）；订购视听文献 255 种，数据库 25 个；自建数据库 21 个，总数据量 39 151 条，其中长春市美术界、书法界名人名家索引 396 条，伪满人物专题索引、建筑旧址索引、历史研究论文题录索引 777 条，长春新貌照片专题索引 87 条，吉林省哲学社会科学成果文摘录入 275 条，核心法律法规索引 50 条，"今日导读"1 418 条，剪报 297 条等。

是年，接待到馆读者 207 万余人次，开通读者证 2 5407 个，图书流通量 1 283 447 人次；文献外借 566 817 册次。进行文献宣传 110 次，涉及文献 3 939 种 6 788 册（件）。代检索课题数量 4 680 项，解答咨询数量 330 044 条，网上参考咨询数量 92 647 条 36 824 人次，课题服务 449 项，参考咨询 30 项，编制二、三次文献 11 种 32 189 条。

---

① "三帮扶"指帮扶困难职工、帮扶困难党员和帮扶薄弱基层党组织工作。

举办读者活动 183 项，参与人数 103 838 人次。其中：讲座 69 次，参与人数 9 023 人次；展览 18 次，参与人数 41 500 人次；其他活动 96 次，参与人数 53 315 人次。与社会机构合作办学，培训学员 2 307 人次。

是年，图书馆组织馆内职工培训 14 次，培训 1 611 人次；派出职工学习、考察、参加各种学术会议 20 余人次。图书馆职工参与各类研讨会论文投稿，其中有 16 篇获各等级奖项；发表期刊论文 11 篇；出版论文集论文 15 篇；出版学术著作 2 部。

是年，图书馆为分馆配送图书 68 次，配送图书 30 668 册、期刊 2 797 册、光盘 50 件，其中配送漂流图书 20 次，共计图书 4 800 册，期刊 2 500 册；对长春市 235 个社区图书室馆舍馆藏、基础设施设备、自动化网络化等情况进行走访调研。

是年，图书馆接待国内外来访、学习、考察人员 10 余次，被各类新闻媒体报道 1 277 次。

2012 年

1 月 20 日至 2 月 11 日，第十四届优秀春联作品展在总馆一、二楼大厅展出。展出的春联作品来自以"弘扬传统美德　促进文化繁荣"为主题的有奖春联征集活动。该活动自 2011 年 11 月 7 日开始举办，截至 2012 年 1 月 5 日共收到来自全国 24 个省（自治区、直辖市）及香港特别行政区的 200 多位春联爱好者的应征春联 1023 副。最后评选出一等奖 3 名，二等奖 32 名，三等奖 52 名。

1 月，长春市委市政府加大对图书馆事业的支持力度，长春市图书馆年购书经费由原来的每年 500 万元增至每年 1000 万元。

2 月 3 日，长春市人民政府印发《长春市 2012 年民生行动计划》，将改造修缮长春市图书馆、"满铁长春图书馆"旧址纳入当年民生行动计划中。

2 月 11 日，长春市图书馆 2011 年度优秀读者、2012 年优秀春联作者表彰大会在院士厅举办，对图书馆评选出的 25 位优秀读者和 87 位优秀春联作者给予表彰和奖励。长春市文化局副局长曲笑、中共长春市委宣传部文艺处处长姚丽、长春市文化局社文处负责人朱向阳，以及社会各界读者和各大新闻媒体记者、获奖代表等 100 余人参加活动。

2 月 22 日，图书馆派代表参加由中国图书馆学会在北京主办的中国图书馆学会八届十次常务理事会暨八届六次理事会。

2 月 23 日至 24 日，图书馆派代表参加由国家图书馆在北京主办的全国省级公共图书馆馆长座谈会。

2月，图书馆被长春市人民政府授予"2011年度全市文教工作先进单位"称号。

3月13日至20日，朝阳区乐山镇分馆、朝阳区重庆街道北安社区分馆、宽城区兰家镇分馆、双阳区太平镇分馆、双阳区鹿乡镇分馆、宽城区兴业街道天安社区分馆、宽城区兴业街道庆丰社区分馆暨全国文化信息资源共享工程基层服务点揭牌。

3月22日，国家公共文化服务体系示范区督导组在长春市副市长吴兰、市长助理闫玉华的陪同下，到图书馆参观并深入调研，实地检查指导公共文化服务体系示范区建设情况。

4月7日，总馆改造修缮工程正式开工。

4月22日，在世界读书日到来之际，图书馆与吉林省正大书苑有限公司联合举办"爱读书　荐馆藏——亲子阅读团荐购活动"。共有50个家庭100人参加活动。当天共采购图书510册，码洋1万余元，内容涉及家庭教育、科普知识、学习辅导等方面。

5月1日起，由文化部提出，上海图书馆作为牵头起草单位，联合长春市图书馆与浙江图书馆共同起草完成的《公共图书馆服务规范》（GB/T　28220—2011）正式颁布实施。该标准是我国第一个规范公共文化的国家级服务标准，也是我国图书馆规范体系中的首个服务类标准。

5月27日，为纪念中日邦交正常化四十周年，由我国长春市政府外事办和日本国际交流基金会主办，长春市图书馆和长春日章学园高中共同承办的"2012中国长春中日交流日"活动在长春日章学园高中四楼礼堂举行。长春市副市长及市委外宣办、市政府外事办公室、市教育局、市文化局、二道区政府、二道区教育局等单位的领导出席活动。日本国驻沈阳总领事馆首席领事、文化领事，以及日本国际交流基金会、北京日本文化中心、长春普安山寨休闲度假村、长春日本商工会、长春日本教师会等机构的代表也出席活动。

5月28日，德惠市郭家镇分馆暨全国文化信息资源共享工程基层服务点揭牌。

5月31日，长春数字图书馆开通仪式在一楼大厅举行。仪式由长春市文化局党委副书记于伟民主持。长春市政府副秘书长卢福建在开通仪式致辞；长春市图书馆副馆长朱亚玲在仪式上介绍长春数字图书馆的情况。随后，长春市政府副秘书长卢福建、长春市文化局副局长曲笑、吉林省文化厅社文处处长李虹共同点击开通长春数字图书馆。仪式上，图书馆向各县（市、区）图书馆、乡镇（街道）综合文化站、村（社区）活动室代表赠送6万张长春数字图书馆阅读卡。现场设立数字图书馆体验区、手机图书馆体验区、移动阅读体验区、弱势群体听报阅读体验区四个体验区，由图书馆工作人员引导与会人员与现场读者参与体验。

5月，图书馆被中共长春市委宣传部、长春市精神文明建设指导委员会办公室、长春市文化局、长春市教育局评为"长春市未成年人社会主义核心价值体系教育基地"。

6月15日，二道区远达八里堡街道东荣社区分馆暨全国文化信息资源共享工程基层服务点揭牌。

6月26日至27日，图书馆副馆长朱亚玲、数字资源部主任刘彩虹赴北京参加由国家图书馆主办的"数字图书馆推广工程馆长培训班"。副馆长朱亚玲做题为《构建公共文化　共享网络书香——长春数字图书馆建设与服务汇报交流》的报告。

7月3日，受长春市副市长吴兰委托，长春市政府副秘书长卢福建在市政府会议室主持召开专题会议，研究长春市图书馆铁南分馆建设。会议听取图书馆关于长春市图书馆铁南分馆建设情况的汇报，并就有关问题进行讨论。

7月12日至29日，由日本国驻沈阳总领事馆、日本国际交流基金会、中国长春市人民政府外事办公室主办，长春市图书馆承办，日本摄影协会协助策划的"3·11以前的日本东北地区——风土·人·生活"日本著名摄影师10人摄影展在二楼展厅展出。

7月17日，长春市政府第49次办公会议确定铁南图书馆旧址改造最终方案，即文物建筑以"修旧如旧"的原则进行修缮，两组附属建筑在原址拆除重建。

7月31日，图书馆被全国图书馆参考咨询联盟管理中心授予"全国图书馆联合参考咨询先进单位"称号；于丹辉、程华获"全国优秀咨询员"称号。

7月，图书馆被中国图书馆学会命名为"全民阅读示范基地"。

8月24日，总馆馆舍改造修缮工程进入内部改造阶段，图书馆对报刊查阅咨询室（304室），中文图书阅览室（402室），地方文献、古籍查阅室（403室），特藏文献查阅室（501室），长春国际交流之窗所藏文献进行整理、下架、回库工作，并关闭上述阅览室。

9月22日，"正大杯第二届市图少儿故事会优秀作品展演"活动在长春国际会展中心二楼签字厅举行。吉林省正大书苑有限公司董事长蔡兴权、彤卉艺术培训学校校长彤卉、吉林童军总会教官以及100多位小朋友和家长参加活动。副馆长范敏出席活动并致辞。共21个节目参加优秀作品展演，35位小朋友参加表演。

9月26日，为了更好地配合改造修缮工程，图书馆第1中文图书借阅库，第2中文图书借阅库，多媒体电子阅览室（301室），艺术文献查阅室（305室），三、四楼读者自修室暂停服务。中小学生借阅室（102室），期刊借阅室（103室），新书自助借阅室（104室），报纸阅览室（204室），青少年电子阅览室（206室），红楼梦文献查阅室（407室），中文报纸开架库，中文期刊开架库，中文图书基藏书库，一、二楼读者自修室，八角书屋，长春数字图书馆服务依然正常运行。另将图书借还调整到一楼新书自助借阅室（104室）办理。改造修缮期间光盘只还不借，光盘归还调整到一楼新书自助借阅室（104室）办理。

10月16日至17日，图书馆研究辅导部主任阚立民赴北京参加由国家图书馆研究院主持的国家质量监督检验检疫总局项目"乡镇社区图书馆管理标准研究"系列标准草案审查会议。

10月，长春市人民代表大会开展未来五年立法规划调研准备工作，图书馆参考咨询部主动策划编辑面向长春市未来五年立法规划的《立法决策参考》，得到长春市人民代表大会法制工作委员会的充分肯定。

11月7日，图书馆改造修缮工程进入一楼内部改造阶段，一楼所有阅览室及自修室关闭，中文图书借阅、中文期刊借阅及中文报纸阅览服务合并至八角书屋。

11月21日至24日，副馆长范敏、报刊部主任林忠娜、策划推广部主任刘怡君等赴东莞参加"2012年中国图书馆年会—中国图书馆学会年会·中国图书馆展览会"。会议主题为"文化强国——图书馆的责任与使命"。

11月28日至29日，副馆长朱亚玲、数字资源部主任刘彩虹及馆员常盛、杨道伟、耿岱文在长春参加由吉林省图书馆主办的吉林省数字阅读联盟平台启动仪式暨吉林省数字图书馆推广工程馆长培训班。

11月30日，根据工作需要，经中共长春市文化广电新闻出版局委员会研究决定，任命谢群为长春市图书馆党委书记，全面主持工作。

11月，"义务小馆员"志愿服务活动荣获由中华人民共和国文化部颁发的"全国基层文化志愿服务活动优秀项目"奖。

12月1日，图书馆院士厅基本改造完成，投入使用，并正式更名为"文化讲堂"。

12月1日，图书馆被吉林省社会科学界联合会授予"2012年吉林省社会科学普及周活动先进单位"称号。

12月3日，图书馆被长春市人民政府残疾人工作委员会、中共长春市宣传部评为"2009—2012年度长春市扶残助残先进集体"。

12月21日至22日，图书馆副馆长朱亚玲赴深圳参加在深圳图书馆举办的第24届全国十五城市公共图书馆工作研讨会，会议主题为"新技术时代城市图书馆服务与管理创新"。

12 月，图书馆参与国家质量监督检验检疫总局项目"乡镇社区图书馆管理标准"中"社区图书馆建设标准指南"课题的研究工作，课题计划年底结项，其成果经审批后将会成为社区图书馆建设新的国家标准。

12 月，图书馆于 2012 年申报的"公益性数字文化服务体系研究""农家书屋""新媒体服务"三项省级课题全部立项，组织专业技术人员开始研究，预计一年内完成课题任务。

12 月，图书馆荣获由全国社会科学普及工作经验交流会组委会颁发的"全国人文社会科学普及基地"称号。

是年，铁南分馆的整体设计、地质勘测、文物楼修缮论证、规划前期基础工作全部完成。

是年，图书馆采购中文图书 74 008 种 169 809 册。文献入藏 218 931 种 309 683 册（件），其中中文图书 62 244 种 134 520 册，中文报刊 2 254 册 11 161 份。自建数据库 21 个，数据量 28 244 条；采购数据库 28 个。重点加强长春地区日伪统治时期史料汇编数据库、东北史志类线装古籍数据库等自建特色数据库的建设。制作电子书 1 600 册。对"城市热读"讲座视频进行回溯采集，剪辑加工成 38 期视频节目，总量 133GB，对已有数据库更新达 2000 条。完成馆藏伪满洲国时期地方文献数字扫描 1 352 册 376 060 页，并对扫描数据进行修图、倾斜校正、元数据标引等加工，数据量总计 5TB。整理、校对伪满时期文学史料，并录入数据库。

是年，图书馆接待到馆读者 217 万余人次，办理读者证 60 727 个，文献外借 828 968 册次，图书流通量 1 380 694 人次。解答咨询 360 217 条，代检索课题 4 741 项，完成参考咨询、课题服务 375 项；完成网上参考咨询 98 991 条 98 991 人次。开展文献宣传活动 104 次，向读者推荐文献 2 666 种 4 540 册（件）。举办各类读者活动 195 次，参与人数达 627 086 人次，其中包括：讲座、培训 101 次，参与人数 8 092 人次；展览 27 次，参与人数 406 100 人次；其他活动 67 次，参与人数 212 894 人次。其中，"城市热读"公益讲座馆内举办 51 场，馆外举办 11 场，共计 62 场。图书馆全年 365 天向社会开放，累计 3 373 小时，平均每周开放 65 小时。

是年，图书馆为分馆配送图书 34 次，配送图书 40 682 册、期刊 9 645 册；组织分馆和基层网点技术人员集中培训 9 次，参加培训人员有 640 余人次；通过上门辅导、接待来访等形式对各分馆进行辅导，共计辅导基层图书馆 50 余天；对长春地区 6 个城区以及 4 个开发区街道社区图书室、共享工程基层服务点建设情况进行走访调研，共调查

308家，撰写有《长春市创建公共文化服务体系示范区进展情况调研报告》。

是年，图书馆组织馆内职工培训8次，累计培训850人次，累计1 788.5学时；派出职工学习、考察、参加各种学术会议38人次。图书馆职工参与各类研讨会论文投稿，5篇获各等级奖项；发表期刊论文45篇；出版论文集论文15篇；出版学术著作6部；结项科研课题3项，成功申报新课题立项3项。

是年，图书馆接待国内外来访、学习、考察人员10次；被各类新闻媒体报道1090余次。

2013年

1月5日，总馆改造修缮工程和铁南分馆修缮工程纳入长春市《2013年建设幸福长春行动计划》。

1月6日，图书馆发布《长春市图书馆2013年度职工考核工作方案》，对考核原则、范围、组织领导、考核程序、时间等作出安排。

1月9日，朝阳区南湖街道二二八社区分馆暨全国文化信息资源共享工程基层服务点揭牌。

1月12日，图书馆在文化讲堂举办"城市热读·关东文化讲坛"系列讲座（总第417期）:《清宫散佚书画与长春》，由吉林省博物院副院长赵聆实主讲。

1月19日，图书馆在文化讲堂举办"城市热读·生活百科"系列讲座（总第418期）:《旅行中的摄影之一：如何正确曝光》，由长春摄影家协会驻会副主席、秘书长郭义主讲。

1月19日，图书馆在文化讲堂举办"城市热读·生活百科"系列讲座（总第419期）:《如何急救和自救》，由长春市急救中心急救科科长、应急办公室主任、主任医师王盛波主讲。

1月26日，图书馆在文化讲堂举办"城市热读·中医大讲堂"系列讲座（总第420期）:《〈黄帝内经〉中的养生观之一：自然生命观》，由长春中医药大学副教授、内经教研室主任张焱主讲。

1月26日，图书馆在文化讲堂举办"城市热读·国学大讲堂"系列讲座（总第421期）:《〈道德经〉精讲系列之一：老子之道》，由吉林大学规划与政策办公室副主任、副教授于天罡主讲。

1月，图书馆发布《长春市图书馆消防安全工作管理制度汇编》和《长春市图书馆安全"四防"工作预案》。

1月，图书馆被中共长春市委宣传部授予"2012年度全市宣传思想文化工作标兵单位"称号。

1月，图书馆多人获长春市人事局年终考核（2012年度）优秀嘉奖，包括：朱亚玲、路维平、孙海晶、刘丽梅、周伟勋、徐宝宏、孙长友、阚立民、丁文伍、刘彩虹、刘劲节、朱玲玲、李娜、刘佳贺、张磊、亢吉平、刘英、刘怡君、逯晓雅、术红梅、尚建伟、张海峰、王玉、侯晓梅、范崔岩、房寂静、李玉梅、何桂华、周文举。

1月至2月，元旦、春节、元宵节期间，图书馆开展以"共谋小康盛景　建设幸福长春"为主题的系列文化活动，包括主题活动、专题讲座、文献展阅、知识窗展示、文化展览等，共计5大类20项。

2月1日，图书馆与长春摄影家协会在图书馆文化讲堂举办"迎春赏佳作　影艺飨知音——长春摄影家协会部分理事及会员摄影作品赏析"活动。

2月2日，图书馆在文化讲堂举办"城市热读·生活百科"系列讲座（总第422期）：《裘皮服饰文化与鉴赏》，由吉林农业大学副教授、硕士生导师任东波主讲。

2月2日，图书馆在文化讲堂举办"城市热读·国学大讲堂"系列讲座（总第423期）：《〈道德经〉精讲系列之二：老子之德》，由吉林大学规划与政策办公室副主任、副教授于天罡主讲。

2月4日至3月11日，为进一步加大"数字图书馆推广工程"宣传力度，使工程建设成果惠及于民，长春市图书馆协同国家图书馆举办"网络书香过大年"系列活动。活动以趣味答题、新春直播讲座等方式在线上开展，共有314名读者参与。

2月22日，2013年文化庙会暨元宵节新秧歌大赛在长春市体育馆内隆重举行。此次活动由中共长春市委员会、长春市政府主办，长春市民生工作办公室、长春市文化广电新闻出版局[①]、长春市体育局、长春市旅游局共同承办。这是2013年春节、元宵节期间长春市规模最大的群众性文化活动。作为活动参加单位之一，图书馆负责活动中的优秀春联展、灯谜竞猜（成人部分）活动、优秀畅销书推荐及展销、数字资源阅读卡免费发放四项内容。

---

① 2012年10月8日，根据《中共吉林省委办公厅、吉林省人民政府办公厅转发省委宣传部、省编办等部门〈关于调整完善市（州）、县（市、区）宣传文化管理体制的实施意见〉的通知》（吉办发〔2011〕42号）和省编办《关于长春市宣传文化管理体制改革机构编制调整方案的批复》（吉编发〔2012〕34号）精神，组建长春市文化广电新闻出版局（长春市文物局、长春市版权局），为市政府工作部门。不再保留长春市文化局（长春市文物局）、长春市广播电影电视局、长春市新闻出版局（长春市版权局）。

2月23日，"长春市图书馆2012年度优秀读者、读书小状元，2013年优秀春联作者表彰大会"在文化讲堂召开，长春市文化广电新闻出版局公共文化处负责人朱向阳、长春市图书馆领导，以及来自社会各界的读者和各大新闻媒体记者、获奖代表等百余人参加。会上，图书馆对评选出的25位优秀读者、15名读书小状元和89位优秀春联作者给予了表彰和奖励。

2月25日，图书馆近30名党员干部在会议室开展"学习十八大精神 促事业繁荣发展"大讨论活动。最终提出图书馆2013年的五项核心工作：第一，抓组织建设，健全机制，科学管理。第二，抓基本建设，做好各项保障工作。第三，抓学习培训，提高馆员理论素养，提升馆员专业技能，拓展馆员综合素质。第四，抓重点工作，以文化惠民、文化悦民、文化育民为统领，结合幸福长春计划，扎实做好图书馆服务工作。第五，抓亮点突破，宣传工作要有新思路，文化项目开展要有新举措。

2月，第十五届有奖春联征集活动——2013年"共绘蓝图 齐奔小康"有奖春联征集活动评奖揭晓。来自全国24个省（自治区、直辖市）的200余位春联爱好者的近800副春联作品参评。经过遴选，最后评选出获奖春联100幅，其中一等奖3名，二等奖25名，三等奖72名。获奖春联春节期间在铁北分馆向公众展览。

3月2日，图书馆在文化讲堂举办"城市热读·三八节专场"讲座（总第425期）：《现代女性情绪压力管理》，由吉林大学哲学社会学院心理学系主任、教授黄冬梅主讲。

3月2日，图书馆在文化讲堂举办"城市热读·国学大讲堂"系列讲座（总第426期）：《〈道德经〉精讲系列之三：老子之辨》，由吉林大学规划与政策办公室主任、副教授于天罡主讲。

3月3日，图书馆在文化讲堂举办"城市热读·长春城市规划大讲堂"系列讲座（总第427期）：《长春市远景发展战略规划》及《长春市交通发展战略研究》，分别由长春市城乡规划设计研究院院长助理、高级工程师王昊昱及长春市城乡规划设计研究院副院长、研究员崔凯主讲。

3月9日，图书馆在文化讲堂举办"城市热读·中医大讲堂"系列讲座（总第428期）：《〈黄帝内经〉中的养生观之二：四季养生之道》，由长春中医药大学副教授、内经教研室主任张焱主讲。

3月9日，图书馆在文化讲堂举办"城市热读·生活百科"系列讲座（总第429期）：《旅行中的摄影之二：如何完美构图》，由长春摄影家协会驻会副主席、秘书长郭义主讲。

3月16日，图书馆在文化讲堂举办"城市热读·关东文化讲坛"系列讲座（总第430期）：《民国时期东北地区的中西医》，由东北师范大学日本研究所副教授、文学博士钟放主讲。

3月23日，在文化讲堂举办"城市热读·关东文化讲坛"系列讲座之四十五（总第431期）：《近代沈阳城市的历史变迁》，由东北师范大学附属中学净月实验学校研究室副主任、历史学博士孙鸿金主讲。

3月26日，馆长谢群，党委副书记、副馆长吴锐，辅导部主任阚立民等一行6人在九台市文化广电新闻出版局局长杨丹丽、书记程延辉、副局长彭铁民的陪同下，前往九台市图书馆调研公共图书馆示范区建设发展情况。

3月30日，图书馆在文化讲堂举办"城市热读·中医大讲堂"系列讲座（总第432期）：《〈黄帝内经〉中的养生观之三：女性养生的智慧》，由长春中医药大学副教授、内经教研室主任张焱主讲。

3月30日，图书馆在文化讲堂举办"城市热读·生活百科"系列讲座（总第433期）：《旅行中的摄影之三：摄影中的禁忌》，由长春摄影家协会驻会副主席、秘书长郭义主讲。

3月上旬，经中共长春市文化广电新闻出版局委员会决定，任命谢群同志担任长春市图书馆馆长。

3月，图书馆发布《长春市图书馆突发事件应急预案》。

3月，《决策参考信息》第100期出版。

3月，图书馆被长春市教科文卫体工会授予"2012年度先进工会"称号。

4月3日至12日，图书馆开展2013年第一季度考核工作。

4月10日，图书馆发布《长春市图书馆2013春季防火工作方案》。

4月11日至13日，副馆长朱亚玲、研究辅导部主任阚立民赴武汉图书馆参加"图书馆服务与评估研讨班"，学习公共图书馆评估标准，并交流备评经验。

4月13日，图书馆在文化讲堂举办"城市热读·国学大讲堂"系列讲座（总第434期）：《书法艺术中的科学问题》，由中国科学院长春光学精密机械与物理研究所退休高级工程师高光天主讲。

4月13日，图书馆在文化讲堂举办"城市热读·生活百科"系列讲座（总第435期）：《摄影技巧系列讲座之一：花卉摄影技巧》，由长春摄影家协会驻会副主席、秘书长郭义主讲。

4月20日，图书馆在文化讲堂举办"城市热读·世界读书日"专场讲座（总第436期）：《沉郁悲凉·恢弘奇谲——莫言的文学魅力》，由吉林大学文学院教授、博士生导师王学谦主讲。

4月20日，图书馆在文化讲堂举办"城市热读·世界读书日"专场讲座（总第437期）：《读古书，走进古人的精神世界》，由东北师范大学文学院教授、博士生导师高长山主讲。

4月20日，图书馆与吉林省正大书苑有限公司联合举办第二届"爱读书　荐馆藏——亲子阅读团荐购活动"。馆长谢群、吉林省正大书苑有限公司总经理龙海虹出席活动。当天共有50个家庭100人参与活动，共采购图书520册，码洋1万余元。

2013年家庭荐购活动参与者合影留念

4月23日，图书馆联合南关区图书馆，分别在南关区桃源街道桃源社区、南岭街道华阳社区和富裕街道中海南溪社区建立社区图书分馆暨全国文化信息资源共享工程基层服务点。

4月，图书馆被电子工业出版社授予"最佳馆藏图书馆"称号。

4月，图书馆被中共长春市朝阳区委、长春市朝阳区人民政府授予"2012年度社会治安综合治理标兵单位"称号。

4月，举办以"知识给人力量　阅读引领未来"为主题的世界读书日系列活动，包括主题活动、专题讲座、专题文献展阅、知识窗展示、分馆活动等，共17项。

5月3日，图书馆党委积极开展"学雷锋志愿服务"活动，组织全体党、团员在铁北分馆开展志愿服务义务劳动,整理、搬运并上架图书和期刊 4 万余册。

5 月 4 日,图书馆在文化讲堂举办"城市热读·关东文化讲坛"系列讲座(总第 438 期):《伪满洲国纪念章、勋章鉴评》,由伪满皇宫博物院研究员、吉林省民俗学会副理事长沈燕主讲。

5 月 4 日,图书馆在文化讲堂举办"城市热读·国学大讲堂"系列讲座(总第 439 期):《〈道德经〉精讲系列之四:老子之水》,由吉林大学规划与政策办公室主任、副教授于天罡主讲。

5 月 7 日,图书馆馆长谢群、研究辅导部主任阚立民在长春参加吉林省图书馆学会第八次会员代表大会暨联盟第二届理事会。会上,谢群当选吉林省图书馆学会第八届理事会副理事长及吉林省图书馆联盟第二届理事会副理事长,图书馆荣获"2009—2012 年度先进单位"称号,阚立民荣获"2009—2012 年度优秀学会工作者"称号,王嘉雷、刘姝旭、牟燕、李莹波、陈素梅、郝欣、郭旭、谢彦君等 8 人荣获"2009—2012 年度优秀会员"称号;在参与《吉图通讯》工作中,因工作出色,图书馆被评为先进单位,馆长办公室李超被评为优秀通讯员。

5 月 8 日,图书馆召开 2013 年中层干部竞聘大会,陆阳、孟静、董艳、林忠娜、高薪婷、常盛、于丹辉、孙哲、尚建伟等 9 人竞聘书刊借阅中心主任、书刊借阅中心副主任、新媒体服务部主任、新媒体服务部副主任岗位。

5 月 8 日,为庆祝五四青年节,图书馆团委组织全体共青团员观看电影《致我们终将逝去的青春》。

5 月 11 日,图书馆在文化讲堂举办"城市热读·中医大讲堂"系列讲座(总第 440 期):《〈黄帝内经〉中的养生观之四:男性养生的要点》,由长春中医药大学副教授、内经教研室主任张焱主讲。

5 月 11 日,在文化讲堂举办"城市热读·国学大讲堂"系列讲座(总第 441 期):《〈道德经〉精讲系列之五:老子之宝》,由吉林大学规划与政策办公室主任、副教授于天罡主讲。

5 月 15 日至 18 日,图书馆青少年读者工作部主任于雅彬、文化项目发展部李晓燕、计划财务科王玉赴北京参加"北京·台湖·全国图书馆采购订货会暨全国少儿图书订货会"。

5 月 17 日,由长春市精神文明建设指导委员会办公室刘宏伟处长带队的"省级文明单位"检查考核组到图书馆开展检查考核指导工作,重点对图书馆开展的学雷锋志愿者活动和道德讲堂文明礼节时尚活动等精神文明建设工作进行检查和指导。检查考核组对图书馆精神文明建设工作取得的成果给予充分肯定，认为图书馆在推进文化大发展大繁荣方面积极作为注重精神文明建设，做到了两手抓、两手硬。

5月17日，根据《长春图书馆2013年中层干部竞聘任用工作方案》，结合岗位职数、任职条件、民主测评结果和公示情况，经图书馆领导班子研究决定，任命陆阳为书刊借阅中心主任，孟静、董艳为书刊借阅中心副主任，常盛为新媒体服务部主任，于丹辉为新媒体服务部副主任。

5月18日，图书馆在文化讲堂举办"城市热读·国学大讲堂"系列讲座（总第442期）：《生态消费的现实价值》，由吉林大学军需科技学院、吉林大学农村发展研究中心副教授李恩主讲。

5月18日，图书馆在文化讲堂举办"城市热读·生活百科"系列讲座（总第443期）：《摄影技巧系列讲座之二：风光摄影技巧》，由长春摄影家协会驻会副主席、秘书长郭义主讲。

5月20日至6月7日，图书馆八角书屋书刊借阅区暂时关闭，暂停借书。读者所借书刊还期将自动顺延19天，在此期间还书可到保卫科办理还书手续。

5月25日，图书馆在文化讲堂举办"城市热读·关东文化讲坛"系列讲座（总第444期）：《民国时期东北地区的民间宗教及教化团体》，由东北师范大学历史文化学院教授、博士生导师程舒伟主讲。

5月25日，图书馆在文化讲堂举办"城市热读·关东文化讲坛"系列讲座（总第445期）：《溥仪与他的"黑衣宰相"郑孝胥》，由吉林省博物院副院长、吉林省文物鉴定委员会主任赵聆实主讲。

5月27日至6月2日，以"书香中国——阅读引领未来"为主题的图书馆服务宣传周系列活动举办。活动重点针对农民工和农民工子女开展多种文化活动，包括邀请农民工子女荐购图书、设立农民工图书漂流站和举办关爱农民工专题讲座等。

5月28日，图书馆联合吉林省正大书苑有限公司共同开展"关爱农民工子女　共享阳光阅读"图书荐购活动。当天共有20余名农民工子女参加图书荐购活动，共采购图书300册，码洋近6 000元。

5月29日，图书馆在文化讲堂举办"移动阅读新体验"知识讲座，图书馆部分中层干部、馆员及读者50余人参加培训。

5月30日，由长春市图书馆、朝阳区图书馆、重庆街道办事处联合主办的"图书进工地"启动仪式在长春市西安大路融大地产的施工现场举行。仪式上，副馆长范敏代表长春市图书馆向农民工捐赠图书。

6月1日，图书馆在文化讲堂举办"城市热读·六一儿童节"专场讲座（总第446期）：《阅读，使童心永远不老》，由东北师范大学文学院教授、博士生导师侯颖主讲。

6月1日，图书馆在文化讲堂举办"城市热读·生活百科"系列讲座（总第447期）：《儿童摄影技巧》，由长春摄影家协会驻会副主席、秘书长郭义主讲。

6月4日，长春市文化广电新闻出版局副局长于显民一行4人，在馆长谢群、副馆长刘曙光等陪同下，来到铁北分馆检查指导工作。

6月5日，按照上级主管部门指示，铁北分馆暂停各项图书馆业务工作，对本馆安防、消防系统以及电力配送设施进行全面维修改造。读者所借书刊还期将自动顺延，期间读者可在铁北分馆西门入口处办理书刊还回业务。

6月5日，图书馆2013年职工业务培训开班典礼在文化讲堂举行。

6月5日，馆长办公室组织全体员工在文化讲堂进行培训，由研究辅导部李莹波主讲《2013年图书馆学术热点追踪（上）》。

6月5日，图书馆在长春市朝阳区城西乡四季青小学举办"城市热读·五走进"系列讲座[①]：《中国家长应如何做好孩子教育》，由长春市健康教育中心主任、长春市健康教育专家团专家许兆瑞主讲。

6月7日，由长春市财政局局长胡延生、副局长李晓玲带队的工作调研组一行7人，在长春市文化广电新闻出版局局长崔永泉、副局长曲笑、副巡视员贾哲等领导的陪同下，来到图书馆检查指导工作。

6月8日，图书馆在文化讲堂举办"城市热读·中医大讲堂"系列讲座（总第448期）：《〈黄帝内经〉中的养生观之五——老年养生的关键》，由长春中医药大学副教授郭焱主讲。

6月14日，图书馆发布《长春市图书馆安全生产隐患大检查、大整改工作方案》。

6月15日，图书馆在文化讲堂举办"城市热读·艺术赏析"系列讲座（总第449期）：《感受心灵的美——东西方美术大师的名作赏析》，由吉林艺术学院美术学副教授、图书馆馆长李宗主讲。

---

①　在馆外举办的"城市热读·五走进"系列讲座与馆内的系列讲座分别为两个系列,馆外讲座不编列期数。

6月15日，图书馆在文化讲堂举办"城市热读·素质教育"系列讲座（总第450期）：《引领孩子·走向未来》，由吉林大学教务处实习与实验教学科科长、副研究员付坤主讲。

6月17日，图书馆举办2013年职工趣味运动会，来自全馆20个部门的职工参与其中，项目包括第九套广播体操表演、图书打包搬运比赛、跳大绳比赛、乒乓球障碍接力比赛、拔河比赛。

6月19日，馆长办公室组织全体员工在文化讲堂进行培训，由策划推广部主任刘怡君主讲《让阅读的世界生动起来——关于长春市图书馆读者活动的几点思考》。

6月19日，图书馆发布《长春市图书馆突发事件应急处置程序及岗位责任》。

6月19日至21日，网络技术部主任潘长海在浙江省绍兴市参加"数字图书馆推广工程"市级图书馆必配系统培训班。

6月22日，图书馆在文化讲堂举办"城市热读·文艺赏析"系列讲座（总第451期）：《中国书画市场的走向分析》，由吉林大学艺术设计专业副教授孙凯宇主讲。

6月22日，图书馆在文化讲堂举办"城市热读·文艺赏析"系列讲座（总第452期）：《中国民歌艺术赏析之一——汉族山歌经典作品赏析》，由民族音乐学专业博士、长春大学音乐学院青年讲师张媛主讲。

6月24日，图书馆在文化讲堂举办"城市热读·七一"专场讲座（总第453期）：《凝心聚力，共筑中国梦——解析习近平总书记关于中国梦的论述》，由长春市委党校党史党建教研室主任王健主讲。

6月25日至26日，典藏阅览部张英华、孙玲参加由吉林省图书馆主办的吉林省古籍暨民国文献保护培训班。培训内容主要包括古籍著录基本知识、古籍版本鉴定、古籍普查著录、古籍工具书使用、民国时期文献普查平台著录等。

6月26日，馆长办公室组织全体员工在五楼多功能厅进行培训，培训分上下午两场，由新媒体服务部主任常盛主讲《新媒体新技术在图书馆的应用》。

6月27日至7月1日，馆长谢群、策划推广部主任刘怡君赴广州参加"大都市的公共图书馆事业"国际学术研讨会。馆长谢群、策划推广部主任刘怡君的论文《公共图书馆读者活动在城市文化构建中的作用——以长春市图书馆为例》被收录进《大都市的公共图书馆事业——国际学术研讨会论文集》。

6月29日，图书馆在文化讲堂举办"城市热读·中医大讲堂"系列讲座（总第454期）：《〈黄帝内经〉中的养生观之六——五味调和的食养之道》，由长春中医药大学副教授、内经教研室主任张焱主讲。

6月29日，图书馆发布《长春市图书馆党的十八大消防安全保卫战工作方案》。

6月29日，图书馆在文化讲堂举办"城市热读·生活百科"系列讲座（总第455期）：《摄影技巧之四——人像摄影技巧》，由长春摄影家协会驻会副主席、秘书长郭义主讲。

6月28日，图书馆党委组织全体党员干部赴长春北部新城，开展以"牢记宗旨、永葆本色"为主题的新党员宣誓、老党员重温入党誓词活动。当天，还组织开展"走近大自然，感受家乡美——健身文体活动"并参观长东北核心区规划建设展览馆。

7月1日，图书馆发布《长春市图书馆2013年上半年考核工作方案》。

7月3日，图书馆在吉林省税务干部学校举办"城市热读·五走进"系列讲座：《税务干部身心养生之道》，由长春中医药大学副教授、内经教研室主任张焱主讲。

7月5日至12日、7月17日，图书馆开展上半年考核工作。

7月6日，图书馆在文化讲堂举办"城市热读·社会热点"系列讲座（总第456期）：《美国重返亚洲战略》，由吉林大学行政学院国际关系专业2011级博士研究生、美澳同盟研究方向研究专家程鹏翔主讲。

7月6日，图书馆在文化讲堂举办"城市热读·中医大讲堂"系列讲座（总第457期）：《〈黄帝内经〉中的养生观之七：如何维护睡眠健康》，由长春中医药大学副教授、内经教研室主任张焱主讲。

7月8日，图书馆在吉林省税务干部学校举办"城市热读·五走进"系列讲座：《日常摄影技巧》，由长春摄影家协会驻会副主席、秘书长郭义主讲。

7月10日，馆长办公室组织全体员工分上下午两场在五楼多功能厅进行培训，由网络技术部副主任李岩峰主讲《RFID技术应用》。

7月11日，图书馆在吉林省税务干部学校举办"城市热读·五走进"系列讲座：《国学与税收文化》，由吉林大学政策法规办公室主任、副教授于天罡主讲。

7月12日，图书馆在吉林省税务干部学校举办"城市热读·五走进"系列讲座：《干部身心健康》，由长春中医药大学副教授、内经教研室主任张焱主讲。

7月13日，图书馆在文化讲堂举办"城市热读·女性大讲堂"系列讲座（总第458期）：《女性权益法律保护存在的现实问题及解决途径》，由吉林大学法学院教授李洪祥主讲。

7月13日，图书馆在文化讲堂举办"城市热读·文艺赏析"系列讲座（总第459

期）：《高票房国产电影解密》，由曾任长春电影制片厂编辑、现任吉林动画学院影视戏剧分院戏剧影视文学系副主任的谢燕南主讲。

7月13日，长春市文化广电新闻出版局局长崔永泉、副局长于显民、办公室主任杨青宇、公共文化处负责人朱向阳等在图书馆馆长谢群等的陪同下，考察图书馆铁北分馆、铁南分馆的房屋安全、安防消防设施设备情况。

7月17日，图书馆在党员活动室召开2013年上半年长春市图书馆中层干部述职大会。

图书馆领导班子出席2013年上半年中层干部述职会议

7月20日，图书馆在文化讲堂举办"城市热读·关东文化讲坛"系列讲座（总第460期）：《满语文的前世今生》，由吉林省满族经济文化促进会理事、中国民族古文字研究会会员王硕主讲。

7月20日，图书馆在文化讲堂举办"城市热读·国学大讲堂"系列讲座（总第461期）：《国学与国运系列讲座之一——国学的基本概念与范围》，由吉林大学文学院教授、博士生导师马大勇主讲。

7月24日，图书馆在文化讲堂举办"城市热读·长春城市规划大讲堂"系列讲座（总第462期）：《城市雕塑与公共艺术》，由长春市城市雕塑学会副会长兼秘书长刘天府，台湾艺术大学艺术管理与文化政策研究所教授兼所长赖瑛瑛，长春市城乡规划设计研究院规划四所所长、国家注册规划师娄佳主讲。

7月27日，图书馆在文化讲堂举办"城市热读·中医大讲堂"系列讲座（总第463期）：《〈黄帝内经〉中的养生观之八——过劳的危害》，由长春中医药大学副教授、内经教研室主任张焱主讲。

7月27日，图书馆在文化讲堂举办"城市热读·文艺赏析"系列讲座（总第464期）:《中国民歌艺术赏析之二——中国汉族山歌经典作品赏析》，由民族音乐学专业博士、长春大学音乐学院青年讲师张媛主讲。

7月，副馆长范敏被长春市精神文明建设指导委员会评为2010—2012年度未成年人思想道德建设工作先进个人。

7月，馆刊《品读》创刊。《品读》为双月刊，是以阅读推广为核心的导读类内部刊物，旨在倾听读者心声，分享阅读感受，搭建读者与图书馆沟通交流的平台。

8月3日至4日，由文化部牵头组织的2013年"大地情深"——国家艺术院团（馆）志愿服务走基层活动与长春市图书馆"城市热读"讲坛合作，在长春广电中心大剧场为市民献上两场艺术赏析系列讲座。两场讲座由中国美术馆、长春市文化广电新闻出版局主办，长春市图书馆承办，邀请中央美术学院教授、国家近现代美术研究中心研究员殷双喜和中国美术馆研究部原主任、研究馆员、中国美术家协会理论委员会副主任刘曦林主讲，题目分别为《以人为本——20世纪中国美术的历程》与《现代中国画赏谈与反思》。讲座吸引全市近千名艺术工作者、院校师生和爱好书画艺术的市民参加。

"大地情深"——国家艺术院团（馆）志愿服务走基层活动与长春市图书馆"城市热读"
讲坛合作举办讲座

8月3日，图书馆在文化讲堂举办"城市热读·文艺赏析"系列讲座（总第465期）:《中国民歌艺术赏析之三——中国汉族小调的文化解读》，由民族音乐学专业博士、长春大学音乐学院青年讲师张媛主讲。

8月3日，图书馆在文化讲堂举办"城市热读·国学大讲堂"系列讲座（总第466

期）：《〈孝经〉系列精讲之一——〈孝经〉的溯源及历史影响》，由长春市人民政府军队离退休干部安置办公室主任、长春市孔子研究会副秘书长刘世荣主讲。

8月5日至6日，图书馆承办的第二期"长春市社区文化工作者培训班"在文化讲堂正式开课。

8月7日，馆长办公室组织全体员工在五楼多功能厅进行培训，培训分上下午两场，由网络技术部任凤鹏主讲《新媒体应用之微博与微信》。

8月10日，图书馆在文化讲堂举办"城市热读·关东文化讲坛"系列讲座（总第467期）：《中东铁路与近代中国东北地区的早期城市化》，由东北师范大学历史文化学院教授、晚清民国史方向博士生导师曲晓范主讲。

8月10日，图书馆在文化讲堂举办"城市热读·国学大讲堂"系列讲座（总第468期）：《国学与国运系列讲座之二——国学与当代中国文化安全》，由吉林大学文学院教授、博士生导师马大勇主讲。

8月10日至18日，副馆长刘曙光、馆长办公室主任路维平等前往参加在印度尼西亚巴厘岛举办的第79届国际图联大会会前会、在泰国曼谷举办的第79届国际图联大会卫星会议和在新加坡首都新加坡城举办的第79届国际图联大会。

8月17日，图书馆在文化讲堂举办"城市热读·国学大讲堂"系列讲座（总第469期）：《科学、高效、轻松的习字方法——结字黄金律习字法》，由中国科学院长春光学精密机械与物理研究所退休高级工程师高光天主讲。

8月17日，图书馆在文化讲堂举办"城市热读·国学大讲堂"系列讲座（总第470期）：《行成于思》，由中共吉林省委办公厅原副主任、巡视员陈德才主讲。

8月21日，长春市委常委、副市长张晶莹率消防专家、房屋安全专家一行，在长春市文化广电新闻出版局局长崔永泉、副局长曲笑等陪同下来到图书馆，就安全生产工作进行检查。

8月21日，馆长办公室组织全体员工在五楼多功能厅进行培训，培训分上下午两场，由数字资源部李妍主讲《长春数字图书馆网站应用》。

8月21日至23日，副馆长朱亚玲、典藏阅览部牟燕参加在黑龙江省绥芬河市举办的东北地区第十四次图书馆学科学讨论会，馆长谢群、副馆长朱亚玲的《以构建文化第三空间为导向的图书馆服务创新》，馆员牟燕的《数字时代公共图书馆的阅读推广服务探究》两篇论文荣获征文一等奖。

8月24日，图书馆在文化讲堂举办"城市热读·现代女性大讲堂"系列讲座（总第471期）:《远离妇科肿瘤 关爱女性健康》,由吉林大学第一医院肿瘤中心教授、肺癌及妇科肿瘤疗区主任刘子玲主讲。

8月24日,图书馆在文化讲堂举办"城市热读·素质教育"系列讲座(总第472期):《快乐语文与幸福童年》,由东北师范大学副教授钟放主讲。

8月31日,图书馆在文化讲堂举办"城市热读·生活百科"系列讲座(总第473期):《中小学生学习压力及其缓解对策》,由东北师范大学教育学部心理学院教授、发展与教育心理学专业博士生导师路海东主讲。

8月31日,图书馆在文化讲堂举办"城市热读·国学大讲堂"系列讲座(总第474期):《〈孝经〉系列精讲之二——〈孝经〉的宗旨和具体规范》,由长春市人民政府军队离退休干部安置办公室主任、长春市孔子研究会副秘书长刘世荣主讲。

9月4日,在吉林省税务干部学校举办"城市热读·五走进"系列讲座:《〈道德经〉中的人生智慧》,由吉林大学政策法规办公室主任、副教授于天罡主讲。

9月7日,图书馆在文化讲堂举办"城市热读·现代女性大讲堂"系列讲座(总第475期):《生存的基本需求——食品与饮用水安全》,由吉林大学环境工程专业工学博士、东北师范大学环境学院讲师王艺主讲。

9月7日,图书馆在文化讲堂举办"城市热读·国学大讲堂"系列讲座(总第476期):《国学与国运系列讲座之三——国学与中国文化坐标》,由吉林大学文学院教授、博士生导师马大勇主讲。

9月9日,数字资源部郝欣在北京参加由国家图书馆主办的"数字图书馆推广工程"网络资源采集与数字资源长期保存培训班。

9月11日,馆长办公室组织全体员工在五楼多功能厅进行培训,培训分上下午两场,由研究辅导部主任阚立民主讲《图书馆学基础理论与基础知识解读》。

9月11日至12日,典藏阅览部宋川、亢吉平赴辽宁省阜新市征集满铁文献资料,共征集数字化文献94卷2万余页。

9月14日,图书馆在文化讲堂举办"城市热读"讲座(总第477期):《全民阅读是社会建设的基石》,由中国统一战线理论研究会顾问、中国农民书画研究会副会长、吉林省孔子学会名誉会长、长春市孔子研究会顾问、吉林省政协理论研究会副会长、吉林省作家协会会员赵家治主讲。

9月14日,图书馆在文化讲堂举办"城市热读·国学大讲堂"系列讲座(总第478期):《〈孝经〉系列精讲之三——倡导积极的"忠孝"反对消极的"愚孝"》,由长春市人民政府军队离退休干部安置办公室主任、长春市孔子研究会副秘书长刘世荣主讲。

9月14日至19日，典藏阅览部张英华、孙玲参加由辽宁省图书馆举办的民国时期文献普查工作培训班。

9月16日至19日，新媒体服务部于丹辉、程华在青岛参加全国图书馆参考咨询工作研讨会。

9月18日，馆长办公室组织全体员工在五楼多功能厅进行培训，由副馆长范敏主讲《公共图书馆如何推动全民阅读》。

9月24日至30日，第四届中国（长春）图书博览会暨首届长春读书节在长春国际会展中心举行。期间图书馆举办多项文化活动，包括：历届文津奖获奖图书展示、展销，长春市图书馆数字阅读体验活动，"阅读时光"主题图片展，长春市图书馆特藏文库展示等。

9月25日至27日，馆长谢群、副馆长范敏、书刊借阅中心主任陆阳、新媒体服务部主任常盛到天津图书馆调研。

9月27日至10月11日，图书馆开展2013年第三季度考核工作。

9月28日，图书馆在文化讲堂举办"城市热读·社会热点"系列讲座（总第479期）：《文明关系中的中日关系》，由东北师范大学历史文化学院教授、博士生导师、中国日本史学会副会长周颂伦主讲。

9月28日，图书馆在文化讲堂举办"城市热读·国学大讲堂"系列讲座（总第480期）：《〈孝经〉系列精讲之四——准确把握"孝"与"修齐治平"的关系》，由长春市人民政府军队离退休干部安置办公室主任、长春市孔子研究会副秘书长刘世荣主讲。

10月15日至18日，党委副书记、副馆长吴锐在首都图书馆参加"城市与图书馆"学术论坛暨首都图书馆百年纪念会议。

10月16日，馆长办公室组织全体员工在五楼多功能厅进行培训，由数字资源部主任刘彩虹主讲《数字图书馆及其应用》。

10月17日至19日，馆长谢群、馆长办公室主任路维平、研究辅导部李莹波在武汉参加第25届全国十五城市公共图书馆工作研讨会。

10月19日，图书馆在文化讲堂举办"城市热读·城市规划大讲堂"系列讲座（总第481期）：《电影与公共文化》，由长春电视艺术家协会副主席兼秘书长王佳振，台湾喜恩文化艺术有限公司负责人陈惠婷、南京大学教授张鸿雁主讲。

10月23日，馆长办公室组织全体员工在五楼多功能厅进行培训，培训分上下午两场，由典藏阅览部孙玲主讲《古籍基础知识介绍》。

10月26日，图书馆在文化讲堂举办"城市热读·关东文化讲坛"系列讲座（总第482期）：《"满铁"真相》，由伪满皇宫博物院研究员、吉林省民俗学会副理事长、中国博物馆学会会员、日本史学会理事、溥仪研究会会员沈燕主讲。

10月20日至23日，采编部主任朱玲玲在厦门参加第三届全国文献编目工作研讨会。

10月底，《决策参考信息》改版升级完成，并更名为《决策参考》。

11月2日，图书馆在文化讲堂举办"城市热读·阅读论坛"系列讲座（总第483期）：《古希腊神话及其现代性》，由长春师范大学汉语言文学学院副院长、民盟长春师范大学委员会主任委员、长春师范大学教授、硕士研究生导师贺萍主讲。

11月7日至9日，馆长谢群、副馆长朱亚玲、网络技术部副主任李岩峰在上海浦东新区展览馆参加2013年中国图书馆学会年会·中国图书馆展览会。年会以"书香中国——阅读引领未来"为主题，分为工作会议、学术会议、展览会三大板块。

11月9日，图书馆在文化讲堂举办"城市热读·关东文化讲坛"系列讲座（总第484期）：《东丰农民画的无比生命力》，由中国统一战线理论研究会顾问、中国农民书画研究会副会长、吉林省孔子学会名誉会长、吉林省政协理论研究会副会长、吉林省全民读书协会名誉会长赵家治主讲。

11月13日，馆长办公室组织全体员工在五楼多功能厅进行培训，培训分上下午两场，由数字资源部耿岱文主讲《常用办公软件应用与推荐》。

11月16日，图书馆在文化讲堂举办"城市热读·中医大讲堂"系列讲座（总第485期）：《〈黄帝内经〉中的养生观之九——内养精神与心理健康》，由长春中医药大学教授、内经教研室主任、中医基础理论学科硕士研究生导师、中华中医药学会内经学分会委员张焱主讲。

11月18日，图书馆发布《长春图书馆新录聘人员培训方案》。

11月20日，馆长办公室组织全体员工在五楼多功能厅进行培训，培训分上下午两场，由研究辅导部李莹波主讲《2013图书馆学术热点追踪报告（下）》。

11月23日，图书馆在文化讲堂举办"城市热读·关东文化讲坛"系列讲座（总第486期）：《东丰农民画的无穷魅力》，由中国统一战线理论研究会顾问、中国农民书画研究会副会长、吉林省孔子学会名誉会长、吉林省政协理论研究会副会长、吉林省全民读书协会名誉会长赵家治主讲。

11月27日至29日，典藏阅览部张英华、孙玲参加吉林省古籍普查登记目录审校人员培训班。

11月28日，图书馆发布《长春市图书馆2013年冬季防火工作方案》。

11月29日至12月6日，典藏阅览部张英华、孙玲参加吉林省碑帖拓片整理与鉴定培训班。

11月30日，图书馆在文化讲堂举办"城市热读·中医大讲堂"系列讲座（总第487期）：《〈黄帝内经〉中的养生观之十——身形的养护》，由长春中医药大学教授、内经教研室主任、中医基础理论学科硕士研究生导师、中华中医药学会内经学分会委员张焱主讲。

12月4日，馆长办公室组织全体员工在文化讲堂举行2013年继续教育考试。

12月7日，青少年读者工作部试运行。

12月7日，图书馆在文化讲堂举办"城市热读·阅读论坛"系列讲座（总第488期）：《读书与人文素养》，由吉林省教育学院教授、中国教育学会中学语文教学专业委员会副理事长、教育部"国培计划"专家王鹏伟主讲。

12月12日至13日，馆长谢群参加由国家图书馆主办的第十四届全国省、自治区、直辖市、较大城市图书馆馆长联席会议，会议围绕全国公共图书馆服务体系建设问题进行研讨。国家图书馆馆长周和平、文化部公共文化司巡视员刘小琴、国家图书馆领导班子成员和全国公共图书馆50余位馆长出席会议。

12月14日，图书馆在文化讲堂举办"城市热读·中医大讲堂"系列讲座（总第489期）：《四大传统佳节中的养生意识》，由长春中医药大学教授、内经教研室主任、中医基础理论学科硕士研究生导师、中华中医药学会内经学分会委员张焱主讲。

12月21日，图书馆在文化讲堂举办"城市热读·关东文化讲坛"系列讲座（总第490期）：《东丰农民画的无限感染力》，由中国统一战线理论研究会顾问、中国农民书画研究会副会长、吉林省孔子学会名誉会长、吉林省政协理论研究会副会长、吉林省全民读书协会名誉会长赵家治主讲。

12月23日，图书馆在文化讲堂举办2013年馆领导班子述职大会，馆长谢群，副馆长刘曙光，副书记吴锐，副馆长范敏、朱亚玲分别做述职报告，长春市文化广电新闻出版局人事处处长李冬梅等三人出席大会。

12月23日，青少年读者工作部由于消防设施设备需要进一步完善和调试，暂停开馆。

12月25日，馆长办公室组织全体员工在文化讲堂举办外出人员汇报会，由副馆长朱亚玲、馆长办公室主任路维平、采编部主任朱玲玲与典藏阅览部牟燕作外出参会汇报。

12 月 28 日，图书馆在文化讲堂举办"城市热读·中医大讲堂"系列讲座（总第491 期）：《治未病的预防养生观》，由长春中医药大学教授、内经教研室主任、中医基础理论学科硕士研究生导师、中华中医药学会内经学分会委员张焱主讲。

12 月 30 日，长春市文化广电新闻出版局下发《关于表彰 2013 年度全市文化广电新闻出版系统政务信息工作先进单位、优秀组织者和优秀信息员的通知》文件，图书馆荣获"2013 年度全市文化广电新闻出版系统政务信息工作先进单位"称号，馆长谢群荣获"2013 年度全市文化广电新闻出版系统政务信息工作优秀组织者"称号，王英华荣获"2013 年度全市文化广电新闻出版系统政务信息工作优秀信息员"称号。

是年，总馆馆舍修缮及改造工程完成约 2 万平方米的装修改造工作。为配合馆舍的重新开放，馆内光纤宽带由 120 兆升至 220 兆，根据基建装修改造后各区的功能应用，增设信息点 270 个，全馆共有 1 129 个信息点。

是年，图书馆订购中文图书 50 910 种 154 658 册，订购外文图书 807 种（册）。完成中文报纸预订 345 种 598 份，完成期刊订购 4 641 种 5 598 份。文献入藏 63 152 种175 018 册（件），其中中文图书 50 938 种 162 724 册，中文报刊 10 160 册 12 166 份。全年自建数据库 11 种，采购数据库 31 种。前往辽宁省收集矿务志等文献 2 万余页，扫描文献量近 20G。图书馆承担国家古籍平台录入工作，完成《全国古籍普查登记目录》长春市图书馆部分的校对，核对已登录的六个古籍基本款目数据约 600 多部。

是年，图书馆接待到馆读者 575 059 人次，办理读者证 3 073 个，图书流通量332 687 人次，文献外借 316 224 册次。解答咨询 209 723 条，完成网上参考咨询 62 499条 62 499 人次。完成代检索课题 67 项。开展文献宣传活动 32 次，向读者推荐文献1 012 种 1 600 册（件）。共开展读者活动 137 次，参与人数 135 429 人次，其中：讲座、培训 112 次，24 000 人次；展览 10 次，54 500 人次；其他活动 15 次，56 929 人次。全年 365 天向社会开放，累计 2 760 小时，平均每周开放 53 小时。

是年，图书馆为各分馆配送文献 28 次，其中图书 111 731 册、期刊 6 311 册；为分馆组织集中培训 6 次，参加培训人员 860 余人次。

是年，图书馆组织馆内职工培训 15 次，累计培训 1 681 人次，3 402 学时；派出职工学习、考察、参加各种学术会议 30 余人次。图书馆职工参与各类研讨会论文投稿，5篇获各等级奖项；发表期刊论文 58 篇；出版论文集论文 21 篇；出版学术著作 1 部。编辑完成《品读》3 期。

是年，图书馆被各类新闻媒体报道 1 029 次。

2014 年

1 月 4 日，图书馆在文化讲堂举办"城市热读·社会热点"系列讲座（总第 492 期）：《新风习习暖人心——新一代领导人为中国带来新希望》，由吉林省政府发展研究中心、吉林省政府研究室学术委员会秘书长、研究员刘庶明主讲。

1 月 6 日至 11 日，数字资源部耿岱文赴北京参加由文化部全国公共文化发展中心主办的全国文化信息资源共享工程多媒体资源建设培训班。

1 月 7 日至 8 日，馆长谢群参加长春市妇女第十五次代表大会。

1 月 9 日至 11 日，文化项目发展部主任赵婷、采编部主任朱玲玲、青少年读者工作部主任于雅彬、文化项目发展部李晓燕赴北京参加由中国书刊发行业协会、中国出版协会主办的 2014 年北京图书订货会。

1 月 11 日，图书馆在文化讲堂举办"城市热读·传统文化"系列讲座（总第 493 期）：《生态美学——围绕"人与自然"展开》，由吉林大学文学院教授、中文系主任、博士生导师沈文凡主讲。

1 月 17 日，图书馆党委组织党员干部走访慰问离退休老干部及患重大疾病的职工，为其送去新春祝福。

1 月 18 日，图书馆在文化讲堂举办"城市热读·阅读论坛"系列讲座（总第 494 期）：《刘邦项羽成败论——以"楚汉战争"为例》，由长春师范大学文学院副教授、硕士生指导教师王大恒主讲。

1 月 23 日，以"盛世圆梦 书海启航"为主题的第十六届有奖春联征集活动评奖揭晓。来自 27 个省（自治区、直辖市）的 238 位春联爱好者的 1 068 副春联作品参评，最终评选出一等奖 3 名，二等奖 25 名，三等奖 72 名。获奖春联在"2014 年长春市文化庙会"上展出。

1 月 25 日，图书馆在文化讲堂举办"城市热读·传统文化"系列讲座（总第 495 期）：《祥瑞中国年》，由吉林省民俗学会理事长施立学主讲。

1 月 26 日，图书馆发布《长春市图书馆今冬明春第二次"清剿火患"战役工作实施方案》。

1 月，图书馆多人获长春市人力资源和社会保障局年终考核（2013 年度）优秀嘉奖，包括：朱亚玲、阚立民、金钟春、陆阳、李岩峰、郭旭、刘姝旭、刘劲节、王嘉雷、于涵、房寂静、周文举、范崔岩、刘英、翟羽佳、王彦萍、郝欣、黄子健、谢彦君、王艳立、田久计、张黎光、孙晓红、张磊、苗林、亢吉平、侯军、牟燕。

2月15日，图书馆在文化讲堂举办"城市热读·科普空间"系列讲座（总第496期）：《走进心理学世界　构建和谐心灵家园》，由吉林省心理教育协会副秘书长顾寿山主讲。

2月22日，图书馆在文化讲堂举办"城市热读·中医大讲堂"系列讲座（总第497期）：《颈椎病的防治与误区》，由长春中医药大学附属医院经开院区颈腰椎病科主任齐伟主讲。

2月22日，图书馆在文化讲堂举办"城市热读·城市规划大讲堂"系列讲座（总第498期）：《基础教育空间与文化建设》，由长春市城乡规划设计研究院院长助理、副总规划师邹丽珠，台北市开放空间文教基金会执行长黄浩德主讲。

2月25日，深圳图书馆副馆长张岩等一行6人到图书馆调研学习。

3月1日，图书馆在文化讲堂举办"城市热读·文艺欣赏"系列讲座（总第499期）：《中韩电视剧的传统文化话语与文化创新——以〈咱们结婚吧〉和〈欧若拉公主〉为例》，由吉林省教育学院教授金花子主讲。

3月1日，图书馆在文化讲堂举办"城市热读·热会热点"系列讲座（总第501期）①：《提振民族自信　实现复兴伟梦——我看嫦娥三号发射》，由吉林大学政治学理论专业2011级博士研究生岳强主讲。

3月1日至12月31日，由图书馆举办的"发展中的长图讲座"——"城市热读"讲座500期主题展览在文化讲堂展出。

3月5日至6月5日，按照长春市文化广电新闻出版局统一部署，图书馆开展为期3个月的安全生产隐患集中整治专项行动。

3月7日，馆长谢群参加中共长春市委宣传部、中共长春市委政法委员会等单位联合举办的纪念三八国际劳动妇女节暨"献巾帼才智　建幸福长春"大会，馆长谢群荣获"三八红旗手"称号。

3月7日，纪念"城市热读"500期座谈会在图书馆二楼会议室举行。"城市热读"主讲嘉宾代表、合作单位、新闻媒体和读者代表以及长春市图书馆领导、讲座工作人员参加活动。座谈会由策划推广部主任刘怡君主持，副馆长范敏作题为《兴阅读风尚　做文化津梁》的讲话，全面回顾讲座发展历程。参会来宾对"城市热读"未来的发展规划

---

① 原定3月1日举办的第500期讲座因故延迟到3月8日举办，第501期讲座提前到3月1日举办。

提出众多建设性意见。座谈会上，图书馆还为主讲嘉宾代表及合作单位代表颁发"公益讲座顾问证书"，为听众代表颁发"公益讲座志愿者证书"。

3月8日，图书馆在文化讲堂举办"城市热读·城市热读500期"专场讲座（总第500期）：《大国运 新国学》，由长春大学人文学院教授、长春大学国学研究发展中心主任、东北师范大学特聘研究生导师金海峰主讲。

3月8日，图书馆在文化讲堂举办"城市热读·三八妇女节"专场讲座（总第502期）：《女性面部年轻化综合治疗和形体塑造》，由吉林大学第一医院整形美容外科主治医师荣莉主讲。

3月12日，图书馆发布《长春市图书馆春季安全生产隐患集中整治专项行动工作方案》。

3月12日至14日，新媒体服务部主任常盛在北京参加由国家图书馆主办、中央文化管理干部学院承办的数字图书馆推广工程宣传员培训班。

3月15日，图书馆在文化讲堂举办"城市热读·315国际消费者权益日"专场讲座（总第503期）：《房地产买卖中消费者权益的保护》，由长春工程学院管理学院教师、法学副教授隋海波主讲。

3月15日，图书馆在文化讲堂举办"城市热读·阅读论坛"系列讲座（总第504期）：《走进中国古代经典爱情诗词世界》，由吉林大学文学院副教授、硕士生导师由兴波主讲。

3月16日至20日，研究辅导部丁文伍在山东大学参加由文化部全国公共文化发展中心主办的2014年度文化共享工程暨公共电子阅览室市县骨干培训班。

3月22日，图书馆在文化讲堂举办"城市热读·社会热点"系列讲座（总第505期）：《投资人视野下的2014年宏观经济与金融市场解读》，由吉林大学管理学院管理学博士研究生、中共长春市委党校（长春市行政学院）教师刘畅主讲。

3月22日，图书馆在文化讲堂举办"城市热读·社会热点"系列讲座（总第506期）：《2020年的中国教育》，由大庆师范学院文学院讲师、吉林大学文学院中国现当代文学专业2013级博士生张大海主讲。

3月28日，馆长办公室组织全体员工在文化讲堂进行培训，由东北师范大学教师发展学院特聘教授高岚主讲《馆员形象魅力塑造及工作礼仪提升》。

3月29日，图书馆在文化讲堂举办"城市热读·中医大讲堂"系列讲座（总第507期）：《教你雾霾天足不出户的养生保健操——八段锦（一）》，由国家中医药管理局科普巡讲专家、吉林省中医药学会副会长兼秘书长朱桂祯主讲。

3月29日，图书馆在文化讲堂举办"城市热读·传统文化"系列讲座（总第508期）：《禅与生活》，由北华大学文学院副教授、硕士生导师张轶男主讲。

3月31日至4月8日，图书馆开展2014年第一季度考核工作。

4月2日，馆长办公室组织全体员工在文化讲堂进行培训，由北京雷速科技有限公司、北京碧虚文化有限公司董事长刘锦山主讲《雷速学术平台与图书馆发展趋势》。

4月9日，图书馆在文化讲堂召开党的群众路线教育实践活动动员大会，长春市文化广电新闻出版局第一督导组组长曲笑，长春市委督导组成员张云武、张鹏飞，长春市文化广电新闻出版局党办、局督导组人员及图书馆领导班子成员、全体员工参加会议。自此一直至该年10月末，图书馆持续开展党的群众路线教育实践活动。

4月9日，《中国文化报》以"长春'城市热读'文化大讲堂：一方讲台培育社会风尚"为主题对城市热读500期讲座活动进行大篇幅报道。

4月12日，图书馆在文化讲堂举办"城市热读·关东文化讲坛"系列讲座（总第509期）：《东北地域文化特色》，由吉林省文学艺术界联合会副主席、吉林省民间文艺家协会主席曹保明主讲。

4月12日，图书馆在文化讲堂举办"城市热读·中医大讲堂"系列讲座（总第510期）：《颈椎病的防治与误区（二）》，由长春中医药大学附属经开医院颈腰椎病科主任齐伟主讲。

4月16日，图书馆在文化讲堂召开长春市图书馆新馆开馆动员大会。

4月16日，图书馆党委组织全体党员、中层干部、积极分子参加"党的群众路线教育实践活动学习与培训"，观看影片《焦裕禄》与《失德之害——领导干部从政道德警示录　第一集》

4月16日至17日，包头市图书馆参考民族地方文献部李沭池、辅导协作部马鸣到长春市图书馆学习考察。

4月17日，保卫科组织全体员工在文化讲堂进行2014年春节防火知识培训会暨消防演练。

4月19日，图书馆在文化讲堂举办"城市热读·关东文化讲坛"系列讲座（总第511期）：《文化古镇乌拉街》，由吉林省民俗学会理事长、编审，中国民俗学会少数民族民俗研究中心副主任、中国民俗学会理事施立学主讲。

4月19日，图书馆在文化讲堂举办"城市热读·文艺赏析"系列讲座（总第512

期）:《乘着歌声的翅膀——艺术歌曲欣赏与创作》，由吉林艺术学院音乐学院作曲系主任、教授、硕士生导师杨永泽主讲。

4月23日，总馆改造修缮后全面开馆。当天，图书馆为到馆的第一批读者发放读者证和纪念品，并举办"城市热读·世界读书日"专场讲座，"E网书香靓长图"数字资源应用推广活动，长春市图书馆创新服务功能展示，"阅读的魅力"主题图片展，中小学生、幼儿园儿童"图书馆之旅"到新市图参观体验等活动。自开馆当日起，"新市图开放月"系列阅读活动拉开序幕。活动包含文化展览、公益讲座、文献展阅、阅读分享、数字阅读、读者荐书、惠读活动7大类38项，持续到5月31日。

2014年改造修缮后的总馆一楼大厅

改造修缮后的自修室

改造修缮后的阅览室

4月23日，长春市文化广电新闻出版局局长崔永泉，副局长于显民、曲笑及办公室主任杨青宇等一行5人来图书馆督导检查消防安防工作。

4月23日，图书馆在文化讲堂举办"城市热读·阅读论坛"系列讲座（总第513期）:《社会变革与青年学术阅读》，由吉林大学行政学院副教授、硕士生导师马雪松主讲。

4月23日，"热门图书汇"读者荐书活动启动，该活动计划长期开展。

4月26日，图书馆在文化讲堂举办"城市热读·阅读论坛"系列讲座（总第514期）:《文学经典与人生智慧》，由东北师范大学校务委员会副主任、吉林省文学学会副会长刘建军主讲。

4月26日，图书馆在文化讲堂举办"城市热读·中医大讲堂"系列讲座（总第515期）:《教你雾霾天足不出户的养生保健操——八段锦（二）》，由国家中医药管理局科普巡讲专家、吉林省中医药学会副会长兼秘书长朱桂祯主讲。

5月初，"长图志愿者"招募工作启动，面向社会各界诚挚邀请在长春市居住、工作或学习，年龄在16—45周岁，热爱公益事业，具有良好文化基础的市民参与图书馆解答读者咨询、文献分类整理、书刊借阅服务、读者活动组织等志愿服务工作。130余人通过现场、网络报名，最终15人入选。

5月10日，图书馆在文化讲堂举办"城市热读·长春城市规划大讲堂"系列讲座（总第516期）:《创意文化与创业人生》，由英国爱丁堡大学社会科学博士、台湾开南大学创意产业系主任张世傮，长春市至爱老年医疗护理院院长台丽伟共同主讲。

5月10日，图书馆在文化讲堂举办"城市热读·财经漫谈"系列讲座（总第517期）:《当前宏观经济与个人理财策略》，由吉林大学应用技术学院副教授、经济学博士杨振凯主讲。

5月11日，新媒体服务部联合《新文化报》在视听艺术馆举办"带着妈妈看电影"专场活动。

5月13日，长春市民生工作办公室主任赵首沣在长春市文化广电新闻出版局副局长曲笑的陪同下来到图书馆，调研免费开放工作开展情况。

5月13日，长春市文化广电新闻出版局局长崔永泉、副局长王柏秋来到图书馆开展调研活动。中共长春市纪律检查委员会党风室主任、党的群众路线第四巡回督导组组长史延文，中共长春市委组织部人才处主任科员、第四巡回督导组成员张鹏飞出席座谈会。

5月16日，九台市九台街道福林社区分馆暨全国文化信息资源共享工程基层服务点揭牌。

5月16日，九台市九郊乡拉它泡村分馆暨全国文化信息资源共享工程基层服务点揭牌。

5月17日，图书馆在文化讲堂举办"城市热读·关东文化讲坛"系列讲座（总第518期）:《吉林鲜明的地域文化特色》，由吉林省文学艺术界联合会副主席、吉林省民间文艺家协会主席曹保明主讲。

5月17日，图书馆在文化讲堂举办"城市热读·科普空间"系列讲座（总第519期）:《中国史前灾难遗址——哈民忙哈探秘》，由吉林大学博士生讲师团讲师周亚威主讲。

5月17日，青少年读者工作部联合小花龟亲子绘本馆启动"快乐小陶子"绘本故事会活动，活动每两周在周六举办。活动主要面向3—9岁未成年人，以绘本为载体、以阅读为手段、以促进全民阅读为目标，让小朋友们共同分享绘本和故事带来的快乐，培养儿童的良好阅读习惯。

5月18日，第24个全国助残日当天，围绕全国助残日"关心帮助残疾人，实现美好中国梦"这一主题，图书馆联合长春大学特殊教育学院开展"书香·光明·音乐之旅"活动。

5月19日至23日，采编部李晓蓉赴北京参加国家图书馆举办的中文期刊与报纸编目管理培训班。

5月20日，双阳区启蒙双语幼儿园分馆暨全国文化信息资源共享工程基层服务点揭牌。

5月24日，图书馆在文化讲堂举办"城市热读·关东文化讲坛"系列讲座（总第520期）:《渤海国的历史与文化》，由吉林省民俗学会理事长、中国民俗学会少数民族民俗研究中心副主任施立学主讲。

5月24日，图书馆在文化讲堂举办"城市热读·阅读论坛"系列讲座（总第521期）:《右手书籍左手爱》，由吉林省榆树市轮椅作家、延边大学出版社签约作家李子燕主讲。

5月25日至27日，参考咨询部主任金钟春、新媒体服务部副主任于丹辉赴北京参加由国家图书馆主办的全国省级及副省级公共图书馆参考咨询部主任工作会议。

5月26日至6月1日，以"图书馆——传承优秀传统文化　建设民族精神家园"为主题的2014年图书馆服务宣传周系列活动举办，包括主题活动、文化展览、专题讲座、专题文献展阅、知识窗、数字阅读、分馆活动等。

5月26日至6月11日，由国家图书馆、长春市图书馆举办的第九届文津图书奖巡回展在长春市图书馆二楼展厅展出。

5月28日，按照长春市文化广电新闻出版局要求，图书馆组织员工进行疏散演练。

5月31日，图书馆与吉林省正大书苑有限公司联合举办"阅读美丽人生——亲子阅读团荐购活动"。当天读者共采购图书500册，码洋1.2万余元。

5月，馆团委举办"展市图新妆 筑青春梦想——我眼中的新市图"活动，征集团员拍摄的新馆重新开放后的精美照片，在馆内展出。

6月1日，图书馆、长春理工大学与光同行社团、爱乐社工事务所联合举办"爱让星空蓝起来"活动，与孤独症儿童共度六一儿童节。

6月4日，2014年职工业务培训开班典礼在文化讲堂举行。

6月4日，馆长办公室组织全体员工在五楼多功能厅进行培训，培训分上下午两场，由网络技术部副主任李岩峰主讲《长春市图书馆智能化系统应用》。

6月4日至7日，副馆长范敏、馆长办公室王英华赴青岛参加第26届全国十五城市公共图书馆工作研讨会，本届会议主题为"公共图书馆服务体系建设与体制机制创新"。

6月7日，图书馆在文化讲堂举办"城市热读·素质教育"系列讲座（总第522期）：《孩子不是教出来的——家庭教育的理念和方法》，由东北师范大学教育学部教授、博士生导师、国家基础教育实验中心心理教育研究中心主任刘晓明主讲。

6月7日，图书馆在文化讲堂举办"城市热读·社会热点"系列讲座（总第523期）：《如何看待当前的国际形势》，由中国人民解放军空军航空大学教学督导组专家、党的创新理论研究中心研究员贾怀东主讲。

6月10日至12日，党委副书记、副馆长吴锐，研究辅导部李莹波赴南宁参加川吉苏冀桂五省（区）图书馆学会第十四届学术研讨会，会议主题为"图书馆建设与服务·区域合作"。

6月10日至14日，由吉林省金融工会举办的吉林省金融系统书法篆刻作品展在图书馆二楼展厅展出。

6月11日，馆长办公室组织全体员工在文化讲堂进行培训，由办公室主任路维平主讲《长春市图书馆职工考勤休假管理规定》。

6月12日，榆树市正阳街道站前社区分馆暨全国文化信息资源共享工程基层服务点揭牌。

6月14日，图书馆在文化讲堂举办"城市热读·阅读论坛"系列讲座（总第524期）：《当代爱情题材小说的文化解读》，由长春师范大学文学院教授、硕士研究生导师刘钊主讲。

6月14日，图书馆在文化讲堂举办"城市热读·中医大讲堂"系列讲座（总第525期）：《腰椎病的防治与误区》，由长春中医药大学附属经开医院颈腰椎病科主任齐伟主讲。

6月16日至20日，研究辅导部丁文伍、王嘉雷在长春参加由吉林省图书馆举办的吉林省文化信息资源共享工程技术骨干培训班。

6月18日，馆长办公室组织全体员工在五楼多功能厅进行培训，观看由清华大学美术学院教授吕敬人主讲的《书戏——阅读与被阅读》讲座视频。

6月21日，图书馆在文化讲堂举办"城市热读·生活百科"系列讲座（总第526期）：《从择校申请到学习就业——北美大学生活掠影》，由吉林大学教师、文学博士窦可阳主讲。

6月21日，图书馆在文化讲堂举办"城市热读·关东文化讲坛"系列讲座（总第527期）：《1948年，长春解放始末》，由长春人文历史研究者、长春市政协文史专员、长春市历史保护专业委员会委员张贤达主讲。

6月21日至25日，由吉林省出版协会举办的"中国梦——吉林省装帧艺术作品展"在图书馆二楼展厅展出。

6月26日，图书馆发布《长春市图书馆2014年上半年考核方案》。

6月26日，杭州图书馆一行8人到图书馆交流学习。

6月27日，朝阳区前进街道东光社区分馆暨全国文化信息资源共享工程基层服务点揭牌。

6月28日，图书馆在文化讲堂举办"城市热读·传统文化"系列讲座（总第528期）：《从传统文化看现代人心态》，由高级记者、吉林省资深媒体人、吉林省人大常委会信息中心副主任王泰筌主讲。

6月28日，图书馆在文化讲堂举办"城市热读·关东文化讲坛"系列讲座（总第529期）：《漫谈吉林省老建筑的保护和利用》，由伪满皇宫博物院研究员、吉林省民俗学会副理事长沈燕主讲。

6月29日，图书馆在文化讲堂举办"城市热读·吉林省市民文化节"《作家》杂志文学讲堂（总第530期）：《〈金瓶梅〉与十六世纪文学真妄观的确立》，由著名作家、清华大学教授、博士生导师格非主讲。

6月30日至7月4日，图书馆开展2014年上半年考核工作。

7月3日至6日，副馆长朱亚玲赴济南参加由清华大学图书馆、香港大学图书馆、山东大学图书馆、中国学术期刊（光盘版）电子杂志社主办，同方知网（北京）技术有限公司承办的 2014 年中文数字出版与数字图书馆国际会议，会议主题为"数字图书馆建设与服务、数字化创新与发展"。

7月5日，图书馆在文化讲堂举办"城市热读·社会热点"系列讲座（总第 531 期）:《中国传统文化与中国梦》，由东北师范大学马克思主义学部教授、博士生导师胡海波主讲。

7月5日，图书馆在文化讲堂举办"城市热读·科普空间"系列讲座（总第 532 期）:《新媒体的研究领域与前沿进展》，由东北师范大学传媒科学学院副教授、博士生导师张海主讲。

7月5日，青少年读者工作部与长春义工团队①、联合举办"公益家庭急救课堂——心脏复苏术"培训活动。

7月6日，"计算机应用技能"公益讲座（第一季）暨"Office 实用技术"讲座在图书馆拉开帷幕，活动历时一个月。

7月6日，青少年读者工作部启动"学国学　诵经典"市图亲子国学公益诵读活动，活动于每月第一个周日及第二个周日上午举办，持续到 12 月 14 日。

"学国学　诵经典"活动现场

7月7日至8月1日，图书馆集中开展"领导班子贯彻落实群众路线深入各部门调研"活动。馆领导班子以座谈会形式与馆员交流谈心，了解部门工作情况、群众对图书

---

①　长春义工团队是于 2006 年发起并成立的长春义工群体。

馆事业建设发展方面的意见建议、群众对领导班子和班子成员的意见建议及愿望、群众关心的热点难点和亟须解决的问题及个人生活情况等。此次活动最终梳理出各类问题、意见建议90条，馆领导班子及班子成员逐一认领，并积极落实解决。

7月9日至11日，馆长谢群赴上海参加由上海图书馆主办，上海市图书馆学会、上海市科学技术情报学会协办的第七届上海国际图书馆论坛（SILF7），主题为"转型时代的图书馆：新空间·新服务·新体验"。来自世界26个国家和地区的400余位代表出席论坛，馆长谢群主持主题为"网络社会实体图书馆的定位与发展"的专题交流会。

7月9日，馆长办公室组织全体员工在五楼多功能厅进行培训，由研究辅导部李莹波主讲《川、吉、苏、冀、桂五省（区）图书馆学会第十四届学术研讨会学术信息》。

7月9日至8月13日，青少年读者工作部举办"义务小馆员"社会实践活动。40名"义务小馆员"经工作人员培训后"上岗"，负责解答咨询、帮助读者借书还书、整理图书文献等。

7月10日，图书馆自助借阅图书服务启用密码验证。

7月12日，图书馆在文化讲堂举办"城市热读·社会热点"系列讲座（总第533期）：《新一轮改革为吉林带来哪些红利》，由吉林大学管理学院教授、博士生导师李北伟主讲。

7月12日，图书馆在文化讲堂举办"城市热读·科普空间"系列讲座（总第534期）：《宗教与邪教漫谈》，由东北师范大学教授、博士生导师张晓华主讲。

7月14日至8月31日，以"盛夏绿洲　书荫乘凉"为主题的暑期阅读系列活动开展，包括主题活动、专题讲座、专题文献展阅、数字阅读、文化展览、知识窗展示6大类37项活动。

7月16日，长春市政协副主席贾丽娜带领部分市政协文教委委员，在长春市文化广电新闻出版局局长崔永泉、办公室主任杨青宇等的陪同下来到图书馆，调研视察图书馆改造后的建设发展及服务情况。

7月16日至8月13日，青少年读者工作部逢周三上午免费举办"假日影院"活动，共为小读者放映影片5场。

7月19日，图书馆在文化讲堂举办"城市热读·关东文化讲坛"系列讲座（总第535期）：《留住乡愁——村与村落文化》，由中国文学艺术界联合会全国委员会委员、吉林省文学艺术界联合会副主席、吉林省民间文艺家协会主席曹保明主讲。

7月19日，图书馆在文化讲堂举办"城市热读·生活百科"系列讲座（总第536期）：《人人都是创造之人——谈创造心理》，由长春师范大学教育科学学院教授、硕士研究生导师、心理学系主任刘平主讲。

7月22日，长春市副市长张晶莹、市政府副秘书长卢福建及市政府文教办公室等一行人，在长春市文化广电新闻出版局局长崔永泉的陪同下来到图书馆，调研图书馆重新改造修缮后的馆舍建设情况，了解读者服务情况。

7月22日，图书馆领导班子召开专题民主生活会。此次专题民主生活会按照中央"照镜子、正衣冠、洗洗澡、治治病"的总要求，聚焦"四风"突出问题，紧密联系思想、工作实际和领导干部的个人成长经历，认真对照检查，深刻剖析根源，进一步明确领导班子努力方向和整改措施。长春市委第四巡回督导组史延文主任到会指导，巡回督导组张云武、张鹏飞参加会议。长春市文化广电新闻出版局局长党委书记、崔永泉，党委副书记王柏秋到会指导，局第一督导组成员参加会议。会议由王柏秋主持。馆党委书记、馆长谢群代表领导班子进行对照检查。馆领导班子成员逐一进行对照检查，并对每位班子成员提出批评意见。

7月23日，馆长办公室组织全体员工在五楼多功能厅进行培训，观看由国家图书馆副馆长魏大威主讲的《万物互联背景下的图书馆新业态发展思考》讲座视频。

7月26日，图书馆在文化讲堂举办"城市热读·科普空间"系列讲座（总第537期）：《还世界一片纯净的蓝天——$PM_{2.5}$的污染防治》，由长春市环境保护局副局长、长春市科学技术协会常务版叶春民主讲。

7月26日，图书馆在文化讲堂举办"城市热读·生活百科"系列讲座（总第538期）：《生活中的〈侵权法〉》，由吉林大学法学院教授、博士生导师曹险峰主讲。

7月28日，图书馆召开领导班子专题民主生活会通报会。会上领导班子向与会的馆中层干部、工会、妇委会、团委、民盟及群众代表介绍专题民主生活会的全部情况，并承诺接受群众监督。

7月29日，副馆长吴锐等一行4人，为驻长春部队送书千余册，表达对驻长部队官兵们的节日问候，并分别同各驻长部队官兵进行座谈，深入了解官兵们对图书馆文献信息资源的需求情况，与部队探讨数字资源进部队、讲座资源进部队以及军民联合共建的方式方法等。

7月29日至30日，典藏阅览部刘彩虹、张英华、孙玲在长春参加由长春市文物局举办的全市第一次"可移动文物普查系统录入、摄影和文物认定培训班"。

7月31日，图书馆在文化讲堂举办"城市热读·长春规划大师讲坛"专场讲座（总第539期）：《未来城市——慷慨之城》，由美国生态城市建设者协会主席、C&P国际生态技术研究院首席生态规划师理查德·瑞杰斯特主讲。

7月31日至8月2日，青少年读者工作部于雅彬赴安徽省黄山市参加由中国图书馆学会举办的"全国绘本阅读推广高峰论坛暨全国图书馆未成年人服务提升计划——安徽站"学习班。

8月2日，图书馆联手长春电视台打造的"在书香中相遇，以书的名义表白"大型阅读交友活动在视听艺术馆举行。围绕"阅读"的主题，60余名男女嘉宾通过介绍、交换和寻找图书的方式寻找心仪的交往对象。

8月2日，图书馆在文化讲堂举办"城市热读·生活百科"系列讲座（总第540期）：《生活中的食品安全》，由吉林农业大学食品科学与工程学院教授李大军主讲。

8月2日，图书馆在文化讲堂举办"城市热读·中医大讲堂"系列讲座（总第541期）：《天人合一　中和之道——传统中医对养生的认知（一）》，由吉林省中医药学会青年中医专家王君济主讲。

8月6日，馆长办公室组织全体员工在五楼多功能厅进行培训，培训分上下午两场，由新媒体服务部主任常盛主讲《新媒体服务在图书馆中的应用》。

8月9日，图书馆在文化讲堂举办"城市热读·长春城市规划大讲堂"专场讲座（总第542期）：《城市＆记忆》，由吉林省民俗学会理事长、中国满学会副会长施立学，吉林人民广播电台多媒体主编、城市文化推广者李雨楠，长春市城乡规划设计研究院规划师赵要伟主讲。

8月9日，图书馆在文化讲堂举办"城市热读·阅读论坛"系列讲座（总第543期）：《一沙一世界　一花一天堂——布莱克的诗中画、画中诗》，由东北师范大学外国语学院教授刘国清主讲。

8月14日，图书馆党委所属四个党支部召开专题组织生活会并开展党员民主评议工作，领导班子成员以党员身份参加会议并作简要发言。长春市文化广电新闻出版局教育实践活动督导组成员张占刚、刘爽出席会议。

8月16日，图书馆在文化讲堂举办"城市热读·关东文化讲坛"系列讲座（总第544期）：《近现代长春城市规划历程与城市空间结构演进》，由东北师大历史文化学院教授、晚清民国史方向博士生导师曲晓范主讲。

8月16日，图书馆在文化讲堂举办"城市热读·艺术赏析"系列讲座（总第545期）：

《相会伟大——读东西方艺术大师佳作》，由吉林艺术学院美术学副教授、图书馆馆长李宗主讲。

8月19日，长春市市长姜治莹等一行8人来图书馆进行现场调研和考察，长春市副市长桂广礼、市政府秘书长贺兴国、副秘书长周继峰及市政府办公厅、市政府民生工作办公室、市文化广电新闻出版局等相关部门的负责人陪同调研。

8月20日，馆长办公室组织全体员工在五楼多功能厅进行培训，培训分上下午两场，观看由国家图书馆馆长助理孙一刚主讲的《利用现代信息技术　推动图书馆事业跨越式发展》讲座视频。

8月22日，2014年度长春市公共图书馆业务工作交流会在图书馆视听艺术馆举办。馆长谢群，副馆长吴锐、范敏、朱亚玲，各县（市、区）公共图书馆馆长、业务副馆长以及技术人员共计40余人参加会议。

2014年度长春市公共图书馆业务工作交流会现场

8月23日，图书馆在文化讲堂举办"城市热读·艺术赏析"系列讲座（总第546期）：《艺术电影的现状与发展》，由国家一级摄影师王长宁主讲。

8月23日，图书馆在文化讲堂举办"城市热读·文艺赏析"系列讲座（总第547期）：《音乐的世界　世界的音乐》，由东北师范大学音乐学院副教授、硕士生导师刘绵绵主讲。

8月27日，图书馆工会组织全馆员工开展"快乐工作　阳光生活——长春市图书馆金秋职工徒步行走活动"。

8月28日，吉林省人大常委会副主任车秀兰率省市人大常委会联合视察组来图书馆视察工作，长春市委常委、副市长张晶莹，长春市文化广电新闻出版局等相关人员陪同视察。

8月29日，图书馆组织针对长春市协作图书馆文献加工流程的集中培训。培训活动在文化讲堂举行，副馆长吴锐、范敏出席，各县（市、区）公共图书馆馆长、业务副馆长以及数据加工人员等50余人参加培训。

8月29日至31日，图书馆在视听艺术馆举办"致父辈的青春"免费观影系列活动，共播放3部影片。

8月30日，图书馆在文化讲堂举办"城市热读·传统文化"系列讲座（总第548期）：《孔子的德育思想及现代价值》，由东北师范大学教育学部教授、博士生导师王凌皓主讲。

8月30日，图书馆在文化讲堂举办"城市热读·中医大讲堂"系列讲座（总第549期）：《天人合一　中和之道——传统中医对养生的认知（二）》，由吉林省中医药学会青年中医专家王君济主讲。

8月，铁北分馆读者服务部副主任郭旭至和龙市图书馆进行支边工作，至2015年8月结束。

9月1日，图书馆自修室预约系统试运行。

9月2日，义和路派出所分馆暨全国文化信息资源共享工程基层服务点揭牌。

9月3日，馆长办公室组织全体员工在五楼多功能厅进行培训，培训分上下午两场，由新媒体服务部副主任于丹辉主讲《馆藏数据库的使用方法与技巧》。

9月4日，长春市委巡回督导组张鹏飞等3人听取由馆长谢群对图书馆开展群众路线教育实践活动"回头看"工作进行的汇报，图书馆党委副书记吴锐、党委办公室主任齐红星参加汇报会。

9月5日，吉林省保安押运护卫有限公司分馆暨全国文化信息资源共享工程基层服务点揭牌。

9月6日，图书馆举办"秋韵·畅响"主题音乐活动，东北师范大学音乐学院学生合唱团、长春市春暖琴馆受邀参加，活动由"高雅艺术进长图——唱响金秋""琴会中秋·古琴雅集"两个部分组成。

9月9日至10日，馆长谢群赴北京参加由国家图书馆举办的全国省级公共图书馆馆长座谈会，会议主题为"研讨公共图书馆与国家图书馆'十三五'事业发展思路"。

9月11日，延边州公共图书馆业界同人在延边图书馆馆长金勇进的带领下，一行

17 人来到长春市图书馆，就长春市图书馆在长春市公共文化服务体系示范区建设工作中取得的经验进行学习研讨与交流。馆长谢群，副馆长刘曙光、吴锐、范敏、朱亚玲陪同参观。

9 月 13 日，图书馆在文化讲堂举办"城市热读·阅读论坛"系列讲座（总第 550期）：《哲学与"爱""情"》，由东北师范大学马克思主义学部哲学院副教授、硕士生导师罗兴刚主讲。

9 月 13 日，图书馆在文化讲堂举办"城市热读·艺术赏析"系列讲座（总第 551期）：《于"洞穴"中雕刻时光——察人·观己·品书·看电影》，由东北师范大学传媒科学学院讲师辛露主讲。

9 月 15 日至 19 日，研究辅导部丁文伍、新媒体服务部孙海晶参加由吉林省图书馆举办的吉林省文化共享工程技术骨干培训班。

9 月 16 日至 21 日，由长春市群众艺术馆举办的长春市"市民艺术节"暨首届群众摄影大赛"指尖上的艺术——光影瞬间"获奖作品展在图书馆二楼展厅展出。

9 月 18 日，长春市委巡回督导组在市文化广电新闻出版局会议室听取由图书馆党委副书记吴锐所作的图书馆教育实践活动整改落实工作情况汇报。

9 月 18 日至 20 日，数字资源部杨育红、郝欣在长春参加由吉林省图书馆、同方知网（北京）技术有限公司举办的"2014 年公共图书馆数字资源建设与服务新模式"学术会议，会议主题为"公共知识文化服务平台的建设与应用、公共图书馆地方特色数据库建设、公共图书馆在古籍保护方面的作用"。

9 月 19 日至 24 日，以"社会科学助推'五大发展'"为主题的 2014 年吉林省社会科学普及周系列活动开展，包括主题活动、专题讲座、文献展阅、数字阅读、文化展览5 大类共 21 项活动。

9 月 20 日至 30 日，图书馆开展 2014 年第三季度考核工作。

9 月 20 日，图书馆在文化讲堂举办"城市热读·关东文化讲坛"系列讲座（总第552 期）：《张学良及国民党与九一八事变后的吉、黑两省抗战》，由东北师范大学历史文化学院教授、晚清民国史方向博士生导师曲晓范主讲。

9 月 20 日，图书馆在文化讲堂举办"城市热读·阅读论坛"系列讲座（总第 553期）：《文学的理解与接受——从张爱玲谈起》，由东北师范大学传媒科学学院院长张文东主讲。

9 月 20 日，文化部人事司干部处副处长张金宁等一行 4 人在吉林省文化厅、长春市文化广电新闻出版局相关领导陪同下来到图书馆，考察全国文化系统先进集体的创建工作，并在会议室举行创建工作汇报会。汇报会由长春市文化广电新闻出版局副局长曲笑主持。会上，馆长谢群就图书馆创建全国文化系统先进集体情况向考察组进行汇报。

9月22日至26日，副馆长范敏，参考咨询部主任金钟春，新媒体服务部副主任于丹辉，馆员张昭、马骥、于涵在吉林省图书馆参加由国家图书馆、吉林省图书馆联盟主办的"数字图书馆推广工程·全国图书馆参考咨询协作网吉林省图书馆参考咨询业务培训班"。

9月24日，馆长办公室组织全体员工在五楼多功能厅进行培训，由典藏阅览部孙玲主讲《发现古籍之美——古籍刻本及其精品赏析》。

9月25日，上海图书馆"十三五"发展规划编制工作小组在副馆长陈超的带领下，一行11人来到长春市图书馆开展学习调研活动。长春市图书馆馆长谢群，副馆长刘曙光、吴锐、范敏、朱亚玲全程陪同。

长春市图书馆领导班子与上海图书馆陈超副馆长一行合影

9月25日至10月25日，由长春市图书馆、上海图书馆举办的"走近大师、享受阅读——'王蒙文学生涯六十年'图片展"在二楼展厅展出。

9月25日至10月30日，青少年读者工作部举办"我爱我'架'——小读者爱心书架认领活动"。

9月27日，图书馆在文化讲堂举办"城市热读·社会热点"系列讲座（总第554期）：《延迟退休年龄的社会经济效应问题》，由吉林大学哲学社会学院劳动与社会保障学系主任、教授、博士生导师宋宝安主讲。

9月27日，图书馆在文化讲堂举办"城市热读·中医大讲堂"系列讲座（总第555期）：《中医秋季养生》，由长春长中风湿骨病医院院长傅警龙主讲。

9月，图书馆被吉林省社会科学界联合会评为吉林省优秀社会科学普及基地；由图书馆推荐的吉林省民俗学会施立学老师被评为吉林省优秀社会科学普及专家；策划推广部谢彦君被评为吉林省优秀社会科学普及工作者。

9月至11月，由长春市文化广电新闻出版局主办，长春市图书馆、长春市少年儿童图书馆、长春市各城区文体局承办的主题为"书香春城　圆梦中国"的长春市2014年市民读书节隆重举行。作为本次活动的重要阵地，长春市图书馆举办读书家庭评选、2014年市民读书节书目推荐、优秀读后感和优秀书评评选、专题讲座、经典美文少儿配乐诵读大赛、合唱音乐会、交响音乐会、文化展览、培训等多项活动。

9月至11月，由长春市文化广电新闻出版局主办、长春市图书馆承办的长春市"书之梦"经典美文少儿配乐诵读大赛举行。本次诵读大赛是长春市2014年市民读书节的活动之一，经过预赛、复赛、决赛三个环节，最终评选出一等奖2名，二等奖4名，三等奖10名。

长春市2014年市民读书节期间北京大学王余光教授做专题讲座

10月9日至12日，副馆长吴锐、书刊借阅中心副主任孟静、典藏阅览部副主任刘佳贺赴北京参加2014年中国图书馆年会，会议主题为"馆员的力量：改革　发展　进步"。

10月13日，书刊借阅中心副主任孟静在北京参加由中国盲文出版社、中国盲文图书馆举办的第二届全国公共图书馆视障人士服务工作研讨会，会议主题为"全媒体时代的盲人文化服务与阅读推广"。

10月14日，厦门市图书馆馆长林丽萍等一行四人来长春市图书馆参观调研。长春市图书馆馆长谢群，副馆长吴锐、范敏、朱亚玲全程陪同。

10月14日至23日，长春市文化广电新闻出版局组织图书馆全体员工在长春文庙进行继续教育培训。

10月18日，图书馆在文化讲堂举办"城市热读·市民读书节"专场讲座（总第556期）：《阅读，与经典同行》，由北京大学信息管理系教授、文津图书奖评委王余光主讲。

10月18日，图书馆在文化讲堂举办"城市热读·生活百科"系列讲座（总第557期）：《体味生命 感知幸福》，由长春医学高等专科学校研究员、生命教育专家张丽颖主讲。

10月18日，图书馆携手东北师范大学共同打造的"长图雅音　艺韵倾城"东师高雅艺术进长图系列活动拉开帷幕。活动当天，300余名市民观看由东北师范大学音乐学院学生合唱团演出的音乐会。该系列活动历时三个月，每周日上午10：00—11：00在视听艺术馆举办，来自东北师范大学的多位专家和青年讲师通过专业讲解、现场演示、佳作欣赏、互动沙龙等方式，在音乐、舞蹈、电影、美术等多个艺术领域免费奉献10余场讲座和一场大型西洋管弦交响乐演出。

10月25日，图书馆在文化讲堂举办"城市热读·关东文化讲坛"系列讲座（总第558期）：《民国时期东北地区社会生活风俗的变迁》，由东北师范大学马克思主义学部教授段妍主讲。

10月27日，书刊借阅中心为长春大学特殊教育学院视障学生赠送盲文文献60册，并现场为学生办理长春市图书馆阅览证。

10月28日至31日，馆长办公室王彦萍在中共长春市委党校参加由长春市人力资源和社会保障局主办的长春市人力资源社会保障业务培训班。

10月31日，图书馆在文化讲堂召开"党的群众路线教育实践活动"总结大会。党委副书记吴锐主持会议，馆长、党委书记谢群作总结讲话，长春市文化广电新闻出版局第一督导组张占刚、刘爽到会指导。会上还对馆领导班子及班子成员进行了民主评议。

11月1日，图书馆在文化讲堂举办"城市热读·关东文化讲坛"系列讲座（总第559期）：《渤海朝贡道与东北亚丝绸之路》，由吉林省社会科学院民族四所所长朱立春主讲。

11月1日，图书馆在文化讲堂举办"城市热读·文艺赏析"系列讲座（总第560期）：《围绕长影老电影的那些故事（一）》，由长春电影制片厂电影电视摄影摄像师、国家一级摄影师王长宁主讲。

11月4日，辽宁省图书馆一行30余人到长春市图书馆参观。

11月5日，馆长办公室组织全体员工在五楼多功能厅进行培训，培训分上下午两场，由数字资源部耿岱文主讲《长春市图书馆新进数字资源特色介绍》。

11月5日至6日，网络技术部主任潘长海赴北京参加由国家图书馆主办的第二届图书馆现代技术学术研讨会，本届会议主题为"数字资源揭示——海量数据环境下图书馆资源发现之路"。

11月6日，馆长谢群、办公室主任路维平、馆员王彦萍在长春市委党校参加由长春市人力资源和社会保障局工资福利处举办的工资业务培训会。

11月6日，九台区西营城街道新城社区分馆暨全国文化信息资源共享工程基层服务点揭牌。

11月8日，图书馆在文化讲堂举办"城市热读·长春城市规划大讲堂"系列讲座（总第561期）：《城市&乡村》，由台北市开放空间文教基金会董事长陈明竺、长春市城乡规划设计研究院规划四所所长娄佳主讲。

11月8日，图书馆在文化讲堂举办"城市热读·中医大讲堂"系列讲座（总第562期）：《中医跟您谈中医养生那些事》，由长春恒康中医院院长张海波主讲。

11月10日至12日，新媒体服务部主任常盛赴厦门参加由中国图书馆学会主办的中国图书馆学会第六届青年学术论坛，本届论坛主题为"未来的图书馆和未来的图书馆员"。

11月10日至17日，由长春市群众艺术馆举办的首届长春市"夕阳赞歌"老年风采书画展在图书馆二楼展厅展出。

11月12日，保卫科组织全体员工在文化讲堂进行消防安全培训。

11月14日，太原市图书馆馆长郭欣萍一行7人到长春市图书馆参观调研，长春市图书馆馆长谢群，副馆长刘曙光、吴锐、范敏、朱亚玲全程陪同。

11月15日，图书馆在文化讲堂举办"城市热读·素质教育"系列讲座（总第563期）：《家庭是改变孩子人生质量的最重要场所》，由东北师范大学家庭与学校合作教育研究中心主任赵刚主讲。

11月15日，图书馆在文化讲堂举办"城市热读·中医大讲堂"系列讲座（总第

564 期）：《中医为您解读骨健康》，由长春恒康中医院院长张海波主讲。

11 月 16 日，长春市"书之梦"经典美文少儿配乐诵读大赛暨 2014 年市民读书节总结颁奖大会在文化讲堂举行。

11 月 16 日，图书馆携手长春市学人书店联合举办"我的阅读 我做主"读者荐购活动，读者亲自为图书馆挑选馆藏图书并优先借阅。

11 月 16 日至 12 月 30 日，"书香长春·圆梦中国——长春市 2014 年读书节活动图片展"在一楼大厅展出。

11 月 17 日至 21 日，典藏阅览部副主任刘佳贺及张英华、孙玲在吉林省图书馆参加吉林省古籍普查鉴定培训班。

11 月 17 日至 21 日，采编部主任朱玲玲、网络技术部副主任李岩峰赴杭州参加由广州图创计算机软件开发有限公司举办的 Interlib 系统培训班。

11 月 19 日，长春市机构编制委员会办公室下发《关于同意调整长春市图书馆内部机构设置的批复》（长编办〔2014〕71 号），同意长春市图书馆内部增设数字资源部、新媒体服务部、策划推广部、铁北分馆青少年服务部；撤销铁北分馆文化教育部、铁北分馆后勤保障部；行政科、保卫科合并为后勤保障部，报刊部、流通部合并为书刊流通部；馆长办公室更名为办公室，计财科更名为计划财务部，信息网络部更名为网络技术部，铁北分馆文献借阅部更名为铁北分馆读者服务部。

11 月 19 日，办公室组织全体员工在五楼多功能厅进行培训，由研究辅导部李莹波主讲《大数据时代公共图书馆的发展与创新》。

11 月 22 日，图书馆在文化讲堂举办"城市热读·文艺赏析"系列讲座（总第 565 期）：《围绕长影老电影的那些故事（二）》，由长春电影制片厂电影电视摄影摄像师、国家一级摄影师王长宁主讲。

11 月 22 日，图书馆在文化讲堂举办"城市热读·阅读论坛"系列讲座（总第 566 期）：《中国文学与世界文学——从"天下之文"走向世界文学的中国化》，由吉林省作家协会主席张未民主讲。

11 月 22 日，由东北师范大学音乐学院 76 名同学组成双管编制的专业管弦乐团在图书馆一楼大厅举办免费的交响音乐会。东北师范大学音乐学院博士生导师尹爱青、长春市文化广电新闻出版局副局长曲笑、长春市图书馆馆长谢群出席本次活动。

11 月 23 日至 27 日，典藏阅览部副主任刘佳贺及张英华、孙玲在吉林省图书馆参加吉林省碑帖钤印鉴定培训班。

11月26日，由长春广播电视台、长春市文化广电新闻出版局、长春市图书馆联合主办的"岁月长春——传承历史文脉·共享文化硕果"文化惠民系列活动的开幕仪式在图书馆一楼大厅举行。长春市前副市长、《发现长春》总顾问安莉，长春市委宣传部副部长、长春广播电视台台长张鸣雨，长春市文化广电新闻出版局副局长曲笑出席并分别致辞。仪式上，主办单位向全市30家城区和部分社区图书馆赠送《发现长春》系列图书。同时，在图书馆二楼展厅举办有"岁月长春——1800年至1945年长春珍稀历史图片展"，长春市政协主席崔杰、秘书长唐晓明及政协文史委的同志于当日下午观看展览。该图片展记录了长春从1800年正式设置为长春厅开始一直到1945年，历时145年的历史变迁，是长春有史以来规模最大的一次城市历史图片展，最大限度地反映了不同历史阶段长春的街区面貌和市井民风。展览持续展出一个月。

11月26日至27日，数字资源部耿岱文赴长沙参加由国家图书馆主办的数字图书馆推广工程2014年度数字资源联合建设培训班。

11月29日，图书馆在文化讲堂举办"城市热读·阅读论坛"系列讲座（总第567期）：《新世纪与当代中国文学》，由吉林大学文学院副教授李龙主讲。

12月6日，图书馆在文化讲堂举办"城市热读·阅读论坛"系列讲座（总第568期）：《想象西方——对西方的想象与认知》，由吉林大学文学院讲师苏畅主讲。

12月6日，图书馆在文化讲堂举办"城市热读·文艺赏析"系列讲座（总第569期）：《孩子学钢琴　父母先上课》，由美国南加州大学钢琴系教授茅为蕙主讲。

12月10日，办公室组织全体员工在文化讲堂进行培训，由新媒体服务部主任常盛、书刊借阅中心副主任孟静主讲《外出人员汇报会》。副馆长朱亚玲在培训后对全馆2014年的岗位培训工作作全面总结。

12月11日至13日，馆长谢群，党委副书记、副馆长吴锐赴江苏常熟参加中国图书馆学会2014年全民阅读推广峰会暨"阅读推广人"培育行动启动仪式。本次会议主题为"全民阅读推广的转型与升级"。

12月13日为南京大屠杀死难者国家公祭日，图书馆在公祭日前后开展"勿忘国耻　圆梦中国"系列纪念活动，包括"勿忘国耻　圆梦中华"主题书展、"岁月长春"长春珍稀历史图片展（1800—1945年）、《铁骨丹心——抗联下江地下交通站》签名赠书活动等。

12月13日，图书馆在文化讲堂举办"城市热读·文艺赏析"系列讲座（总第570期）：《深藏于黑白世界的瑰宝——王启民大师的光影人生》，由长春电影制片厂电影电视摄影摄像师、国家一级摄影师王长宁主讲。

12月16日，图书馆发布《长春市图书馆2014年度职工考核工作方案》。

12月17日，典藏阅览部在中文图书阅览区举办以"读者与收获"为主题的读者恳谈会。

12月20日，图书馆在文化讲堂举办"城市热读·关东文化讲坛"系列讲座（总第571期）：《毛泽东与东北解放战争》，由吉林省社会科学院副院长、国家二级研究员刘信君主讲。

12月22日，图书馆获得由长春市人民政府办公厅授予的"信息直报（特邀）先进单位"称号；办公室王英华获得由长春市人民政府办公厅授予的"信息直报（特邀）先进个人"称号。

12月23日，铁南分馆建设项目推进组成立，馆长谢群任组长，办公室主任路维平任副组长，组员为安山山、张磊、陈岳华。

12月27日，图书馆在文化讲堂举办"城市热读·中医大讲堂"系列讲座（总第572期）：《从体质辨识谈中医养生》，由吉林省中医药科学院第一临床医院老年病科主任、教授孙莉主讲。

12月28日，"生如夏华——新年流行音乐演唱会"在文化讲堂举行。

12月，在"书香长春·圆梦中国"2014年市民读书节活动中，图书馆获得由长春市文化广电新闻出版局授予的"优秀组织单位"称号。读书节期间，因参加图书馆举办的长春市2014年"书之梦"经典美文少儿配乐诵读大赛，石韫琪、姜雅曦等获得由长春市文化广电新闻出版局授予的"先进个人"称号；因参加图书馆举办的长春市2014年"我爱读书"书评及读后感征集活动，周默刚、孟令吉等获得由长春市文化广电新闻出版局授予的"先进个人"称号；因参加图书馆举办的长春市2014年优秀读书家庭评选，唐凤伟、陈正丽等获得由长春市文化广电新闻出版局授予的"先进个人"称号。

12月，图书馆被中华人民共和国人力资源和社会保障部、中华人民共和国文化部授予"全国文化系统先进集体"称号。

12月，根据长春市人力资源和社会保障局对事业单位工作人员年度考核工作的要求，按照《长春市图书馆2014年度考核工作方案》的部署，图书馆最终确定2014年度考核优秀人员34人，包括：吴锐、齐红星、常盛、于雅彬、刘彩虹、刘怡君、路维平、张海峰、张文婷、王嘉雷、杨道伟、刘劲节、房寂静、周文举、付俊、范崔岩、郭巍、张昭、贾晓凤、刘群、耿岱文、张华、李晓蓉、洪旭、陈东、孙晓红、牟燕、杨屹、张英华、任凤鹏、田久计、李志民、冯晓伟、张宝贵。

是年，图书馆重新开馆后，新设视听艺术馆和自助 E 读体验区。视听艺术馆为读者提供音乐文献鉴赏、借阅服务，并可举办音乐沙龙讲座和艺术赏析活动；自助 E 读体验区设置并采购多种阅读服务终端，可免费下载各类数字资源，或者通过手机、平板电脑等阅读工具畅享移动阅读新体验。此外，图书馆在共享工程阅览室增设市民数字学习中心功能，旨在打造为市民终身学习的开放课堂。

是年，图书馆完成图书订购 36 119 种 104 410 册。接受个人图书捐赠 423 种 698 册；接受长春市艺术研究所捐赠图书 4 000 余种（册），外文杂志 93 种（册）。完成中文报纸订购 345 种 598 份；完成中文期刊订购 4 641 种 5 598 份。接受期刊捐赠 607 册。文献入藏 55 486 种 156 659 册（件、份），其中中文图书 50 418 种 140 075 册，中文报刊 3 540 种 15 033 册（份）。数字资源存储容量达到 76TB。全年采购数据库 49 种，试用数据库 31 种。完成东北史志类线装古籍数据库 32 种 45 部古籍的建设；完成国家图书馆数字资源征集项目"伪满洲国时期地方文献数据库"的资源申报工作，申报资源总量达 2 495 册。同时开展数字化外包加工工作，完成 2 066 册的文献数字化工作。加强地方文献征集工作，重点收集省内地图，全年收集图书 103 种 144 册，地图 94 幅。

是年，图书馆接待读者 120 余万人次，办理读者证 34 219 张，图书流通量 90 余万人次，外借各类文献 514 937 册次。解答咨询 294 542 条，网上参考咨询 80 308 条，课题咨询 30 项，代检索课题 1 986 项，提供课题服务 134 项，文献宣传 60 次，宣传量达 3 292 种，8 248 册（件）；文献开发 55 463 条。举办读者活动 214 次，参与人数 158 579 人次，其中：讲座、培训 113 次，参与人数 13 128 人次；展览 21 次，参与人数 105 960 人次；其他活动 80 次，参与人数 39 491 人次。网上服务呈上升态势，网站点击 700 万次，各类文献年下载量达 200 万次。全年 365 天向社会开放，累计 3 489 小时，平均每周开放 67 小时。长春市图书馆微信公众平台阅读量近 29 万人次，在厦门大学图书馆新媒体运营小组和《图书馆报》联合推出的"图书馆微信公众号影响力排行榜"中位列第八。

是年，图书馆为各分馆配送图书 27 次，配送图书 71 553 册，期刊 8 764 册，其中协调北京蔚蓝公益基金会为吉林省女子监狱、长春希望高中、长春市第一五四中学各捐赠价值 5 万码洋的图书；完成基层图书馆业务辅导 100 余次，开展基层集中培训工作 5 次，培训基层图书馆员工 500 余人。此外，为巩固长春市公共文化示范区创建成果，图书馆深入 150 个社区开展专项调研，撰写《长春市公共图书馆服务效能调研报告》。

是年，图书馆组织馆内职工培训 21 次，累计培训 2 953 人次，累计 5 661.5 学时。派出职工学习、考察、参加各种学术会议 55 人次。图书馆职工参与各类研讨会论文投稿，4 篇获各等级奖项；发表期刊论文 78 篇；出版学术著作 6 部；结项科研课题 2 项。图书馆全年编辑出版《品读》7 期。

是年，图书馆接待国家、省（区、市）级领导视察参观 9 次，业内同人参观调研 8 次；被各类新闻媒体报道 1 088 次。

2015 年

1 月 1 日，为提升图书馆智能化服务水平，实施便利的自助办证、自助借还及微信预约服务，图书馆即日起停止使用身份证借阅文献，一律使用 RFID 读者证。

1 月 1 日至 10 日，"再现长春——长春青年摄影展"在图书馆二楼展厅展出。

1 月 1 日至 3 月 5 日，元旦、春节、元宵节期间，以"文化惠民　悦享生活"为主题的迎新春系列读者活动举办，共 5 大类 57 项，活动数量达 82 场次。

1 月 7 日至 9 日，采编部主任朱玲玲、馆员黄子健赴北京参加由中国出版工作者协会主办的"第 22 届北京国际图书博览会"。

1 月 10 日，图书馆获得由长春市文化广电新闻出版局颁发的"2014 年度全市文化广电新闻出版局系统政务信息工作先进单位"称号；馆长谢群获得由长春市文化广电新闻出版局颁发的"2014 年度全市文化广电新闻出版局系统政务信息工作优秀组织者"称号；办公室王英华获得由长春市文化广电新闻出版局颁发的"2014 年度全市文化广电新闻出版局系统政务信息工作优秀信息员"称号。

1 月 10 日，图书馆在文化讲堂举办"城市热读·文艺赏析"系列讲座（总第 573 期）：《围绕长影老电影的那些故事（三）》，由长春电影制片厂电影电视摄影摄像师、国家一级摄影师王长宁主讲。

1 月 11 日，图书馆发布《长春市图书馆 2015 年度考核工作方案》。

1 月 14 日，图书馆党委在视听艺术馆组织召开"阅读悦生活"党员读书学习分享会。

1 月 14 日，研究辅导部主任阚立民，研究辅导部丁文伍、王嘉雷，书刊流通部周文举赴大连参加由大连市图书馆举办的"汽车图书馆建设培训"。

1 月 14 日至 2 月 11 日每周三上午，青少年读者工作部"少儿假日影院"寒假季举办免费观影活动，共5场。

1月15日，图书馆公益性儿童国学课堂启动，在每周二和周四，针对长春市及周边各城区适龄儿童免费开展以素质、道德、文化教育为中心的少儿公益国学课堂。

1月15日，2015年"温故知新　传承文明"第十七届有奖春联征集活动结束。自2014年11月27日发布征集通知起，活动共收到来自全国26个省（自治区、直辖市）的229位春联作者的1130副作品。图书馆最终评出优秀春联作品100副，其中一等奖3副，二等奖25副，三等奖72副，并于2月11日至3月5日举办"长春市图书馆第十七届有奖征联优秀作品展"。在展出的春联作品中，有43副作品由长春市市直机关书画家协会的10位书法家书写。

1月16日至8月31日，在世界反法西斯战争胜利70周年之际，图书馆实施《长春市图书馆关于东北沦陷时期文献资料征集方案》，面向全国征集相关文献资料。

1月17日，图书馆在文化讲堂举办"城市热读·关东文化讲究"系列讲座（总第574期）：《伪满洲国始作俑者——第九任关东军司令官本庄繁评析》，由长春伪满皇宫博物院研究员沈燕主讲。

1月20日至21日，新媒体服务部主任常盛、数字资源部耿岱文在长春参加由长春市委宣传部和中共长春市委网络安全和信息化领导小组办公室举办的"全市互联网信息工作培训班"。

1月20日至2月10日，由长春市图书馆、南京图书馆举办的2015年迎新春"中国传统年画大观"展在二楼展厅展出。

1月23日至24日，典藏阅览部孙玲赴北京参加"中国古籍保护协会第一届会员代表大会暨协会成立大会及2015年省级古籍保护中心工作会议"。

1月24日，图书馆在文化讲堂举办"城市热读·文苑百家谈"系列讲座（总第575期）：《关于国学的几个热点问题》，由东北师范大学文学院教授、博士生导师高长山主讲。

1月28日，图书馆发布《长春市图书馆2015年首月平稳开局及"春季行动"工作方案》。

1月30日，西点烘焙文化分享会在图书馆二楼布克咖啡举办，读者可免费学习交流芒果芝士蛋糕的家庭版制作方法。

1月31日，图书馆在文化讲堂举办"城市热读·品悦生活"系列讲座（总第576期）：《请在书房给古琴留个位置》，由国家级古琴考官、古琴高级指导教师陈春暖主讲。

1月，图书馆被社会科学文献出版社授予"2014年度馆藏及阅读推广优秀图书馆"称号。

1月，典藏阅览部张英华被中华人民共和国文化部授予"全国古籍保护工作先进个人"称号。

1月，典藏阅览部举办"穿越市图——吉大附中走进市图"活动。

1月至6月，按照长春市第一次可移动文物普查的工作要求，图书馆进行了606件可移动文物普查数据登记工作。

2月4日，图书馆领导班子走访慰问离退休老同志、困难职工、包保困难户，为19名同志送去新春祝福和节日慰问品。

2月4日，图书馆党委组织举办"长春市图书馆2014年党建工作成果回顾图片展"，集中展示图书馆开展党的群众教育实践活动情况。

2月7日，在文化讲堂举办"城市热读·关东文化讲坛"系列讲座（总第577期）：《东北民族文化与风俗》，由吉林大学文学院教授、民族研究所所长程妮娜主讲。

2月10日，长春市文化广电新闻出版局副局长曲笑及公共文化处副处长朱向阳等一行4人来到图书馆，督导检查消防安防工作。

2月10日，少儿公益国学课堂春节联欢会在培训教室举行，80余名学员与家长共同参加。

2月10日、12日，青少年读者工作部举办两场以"Happy中国年 巧手动起来"为主题的亲子DIY手工制作活动。

2月11日，少儿公益国学课堂家长和学员参演吉林电视台公共新闻频道《第一播报》节目组的小年夜晚会，表演节目手语舞《中华民族》。

2月13日，"墨香蕴年味"书法家现场写赠春联活动在一楼大厅举行，来自长春市市直机关书画协会的7位书法家现场共书写400多副春联和300个福字，赠送给参加活动的长春市民。该活动是长春市文化庙会的一项重要内容，其目的是在弘扬中华优秀传统文化的同时，以喜闻乐见的活动形式为春节期间的市民文化生活增添书香韵味。

2月13日，图书馆党委副书记、副馆长吴锐代表馆党委慰问帮扶贫困户。

2月14日，图书馆在文化讲堂举办"城市热读·社会热点"系列讲座（总第578期）：《为什么要全面推进依法治国》，由东北师范大学政法学院法学系教授、法学博士宋海春主讲。

2月15日至28日，由长春市图书馆、双阳区图书馆举办的"中国传统年画大观"

展在双阳区图书馆展出。

2月，副馆长刘曙光获得中国教科文卫体工会长春市委员会授予的"2014年度先进工会干部"称号。

2月，《长春市图书馆地方文献采购专家委员会管理办法》发布。

3月4日，图书馆被中共长春市朝阳区委员会、长春市朝阳区人民政府授予"2014年度平安创建工作先进单位"称号。

3月5日，图书馆举办2015年元宵佳节灯谜会，现场共准备500条灯谜，涵盖字谜、成语谜、人名谜、地名谜、专业名词谜等。

3月5日，图书馆携手长春市学人书店，在图书馆一楼大厅联合举办"我的阅读我做主"读者荐购活动。

3月6日，图书馆妇委会在图书馆二楼布克咖啡厅举办"快乐生活 幸福工作"家庭烘焙技巧活动。活动由图书馆妇委会主任于雅彬主持。馆党委副书记吴锐代表馆党委祝贺大家三八妇女节快乐。30余位女性馆员参加活动。

3月7日，图书馆在文化讲堂举办"城市热读·文苑百家谈"系列讲座（总第579期）：《生命的省思》，由长春医学高等专科学校讲师、生命教育研究与推广中心副主任赵丹妮主讲。

3月7日至16日，由吉林省民俗摄影协会、《城市晚报》、长春市图书馆共同主办的"羊年春曲——魅力吉林摄影展"在图书馆二楼展厅展出。

3月13日，图书馆工会获得中国教科文卫体工会长春市委员会授予的"2014年度先进职工之家"称号。

3月14日，图书馆在文化讲堂举办"城市热读·文苑百家谈"系列讲座（总第580期）：《中国古代笑话的文化精神》，由吉林大学文学院教授、中文系主任沈文凡主讲。

3月18日至20日，参考咨询部主任金钟春、新媒体服务部副主任于丹辉赴南京参加由国家图书馆主办、南京图书馆承办的全国省级及副省级市公共图书馆参考咨询工作会议。

3月18日至20日，由长春市书法家协会、长春市青年书法家协会主办的纪念周昔非先生诞辰86周年长春市青年书法篆刻展在二楼展厅展出。

3月21日，在文化讲堂举办"城市热读·关东文化讲坛"系列讲座（总第581期）：《橘朴的"满洲"人生》，由东北师范大学日本研究所教授郭冬主讲。

3月25日，青少年读者工作部主任于雅彬赴天津参加由中国图书馆学会中国未成年人图书馆服务专业会主办、天津市少年儿童图书馆承办的全国图书馆少年儿童经典阅读推广培训班。

3月25日，新媒体服务部主任常盛赴武汉参加由国家图书馆主办的数字图书馆推广工程宣传员培训班。

3月26日，图书馆收到国网吉林省电力有限公司长春供电公司营销部（农电工作部客户服务中心）市场及大客户服务部关于铁北分馆新建供电业务报装的《供电方案答复单》。铁北分馆携此件到规划部门办理规划审批手续。

3月28日，图书馆在文化讲堂举办"城市热读·品悦生活"系列讲座（总第582期）:《老年常见病的预防和治疗》，由吉林省中医药科学院第一临床医院老年病科主任、教授孙莉主讲。

3月30日至4月4日，典藏阅览部张英华、孙玲赴北京参加由国家图书馆举办的第一期全国古籍书志编纂培训班。

3月，图书馆发布《长春市图书馆关于吉林省地方作家作品的征集函》，面向省内作家征集作品。

3月，图书馆成为朝阳区永昌街道区域青年工作共建委员会成员单位。

3月，图书馆投入3.7万元，聘请专业消防检测公司对全馆所有消防设施、设备以及电气防火安全进行检测，结果为合格。

3月至12月，图书馆制定完成《长春市地方文献征集管理办法》，报送长春市文化广电新闻出版局，在馆内外征集意见，并将结果上报。

4月9日，馆长谢群赴北京参加由中国图书馆学会举办的中国图书馆学会第九次全国会员代表大会。会上，馆长谢群当选为中国图书馆学会第九届理事会理事，同时长春市图书馆再次成为中国图书馆学会理事单位。

4月9日，图书馆发布《长春市图书馆2015年春季防火工作方案》。

4月11日，图书馆在文化讲堂举办"城市热读·文苑百家谈"系列讲座（总第583期）:《"新常态"与我们》，由吉林省智库研究员刘庶明主讲。

4月12日，图书馆三项系列公益活动启幕，包括长图雅音——东师高雅艺术进长图（第二季）、"戏剧星期六"——话剧沙龙活动、第二学堂——英孚精品讲座。活动一直持续到该年6月末。

4月17日，研究辅导部针对分馆开展业务培训，主题为"农家书屋管理与服务"和"农家书屋读者活动的策划与组织"，由研究辅导部王嘉雷主讲，分馆20余人参加。

4月18日，图书馆在文化讲堂举办"城市热读·文苑百家谈"系列讲座（总第584

期）：《"法治"源流——兼谈先秦法家兴衰与得失》，由长春大学人文学院副教授林海燕主讲。

4月18日，在第二十个"世界读书日"来临之际，图书馆与吉林省正大书苑有限公司联合举办"爱读书　荐馆藏——亲子阅读团荐购活动"。当天读者共采购图书300余册，图书码洋8千余元。

4月18日至5月4日，根据《中国图书馆学会关于开展2015年"全民阅读"工作的通知》的要求，图书馆在4月23日世界读书日前后开展以"阅读的力量"为主题的系列活动，包括专题讲座、文化展览、艺术沙龙、影视赏析、亲子阅读、创意DIY、少儿故事会、数字阅读、文献展阅等共10大类36项活动。此外，分馆也同期举办3项内容不同、各具特色的阅读推广活动。

4月21日，图书馆发布《长春市图书馆2015年春季防火知识培训及演练方案》。

4月22日、29日，保卫科在文化讲堂分两批组织全体馆员开展长春市图书馆2015年春季防火知识培训。

4月23日，图书馆在文化讲堂举办长春市图书馆"城市热读·文苑百家谈"世界读书日专场讲座（总第585期）：《价值选择与文化的命运——读〈大清相国〉交流体会》，由中共长春市委党校党建工作室副研究员张忠义主讲。

4月23日，长春净月高新技术产业开发区玉潭镇聚业社区分馆成立。

4月23日，空军航空大学指挥所分馆成立。

4月23日，图书馆在二楼布克咖啡举办个性化明信片DIY活动及"我们伴你读书"书签赠送活动。

4月23日至5月17日，由上海图书馆、长春市图书馆主办的"书之爱——巴金与书文献图片展"在图书馆二楼展厅展出。

4月23日至5月23日，由国家图书馆、长春市图书馆主办的第十届文津图书奖获奖图书展暨历届回顾展在图书馆一楼大厅展出。

4月24日，中国人民政治协商会议扬州市委员会一行人到图书馆调研。

4月25日，图书馆在文化讲堂举办"城市热读·关东文化讲坛"系列讲座（总第586期）：《满族及其先世文化传统生生不息之谜》，由吉林省社会科学院研究员王卓主讲。

4月27日，图书馆发布《长春市图书馆团委开展纪念五四青年节"敬老送书香爱老献温暖"活动方案》。

4月28日，长春经济技术开发区东方广场街道花园社区分馆成立。

4月，图书馆获得由长春市总工会授予的"五一劳动奖状"。

4月，图书馆受国家图书馆邀请成为文津图书奖联合评审单位。

4月，图书馆消防安全责任人（法人代表）同各分管馆长，分管馆长同各部室负责人签订《2015年社会治安综合治理、消防安全责任状》。

4月，图书馆发布《长春市图书馆读者餐厅安全工作预案》。

4月至6月，图书馆在全馆范围内举行业务知识竞赛。经过笔答赛和公开赛两个阶段共三轮竞赛，最终办公室、研究辅导部、青少年读者工作部分别获得笔答赛团体奖第一、二、三名，其中李超、刘佳贺、孟静等10人获得笔答赛个人一、二、三等奖（一等奖2名，二等奖3名，三等奖5名）；公开赛中，11支参赛代表队经过预赛和决赛两轮激烈角逐，最后，青少年读者工作部、研究辅导部、办公室三个部门分别夺得冠、亚、季军。

4月至10月，根据全国老龄工作委员会、吉林省老龄工作委员会《关于开展第二届"敬老文明号"创建活动的通知》精神，图书馆开展"敬老文明号"创建活动。

4月、10月，书刊流通部两次为长春大学特殊教育学院的视障学生上门送书，将学生通过网络挑选的盲文图书和大字本文献百余册送到学校供视障学生借阅。

5月6日，图书馆团委开展纪念五四青年节"敬老送书香 爱老献温暖"活动，18位共青团员为长春市社会福利院分馆的老人们送去500册图书、300册期刊和两台听书机。

5月6日至8日，研究辅导部主任阚立民赴武汉参加由中国图书馆学会主办的"公共图书馆法人治理结构建设研讨班"。

5月6日至6月11日，图书馆严格遵照办公用房使用面积要求，完成了馆长室的维修改造工程。

5月9日，图书馆在文化讲堂举办"城市热读·品悦生活"系列讲座（总第587期）:《粗茶才是真——日常生活饮茶指南》，由厦门山国饮艺集团首席培训师、高级茶艺师郭思延主讲。

5月11日，图书馆发布《长春市图书馆安全生产"夏季攻坚"专项整治行动方案》。

5月14日，长春市政协副主席贾丽娜带队长春市政协文化教育卫生体育委员会公共文化设施建设与使用情况项目专家组，在长春市文化广电新闻出版局副局长曲笑等陪同下，到图书馆铁北分馆进行实地调研考察。

5月14日，图书馆取得长春市规划和自然资源局关于长春市图书馆铁北分馆10kW用电新建工程的《建设工程规划许可证附图》。

5月15日，吉林省文化厅厅长马少红、副厅长张辰源、公共文化处副调研员万洪滨一行在长春市文化广电新闻出版局局长崔永泉的陪同下，来图书馆调研公共文化服务工作，重点考察了信息共享咨询中心和电子阅览室，详细调研图书馆作为文化了信息资源共享工程支中心的建设与进展情况。馆长谢群，副馆长吴锐、范敏、朱亚玲热情接待。

5月15日，由全国著名古籍保护专家李致忠先生、故宫博物院图书馆研究员翁连溪先生等6人组成的国家古籍保护中心专家组来到长春市图书馆考察重要古籍。经专家组鉴定，图书馆馆藏《大般若波罗蜜多经》被确认是宋刻本，此书无论在年代方面、品质方面还是存量方面，都要远远超过此前馆藏古籍《资治通鉴纲目》（宋刻元明递修本）。

馆藏《大般若波罗蜜多经》被专家组鉴定为宋刻本

5月16日，图书馆在文化讲堂举办"城市热读·文苑百家谈"系列讲座（总第588期）：《法家智慧与变革之道》，由长春大学人文学院副教授林海燕主讲。

5月23日，图书馆在文化讲堂举办"城市热读·文苑百家谈"系列讲座（总第589期）：《吴冠中的水墨乡情》，由吉林大学艺术设计专业副教授孙凯宇主讲。

5月23日，图书馆在文化讲堂举办"城市热读·长春城市规划大讲堂"系列讲座（总第590期）：《我MAN故我慢》，由台湾开新工程顾问股份有限公司董事长王嘉明、长春市城乡规划设计研究院规划三所所长程英男主讲。

5月25日，和龙市图书馆副馆长何淑梅一行4人来图书馆参观学习。

5月25日，数字资源部以试用的形式引进国家图书馆五大数字资源库供广大市民免费体验，包括中华再造善本数据库、中国古籍影印丛书查询系统、民国时期文献总库·民国图书数据库、民国图书馆学文献数据库、中国历史人物传记资源数据库。

5月25日至31日，以"履行图书馆职能，促进全民阅读，建设书香社会"为主题的2015年图书馆服务宣传周主题系列活动开展，包括少儿阅读、专题讲座、艺术赏析、文化沙龙、赠阅活动、借阅榜单、数字阅读、文献展阅、互动交流、分馆活动共10类18项活动。

5月27日，全馆12个业务部门89名专业技术岗位的馆员参加图书馆2015年业务知识竞赛笔答赛。

5月28日，面向老年读者的第一场文化沙龙在老年读者阅览室举办，吉林大学艺术设计专业副教授、吉林省国学书画研究会秘书长孙凯宇受邀在现场作画。

5月28日，图书馆发布《长春市图书馆2015年"安全生产月"活动方案》。

5月30日，图书馆在一楼大厅向到馆的老年读者免费赠送《老年博览·乐活100岁》杂志，持活动优惠卡的老年朋友还可免费获赠3个月杂志。

5月30日，图书馆在文化讲堂举办"城市热读·关东文化讲坛"系列讲座（总第591期）：《朝鲜族女作家金仁顺的东北叙事》，由长春师范大学文学院教授刘钊主讲。

5月，长春市民读书节①组委会向全社会发布《长春市民读书节标识征集启事》，共收到来自全国20多个省市地区121位作者的137份投稿作品。最终评比结果公布：录用奖空缺，优秀奖2件，入围奖3件。

5月，图书馆修改完善了《长春市图书馆文献采购条例》，制定了《长春市图书馆文献资源建设方案》，明确了本馆的性质、任务和目标，文献资源建设目标、建设原则和组织机构，文献的采选方式和途径，各类型文献采选的范围、重点及标准等。

5月，图书馆对全馆现有安防设施、设备进行增设、维护，增设安装38个监控摄像头、增设59个红外报警器、一套更夫巡更系统，使全馆达到安全监控无死角、报警无漏洞。

6月1日至30日，图书馆在全馆开展2015年"安全生产月"活动。

6月4日至15日，"童言无忌　童画无谱"儿童画展在图书馆二楼展厅展出。

6月6日，图书馆在文化讲堂举办"城市热读·文苑百家谈"系列讲座（总第592

---

① 长春市民读书节在2020年之前由长春市文化广播电视和旅游局主办，2020年起该活动由中共长春市委宣传部、长春市文化广播电视和旅游局主办。长春市图书馆一直是该活动的核心承办单位之一。

期）:《在文字中遇见最好的自己》，由吉林省榆树市作家协会主席李子燕主讲。

6月11日，按照长春市委组织部指示精神，图书馆党委对图书馆24名中层干部办理因私护照登记备案工作。

6月13日，图书馆在文化讲堂举办"城市热读·品悦生活"系列讲座（总第593期）:《怎样集邮》，由长春市资深邮人金广为、吴天骏主讲。

6月19日，图书馆与长春市残疾人联合会合作，在图书馆视障人士阅览室成立长春市残疾人阅读指导中心，吉林省残疾人联合会宣传文化部部长李德富，长春市残疾人联合会宣传文化部部长李东辉，长春市图书馆馆长谢群、副馆长范敏及部分残疾人代表参加挂牌仪式，并召开残疾人读者座谈会。

6月20日至22日，由沈阳龙沃文化传播有限公司主办的"童心画作幸福新长春"儿童画展在图书馆二楼展厅展出。

6月24日，2015年职工业务培训开班典礼在文化讲堂举行。

6月24日，办公室组织全体员工在文化讲堂进行培训，由研究辅导部李莹波主讲《2015年学术热点追踪报告：公共图书馆为老龄读者服务研究》。

6月27日，图书馆在文化讲堂举办"城市热读·关东文化讲坛"系列讲座（总第594期）:《近代东北与日本》，由吉林大学文学院历史系副教授王明伟主讲。

6月29日，图书馆党委审议讨论批准刘劲节为中共预备党员，讨论批准陆阳、张磊按期转为中共正式党员。

7月1日，图书馆在文化讲堂举办"长春市图书馆2015年业务知识竞赛总结表彰大会"，大会对竞赛中获奖的团体和个人给予表彰奖励，馆长谢群在会上对此次竞赛进行总结。

7月4日，图书馆在文化讲堂举办"城市热读·文苑百家谈"系列讲座（总第595期）:《中国人应该是这样思考问题的》，由东北师范大学教授、副校长韩东育主讲。

7月5日至11日，由民革吉林省委、民革长春市委、长春市档案馆、长春市图书馆主办的"纪念中国人民抗日战争暨世界反法西斯战争胜利70周年特别展览"在二楼展厅展出。吉林省人大常委、民革吉林省委会驻会副主委郭乃硕，长春市人大副主任、民革长春市委会主委杜剑，长春市档案馆副馆长赵欣，长春市图书馆馆长谢群以及省、市民盟领导等共同出席5日举行的开幕式。展览共分"浴血抵抗"和"阅墙御侮"两个部分，以140多幅珍贵历史图片和原始档案，再现九一八事变之后长春军民奋起反抗日军侵占长春城的战斗及新时期各级民革组织关爱抗战老兵、为促进两岸和平统一所作的努力。

7月8日，办公室组织全体员工在文化讲堂进行培训，由典藏阅览部主任刘彩虹主讲《长春市图书馆2015年业务知识竞赛试题解答》。

7月8日，图书馆党委开展"三严三实"专题教育动员会及党课教育活动，在党员教育活动室召开中层以上干部会议，落实部署图书馆开展"三严三实"专题教育活动。

7月10日至8月15日，以"夏日书海　怡情泛舟"为主题的2015年暑期阅读活动举办，包括专题讲座、文献展阅、文化展览、数字阅读、公益学堂、科普阅读、少儿阅读、知识窗展示、分馆活动等41项。其中，针对学生群体开展的活动有"科学嘉年华"趣味科普活动、"义务小馆员"社会实践活动、桐韵轩古筝公益学堂。

7月11日，图书馆在文化讲堂举办"城市热读·文苑百家谈"系列讲座（总第596期）：《来自山沟的大智慧——王凤仪性命哲学浅说》，由中共长春市委党校社会与文化教研部研究员房永壮主讲。

7月14日、21日、28日，图书馆在交流培训室举办少儿公益课堂外教口语课3场，共有180人参加。

7月15日，办公室组织全体员工在文化讲堂进行培训，由东北师范大学计算机与信息学院教授徐跃权主讲《图书馆服务的价值、使命与创新方法》。另有部分分馆工作人员参加。

7月18日，图书馆在文化讲堂举办"城市热读·文苑百家谈"系列讲座（总第597期）：《生态视角下的东亚观察》，由东北师范大学教授、副校长韩东育主讲。

7月20日，数字资源部为读者开通免费试用多种学习资源，供读者在暑假期间使用，包括智课英语学练在线服务平台、环球英语多媒体资源库、正保远程教育多媒体资源库、贝贝英语、贝贝国学。

7月22日至8月19日，青少年读者工作部在每周三上午举办"假日影院"2015年暑假季，共提供5场免费观影活动。

7月25日，图书馆在文化讲堂举办"城市热读·关东文化讲坛"系列讲座（总第598期）：《探索《周易》文化 推进关东易学发展》，由独立《周易》研究人郭韬主讲。

7月30日，中共长春市委宣传部"三严三实"活动督导组来图书馆调研指导工作，中共长春市委宣传部理论处处长钱德元一行，在长春市文化广电新闻出版局李冬梅处长、长春市图书馆党委书记、馆长谢群等馆领导的陪同下，对图书馆开展"三严三实"活动进行具体指导，并查看活动档案材料，对活动的开展情况和取得的成效给予充分肯定，并对今后的活动开展提出具体意见。

7月，图书馆被中共长春市朝阳区委、长春市朝阳区人民政府授予"2014年度计划生育工作先进单位"称号。

7月至10月，图书馆组织开展2015年中高级专业技术人员职称评审申报工作，共推荐30人上报各级评委会，经省、市相关评委会统一组织答辩、评审后，最终2人获评正高级职称，11人获评副高级职称，10人获评中级职称。

8月1日，图书馆在文化讲堂举办"城市热读·文苑百家谈"系列讲座（总第599期）：《欢快阅读 乐享人生——趣味阅读的方法》，由长春市文化广电新闻出版局印刷出版处处长董洁主讲。

8月4日、11日、18日，图书馆在交流培训室举办少儿公益课堂外教口语课3场，共有165人参加。

8月5日，办公室组织全体员工在文化讲堂进行培训，由北京万方数据股份有限工作人员主讲《万方数据介绍》。

8月8日，图书馆在文化讲堂举办"城市热读·品悦生活"系列讲座（总第600期）：《科学健身方法》，由东北师范大学体育学院教授方志军主讲。

8月12日至24日，由吉林省政协主办，吉林省委宣传部、吉林省政协文史资料委员会、吉林省档案局承办的"白山松水　浩气长存——吉林省纪念中国人民抗日战争暨世界反法西斯战争胜利70周年历史图片展"在图书馆二楼展厅展出。此次展览是吉林省纪念抗战胜利70周年的重点活动之一。省政协主席黄燕明出席开幕式并致辞，省委常委、宣传部长高福平主持开幕式。省政协副主席刚占标、薛康、支建华、王尔智，长春市政协主席崔杰，省政协秘书长包伟，省、市政协相关领导及代表出席12日举行的开幕式。本次图片展共分8个主题单元，以86块展板、434幅照片全面记录二十世纪三四十年代日本侵占中国东北全境的滔天罪行，深刻揭露伪满洲国傀儡政权实质，大力弘扬中华民族团结一心、奋勇抗争、自强不息、救亡图存的爱国主义精神。

8月12日，吉林省政协主席黄燕明等领导同志在观看"白山松水　浩气长存——吉林省纪念中国人民抗日战争暨世界反法西斯战争胜利70周年历史图片展"后，在长春市文化广电新闻出版局领导及长春市图书馆领导班子陪同下，先后参观长春市图书馆特藏文献查阅室、古籍书库、视听艺术馆、阅览区、读者自修区等区域，了解图书馆特色藏书的情况，观看"长春市图书馆珍贵古籍书影展"，欣赏图书馆珍藏的古籍善本，并亲身感受音乐图书馆的魅力。

8月15日，图书馆在文化讲堂举办"城市热读·文苑百家谈"系列讲座（总第601期）：《实现身心和谐的理性思考》，由吉林省人大机关干部、吉林大学兼职教授王泰荃主讲。

8月17日起，由于短信平台须进行维护，图书馆短信提醒、短信续借等相关业务暂停使用。

8月21日，长春市聋人协会携手图书馆联合开展"聋人参观市图书馆 体验公益文化服务"活动。长春市、南关区、朝阳区、绿园区聋人协会主要负责人出席活动。活动邀请手语志愿者为聋人做手语翻译。来自全市的60多名聋人代表在图书馆工作人员的带领下，参观图书馆内的视障人士阅览室及各个阅览区的无障碍设施。工作人员现场指导聋人朋友如何操作自动选座机、自助选书机和自助还书机。最后，工作人员还指导聋人朋友通过自助办证机办理读者证。

"聋人参观市图书馆 体验公益文化服务"活动参与人员集体合影

8月22日，图书馆在文化讲堂举办"城市热读·长春城市规划大讲堂"系列讲座（总第602期）：《都市农业》，由长春市城乡规划设计研究院都市农业与乡村建设研发中心所长、国家注册规划师娄佳主讲。

8月26日，办公室组织全体员工在文化讲堂进行培训，由吉林大学第二医院骨科医院主治医师季有波主讲《颈腰椎病的防治与保健》。

8月28日，中国人民解放军第四六一医院分馆成立。

8月29日，图书馆在文化讲堂举办"城市热读·关东文化讲坛"系列讲座（总第603期）：《东北抗日武装探析》，由长春伪满皇宫博物院研究员沈燕主讲。

8月至11月，根据馆舍维修需求，图书馆严格按照内部招标程序，通过造价、评审等监管环节，完成长春市图书馆零星项目维修改造工程，包括总馆楼外排水管线更换、部分楼顶防水、综合楼一楼门卫室改造及部分大理石窗口维修等。

8月至12月，为进一步完善古籍保护条件，图书馆为书画等珍贵历史文献制作古籍函套1400余个、新旧书画盒460余个、伪满地图盒10个，并完成1400余个古籍函套的安装工作。

9月3日至10月15日，"白山黑水 英雄赞歌"图片展在二楼展厅展出。

9月5日，图书馆发布《长春市图书馆防踩踏事件应急预案》。

9月9日，图书馆一楼自修室进行家具设备维护及网络设备调试，临时关闭一天。

9月10日至11日，由中国图书馆学会主办、长春市图书馆承办的第27届全国十五城市公共图书馆工作研讨会在长春市举行。本届会议主题为"现代公共文化服务体系建设进程中城市公共图书馆的创新发展与服务效能提升"。文化部公共文化司、中国图书馆学会、吉林省文化厅、吉林省图书馆学会、长春市政府及长春市文化广电新闻出版局等方面领导，全国十五城市公共图书馆馆长、业务骨干，长春市各县市区图书馆相关人员等百余人参加。9月10日上午，第27届全国十五城市公共图书馆工作研讨会开幕式在清华宾馆会议厅隆重举行。长春市委常委、副市长张晶莹出席并致辞，文化部公共文化司巡视员、中国图书馆学会副理事长刘小琴出席并讲话。开幕式由长春市政府副秘书长卢福建主持。张晶莹副市长在致辞中肯定公共图书馆在现代公共文化服务体系中发挥的积极作用，并倡议行业专家、学者加强合作，促进长春市文化事业的发展与繁荣；刘小琴巡视员提出加快构建覆盖城乡、便捷高效、保基本、促公平的现代公共文化服务体系的目标要求；北京大学信息管理系李国新教授做题为《现代公共文化服务体系建设与公共图书馆发展》的主旨报告；来自深圳、宁波、武汉、长春的图书馆馆长及代表分享各馆开展全民阅读推广活动的成功经验，与会专家进行点评；随后，与会代表围绕"现代公共文化服务体系建设进程中城市公共图书馆的创新发展与服务效能提升"为主题，进行广泛而又深入的学术探讨与经验交流。

9月10日，图书馆发布《长春市图书馆消防安全工作管理制度汇编》。

9月10日，研究辅导部针对分馆开展业务培训:《书香中国与"互联网＋"下的全民阅读推广体系建设》，各分馆共20余人参加。

9月11日至10月15日，由长春市文化广电新闻出版局主办，长春市图书馆、长春市少年儿童图书馆、各县（市、区）文化广电新闻出版局（文化体育局）承办的长春市民读书节举行，主题为"书香长春·圆梦中国"。读书节期间，图书馆在全市范围内举办 6 大类 50 余项丰富多彩的阅读指导、交流与推广活动。

9 月 11 日，长春市民读书节开幕当天，图书馆在文化讲堂举办"城市热读·文苑百家谈"专场讲座《最是书香能致远——读物选择与幸福追求》，主讲人为南京大学信息管理学院教授、中国阅读学研究会会长徐雁。当天，《2015 年长春市市民荐读书单》公布，《市民阅读倡议书》发布。此次市民荐读书单的评选历时 3 个月，发出荐读书单 3 万份，收回书单 2 万余份。最终图书馆遴选出 20 种优秀图书汇成《2015 年长春市市民荐读书目》向全市发布，并向全体市民发起阅读倡议。

9 月 11 日至 10 月 15 日，长春市民读书节期间，长春市民读书节组委会开展"借阅星级家庭"评选活动。活动以 2014 年 9 月 1 日至 2015 年 9 月 1 日为时间段，市民可以家庭为单位参与评选。参与家庭要求每个家庭成员中有两个以上持有长春市图书馆或长春市各县（市、区）图书馆（南关区图书馆除外）借书证，家庭成员借阅量全年合计超过 100 本，并且家庭成员爱党爱国、遵纪守法、学习氛围好，积极参加各项读书活动，热心公益事业。活动由长春市图书馆和十个县（市、区）图书馆（南关区图书馆除外）推荐候选名单，由长春市图书馆组成专家组对"借阅星级家庭"进行集中评选，最终共评出 10 个 2015 年度长春市"借阅星级家庭"。每个获奖家庭获得价值 1000 元购书卡一张、奖牌一枚。

9 月 11 日至 10 月 15 日，长春市民读书节期间，书刊流通部启动"温暖时光"无障碍影院，不定期为残障人士播放电影。

9 月 12 日，图书馆在文化讲堂举办"城市热读·文苑百家谈"系列讲座（总第 605 期）：《信仰铸忠诚——读〈苦难辉煌〉有感》，由中共长春市委党校教授、副教育长王健主讲。

9 月 16 日，办公室组织全体员工在文化讲堂进行培训，由计划财务部徐骐主讲《财务培训》。

9 月 18 日，为纪念中国人民抗日战争暨世界反法西斯战争胜利 70 周年，图书馆、中共长春市朝阳区委宣传部、长春摄影家协会共同举办"和平伴我行"新民大街踏查活动。此项活动以新民大街沿街伪满历史建筑为参观对象，以中国人民解放军第四六一医院为起点，文化广场为终点。东北师范大学历史文化学院教授、博士生导师，中国城市史研究会常务理事曲晓范老师，以及长春地方志编纂委员会孙彦平处长和东北师范大学历史文化学院孙力楠副教授受邀作为随行专家参与活动，来自朝阳区机关单位、文化团体、街道社区的 20 余位干部群众参与此项活动。

9 月 19 日，图书馆在文化讲堂举办"城市热读·关东文化讲坛"系列讲座（总第 606 期）：《伪满时期东北民众的殖民抗争》，由东北师范大学日本研究所所长、教授陈秀武主讲。

9 月 19 日，图书馆在文化讲堂举办"城市热读·文苑百家谈"系列讲座（总第 607 期）：《说真道假话红楼》，由中共长春市委党校教授、副校长邵静野主讲。

9 月 21 日，图书馆组织"长春地区公共图书馆 2015 年业务知识竞赛"，长春市十个县（区）图书馆参加竞赛。最终，农安县图书馆获得第一名，九台区图书馆、宽城区图书馆分别获得第二名、第三名。

9 月 22 日，长春民进开明书画院在图书馆二楼书画活动室举办公益书法讲座，由吉林省书法家协会理事、长春市青年书法家协会副主席、长春民进开明书画院副院长朱长安主讲《中国书法入门知识》。

9 月 23 日，办公室组织全体员工在文化讲堂进行培训，播放录像《现代公共文化服务体系建设与公共图书馆发展》。

9 月 26 日，中秋文化大集在图书馆拉开帷幕。文化大集由"传统文化""饮食文化""科技创新""教育启智"四个部分内容构成，包括"墨韵丹青"国画艺术老年读者沙龙，"诗月夜·心天涯"东北师范大学中秋诗会，"春暖古琴·中秋诗画"雅集，"未来科学＋"青少年 3D 扫描打印技术体验，机器人演示乐高教具现场体验，"科技嘉年华"大学生创新项目体验，"黑白纵横"围棋入门、对弈，"桐韵商羽"古筝欣赏体验，"文化飞行棋"阅读大冲关，"漫游太空"少年主题英语学习，"市民养生学堂"美容和养生食材制作与辨识，"东方树叶"茶道展示，"月饼诞生记"月饼烘焙与制作等多项活动。活动累计接待市民近 3 000 人次。

9 月 28 日，图书馆短信服务平台经过升级改版后，重新和读者见面。在原有图书即将到期提醒、图书过期提醒和预约图书提醒等功能的基础上，平台新增读者信息、馆藏查询、读者证到期提醒、读者证挂失、图书荐购等一系列功能。读者可以用预留手机号码（非预留号码无效）发出短信指令到图书馆短信服务平台，短信平台接收到短信后自动处理读者短信请求，并把处理结果信息反馈到读者的手机。

9 月 29 日，图书馆党委组织图书馆退休人员开展文化参观主题活动，参观图书馆改造修缮后的现代化、智能化、多功能的文化服务场所和市内的文化景观。

9 月，图书馆被全国社会科学普及工作经验交流会组委会评为"全国社会科学普及教育基地"。

10月7日起，由图书馆和吉林省红学会联合主办的展览"石破天惊看红楼——《红楼梦》早期抄本《石头记》概观"在四楼展厅及特藏文献阅览室展出。

10月11日，由长春市文化广电新闻出版局主办，长春市图书馆、长春话剧院共同承办的"长春市少年儿童名著新编短剧大赛"在文化讲堂举行。来自吉林省第二实验小学、长春市朝阳区明德小学、长春市朝阳区彤卉教育培训学校、长春市胡萝卜剧社等6支参赛队伍展开角逐。

10月12日，长春市财政局副局长李晓玲一行到铁北分馆实地调研，考察铁北分馆改造建设等工作。

10月13日，双阳区鹿乡镇育民村分馆成立。

10月16日至20日，馆长谢群、策划推广部主任刘怡君赴临沂参加2015年阅读推广峰会（秋季）暨中国图书馆学会阅读推广委员会成立十周年学术研讨会，会议主题为"促进全民阅读，构建书香临沂"。会上，馆长谢群做题为《长春市民读书节的文化创意与可持续发展》的发言。

馆长谢群在2015年阅读推广峰会（秋季）暨中国图书馆学会
阅读推广委员会成立十周年学研讨会上做报告

10月17日，图书馆在文化讲堂举办"城市热读·品悦生活"系列讲座（总第608期）:《围绕长影老电影的那些故事（六）》，由长春电影制片厂电影电视摄影摄像师、国家一级摄影师王长宁主讲。

10月21日至23日，副馆长朱亚玲、新媒体服务部主任常盛赴杭州参加"公共图书馆：社会教育与市民终身学习"国际研讨会。

10月24日，图书馆在文化讲堂举办"城市热读·关东文化讲坛"系列讲座（总第609期）：《伪满皇宫散佚国宝在长春的收购与收缴》，由长春伪满皇宫博物院研究员王文锋主讲。

10月28日，图书馆第一届理事会理事成员选举大会在文化讲堂举行。通过不记名投票，会议选举出理事会成员为副馆长吴锐、典藏阅览部主任刘彩虹。

10月29日，由吉林省文化厅主办、吉林省图书馆学会和吉林省图书馆承办的全省公共图书馆业务知识竞赛（总决赛）在长春举行，由长春市图书馆王嘉雷、何爽和农安县图书馆孙亚辉三人组成的长春地区代表队荣获二等奖。

10月30日，长春市残疾人联合会向图书馆赠送2台轮椅，供残障读者使用。

10月31日，图书馆在文化讲堂举办"城市热读·文苑百家谈"系列讲座（总第610期）：《〈真实的幸福〉——读懂马丁·赛利格曼的积极与幸福》，由中共长春市委党校讲师马欣员主讲。

10月，图书馆于雅彬、谢彦君、牟燕、林忠娜、董艳、刘怡君、王英华、刘佳贺、郭旭、王嘉雷获得由吉林省图书馆学会授予的"吉林省图书馆学会2013—2014年优秀会员"称号；李莹波获得由吉林省图书馆学会授予的"吉林省图书馆学会2013—2014年优秀工作者"称号。

10月，图书馆"城市热读"公益讲座、"长图雅音"高雅艺术沙龙被中共长春市委宣传部、长春市教育局授予"长春终身学习活动品牌"称号。

11月1日，图书馆安卓手机客户端更新，新版客户端解决了客户端登录验证失败问题。

11月7日，图书馆在文化讲堂举办"城市热读·品悦生活"系列讲座（总第611期）：《我们的旅游》，由东北师范大学历史文化学院教授、博士生导师韩宾娜主讲。

11月8日，图书馆发布《长春市图书馆2015年冬季火灾防控工作方案》。

11月10日，参考咨询部主任金钟春赴福州参加由国家图书馆举办的"数字图书馆推广工程全国副省级市以上公共图书馆决策咨询服务培训班"。

11月10日至19日，图书馆员工分两批在长春文庙参加由长春市文化广电新闻出版局举办的继续教育培训。

11月11日至18日，根据《长春市图书馆章程（试行）》和《长春市图书馆理事会理事成员产生办法》，经有关部门推荐和向社会公开招募、长春市图书馆理事会建设领导小组商议及推荐、长春市文化广电新闻出版局党委会讨论通过等程序，确定长春市图书馆理事会首届理事成员和理事长并进行公示。具体名单如下：

理事长：曲笑，男，长春市文化广电新闻出版局党委成员、副局长。

执行理事：谢群，女，长春市图书馆馆长、党委书记。

理事：（1）黄蓓，女，51岁，长春市教育局体育卫生与艺术教育处处长；（2）刘彩虹，女，46岁，长春市图书馆典藏阅览部主任；（3）马录，男，46岁，长春日报社高级记者，长春作家协会副主席，长春市政协文史专员；（4）曲晓范，男，60岁，东北师范大学历史文化学院教授、博士生导师；（5）王宏伟，男，50岁，大唐吉林发电有限公司党群工作部主任，高级经济师；（6）吴锐，女，52岁，长春市图书馆副馆长、党委副书记；（7）解梅娟，女，46岁，《中共长春市委党校学报》编辑部教授，长春市图书馆优秀读者；（8）徐跃权，男，51岁，东北师范大学计算机与信息学院教授；（9）朱向阳，男，46岁，长春市文化广电新闻出版局公共文化处副处长。

11月13日，某部队分馆成立。

11月14日，图书馆在文化讲堂举办"城市热读·长春城市规划大讲堂"系列讲座（总第612期）：《我的社区我做主——都市社区的规划与建设》，由台湾开新工程顾问股份有限公司副总经理、都市计划技师陈大引，长春市城乡规划设计研究院规划一所所长宋崴主讲。

11月16日至20日，办公室李超在长春参加由长春市档案局举办的"2015年度档案人员继续教育业务培训班"。

11月16日至23日，由民进长春市委员会主办、长春民进开明书画院承办、长春市图书馆协办的长春民进开明书画院第三届会员书画艺术展在二楼展厅展出。

11月16日，经济技术开发区东方广场街道花园社区分馆成立。

11月18日，新媒体服务部主任常盛赴白城参加由吉林省图书馆主办的2015"文化共享工程技术骨干培训班"，主讲《新媒体服务在图书馆转型期中的应用》。

11月20日，图书馆理事会成立大会暨第一届理事会第一次会议召开。吉林省文化厅社文处处长李虹、长春市文化广电新闻出版局局长崔永泉出席会议。会议由长春市文化广电新闻出版局副局长曲笑主持。会议宣读了图书馆首届理事会理事长和理事成员名单，出席会议的领导为理事颁发聘书。理事会成立仪式后，随即召开第一届理事会第一次会议。会议审议通过《长春市图书馆章程（试行）》及四个配套制度和《长春市图书馆服务规范（讨论稿）》。与会理事就图书馆读者活动开展、阅读活动品牌打造、地方文献征集、特藏文献保护开发等问题畅谈己见，提出众多建议。

11月21日，图书馆在文化讲堂举办"城市热读·文苑百家谈"系列讲座（总第613期）：《中国外交背后的大国战略博弈》，由中共长春市委党校科社与政治学教研部讲师李璠主讲。

11月24日，保卫科组织全体员工在文化讲堂进行安全生产培训。

11月25日，图书馆对全体员工进行消防集中培训，在全馆范围内组织开展逃生自救疏散演练。

11月28日，图书馆在文化讲堂举办"城市热读·文苑百家谈"系列讲座（总第614期）：《欢快阅读　乐享人生——趣味阅读的方法（二）》，由长春市文化广电新闻出版局印刷发行处处长董洁主讲。

11月29日至12月3日，数字资源部耿岱文赴北京参加由国家图书馆举办的"数字图书馆推广工程2015年度数字资源联合建设培训班"。

11月，办公室李超、王英华被吉林省图书馆学会评为优秀通讯员。

11月至12月，由于总馆架位紧张，典藏阅览部完成中文期刊阅览区2008年至2014年间3500册专利公报，社科基藏书库K、J两大类图书及部分1976年至1995年社科图书等共计53 625册的下架、打捆、运输工作，将其全部运送至铁北分馆地下书库。

11月至12月，图书馆党委结合"三严三实"活动的开展情况，认真组织准备领导班子民主生活会、党支部专题组织生活会，制定方案，撰写对照检查材料，筹备会议具体事宜，为召开好民主生活会作好充分的组织保障。

12月5日，图书馆在文化讲堂举办"城市热读·品悦生活"系列讲座（总第615期）：《我们的旅游（二）》，由东北师范大学历史文化学院教授韩宾娜主讲。

12月9日，吉林省精神文明建设指导委员会办公室副主任杨忆带领检查组一行，在中共长春市委宣传部副部长王戈的陪同下，到图书馆检查指导精神文明建设和创建全国文明城市工作情况。

12月12日至13日，图书馆试运行安检设备，并于12月14日正式启用。

12月10日，数字资源部耿岱文在长春参加由吉林省图书馆举办的"吉林省基层图书馆推广工程数字资源建设培训班"。

12月11日，副馆长范敏，典藏阅览部主任刘彩虹，馆员张英华、孙玲在长春参加由吉林省图书馆举办的吉林省古籍保护工作会议。

12月12日，图书馆在文化讲堂举办"城市热读·文艺赏析"系列讲座（总第616期）：《围绕长影老电影的那些故事（七）》，由长春电影制片厂电影电视摄影摄像师、国家一级摄影师王长宁主讲。

12月12日，图书馆在文化讲堂举办"城市热读·茶香早期出的传统文化"茶文化主题周系列活动之"楹联讲堂"（总第617期）：《楹联言有律　造境意传神》，由中国楹联学会理事会常务理事孙英主讲。

12月13日至20日，由中国楹联学会、长春市文学艺术界联合会主办，正山堂书画院、吉林省楹联家协会、长春市图书馆、长春市作家协会承办，长春市书法家协会、吉林省民俗摄影家协会协办的"正山堂杯"全国首届茶文化楹联书法摄影展在图书馆二楼展厅展出。

12月13日，图书馆在文化讲堂举办"城市热读·茶香里飘出的传统文化"茶文化主题周系列活动之"茶文化讲堂"（总第618期）：《漫谈茶文化》，由资深茶人、吉林省全民阅读协会副秘书长、朗诵艺术学会副会长、长春市作家协会会员宋春霞，正山堂培训部国家高级茶艺师、国家高级评茶员蔡燕羽主讲。

12月15日，副馆长范敏赴深圳参加2015年中国图书馆年会学术会议会前会，会议主题为"阅读·城市·图书馆"。

12月16日至17日，副馆长范敏、典藏阅览部主任刘彩虹、办公室王英华赴广州参加2015年中国图书馆年会，会议主题为"图书馆：社会进步的力量"。

12月19日，图书馆在文化讲堂举办"城市热读·关东文化讲坛"系列讲座（总第619期）：《民歌是心灵的表述——吉林民歌的地域特色和文化特征》，由东北师范大学音乐学院教授金顺爱主讲。

12月19日，图书馆在文化讲堂举办"城市热读·茶香里飘出的传统文化"茶文化主题周系列活动之"茶与书法讲堂"（总第620期）：《浅议茶墨文化》，由东北师范大学教授任宗厚主讲。

12月26日，图书馆在文化讲堂举办"城市热读·关东文化讲坛"系列讲座（总第621期）：《开放的东北和进取的东北人》，由东北师范大学历史文化学院教授罗冬阳主讲。

12月27日，东北师范大学新年朗诵会——"雪花的快乐"在文化讲堂举行。

12月28日，馆长谢群带领图书馆主要负责人前往铁南、铁北两处分馆，对冬季消防安全工作进行实地检查。

12月28日，长春市审计局分馆成立。

12月29日，依据长春市文化广电新闻出版局《关于开展2015年度系统行业冬季安全生产专项检查活动的通知》及《全市文化广电新闻出版系统2015年冬季火灾防控工作方案》的要求，长春市文化广电新闻出版局副局长曲笑、公共文化处副处长朱向阳及文化市场管理处处长于启莹等一行在馆长谢群，副馆长吴锐、朱亚玲的陪同下，对图书馆冬季安全生产工作进行专项检查。

12月，根据2015年长春市事业单位公开招聘要求，经报名、资格审查、笔试、面试、体检、考核、审档等环节，图书馆最终招录7名专业技术人员。

12月，图书馆被吉林省社会科学界联合会评为"2015年吉林省社会科学普及工作先进单位"。

12月，图书馆被吉林省人民政府公布、吉林省文化厅评为"吉林省古籍重点保护单位"。

12月，图书馆被吉林省文化厅授予"吉林省古籍保护工作先进单位"称号。

12月，图书馆被吉林省精神文明建设指导委员会授予"2013—2015年度全省文明单位"称号。

12月，图书馆被吉林省老龄工作委员会授予"全省敬老文明号"称号。

12月，图书馆被长春市老龄工作委员会授予"敬老文明号"称号。

12月末，图书馆联合中国联通和中国电信完成宽带出口的带宽升级工作，分别使联通出口带宽从200M升级到500M，电信出口带宽从20M升级到100M。

12月末，文化项目发展部完成八角书屋全面收尾工作，主要对112家出版社进货、退货和结算金额与财会一一核对，确保账目准确无误。截至该年末，除10家出版社因各种原因挂账外，其他出版社账目已全部结清。

12月，副馆长朱亚玲被中共长春市委、长春市人民政府授予"长春市第六批有突出贡献专家"称号。

12月，图书馆根据长春市人力资源与社会保障局对事业单位工作人员年度考核工作的要求，按照《长春市图书馆2015年度考核工作方案》的部署，最终确定2015年度考核优秀人员37人，具体如下：朱玲玲、孟静、金钟春、李岩峰、阚立民、赵婷、王英华、侯军、陈素梅、黄子健、杨屹、侯小梅、马丽、牟燕、亢吉平、孙玲、王嘉雷、马骥、周文举、刘英、郭巍、冀岩、杨大亮、马贺、艾妍、孙海晶、孙一平、何爽、任凤鹏、郝欣、乔欣欣、张雪、田久计、徐骐、满振刚、宋承夫、陈岳华。

是年，图书馆完成图书订购 37 097 种 88 763 册；接受个人图书捐赠 383 种 383 册。完成中文期刊订购 4 120 种 5 417 份；接受期刊捐赠 1371 册。完成中文报纸订购 308 种 556 份。文献入藏 39 036 种 108 431 册（件、份），其中中文图书 32 963 种 79 168 册；中文报刊 3 540 种 26 625 册（份）。数字资源存储容量达到 80TB。全年采购数据库 47 种，试用数据库 52 种。新增电子图书 55 558 册。完成并向国家图书馆提交数字资源征集项目"伪满洲国时期地方文献"280 种资源；完成 306 种民国时期馆藏特色图书数字化建设；完成视障专题资源库 3 298 个音频文件的资源采集工作；完成古籍资源、东北史志类线装古籍等电子书 558 册。完成馆藏 606 件可移动文物的普查工作；初步完成馆藏 140 余幅旧字画和旧拓片的整理、初步鉴定；完成 6 802 种民国平装书、旧日文图书的回溯建库工作。此外，图书馆加强了地方文献征集工作，全年收集地方文献 315 册，收集地方作家作品 178 册，接受捐赠地方文献书刊 591 册（份）。

是年，图书馆接待读者 138 万余人次，办理读者证 28 688 张，图书流通量 114 万余人次，外借各类文献 1682 112 册次。解答咨询 369 886 条，网上参考咨询 8.8 万条，完成课题咨询 33 项，代检索课题 2 261 项，提供课题服务 162 项；文献宣传 76 次，3704 种 6 570 册（件）；文献开发 67 504 条。举办读者活动 354 次，参与者 215 600 人次，其中：讲座、培训 179 次，16 329 人次；展览 30 次，150 830 人次；其他活动 145 次，48 441 人次。长春市图书馆微信公众平台累计关注人数达 2.7 万，在厦门大学图书馆新媒体运营小组与《图书馆报》合作发布的 2015 年第一季度的公共图书馆、高校图书馆微信影响力排行榜一百强中位居第六；全年手机阅读点击量 980 万次；全年开展各类数字推广活动 36 次。全年 365 天向社会开放，累计 3 784 小时，平均每周开放 72.8 小时。

是年，图书馆为各分馆配送图书 16 次，配送图书 77 068 册（新书 20 630，旧书 56 438），期刊 300 册。完成基层图书馆业务辅导 50 次，开展基层集中培训工作 6 次，培训基层图书馆 580 人。全年联动分馆开展 50 余项读者活动。

是年，图书馆组织馆内职工培训 13 次，累计培训 1091 人次，1875.5 累计学时（不包括继续教育和 2016 年新馆员培训）；派出职工学习、考察、参加各种学术会议 38 人次；图书馆职工参与各类研讨会论文投稿，5 篇获各等级奖项；发表期刊论文 55 篇；出版学术著作 19 部，编辑完成《品读》6 期，读书节增刊 1 期。

是年，图书馆接待国家、省市级领导视察参观 5 次，业内同仁参观调研 2 次；被各类新闻媒体报道 982 次。

二、"十三五"时期（2016—2020年）

"十三五"时期，我国高度重视公共文化服务体系建设。2015年4月2日，中共中央办公厅、国务院办公厅印发的《关于加快构建现代公共文化服务体系的意见》为"十三五"时期公共文化服务体系建议指明了方向。在这个文件精神指引下，我国陆续出台了《"十三五"时期全国公共图书馆事业发展规划》《关于深入推进公共文化机构法人治理结构改革的实施方案》等一系列政策，《中华人民共和国公共文化服务保障法》《中华人民共和国公共图书馆法》也相继颁布实施，为公共图书馆事业发展提供法律保障。

"十三五"时期，长春市图书馆以"涵养城市文化，引领阅读风尚"为愿景，进一步完善公共图书馆服务体系建设，围绕节假日、世界读书日、长春市民读书节、寒暑假等重要节庆日策划开展系列阅读主题活动，培育系列品牌活动，提升服务效能，强化公共数字文化服务，彰显地方特色文化，推动图书馆稳步有序发展。

"十三五"开局之年，长春市图书馆大力探索总分馆服务体系的转型发展，以"中心馆—总分馆"的新模式逐步完善公共图书馆服务体系建设，推出自助图书馆、汽车流动图书馆、"U书到家"等服务，打造精品示范分馆，与社会力量合作共建"阅书房"，启动"城市书网"服务项目，进一步实现公共图书馆服务在长春地区的广覆盖乃至全覆盖，服务效能显著提升。"十三五"期间，长春市图书馆不断加强馆员队伍、馆舍设施、馆藏资源建设，举办全馆职工技能大赛，规范岗位聘用与竞聘，严格绩效考核与评优，对总馆和铁南分馆、铁北分馆继续修缮改造等。图书馆尤其重视地方文献资源建设与利用，通过启动"长春记忆"项目，围绕地方作家作品、长春院士以及长春戏剧戏曲领域艺术家大规模采集、整理相关资源，举办展览，出版图书，带来广泛而显著的社会效益。同时，图书馆开展的公益文化服务活动日益丰富且多元，例如在馆内设立"新时代传习所"和数字阅读体验区，打造"长春星火阅读计划"领读者、爱尚e读、爱贝阅读计划、方寸时光、"漫读"书友会、"品读聚乐部"等公共文化服务品牌，升级改版"城市热读"公益讲座，拓展"小树苗"系列子品牌，每年围绕全民阅读主题策划组织开展5—6次大型系列主题活动等。图书馆年均开展各类读者活动550余场，即便在2020年因新冠疫情影响取消线下活动时，图书馆也在大力开展各种线上服务与活动，实现闭馆服务不打烊。

至"十三五"末，长春市图书馆持证读者达到 59 万人，图书馆及其服务项目多次受到市、省、国家级表彰，并在第六次全国县级以上公共图书馆评估定级中被中华人民共和国文化和旅游部评为"一级图书馆"。

2016 年

1月4日至8日，图书馆在交流培训室举办水墨画课5场，共有460人参加。

1月4日至28日，图书馆在交流培训室举办"中华历史千字文"先秦历史培训课8场，共有480人参加。

1月4日、11日、18日、25日，图书馆在交流培训室举办少儿公益课堂外教口语课4场，共有470人参加。

1月5日，吉林省军区司机训练队分馆成立。

1月5日至29日，图书馆在交流培训室举办《论语》诵读课8场，共有450人参加。

1月6日至2月24日，青少年读者工作部在寒假期间举办"义务小馆员"社会实践活动。

1月4日至8日，图书馆对新进员工进行为期一周的岗位培训，并于8日在会议室召开新进员工座谈会。

1月9日，图书馆在文化讲堂举办"城市热读·纪念周恩来总理逝世40周年"专场讲座（总第622期）：《关于周恩来评价的相关问题》，由东北师范大学历史文化学院教授、博士生导师刘景岚主讲。

1月9日，图书馆在文化讲堂举办"城市热读·社会热点"系列讲座（总第623期）：《迈向"全面小康"的纲领性文件——学习党的十八届五中全会关于"十三五"规划的建议》，由长春市委党校校委委员、副教育长王健主讲。

1月10日，图书馆获得由长春市文化广电新闻出版局授予的"2015年度全市文化广电新闻出版系统政务信息工作先进单位"称号；馆长谢群获得由长春市文化广电新闻出版局授予的"2015年度全市文化广电新闻出版系统政务信息工作优秀组织者"称号；办公室李超获得由长春市文化广电新闻出版局授予的"2015年度全市文化广电新闻出版系统政务信息工作优秀信息员"称号。

1月13日，图书馆领导班子年度述职大会在文化讲堂召开，长春市文化广电新闻出版局党委副书记、纪检书记王立、公共文化处副处长朱向阳、党委办公室主任张美清等人出席会议。会上，馆长谢群代表馆领导班子作述职发言，全体员工进行民主评议。

1月13日至2月17日，青少年读者工作部于每周三在青少年读者工作部多功能厅举办"小树苗"假日影院活动，共5场。

1月16日，研究辅导部在农安县图书馆举办"快乐阅读　乐享人生"系列讲座。

1月16日，图书馆在文化讲堂举办"城市热读·我们的旅游"系列讲座（总第624期）：《一种新兴旅游方式：慢旅游》，由东北师范大学历史文化学院副教授，硕士生导师孟爱云主讲。

1月16至30日，由长春市图书馆、长春摄影家协会主办的"影像之后——80/90代15人摄影展"在二楼展厅展出。

1月22日，图书馆在党员活动室举行2015年度中层干部述职大会，馆领导班子及全体中层干部参加。

1月23日，图书馆在文化讲堂举办"城市热读·文苑百家谈"系列讲座（总第625期）：《城市发展与城市文学主题变迁——兼论当代城市文化建设》，由东北师范大学资深教授、二级教授、博士生导师刘建军主讲。

1月23日，图书馆在文化讲堂举办"城市热读·长春城市规划大讲堂"系列讲座（总第626期）：《解读〈长春市"十三五"城市建设发展规划〉》，由长春市城乡规划设计研究院交通规划研究所规划师李赫楠主讲。

1月25日，青少年读者工作部主任于雅彬及馆员刘姝旭、张海峰、孙一平、金姗、吴艳玲、何爽在长春参加由吉林省图书馆学会、吉林省图书馆主办的"吉林省公共图书馆少儿阅读推广专题报告会"。

1月27日，图书馆领导班子集中半天时间召开"三严三实"专题民主生活会。长春市文化广电新闻出版局党委副书记、纪检书记王立参加会议并讲话，局党委办公室主任张美清和局党委办公室刘爽列席会议。

1月28日，图书馆举办"市图寻宝"——走进长春市图书馆社会实践活动，吉林大学附属中学的老师、家长及70余名学生参与活动。

1月29日，研究辅导部在九台区图书馆举办摄影知识专题讲座。

1月30日，图书馆在文化讲堂举办"城市热读·文艺赏析"系列讲座（总第627期）：《围绕长影老电影的那些故事（八）》，由长春电影制片厂电影电视摄影摄像师、国家一级摄影师王长宁主讲。

1月30日，图书馆在文化讲堂举办古筝音乐会。音乐会由青年古筝演奏家陈明及金麒麟筝乐团演奏。

1月，图书馆的推荐作品《三打白骨精新编》在中国图书馆学会组织的"全国少年儿童名著新编短剧大赛"中荣获小学组团体二等奖。

1月，图书馆被社会科学文献出版社评为"2015年度优秀馆藏图书馆"。

1月至2月，以"书香盈城又一春"为主题的2016年迎新春系列活动举办，包括有奖征联、文艺联欢、楹联书法展、少儿手工、新春赠联、灯谜会、图书荐购、假日观影、少儿阅读活动、文化讲座、公益课堂、文献展阅、休闲展览、分馆活动等近50项活动。

1月至2月，在2016年长春市文化庙会期间，图书馆开展了一系列文化活动。

2月1日，图书馆联合周菲钢琴艺术培训学校共同举办"猴娃闹春拜大年"少儿春节联欢会。

2月2日，图书馆在文化讲堂举办相声专场晚会。来自吉林泰友社的专业相声演员房鹤迪（师从著名相声演员郭德纲）、太荣剑（师从著名相声演员于谦）、方明春、刘展宏等，以及吉林省相声元老王祥林，为观众们表演《买卖论》《对对子》等相声段子，150余人观看演出。原定90分钟的演出，在观众的强烈要求下，延长至2小时。

2月2日，图书馆在农安镇西五里村红旗小学举办"励志行，中国梦"贫困生慰问活动。

2月2日至3日，图书馆举办"猴娃巧手扮新年"亲子手工制作活动，"守艺长春"的手工老师们受邀在现场指导小朋友剪窗花、做彩灯、捏猴相、用石头画画。

2月2日至3日，"墨香蕴年味"书法家现场写赠春联活动在一楼大厅举办，来自长春市文学艺术界联合会和长春市市直机关书画家协会的12位书法家为大家现场书写春联和福字。两天内，书法家们为市民书写春联1000余副，赠送福字1200余个。

2月16日，长春市文化广电新闻出版局副局长杨青宇及办公室主任韩铭飞等一行5人来到图书馆及铁南分馆，巡视督查消防安防工作。

2月20日，图书馆在文化讲堂举办"城市热读·文艺赏析"系列讲座（总第628期）:《用视听语言的思维讲述微电影》，由吉林电视台艺术指导、电视纪录片编导赵勤主讲。

2月22日，长春市文化广电新闻出版局局长崔永泉、副局长曲笑等一行到图书馆进行工作巡视督查。巡视结束后，在二楼会议室召开座谈会，馆长谢群从以打造城市的知识中心、市民的学习中心、百姓的休闲文化中心为办馆目标，发掘图书馆核心价值，以及铁北分馆与铁南分馆改造、24小时自助图书馆、汽车流动图书馆、地铁图书馆建设等重点项目、管理体制机制改革等几个方面，向崔永泉局长等领导汇报图书馆2016年工作要点及"十三五"规划情况。崔永泉听取汇报后，首先向全体图书馆人致以节日的问候，然后对图书馆2015年工作取得的成绩及对未来长远发展所作的新思考予以充分肯定，对图书馆的2016年工作及"十三五"规划提出指导性意见：一是全员要深刻认识图书馆在未来城市建设中发挥的作用，努力将图书馆建设成为长春市特色鲜明的文化地标，引领社会风尚，弘扬优秀传统文化，传播社会主义核心价值观，提升公益性供给的质量与水平；二是要认真研究图书馆功能定位，丰富其内涵，整合资源，形成具有本馆特色的文献藏用体系；三是要建立适应未来发展的工作机制体制，完善法人治理结构改革及工作标准化；四是要加强领导班子自身和整个图书馆人才队伍的建设，提升教育培训水平，树立新的业界标准。

2月22日，元宵佳节灯谜会在图书馆一楼大厅举办。

2月22日，图书馆再次携手长春市学人书店，举办第四期"你选书　我买单"图书荐购活动。

2月22日，第十八届"书香聚力　共建长春"有奖春联征集活动圆满收官。活动共征集到来自全国28个省（自治区、直辖市）的336位春联作者的1362幅作品，最终评出优秀春联作品100幅，其中一等奖3幅，二等奖25幅，三等奖72幅。期间，图书馆于2月1日至22日在二楼展厅举办"书香聚力　共建长春——丙申迎春楹联书法展"。此次展览从活动中选取60幅获奖作品展出，并特地邀请长春市青年书法家协会的18位书法家书写新作品，将春联文化与书法艺术相结合，展现中国独有的书法之美。

2月24日，铁北分馆召开专题民主生活会，结合开展年度党员民主评议工作，促进全体党员践行"三严三实"要求，发挥先锋模范作用。

2月27日，图书馆在文化讲堂举办"城市热读·关东文化讲坛"系列讲座（总第629期）：《长春成为伪满国都的由来及规划与实施》，由伪满皇宫博物院研究馆员王文锋主讲。

2月，图书馆被中共长春市朝阳区委员会、长春市朝阳区人民政府授予"2015年度平安创建工作先进单位"称号。

3月初，图书馆请吉林省非凡消防工程检测服务有限公司对全馆消防设施、设备进行检测，取得建筑消防设施检测、建筑电气防火检测合格报告。

3月5日，图书馆在文化讲堂举办"城市热读·三八妇女节"专场讲座（总第630期）：《关注婚姻，把握未来》，由吉林省直属机关工委党校副教授池正玉主讲。

3月9日，图书馆党委在视听艺术馆开展以"阅读融入生活 阅读点亮人生"为主题的读书分享会。

3月12日，图书馆在文化讲堂举办"城市热读·315国际消费者权益日"专场讲座（总第631期）：《如何运用法律武器维护消费者合法权益》，由东北师范大学政法学院讲师、吉林大学经济学博士王箭主讲。

3月12日至26日，由图书馆举办的"红楼梦大观园"雕塑展在二楼展厅展出。

3月14日至17日，副馆长朱亚玲、新媒体服务部刘劲节赴北京参加由国家图书馆举办的2016年国家图书馆"数字图书馆推广工程"新媒体培训班。

3月18日，图书馆获得由中国教科文卫体工会长春市委员会授予的"先进职工之家"称号；办公室主任路维平获得由中国教科文卫体工会长春市委员会授予的"先进工会干部"称号。

3月19日，图书馆在文化讲堂举办"城市热读·文苑百家谈"系列讲座（总第632期）：《汉字的过去、现在和将来（一）》，由长春师范大学文学院教授、研究生导师邹德文主讲。

2016年3月1日，《中华人民共和国反家庭暴力法》正式实施，这是中华人民共和国成立以来第一部以解决家庭暴力为主旨的法律法规。3月20日，图书馆携手吉林德勋律师事务所，在一楼大厅开展"关爱家庭 法律护航"——《反家庭暴力法》宣传及法律咨询活动。

3月23日，图书馆完成古籍书库改造招标工作，并于4月19日签署协议，确定将于5月中旬至8月上旬正式对古籍书库进行恒温恒湿空调系统改造、安装与施工。

3月26日，图书馆在文化讲堂举办"城市热读·关东文化讲坛"系列讲座（总第633期）：《中国境内高句丽墓葬壁画题材解析》，由东北师范大学历史文化学院副教授孙力楠主讲。

3月27日，由图书馆主办、霎哈嘉瑜伽cool乐团协办的"生命之树——印度音乐与舞蹈音乐会"在文化讲堂上演。来自英国、法国、印度、马来西亚、新加坡以及中国内地、香港等Cool音乐的志愿者演员做瑜伽冥想表演，吸引350余名市民参与。

3月28日至30日，副馆长范敏赴昆明参加由国家图书馆举办的"全国省级及副省级市公共图书馆参考咨询工作会议"。

3月29日，图书馆在吉林省电力科学研究院有限公司举办"城市热读·五走进"系列讲座：《雷锋精神的时代传承》，由东北师范大学党委宣传部部长迟海波主讲。

3月30日，图书馆工会委员会及行政科在文化讲堂举行职工食堂满意度测评大会。

3月，图书馆组织全体在职职工到吉林省爱康国宾佳昌体检中心进行身体检查。

3月至12月，图书馆党委积极开展"两学一做"教育实践活动，并与馆内重点工作相结合，开展"解放思想，抢抓机遇，创新发展"大调研活动，包括讲党课、座谈研讨、举办"两学一做"教育实践活动图片展等。

4月6日至13日，图书馆开展2016年第一季度考核工作。

4月9日，在文化讲堂举办"城市热读·关东文化讲坛"系列讲座（总第634期）：《寻找神秘的萨满世界》，由吉林省博物院党委书记赵聆实主讲。

4月9日，"阳光女孩　健康成长"安全教育公益课堂在图书馆开课，5月21日结束。课程每周举办一次，通过身体篇、人际篇、心理篇、居家篇、校园篇、分享篇六节课，从不同的层面提高女童的自我保护意识，学习安全防范知识。

4月11日至14日，副馆长范敏赴武汉参加由国家图书馆和中国图书馆进出口（集团总公司联合主办）的"第六届全国文献采访工作研讨会"，会议主题为"数字时代文献资源建设新思路"。

4月16日，图书馆在文化讲堂举办"城市热读·中医大讲堂"系列讲座（总第635期）：《谷雨将至吃什么最养生》，由长春恒康中医院院长张海波主讲。

4月16日，图书馆在文化讲堂举办"城市热读·品悦生活"系列讲座（总第636期）：《春季，我们一起学"茶疗"》，由长春茶业协会副会长、国家高级品茶师郭思延主讲。

4月17日至19日，以克劳斯·莫尔斯市长为团长的沃尔夫斯堡市代表团一行5人对长春市进行友好访问，参加长春市举办的"德国周"系列活动。期间，图书馆承办"长春—沃尔夫斯堡两市结好十周年图片展""长春一汽大众成立25周年回顾图片展"，共有7000余名读者到馆参观展览。同时，长春市图书馆与沃尔夫斯堡市图书馆结为友好图书馆，并举行图书交换仪式。克劳斯·莫尔斯市长为图书馆留言纪念。

4月18日，图书馆走进吉林省九台戒毒康复所开展联合帮教活动。

4月19日至21日，馆长谢群赴东莞参加中国图书馆学会阅读推广委员会换届成立大会暨第十届"全民阅读论坛"。会上，馆长谢群当选为中国图书馆学会第九届理事会阅读推广委员会阅读心理健康专业委员会副主任。

4月20日，图书馆在文化讲堂组织开展春季火灾防控知识培训暨消防演练。

4月23日，图书馆在文化讲堂举办"城市热读·世界读书日"专场讲座（总第637期）:《新媒体时代的传播文化》，由吉林大学常务副校长、教授、博士生导师邴正主讲。

4月23日，图书馆正式启动"小树苗"图书角建设项目，分别在吉林省第二实验学校小学部四年级四班和朝阳区白山小学五年级一班建立图书角。在图书馆老师的指导下，学生代表及家长分别在学人书店、外文书店为图书角采选新书共计200余册。

4月23日至5月13日，由长春市图书馆、上海图书馆合作举办的"这个世界会好的——梁漱溟先生生平图片展"在二楼展厅展出。

4月23日至5月23日，由国家图书馆、长春市图书馆合作举办的"第十一届文津图书奖"图片展在一楼大厅展出。

4月23日至5月23日，主题为"最是书香能致远"的世界读书日系列活动开展，在总馆和协作分馆间联动开展共14大类57项文化活动，包括专场讲座、"长图雅音"活动、文化大集、"小树苗"亲子阅读系列活动、公益课堂、文献展阅、数字阅读、文化展览、问卷调查、无障碍影院观影活动、老年读者沙龙等。

4月24日，图书馆在文化讲堂举办"城市热读·文苑百家谈"系列讲座（总第638期）:《为什么今天我们要读历史？》，由诗人、学者、作家余世存主讲。

"城市热读·文苑百家谈"系列讲座总第638期现场

4月24日，"温暖时光"无障碍电影播放活动在长春大学特殊教育学院举办，80余位学生参加。

4月25日至27日，策划推广部主任刘怡君赴宁波参加由宁波市图书馆举办的

"2016年天一讲堂创建十周年暨公共图书馆讲座品牌研讨会"。

4月末，图书馆同吉林省建筑消防装饰工程有限公司签订长春市图书馆消防系统维保合同，保证馆内消防设施、设备运行正常；同杭州东城电子有限公司签订馆内14组电子存包柜2016年度全保保修合同，保证馆内所有存包柜运行良好。

4月，图书馆成为朝阳区永昌街道扶贫就业大联盟成员单位。

4月，图书馆受国家图书馆邀请成为文津图书奖联合评审单位。

4月，图书馆被吉林省妇女联合会评为"我爱我家·书香吉林"亲子阅读示范基地。

4月至5月，图书馆领导班子及全体馆员针对全面落实"抢抓机遇、创新发展"解放思想大讨论活动开展一系列工作。

5月3日，《长春市图书馆"十三五"发展规划（2016—2020年）》经图书馆理事会审议通过并正式印发。图书馆依托行业标准研究，根据自身特色，并结合公共图书馆发展趋势，编制出台该规划。规划提出图书馆的发展愿景——"涵养城市文化，引领阅读风尚"，明确"打造城市的知识信息中心，市民的学习交流中心，百姓的文化休闲中心"的建设目标，并提出5个使命。

5月4日，图书馆团委组织开展"奏响青春旋律　感受书香情怀"活动，20余名团员及青年馆员为聚业社区分馆送去500余册图书，对分馆工作人员进行业务辅导，同时深入了解社区居民的阅读需求。

2016年"奏响青春旋律　感受书香情怀"活动中，青年馆员与分馆工作人员正在工作

5月7日，图书馆在文化讲堂举办"城市热读·文苑百家谈"系列讲座（总第639期）:《水浒传的英雄世界》，由吉林大学文学院汉语言文学系教师、北京师范大学文艺

学研究中心博士后窦可阳主讲。

5月7日，图书馆在书画活动室举办第三期"墨韵丹青"国画艺术老年读者沙龙活动，主题为"小荷才露尖尖角——荷花的写生与创作"。

5月7日、14日、21日、28日，图书馆在交流培训室举办安全教育课堂4场，共有256人参加。

5月13日，图书馆党委召开"两学一做"学习教育活动暨"解放思想大讨论"推进会和理论学习中心组会议。馆领导班子成员和全体中层干部参加会议。

5月14日，图书馆在文化讲堂举办"城市热读·文苑百家谈"系列讲座（总第640期）:《古代战争与战争文学的发端》，由东北师范大学文学院教授、博士生导师高长山主讲。

5月17日，青少年读者工作部主任于雅彬赴绍兴参加由国家图书馆、中国图书馆学会、浙江省文化厅主办的2016年全国图书馆未成年人服务提升计划浙江站暨"少儿阅读推广人"培育行动（基础级）。

5月18日，图书馆在文化讲堂举行2016年职工业务培训开班典礼。

5月18日至29日，由长春市图书馆、吉林大学考古与艺术博物馆联合主办的"中国商朝青铜器图片展"在图书馆二楼展厅展出。

5月19日，长春市社区图书馆（室）发展现状综合调研工作启动，馆长谢群、馆领导班子及全体中层干部到锦竹社区分馆、聚业社区分馆进行调查，了解分馆实际情况和居民的文化、阅读需求。

5月21日，图书馆在文化讲堂举办"城市热读·品悦生活"系列讲座（总第641期）:《家居与书画装饰》，由吉林大学艺术设计专业副教授、中国彩墨葡萄研究会代理会长孙凯宇主讲。

5月24日至26日，策划推广部谢彦君赴苏州参加由中国图书馆学会主办的"阅读推广人"培育行动——阅读推广基础工作专题培训班。

5月24日至27日，青少年读者工作部主任于雅彬，馆员刘姝旭、孙一平，文化项目发展部主任赵婷，馆员张雪、王艳立，数字资源部耿岱文，研究辅导部丁文伍在长春参加由全国文化信息资源共享工程吉林省分中心主办、吉林省图书馆举办的"吉林省文化共享工程技术骨干培训班"。

5月25日，办公室组织全体员工在文化讲堂进行培训，由采编部主任朱玲玲主讲《馆藏文献资源的选择与采集》，采编部陈素梅主讲《图书分类排架和分类标引》。

5月25日，2016年度长春市协作图书馆工作会议在文化讲堂召开。长春市文化广电新闻出版局公共文化处副处长朱向阳，长春市图书馆领导班子、中层干部，各县（市、区）图书馆馆长、业务副馆长及相关技术人员，社区图书馆代表等近80人参加此次工作会议。会后，与会人员还对《长春市图书馆分馆管理规范（征求意见稿）》进行分组讨论。

5月25日，数字资源部耿岱文、研究辅导部丁文伍在长春参加由全国文化信息资源共享工程吉林省分中心主办、吉林省图书馆举办的"吉林省文化共享工程技术骨干培训班"。

5月26日，由图书馆领导班子及全体中层干部组成的调研组在馆长谢群的率领下，来到南关区曙光街道平阳社区和桃源街道桃源社区进行参观调研，以推进长春市社区图书馆（室）建设工作。南关区文化体育局副局长栾东辉、文化科科长唐晓宇，南关区图书馆馆长钱程及社区负责人陪同。

5月26日，文化项目发展部主任赵婷及张雪、王艳立在长春参加全国文化信息资源共享工程吉林省分中心吉林省图书馆举办的"吉林省文化共享工程技术骨干培训班"。

5月27日，长春市委宣传部副巡视康恒俊一行到图书馆调研。长春市文化广电新闻出版局党委副书记王立，馆长谢群，副馆长吴锐、范敏、朱亚玲陪同。

5月28日，图书馆在文化讲堂举办"城市热读·图书馆服务宣传周"专场讲座（总第642期）:《给孩子一双阅读的翅膀》，由儿童文学作家、中国儿童文学研究会理事窦晶主讲。

5月30日至6月30日，以"惠民悦读季 相约图书馆"为主题的图书馆服务宣传月活动举办，开展讲座、展览、亲子、科普、培训、赏乐、观影、表演等共8类29项活动。

5月，图书馆内无线网络全覆盖系统建成。

6月1日，办公室组织全体员工在文化讲堂进行培训，由采编部张华主讲《中文图书客观著录原则与中文编目规则的关系》，采编部于亚芳主讲《关于"中文文献编目"工作的一点思考》。

6月1日至16日，由长春市图书馆、长春市解放大路小学校合作主办的"稚笔童梦 欢庆六·一"长春市解放大路小学学生美术作品展在图书馆二楼展厅展出。

6月1日至30日，图书馆在全馆范围开展2016年"安全生产月"活动。

6月2日，由图书馆领导班子及全体中层干部组成的长春市社区图书馆（室）发展现状调研组在馆长谢群的率领下，到九台区新城社区分馆、福临社区分馆和土门岭村分馆进行调研。九台区文化广电新闻出版局副局长彭铁民，九台区图书馆馆长郭秋、副馆长张彦、杨丛、梁明及社区负责人陪同调研。

6月4日，图书馆在文化讲堂举办"城市热读·长春城市规划大讲堂"系列讲座（总第643期）：《伊通河的生态履历》，由资深电视人、长春城市保护委员会委员曹冬雁主讲。

6月4日、11日，图书馆在交流培训室分别开展两场安全教育课堂，共有128人参加。

6月8日，办公室组织全体员工在文化讲堂进行培训，由书刊流通部副主任孟静主讲《书刊流通部服务介绍》，书刊流通部副主任董艳主讲《浅谈流通期刊的管理与服务》。

6月12日至25日，网络技术部主任潘长海、数字资源部郝欣赴北京参加由文化部公共文化司、国家图书馆举办的2016年"数字图书馆推广工程"馆员研修培训班（第五期）。

6月13日至24日，典藏阅览部张英华、孙玲在长春参加由国家古籍保护中心主办、吉林省图书馆承办的第十四期《全国古籍普查登记目录》审校人员培训班。

6月15日，图书馆党委在文化讲堂召开全体党员大会暨理论中心组学习会，会上党委书记、馆长谢群和党委副书记、副馆长吴锐分别做重要讲话。

6月15日，办公室组织全体员工在文化讲堂进行培训，由中国安全健康教育中心吉林省分站宣教处主任马钰铭主讲《健促会公益讲座》。

6月15日，图书馆与吉林省中医药学会在一楼大厅联合举办专家义诊及健康养生类图书现场借阅活动。

6月16日，图书馆领导班子及全体中层干部组成的长春市社区图书馆（室）发展现状调研组分别走进朝阳区和二道区社区图书馆进行调研。

6月18日，图书馆在文化讲堂举办"城市热读·关东文化讲坛"系列讲座（总第644期）《寻找神秘的萨满世界（二）》，由吉林省文物鉴定委员会主任、三级研究员赵聆实主讲。

6月18日，文化项目发展部在二楼大厅举办创意沙画和机器人体验课堂，共有120人参加。

6月19日，由长春市图书馆、吉林省中山志愿者协会、吉林省环境保护信息教育中心、长春市青年志愿服务联合会联合发起的"小手牵小手"少儿公益置换活动在图书馆五楼举行。活动结束后，参加活动的孩子们将剩余闲置的玩具、文具等物品放置收集点，由志愿者统一归类整理，送至自闭症训练机构，用于自闭症儿童的训练。

6月20日至29日，由图书馆、吉林省摄影家学会主办的"海妈镜头里的非洲"姜莉摄影作品展在二楼展厅展出。

6月22日，办公室组织全体员工在文化讲堂进行培训，由书刊流通部张弛主讲《名人与图书馆》，书刊流通部房寂静主讲《平凡岗位　精彩人生》。

6月23日，由图书馆领导班子及全体中层干部组成的长春市社区图书馆（室）发展现状调研组在馆长谢群的率领下到双阳区进行调研。

6月24日，长春市九台区其塔木镇北山村图书流通站成立。

6月25日，图书馆在文化讲堂举办"城市热读·关东文化讲坛"系列讲座（总第645期）：《长春市平阳街四十八号楼——日本遗孤与中国养父母的故事》，由原吉林电视台高级记者、资深纪录片编导赵勤主讲。

6月29日，办公室组织全体员工在文化讲堂进行培训，由书刊流通部武勇主讲《老年读者活动案例》，书刊流通部付俊主讲《公共图书馆中的老年读者服务》。

6月，图书馆各党支部组织开展"两学一做"学习计划，在支部范围内开展党课学习，学习党章党规、系列重要讲话精神。

6月，青少年读者工作部主任于雅彬被中国图书馆学会未成年人图书馆分会聘请为中国图书馆学会第九届理事会未成年人图书馆分会青少年服务专业委员会委员。

7月初，按照公安部关于建立重点单位"微型消防站"的要求，图书馆投入7000余元购买消防个人防护设备、器材，建立"微型消防站"。

7月1日，长春市文化广电新闻出版局召开"市文广新局纪念建党95周年暨创先争优表彰大会"。长春市图书馆第一党支部被评为"先进基层党组织"，齐红星被评为"优秀党务工作者"，党恬甜、张昭、王鑫、安山山4人被评为"优秀共产党员"。图书馆全体党员干部参加表彰大会。

7月1日至10日，由中共吉林省委组织部、中共吉林省委宣传部、吉林省援藏工作领导小组办公室、吉林省第五批援藏工作中心组、中共长春市委组织部、中共长春市委宣传部主办，吉林省文化援藏促进会、吉林省摄影家协会承办，长春市文化广电新闻出版局、长春市图书馆协办的吉林省第五批援藏工作成果展、吉林省第五批文化援藏成果展、赵春江文化援藏摄影展在二楼展厅展出。

7月1日至8月31日，举办以"徜徉书海，消夏市图"为主题的2016年暑期阅读系列活动，包括七一专题、E读体验、亲子阅读、专题讲座、"漫读"书友会、公益学堂、文献展阅、文化展览、分馆活动等10大类52项活动。

7月1日至9月20日，由图书馆领导牵头，保卫科组织对全馆进行防火安全大检查。

7月2日，图书馆在文化讲堂举办"城市热读·素质教育"系列讲座（总第646期）：《美加儿童美术教育和阅读对创造力的培养》，由美国马里兰公校系统小学老师、资深早期儿童教育专家海岚主讲。

7月2日，"夏之韵——金号角小号重奏团音乐会"在文化讲堂举行。

7月4日至11日，图书馆开展2016年第二季度考核工作。

7月6日，办公室组织全体员工在文化讲堂进行培训，由书刊流通部杨坤主讲《公共图书馆文献展阅服务开辟全民阅读新时代》，书刊流通部刘冬主讲《世界图书馆之旅》。

7月7日，由图书馆领导班子及全体中层干部组成的长春市社区图书馆（室）发展现状调研组分别走进绿园区、高新区及经开区的社区图书馆进行调研。

7月8日，湖北省图书馆考察组一行4人由副馆长谢春枝带队，到长春市图书馆进行考察学习。

7月8日，研究辅导部组织基层馆馆员开展集中培训，由丁文伍主讲《文化共享工程介绍及公共电子阅览室建设项目说明》，共100人参加培训。

7月9日，图书馆在文化讲堂举办"城市热读·素质教育"系列讲座（总第647期）：《除了考分，孩子成长我们更要做什么？——21世纪人才培养分数外底蕴》，由美国马里兰公校系统小学老师、资深早期儿童教育专家海岚主讲。

7月12日至17日，馆长谢群、新媒体服务部主任常盛赴厦门、苏州针对长春市承担的文化部《现代公共文化服务体系中绩效考核体系建设研究》课题进行实地考察调研。

7月12日至28日，由中共集安市委宣传部、共青团集安市委员会举办的吉林省集安摄影展在二楼展厅展出，共有4000多人参观展览。

7月13日，办公室组织全体员工在文化讲堂进行培训，由典藏阅览部刘彩虹主讲《口述史与图书馆资源建设》，典藏阅览部林忠娜主讲《论语的智慧》。

7月13日至8月17日，青少年读者工作部举办"义务小馆员"社会实践活动。本期共招募义务小馆员40名，累计工作时间210小时。8月17日，图书馆举办总结表彰暨知识有奖问答活动，为 30 名实践认真、按要求完成出勤和目标任务的小馆员颁发荣誉证书，其中 7 名小馆员因表现突出、管理能力较强获得"优秀小馆员"荣誉称号。

7 月 15 日，在五楼交流活动室，"漫读"书友会首次与广大读者见面。这是图书馆开辟的以"阅读"为主题的读者沙龙，每月举办一场。

7 月 16 日，图书馆在文化讲堂举办"城市热读·文苑百家谈"系列讲座（总第 648 期）:《诵读〈论语〉一百，解家庭教育之忧》，由北京华育天下教育咨询有限公司总裁王军主讲。

7 月 18 日至 22 日，图书馆在交流培训室举办彩陶泥塑课 5 场，共有 180 人参加。

7 月 20 日，长春市财政局调研组由副局长李晓玲带队一行 5 人，在长春市文化广电新闻出版局副局长贾哲等领导的陪同下，来图书馆检查、指导工作。

7 月 20 日，办公室组织全体员工在五楼多功能厅进行培训，由同方知网（北京）技术有限公司吉林省分公司培训专员于欣冉主讲《"2016 年数字图书馆业务技能竞赛"参赛人员培训》。

7 月 21 日，由图书馆领导班子及全体中层干部组成的长春市社区图书馆（室）发展现状调研组到宽城区社区图书馆进行调研。

7 月 21 日、28 日，在交流培训室举办少儿公益课堂外教口语课 2 场，共有 120 人参加。

7 月 22 日，研究辅导部组织长春地区基层图书馆馆员开展集中培训，由丁文伍主讲《文化共享工程介绍及公共电子阅览室建设项目说明》，共 70 人参加培训。

7 月 23 日，图书馆在文化讲堂举办"城市热读·关东文化讲坛"系列讲座（总第 649 期）:《异彩纷呈的高句丽服饰文化》，由长春师范大学东北亚研究所所长、教授、博士生导师郑春颖主讲。

7 月 27 日，长春市文化广电新闻出版局副局长杨青宇、办公室主任韩铭飞等一行赴铁南分馆视察安全生产工作。

7 月 27 日，办公室组织全体员工在文化讲堂进行培训，由典藏阅览部张英华主讲《长春市图书馆古籍保护工作情况介绍》，典藏阅览部牟燕主讲《大数据下公共图书馆创新读者服务工作的新思考》。

7 月 28 日，图书馆工作人员精心挑选政治思想、军事科学、文化经济、艺术鉴赏、信息技术等方面图书 200 册，来到某部队开展"迎'八一'，送书进军营"活动。

7 月 29 日，图书馆为空军长春指挥所送书 200 册，以表达对广大官兵的节日祝福及亲切慰问。

7月30日，图书馆在文化讲堂举办"城市热读·八一建军节"专场讲座（总第650期）：《强军路上话改革》，由空军航空大学军事理论教研室副主任赵光主讲。

7月，图书馆积极组织开展"学习习近平总书记在纪念建党95周年纪念大会上的讲话"活动。

7月，图书馆被中共长春市朝阳区委、长春市朝阳区人民政府授予"2015年度计划生育工作先进单位"称号。

8月1日，由长春市残疾人联合会、长春市文化广电新闻出版局、长春市文学艺术界联合会主办，长春市图书馆承办的2016年长春市残疾人书画摄影艺术作品展暨长春书画名家公益助残笔会在图书馆一楼大厅举办。长春市残疾人联合会党组成员、副理事长张英君主持开幕式，吉林省残疾人联合会党组成员、副理事长万宇，吉林省残疾人联合会宣传文化部部长李德富，长春市文化广电新闻出版局副局长曲笑，长春市文学艺术界联合会副主席孙德伟，馆长谢群、副馆长范敏，以及长春市多位著名书画艺术家，各城区、开发区残联领导及残疾人工作者，残疾人书画摄影艺术爱好者代表，吉林省、长春市各大新闻媒体参加开幕式。开幕仪式结束后，与会领导和嘉宾以及广大市民共同参观展览。长春市5位著名书法家孙德伟、汪鹏辉、赵宏、苏显双、朱长安现场泼墨助兴，创作书画作品31幅，全部捐赠给长春市残疾人福利基金会，供其进行义卖，所得善款将用于开展长春市贫困残疾人的救助工作。展览展出时间为8月1日至8月7日，展出170余件书法类、绘画类、摄影类等优秀作品。

8月1日至4日，图书馆在交流培训室举办少儿公益国学课堂创意画课4场，共有140人参加。

8月2日、5日、9日、10日，图书馆在交流培训室举办国学《千字文》课程4场，共有240人参加。

8月3日，办公室组织全体员工在文化讲堂进行培训，由典藏阅览部姜洪青主讲《中国人民大学〈复印报刊资料〉的特色与开发利用》，典藏阅览部马丽主讲《只有回眸凝望，才能自信前行——从社会职能看公共图书馆的创新与发展》。

8月5日、12日，图书馆在交流培训室举办少儿公益课堂外教口语课两场，共有110人参加。

8月6日，图书馆在文化讲堂举办"城市热读·长春城市规划大讲堂"系列讲座（总第651期）：《长春新区规划与解读》，由长春市城乡规划设计研究院副院长、总规划师王昊昱主讲。

8月10日，办公室组织全体员工在文化讲堂进行培训，由典藏阅览部赵雪莹主讲《欧洲图书馆印象》，典藏阅览部赵多方主讲《书海畅游》。

8月12日至9月8日，图书馆举办"风雪中东路——中东铁路南支线建筑百年变迁图片资料展"，期间共有4500名读者参观展览。展览通过珍贵历史照片、摄影作品、建筑图纸以及翔实细致的说明文字，立体呈现中东铁路南支线建筑的百年变迁历程。图书馆举办此次展览，一方面以中东铁路为切入点，还原并对外展示当时的历史风貌；另一方面也为学者们提供一个平台，让广大市民共享他们的研究成果。这些成果将纳入图书馆珍藏并全部进行数字化，使其永久保存与传承。在展览期间，8月16日，长春市政府副市长桂广礼、副秘书长卢福建在长春市文化广电新闻出版局副局长曲笑以及市教育局、市规划局等相关部门负责人的陪同下到馆参观。8月18日，长春市委常委、宣传部长王庭凯一行在长春市文化广电新闻出版局副局长刘红宇及长春市图书馆馆长谢群的陪同下专程到馆参观此次展览，并对图书馆进行视察。

8月13日，图书馆在文化讲堂举办"城市热读·文苑百家谈"系列讲座（总第652期）:《战后日本的变与不变》，由东北师范大学历史文化学院教授、博士生导师韩东育主讲。

8月16日，图书馆召开长春市部分社区图书馆（室）的发展现状调研座谈会，馆领导及部分中层干部参加并发言。

8月16日起，图书馆与长春市精神文明建设办公室携手，面向工作在一线的户外工作者开展为期一个半月的"夏送清凉，与爱同行"活动。同时，图书馆被长春市精神文明建设办公室设立为"共筑爱心网，建好幸福城"爱心驿站。

8月17日，办公室组织全体员工在文化讲堂进行培训，由典藏阅览部宋川主讲《长春市图书馆地方文献信息资源建设》，典藏阅览部洪旭主讲《馆藏台港澳文献资源的建设和利用》。

8月17日，典藏阅览部主任刘彩虹、副主任刘佳贺及馆员孙金星、牟燕，研究辅导部主任阚立民及馆员李莹波，书刊流通部主任陆阳，网络技术部主任潘长海、副主任李岩峰，文化项目发展部主任赵婷，策划推广部主任刘怡君，新媒体服务部主任常盛，数字资源部负责人耿岱文，办公室馆员王英华在长春参加由川吉苏冀桂五省（区）图书馆学会联合主办，吉林省图书馆学会和吉林省图书馆承办的"川吉苏冀桂五省（区）图书馆学会第十五届学术研讨会"，会议主题为"创新中国：技术、社会与图书馆"。

8月19日，图书馆与樊登读书会长春分会联合推出"漫读"书友会第二期:《你就是孩子最好的玩具》。

8月20日，图书馆在文化讲堂举办"城市热读·关东文化讲坛"系列讲座（总第653期）:《寻找神秘的萨满世界（三）》，由吉林省文物鉴定委员会主任、三级研究员赵聆实主讲。

8月23日至26日，采编部主任朱玲玲及胡育杏、胡一赴北京参加由国家新闻出版广电总局、北京市政府等主办，中国图书进出口（集团）公司承办的第二十三届北京国际图书博览会。

8月24日，办公室组织全体员工在文化讲堂进行培训，由典藏阅览部于艳波主讲《机遇和挑战并存——新媒体环境下图书馆如何有效地传播文化》，典藏阅览部陈爱军主讲《关于新旧图书分类法转换中分类一致性问题的几点思考》。

8月27日，图书馆在文化讲堂举办"城市热读·文苑百家谈"系列讲座（总第654期）:《汉字的过去、现在和将来（二）》，由长春师范大学文学院教授、吉林省语言学会副理事长邹德文主讲。

8月31日，图书馆在吉林省税务干部学校举办"城市热读·五走进"系列讲座（总第58期）:《中国古代礼仪》，由东北师范大学文学院教授周其文主讲。

8月31日，办公室组织全体员工在文化讲堂进行培训，由典藏阅览部齐放主讲《岗位与读书》，典藏阅览部牛寒梅主讲《工具书的特点及发展趋势》。

8月，图书馆完成总馆六楼古籍特藏书库空调改造工程。

8月，图书馆被吉林省社会科学界联合会评为"吉林省优秀社会科学普及基地"；由馆长谢群主编的《文化之隅——"城市热读"讲座精编》被吉林省社会科学界联合会评为"吉林省优秀社会科学普及作品"；由图书馆推荐的东北师范大学副教授钟放被吉林省社会科学界联合会评为"吉林省优秀社会科学普及专家"；馆员谢彦君被吉林省社会科学界联合会评为"吉林省优秀社会科学普及工作者"。

9月3日，图书馆在文化讲堂举办"城市热读·关东文化讲坛"系列讲座（总第655期）:《东北抗日联军与东北抗联精神》，由中共吉林省委党史研究室研究员王宜田主讲。

9月5日至9日，研究辅导部丁文伍在长春参加由全国文化信息资源共享工程吉林省分中心吉林省图书馆主办的"吉林省文化共享工程技术骨干培训班"。

9月7日，办公室组织全体员工在文化讲堂进行培训，由新媒体服务部副主任于丹辉主讲《全国图书馆参考咨询联盟用户需求特点及服务现状分析》，新媒体服务部馆员程华主讲《基于互联网的文献检索》。

9月7日至8日，典藏阅览部主任刘彩虹、副主任刘佳贺及馆员张英华、孙玲、于艳波、陈爱军，采编部馆员谢佳、于亚芳在长春参加由中国图书馆学会主办的"民国时期文献保护计划"宣传推广项目吉林站培训。

9月10日，图书馆在文化讲堂举办"城市热读·长春城市规划大讲堂"系列讲座（总第656期）:《改变世界的物理学》，由东北师范大学物理学院副院长梁士利主讲。

9月12日，馆长谢群赴北京参加由中国图书馆学会主办，中国图书馆学会公共图书馆分会、首都图书馆承办的中国图书馆学会公共图书馆分会2016年工作会议。会上，馆长谢群被聘为中国图书馆学会第九届理事会公共图书馆分会委员。

9月13日至20日，由长春市图书馆、长春大学特殊教育学院举办的长春大学听障大学生美术作品展在二楼展厅展出。

9月14日，图书馆党委组织召开"长春市图书馆党员干部警示教育大会"，组织全体党员干部，开展党风廉政警示教育活动。大会由馆党委书记、馆长谢群主持，党委副书记、纪检书记吴锐在会上传达中共长春市纪律检查委员会《长纪通报》文件，按照长春市文化广电新闻出版局纪律检查委员会《关于做好2016年中秋节假期间安全保卫、各项管理工作的通知》精神，对中秋节、国庆节"两节"期间全馆党风廉政建设做动员部署和具体安排。会上还传达中共长春市纪律检查委员会《长纪通报》〔2016年〕第8期"关于7起违犯中央八项规定精神典型问题的通报"；最后，组织全体党员干部观看《破纪者戒》警示教育片。

9月14日，办公室组织全体员工在文化讲堂进行培训，由新媒体服务部杜欣主讲《创客空间与3D打印》，新媒体服务部胡艳玲主讲《我眼中的加拿大图书馆》。

9月20日至10月20日，由长春市文化广电新闻出版局主办、长春市图书馆承办的"记忆长春·与中国电影一起成长——1992—2016长春电影节回顾展"在二楼展厅展出，期间共有6700人参观展览。

9月20日至10月20日，"2016长春市民荐读书目图书推广展"在一楼大厅展出。

9月21日，办公室组织全体员工在文化讲堂进行培训，由青少年读者工作部何桂华主讲《换位思考·真情奉献——读者服务中的沟通与技巧》，青少年读者工作部吴方主讲《"义务小馆员"为长春市图书馆增加亮点》。

9月22日，在吉林省税务干部学校举办"城市热读·五走进"系列讲座:《走进国学之门》，由吉林大学文学院教授、博士生导师马大勇主讲。

9月23日，2016年长春市民读书节拉开帷幕。本届市民读书节由长春市文化广电新闻出版局主办，长春市图书馆、长春市少年儿童图书馆及县（市、区）图书馆承办。读书节以"书香长春·圆梦中国"为主题。开幕式通过三大阅读惠民服务启动、阅读推广展演、市民读书节荐书、"阅读之星"表彰、阅读健康走等内容倡导市民阅读。9月23日至10月22日，图书馆联合少年儿童图书馆及县（市、区）图书馆共举办多达16类90余项阅读推广活动，包括荐读书目、文化集市、市民荐购、专题讲座、文艺赏析、精彩赛事、趣读英语、公益课堂、文化展览、文化沙龙、亲子阅读、数字阅读、便民服务、文献展阅、分馆活动等。

9月23日，"汽车流动图书馆"启动，该项目首发携带3000册纸本图书、2000册电子图书深入经济开发区合肥路服务网点，把图书送到市民家门口。两个多小时的时间里，现场工作人员就办理了近200个读者证，市民借阅600余册图书。车体配备图书自助借还机、电子书借阅机、音响、饮水机、空调等设施。"汽车流动图书馆"采取定时、定点、定线路的方式提供图书借阅、数字化服务、讲座、展览等服务，打破了传统图书馆服务地域的局限。

9月23日，位于图书馆大门一侧的"24小时自助图书馆"投入使用。其内部配备24小时无人值守借还设备、全智能书架、安全管理系统、电子图书扫描下载等设备，为广大市民随时提供自助办证、自助借还、预约续借、手机下载等一系列文化服务。3000余册纸本图书、180余万种电子图书任市民随时、随意选择。"24小时自助图书馆"背后连通的是县（市、区）实现RFID的公共图书馆。通过业务系统的无缝对接，市民可在长春市图书馆、宽城区图书馆、绿园区图书馆等地实现图书通借通还。"24小时自助图书馆"通过现代化、智能化的技术，为市民提供全天候、全自助的图书借还及数字阅读服务，打破传统图书馆营业时间有限的壁垒。

9月23日，图书馆新媒体服务矩阵创建，改版后的长春市图书馆数字图书馆、移动阅读App在读书节开幕式上与广大市民见面，同时与微信公众号、微博、QQ群等新媒体平台组成服务矩阵并形成合力。

9月24日，图书馆在文化讲堂举办"城市热读·文苑百家谈"系列讲座（总第657期）:《司马迁与〈史记〉》，由东北师范大学古籍整理研究所所长李德山主讲。

9月24日，图书馆在五楼交流活动室举办第三期"漫读"书友会。

9月27日，汽车流动图书馆在铁北分馆门前为读者服务。

9月28日，办公室组织全体员工在文化讲堂进行培训，由青少年读者工作部李晓燕主讲《领略绘本的魅力》，参考咨询部张昭主讲《图书馆日常服务礼仪》。

9月29日，经开区供热集团有限公司图书流通站成立。

9月30日，图书馆工作人员来到长春大学特殊教育学院开展"爱心助力阅读"和"'温暖时光'无障碍电影播放"两项文化助残活动，为学生送去盲文和大字版文献近70册，为新生办理长春市图书馆读者证79张，同时取回读者还回文献52册，并在第一多媒体教室为百余名学生播放无障碍影片《和你在一起》。

9月，图书馆提交的《品读》阅读推广实例荣获由中国图书馆学会阅读推广委员会评选的2016"阅读刊物的阅读推广实例"征集活动一等奖。

9月，图书馆承担的长春地区公共图书馆服务效能评测系统建设相关工作完成招标采购，由广州图创计算机软件开发有限公司中标，启动实施安装调试工作。系统以图书馆为管理中心，将采集、统计各县（市、区）公共图书馆的有关入馆读者及借阅、读者活动情况的数据，形成统一管理、统一监测、规范化服务的管理格局。

9月，图书馆工会与长春市中医院联合组织专家义诊活动，邀请四位内科、神经科及老年病方面的临床专家亲临图书馆，为职工提供诊脉咨询服务。

10月8日，物业公司进驻铁北分馆，设保安1人，保洁2人，水暖工1人。

10月8日至15日，图书馆开展2016年第三季度考核工作。

10月10日至14日，研究辅导部丁文伍赴抚松参加由全国文化信息资源共享工程吉林省分中心主办的"吉林省文化共享工程（抚松）培训班"。

10月12日，图书馆召开党员大会，对中共长春市图书馆委员会换届选举候选人预备人选推荐提名进行投票。

10月12日，图书馆快乐生活健康徒步行活动在净月潭国家森林公园举办。此次徒步活动全程共约13公里，近70名职工参加。

10月12日至14日，副馆长朱亚玲、办公室李超赴济南参加由中国图书馆学会主办，济南市图书馆、济南图书馆学会承办的"第28届全国十五城市公共图书馆工作研讨会"，会议主题为"城市图书馆：创新与发展"。

10月13日至25日，图书馆委托有关公司在地方文献查阅室进行第一批地方文献的数字化，共完成161册72 000余页文献的扫描。

10月15日，图书馆举办"让爱传递——视障读者与志愿者互动"主题活动。应邀参加本次活动的有长春大学特殊教育学院的16名视障学生和吉林华侨外国语学院的26

名青年志愿者学生，以及闻讯前来的 10 余名社会各界人士。与以往国际盲人节主题活动由志愿者向视障人士提供服务有所不同，本次活动是长春大学特殊教育学院的视障学生们，用他们所学的专业特长，为长期致力于志愿服务的吉林华侨外国语学院的青年志愿者学生们提供保健按摩，带来知识讲座。

10 月 15 日，图书馆在文化讲堂举办"城市热读·长春电影节"专场讲座（总第 658 期）：《小众电影的价值与魅力》，由东北师范大学传媒科学学院教授关大我主讲。

10 月 15 日，图书馆在五楼交流活动室举办第四期"漫读"书友会。

10 月 16 日，"交换阅读　乐享书香"长春市首届市民换书集市在一楼大厅正式开启。此次活动由长春市图书馆和吉林音乐广播电台（FM92.7）共同举办，共设有 22 个个人展位，2 个临时展位，并设置长春市图书馆换书中心 1 处。各展位提供的数千册图书杂志以及琳琅满目的文化用品，吸引数百位市民前来交换。长春市首届市民换书集市的举办是为了迎合现代生活方式，为市民家里闲置的书刊玩具和文化用品寻找新家。在图书馆举办公益交换集市活动，既为市民搭建了一个公益的交换平台，让更多的市民有机会通过这一平台享受淘宝捡漏的乐趣，也可以通过浓郁的书香氛围来吸引市民朋友们走进图书馆，让大家感受在图书馆阅读和学习的乐趣。

10 月 16 日，2016 年市民读书节活动期间，图书馆与吉林省外文书店联合举办"书香无处不在"爱读书　荐馆藏——亲子阅读团荐购活动，小读者和家长共计 100 人参加活动。活动当天读者共采购图书 500 余册，码洋万余元。

10 月 16 日，图书馆在书画室举办第五期"墨韵丹青"国画艺术老年读者沙龙活动，主题是"吹落黄花满地金——菊花创作的相关知识"，活动特别邀请吉林大学艺术设计专业副教授、吉林省国学书画研究会秘书长孙凯宇到场，与 30 余名老年读者互动交流。

10 月 18 日至 28 日，图书馆在交流培训室举办医学知识小课堂 4 场，共有 120 人参加。

10 月 18 日至 22 日，典藏阅览部主任刘彩虹赴沈阳参加由国家图书馆、国家古籍保护中心主办的"第二期全国古籍保护工作管理人员研修班"。

10 月 19 日，图书馆在文化讲堂举行中共长春市图书馆委员会换届选举大会。会议选举谢群、吴锐、范敏、朱亚玲、齐红星为新一届党委委员。随后召开新一届第一次党委会议，选举书记、副书记，谢群当选为党委书记，吴锐当选为党委副书记；会上进行党委委员分工，范敏任宣传委员，朱亚玲任群团委员，齐红星任组织检查委员。

10 月 22 日，图书馆联合长春市学人书店开展的第五期"你选书我买单"图书荐购活动在一楼大厅举办。本次活动参与读者有千余人次，选购图书 655 种 979 册。

10 月 22 日，图书馆在文化讲堂举办"城市热读·纪念红军长征胜利 80 周年"系列讲座（总第 659 期）：《长征过程及长征精神的当代价值》，由东北师范大学历史文化学院教授、博士生导师程舒伟主讲。

10 月 22 日，以"书香溢满快乐童年，读书绘出知识年轮"为主题的图书馆 2015—2016 年度"读书小状元"评选活动圆满落下帷幕。通过图书馆自动化管理系统对未成年小读者在 2015 年 9 月 1 日至 2016 年 8 月 31 日期间的文献借阅量进行统计和排名，共评选出"读书小状元"10 名，年龄最大的 11 岁，最小的 3 岁；年借阅量最多的 834 本，最少的 312 本。活动当天，在青少年读者工作部四楼多功能厅举行 2015—2016 年度"读书小状元"表彰及阅读分享会。同一天进行的还有"假日游记"有奖征文颁奖活动，10 名读书小状元及其家长，以及假日游记有奖征文获奖者 30 余人参加活动。

10 月 23 日至 11 月 10 日，由长春市文学艺术界联合会主办，长春市美术家协会承办，吉林大学艺术学院、东北师范大学美术学院、吉林艺术学院美术学院、长春师范大学美术学院、长春大学美术学院、长春日报社、长春市图书馆协办的"放飞梦想——长春市首届中青年小幅美术作品展"在图书馆二楼展厅展出。

10 月 23 日至 24 日，策划推广部主任刘怡君赴合肥参加由中国图书馆学会阅读推广委员会主办，图书馆与家庭阅读专业委员会、深圳图书馆、合肥图书馆承办的"中国图书馆学会阅读推广委员会图书馆与家庭阅读专业委员会第一次会议"，会议主题为"图书馆家庭阅读推广"。

10 月 24 日，在于长沙召开的全国第十八次社会科学普及工作经验交流会上，经由吉林省社会科学界联合会推荐，由馆长谢群主编的《文化之隅——"城市热读"讲座精编》被全国社会科学普及工作组委会评为"全国优秀社会科学普及作品"，馆员谢彦君被评为"全国优秀社会科学普及工作者"。

10 月 25 日，铁北分馆新装 10kV 用电工程竣工。

10 月 25 日至 28 日，馆长谢群、副馆长吴锐、办公室主任路维平、书刊流通部主任陆阳及馆员苗林、策划推广部主任刘怡君赴铜陵参加"2016 年中国图书馆年会——中国图书馆学会年会·中国图书馆展览会"，会议主题为"创新中国：技术、社会与图书馆"。

10 月 29 日，图书馆在文化讲堂举办"城市热读·中医大讲堂"系列讲座（总第 660 期）：《人以群分，你属于哪一"群"？》，由中医内科学博士、副教授李萍主讲。

10月，2016年数字图书馆业务技能竞赛决赛在中国图书馆年会现场正式落下帷幕。7个赛区35位精英共聚安徽铜陵参加大赛总决赛。本次决赛前，举办初赛、复赛进行选拔。长春市图书馆63名馆员参加比赛，最终馆员苗林成功挺进决赛，成为吉林省唯一进入决赛的选手，并代表东北赛区勇夺第一。林忠娜、尚建伟晋级本次竞赛的复赛。

10月，在全国全民终身学习活动周上，经由长春广播电视大学推荐，长春市图书馆"城市热读"系列讲座被评为2016年全国"终身学习品牌项目"。

10月，图书馆协助长春市城乡建设委员会、朝阳区人民政府做好打通立信街断头路工程。

11月1日，农安县哈拉海镇孙家炉村流通站成立。

11月2日，办公室组织全体员工在五楼多功能厅进行培训，由参考咨询部唐彬主讲《〈决策参考〉课题制作》，由网络技术部潘长海主讲《长春市图书馆计算机信息服务网络体系》。

11月3日至4日，数字资源部郝欣赴北京参加由国家图书馆主办的"数字图书馆推广工程版权管理理论与实务培训班"。

11月5日，图书馆在文化讲堂举办"城市热读·长春城市规划大讲堂"系列讲座（总第661期）：《海绵城市建设实践——基于绿色基础设施》，由北京泰宁科创雨水利用技术股份有限公司项目负责人纪岩主讲。

11月5日，图书馆在交流培训室举办"城市热读·品悦生活"系列讲座（总第662期）：《健康生活，科学防癌》，由吉林省肿瘤医院内五科主任、主任医师鲍慧铮主讲。

11月9日，图书馆在文化讲堂举行中共长春市图书馆纪律检查委员会换届选举大会，会议选举出新一届纪检委委员，名单包括吴锐、齐红星、孟静。会后馆纪检委召开第一次会议，投票选举书记，并进行委员工作分工，吴锐当选书记，齐红星任监察委员，孟静任宣传委员。

11月9日，图书馆各党支部举行换届选举，各支部召开选举会议。选举结果如下：第一党支部委员为孟静、陈虹羽、常盛，孟静任书记；第二党支部委员为刘怡君、丁文伍、郝欣，刘怡君任书记；第三党支部书记委员为王鑫、王彦萍、李超，王鑫任书记；第四党支部委员为郭旭、孙哲、苗林，郭旭任书记。

11月12日，图书馆在文化讲堂举办"城市热读·文苑百家谈"系列讲座（总第663期）：《我们来自何方——人类的起源与现代人的起源》，由吉林大学边疆考古研究中心主任朱泓主讲。

11月，图书馆被吉林省妇女联合会、吉林省新闻出版广电局设立为"同悦书香'她'空间"。

11月16日至25日，图书馆员工分两批在长春文庙参加由长春市文化广电新闻出版局举办的继续教育培训。

11月19日，图书馆在文化讲堂举办"城市热读·关东文化讲坛"系列讲座（总第664期）：《东北抗联人物漫谈》，由中共吉林省委党史研究室研究员王宜田主讲。

11月19日，图书馆在五楼交流活动室举办第五期"漫读"书友会。

11月22日，图书馆在交流培训室举办家长课堂"如何正面管教孩子"，共有120人参加。

11月26日，图书馆在文化讲堂举办"城市热读·品悦生活"系列讲座（总第665期）：《现代人的心理冲突及应对》，由长春市第六医院首席专家、主任医师郑晓华主讲。

11月27日至12月10日，由长春市文学艺术界联合会、长春书法家协会、共青团长春市委、长春青年书法家协会、长春市文化广电新闻出版局、长春市图书馆举办的"长春市青年书法篆刻作品展"在图书馆二楼展厅展出，共有6000人参观此次展览。

11月30日，全馆职工进行防火知识培训暨应急疏散演练。

11月，为迎接第十三届中国长春电影节，长春市文化广电新闻出版局和长春日报社共同举办"我和电影的情缘"主题征文活动，活动由长春市图书馆承办。在为期一个多月的征文活动中，图书馆收到来自本市本省乃至国内其他省市的应征稿件近三百篇。经过海选、初评和终评三轮评审，共评选出一等奖5名，二等奖12名，三等奖22名，优秀奖30名。

12月1日至7日，办公室赵春杰在长春参加由长春市档案局主办的"2016年档案人员继续教育业务培训班"。

12月3日，图书馆在文化讲堂举办"城市热读·品悦生活"系列讲座（总第666期）：《你的性格会出现哪些健康问题？》，由长春市第六医院催眠治疗研究室负责人、副主任医师尹洪影主讲。

12月7日，办公室组织全体员工在五楼多功能厅进行培训，由研究辅导部阚立民主讲《图书馆的业务辅导工作》，数字资源部霍岩主讲《长春数字图书馆网站应用》。

12月9日，副馆长范敏、典藏阅览部主任刘彩虹在长春参加由吉林省古籍保护中心主办的"2016年吉林省古籍保护工作座谈会"。

12月10日，图书馆在文化讲堂举办"城市热读·文苑百家谈"系列讲座（总第

667 期）：《儒家的静坐修身》，由吉林大学文学院教授、博士生导师许兆昌主讲。

12 月 13 日，图书馆在长春市文化广电新闻出版局组织下参加面向吉林大学专场招聘会。

12 月 14 日，办公室组织全体员工在五楼多功能厅进行培训，由策划推广部逯晓雅主讲《跟着讲座去读书》，由策划推广部谢彦君主讲《图书馆为什么要开展读者活动》。

12 月 15 日，研究辅导部组织基层馆馆员开展集中培训，由王嘉雷主讲《图书馆基础知识及长春市协作图书馆工程》，共 65 人参加培训。

12 月 15 日至 20 日，图书馆在五楼多功能厅举行 2016 年新进人员培训。

12 月 17 日，图书馆在文化讲堂举办"城市热读·文苑百家谈"系列讲座（总第 668 期）：《新世纪吉林少数民族文学创作的地缘、血缘与情缘》，由长春师范大学二级教授、文学博士刘钊主讲。

12 月 19 日，长春市文化广电新闻出版局局长张鸣雨、副书记王立、副局长杨青宇、办公室主任韩铭飞等一行 6 人来到铁北分馆、铁南分馆，巡视督查安全生产工作。馆长谢群及相关负责人陪同。

12 月 21 日，在长春市人力和社会保障局的牵头下，在长春市文化广电新闻出版局人事教育处处长李冬梅的带队下，馆长谢群、副馆长吴锐等一行 4 人首次赴京进行人才招聘。

12 月 21 日，办公室组织全体员工在五楼多功能厅进行培训，由文化项目发展部陈东主讲《市民的文化交流空间：公共图书馆公益文化展览》，由铁北分馆术红梅主讲《长春市图书馆铁北分馆馆情介绍》。

12 月 24 日，图书馆在文化讲堂举办"城市热读·关东文化讲坛"系列讲座（总第 669 期）：《日本的人口、粮食危机与"满洲"》，由东北师范大学日本研究所副教授、历史学博士郭冬梅主讲。

12 月 24 日，图书馆在五楼交流活动室举办第六期"漫读"书友会。

12 月 25 日至 2017 年 1 月 5 日，由长春市文学艺术界联合会、长春市文化广电新闻出版局主办，长春摄影家协会、长春市图书馆承办的"长春市第十届摄影展作品展"在二楼展厅展出，共有 6 000 人参观展览。

12 月 28 日，图书馆理事会审议通过《长春市图书馆馆藏发展政策》。

12 月 28 日，图书馆在文化讲堂召开长春市图书馆职工食堂满意度测评大会。

12 月 30 日，图书馆领导班子与 2016 年新进馆人员开展座谈。

　　截至 12 月底，"小树苗"亲子故事屋全年共举办 30 场故事会，共读 60 个经典中英文绘本故事，吸引 800 组家庭 1 600 余人参加。"小树苗"亲子故事屋主要面向 2—6 岁低幼儿童和家长举办活动。活动主要以三种形式开展，一是邀请志愿者为小朋友们讲故事；二是组织家长和孩子们共同参加的故事会，亲子共讲；三是组织少儿故事会，每个小朋友轮流主讲，大家共同分享故事。活动旨在让孩子们学会阅读，爱上阅读，在欢乐中阅读，在阅读中成长。为配合"小树苗"亲子阅读系列活动推广，图书馆定制"小树苗"印花卡并进行发放。自 2016 年世界读书日开始至 12 月底，图书馆共发放印花卡 500 余张、印花 1 189 个。

　　截至 12 月底，"小树苗"图书角建设项目共完成 8 次图书借还，为各个图书角配送图书 1000 余册。是年，图书馆在小学、幼儿园分别建立 4 家"小树苗"图书角。按《"小树苗"图书角承办协议》要求，各图书角结合实际情况制定相应的图书角管理制度、图书借阅规则，由学校学生自主管理，充分发挥"小主人公"意识。

　　截至 12 月底，"小树苗"简易机器人设计制作活动全年共举办 16 期，600 余名小读者及家长参加。自 2016 年 5 月起，活动于每月第一个周日及第三个周日上午 9：30 在青少年读者工作部四楼多功能厅举办，旨在培养青少年对机器人的兴趣，使他们了解和掌握机器人的基本特征，学习并制作出简易机器人。

　　是年，图书馆新增实体文献近 12 万册，新增电子书 5 万多册，订购中文、台港澳、外文报刊合计 4 654 种 5 973 份。采购数据库 43 种，试用数据库 18 种。数字资源存储容量达 100TB。是年，典藏阅览部将原地方文献查阅室内以及基藏书库内的地方作家作品进行筛选、整理、重新串架、排架，调整为"地方作家作品"专架，共计 1 186 种（册）；整理地方志及地方文史资料类等特色文献 38.4 万页上报国家图书馆；加工伪满文献全文数据 57 册。

　　是年，图书馆接待读者 145 万余人次，办理读者证 2.3 万余张，外借各类文献 91 万余册次；数字资源访问量 550 万次，下载 60 万次；解答咨询 45 万余条，开展课题服务 157 项，开展文献宣传 57 次，完成文献开发 49 746 条，代检索课题 2 079 项，完成网上联合参考咨询 17 万余条；编辑《决策参考》22 期，编辑《立法信息快讯》24 期。全年以节假日及重要纪念日为时间节点，共开展大型系列读者活动 7 次，包括迎新春系列活动、世界读书日系列活动、图书馆服务宣传月系列活动、暑期系列阅读活动、吉林省社会科学普及周系列活动、长春市民读书节系列活动、2016 年长春电影节系列活动。全年共举办读者活动 431 次，其中：讲座、培训、沙龙 223 次，参与人数 2 万余人次；展览 39 次，参与人数 13 万余人次；其他活动 169 次，参与人数 1.8 万余人次。

是年，图书馆对基层分馆完成辅导工作 60 次，集中培训 4 次；为分馆配送书刊 6.4 万册，联动分馆开展 30 余项读者活动。"24 小时自助图书馆"全年共接待读者 13 340 人次，借还书刊 9 000 余册次，自助办证 127 张。"汽车流动图书馆"日最高办证 198 张、接待读者 300 余人次，全年共办理 545 个借书证，借还书刊 6 500 余册次。

是年，图书馆组织开展全馆培训（包括继续教育）和新进馆员培训共计 44 次，累计培训 4 000 多人次，共计 25 697 学时；派出专业技术人员外出学习、考察、参加各种学术活动近 30 人次。图书馆职工申报国家级课题 4 项，在专业核心期刊发表论文 3 篇，在其他省级以上学术期刊发表学术论文 31 篇，获奖会议论文 6 篇，出版学术著作 2 部，参与并完成课题 2 项。全年编辑出版《品读》正刊 6 期、增刊 1 期。

是年，图书馆共接待国家、省、市级领导视察参观 8 次，业内同仁参观调研 1 次。被各类媒体报道 700 余次，图书馆官网上传信息 200 余条，向长春市文化广电新闻出版局报送信息 50 余期 80 余条，向各级部门报送各类材料 39 次。全年收到并回复处理市长公开电话承办单 31 件、读者信件 9 封，其中建议信 8 件、诉求信 29 件、表扬信 3 件。

是年，新媒体服务部完成 E 读体验区基础性建设，拟定《长春市图书馆电子阅读设备借阅须知》，提供 116 台主流移动电子阅读设备供市民免费借阅，并有 10 台高端电子学习机为市民现场体验。由改版后的长春市图书馆数字图书馆、移动阅读 App 与微信公众平台、微博、QQ 群、短信等平台组成的新媒体服务矩阵初步形成。网站访问量达 150 万次；移动客户端点击量 1 900 万次；微信公众平台累计关注超 3.9 万人，通过平台解答咨询 2.3 万余条。

2017 年

1 月 1 日至 2 月 11 日，图书馆举办迎新春系列活动，包含"诗书泽世　道德传家"迎新春有奖征联活动及获奖春联书法展、"墨香蕴年味"春联写赠活动和元宵佳节灯谜会等 12 类 42 项活动内容。

1 月 5 日，文化部发布通知，第六次全国县级以上公共图书馆评估定级工作启动。图书馆作为副省级公共图书馆参与评估，着手开展相关工作。

1 月 7 日，图书馆在文化讲堂举办"城市热读·文苑百家谈"专场讲座（总第 670

期）:《〈论语〉概说》，由东北师范大学古籍整理研究所所长李德山主讲。

1月9日至13日，图书馆在交流培训室举办彩陶泥塑课5场，共有175人参加。

1月9日至13日，图书馆在交流培训室举办中华历史小故事课4场，共有240人参加。

1月10日，"诗书泽世 道德传家"有奖春联征集活动（第十九届）圆满结束，活动期间共收到来自全国28个省（自治区、直辖市）的288位春联作者的1272副作品。最终评出优秀春联作品100副，其中一等奖3副，二等奖25副，三等奖72副，获奖者共计92位。

1月10日，图书馆被长春市文化广电新闻出版局评为"2016年度全市文化广电新闻出版系统政务信息工作先进单位"；馆长谢群被长春市文化广电新闻出版局评为"2016年度全市文化广电新闻出版系统政务信息工作优秀组织者"；办公室李超被长春市文化广电新闻出版局评为"2016年度全市文化广电新闻出版系统政务信息工作优秀信息员"。

1月11日，图书馆在文化讲堂召开2016年度领导班子述职大会。

1月11日至2月19日，图书馆举办第22期"义务小馆员"活动，通过图书馆网站、QQ群等平台，面向社会招募32名同学担当义务小馆员。他们来自长春市18所中小学校，累计工作时间168小时。

1月14日，图书馆在文化讲堂举办"城市热读·素质教育"系列讲座（总第671期）:《如何有效支持孩子写作——少儿创意写作方法介绍》，由中国传媒大学博士、上海大学博士后李艳葳主讲。

1月14日，由图书馆与长春义工团队联合举办的"小树苗"亲子故事屋中文绘本故事会在图书馆四楼多功能厅举办。自此开始，故事会于每月第二、四周六上午举办，活动以绘本为载体，以阅读为手段，以增进亲子间的沟通与交流为原则，培养孩子的阅读兴趣，使其养成良好的阅读习惯。全年共举办23期，有500多组家庭1000余人参加。

1月15日起，青少年读者工作部携手育圣贤教育郭畅口才艺术培训学校共同举办"小树苗"亲子阅读课堂之"畅"说口才演讲与技巧课程。此项活动面向4—6周岁的小朋友开展，于每月第二个周日上午举办。全年共举办10场，主题涉及演说技巧与礼仪、儿童成长与梦想等多个方面，平均每场参加人次达到30人。

1月16日，图书馆在党员活动室召开图书馆理事会2017年第一次会议。第一届理事会7名成员出席会议。会议由馆长、副理事长谢群主持，副馆长范敏、朱亚玲列席会议。会上，馆长谢群向理事会做图书馆 2016 年工作总结，并汇报 2017 的重点工作。各位理事高度肯定长春市图书馆 2016 年工作成效，并就 2017 年工作计划及存在的问题做广泛交流，特别就馆藏资源建设、特色文献资源整理开发和利用等问题进行了深入探讨，还对图书馆开展馆企共建、精细化服务、引入社会志愿者团队力量等问题提出意见和建议。会议审议了《长春市图书馆分馆管理规范》《长春市图书馆文献采购条例》《长春市图书馆 2016 年度部门决算分析报告》。最后，理事会对图书馆管理层 2016 年度工作从履行职责、资源建设、综合服务、推进全市公共图书馆体系建设、综合管理、企业文化建设等方面进行考评，均给予满意的评价。

1 月 16 日至 19 日，图书馆在交流培训室举办创意绘画课 4 场，共有 175 人参加。

1 月 16 日至 20 日，图书馆在交流培训室举办思维写作课 4 场，共有 240 人参加。

1 月 17 日，图书馆领导班子召开专题民主生活会。

1 月 18 日，办公室组织全体员工在五楼多功能厅进行培训，由书刊流通部主任陆阳、办公室李超主讲《2016 年外出人员汇报会》，副馆长朱亚玲对 2016 年度培训工作进行总结。

1 月 19 日，图书馆在党员活动室召开 2016 年度中层干部述职大会。会议由党委副书记、副馆长吴锐主持，馆领导班子和全体中层干部参加会议。

1 月 19 日，青少年读者工作部联合济南爱不释书数字技术有限公司举办"迎新春快乐寒假，全新数字阅读之旅"数字阅读体验活动，活动吸引了 20 组家庭参加。

1 月 20 日至 2 月 17 日，图书馆举办的"诗书泽世　道德传家——丁酉迎春楹联书法展"在二楼展厅展出。

1 月 21 日，图书馆在文化讲堂举办"城市热读·关东文化讲坛"系列讲座（总第 672 期）:《长白山文化的内涵与特征》，由东北师范大学历史文化学院教授、博士生导师程舒伟主讲。

1 月 23 日，"小树苗"音乐沙龙——迎新春读者联谊会在青少年读者工作部多功能厅举行，活动邀请鼓动奇迹艺术学校的学员为现场小朋友及家长表演 17 支曲目。

1 月 23 日至 24 日，图书馆与长春市市直机关书画家协会联合举办"墨香蕴年味"书法家现场写赠春联活动。

书法家现场写赠春联活动现场

1月25日至26日，图书馆第六次携手长春市学人书店，在一楼大厅举办"你选书我买单"图书荐购活动，共有247人参与，现场外借图书1 107册。

1月，图书馆被社会科学文献出版社评为"2016年度馆藏及阅读推广优秀图书馆"。

1月，图书馆新版官方网站正式上线，除提供服务指南、数字资源检索、通知公告等基本服务外，还新增了读者活动预约报名、学习空间等功能。英文版网站同步开通。

2月11日，一年一度的图书馆元宵佳节灯谜会在一楼大厅举办。

2月18日，在文化讲堂举办"城市热读·品悦生活"系列讲座（总第673期）：《关注儿童心理健康，做合格父母》，由长春市第六医院儿童青少年心理科主任彭新贤主讲。

2月18日，图书馆"小树苗"亲子阅读沙龙邀请吉林省家庭教育专家郝成祥老师举办"如何培育优秀子女"亲子讲座，40余位家长走进沙龙，一同探讨子女教育中的智慧。

2月18日，图书馆与安妮花长春硕果馆共同举办的"小树苗"亲子故事屋英文绘本故事会活动在四楼多功能一厅举办。英文绘本故事会于每月第三个周六的下午两点举行，受众为拥有4—8岁儿童的家庭。全年共举办英文绘本故事会8次，200组家庭400余人参加。

2月22日，汽车流动图书馆开进吉林省武警直属支队提供服务。

2月23日，"义务小馆员"志愿者服务项目被吉林省文化厅评为吉林省2016年文化志愿服务示范项目。

2月25日，图书馆在文化讲堂举办"城市热读·关东文化讲坛"系列讲座（总第

674 期）：《蒙古族源问题的生物考古学研究》，由吉林大学边疆考古研究中心主任朱泓主讲。

2 月至 12 月，图书馆为城建社区、越野社区等 20 家示范分馆配送查询机、馆员工作站、身份证阅读器、条码扫描器，实现分馆通借通还服务，推进"城市书网"建设。

3 月 4 日，图书馆在文化讲堂举办"城市热读·三八妇女节"专场讲座（总第 675 期）：《女性常见疾病的自我检查及日常防护》，由吉林省肿瘤医院内五科主任、主任医师、硕士生导师鲍慧铮主讲。

3 月 8 日，为庆祝国际三八妇女节，图书馆在党群组织中开展以"慧悦读·圆梦想·谱新篇"为主题的读书分享会活动。本次活动由馆党委发起并主办，各党支部、群团组织共同参与。读书分享会上，来自党群组织的 9 名青年馆员分别上台与大家进行读书分享交流。此外，馆党委还面向全体馆员推荐优秀书目 50 册，鼓励大家在工作之余热爱阅读、勤于学习、善于分享。最后，馆党委副书记吴锐对本次读书分享会活动做总结。

3 月 10 日，馆长谢群被吉林省图书馆学会聘任为吉林省图书馆学会第八届理事会阅读推广委员会主任。

3 月 11 日，图书馆在文化讲堂举办"城市热读·关东文化讲坛"系列讲座（总第 676 期）：《清末民初的吉林文化》，由东北师范大学历史文化学院教授、博士生导师曲晓范主讲。

3 月 11 日至 4 月 8 日，"十里寻你 只为塑造智慧父母——市图'小树苗'智慧家长系列讲座"在图书馆举办。此系列讲座历时一个月，由家庭教育专家郝成祥老师亲自授课，就"如何激发孩子学习动力""亲子有效沟通""情绪修炼""如何处理孩子的偏差行为"等主题为家长进行指引。

3 月 13 日至 15 日，副馆长范敏、朱亚玲及办公室主任路维平赴南宁参加由中国图书馆学会主办的"第六次全国县级以上公共图书馆评估定级培训班"之"省级（副省级）图书馆评估定级培训班"。

3 月 17 日起，图书馆推出"小树苗"16 点课堂建设项目，利用学生放学后的时间，于每周五 16 点，开展"书悦之声·小小朗读者"朗读活动。首次活动中，10 余位小朋友走上了"小小朗读者"的舞台，分享自己喜爱的文章。

3 月 18 日，图书馆在文化讲堂举办"城市热读·长春城市规划大讲堂"系列讲座（总第 677 期）：《城市水系统规划及实践探索》，由长春市城乡规划设计研究院院长助理、博士刘志生主讲。

3月20日至21日，图书馆在视听艺术馆举行Interlib 3.0系统专题培训，由广州图创计算机软件开发有限公司工程师方志勇主讲，图书馆和协作图书馆的采编、流通人员以及系统管理员参加。

3月20日至4月30日，典藏阅览部张雯婷赴西安参加由国家图书馆、陕西省图书馆主办的第六期古籍修复技术与工作管理研修班。

3月21日至24日，数字资源部郝欣、新媒体服务部刘劲节赴上海参加由文化部公共文化司、国家图书馆主办的"数字图书馆推广工程新媒体培训班"。

3月21日至24日，参考咨询部张昭赴西安参加由国家图书馆主办的全国省级及副省级市公共图书馆参考咨询工作培训。

3月22日，图书馆公布第六次县级以上公共图书馆评估定级参评工作方案。

3月25日，图书馆在文化讲堂举办"城市热读·品悦生活"系列讲座（总第678期）：《中国独立纪录电影发展历程（一）——20世纪90年代中国独立纪录电影》，由东北师范大学传媒科学学院教授关大我主讲。

3月25日，第七期"漫读"书友会在五楼活动室举办。

3月27日，长春市文化广电新闻出版局局长张鸣雨、副书记王立在局办公室主任韩铭飞、公共文化处副处长朱向阳的陪同下来到图书馆，接待文化部2016年公共数字文化工程考核组专家一行，并视察图书馆工作。此次视察也是局党委落实"一线工作日"活动的安排之一，实地进行"一线办公"。

3月31日，Interlib系统由2.0版本升级到3.0，并开通使用读者荐购系统平台。

3月，根据上级人社部门对事业单位工作人员年度考核工作的要求，按照《长春市图书馆2016年度考核评优方案》部署，经各部推选、馆领导班子审议，确定2016年度考核优秀人员27人，具体名单如下：阚立民、陆阳、于雅彬、刘怡君、刘群、侯军、李晓蓉、王明旭、杨屹、牟燕、李莹波、于涵、周文举、刘英、范崔岩、房寂静、安晓涛、赵皖喆、耿岱文、孙哲、谢彦君、姜莉莉、安爱功、贾晓凤、冯晓伟、陈岳华、尚建伟。

3月，图书馆与长春市朝阳区教育局签订协议，成为朝阳区中小学校外育人联盟成员单位。

3月，青少年读者工作部创建"长图小树苗"微信公众号，与长春市图书馆官方网站、长春市图书馆微信公众号一起构成图书馆宣传推广读者服务的媒体网络平台。读者通过搜索、扫描二维码的方式关注公众号，可即时享受高效的青少年读者工作部咨询服务、便捷的活动信息查询及馆藏优秀少儿图书推荐。"长图小树苗"微信公众号推出"图书推荐"栏目，每周推出一篇文章，3月23日推出第1期，至12月30日共推出荐书专题36期。

3月，图书馆荣获全国图书馆参考咨询联盟管理中心颁发的2016年度全国图书馆参考咨询联盟优秀服务一等奖。

4月3日至14日，图书馆开展2017年第一季度考核工作。

4月6日，长春市文化广电新闻出版局副书记王立在公共文化处副处长朱向阳的陪同下，来到图书馆进行一线办公调研。副书记王立此行主要听取了馆长谢群关于图书馆日常管理情况、人员情况、业务流程等的介绍，馆长谢群还就迎接全国第六次县级以上公共图书馆评估、推进阅读推广活动的举办、"城市书网"建设、城市文化展厅等基础建设及干部队伍建设等2017年的重点工作进行汇报。最后，副书记王立与座谈的领导班子成员就图书馆工作目前遇到的难点和问题，如书库建设、铁北分馆、铁南分馆建设、干部队伍激励机制等进行深入交流与探讨。

4月7日至28日，图书馆在交流培训室举办《论语》诵读课、《孝经》诵读课共7场，共有345人参加。

4月8日，图书馆在文化讲堂举办"城市热读·社会热点"系列讲座（总第679期）：《中国周边安全形势报告》，由中共长春市委党校副校长吴彦杰主讲。

4月8日至29日，图书馆在交流培训室举办高效速读课4场，共有120人参加。

4月9日，图书馆邀请《中国诗词大会》人气选手王天博，在文化讲堂以"腹有诗书气自华"为主题举办讲座。

4月10日，长春市财政局副局长姜兴春在该局教科文处处长杨勇、采购办处长张柏龙等陪同下，来图书馆调研工作，实地进行"一线办公"。

4月11日，吉林省图书馆学会阅读推广委员会成立暨第一届委员会第一次全体会议在长春市图书馆召开。吉林省图书馆学会阅读推广委员会是由省内图书馆界共同发起，经由吉林省图书馆学会批准成立的图书馆专业委员会，是在吉林省图书馆学会领导下，在全省范围内负责规划、指导、协调、组织阅读推广及相关学术研究活动的工作机构。其成立旨在以吉林全省图书馆为立足点，开展阅读推广的工作研究、探索实践与模式创新，营造全民阅读氛围，促进书香社会建设。会议由吉林省图书馆学会阅读推广委员会副主任、长春市图书馆副馆长范敏主持。吉林省图书馆学会阅读推广委员会主任、长春市图书馆馆长谢群在会上发表讲话。会上宣读《吉林省图书馆学会关于成立第八届理事会阅读推广委员会的批复》《吉林省图书馆学会阅读推广委员会工作规程（征求意见稿）》《吉林省图书馆学会阅读推广委员会 2017 年工作计划（征求意见稿）》。

4 月 11 日至 12 日，图书馆与长春市教育局等单位携手，共同举办"书香进校园"系列活动，分别走进长春德苑主题公园、长春市朝阳区明德小学校和长春市宽城区培智学校，为长春市中小学生阅读推广探索积极有效的方法和模式。11 日，在长春德苑主题公园举行朝阳区中小学校外育人联盟成立启动仪式。作为合作单位，图书馆与长春市朝阳区教育局签订合作协议，并为长春市白山小学校、长春市朝阳区红旗小学校、长春市朝阳区西安小学校等五所长春市朝阳区农民工子女比较集中的学校建立 25 个"小树苗"图书角，每个图书角配备 100 册适合小学生阅读的新书，并向这五所小学赠送全民阅读健康读本 1 万册。同日，长春市教育局、长春市文化广电新闻出版局在长春市朝阳区明德小学校举办第 22 个"世界读书日"系列活动暨长春市 2017 年"书香校园"启动仪式。图书馆作为具体承办单位之一参与此项活动。12 日，图书馆走入长春市宽城区培智学校，为孤独症的孩子送去 100 册图书和两场精彩的阅读体验活动。

4 月 11 日至 13 日，策划推广部谢彦君、乔欣欣参加由全国文化信息资源共享工程吉林省分中心主办的"吉林省文化共享工程技术骨干阅读推广培训班"。

4 月 11 日至 5 月 28 日，图书馆举办"悦读·在路上"全民读书季系列文化活动，活动内容多达 14 类 112 项。其中 4 月 23 日举办的 2017 年吉林省暨长春市"健康生活　悦动吉林——书香吉林阅读季"系列活动启动仪式，为覆盖全省的全民阅读活动奏响书香号角。

4 月 15 日，图书馆在文化讲堂举办"城市热读·品悦生活"系列讲座（总第 680 期）：《巧用法律知识，促进家庭生活美满和谐》，由吉林省法律援助中心副调研员、高级律师赵宏伟主讲。

4 月 15 日至 16 日，视障人士阅读室面向社会招募 2017 年文化助残志愿者，并特邀北京红丹丹教育文化交流中心（北京红丹丹视障文化服务中心）创办人，也是中国第一个盲人电影院——"心目影院"的创始人王伟力老师，在文化讲堂举办"爱的力量"爱心志愿者培训活动，培训包括助盲基础知识培训以及电影讲述人培训两项内容，共有 120 余人参加。

4 月 20 日，长春市委常委、副市长张敬安一行到铁北分馆视察调研工作。

4 月 22 日，图书馆在文化讲堂举办"城市热读·世界读书日"专场讲座（总第 681 期）：《阅读与人生》，由东北师范大学校务委员会副主任教授、博士生导师刘建军主讲。

4 月 22 日，图书馆在视听艺术馆举办东师音乐会：《巴洛克时期声乐作品赏析》。

4月22日，数字资源部以"朱迪的胡萝卜"为主题举办创客文化空间体验活动。

4月23日，图书馆成为长春市文化广电新闻出版局城市书网示范点，同时启动了"城市书网"项目。该项目是以长春市图书馆为中心馆，以各区图书馆为区域总馆，以各社区图书馆为分馆，以流动服务车、24小时自助图书馆、农家书屋、书店为延伸的多级阅读服务网络，让图书馆服务触手可及。

4月23日起，图书馆正式开启"喜阅——你选书，我采购"全民借阅行动计划。市民在办理读者证并开通借阅功能后，即可到指定书店——联合书城、同仁书店、学人书店、外文书店、红旗书店、卫星书店直接选阅符合借阅标准的新书，然后在借期内还回图书馆。图书馆还引进读者荐购系统，读者可以通过电脑端和手机端登录荐购系统，在网上查看各家书店的图书资源概况，自主在网站上推荐购买各家书店的图书。这一系统为不方便亲自到书店或图书馆借阅图书的读者提供了便利的服务。图书馆还为市民提供"长春市创意手绘阅读地图"，地图不仅有参加活动书店的具体位置，还有"喜阅——你选书，我采购"全民借阅行动计划的说明。此项活动改变过去由图书馆为市民选书的传统馆藏采购方式，将选阅自主权交还给市民，不但让馆藏选择更加贴合市民阅读需求，也有效缩短采购和加工的流程，成为促进市民阅读的有效方式。

4月23日，图书馆邀请《中国诗词大会》人气选手王天博在文化讲堂以"人生自有诗意"为主题举办讲座。

4月23日，由吉林省新闻出版广电局主办的"吉林传媒讲堂——全民阅读高端论坛"在图书馆文化讲堂隆重举行。本次活动特别邀请中国新闻出版研究院魏玉山院长以《全民阅读立法与全民阅读规划的情况》为题做讲座。吉林省新闻出版广电局领导、各市（州）文化广电新闻出版局领导、吉林省首批全民阅读大使、吉林省全民阅读协会、各市（州）全民阅读工作负责人、长春市各县（市、区）全民阅读工作负责人、社区文化专员，省内部分高校图书馆馆长以及部分中央媒体、省内新闻媒体代表参加本次活动。

4月23日，图书馆在书画室举办第六期"墨韵丹青"书画艺术老年读者沙龙活动，活动主题是"笔底明珠　溢彩流香——中国彩墨葡萄艺术交流"。

4月23日至5月18日，长春市图书馆与上海图书馆联合举办的丰子恺漫画展在二楼展厅展出。

4月23日至5月18日，长春市图书馆与国家图书馆联合举办的第十二届文津图书奖获奖图书展在二楼展厅展出。

4月23日至7月9日，"小树苗"亲子手工坊在第22个世界读书日期间举办创意书签系列制作活动，共4期，有80组家庭160余人参加活动。

4月24日至26日，研究辅导部主任阚立民赴淄博参加由中国图书馆学会主办的"第六次全国县级以上公共图书馆评估定级培训班"之"地（市）县级图书馆评估定级培训班"。

4月26日，典藏阅览部林忠娜在长春工程学院图书馆参加由吉林省图书馆学会用户信息素质教育委员会举办的吉林省图书馆学会用户信息素质教育委员会成立大会暨第一届委员会第一次全体会议。

4月，图书馆受邀为国家图书馆文津图书奖联合评审单位。

4月，在由中国图书馆学会未成年人图书馆分会主办的"悦读经典放飞梦想"全国书法大赛中，青少年读者工作部共推荐220幅作品参赛，最终2人获金奖，7人获银奖，7人获铜奖。

4月至5月末，以"悦读·在路上"为主题的全民读书季系列文化活动开展，总馆联动全市各协作分馆，开展项目启动、公益讲座、文化展览、亲子阅读、沙龙互动等丰富多彩的阅读推广活动，共14大类110项。

5月1日至12月31日，总馆二楼阅览区延长开馆时间服务至20：30。

5月2日，《长春市文化广电新闻出版局局长办公会会议纪要》提出："少儿图书馆清华路原馆舍归还给长春市图书馆作为市图青少年读者工作部使用；幼儿园房产加固期间，市图书馆提供场地给幼儿园存放物品。"根据会议纪要，图书馆与长春市少年儿童图书馆经过沟通协商，定于2017年7月10日办理移交手续。

5月2日，在文化讲堂，由图书馆和吉林省朗诵艺术学会共同举办《让最美古诗词插上声音的"翅膀"》互动讲座。

5月2日至23日，图书馆在交流培训室举办《论语》诵读、《孝经》诵读课6场，共有292人参加。

5月3日，以"让青春在平凡的岗位上绽放"为主题的畅谈会和团会在视听艺术馆举行。图书馆党委书记、馆长谢群，党委副书记、副馆长吴锐，副馆长朱亚玲出席此次活动。13位团员和青年党员围绕工作、岗位、生活各方面，畅谈自己的感受、感悟及对未来的规划和展望等。随后举行超龄团员退团仪式。仪式上，团员们在团旗下重温入团誓词，党委副书记吴锐宣读超龄团员名单，与会的领导为超龄团员代表颁发纪念品。

5月4日至7日，副馆长朱亚玲赴嘉兴参加由嘉兴市文化广电新闻出版局、嘉兴市科技局拟联合主办，嘉兴市图书馆、同方知网（北京）技术有限公司联合承办的"'双创'背景下图情机构协同创新服务研讨会"及嘉兴市"数字众创空间平台"启动仪式。

5月6日，图书馆在文化讲堂举办"城市热读·关东文化讲坛"系列讲座（总第682期）：《东北大御路及御路文化》，由吉林省民俗学会理事长施立学主讲。

5月6日、13日、20日、29日，图书馆在交流培训室举办高效速读课4场，共有120人参加。

5月7日，图书馆在文化讲堂举办"嘘！聆听阿卡贝拉的天籁之音"专场音乐会。

5月9日，长春市人大老干部处分馆成立。

5月10日，图书馆团委为广大团员播放励志影片《穿普拉达的女王》。

5月12日，长春市文化广电新闻出版局党委办公室的领导一行来馆督查"两学一做"及"双锋"行动开展落实情况。

5月13日，图书馆在文化讲堂举办"城市热读·文苑百家谈"系列讲座（总第683期）：《语言迷信漫谈》，由东北师范大学文学院教授李勉东主讲。

5月13日，图书馆在五楼交流活动室举办第八期"漫读"书友会。

5月15日至9月15日，由吉林省新闻出版广电局、吉林省文学艺术联合会、长春市文化广电新闻出版局主办的曹保明著作展在一楼大厅展出，约6 500人次参观展览。

5月17日，经政协长春市第十三届委员会驻会主席办公会议研究决定，聘请长春市图书馆馆长谢群为政协长春市第十三届委员会特聘专家。

5月18日，办公室组织参与评估工作的相关人员在文化讲堂进行培训，由东北师范大学计算机科学与信息技术学院硕士研究生导师、第六次公共图书馆评估专家组成员陈昊琳主讲《〈公共图书馆评估标准〉条文解读与答疑》。

5月19日至28日，"天真者的艺术——自闭症儿童公益画展"在二楼展厅展出，约4 800人次参观展览。

5月20日，图书馆在文化讲堂举办"城市热读·关东文化讲坛"系列讲座（总第684期）：《两千年的邂逅——东大杖子墓地的发现、发掘与研究》，由吉林大学文学院考古系副教授成璟瑭主讲。

5月20日，第27个"全国助残日"到来前夕，图书馆举办"爱心帮帮团"残障读者维权座谈会。邀请北京尚公（长春）律师事务所专职律师王宇与残障读者交流日常生活中涉及的法律问题，重点就"借贷关系中应该注意的事项"进行解读，从法律的角度帮助残障读者解决生活中遇到的难题。

5月20日，图书馆在五楼体验区举办端午节文化体验活动，共有60位孩子和家长们参加。

5月23日，在长春市委机关会堂举办"城市热读·五走进"系列讲座：《中国的历史学传统及其当代意义》，由复旦大学资深教授、全国政协常委葛剑雄主讲。

5月23日，在吉林大学南校东荣大厦举办"城市热读·五走进"系列讲座：《读书与人生》，由复旦大学资深教授、全国政协常委葛剑雄主讲。

5月24日，办公室组织全体员工在文化讲堂进行培训，副馆长朱亚玲对2017年业务培训工作进行布置，由研究辅导部李莹波主讲《2017年学术热点追踪报道》、采编部刘铭主讲《西文报刊》。

5月24日，长春市原副市长于福今、长春市文化局原局长孙超到图书馆参观。

5月26日，吉林省政协主席黄燕明到馆参观曹保明著作展。

5月26日至29日，中国共产党吉林省第十一次代表大会在长春召开。馆员孟静作为文化广电新闻出版局系统代表出席会议。

5月29日至6月30日，图书馆举办以"图书馆，我们的大书房"为主题的2017年图书馆服务宣传月系列活动，包括文学观影、文化讲座、亲子阅读、文化沙龙、公益培训、文献展阅、文化展览、数字阅读、分馆活动等40余项内容。

5月31日，办公室组织全体员工在文化讲堂进行培训，由采编部李晓蓉主讲《中文期刊报纸预订、记到工作流程简介》，采编部袁春雁主讲《浅淡对图书馆编目业务外包的几点思考》。

6月1日至11日，"森言画语——市图公益课堂"儿童美术展在二楼展厅展出。

6月1日至30日，图书馆开展2017年"安全生产月"活动。

6月初，图书馆党委与朝阳区永昌街道惠民社区进行2017年度"社区图书馆"结对共建工作，并在图书馆党员活动室进行交流座谈。

6月3日，图书馆在文化讲堂举办"城市热读·心理健康"系列讲座（总第685期）：《为啥有些人身体上总出现小毛病》，由长春市心理医院主任医师燕利娟主讲。

6月6日，"长图雅音进校园，传统文化公益课堂"活动在长春市二道区春城小学举行。

6月7日，图书馆在文化讲堂召开2017年岗位聘用民主测评大会。

6月9日，典藏阅览部主任刘彩虹在东北师范大学图书馆参加吉林省图书馆学会第六届理事会资源建设委员会成立会议及第一次全体会议。

6月10日，图书馆在文化讲堂举办"城市热读·长春城市规划大讲堂"系列讲座（总第686期）：《大数据语境下的城市规划》，由长春市城乡规划设计研究院信息总监李炜主讲。

6月12日，图书馆在长春市白山小学校举办"城市热读·五走进"系列讲座：《少儿创意写作方法介绍之"写好三件事"》，由吉林工程技术师范学院副教授李艳葳主讲。

6月13日至16日，副馆长朱亚玲赴重庆参加由文化部公共文化司、国家图书馆主办，重庆文化艺术职业学院承办的"全国基层文化队伍示范性培训——2017年数字图书馆推广工程系统平台建设及服务专题培训班"。

6月14日，办公室组织全体员工在文化讲堂进行培训，由采编部李娜主讲《读书推荐》，采编部谢佳主讲《民国时期文献的著录》。另外，为丰富岗位培训形式和内容，本次培训增添了观影形式的培训，在文化讲堂播放励志影片《心灵捕手》。

6月15日，图书馆在白山小学举办"城市热读·五走进"系列讲座：《少儿创意写作：发现你身体的敏锐觉知》，由吉林工程技术师范学院副教授李艳葳主讲。

6月15日，图书馆在长春大学特殊教育学院举办"城市热读·五走进"系列讲座：《中医手法在软伤疾病诊疗中的应用》，由吉林大学第二医院骨康复疼痛科主治医师季有波主讲。

6月15日，中共长春市委组织部图书流通站成立。

6月17日，图书馆在文化讲堂举办"城市热读·品悦生活"系列讲座（总第687期）：《泡好，喝懂一壶中国茶》，由国家高级评茶员郭思延主讲。

6月17日，图书馆在一楼大厅开展"小树苗"数字阅读3D打印笔亲子体验活动，主题为"指尖上的创作"。

6月19日至22日，典藏阅览部张英华、孙玲在长春参加由吉林省图书馆主办的吉林省文化创意产品培训班。

6月20日，图书馆在白山小学举办"城市热读·五走进"系列讲座：《少儿创意写作：经典带你学写作》，由吉林工程技术师范学院副教授李艳葳主讲。

6月21日，办公室组织全体员工在文化讲堂进行培训，由书刊流通部主任陆阳主讲《Interlib 3.0在流通工作中的应用》，书刊流通部范崔岩主讲《光与影的诉说——口述电影的初步探索》。

6月21日至22日，青少年读者工作部主任于雅彬及馆员刘姝旭、孙一平在长春参加由吉林省文化厅主办，吉林省图书馆、吉林省图书馆学会未成年人服务委员会联合承办的吉林省数字图书馆推广工程少儿阅读推广培训班。

6月22日，馆长谢群赴上海参加由中国图书馆学会学术研究委员会图书馆建筑与设备专业委员会、上海市图书馆学会联合主办，上海市徐汇区图书馆、《图书馆杂志》、《上海高校图书情报工作研究》承办的"图书馆空间再造与功能重组转型"研讨会。

6月23日，图书馆在红旗小学举办"城市热读·五走进"系列讲座：《少儿创意写作方法介绍之"写好三件事"》，由吉林工程技术师范学院副教授李艳葳主讲。

6月24日，图书馆在文化讲堂举办"城市热读·中医大讲堂"系列讲座（总第688期）：《黄帝内经养生法》，由长春中医药大学基础医学院副院长苏鑫主讲。

6月25日至7月7日，由长春市文学艺术界联合会、共青团长春市委员会、长春市文化广电新闻出版局主办，长春摄影家协会、长春市图书馆承办的长春市青年摄影展在二楼展厅展出，约3 880人次参观展览。

6月26日，图书馆在文化讲堂举办"城市热读·社会热点"系列讲座（总第689期）：《老龄生活的机遇》，由律师、美国退休人员协会副会长桃乐茜·西蒙主讲。

6月26日，由图书馆与吉林省全民阅读协会朗诵艺术学会联合主办的"传承文化书'悦'春城——长图公益流动课"系列活动在南关区九圣祠社区举行。

6月28日，办公室组织全体员工在文化讲堂进行培训，由书刊流通部李春娜主讲《2017读者关注的文学作品》，书刊流通部郭巍主讲《RFID在文献管理和流通中的应用》。

6月28日，图书馆在文化讲堂召开图书馆专业技术三级岗位受聘人员聘期考核民主测评大会。

6月28日至30日，数字资源部刘畅赴重庆参加由文化部全国公共文化发展中心、中国文化馆协会联合主办的全国文化信息资源共享工程第一期"乡村拍手"培训。

6月29日，图书馆"长图雅音进校园"活动与长春师范大学政法学院的200余名师生以朗诵的形式纪念中国共产党建党96周年。本次活动中，图书馆与长春市师范大学政法学院签署"文化志愿者服务合作协议"，以图书馆为"学生社会实践基地"，双方将在阅读推广、读者服务、公益活动、基础建设等领域开展广泛文化志愿合作。

6月30日，图书馆被中共永昌街道惠民社区委员会评为2016年度"参与社区建设优秀单位奖"。

6月30日，在中国共产党建党96周年之际，图书馆党委组织全体党员以"做表率、当先锋、促发展、创佳绩"为主题开展一系列党员主题实践教育活动，如上党课、组织转正等，并于当日下午组织全体党员在净月潭国家森林公园开展重温入党誓词活动。

6月，图书馆网络环境进一步提升，双线路共计升级 1100M 带宽。

6月，图书馆完成地铁 1 号线 3 台自助图书馆设备的招标采购，将设备陆续安装到相应规划位置，并进行调试。

6月下旬，图书馆"情系党恩　文化慰问走基层"活动启幕，以文化惠民为"七一"献礼：6月 22 日，图书馆为长春净月高新技术产业开发区净月南环小学的同学送上"长图雅音进校园，传统文化公益课堂"活动；6月 23 日，图书馆联合雁鸣湖社区、长春公交集团北达汽车公司"229 路春城好小伙线"深入至爱老年医疗护理院，为老人们送去文化慰问演出和 100 册"漂流书刊"。6月末，图书馆在长春师范大学举办红色诗歌朗诵活动。

7月 1 日，图书馆在文化讲堂举办"城市热读·香港回归 20 周年"专场讲座（总第 690 期）：《香港回归前后的香港电影》，由国家一级摄影师王长宁主讲。

7月 1 日，"长图雅音进校园，传统文化公益课堂"活动在长春市二道区东盛小学举行。

7月 3 日至 12 日，图书馆开展 2017 年上半年考核工作。

7月 5 日，办公室组织全体员工在文化讲堂进行培训，由书刊流通部苗林主讲《文化助残志愿者团队建设》，书刊流通部马晓丽主讲《与书为伴》。

7月 5 日，图书馆组织开展安全知识培训暨灭火演练。

7月 6 日，图书馆党委组织全体党员在文化讲堂观看廉政教育专题片《短板》。

7月 8 日，图书馆在文化讲堂举办"城市热读·品悦生活"系列讲座（总第 691 期）：《中国独立纪录电影发展历程（二）——21 世纪初（2000—2010）中国独立纪录电影》，由东北师范大学传媒科学学院教授关大我主讲。

7月 8 日，吉林日报"彩练新闻"App"非遗文化体验营进市图"第一期活动在青少年读者工作部举行。活动由"彩练新闻"联合吉林省文化厅非物质文化遗产处、吉林省非物质文化遗产保护中心和图书馆"小树苗"亲子手工坊共同举办。

7月 10 日至 21 日，图书馆在交流培训室举办《三国演义》精讲班 10 场，共有 500 人参加。

7月 10 日至 21 日，图书馆在交流培训室举办创意写作课 8 场，共有 240 人参加。

7月 10 日、12 日、17 日、19 日，图书馆在交流培训室举办少儿公益课堂外教口语课 4 场，共有 100 人参加。

7月10日至13日，书刊流通部范崔岩赴北京参加由中国盲文图书馆举办的第四届全国公共图书馆视障服务研讨会。

7月10日至8月31日，以"阅静身心　夏盈书香"为主题的2017年暑期阅读系列活动举办，包括阅读沙龙、艺术沙龙、文学观影、专题讲座、"小树苗"亲子阅读活动、公益课堂、文化展览、数字阅读活动、文献展阅、分馆活动等50余项。

7月11日至14日，新媒体服务部刘劲节、于洪洋赴沈阳参加由国家图书馆主办的2017年全国基层文化队伍示范性培训——数字图书馆推广工程服务推广联络员培训班。

7月12日，图书馆党委按照吉林省委、长春市委指示，组织全体党员开展"全面从严治党网上答题测试"活动。

7月12日，办公室组织全体员工在文化讲堂进行培训，由书刊流通部周文举主讲《公共图书馆推荐书目研究》，书刊流通部刘春颖主讲《公共图书馆大学生经典阅读探析》。

7月12日至8月16日，图书馆开展第23期"义务小馆员"活动。有70名同学成功当选本期的义务小馆员，累计工作时间210小时。

7月13日至8月30日，图书馆完成一至七楼及水箱间上下水改造工程、五楼卫生间工程。

7月15日，图书馆在文化讲堂举办"城市热读·关东文化讲坛"系列讲座（总第692期）:《高句丽建国传说考》，由东北师范大学古籍研究所所长、教授李德山主讲。

7月17日，装载着3 000余册纸本图书以及海量电子图书的汽车流动图书馆开进吉林省女子监狱，为监狱民警和服刑人员服务。此前，图书馆已经提前为服刑人员和监狱民警办理915张读者证。活动当天共接待读者98名，借阅图书306册。

7月17日，图书馆以自主询价招标采购方式，选定OA办公自动化系统软件，并正式上线应用。应用的模块包括流程、综合办公、人事管理、报表、工资、考勤多个功能模块。OA办公自动化系统使图书馆工作实现信息化、电子化、无纸化的便捷管理。

7月18日、21日，图书馆在交流培训室举办机器人体验课4场，共有80人参加。

7月19日，办公室组织全体员工在文化讲堂进行培训，由书刊流通部王郡华主讲《红楼梦中人》，书刊流通部刘艳梅主讲《浅谈报纸文献特点及服务》。

7月19日至8月9日，"小树苗"假日影院活动于每周三上午开展，为青少年读者免费放映精品影视作品。期间共放映4场，240余人观看。

7月20日，副馆长范敏赴大连参加由全国老龄工作委员会办公室举办的贯彻落实

《国务院办公厅关于制定和实施老年人照顾服务项目的意见》暨第三届敬老爱老助老创建表彰活动启动会。会上，对第二届获奖单位及个人进行表彰，图书馆获得由全国老龄工作委员会授予的第二届全国"敬老文明号"称号。

7月20日至31日，由北京日本文化中心、长春市人民政府外事办公室主办，日本国驻沈阳总领事馆、CoMix Wave Films 株式会社协办，长春市图书馆承办的"纪念中日邦交正常化45周年'新海诚展'——透过剧场动画感受新海诚的世界"展览在二楼展厅展出，约4 600人次参观展览。

7月22日，图书馆在文化讲堂举办"城市热读·家庭教育"系列讲座（总第693期）:《财商比智商更重要——一个CEO给家长的财商教育忠告》，由家庭教育导师、吉林大学管理学硕士郝成祥主讲。

7月23日，"品读聚乐部"书友会第一期活动在视听艺术馆举行，此次活动邀请曾获公安部金盾文学奖的长春市作家牛力军，讨论内容是其创作的警察三部曲:《河东河西》《派出所长》《刑警江湖》。

7月23日，吉林日报"彩练新闻"App"非遗文化体验营进市图"第二期活动在青少年读者工作部举行，活动主题为"重温儿时记忆，七彩小黄鸡陪娃一起过周末"。

7月24日，由图书馆公益课堂联合吉林省全民阅读协会朗诵艺术学会共同举办的"传承文化 书'悦'春城——长图公益流动课"系列活动第一站在长春市南关区民康街道九圣祠社区四楼的居民剧场正式开课，共培训学员55名。

7月26日，办公室组织全体员工在文化讲堂进行培训，由书刊流通部岳晓波主讲《2016年长春图书馆休闲生活文献借阅室读者借阅分析报告》，书刊流通部王立波主讲《公共图书馆为弱势群体的服务》。

7月27日至29日，副馆长吴锐、研究辅导部李莹波赴哈尔滨参加由中国图书馆学会主办、哈尔滨市图书馆承办的第29届全国十五城市公共图书馆工作研讨会。本次会议主题为"公共图书馆评估与城市图书馆发展研究"。

7月28日，武警长春支队一大队图书流通站成立。

7月28日，研究辅导部主任阚立民代表图书馆向农安县三岗镇河西村捐赠图书。

7月28日，图书馆"小树苗"亲子阅读沙龙举办"工行专场"好书分享会"绘本中的夏天"主题活动，15位小朋友与家长们参加。

7月29日，图书馆在文化讲堂举办"城市热读·庆祝建军90周年"专场讲座（总第694期）:《我们的力量从哪里来？——从1927到2017，忆峥嵘岁月，期强军未来》，由空军航空大学军事理论教研室副主任、空军中校赵光主讲。

7月29日，图书馆在文化讲堂举办"城市热读·文艺赏析"系列讲座（总第695期）:《舞蹈及其多样性》，由轮椅上的舞者、美国"革命"舞蹈团团长德维恩·舒纳曼主讲。此次讲座是"美国艺术特使"文化交流项目的重要内容。

7月29日，第九期"漫读"书友会:"我是讲书人"图书分享沙龙（一）在交流培训室举行。

7月30日至10月30日期间，图书馆结合自身服务内容和服务特色，与长春市惠民文化消费季各大参与活动单位，同步推出一系列内容丰富、形式多样的文化活动。活动包括公益讲座、培训、展览、亲子阅读、数字阅读、艺术表演等54项。

7月，《品读》升级改版工作启动，加大经典阅读的篇幅，合并与阅读有关的知识栏目，增加"名人读书""品评名篇"等栏目，加入突显地域特色的栏目，传播优秀地方文化，提升文章的品质与内涵，发挥刊物引领阅读的重要作用，努力将其打造为市民的"口袋书"。同时创办《长图季报》，刊载馆务要闻、活动信息、新书推荐及服务效能统计数据等信息，打造宣传图书馆工作的新抓手。

8月1日，美国驻沈阳总领事馆文化领事金珠倩女士向图书馆捐赠文献，捐赠仪式在视听艺术馆举行。美国驻沈阳总领事馆继任文化领事方大年、长春市人民政府外事办公室美大处副处长耿海龙、长春市图书馆馆长谢群出席捐赠仪式。

8月1日至30日，图书馆在特藏文献查阅室举办"读书不厌、购书不休，称得上'万卷楼主'——走进藏书家上官缨的世界"展，约100人次参观展览。

8月2日，办公室组织全体员工在文化讲堂进行培训，由书刊流通部于雪飞主讲《借鉴超市理念　强化公共图书馆读者服务工作》，书刊流通部景丽萍主讲《中文图书借阅库的读者活动与分析》。

8月5日，图书馆在文化讲堂举办"城市热读·关东文化讲坛"系列讲座（总第696期）:《近代长春城市空间的历史变迁》，由长春市城乡规划设计研究院研究员房友良主讲。

8月9日，办公室组织全体员工在文化讲堂进行培训，由书刊流通部刁文魁主讲《强化自身素质做好社科类图书管理》，书刊流通部王丽娟主讲《期刊借阅区读者服务与创新思考》。

8月9日，由图书馆与吉林省全民阅读协会朗诵艺术学会联合主办的"传承文化书'悦'春城——长图公益流动课"系列活动在宽城区图书馆举行。

8月9日，图书馆在视听艺术馆以支部为单位组织召开专题学习会议，组织各支部党员集中学习黄大年同志的先进事迹，共同观看中共中央宣传部"时代楷模发布厅"追授黄大年同志"时代楷模"荣誉称号的视频学习资料。

8月12日，图书馆在文化讲堂举办"城市热读·长春城市规划大讲堂"系列讲座（总第697期）：《构建城市脊梁——长春轨道交通的"昨天、今天、明天"》，由长春市城乡规划设计研究院副总规划师高国刚主讲。

8月15日，图书馆领导班子召开学习黄大年同志先进事迹专题民主生活会。

8月15日至31日，由中共农安县委农安县人民政府、长春市图书馆主办，农安县文化广电新闻出版局、农安县图书馆承办的"聚焦黄龙府，鸟瞰新农安"主题摄影展在图书馆二楼展厅展出。

8月16日，办公室组织全体员工在文化讲堂进行培训，由典藏阅览部副主任刘佳贺主讲《地方图书文献信息检索策略概述》，典藏阅览部葛丹阳主讲《中文图书阅览区介绍》。

8月16日，由图书馆与吉林省全民阅读协会朗诵艺术学会联合主办的"传承文化书'悦'春城——长图公益流动课"系列活动在宽城区图书馆举行。

8月17日，长春市文化广电新闻出版局局长张鸣雨在局办公室主任韩铭飞、政策法规处处长张殿宫、文化产业处处长李镇等陪同下来到图书馆，就图书馆上半年重点工作完成情况和下半年工作安排以及文化消费试点和长春电影节相关工作举措等方面进行调研。

8月18日至10月31日，按照旧城改造工程要求，图书馆对院内道路进行施工，铺设方砖停车位1 200平方米，路面拓宽700平方米，路面沥青罩面3 800平方米，维修更换路边石470延长米。

8月19日，图书馆在文化讲堂举办"城市热读·社会热点"系列讲座（总第698期）：《当前朝鲜半岛局势和我国的战略应对》，由吉林大学行政学院国际政治系教授、博士生导师王生主讲。

8月19日，第十期"漫读"书友会："我是讲书人"图书分享沙龙（二）在交流培训室举行。

8月19日至26日，馆长谢群赴波兰参加第83届国际图联大会，并在国际图联大会阅读推广分会场发表主旨演讲，会议主题为"图书馆、团结、社会"。

8月23日，办公室组织全体员工在文化讲堂进行培训，由典藏阅览部王文宇主讲

《从建国后中文报纸发展情况看报纸的馆藏建设——结合图书馆馆藏情况》，典藏阅览部孙晓红主讲《长春市图书馆社科基藏库饱和现状分析》。

8月23日，汽车流动图书馆开进首地首城小区提供服务。

8月24日，图书馆在中国人民银行长春中心支行举办"城市热读·五走进"系列讲座：《泡好，喝懂一壶中国茶》，由长春茶业协会副会长、醉友茗茶苑创办人郭思延主讲。

8月25日，图书馆在中国人民银行长春中心支行举办"城市热读·五走进"系列讲座：《国学与文化自信》，由东北师范大学文学院教授、博士生导师高长山主讲；以及"城市热读·五走进"系列讲座：《红楼别样红——说真道假话"石头"》，由吉林省人民政府发展研究中心副主任、教授、博士邵静野主讲。

8月26日，图书馆在文化讲堂举办"城市热读·文苑百家谈"系列讲座（总第699期）：《恩怨情仇文学主题的发端》，由东北师范大学文学院教授、博士生导师高长山主讲。

8月26日，图书馆完成地铁1号线长春北站的24小时自助图书馆设备拆装、搬运、组装、调试工作。

8月28日，以吉林省精神文明建设指导委员会办公室主任杨忆为组长的"全国文明单位"创建工作考核组一行三人，到图书馆实地考核"全国文明单位"创建情况。长春市精神文明建设指导委员会办公室主任姚丽一行三人、长春市文化广电新闻出版局局长张鸣雨一行两人陪同考核。此次考核分为实地考察、听取汇报、查阅档案三个部分。考核组实地察看图书馆道德讲堂、学雷锋便民服务区、24小时自助图书馆、汽车流动图书馆、书刊借阅中心、视听艺术馆、E读体验区、先进模范宣传发布、食堂文明用餐环境、办公场所文明标识牌设置等建设和完善情况，核验图书馆申报创建"全国文明单位"的相关工作。随后，在图书馆二楼新会议区召开长春市图书馆精神文明建设工作汇报座谈会。会议由长春市文化广电新闻出版局局长张鸣雨主持，图书馆党委书记谢群汇报图书馆自2015年以来"全国文明单位"创建工作的开展情况。座谈会还播放长春市图书馆构建"城市书网"以及长春市图书馆新媒体资源建设的主题宣传片，以展示图书馆在精神文明建设与加强服务创新方面的丰硕成果。在汇报座谈会进行的过程中，考核组成员对图书馆近三年来精神文明建设工作的档案进行认真查阅，并提出宝贵意见。

8月30日，办公室组织全体员工在文化讲堂进行培训，由典藏阅览部亢吉平主讲《长春市图书馆地方文献搜集工作》，典藏阅览部刘升主讲《中文图书管理与服务》。

8月，《品读》荣获中国图书馆学会颁发的"2017年中国图书馆阅读推广类十佳内刊内报"荣誉称号。

8月，图书馆对县（市、区）公共图书馆评估工作进行指导和检查，组织地区图书馆进行初评，并协助吉林省文化厅组织专家组进行实地检查。馆长谢群作为评估组组长参与对吉林省地市级公共图书馆的评估工作，对延边、四平地区参评的公共图书馆进行实地评估。

9月2日，图书馆在文化讲堂举办"城市热读·心理健康"系列讲座（总第700期）：《沟通让你更快乐》，由长春市第六医院院长、主任医师桑红主讲。

9月6日，办公室组织全体员工在文化讲堂进行培训，由典藏阅览部杨屹主讲《长春市民营绘本馆调研报告》，典藏阅览部孙金星主讲《流年花火，淡墨染香——中文报纸开架库工作纪实》。

9月7日至12日，图书馆以"新理念　新思想　新战略"为题开展2017年吉林省社会科学普及周系列活动。活动共6类20项。

9月8日，图书馆新建城建社区示范分馆。

9月9日，图书馆在文化讲堂举办"城市热读·关东文化讲坛"系列讲座（总第701期）：《考古学与法律、医学的握手——吉林省辽源矿工墓遇难者遗骸的法医考古学研究》，由吉林大学文学院教授、博士生导师张全超主讲。

9月10日，第二期"爱心帮帮团"残障读者维权知识讲座在交流培训室举办，活动主题为"不动产交易中应当注意的法律事务"。

9月12日，长春市文化广电新闻出版局党组成员王立、办公室副处长邱永军、公共文化处代泽全一行来到图书馆督导安全生产工作，副馆长朱亚玲等相关安全负责人陪同，并对图书馆目前的安全生产工作情况进行简要汇报。

9月12日至29日，图书馆在交流培训室举办《论语》诵读课6场，共有270人参加。

9月12日至12月14日，图书馆完成八角轩文化展厅、期刊借阅专区建设改造工程及图书馆书库和配电室区域外窗及幕墙、书库内墙饰面工程。

9月13日，办公室组织全体员工在文化讲堂进行培训，由新媒体服务部主任常盛主讲《新媒体环境下的图书馆生态学应用》，新媒体服务部杨道伟主讲《视听艺术馆发展历程与展望》。

9月13日，宽城区政府相关领导到铁北分馆了解服务现状、闭馆原因、馆舍当前存在的安全隐患等情况。

9月15日，图书馆面向读者开通线上荐购系统。

9月15日，由长春市文化广电新闻出版局主办的"书香长春·阅读之美"2017年市民读书节拉开帷幕。当晚图书馆在一楼大厅举办"图书馆之夜"晚会。馆长谢群作为晚会的主持人，在对市民读书节作简短介绍后，以专题片的形式进行2017年《长春市民荐读书目》推广，并发布《市民阅读倡议书》。随后举行长春市图书馆2016—2017年度"读书小状元"颁奖仪式和长春市2016—2017年度"借阅之星"颁奖仪式。两项活动分别面向未成年人和普通市民，以图书馆和遍布城乡的各个分馆到馆借阅数据为依据，以借阅数量为名次，选出"读书小状元"和"借阅之星"。长春市文化广电新闻出版局局长张鸣雨、副局长王立，以及出席当天晚会的特邀嘉宾——国家公共文化服务体系建设专家委员会主任、北京大学教授李国新分别为获奖者颁发证书和奖品，并合影留念。之后，长春市朗诵协会的专业人士带来了"家书传世　阅读之美"经典家书朗诵会，青年陶笛演奏家王磊带来了陶笛音乐会。

谢群馆长主持2017年市民读书节开幕式

9月15日，图书馆"小树苗"16点课堂联合奕飞儿童礼仪教育机构举办的"儿童礼仪亲子课堂"系列活动开启，由国家高级礼仪培训师姜颖主讲，在9月到11月期间分别为3—6岁和6—12岁的小朋友带来4节儿童礼仪养成课，共有120多位小朋友在家长的陪同下参加。

9月15日至24日，由长春市摄影家协会、长春市图书馆主办的"世代凝眸——林荫·风瑞·蓓梦　关凤林摄影艺术作品展暨祖孙三代摄影作品联展"在图书馆二楼展厅展出，约3 550人次参观展览。

9月15日至24日，"2017年长春市民荐读书目图书推广展"在图书馆二楼展厅展出。

9月15日至10月31日，由长春市文化广电新闻出版局主办、长春市图书馆承办的"书香长春·阅读之美"2017年市民读书节系列活动举行，包括图书馆之夜、阅读推广日、专题讲座、文化沙龙、"小树苗"亲子阅读、公益课堂、文化展览、数字阅读、文献展阅、分馆活动等11项80余项活动。

9月16日，图书馆举办名为"阅读推广日"的阅读推广系列活动，包括"书悦之声·小小朗读者"特别策划——"书香长春·阅读之美"朗读会，弦乐音乐会，阅读有奖大冲关，3D打印技术和使用案例展示，第十一期"漫读"书友会之"我是讲书人"图书分享沙龙，话剧表演《弹吉他的人》，咖啡及本地文化原创体验活动，"弦上之舞"吉他尤克里里音乐会，"祖国的声音"诗会。除此之外，馆内还举办其他一系列阅读推广活动："城市热读·文苑百家谈"系列讲座、"小树苗"亲子故事屋、2017年《长春市民荐读书目》图书推广展、"最美夕阳，乐享人生"老年读者才艺作品展示等。正在全市范围开展的"喜阅——你选书，我采购"全民借阅行动计划，在市民读书节期间再次升级，与京东进行合作，市民可以足不出户在网上下单，享受免费快递送书到家。

9月16日，图书馆在文化讲堂举办"城市热读·文苑百家谈"系列讲座（总第702期）：《称谓漫谈》，由东北师范大学古籍整理研究所教授、博士生导师黄云鹤主讲。

9月19日，图书馆新建九台区新洲社区示范分馆。

9月20日，办公室组织全体员工在文化讲堂进行培训，由青少年读者工作部主任于雅彬主讲《培育阅读土壤　滋养快乐童年——长春市图书馆"小树苗"亲子阅读系列活动概况》，青少年读者工作部张海峰主讲《助力社会实践　成就卓越未来——长春市图书馆小树苗社会实践系列活动》。

9月20日至30日，图书馆开展2017年第三季度考核工作。

9月21日，图书馆新建南关区佳园社区示范分馆。

9月23日，图书馆在文化讲堂举办"城市热读·文苑百家谈"系列讲座（总第703期）：《轻松快乐学书法——〈黄金律习字法〉专利丛书简介》，由中国科学院长春光机所退休高级工程师高光天主讲。

9月26日至30日，馆长谢群赴赤峰参加由赤峰市文化新闻出版广电局主办，中国图书馆学会民族文献阅读推广专业委员会、赤峰市图书馆学会、北京雷速科技有限公司、北京碧虚文化有限公司协办，中国民族图书馆和赤峰市图书馆承办的赤峰地区市县两级图书馆领导干部培训班暨基层图书馆管理与服务创新研讨会。谢群馆长以《公共文化服务均等化便捷化服务模式探索——长春市城市阅读书网体系建设实例》为题作大会专题报告。

9月27日，办公室组织全体员工在文化讲堂进行培训，由网络技术部副主任李岩峰主讲《长春市图书馆办公自动化软件培训》。

9月29日，"品味中秋　诵读经典"公益课堂中秋节体验活动在图书馆公益课堂体验区举办，活动主要讲述中秋节的来历、风俗习惯并诵读经典，共有50位读者参与此次活动。

9月30日，图书馆在文化讲堂举办"城市热读·庆祝建国68周年"专场讲座（总第704期）：《肩负人民期望　引领伟大梦想——迎接新中国成立68周年　学习习近平总书记"7·26"重要讲话精神》，由中共长春市委党校校委委员、二级教授王健主讲。

10月1日至13日，由图书馆举办的2017"丹青之美"中国历代人物绘画欣赏系列展（原始社会—五代）在二楼展厅展出，约6 550人次参观展览。

10月10日，《中国图书馆学会关于公布2016年全民阅读相关称号的决定》发布，图书馆顺利通过复核检查，再次被中国图书馆学会确定为"全民阅读示范基地"；"长图雅音"高雅艺术沙龙被评选为2016年阅读推广优秀项目。

10月10日至27日，图书馆在交流培训室举办《论语》诵读课6场，共有270人参加。

10月中旬，图书馆党委慰问社区低保户，为困难群体送温暖。

10月11日，办公室组织全体员工在五楼多功能厅进行培训，由青少年读者工作部安晓涛主讲《尽享动漫文化　畅游网络世界》，研究辅导部丁文伍主讲《长春市图书馆开展"流动图书馆"服务经验交流》。

10月12日，《长春市地方性法规（2017年版）》公开出版发行仪式在图书馆举行。仪式上，相关领导向吉林省图书馆、长春市图书馆等公共图书馆和高校图书馆、科研院所图书馆、区图书馆、社区图书馆、市档案馆、市地方志办公室、基层立法联系点、人大代表以及市民、律师、学生代表进行赠书。长春市人大及人大常委会各部门、各县（市、区）人大常委会、各开发区管委会、市直机关各部门、部分人大常委会立法顾问参加发行仪式。

10月14日，在文化讲堂举办"城市热读·关东文化讲坛"系列讲座（总第705期）：《中国东北青铜时代考古系列（一）——舌尖上的东北青铜时代》，由吉林大学文学院考古学系副教授、青年文化书院导师成璟瑭主讲。

10月15日，主题为"友谊·书香·爱"的长春市民换书公益集市在图书馆一楼大厅正式开集。

2017年长春市民换书公益集市上的交换摊位

10月16日，图书馆党委组织各党支部带领在岗党员干部，在二楼大厅参观以喜迎党的十九大为主题的专题图文展。

10月18日，中国共产党第十九次全国代表大会大在北京隆重开幕。图书馆党委组织全体党员、干部员工100余人在文化讲堂集中收看党的十九大开幕会盛况，共同认真聆听习近平总书记在十九大上的工作报告。

10月20日，在党的十九大召开期间，为贯彻落实十九大精神，长春市政府副市长贾丽娜、副秘书长卢福建等一行在长春市文化广电新闻出版局局长张鸣雨、副局长吴疆等陪同下来图书馆调研并指导工作。在实地走访后，贾丽娜副市长主持召开座谈会，听取图书馆工作汇报。馆长谢群就市图改造后为完善公共文化服务体系建设、推进文化惠民工作所做的富有特色的亮点工作及当前拟建或正在进行的文化设施建设项目做汇报，并提出适应未来社会转型如何建设智慧图书馆的工作设想。贾丽娜副市长在听取工作汇报、了解工作情况后，对图书馆的功能、创新服务模式及个性化服务等工作给予充分肯定，并就图书馆新馆选址、青少年读者工作部改造项目及铁南分馆改造项目等工作进行明确指示。

10月20日至27日，策划推广部谢彦君赴杭州、合肥、南京、上海参加由吉林省社科联组织的吉林省社科联优秀科普基地负责人考察学习。

10月21日，图书馆在文化讲堂举办"城市热读·中医大讲堂"系列讲座（总第

706 期）：《"三饮一调"清毒养生法——一种易学易懂的实用养生法》，由长春中医药大学硕士生导师朱桂祯主讲。

10 月 25 日，办公室组织全体员工在五楼多功能厅进行培训，由研究辅导部王嘉雷主讲《协作图书馆工作回顾与展望》，网络技术部陈风主讲《信息推拉技术简介》。

10 月 27 日，图书馆新建长春华翔佛吉亚汽车塑料件制造有限公司流通站。

10 月 28 日，图书馆在文化讲堂举办"城市热读·文苑百家谈"系列讲座（总第707 期）：《长时段视域下的中日战争》，由东北师范大学历史文化学院副院长、副教授董灏智主讲。

10 月 29 日，吉林交通广播、阿里巴巴天天正能量联合举办的"我们都是诵读者"活动在图书馆举行，500 余名观众观看比赛。图书馆组织 12 名视障读者参加此次活动，其中 1 人获决赛三等奖。

10 月 30 日，为促进吉林省公共文化服务水平整体提升，吉林省文化体制改革办公室领导一行在长春市文化广电新闻出版局公共文化处副处长朱向阳的陪同下来到图书馆，对"加快构建现代公共文化服务体系"情况进行专项督察，馆长谢群、副馆长朱亚玲进行接待。

10 月 30 日，图书馆新建宽城区青岛路社区示范分馆及宽城区银山路社区示范分馆。

10 月 30 日至 31 日，新媒体服务部副主任于丹辉及馆员胡艳玲赴惠州参加由全国图书馆参考咨询联盟管理中心主办的全国图书馆参考咨询馆员经验交流会。

10 月 30 日至 11 月 1 日，办公室王政冬赴江苏镇江参加由中国阅读学研究会、中国图书馆学会图书评论与阅读推广专业委员会、江苏省图书馆学会阅读推广委员会、江苏省高校图书馆工作委员会、江苏大学图书馆联合举办的 2017 华夏阅读论坛暨书评馆员培训与全民阅读立法促进研讨会，同时参加由江苏省图书馆学会阅读推广委员会举办的全国"馆员书评"培训班。

10 月，在中国图书馆学会阅读推广委员会举办的 2017 年馆员书评第五季征集活动中，图书馆推选 58 名馆员参加，其中 8 人分获一、二、三等奖（王政冬获一等奖，陶莎、姜莉莉获二等奖，王春雨、于洪洋、张雯婷、刘群、李超获三等奖），图书馆获得优秀组织奖。

10 月，在中国图书馆学会、韬奋基金会、中国出版集团公司、中国书刊发行业协会、中国新华书店协会举办的"出版界图书馆界全民阅读年会（2017）"评选中，"书悦之声·小小朗读者"荣获"全民阅读优秀案例"二等奖。

10月至12月，自党的十九大召开以来，图书馆深入开展学习宣传贯彻党的十九大精神系列活动，包括召开动员会，组织集中收看收听、集中学习，举办领导干部讲党课活动、"三结合"交流座谈会，开展为离退休党员"送学上门"活动，筹办十九大专题书画展、长春市图书馆 2013—2017 年工作回顾展、新时代主题书展、诗歌诵读会，以品牌活动"城市热读"为依托，聘请专家学者开展十九大精神宣讲会等。

11月1日，办公室组织全体员工在五楼多功能厅进行培训，由网络技术部赵皖喆主讲《Interlib3 图书管理应用及需要解决的问题》，数字资源部郝欣主讲《移动客户端（App）在图书馆信息化中的应用与前景》。

11月1日，图书馆被中国图书馆学会评为"有声阅读示范基地"；图书馆推荐的3 名选手分获"我听·我读——2017 年全国少儿读者朗诵大赛"学龄前、小学组的二、三等奖及优秀参与奖。

11月1日至13日，"我的长春——赵明昊油画展"在二楼展厅展出。

11月2日，馆长谢群、办公室主任路维平赴宁波参加由宁波市图书馆举办的宁波市图书馆建馆 90 周年暨"图书馆与城市文化——2017 图书馆馆长研讨会"。

11月3日，根据工作需要，经中共长春市文化广电新闻出版局党组研究决定：范敏任长春市少年儿童图书馆副馆长，姚淑慧任长春市图书馆副馆长。免去：吴锐担任的长春市图书馆党委副书记、副馆长、纪委书记职务，范敏担任的长春市图书馆副馆长职务，姚淑慧担任的长春市少年儿童图书馆副书记、副馆长职务。

11月3日至24日，图书馆在交流培训室举办《论语》诵读课 7 场，共有 315 人参加。

11月4日，图书馆在文化讲堂举办"城市热读·品悦生活"系列讲座（总第 708期）：《中国独立纪录电影发展历程（三）——2010 年至今的中国独立纪录电影》，由东北师范大学传媒科学学院教授关大我主讲。

11月7日，典藏阅览部林忠娜、数字资源部耿岱文在长春参加吉林省图书馆学会用户信息素质教育委员会 2017 年总结表彰大会暨研学论坛。

11月7日、8日、9日，由长春市文化广电新闻出版局主办，长春市图书馆承办的"2017 年度长春市社区书屋农家书屋培训班"分三期在文化讲堂举行。培训人员涵盖各城区、开发区在内的所有农家书屋（社区书屋）管理员 500 人。

11月8日，办公室在五楼多功能厅组织全体员工培训暨 2017 年度第一场继续教育培训，由数字资源部耿岱文主讲《长春市图书馆网站的介绍与应用》，文化项目发展部主任赵婷主讲《公共图书馆文化创意产品开发现状》。

11月8日，图书馆在长春大学图书馆举办"城市热读·五走进"系列讲座：《腰椎间盘突出的辨构论治》，由长春中医药大学教授、博士生导师齐伟主讲。

11月8日，青少年读者工作部主任于雅彬赴昆明参加由中国图书馆学会、韬奋基金会、中国出版集团公司、中国书刊发行业协会、中国新华书店协会主办的"出版界图书馆界全民阅读年会（2017）"。会议主题为"阅读推广与图书馆服务效能提升"。会上，长春市图书馆推荐的活动案例"书悦之声·小小朗读者"获颁优秀案例二等奖。

11月11日，图书馆在文化讲堂举办"城市热读·关东文化讲坛"系列讲座（总第709期）：《中国东北青铜时代考古系列（二）——村落里的东北青铜时代》，由吉林大学文学院考古学系副教授、吉林大学青年文化书院文化导师成璟瑭主讲。

11月14日至16日，由中共长春市朝阳区永昌街道工作委员会、《北方法制报》报社、吉林省艺海书画艺术品交流中心主办，中共永昌街道牡丹园社区委员会、长春市图书馆、吉林省艺海书画院承办的"翰墨飘香魅力永昌"书画摄影作品展在二楼展厅展出，约1 580人次参观展览。

11月15日，办公室在五楼多功能厅组织全体员工培训暨2017年度第二场继续教育培训，由文化项目发展部姜莉莉主讲《"长图公益课堂"品牌服务的发展》，文化项目发展部张雪主讲《今日之责任，全在我少年——"长图公益课堂"国学经典课程回顾》。

11月15日，研究辅导部丁文伍在长春参加吉林省图书馆学会建筑设备与环境建设委员会第一次工作会议。

11月17日至27日，由中共长春市委宣传部、长春市互联网信息中心主办，吉林省民俗摄影协会协办的"多彩长春——长春金色之秋摄影作品展"在图书馆二楼展厅展出，约4280人次参观展览。

11月18日，图书馆在文化讲堂举办"城市热读·品悦生活"系列讲座（总第710期）：《防范家暴，守护幸福——如何用法律保护家庭成员权益》，由吉林省法律援助中心副调研员、高级律师赵宏伟主讲。

11月18日，"小树苗"阅读讲堂开展以"环球绘画之旅——墨西哥站"为主题的绘画活动。

11月21日，研究辅导部王嘉雷在榆树市图书馆开展农家书屋（社区书屋）管理与服务培训，参与培训人员200人。

11月22日，办公室在五楼多功能厅组织全体员工培训暨2017年度第三场继续教育培训，由策划推广部乔欣欣主讲《关于公共图书馆讲座工作的几点思考》，新媒体服务部主任常盛主讲《新媒体的背后是什么》。

11月23日，图书馆在"书香润德"亲子阅读活动中，被吉林省妇联、吉林省新闻出版广电局评为吉林省"书香润德"活动先进单位；"小树苗"亲子阅读系列活动被评为吉林省"书香润德"活动优秀成果奖。

11月23日、12月24日，图书馆在交流培训室举办"名师面对面"家长课堂2场，共有120人参加。

11月23日至25日，办公室李超赴苏州参加由中国图书馆学会阅读推广委员会主办，中国图书馆学会阅读推广委员会推荐书目专业委员会、苏州市图书馆学会、苏州图书馆承办的"2017中国图书馆界阅读推广类内刊内报研讨会暨中国图书馆学会阅读推广委员会推荐书目专业委员会2017年工作会议"。会上，《品读》获颁"2017年中国图书馆界阅读推广类十佳内刊内报"荣誉称号。

11月25日，图书馆在文化讲堂举办"城市热读·文苑百家谈"系列讲座（总第711期）：《未来的现实与虚拟——谈江波短篇科幻小说〈洪荒世界〉》，由吉林人民广播电台主持人钟晓主讲。此次讲座也被当作继续教育的一项课程内容。

11月28日至12月1日，办公室王英华赴马鞍山参加由中国文化馆协会、安徽省马鞍山市人民政府主办的2017年中国文化馆年会。

11月29日，图书馆党委在文化讲堂组织开展"深入学习贯彻落实十九大精神领导干部讲党课"系列活动。

11月29日，办公室在五楼多功能厅组织全体员工培训暨2017年度第四场继续教育培训，观看由国家公共文化服务体系专家委员会主任、北京大学教授李国新主讲的《〈中华人民共和国公共文化服务保障法〉解读》视频。

11月，图书馆在中国图书馆学会主办、重庆市少年儿童图书馆承办的"2017全国少年儿童阅读年"系列活动——全国"亲子绘本阅读推广月"活动中荣获优秀奖。

11月，图书馆获得由中央精神文明建设指导委员会颁发的"第五届全国文明单位"称号。

12月1日，馆员孟静作为吉林省第十一次党代会代表应邀参加长春市中级人民法院主题为"履行政治忠诚使命 维护宪法法律权威"的"迎国家宪法日·党代表视察活动"。

12月1日至19日，图书馆在交流培训室举办《论语》诵读课6场，共有270人参加。

12月2日，在文化讲堂举办"城市热读·关东文化讲坛"系列讲座（总第712期）：

《中国东北青铜时代考古系列（三）——冲突中的东北青铜时代》，由吉林大学文学院考古学系副教授、吉林大学青年文化书院文化导师成璟瑭主讲。

12月2日，由吉林省新诗学会、吉林省高校诗歌联盟、长春市图书馆主办，吉林华桥外国语学院、吉林工程技术师范学院、吉林城市职业技术学院、吉林化工学院、长春中医药大学、吉林财经大学联合承办的吉林省首届大学生诗歌朗诵比赛决赛在文化讲堂举行。

12月7日，图书馆新建长春高新技术产业开发区超强社区分馆。

12月9日，图书馆在文化讲堂举办"城市热读·文苑百家谈"系列讲座（总第713期）：《透过故宫三大殿看传统文化——乾卦与乾道：从洪范九畴到建极绥猷》，由长春市文化广电新闻出版局局长张鸣雨主讲。

12月9日，"新时代传习所"揭牌仪式在文化讲堂举行。活动中，副馆长姚淑慧就设立"新时代传习所"的重要意义和今后将开展的活动做全面介绍。馆长、党委书记谢群与中共长春市委党校二级教授、长春市党的创新理论宣讲团副团长王健共同为"新时代传习所"揭牌。揭牌仪式后，王健教授做题为《开创新时代的政治宣言行动纲领——学习党的十九大报告精神》的首场讲座，即"城市热读·学习贯彻十九大精神"专题讲座（总第714期）。

"新时代传习所"揭牌仪式

12月14日，文化部第六次全国副省级以上公共图书馆评估第四评估组来图书馆开展副省级公共图书馆实地评估工作。评估组一行6人，四川省文化厅原副厅长、巡视员李兆泉任组长，杭州图书馆馆长褚树青任副组长，贵州省图书馆副馆长钟海珍和河北省图书馆学会常务副理事长顾玉清为专家组成员，中国图书馆学会秘书处办公室主任马骏和杭州图书馆社会文化活动部主任周宇麟为联络员。吉林省图书馆副馆长宋艳、吉林省图书馆学会秘书长马慧艳、吉林省文化厅公共文化处周航陪同。长春市文化广电新闻出版局局长张鸣雨、副局长郑国君、公共文化处副处长朱向阳及市文化广电新闻出版局有关人员，图书馆全体班子成员、中层干部出席汇报会。会上，评估组首先观看图书馆评估宣传专题片。之后馆长谢群向评估组介绍图书馆评估工作的开展情况、评估期内的重点工作和取得的主要成绩，客观地分析现阶段图书馆存在的问题，并以问题为导向，就今后如何更好地科学规划事业发展目标、创新发展模式、加强馆员队伍建设、大力推进全民阅读、实施文化惠民工程等方面提出总体构想和具体举措。随后，评估组一行实地考察馆容馆貌。考察结束后，评估组专家对照评估要求，仔细审阅、核查长春市图书馆评估材料及相关佐证材料，并就各方面工作情况与相关工作人员进行现场交流。

评估组专家与长春市文化广电新闻出版局领导、长春市图书馆领导合影

12月14日，VEX机器人体验活动在图书馆举办。

12月15日，图书馆新建长春百事可乐饮料有限公司流通站。

12月16日，吉林省第六次全国县级以上公共图书馆评估定级工作反馈会在吉林省图书馆举行。组长李兆泉代表评估组进行反馈，从五个方面对长春市图书馆近年来各方面的工作开展情况给予高度评价和充分肯定：一是政府主导，各项事业保障有力；二是着重品牌建设，拓展社会影响；三是工作重心下移，总分馆体制不断完善；四是积极进取，保持创新发展态势；五是注重推广宣传，提升图书馆美誉度。以此次评估为契机，图书馆按照专家组提出的意见和建议，进一步完善有关工作，真正达到以评促建、以评促管、以评促用的目的。

12月16日，为了深入贯彻学习十九大精神，由长春市文学艺术界联合会、长春市教育局、共青团长春市委员会、长春市文化广电新闻出版局等单位共同举办，长春美术家协会承办，长春市图书馆、吉林省电视台、长春日报社等单位共同协办的"彩笔抒情　童心筑梦——长春市首届少年儿童美术作品展"开幕式在长春市图书馆举行。长春市文学艺术界联合会党组书记、主席王长元，共青团长春市委书记丁佳，长春市图书馆副馆长姚淑慧，长春美术家协会副主席兼秘书长赵经武，长春市摄影家协会主席郭义，长春美术家协会副主席刘向久、许庆禄以及本次活动的获奖作者、部分参赛者百余人参加开幕式。此次活动共收到少儿美术爱好者的各类作品3 000余件，最终遴选出300件获奖作品进行展览。展览持续到12月22日，约5 550人次参观展览。"长春市少年儿童美术作品展"此后将作为持续性展览，每两年举办一届，不断为孩子们提供更广阔的艺术空间和展示平台。

12月16日，图书馆在文化讲堂举办"城市热读·关东文化讲坛"系列讲座（总第715期）:《东北帝王后妃文学》，由吉林省社会科学院文学所所长、研究员杨春风主讲。

12月20日，图书馆组织开展安全知识培训。

12月21日，图书馆党委组织各党支部开展为离退休党员"送学上门"活动，在职党员纷纷将党的十九大学习材料送到退休党员家中，号召离退休党员加入到学习十九大精神与新时代中国特色社会主义思想的热潮中来。

12月23日，图书馆在文化讲堂举办"城市热读·市民法律讲堂"系列讲座（总第716期）:《"你被侵权了"系列案例分析与详解》，由吉林省高级人民法院高级法官刘海英主讲。

12月23日，"幸福手牵手·快乐过新年"家庭英语课堂体验活动在图书馆举办，共有30多位家长和孩子参加。

12月27日，图书馆组织全体员工进行培训，由郭旭主讲《萨满文化与满文文献》，陈岳华主讲《长春市图书馆的历史变迁》。

12月28日，典藏阅览部主任刘彩虹及馆员孙玲在吉林省图书馆参加由吉林省图书馆、吉林省古籍保护中心举办的2017年吉林省古籍保护工作会议暨吉林省图书馆学会特藏与古籍保护专业委员会成立会议。

至12月底，图书馆与搭搭乐乐机器人活动中心共同开展的主题为"简易机器人设计制作"的亲子手工制作活动全年共举办21期，共有800余名小读者及家长参加。活动于每月第一个周日及第三个周日上午 9：20 在四楼多功能厅举行。

12 月，图书馆在 2017 全国少年儿童阅读年活动中荣获由中国图书馆学会颁发的"优秀组织奖"；青少年读者工作部主任于雅彬在"2017 全国少年儿童阅读年"活动中组织得力、表现突出，荣获由中国图书馆学会颁发的"优秀组织个人奖"。

是年，图书馆完成了长春市民办（营）图书馆、个人藏书家现状调研。共走访及电话采访长春市区有一定藏书规模的藏书爱好者 24 位，走访长春市区民营绘本馆 22 家。经过实地走访与电话采访，基本掌握长春市私人藏书爱好者的藏书群体及藏书特色以及民营图书馆的一些运营及发展情况。

是年，图书馆开展"喜阅——你选书，我采购"全民借阅行动计划，打造以读者为主导的资源建设模式，使之成为图书馆传统采购模式的有效补充。此举得到上级领导高度评价，被认为是本年度最有亮点的惠民举措之一，并荣获中共长春市委宣传部授予的"2017 年度全市宣传思想文化工作创新奖"。全年订购中文图书 5.6 万种 14.6 万册；验收期刊 4 065 种 6.3 万册，报纸 10 万份；文献入藏总量 36.1 万册（件）；采购数据库44 种，试用数据库 35 种。截至 2017 年 12 月底，图书馆总藏量 345 万册（件）；数字资源本地存储总量达 100.9TB，其中自建资源 10TB。

是年，图书馆共接待读者 168 万余人次，其中到馆读者 150 万余人次。全年办理读者证 3.5 万余张，外借各类普通文献 96 余万册，电子书外借量 91.7 万册，文献外借量合计达 187.7 万册次。共举办各类读者活动 525 场次，其中，举办讲座、培训、沙龙 240 场次，展览 30 场次，其他读者活动 235 场次，参与人数总计达 14 万人次。全年编辑《决策参考》22 期、《立法信息快讯》24 期；解答咨询 33.4 万余条，代检索课题1 986 项，提供课题服务 151 项，文献宣传 67 次，文献开发 5.6 万条；利用"全国图书馆参考咨询联盟"平台提供网上联合参考咨询 14.8 万余条，回复质量和数量位列全国第四名；面向机关、企业和科研单位开展有针对性的情报信息服务百余次。

是年，图书馆启动长春"城市书网"服务项目，打造以长春市图书馆为中心馆，各县（市、区）图书馆为区域总馆，各社区（街道）图书馆为分馆，以汽车流动图书馆、24 小时自助图书馆、农家书屋、书店为延伸的多级阅读服务网络。2017 年，共为分馆配送书刊 30 多次，合计 8.3 万余册；联动分馆开展 70 余项读者活动。面向基层分馆开展集中培训 4 期，培训总人数达 600 余人次；通过上门辅导、接待来访等形式共完成辅导基层图书馆 50 天（次）。汽车流动图书馆建成 15 个固定服务点，涵盖社区、军队、广场等区域；全年出车服务 300 余次，共办理借书证 3 653 多个，借阅文献 4 万余册次，接待读者 6 万余人次。

是年，图书馆开展馆内业务培训 30 余次，4 000 余人次参与。派出专业技术人员外出学习、考察、参加各种学术活动 30 次。图书馆职工全年共发表学术论文 22 篇，全国行业学会课题立项 1 项。创办《长图季报》，全年编辑 3 期；全年编辑出版《品读》7 期，其中市民读书节专刊 1 期。

是年，图书馆被各类媒体报道 623 次。全年网站访问量 285 万次，移动客户端点击量 3 176 万次。图书馆微信公众平台累计关注超 5.5 万人，全年推送信息 190 期（744 条），阅读量 150 万人次，单篇图文阅读量突破 26 万。图书馆新建今日头条账号，新媒体服务矩阵再添新力量。

2018 年

《中华人民共和国公共图书馆法》于 2018 年 1 月 1 日正式实施。为庆祝此法律实施，图书馆元旦期间举办多项宣传推广活动，让大众了解《中华人民共和国公共图书馆法》。一是户外宣传。1 月 1 日上午，"2018 年长春市冰雪嘉年华暨长春市全民健身运动会启动仪式"在长春市南湖公园隆重举行。图书馆部分职工代表参加此次活动，并借助这个活动平台，在参加徒步活动的同时积极宣传《中华人民共和国公共图书馆法》，在活动现场分发《中华人民共和国公共图书馆法》小册子、图书馆宣传手册等材料，用这种方式让大众了解《中华人民共和国公共图书馆法》，了解公共图书馆带来的公共文化服务。二是馆内宣传。例如在阅览室布置宣传展板；在馆内各处发放《中华人民共和国公共图书馆法》小册子，读者可随手取阅；在馆内大屏幕播放宣传语；在院内悬挂宣传横幅等。三是开展线上线下互动活动。图书馆在网站通过有奖问答的方式，邀请广大读者参与互动答题，了解《中华人民共和国公共图书馆法》，关注并参与图书馆建设发展；在微信公众号上发布文章，通过"一张图"解读《中华人民共和国公共图书馆法》。此外，还举办国学类图书展、服饰类图书展、饮食类期刊展、创意设计图书展、中国哲学史专题书展、书话类图书荐读、艺术类期刊展阅等活动，让广大到馆读者可以亲身参与，感受新时代图书馆精彩的读者活动和美好的阅读时光。

1 月 1 日至 10 日，"风雪中东路——中东铁路南支线建筑艺术展"在二楼展厅展出。

1 月 1 日至 3 月 2 日，2018 年"书香·书韵·中国年"迎新春系列活动举办，包括有奖春联征集活动、戊戌迎春楹联书法展、书法家现场写赠春联暨全家福免费拍摄活动、元宵佳节灯谜会、迎新送祝福活动、音乐会、公益课堂、亲子阅读、文化讲座、文献展阅、文化展览、文化沙龙、数字阅读体验、分馆活动等80余项活动。

1月2日，图书馆党委理论中心组召开节前廉政专题学习会。中心组成员集中学习中共长春市纪律检查委员会派驻组《2018年元旦春节期间纠正"四风"问题专项监督检查方案》、长春市文化广电新闻出版局党组《关于2018年元旦春节期间，巩固和拓展落实中央八项规定精神成果，坚决纠正"四风"问题，确保节日风清气正的通知》的重要精神。

1月3日，图书馆党委组织领导干部在五楼多功能厅召开落实中央八项规定，坚决纠正"四风"问题专项会议。会议由副馆长姚淑慧主持，领导干部26人参加。

1月3日，办公室组织全体员工在五楼多功能厅进行业务交流，由研究辅导部奚水主讲《为特殊群体服务的心得体会》，办公室李超主讲《长春市图书馆馆刊〈品读〉与阅读推广》。

1月5日，图书馆党委召开《习近平谈治国理政》第二卷学习动员会暨党员理论学习会，深入学习领会习近平总书记治国理政新理念新思想新战略。全体党员参加会议。

1月6日，图书馆在文化讲堂举办"城市热读·文苑百家谈"系列讲座（总第717期）：《如何讲好中国故事——以〈战狼Ⅱ〉等为例谈中国形象的建构》，由吉林大学文学院教授、硕士生导师、韩国高丽大学中国学部客座教授李龙主讲。

1月8日，图书馆在文化讲堂召开馆领导班子及领导干部2017年度考核述职测评会，馆领导班子及全体馆员参加。长春市文化广电新闻出版局纪律检查委员会副书记王森、纪律检查委员会张占刚、党委办公室刘爽出席活动。

1月10日，"新时代 新梦想"有奖春联征集活动（第二十届）圆满结束。活动期间共收到来自全国30个省（自治区、直辖市）以及香港特别行政区的348位春联作者的1758幅作品。最终评出优秀春联作品100幅，其中一等奖3幅，二等奖25幅，三等奖72幅，获奖作者共计92位。

1月10日，办公室组织全体员工在五楼多功能厅进行业务交流，由计划财务部徐骐主讲《如何正确填制OA系统中付款与报销流程以及相关报销规定》，计划财务部贾晓凤主讲《财务报销工作细则》。

1月11日，在郑州图书馆学会秘书长张佩、常务副秘书长杨琳的带领下，郑州市（区）主管局长及图书馆馆长一行20余人来到长春市图书馆，对长春市图书馆在总分馆制、服务创新、服务品牌建设等方面取得的成功经验进行学习交流。副馆长朱亚玲陪同参观。此外，郑州市图书馆界一行还专程选择长春市颇具代表性且建设发展较快的宽城区图书馆和绿园区图书馆，进行实地考察。

1月11日，图书馆新版移动客户端在全部主流应用市场上线。

1月13日，馆长谢群、典藏阅览部主任刘彩虹一行前往长春市华阳大酒店看望长春市政协委员尤肖其先生，并接收尤先生向图书馆捐赠的第35批图书。至此，尤先生的图书捐赠已坚持22年，捐赠的图书种类已近千种，多为澳门地方文献，内容涉及澳门的政治、经济、文化、历史、地理、旅游、佛教等，其中一些政府出版物和非正式出版物是不可多得的珍贵资料。这些文献丰富了图书馆的特色馆藏，对于多方面、多角度地了解澳门具有参考价值。尤先生所捐赠的文献藏于图书馆"特藏文献查阅室"，由设立的"尤肖其先生捐赠文库"专库专藏。

1月13日，图书馆在文化讲堂举办"城市热读·关东文化讲坛"系列讲座（总第718期）：《东北古代大驿路对地域文化的传播与影响》，由吉林省社会科学院民族所所长、院学术委员会委员朱立春主讲。

1月15日至19日，办公室组织7名2017年度新进馆员在五楼多功能厅进行培训。

1月15日至28日，《中华人民共和国公共图书馆法》图文展在二楼展厅展出。

1月15日至2月28日，图书馆主楼与青少年读者工作部地沟连接及水电改线工程完成。

1月17日，办公室组织全体员工在五楼多功能厅进行业务交流，由办公室王彦萍主讲《长春市图书馆人事管理制度介绍》，随后参观馆内举办的《中华人民共和国公共图书馆法》图文展。

1月18日，图书馆被中共长春市朝阳区永昌街道惠民社区委员会、长春市朝阳区永昌街道惠民社区居民委员会评为2017年度惠民社区"爱心帮帮团"共驻共建先进单位。

1月18日，图书馆在长春市总工会的指导和支持下，图书馆工会完善基层工会的相关手续，召开会员代表大会，选举新一届工会委员会，并建立新的财务制度，为工会的正常运转提供有力的经费保障。

1月19日，图书馆在党员活动室召开2017年度全馆部门工作总结大会。

1月19日，图书馆新建经济技术开发区临河街道办事处图书流通站。

1月20日，图书馆在文化讲堂举办"城市热读·科普空间"系列讲座（总第719期）：《海洋能利用前景及国内外现状》，由东北师范大学物理学院教授、博士生导师张雪明主讲。

1月22日至24日，馆长谢群赴成都参加由中国图书馆学会主办，四川省图书馆和四川省图书馆学会承办的《中华人民共和国公共图书馆法》研修班。

1月27日，图书馆在文化讲堂举办"城市热读·素质教育"系列讲座（总第720期）：《批判思维是我们当下教育最应培养的能力》，由吉林工程技术师范学院副教授、中国传媒大学博士、上海大学博士后李艳崴主讲。

1月30日至31日，副馆长朱亚玲、青少年读者工作部主任于雅彬、新媒体服务部主任常盛赴上海参加由中国图书馆学会公共图书馆分会主办，公共图书馆分会图书馆创新工作委员会、公共图书馆分会图书馆青年工作委员会承办的第一届公共图书馆创新创意征集推广活动，就申报的长春市图书馆"小树苗"16点课堂与长春市图书馆"长图雅音"两个项目进行答辩。

1月30日、3月16日，图书馆在交流培训室举办2次"弘扬优良家风　传承精神力量——'名师面对面'家庭教育课"。

1月，图书馆在长春市总工会、长春市安全生产监督管理局开展的2017年度长春市"安康杯"竞赛活动中获得优胜。

1月，"小树苗"公益活动项目在四楼多功能厅面向6—12岁少年儿童开设儿童寒假口语表达训练课堂。期间，邀请来自小春笋口才培训学校的专业教师走进图书馆，举办4堂体验式口语教学课。

1月至5月，书刊流通部共开展文献展阅活动17次，展出文献943种2 373册。活动主题包括："赏民俗文化　品东方风雅"新春民俗文化图书展、"喜迎中国年　弘扬传统文化"国学类图书展、"以侠胜武"梁羽生武侠小说展、"时尚视觉盛宴：穿出生活中的品位"服饰类图书展、"尽享天下美食　体味百味生活"饮食类期刊展、"新视觉　新空间"门店的创意设计图书展、"让读书成为习惯　让书香溢满校园"中学生阅读推荐书目、"书悦心灵　阳光人生"心理健康及励志类图书展阅、"书史足自悦"国学精品书展阅、"腹有诗书气自华"文学类期刊展阅、老年读者阅览室2018年新刊展阅、书香致远·扬帆起航——招生报考信息期刊展、适合的才是最好的——大学生职业规划类图书展、"品东方智慧　展华夏文明"系列书展——戏曲艺术、永远的经典——英文原版及双语名著类图书展、"品东方智慧　展华夏文明"系列书展——书法艺术、"全民阅读文学欣赏丛书展阅"文献展。

2月1日，长春市文化广电新闻出版局副局长陈大伟、办公室主任韩铭飞、副主任邱永军一行到图书馆督查巡视安全生产工作。馆长谢群及相关安全负责人陪同巡视。同日下午，陈大伟副局长一行还巡视了铁南分馆。

2月2日，图书馆获得由全国图书馆参考咨询联盟管理中心颁发的"2017年度全国图书馆参考咨询联盟优秀服务奖"一等奖；新媒体服务部副主任于丹辉、馆员胡艳玲获得由全国图书馆参考咨询联盟管理中心颁发的"2017年度全国图书馆参考咨询联盟文献服务优秀奖"一等奖；新媒体服务部程华获得由全国图书馆参考咨询联盟管理中心颁发的"2017年度全国图书馆参考咨询联盟文献服务优秀奖"二等奖。

2月3日，图书馆在文化讲堂举办"城市热读·品悦生活"系列讲座（总第721期）：《关注儿童生长发育 打造美好人生》，由吉林大学中日联谊医院儿科主任、教授、硕士研究生导师赵学良主讲。

2月4日，图书馆举办长春市文化庙会的两项重要活动："墨香蕴年味"书法家现场写赠春联活动和"阖家欢阅"全家福免费拍摄活动。在一楼大厅举办的"墨香蕴年味"书法家现场写赠春联活动，由图书馆和长春市市直机关书画家协会共同主办。来自长春市市直机关书画家协会的6位书法家现场为市民朋友书写迎春佳联。同时在二楼大厅，图书馆与长春摄影家协会共同推出"阖家欢阅"全家福免费拍摄活动。该活动自2月4日开始，一直持续到2月8日。在此期间，每天上午9时至11时，都有来自长春摄影家协会的摄影专业人士为市民免费拍摄全家福。

2月4日，"品读聚乐部"——作家于海涛和他的《辉发河传》读书交流会在图书馆举行，长春作家于海涛先生作为主嘉宾，同到场读者们分享自己在创作长篇小说《辉发河传》的过程中所发生的故事。副馆长姚淑慧出席活动并发言。长春文学界知名人士翟丽娟、曹景常、牛力军、赵欣、李恩、多海等也作为嘉宾亲临现场，与广大读者分享自己对这部小说的认识。

2月7日，图书馆"喜阅"惠溢书香长春项目获得由中共长春市委宣传部颁发的2017年度全市宣传思想文化工作创新奖。

2月7日，图书馆工会在一楼大厅组织举办职工新春联欢会。

2月8日，由吉林省文化厅指导，长春市文化广电新闻出版局主办，长春市群众艺术馆、长春市图书馆、长春市朝阳区文体局、欧亚卖场共同承办的"新歌新曲新时代 吉风吉韵吉祥年"2018新春文化大集在欧亚卖场启动。

2月8日，"喜迎新时代，欢乐过新春"春节民俗体验活动在图书馆五楼公益课堂体验区举办。

2月8日至3月2日，"新时代　新梦想"戊戌迎春楹联书法展在图书馆二楼展厅展出。

2月10日，图书馆在文化讲堂举办"城市热读·关东文化讲坛"系列讲座（总第722期）：《年与年文化》，由吉林省文学艺术界联合会副主席、吉林省民间文艺家协会主席曹保明主讲。

2月11日，长春市总工会组织部正式批准长春市图书馆工会成立。人员安排如下：工会主席为朱亚玲（长春市图书馆副馆长），副主席为路维平（长春市图书馆办公室主任），委员有耿岱文（长春市图书馆数字资源部负责人）、王政冬（长春市图书馆办公室馆员）、王春雨（长春市图书馆青少年读者工作部馆员）。

2月12日，办公室组织7名2017年度新进馆员在党员活动室与馆领导班子进行座谈。

2月12日，春节前夕，图书馆领导班子成员慰问离休干部卢颖、张廷桂、赵桂省，为他们送上慰问品和节日祝福。

2月16日，农历大年初一上午9:00，图书馆举办"新春启阅有佳礼"迎新送祝福活动。馆长谢群、副馆长姚淑慧在一楼大厅等候，为当日到馆的读者们亲切拜年，送上新春祝福。同时，为前10位读者赠送节日礼物。

2月24日，图书馆在文化讲堂举办"城市热读·文苑百家谈"系列讲座（总第723期）：《古埃及的真相》，由东北师范大学世界古典文明史研究所埃及学教授李晓东主讲。

2月24日，图书馆在党员活动室召开2018年度读者座谈会，副馆长姚淑慧主持会议，9名读者代表参会。读者代表针对图书馆服务发展方面提出五个方面20项建议。

2月24日，图书馆被中共长春市朝阳区委、长春市朝阳区人民政府授予"朝阳区2017年度平安创建工作标兵单位"荣誉称号。

2月26日，"长春市图书馆理事会2018年第一次会议"在党员活动室召开。第一届理事会8名成员出席本次会议。会议由副理事长、馆长谢群主持，副馆长姚淑慧、朱亚玲，办公室、财务科相关人员列席会议。会上，馆长谢群代表管理层向理事会做长春市图书馆2017年工作总结，并汇报2018年重点工作。各位理事高度肯定图书馆2017年工作成效，并就2018年工作计划及存在的问题进行广泛交流，特别就文献资源建设、特色文献资源整理开发和利用、馆企共建、馆际合作及服务进校园等问题提出意见和建议。理事会还审议《长春市图书馆2017年财务决算报告》《长春市图书馆2018年财务预算报告》《长春市长图文化服务志愿者协会章程》及《长春市图书馆级科研项目申报管理办法》。最后，理事会对图书馆管理层 2017 年度工作从履行职责、资源建设、综合服务、推进全市公共图书馆体系建设、综合管理、企业文化建设等方面进行考评，均给予满意的评价。

2 月 28 日，办公室组织全体员工在文化讲堂进行业务交流，由办公室王政冬、研究辅导部李莹波汇报报告《2017 年度外出人员汇报会（一）》。

3 月 2 日，2018 年元宵佳节灯谜会在图书馆一楼大厅举行。

3 月 3 日，图书馆在文化讲堂举办"城市热读·三八妇女节"专场讲座（总第 724 期）:《心态决定状态——做精神幸福时代的女性》，由东北师范大学教授、国家级教学名师张向葵主讲。

3 月 5 日，图书馆领导班子召开 2017 年度领导班子专题民主生活会。

3 月 7 日，办公室组织全体员工在文化讲堂进行培训，由管理学博士，吉林大学《情报科学》编辑部副主任张连峰主讲《解读社会科学基金项目，发表高质量学术论文》。

3 月 10 至 21 日，长春市图书馆、吉林省亿和文化传播有限公司举办的"关东客摄影俱乐部第二届艺术精品展"在二楼展厅展出。

3 月 10 日，图书馆在文化讲堂举办"城市热读·315 国际消费者权益日"专场讲座（总第 725 期）:《法制视野下的消费者维权》，由吉林良智律师事务所主任律师王俊丽主讲。

3 月 12 日，在中国图书馆学会公共图书馆分会主办的第一届公共图书馆创新创意征集推广活动中，"小树苗"16 点课堂获最佳创意奖；常盛、刘劲节、于洪洋主持的"新媒体环境下公共图书馆生态化建设"获最佳青年创意奖。

3 月 13 日，图书馆获得由长春市文化广电新闻出版局授予的"2017 年度全市文化广电新闻出版系统政务信息工作先进单位"称号；馆长谢群获得由长春市文化广电新闻出版局授予的"2017 年度全市文化广电新闻出版系统政务信息工作优秀组织者"称号；办公室李超获得由长春市文化广电新闻出版局授予的"2017 年度全市文化广电新闻出版系统政务信息工作优秀信息员"称号。

3 月 14 日，办公室组织全体员工在文化讲堂进行培训，由长春职业技术学院教授王艳主讲《图书馆员形象礼仪培训》。

3 月 16 日，2018 年度长春市图书馆示范分馆管理员培训班在图书馆举行。

3 月 17 日，图书馆在文化讲堂举办"城市热读·关东文化讲坛"系列讲座（总第

726 期）：《渤海文化面面观》，由吉林省社会科学院历史所副所长、研究员杨雨舒主讲。

3 月 20 日、27 日，长图公益课堂在四楼交流培训室开办《"悦读心语"成人艺术朗诵课》，吉林省朗诵艺术协会长春朗诵艺术沙龙的教师团队受邀授课。

3 月 21 日，办公室组织全体员工在文化讲堂进行业务交流，由策划推广部谢彦君、新媒体服务部于洪洋汇报报告《2017 年度外出人员汇报会（二）》。

3 月 23 日，由长春市图书馆与中国科学院长春应用化学研究所图书馆共同举办的"扬帆新时代，共享新喜阅"读书分享会活动在视听艺术馆顺利举行。两馆馆员、中国科学院长春应用化学研究所的职工学生、市民读者共 65 人参与此次活动。10 位阅读爱好者通过演讲分享阅读体验，嘉宾评委对此进行专业点评。同时，两馆还向在场观众推荐优秀书目 20 册，引导广大馆员、市民读者积极参与全民阅读活动。

3 月 24 日，图书馆在文化讲堂举办"城市热读·心理健康"系列讲座（总第 727 期）：《调试心态　实现自我和谐》，由长春市政协委员、长春市委党校学术委员会主任张宝忠主讲。

3 月 24 日至 30 日，长春市图书馆、吉林省老年大学、长春市摄影家协会主办的"'堆砌时光　朝花夕拾'——吉林省老年大学研究生院摄影专业研究生班教学实践展"在二楼展厅展出。

3 月 25 日，图书馆在文化讲堂举办"心视觉"影院讲述电影欣赏活动之《当幸福来敲门》，共有视障读者、陪护和爱心志愿者 80 余人参加活动。

3 月 27 日，"心视觉"影院讲述电影欣赏活动走进长春大学特殊教育学院，为视障学生讲述美国电影《当幸福来敲门》。长春大学特殊教育学院的 46 名视障学生参加活动。本次活动是 2018 年"心视觉"影院进校园活动第一场。

3 月 28 日，图书馆党委组织全体党员干部在一楼文化讲堂观看警示教育专题片《利剑》。

3 月 28 日，党委办公室组织各支部支委成员、各党小组组长、党员中层干部在党员活动室进行培训，由中共长春市委党校教授王文波主讲《党建工作培训》。

3 月 28 日至 31 日，馆长谢群赴合肥参加由中国图书馆学会主办，中国图书馆学会阅读推广委员会、合肥市图书馆、合肥市图书馆学会承办的中国图书馆学会阅读推广委员会 2018 年工作会议暨第十二届"全民阅读论坛"。

3 月 30 日，馆长谢群荣获由长春市人民政府外事（侨务）办公室授予的"突出贡献奖"暨 2017 年外事侨务工作先进个人称号。

3月30日，图书馆党委在铁北分馆组织开展党员志愿义务劳动，对铁北分馆堆放的文献进行整理、运送、打捆、上架等。

3月30日至4月3日，馆长谢群赴海口参加由北京万方数据股份有限公司主办的万方数据2018信息内容与技术创新大会，会议主题为"大数据与人工智能时代的学术信息智慧服务"。

3月31日，图书馆在文化讲堂举办"城市热读·市民法律讲堂"系列讲座（总第728期）：《生活在民法中——看〈民法总则〉如何改变了我们的生活》，由吉林省法律援助中心副调研员、高级律师赵宏伟主讲。

3月，根据上级人社部门对事业单位工作人员年度考核工作的要求，按照《长春市图书馆2017年度考核评优方案》部署，经各部门推选、馆领导班子审议，确定2017年度考核优秀人员37人，具体名单为：常盛、路维平、安山山、王鑫、董艳、刘彩虹、徐骐、赵春杰、王彦萍、田久计、赵巨、谢彦君、刘姝旭、许皓涵、张昭、孙一平、王春雨、陈东、李玫玫、于洪洋、任凤鹏、丁文伍、王文宇、亢吉平、杨屹、刘升、牟燕、霍岩、苗林、范崔岩、周文举、郭巍、房寂静、景丽萍、陈素梅、黄子健、李晓蓉。

3月，"长春记忆"项目、"长春星火阅读计划"领读者阅读推广项目启动。

4月2日，在特藏文献查阅室新设立文博书架。"文博书架"是伪满皇宫博物院与文化共建单位共同打造的城市文化品牌项目，包括科研专著、年鉴、科普读物、画册、杂志等。

4月2日至3日，副馆长姚淑慧赴扬州参加中国图书馆学会未成年人图书馆分会图书馆与社会合作专业委员会2018年工作会议。会议主题为"图书馆与社会合作的推广"。

4月2日至12日，由长春市规划局主办，长春市城乡规划设计院承办，长春市公共艺术设计协会协办的长春国家历史文化名城展在图书馆二楼展厅展出。

4月4日，办公室组织全体员工在文化讲堂进行业务交流，由新媒体服务部胡艳玲、数字资源部刘畅汇报报告《2017年度外出人员汇报会（三）》。

4月6日至13日，图书馆开展2018年第一季度考核工作。

4月8日，在吉林大学管理学院马捷教授的带领下，吉林大学管理学院图书情报学专业硕士研究生一行20余人来图书馆学习交流。

4月9日，"小树苗"图书角在吉林大学第一医院儿童肿瘤科正式成立。该图书角是吉林大学第一医院在吉林省联青志愿者协会的推动下，在吉林大学第一医院的医生和护士的积极响应下与图书馆合作共建的。建立图书角当天，图书馆为其送去 70 本精致绘本、30 册分级阅读的读物，将图书分类、上架，并指导小朋友如何利用图书。

4 月 9 日至 13 日，图书馆陆阳、刘彩虹、潘长海、于雅彬、赵婷、路维平、耿岱文、安山山、常盛、王鑫、徐骐、王彦萍 12 人在中共长春市委党校参加由长春市文化广电新闻出版局主办的长春市文化广电新闻出版局管理干部培训班。

4 月 10 日至 7 月 1 日，由长春市文化广电新闻出版局、长春市关怀下一代工作委员会、中共长春市高等教育工作委员会、长春市教育局主办，长春市图书馆、长春市广播电视台、长春市群众艺术馆共同承办，欧亚卖场和长春市朗诵协会协办的 2018 年长春朗诵大会在长春市范围内开展，经初赛、复赛及决赛，最终进行会演。

4 月 10 日至 15 日，副馆长朱亚玲、研究辅导部李莹波赴杭州参加由长春市文化广电新闻出版局主办的 2018 年长春现代公共文化服务体系培训班。

4 月 11 日，办公室组织全体员工在文化讲堂进行业务交流，由新媒体服务部刘劲节汇报报告《2017 年度外出人员汇报会（四）》。

4 月 12 日，图书馆新建北京师范大学长春附属学校示范分馆。

4 月 14 日，图书馆在文化讲堂举办"城市热读·社会热点"系列讲座（总第 729 期）:《"一带一路"构想与中国开放发展新思路》，由东北师范大学马克思主义学院教授张森林主讲。

4 月 18 日，图书馆党委组织广大党员干部，以支部为单位，将《中国共产党章程》和《中华人民共和国公共图书馆法》作为学习内容，开展专题理论学习活动，党员干部 70 人参加此次活动。

4 月 19 日至 20 日，馆长谢群赴北京参加由中华人民共和国文化和旅游部[①]公共文化司举办的学习贯彻《中华人民共和国公共图书馆法》培训班。

4 月 20 日，长春市文化广电新闻出版局局长张鸣雨、副局长杨青宇等一行到图书馆八角轩文化展厅视察"纪念改革开放 40 周年·沃土芳华——长春市图书馆馆藏地方作家作品展"相关情况。张鸣雨局长在全面参观后提出宝贵意见与建议。同日上午，长春市文化广电新闻出版局副局长王立也到八角轩文化展厅进行视察。

4 月 20 日，长春市文化广电新闻出版局广电宣传管理处处长金俊全一行到图书馆

---

① 2018 年 4 月 8 日，中华人民共和国文化和旅游部正式挂牌。根据 2018 年 3 月中共中央印发的《深化党和国家机构改革方案》，文化部、国家旅游局进行职责整合，组建文化和旅游部，作为国务院组成部门，以统筹规划文化事业、文化产业、旅游业发展，提高国家文化软实力和中华文化影响力。

视察网络安全，副馆长姚淑慧及网络技术部相关人员陪同。

4月20日至8月10日，由中国图书馆学会阅读推广委员会主办，中国图书馆学会阅读推广委员会图书馆与社会阅读专业委员会、吉林省图书馆学会阅读推广委员会、长春市图书馆共同承办的"我的书房故事"有奖征集活动，经过近4个月的征集，共收到66个不同省市地区的图书馆投稿作品347个，其中征文331篇，视频16部。经过初评和复评两个环节，评出一等奖8个，二等奖18个，三等奖31个，优秀奖35个，优秀组织奖19个。

4月21日，图书馆在文化讲堂举办"城市热读·世界读书日"专场讲座（总第730期）：《传统文化与文学素养培养》，由东北师范大学文学院教授、博士生导师高长山主讲。

4月21日至7月22日，图书馆举办世界读书日暨市民读书节系列活动。在为期60天的活动期间，全市范围内的各级公共图书馆面向市民举办包括主题活动、文化讲座、公益课堂、少儿阅读、展览展阅、数字阅读等13大类130余项阅读推广活动，参与活动的范围覆盖5大城区，4个开发区，5个县（市、区）。

4月23日，2018年长春市民读书节开幕式暨"纪念改革开放四十周年·沃土芳华——长春市图书馆馆藏地方作家作品展"启动仪式在一楼大厅举办，长春市领导和省市文化单位相关部门负责人以及多位长春文坛名人来到现场。"纪念改革开放四十周年·沃土芳华——长春市图书馆馆藏地方作家作品展"是本届市民读书节期间的一项重要活动内容，既展现了改革开放40年以来以公木先生、蒋锡金先生等为代表的长春地方作家和他们的文学创作所取得的不凡成就，也彰显了长春城市文化，体现了长春市对文化建设的重视。此次展览持续至9月份。本届市民读书节由往年9月前后举办，改变为在世界读书日当天启幕，推广全民阅读的意愿更加浓厚，目的更加突出，展示出长春市文化工作的新动态。

4月23日，长图公益课堂联合吉林省全民阅读协会朗诵艺术委员会在一楼大厅共同举办"朗诵，让阅读更'声'动——2018年世界读书日暨长春市民读书节百人千诵活动"。百人千诵活动向社会招募100名诵读爱好者，以诵读接力的形式，进行诵读表演，共同向经典致敬，推动全民阅读。

4月23日，作为图书馆示范分馆之一的东站街道蓝山社区分馆正式开馆。开馆仪式上，智能借还书柜这一便民设施也在蓝山社区分馆与广大读者见面。

4月23日世界读书日期间，图书馆携手2路车队打造"书香公交"阅读带。一辆带有阅读主题元素的 2 路"书香公交"车厢被规划为"老年人阅读区""青少年阅读区""科技阅读角""综合阅读区"4 个区域。阅读区根据人群进行分众化的文献服务，科技阅读角内配备 VR 头盔和 3D 立体互动书。"书香公交"作为场景化阅读服务的探索，打破传统，通过阅读共建的方式与 2 路汽车沿线企事业、学校、社区等单位进行合作。

4 月 23 日至 5 月 23 日，由国家图书馆、长春市图书馆举办的第十三届文津图书奖获奖图书展在一楼大厅展出。同时，图书馆在第一中文图书借阅库设立"历届文津图书奖获奖及推荐图书"专架，展示图书 226 种 446 册，方便读者取阅。

4 月 23 日至 5 月 23 日，由长春市图书馆、宁夏图书馆共同举办的张贤亮个人纪念展在二楼展厅展出。

4 月 23 日至 5 月 25 日，馆长谢群在长春市委党校参加由长春市委组织部举办的为期一个月的长春市优秀年轻干部培训班（第二期）学习。

4 月 24 日，图书馆组织馆员第二次来到长春大学图书馆五楼学术报告厅，为特殊教育学院大学生现场讲述无障碍电影《匆匆那年》。

4 月 30 日，图书馆第一党支部在八角轩文化展厅举办主题为"坚定文化自信，推动社会主义文化繁荣发展"的党员主题日活动，组织参观"纪念改革开放四十周年·沃土芳华——长春市图书馆馆藏地方作家作品展"。

4 月，图书馆四项课题获得吉林省文化厅 2018 年度图书馆学、情报与文献学科研课题立项，包括谢群主持的"'互联网 +'时代长春市书网全民阅读服务体系建设研究"，姚淑慧主持的"新媒体数字环境下阅读生态环境建设研究"，朱亚玲主持的"馆藏伪满时期珍贵史料的现代分编与数字化再生利用"，刘姝旭主持的"公共图书馆 3.0 时代少儿创客空间研究"。

4 月，图书馆获新文化报社、吉林省全民阅读协会颁发"最美阅读空间"荣誉称号。

4 月，国家图书馆邀请长春市图书馆成为文津图书奖联合评审单位。

5 月 2 日、4 日，图书馆团委与馆工会联合组织纪念五四运动系列活动，主题为"不忘初心，坚定前行"，内容包括组织团员青年及部分馆员参观长春规划展览馆、在视听艺术馆观看纪录片《大国外交》。

5 月 4 日，在中共长春市委老干部局举办的全市离退休干部"喝彩新变化、展望十九大"主题征文活动中，图书馆党委办公室徐迎撰写的《以书明智，畅想中国梦》荣获一等奖。

5月5日，图书馆在文化讲堂举办"城市热读·文苑百家谈"系列讲座（总第731期）：《中国传统思想的当代价值（一）》，由东北师范大学历史文化学院副院长、副教授董灏智主讲。

5月5日，汽车流动图书馆赶赴文化广场参加吉林省"健康生活·悦动吉林"大型活动。

5月6日，图书馆在文化讲堂举办"城市热读·纪念长春解放70周年"专场讲座（总第732期）：《真实即力量——李发锁纪实作品〈围困长春〉解读》，由中国作家协会会员、吉林省作家协会副主席李发锁主讲。

5月6日，图书馆在欧亚卖场设置的24小时自助图书馆正式投入使用。

5月9日，办公室组织全体员工在文化讲堂进行业务交流，副馆长朱亚玲布置2018年业务培训工作，由研究辅导部李莹波主讲《2018年学术热点追踪报道》，由办公室王英华主讲《长春市图书馆推进法人治理结构改革的实践与思考》。

5月10日，受长春市民读书节组委会委托，图书馆召集"长春虽火阅读计划"领读者召开第一次工作会议，领读者、图书馆相关人员共计19人参加。

5月11日，吉林省图书馆学会阅读推广委员会（以下简称"阅推委"）2018年第一次工作会议在图书馆召开。会议由阅推委代秘书长谢彦君主持；阅推委副主任、东北师范大学图书馆副馆长孟庆军宣读《公共图书馆与高校图书馆阅读联盟合作协议》，并就合作内容所需要提供的《联盟合作资源清单》做出解读；阅推委副主任、通化市图书馆馆长高锦荣宣读《吉林省图书馆学会阅读推广委员会工作规程》，并对规程内容作出阐述；最后，阅推委主任、长春市图书馆副馆长姚淑慧对阅推委2018年所要开展的具体工作做出部署和安排。会上，大家针对合作内容和所要开展的具体工作进行讨论。姚淑慧对年内所要开展的几项重点工作做深度解读，如开展"我的书房故事"有奖征集活动、开展公益讲座巡讲活动、开展吉林省大学生阅读问卷调查活动、开展大学生知识联赛、开展百馆荐书活动、举办青少年红色故事会等。会后，在主任姚淑慧的带领下，委员们参观"纪念改革开放四十周年·沃土芳华——长春市图书馆馆藏地方作家作品展"。

5月12日，图书馆在文化讲堂举办"城市热读·心理健康"系列讲座（总第733期）：《科学睡出健康来》，由长春市第六医院业务院长、主任医师张延赤主讲。

5月12日，图书馆在青少年读者工作部多功能厅二厅开展"小树苗"亲子故事屋中文绘本故事会及折纸活动。

5月13日，图书馆在文化讲堂举办"城市热读·名家讲座"（总第734期）：《一只鹅的前世今生——谈童年阅读对人生成长的影响》，由中国儿童文学研究会副会长、辽宁文学馆馆长薛涛主讲。

5月14日至20日，图书馆在第28个全国助残日到来之际，举办为期一周的"温暖时光"文化助残周活动，包括无障碍阅读体验、无障碍电影展播、送阅读进校园和残障人士文艺演出四项内容。

5月14日至17日，图书馆党委办公室齐红星，第一、三、四党支部书记孟静、王鑫、郭旭在中共长春市委党校参加由市直机关党工委举办的2018年市直机关基层党组织书记集中轮训班。

5月15日，在中共吉林省委老干部局举办的全省"畅谈十八大以来变化、展望十九大胜利召开"主题征文活动中，党委办公室徐迎荣获一等奖。

5月15日至21日，副馆长姚淑慧赴广州参加由吉林省图书馆（吉林省少年儿童图书馆）举办的吉林省公共图书馆馆长及馆员能力素质提升班。

5月16日，办公室组织全体员工在文化讲堂进行业务交流，由办公室王政冬主讲《公共图书馆与弘扬传统文化》，由党委办公室徐迎主讲《公共图书馆视角下的文明创建工作——全国文明单位测评体系解析》。

5月18日至7月18日，完成图书馆卫生间、二楼走廊地面、大门与存包间保温改造工程。

5月19日，图书馆在文化讲堂举办"城市热读·财经漫谈"系列讲座（总第735期）：《做理性投资人》，由中泰证券股份有限公司长春景阳大路营业部副总经理戚安辉主讲。

5月23日，长春市委宣传部刘颖副部长在副馆长姚淑慧的陪同下参观"纪念改革开放40周年·沃土芳华——长春市图书馆馆藏地方作家作品展"。

5月23日，办公室组织全体员工在文化讲堂进行业务交流，由计划财务部翟羽佳主讲《长春市图书馆固定资产管理》，由采编部陈虹羽主讲《西文图书在著录中常见问题》。

5月24日，铁北分馆组织馆员参加长春市文化广电新闻出版局举办的安全生产讲座。

5月26日，图书馆在文化讲堂举办"城市热读·关东文化讲坛"系列讲座（总第736期）：《东北母亲河之松花江》，由吉林电视台连线电视节目中心主任，高级记者刘雁宾主讲。

5月26日，在吉林大学举办"城市热读·七进"系列讲座①：《新时代文学的大众阅读》，由中国作家协会会员尚书华主讲。

5月26日、5月28日、6月23日，图书馆在交流培训室举行3场"名师面对面"活动，特邀长春广播电台节目主持人王岳主讲有关礼乐文化的课题——《文质彬彬　然后君子》。

5月26日，图书馆在书画活动室举办主题为"行云流水话行书"的第十九期"墨韵丹青"书画艺术老年读者沙龙活动。由吉林省老年书画研究会副秘书长常志敏老师主讲，共有30余位读者参与活动。

5月28日，"心视觉"影院再次走进长春大学，为视障学生播放影片《喜剧之王》。

5月28日至6月1日，馆长谢群、副馆长姚淑慧、朱亚玲及馆员张宝贵等26人在中共长春市委党校参加由长春市文化广电新闻出版局举办的长春市文化广电新闻出版局学习贯彻党的十九大精神集中轮训班。

5月29日，为考察长春市贯彻落实《中华人民共和国公共文化服务保障法》的落实执行情况，长春市人大教科文卫委员会主任委员宫国英、副主任委员刘畅一行在长春市文化广电新闻出版局副局长王立、公共文化处处长朱向阳及图书馆领导班子的陪同下，来到图书馆进行实地调研。

5月30日，办公室组织全体员工在文化讲堂进行业务交流，由采编部胡育杏主讲《长图"喜阅行动"　书香惠溢春城》，由书刊流通部刘英主讲《第二中文图书借阅库馆藏情况及创新思考》。

5月30日，办公室组织全体员工、研究辅导部组织各县（市、区）图书馆相关人员在文化讲堂进行业务培训，由黑龙江大学信息管理学院院长、二级教授马海群主讲《研读〈中华人民共和国公共图书馆法〉》。

5月30日，由长春市文化广电新闻出版局主办，长春市图书馆承办的"2018年度长春市社区阅读空间及电子阅读屏管理员培训"在文化讲堂正式开班。此次培训采取集中培训的方法进行，共分两期，培训社区阅读空间管理人员1 000人次。长春市文化广电新闻出版局公共文化处处长朱向阳致开班词。吉林省新闻出版广电局公共服务处王凯丰做题为《社区阅读空间管理与服务》的首场讲座。其他培训主题有《惠阅社区电

---

① 2018年，"城市热读·五走进"系列升级为"城市热读·七进"系列，即进企业、进学校、进机关、进社区、进农村、进家庭、进公共场所。

子阅报屏＆书香长春公益 App 使用》《长春市图书馆数字资源介绍与应用》《阅享春城
"U 书到家"》等，涵盖社区阅读空间管理员及电子阅读屏管理员应知应会的主要专业
知识。

5 月 31 日至 6 月 1 日，馆长谢群、副馆长朱亚玲、青少年读者工作部主任于雅彬、
新媒体服务部主任常盛、文化项目发展部陈东、典藏阅览部陶莎赴河北省廊坊市参加
2018 年中国图书馆年会，主题为"图书馆与社会：共享　效能　法治"，包括开闭幕活
动、主题论坛、学术分会场、展览会、图书馆人之夜活动等。会上，陶莎作为吉林省图
书馆学会代表参加"依法办馆 创新发展——新时代公共图书馆建设与服务"主题知识
竞赛学习复赛。

5 月，图书馆在中国图书馆学会主办，中国图书馆学会阅读推广委员会、金陵图书
馆承办的"寻找图书馆最美阅读空间、人文阅读"摄影作品公益展征集活动中获得入围
展览奖，入围作品名称《春蚕》，作者陈东。

5 月，图书馆选送的"长图创客集市构建科普阅读生态群落"在中国图书馆学会阅
读推广委员会举办的"第二届科普阅读推广案例征集活动"中荣获三等奖。

5 月，图书馆组织全体在职职工到万佳健康体检中心作身体检查。

5 月至 12 月期间，"红色经典传承　争做时代新人——抗战英雄人物展之一"在青
少年读者工作部二楼举办。

6 月 1 日至 7 日，由图书馆、"东方童画"培训机构举办的"童年画语——少儿美
术作品展"在图书馆二楼展厅展出。

6 月 2 日，图书馆在文化讲堂举办"城市热读·国际儿童节"专场讲座（总第 737
期）:《儿童文学带给我们的美和感动》，由儿童文学作家、吉林省作家协会儿童文学委
员会副主任窦晶主讲。

6 月 2 日至 4 日，馆长谢群、副馆长朱亚玲赴河北省沧州市参加由中国图书馆学
会主办，中国图书馆学会阅读推广委员会经典阅读推广专业委员会、沧州市图书馆
学会、沧州图书馆承办，河北省图书馆学会、河北省图书馆支持的 2018 年中国图书
馆年会卫星会议——图书馆地方文献资源建设与利用研讨会暨大运河沿岸城市图书馆
馆长论坛。会议主题为"图书馆地方文献资源建设与利用""运河专题文献资源共建
共享"。

6 月 6 日，办公室组织全体员工在文化讲堂进行业务交流，由书刊流通部马贺主讲
《中文文学图书借阅区读者借阅情况的分析》，由书刊流通部冀岩主讲《总咨询台服务

工作介绍及思考》。

6月9日，图书馆在文化讲堂举办"城市热读·法律讲堂"系列讲座（总第738期）:《创新治理手段，促进家庭和谐——〈长春市预防和制止家庭暴力条例〉解读》，由吉林大学法学院教授、博士生导师李海平主讲。

6月10日，"品读聚乐部"之作家于笑然先生"多读一点文学　创造诗意生活"沙龙在八角轩文化展厅举行，30余位读者参加。

6月11日至21日，由图书馆、五彩童言艺术学校举办的"多彩之夏"少儿艺术画展在二楼展厅展出。

6月13日，办公室组织全体员工在文化讲堂进行业务交流，由书刊流通部吕爽主讲《第二中文图书借阅库读者服务介绍及工作思考》，由书刊流通部张诗扬主讲《图书馆做好读者服务工作的几点思考》。

6月14日，图书馆新建莲花山开发区党群活动服务中心图书流通站。

6月16日至18日，汽车流动图书馆赶赴长影世纪城参加长春市消夏节活动。

6月20日，办公室组织全体员工在文化讲堂进行业务交流，由书刊流通部杨大亮主讲《中文文学图书报纸阅览区读者咨询服务工作现状与展望》，由书刊流通部张文婷主讲《老龄化背景下图书馆工作的开展》。

6月20日，保卫科组织全体员工在文化讲堂进行消防培训。

6月20日，在吉林省图书馆学会开展的第二届"健康生活　悦动吉林"系列之《中华人民共和国公共图书馆法》知识竞赛及征文活动中，长春市图书馆获得"优秀组织单位"奖；李莹波等18人获知识竞赛一等奖；刘畅等15人获知识竞赛二等奖；赵星月等8人获知识竞赛三等奖；赵星月获征文三等奖。

6月20日至23日，数字资源部郝欣赴重庆参加由国家图书馆主办，重庆文化艺术职业学院承办的数字图书馆创新服务培训班。

6月23日，图书馆在文化讲堂举办"城市热读·关东文化讲坛"系列讲座（总第739期）:《外国人眼中的近代中国东北社会习俗》，由吉林大学马克思主义学院中国近现代史纲要教研室教授，博士生导师王广义主讲。

6月23日，图书馆在文化讲堂举办"城市热读·高考志愿填报"专场讲座（总第740期）:《高考报考按批次填报高考志愿的政策规则与方法》，由北大书同教育科技研究院研究员高春生主讲。

6月24日，图书馆在文化讲堂举办"心视觉"影院讲述电影欣赏活动。本次讲述的影片是美国电影《闻香识女人》，讲述人为爱心志愿者张东旭。视障读者 64 人、爱心志愿者 19 人参加本次活动。

6 月 24 日，图书馆在文化讲堂举办第三期"爱心帮帮团"助残法律知识讲座活动，43 名视障读者、10 名爱心志愿者参与活动。本期讲座的主题为"房屋土地征收拆迁中的法律实务"，主讲嘉宾是北京尚公（长春）律师事务所专职律师王宇律师。

6 月 25 日，长春市机构编制委员会办公室副主任孙杨、长春市机构编制委员会办公室事业单位登记管理局局长刘凌及工作人员王贵超一行来图书馆实地开展一线调研活动，检查工作。馆长谢群、副馆长朱亚玲陪同巡视调研。

6 月 25 日至 7 月 18 日，由吉林省图书馆学会阅读推广委员会主办，东北师范大学图书馆、长春市图书馆共同承办的吉林省大学生阅读问卷调查活动，通过网络面向省内 34 所院校、省外 15 所院校发放问卷，最终收到有效答卷 18 031 份。

6 月 26 日，双阳区农家书屋（社区书屋）管理员培训班在双阳区文化馆举行，研究辅导部丁文伍、王嘉雷对现场 300 余位基层管理员进行培训。

6 月 26 日至 29 日，由中共长春永昌街道工作委员会、吉林艺海书画艺术交流中心、长春市图书馆举办的"红色永昌·党在我心中"纪念中国共产党成立 97 周年书画作品展在图书馆二楼展厅展出。

6 月 27 日，图书馆在文化讲堂召开干部职工大会，安排部署本年度全国文明单位创建工作。

6 月 27 日，办公室组织全体员工在文化讲堂进行业务交流，由书刊流通部张佳音主讲《提升流通服务质量，强化"爱岗敬业"的责任意识》，由书刊流通部祝磊主讲《长春市图书馆读者分析》。

6 月 27 日，图书馆在文化讲堂隆重举行"不忘初心跟党走　牢记使命谱新篇——长春市图书馆迎七一党建知识竞赛"，150 余人参加。长春市文化广电新闻出版局党组成员、副局长郑国君，局机关纪委书记王森，局公共文化处曹昊参加此次活动。本次竞赛还特别邀请离退休老党员作为特邀嘉宾出席活动。馆长、党委书记谢群致开幕词。参加本次知识竞赛的 4 支代表队的 12 名参赛选手，分别由全馆三个基层党支部和共青团委选拔推荐。竞赛围绕党建知识、业务知识、图书馆馆情等内容现场答题，通过个人必答题、小组抢答题、小组风险题等形式进行激烈角逐。最终，第二、四联合支部荣获一等奖，第一党支部荣获二等奖，第三党支部和共青团委获得并列三等奖。

迎七一党建知识竞赛现场

6月27日，图书馆工会组织全馆职工在长春净月潭国家森林公园开展徒步活动。

6月29日，图书馆组织召开"2018年长春地区公共图书馆馆长工作研讨会"。馆长谢群，副馆长姚淑慧、朱亚玲，长春地区各县（市、区）图书馆馆长，以及相关负责人参加此次会议。会议由副馆长朱亚玲主持；馆长谢群作题为《总分馆：规范　共享　效能》的报告；各县（市、区）公共图书馆馆长分别结合本地区情况进行发言，同时对《长春地区公共图书馆中心馆—总分馆管理规范》《长春地区公共图书馆中心馆—总分馆服务体系建设协议书》《长春市图书馆示范分馆管理规范》《长春市图书馆城市书房管理规范》等文件提出意见；当日下午，全体与会人员一同参观二道区东站街道蓝山社区分馆和净月区永兴街道聚业社区分馆两个已建成的示范分馆。

6月29日，由于在2017—2018年度区域化党建工作中表现突出，图书馆获得由中共长春市朝阳区永昌街道惠民社区委员会授予的"优秀党组织"称号；副馆长姚淑慧获得由中共长春市朝阳区永昌街道惠民社区委员会授予的"优秀党务工作者"称号；郭旭获得由中共长春市朝阳区永昌街道惠民社区委员会授予的"优秀共产党员"称号。

6月30日，图书馆在文化讲堂举办"城市热读·文苑百家谈"系列讲座（总第741期）:《影视剧中的古代文学》，由吉林大学文学院教授、硕士生导师由兴波主讲。

6月，在中国图书馆学会举办的"依法办馆　创新发展——新时代公共图书馆建设与服务"知识学习竞赛活动中，王嘉雷、陶莎、尚建伟、孟静4人被评为"研学之星"；陶莎被吉林省图书馆馆学会选为代表之一参加全国复赛与决赛；在中国图书馆学会举办的"我身边的图书馆——公共图书馆法与新时代公共图书馆建设与服务"主题征文活动中，孙金星的《学习宣传贯彻公共图书馆法——推动图书馆事业在新时代实现新发展》获"会员论坛之星奖"；周琳的《〈公共图书馆法〉与长春市图书馆青少年阅读推广工作的开展》、张雪的《助力〈公共图书馆法〉落地，"长图公益课堂"少儿国学经典课程回顾》获"优秀论文奖"。

6月，在吉林省文化厅、吉林省教育厅、共青团吉林省委员会、吉林省图书馆（吉林省少年儿童图书馆）、吉林省中小学德育工作办公室举办的"吉林省第八届农民工子女书画精品展"中，长春市图书馆获得最佳组织奖；青少年读者工作部主任于雅彬获得优秀个人组织奖；图书馆推送的50幅作品中，获一等奖的5名，二等奖的8名，三等奖的13名。

6月，在"健康生活 悦动吉林"全省小学生古诗词诵读大赛中，长春市图书馆荣获由吉林省图书馆学会未成年人服务委员会、白山市图书馆、白山市图书馆学会颁发的优秀组织奖。图书馆推送的两个作品分获二等奖、三等奖。

6月，"经典朗诵进校园"活动深入吉林大学附属小学、北京师范大学长春附属学校、长春净月高新技术产业开发区净月南环小学等9所学校举办阅读推广活动；"长图雅音"走进长春经济技术开发区威海小学、长春经济技术开发区北海小学等举办传统音乐普及活动11场。

7月1日至9月20日，由吉林省图书馆学会阅读推广委员会主办，通化市图书馆、长春市图书馆共同承办的"普法惠民 书香吉林"百馆荐书活动开展，全省39家公共图书馆参与。

7月2日至13日，图书馆开展2018年第二季度考核工作。

7月3日，长春市朝阳区永昌街道区域化党建联盟成立大会举行，图书馆作为党建联盟的成员单位参加大会。

7月4日，图书馆领导班子和中层干部逐级签订年度《全面从严治党一岗双责和党风廉政建设责任书》，明确责任，形成"一级管一级，层层抓落实"的工作格局。

7月4日，图书馆第一党支部开展主题党日活动，全体党员参加党课学习，分别由党委书记、馆长谢群，副书记、副馆长姚淑慧和支部书记孟静讲党课，并在党课学习之后召开专题组织生活会。

7月7日，图书馆在文化讲堂举办"城市热读·文苑百家谈"系列讲座（总第742期）：《诗意大唐》，由吉林大学文学院教授、硕士生导师由兴波主讲。

7月10日，"爱心帮帮团"助残法律援助咨询服务活动启动。每月10日邀请知名律师在图书馆现场为残障读者免费提供法律援助咨询服务，同时开通咨询电话，截至9

月 30 日服务残障读者 10 余人次。

7 月 10 日至 12 日，书刊流通部主任陆阳、研究辅导部丁文伍、新媒体服务部于洪洋赴通化参加由全国文化信息资源共享工程吉林省分中心举办的吉林省文化共享工程技术骨干阅读推广培训班。

7 月 10 日至 12 日，采编部主任朱玲玲赴北京参加由中国图书馆学会主办的 2018 年图书馆信息组织和资源建设研修班。

7 月 10 日至 9 月 1 日，由第十四届中国长春电影节组委会主办，共青团长春市委、长春图书馆和吉林艺术学院设计学院共同承办的"新时代·新摇篮·新力量——第十四届中国长春电影节电影海报设计大赛"举行。7 月初大赛正式启动，面向全国 100 所艺术院校及 50 多家设计团体发出邀请，在艺术设计类专业网站上进行宣传推广，在 20 多天中累计征集到来自 28 个省（区、市）共 1 359 件作品。大赛经过初评和终评两个阶段，最终评选出一等奖 1 名、二等奖 2 名、三等奖 5 名、优秀奖 20 名和入围奖 65 名。在海报展览阶段，共有 66 幅精美的海报作品在 9 月 1 日长春电影节开幕式上陈列于长影音乐厅走廊进行展出。

7 月 11 日，办公室组织全体员工在文化讲堂进行业务交流，由书刊流通部王新灵主讲《21 世纪如何正确思考和如何开创个人工作》，由书刊流通部高薪婷主讲《第一中文借阅库的馆藏介绍及工作思考》。

7 月 14 日，图书馆在文化讲堂举办"城市热读·科普空间"系列讲座（总第 743 期）:《星座与四季星空》，由东北师范大学物理学院教师崔士举主讲。

7 月 14 日至 8 月 4 日，应美国国务院"美国国际访问者领袖计划"美国图书馆和博物馆管理项目邀请，馆长谢群赴美国华盛顿哥伦比亚特区、马里兰州巴尔的摩市、纽约州纽约市、伊利诺伊州芝加哥市、俄克拉荷马州塔尔萨市、加利福尼亚州旧金山市，交流学习美国图书馆和博物馆管理实践经验总体情况，探讨美国采用图书馆与博物馆新技术的策略及美国博物馆与图书馆吸引和服务公众的策略。

7 月 18 日，办公室组织全体员工在文化讲堂进行业务交流，由青少年读者工作部主任于雅彬、新媒体服务部主任常盛主讲《外出人员汇报会（一）》。

7 月 18 日，图书馆党委组织党员干部开展集中学习郑德荣同志先进事迹活动。

7 月 20 日，由长春市文化广电新闻出版局主办，长春市图书馆和各县市区图书馆承办的"2018 年长春市民读书节"在欧亚卖场大西洋厅举办闭幕式。同时，2018 年消夏阅读季系列活动正式启动。此项活动既是长春市民读书节的后续，也是图书馆创新全民阅读推广方式的一个新的开始。市民读书节闭幕式上，开展诗歌合颂、古装情景朗诵、古筝合奏、"爱尚 e 读"数字资源推广活动等；并进行"我的书房故事""借阅之星""长春市图书馆示范分馆流动红旗""领读者""优秀志愿者""优秀组织奖"等表彰与授予仪式。自 4 月 23 日长春市民读书节启动以来的三个月时间里，"地方作家作品展""长春市朗诵大赛""领读者"等阅读推广活动陆续举办；13 大类 130 余项活动覆盖全市 5 大城区、4 个开发区、5 个县（市、区）；"惠阅文化 +"项目的"社区电子阅读机""U 书到家""信用免押金办证"等五大惠民举措实行。

2018 年长春市民读书节闭幕式暨 2018 年消夏阅读季系列活动启动仪式现场

7 月 20 日，图书馆完成院落维修改造项目。

7 月 20 日至 8 月 7 日，由图书馆主办，金之桥五彩童话艺术学校承办的"五彩童话世界"第二届少儿美术联展在二楼展厅展出。

7 月 21 日，图书馆在文化讲堂举办"城市热读·关东文化讲坛"系列讲座（总第 744 期）：《伪满文坛作家考》，由东北师范大学日本研究所副编审、文学博士冯雅主讲。

7 月 21 日，由图书馆与吉林省中山志愿者协会共同举办，由长春义工团队、长春小义工群[①]、"快乐小陶子"长春站提供义工服务，以"友谊·书香·爱"为主题的第三届长春市民换书公益集市在图书馆新落成的庭院中正式开集。这也是 2018 年长春市民读书节的最后一项大型活动。

---

① 长春小义工群，是成立于2015年的长春小义工微信群。

　　7月21日，由吉林省新闻出版广电局主办，长春市图书馆、吉林省樊登小读者之家承办的"我是小小讲书人"青少年讲书大赛吉林省总决赛在一楼大厅成功落下帷幕。"我是小小讲书人"青少年讲书大赛针对7—15岁人群举办，自4月21日开赛以来，历时3个月，历经17场海选和3场复赛，最终有15位青少年成功入选省内总决赛。最终三位小选手脱颖而出，分获一、二、三等奖。

"我是小小讲书人"青少年讲书大赛参赛者合影

　　7月23日至9月30日，以"盛夏春城　阅有新意"为主题的2018年消夏阅读季系列活动举行，包括电影专题活动、领读春城活动、书香吉林活动、专题讲座、读者沙龙、公益课堂、少儿阅读活动、新媒体阅读活动、数字阅读活动、文献展阅活动、文化展览、特别服务、分馆活动等共计13类89项活动。

　　7月25日，办公室组织全体员工在文化讲堂进行业务交流，由书刊流通部邸东博主讲《2017年度最受读者欢迎报纸简介》，由典藏阅览部王秀利主讲《立足本职　爱岗敬业——期刊管理工作浅析》。

　　7月25日，图书馆党委组织广大党员干部前往中国人民武装警察部队吉林省森林总队净月森林中队，以支部为单位，以志愿服务行动为载体，开展"主题党日"活动，从图书馆现有馆藏中，精心筛选出涉及政治建设、军事国防、党建工作等多领域的优秀图书200余册，将其送到武警官兵手上，满足他们的阅读需求。本次活动由副馆长姚淑慧带队，党员干部30人参与。

　　7月28日，长春市"领读者"第一次培训会议在图书馆召开，副馆长姚淑慧及17位"领读者"代表参加会议。长春市民读书节期间共有37名市民被授予"领读者"荣誉称号。在读书节闭幕式前夕，还分别在学校、社区、书店、个人书馆等不同类型的 7 家单位建设"长春市领读者基地"。"领读者"最大的使命就是变成像"火种"一样的人，与图书馆共同搭建"领读者—大众群体—阅读载体"三维阅读生态圈，在全市范围内开展内容丰富、形式多样的阅读推广活动。

7 月 28 日，图书馆在文化讲堂举办"城市热读·法律讲堂"系列讲座（总第 745 期）:《加强文物保护 留住城市记忆——〈长春市文物保护条例〉和〈长春市历史文化街区和历史建筑保护条例〉解读》，由吉林省人大常委会法制工作委员会主任武树森主讲。

7 月 28 日，吉林省轮椅作家李子燕做客"品读聚乐部"，以其《奋斗的青春》一书为主线，讲述吉林"十大好青年标兵"的感人故事。

7 月 30 日，永昌街道区域化党建联盟惠民分区组织联盟成员单位，在图书馆文化讲堂隆重举行"不忘初心、牢记使命"党建知识竞赛。永昌街道党工委书记丁岩峰、副书记张玉梅、图书馆副馆长姚淑慧以及相关单位的主要领导来到活动现场。区域化党建联盟成员单位的职工代表、市民观众百余人参与本次活动。图书馆作为永昌街道区域化党建联盟的成员单位参与活动。

7 月 31 日，图书馆第一党支部为迎接八一建军节的到来，在空军航空大学开展"铭记光辉历史 传承红色基因"主题党日活动。

7 月，在 2018 年长春市民读书节活动中，图书馆被长春市民读书节委员会授予"优秀组织奖"称号。

8 月 1 日至 5 日，由长春市文化广电新闻出版局主办的"2018 长春书展"在长春国际会展中心 2、3 号馆举办。8 月 1 日，图书馆党委组织全体党员，以支部为单位，参加书展并开展主题党日活动，党员干部 58 人参与活动。

8 月 1 日，办公室组织全体员工在文化讲堂进行业务交流，由典藏阅览部张雯婷主讲《古籍修复简介》，由典藏阅览部王明旭主讲《聊聊你我身边的地方文献查阅室》。

8 月 1 日，青少年读者工作部联合长春公交集团北达公司 229 路车队，开展主题为"走红色之路，做新时代好少年"的社会实践活动。来自长春市图书馆的义务小馆员、家长及 229 路车队代表共计 50 余人一同参观一汽红旗文化展馆和空军航空大学航空馆。

8 月 1 日至 3 日，研究辅导部主任阚立民赴通辽参加由通辽图书馆学会、通辽市科尔沁区图书馆、北京雷速科技有限公司以及北京碧虚文化有限公司共同举办的"第一届图书馆史编撰研讨会暨《科尔沁区图书馆史（1929—2016）》首发仪式"，会议主题为图书馆史编撰理论与实践。

8月1日至9月10日，由吉林省图书馆学会阅读推广委员会主办，长春市图书馆承办的"传承红色基因 争做时代新人"2018年吉林省青少年红色故事会大赛开展。大赛收到省内十余个图书馆的118个参赛作品。经过评选，评出一等奖3个，二等奖5个，三等奖10个，优秀奖8个，组织奖9个，指导教师奖9个。

8月4日，图书馆在文化讲堂举办"城市热读·中国长春电影节"专场讲座（总第746期）：《长春电影节今昔与发展策略》，由长春电影制片厂电影电视摄影摄像师、国家一级摄影师王长宁主讲。

8月4日，吉林省知名作家陈久全先生做客"品读聚乐部"，以"如何搞好历史文化散文写作"为主题，向现场读者们分享自己的家族文化史研究成果和在历史文化散文写作方面的心得。

8月8日，办公室组织全体员工在文化讲堂进行业务交流，由典藏阅览部沈阳主讲《关于图书馆志愿者服务工作的几点思考》，由典藏阅览部陶莎主讲《台港澳外文文献资源推介》。

8月11日，图书馆在文化讲堂举办"城市热读·纪念改革开放40周年"专题讲座（总第747期）：《更高地擎起改革开放的旗帜》，由中共吉林省委党校经济学部主任、教授、经济学博士王雪雁主讲。

8月13日，长春市文化广电新闻出版局副局长陈大伟在办公室副主任邱永军的陪同下，来到图书馆进行一线办公调研。

8月13日，文化和旅游部下发《文化和旅游部关于公布第六次全国县级以上公共图书馆评估定级上等级图书馆名单的通知》，依据第六次全国县级以上公共图书馆评估标准和定级必备条件，经过评估、公示等环节，长春市图书馆被评为"一级图书馆"。

8月15日，办公室组织全体员工在文化讲堂进行业务交流，由新媒体服务部孙海晶主讲《电子阅览室光盘借阅情况及思考》，由新媒体服务部李妍主讲《新媒体E读体验区工作及其思考》。

8月15日至20日，副馆长朱亚玲赴太原参加由清华大学图书馆、香港大学图书馆、山西大学图书馆、《中国学术期刊（光盘版）》电子杂志社联合主办，同方知网（北京）技术有限公司、山西同方知网数字出版技术有限公司承办的2018年数字出版与数字图书馆融合发展国际研讨会。

8月中旬，图书馆工会响应上级部门号召，组织职工参加长春市直属机关青年职工篮球赛，并成功晋级决赛。

8月16日，由昆明市图书馆、昆明市文化馆、昆明市报业集团组成的考察团一行5人，在长春市精神文明建设指导委员会办公室综合处吴军主任的陪同下，来到图书馆考察交流"新时代传习所"建设管理工作。

8月18日，图书馆在文化讲堂举办"城市热读·法律讲堂"系列讲座（总第748期）：《学习〈长春市公园条例〉共建最美好城市空间》，由北京大成律师事务所高级合伙人、长春事务所主任、一级律师王哲主讲。

8月20日至31日，由长春市图书馆、宁夏图书馆共同举办的"最美图书馆"图片展在二楼展厅展出。

8月22日，办公室组织全体员工在文化讲堂进行业务交流，由吉林省吉御财务信息服务有限公司董事长白和主讲《长春市图书馆〈内部控制规范〉体系建设培训会》。

8月25日，图书馆在文化讲堂举办"城市热读·中医大讲堂"系列讲座（总第749期）：《中医养生之遵循自然规律——秋季养生》，由长春市中医院急诊科主任医师、长春市名中医胡少红主讲。

8月29日，图书馆第三党支部组织党员在二楼展厅观看"最美图书馆"图片展。

8月29日，图书馆新建驻长春某部队图书流通站。

8月29日，图书馆在欧亚商都设置的24小时自助图书馆正式投入使用。

8月30日，青少年读者工作部中小学生借阅区咨询岗获得由长春市"巾帼建功"竞赛活动领导小组办公室授予的"长春市巾帼文明岗"荣誉称号。

8月，长春市图书馆馆员叶心在支边期间以个人身份向和龙市图书馆赠书，和龙市图书馆向长春市图书馆赠予锦旗："书香飘千里 雨露润边疆 帮扶暖人心 大爱播远方"。

9月1日，图书馆在文化讲堂举办"城市热读·中国长春电影节"专场讲座（总第750期）：《那些年我们一起追过的音乐电影》，由东北师范大学传媒科学学院副教授洪杨主讲。

9月2日至4日，办公室李超作为长春市妇女第十六次代表大会代表参加长春市妇女第十六次代表大会。

9月2日至10月14日，由长春市文化广电新闻出版局主办，长春市图书馆、吉林艺术学院设计学院承办的第十四届中国长春电影节电影海报设计大赛获奖作品展在二楼展厅展出。

9月3日，长春市人力资源和社会保障局事业单位考核培训处处长胡登峰一行到图书馆调研工作，长春市文化广电新闻出版局人事教育处副处长董晓东，长春市图书馆馆长谢群、副馆长姚淑慧及办公室相关人员陪同。

9月3日，图书馆党委召开党委会审议，通过两项方案：《中共长春市图书馆党委关于深刻汲取"疫苗案件"教训集中开展干部作风大整顿活动实施方案》及《长春市图书馆关于召开干部作风大整顿活动动员大会的工作方案》。

9月5日，办公室组织全体员工在文化讲堂进行业务交流，由数字资源部郝欣、研究辅导部丁文伍主讲《外出人员汇报会（二）》。

9月5日，图书馆党委组织全体员工在文化讲堂召开"集中开展干部作风大整顿活动"动员大会。馆领导班子成员、副馆长姚淑慧传达中共中央政治局常委会议和习近平总书记重要讲话精神以及省、市领导干部大会精神。党委书记、馆长谢群就"深刻汲取'疫苗案件'教训，集中开展干部作风大整顿活动"发表讲话。

9月5日，长春市文化广电新闻出版局人事处副处长董晓东及人事处韩凯一行来馆进行工作调研。

9月7日，图书馆领导班子针对第三方评估结果听取各部门整改意见。

9月7日，图书馆完成《长春市图书馆志愿者发展规划（2019—2021）》制定工作。

9月8日，图书馆在文化讲堂举办"城市热读·关东文化讲坛"系列讲座（总第751期）：《渤海史迹》，由吉林大学考古学院教授、博士生导师魏存成主讲。

9月8日至10月14日，由图书馆、伪满皇宫博物院举办的"纪念改革开放40周年·影藏长春记忆——池宫城晃摄影作品展"在八角轩文化展厅展出。此次展览主要展出的是池宫城晃于20世纪80年代在长春拍摄的摄影作品。

"纪念改革开放40周年　影藏长春记忆——池宫城晃摄影作品展"上，伪满皇宫博物院院长王志强、长春市图书馆馆长谢群与池宫城晃一同参观

9月10日，黑龙江省图书馆常务副馆长张大尧、行政副馆长郝志福等一行4人到长春市图书馆考察交流物业社会化管理、财务管理及相关业务工作情况，长春市图书馆副馆长朱亚玲陪同。

9月10日，由吉林省文化厅主办，吉林省图书馆、吉林省文化馆承办的2018年"氤氲书香"朗读比赛决赛在吉林省图书馆举行，研究辅导部经过层层筛选推荐的5个节目参加本次决赛。图书馆荣获由吉林省文化厅颁发的优秀组织奖。

9月11日，长春市文化广电新闻出版局党组书记、局长张鸣雨，党委办公室主任张美清，局纪律检查委员会刘洪亮一行到图书馆督察开展干部作风大整顿，并征求意见。图书馆领导班子及部分馆员代表参加座谈。

9月12日，办公室组织全体员工在文化讲堂进行业务交流，由新媒体服务部刘劲节主讲《长图微信平台小编的日常》，由新媒体服务部孙哲主讲《免费开放后本馆电子阅览室服务与管理的思考》。

9月12日至14日，策划推广部谢彦君赴珲春参加由吉林省社会科学界联合会举办的2018年吉林省社会科学普及周活动启动仪式。

9月13日，"小树苗"品牌活动走进长春市二道区英俊乡苇子小学，为孩子们送去百本图书，并特别邀请吉林资讯广播电台FM100.1《童声美文》节目主持人彤卉、诗展为同学们做题为《怎样朗读课文》《语文课本中的历史故事》的知识讲座。

9月13日，图书馆党委组织开展职工职业道德教育活动。

9月15日，图书馆在文化讲堂举办"城市热读·法律讲堂"系列讲座（总第752期）:《敬老、养老、助老——〈长春市保护老年人合法权益条例〉解读》，由吉林大学行政学院副教授、博士生导师刘畅主讲。

9月19日至21日，副馆长姚淑慧、典藏阅览部主任刘彩虹、刘群赴北京参加由首都图书馆、中国图书馆学会学术研究委员会地方文献研究专业委员会办的国际"城市记忆"与地方文献学术研讨会，会议主题为"'城市记忆'在不同文化背景下的建设与发展""口述历史与城市记忆""区域文化发展下的地方文献和地方资源建设与服务"。

9月22日，图书馆与《长春晚报》共同推出"小树苗"绘阅亲子故事会活动。该活动对图书馆原有的"小树苗"亲子故事屋活动进行改版升级，特别聘请吉林省儿童文学作家、电台主持人、幼儿教师等人组成讲读团队，在固定时间、地点开展更加专业、更加精细的绘本讲读和拓展活动。

9月25日至27日，青少年读者工作部主任于雅彬赴成都参加由中国图书馆学会主办，成都图书馆承办的第 30 届全国十五城市公共图书馆工作研讨会。会议主题为"图书馆服务品牌建设与创新发展"。

9 月 26 日，图书馆党委组织党员干部在五楼多功能厅召开党员大会，集中开展"双节"前夕党风廉政建设主题活动。图书馆领导班子成员、党员干部共计 62 人参会。

9 月 26 日至 29 日，新媒体服务部刘劲节赴秦皇岛参加由中国图书馆学会、秦皇岛市图书馆学会共同主办的 2018 年科普阅读推广专业委员会工作年会。会上对第二届科普阅读案例进行颁奖，长春市图书馆选送的"长图创客集市构建科普阅读生态群"获得第二届科普阅读案例三等奖。

9 月 27 日，经长春市版权局研究，在图书馆设立长春市版权服务工作站，可依法开展版权法律、法规和知识的宣传、培训；提供版权咨询、版权登记代办、版权纠纷调解、版权信息服务；积极配合版权行政管理部门开展版权产业统计调查、调研和开展相关活动。当日，长春市版权服务工作站揭牌仪式在一楼大厅举行。长春市文化广电新闻出版局副局长杨青宇、长春市图书馆馆长谢群出席仪式并揭牌，仪式由长春市文化广电新闻出版局版权处处长林大伟主持。

9 月 28 日，吉林省各县（市、州）参加 2018"阳光工程""圆梦工程"文化志愿者培训班的相关负责人一行在培训期间来图书馆参观，副馆长朱亚玲陪同。

9 月，经吉林省社会科学界联合会科普评优工作委员会研究决定，图书馆被评为"吉林省优秀社会科学普及基地"；《文化之隅——"城市热读"讲座精编》被评为"吉林省优秀社会科学普及作品"；策划推广部乔欣欣被评为"吉林省优秀社会科学普及工作者"；图书馆推荐的程舒伟老师被评为"吉林省优秀社会科学普及专家"。

9 月，长春市图书馆关心下一代工作委员会（简称"关工委"）成立。顾问为董洁（长春市文化广电新闻出版局关工委副主任）；主任为谢群（馆长）；副主任为姚淑慧（副馆长）；秘书长为于雅彬（青少年读者工作部主任）；成员有谢立军（原长春市文化广电新闻出版局人事处干事，退休），李益军（原图书馆保卫科长，退休），王春雨（青少年读者工作部馆员），孙一平（青少年读者工作部馆员），胡冰清（青少年读者工作部馆员），周琳（青少年读者工作部馆员），金姗（青少年读者工作部馆员）。

9 月，图书馆提交的"'小树苗'社会实践活动"案例，在吉林省图书馆学会举办的"吉林省公共图书馆未成年人阅读推广案例评选"被评为一等奖。

10 月 8 日起，为降低读者选书的随意性对图书馆藏书质量的影响，"喜阅行动"调整线上及线下读者借阅复本册数，由原来的 5 册调整到 3 册。

10月8日至17日，图书馆开展2018年第三季度考核工作。

10月8日至12月8日，由吉林省图书馆学会阅读推广委员会主办，东北师范大学图书馆、长春市图书馆共同承办的吉林省大学生知识联赛面向全省开展，共有省内34所院校、省外15所院校的3 968名学生参加初赛，其中24所高校939人进入复赛。

10月9日，长春市财政局教科文处处长徐井士、教科文专管员郭建民来馆听取关于青少年读者工作部新建工程的汇报，长春市文化广电新闻出版局副局长王立、财务处处长吕绍媛，长春市图书馆馆长谢群，副馆长姚淑慧等陪同。

10月10日至11日，网络技术部主任潘长海赴长沙参加由国家图书馆举办的数字图书馆推广工程技术支撑平台培训班。

10月10日至12日，图书馆第一、二、三、四党支部郭旭、孟静、王鑫、李超、徐迎赴吉林市、磐石市、桦甸市参加由长春市文化广电新闻出版局机关党委举办的"重走抗联路"理想信念教育培训班。

10月11日，图书馆新建榆树市公安局图书流通站。

10月12日，在长春市友好城市日本仙台市图书馆设立"我们在长春相遇"文化交流图书专架，向其赠送由中国大陆出版的、介绍中国文化的书籍50册，为仙台市民及在日华侨、留学生及华裔居住者提供借阅服务。此为图书馆配合长春市人民政府外事办公室亚洲处开展的仙台市图书馆对外文化交流项目。对日文化交流"长春之窗"项目是长春市对外文化交流的重要组成部分。此次借由长春市政府代表团出访契机，长春市图书馆与仙台市图书馆缔结友好关系，举行赠书仪式，并在仙台市图书馆设立"长春之窗"图书专架。所赠图书主要是中文、日文和中日双语对照读物，题材方面尽可能丰富，涵盖中国尤其是东北地区的古代与现当代艺术、文学、文化与民俗传统、历史。

10月12日，"吉林省公共图书馆视障阅览室建设项目"为图书馆视障人士阅读室购置新版ABBYY软件、3台视障电脑、5台便携式多功能助视器、1台多功能台式助视器以及盲用地图册等软硬件设备及文献。

10月13日，图书馆在文化讲堂举办"城市热读·关东文化讲坛"系列讲座（总第753期）：《关东人的家庭与婚姻》，由吉林大学文学院教授、博士生导师、中国区域社会史研究中心主任赵英兰主讲。

10月13日，图书馆团委组织团员参加长春市文化广电新闻出版局系统徒步看家乡活动。

10月15日至19日，计财科徐骐、贾晓凤、翟羽佳、李小北在长春参加由长春市财政局举办的长春市财政局政府会计准则制度培训班。

10月15日至29日，首届"墨韵丹青"老年读者书画作品展在图书馆二楼展厅展出。

10月17日，图书馆党委书记、馆长谢群作为榆树市秀水镇双庙村贫困户的帮扶责任人开展走访贫困慰问工作，实地了解困难群众的家庭生活情况，为其送去生活物资和备用药品。

10月17日，办公室组织全体员工在文化讲堂进行业务交流，由新媒体服务部高得玥主讲《浅谈公共图书馆中的音乐馆——以长春市图书馆视听艺术馆为例》，由新媒体服务部于洪洋主讲《长春市图书馆微博服务探索》。

10月17日，2018年度长春市文化广电新闻出版局暨长春市图书馆消防培训疏散演练在文化讲堂举行。

10月18日，研究辅导部组织"送服务进机关——首站走进市委组织部"活动，现场为中共长春市委组织部机关干部介绍图书馆"一卡通"读者证功能，并办理80余张"一卡通"读者证。

10月18日至19日，由图书馆10人组成的参赛队参加长春市文化广电新闻出版局系统干部职工拔河比赛。最终图书馆参赛队获第一名。

10月19日至22日，馆长谢群赴杭州参加在杭州图书馆举行的首届中国—中东欧国家图书馆联盟馆长论坛。会上，中国—中东欧国家图书馆联盟正式成立，并审议通过《中国—中东欧国家图书馆联盟成立宣言》和《中国—中东欧国家图书馆联盟2019—2020年行动计划》，签订资源开放协议。

10月19日，新媒体服务部主任常盛被聘为吉林省图书馆学会第八届理事会学术委员会委员。

10月20日，图书馆在文化讲堂举办"城市热读·法律讲堂"系列讲座（总第754期）：《精神卫生的法律保障：长春市精神卫生条例解读》，由东北师范大学政法学院院长、教授、博士生导师尹奎杰主讲。

10月21日，图书馆与吉林省教育学院联合举办的"名师讲堂"系列活动启动。此项活动以"整合省内名师资源，打造教育服务品牌"为宗旨，汇聚省内具有国家级、省级名师称号的名校教师，依托吉林省教育学院师范性质高等院校的资源背景，搭建从幼儿到高中的纯公益教育平台，充分发挥专家和名师的引领、示范、辐射作用，让广大春城市民共享名师的教学成果。启动仪式当天，副馆长姚淑慧、吉林省教育学院中小学幼儿教师培训中心副主任程明喜出席，宽城实验学校贾雪霜老师以《行走的课程》为题做首场讲座。

10月22日至27日，馆长谢群、采编部主任朱玲玲、书刊流通部主任陆阳、文化项目发展部主任赵婷、网络技术部副主任李岩峰、数字资源部耿岱文、办公室王英华、研究辅导部丁文伍赴上海参加由全国文化信息资源共享工程上海市分中心、上海市文献资源共建共享协作网指导委员会牵头，上海市图书馆学会、上海市科学技术情报学会联合举办，上海图书馆（上海科学技术情报研究所）会展中心具体承办的第25期图情高级研修班。

10月23日，典藏阅览部主任刘彩虹、林忠娜在长春参加由CADAL①东北地区中心主办，东北师范大学图书馆承办，吉林省图书馆学会资源建设委员会和用户信息素质教育委员会协办的"2018'双一流'背景下高校图书馆资源建设与知识服务"学术研讨会。会议主题为"'双一流'背景下高校图书馆资源建设与知识服务"。

10月25日，由中共长春市委宣传部、长春市文学艺术界联合会主办，长春人民广播电台、长春出版社、长春市图书馆协办的"'发现长春之美'暨庆祝改革开放40周年诗歌散文大赛"颁奖仪式在文化讲堂举行。

10月25日，"小树苗"亲子阅读项目被全国终身学习活动周工作小组、中国成人教育协会评为"2018年终身学习品牌项目"。

10月25日至27日，研究辅导部主任阚立民赴日照参加由全民阅读促进委员会、中小型公共图书馆联合会、中国图书馆学会公共图书馆分会基层图书馆工作委员会、《中国知识资源总库》编辑委员会、《图书馆杂志》社共同主办的2018年全国中小型公共图书馆研讨会，会议主题为"中小图书馆的服务与创新"。

10月26日，图书馆召开题为"关注民生文化　打造市民讲堂"的公益讲座专家座谈会。座谈会邀请吉林大学、东北师范大学、长春师范大学、长春市第六医院等院校单位的专家学者和吉林省中医药学会等合作单位的负责人，以及部分听众代表和媒体记者参加。与会人员分别从不同的角度提出具有针对性的建议和意见，对讲座中存在的问题做出中肯分析。

10月27日，图书馆在文化讲堂举办"城市热读·心理健康"系列讲座（总第755期）:《父母与孩子》，由长春市第六医院催眠治疗研究室负责人、主任医师尹洪影主讲。

10月29日，"小树苗"亲子阅读项目被吉林省成人教育协会评为"2018年吉林省

---

① CADAL，即大学数字图书馆国际合作计划（China Academic Digital Associative Library）。

终身学习品牌项目"。

10月29日至31日，研究辅导部李莹波赴邢台参加由川吉苏冀桂五省（区）图书馆学会主办，河北省图书馆学会、河北省图书馆承办的川吉苏冀桂五省（区）图书馆学会第十六届学术研讨会，会议主题为"图书馆发展：与法同行"。

10月30日，图书馆新建经开区临河街道北海社区示范分馆。

10月30日至11月2日，副馆长姚淑慧、典藏阅览部主任刘彩虹赴福州参加由国家图书馆、中国图书馆学会和福建省文化和旅游厅联合主办，福建省图书馆学会、福州市文化广电新闻出版局承办，福州市图书馆承担执行工作的2018年民国时期文献保护工作高级研修班。

10月31日，图书馆第三党支部组织党员干部开展诚信教育主题活动，深刻汲取"疫苗"案件教训，专题学习"解放思想，转变作风，积极推动长春全面振兴发展——王君正同志在干部作风大整顿集中谈心谈话会议上的讲话"，支部全体党员进行认真学习。

10月31日，图书馆在中国残联维权部、中国盲文图书馆和中国盲文出版社共同主办的"知法于心　守法于行"全国盲人演讲比赛工作中荣获优秀组织奖。

10月31日至11月2日，参考咨询部于涵赴太原参加由国家图书馆主办，太原市图书馆、太原图书馆学会承办的全国副省级以上公共图书馆决策咨询服务培训班。

10月，图书馆被共青团长春市委、长春市教育局、长春市少工委评为"长春市红领巾宣讲团指导基地"。

10月，图书馆在由中国图书馆学会阅读推广委员会举办的2018年馆员书评第六季征集活动中，图书馆获得优秀组织奖；新媒体服务部于洪洋、网络技术部孙丽红提交的文章荣获二等奖；办公室王政冬、赵星月，青少年读者工作部周琳提交的文章荣获三等奖。

10月，图书馆在长春市文化广电新闻出版局系统"徒步看家乡"活动中获得优秀组织奖。

10月，图书馆获得由吉林省新闻广电出版局、"我是讲书人"吉林省大赛组委会颁发的2018书香吉林阅读季"我是小小讲书人"青少年讲书大赛吉林省最佳组织贡献奖。

10月，图书馆在2018年吉林省青少年红色故事会大赛中被吉林省图书馆学会阅读推广委员会授予"优秀组织奖"称号。

10月，图书馆完成内部控制手册的更新工作。

10月，数字资源部完成长春市图书馆数字资源远程访问平台升级改版，并正式上线。

11月1日起，图书馆党委在二楼党建文化长廊举办"庆祝改革开放四十周年"主题征文活动及硬笔书法比赛获奖作品展。本次作品展是图书馆"庆祝改革开放40周年"系列活动之一。2018年9月至10月，图书馆党委在全馆范围内广泛征集以"我与我的图书馆"为主题、彰显图书馆在改革发展中取得丰硕成果的原创文章和反映我国改革开放以来取得的巨大成就的硬笔书法作品。经过作品收集、初审筛选、专家评审等多个环节，活动最终评选出获奖征文21篇、获奖硬笔书法作品35幅、获奖馆员44人。获奖作品在本次活动中进行集中展示。

11月1日，研究辅导部分别为二道区远达街道新开社区、二道区荣光街道岭东社区、二道区东盛街道万通社区配送示范分馆设备，建立分馆。

11月2日至19日，由民进长春市委员会、长春民进开明书画院主办，长春市图书馆协办的"风雨同心六十载　翰墨飘香雨听风"第四届会员书画艺术作品展在二楼展厅展出。

11月3日，图书馆在交流培训室举办"城市热读·中医大讲堂"系列讲座（总第756期）:《中医养生》，由长春恒康中医医院院长张海波主讲。

11月3日至5日，副馆长姚淑慧、党委办公室主任齐红星、第一、二、三、四党支部张昭、李莹波、何桂华、郝欣、刘劲节、陈虹羽、苗林赴天津参加由长春市文化广电新闻出版局举办的2018年长春市文化广电新闻出版局党务干部党建暨综合能力提升培训班。

11月4日至13日，副馆长朱亚玲赴广州、苏州、青岛参加由长春市文化广电新闻出版局组织的图书馆总分馆建设调研，就广州、苏州、青岛的图书馆、文化馆总分馆建设进行实地考察。

11月7日，办公室组织全体员工在文化讲堂进行业务交流，由青少年读者工作部所丹妮主讲《青少年读者工作部介绍》，青少年读者工作部孙一平主讲《"朗读"时代儿童阅读服务推广新模式——书悦之声·小小朗读者》。

11月7日，"'小树苗'亲子阅读""长图公益课堂"被中共长春市委宣传部、长春市教育局评为2018年"长春终身学习活动品牌"。

11月9日，图书馆新建九台区土门岭镇马鞍山村图书流通站。

11月10日，图书馆在交流培训室举办"城市热读·关东文化讲坛"系列讲座（总第 757 期）：《〈红楼梦〉与长白山：两大高峰的相遇与共鸣》，由二级教授、吉林省红学会副会长、《民情》杂志社原社长兼总编辑马孟寅主讲。

11 月 13 日，依据长春市委老干部局和长春市文化广电新闻出版局机关党委《关于在离退休干部中开展解放思想大讨论活动的通知》精神，馆党委组织离退休干部在二楼党员活动室召开"解放思想推动长春高质量发展大讨论"座谈会。9 名离退休干部代表参加本次座谈。

11 月 13 日至 15 日，图书馆第一、二、三、四党支部常盛、党恬甜、丁文武、孙哲在长春参加由中共长春市朝阳区永昌街道工作委员会举办的朝阳区区域化党建联盟党组织书记示范培训班。

11 月 14 日，办公室组织全体员工在文化讲堂进行业务交流，由青少年读者工作部金姗主讲《梦想溢于指尖——"小树苗"亲子手工坊系列活动漫谈》，青少年读者工作部何爽主讲《长图"小树苗"图书角》。

11 月 15 日，长春万科房地产开发有限公司相关人员来图书馆参观，听取研究辅导部关于图书馆"城市阅书房"建设的介绍，并与馆长谢群、副馆长朱亚玲及研究辅导部全体人员进行座谈，初步达成联合打造"城市阅书房"的美好愿景。

11 月 17 日，在交流培训室举办"城市热读·关东文化讲坛"系列讲座（总第 758 期）：《汉文化向朝鲜半岛的传播》，由教授、历史学博士、东北师范大学东北民族民俗博物馆馆长、东北师范大学古籍整理研究所所长李德山主讲。

11 月 18 日，由国际机器人教育（中国）研究院主办，长春搭搭乐乐机器人少儿潜能开发有限公司和图书馆共同承办的"ROBOC 国际机器人创客能力测评暨全国青少年机器人等级考试"在图书馆成功落下帷幕，共有 396 名学生参加。

11 月 21 日，办公室组织全体员工在文化讲堂进行业务交流，由馆长谢群主讲《外出人员汇报会（三）：赴美参加国际访问者领导人才项目（IVLP）工作概要》。

11 月 28 日至 30 日，办公室李超赴武汉参加由文化和旅游部公共服务司举办的公共文化机构法人治理结构改革培训班。

11 月 28 日至 12 月 15 日，由吉林省残疾人联合会、吉林省文学艺术界联合会主办，长春市残疾人联合会、长春市图书馆、长春大学特殊教育学院、吉林艺术学院艺术管理学院、吉林省残疾人文学艺术界联合会、吉林省逸品传媒集团有限公司承办的"改革开放 40 年·我眼中的新时代"吉林省残疾人艺术作品展在二楼展厅展出。

11 月，图书馆在吉林省图书馆学会、吉林省图书馆（吉林省少年儿童图书馆）主办的"2018 吉林省公共图书馆业务技能大赛"中获得优秀组织奖，新媒体服务部于洪洋、典藏阅览部陶莎、青少年读者工作部何爽、书刊流通部付钟谊在大赛中分别荣获"2018吉林省公共图书馆业务技能大赛"一等奖；典藏阅览部林忠娜荣获二等奖、青少年读者工作部何爽分别荣获"2018 吉林省公共图书馆业务技能大赛"选拔赛二等奖、三等奖。

11 月，图书馆提交的"时光与记忆——中国传统文化传承与推广活动"案例，获评 2018 出版界图书馆界全民阅读年会（中国图书馆学会、韬奋基金会、中国书刊发行业协会、中国新华书店协会、中国出版集团公司主办）"2018 年全民阅读优秀案例"奖项，案例策划人于雅彬、金姗、安晓涛。

11 月，图书馆申报的案例"地方作家作品文库"在中国图书馆学会阅读推广委员会主办的 2018 年"发现图书馆阅读推广特色人文空间"活动中荣获三等奖。

12 月 1 日，图书馆在交流培训室举办"城市热读·关东文化讲坛"系列讲座（总第 759 期）：《高句丽王城及相关文化》，由吉林省社会科学院研究员祝立业主讲。

12 月 5 日，"邮书到校"仪式及阅读分享大赛在吉林大学附属小学举行，副馆长朱亚玲出席。"邮书到校"是图书馆"邮书到家"服务的延伸，以学生家庭为单位提供文献服务，通过"校园阅读日""图书管理员""读书分享会"等环节，有效衔接家庭阅读各个环节。

12 月 5 日，办公室组织全体员工在交流培训室进行业务交流，由办公室王英华、研究辅导部丁文伍汇报报告《2017 年度外出人员汇报会（四）》。

12 月 6 日，图书馆文化讲堂改造工程、咨询台及读者体验区装修改造工程开始。

12 月 8 日，图书馆在交流培训室举办"城市热读·关东文化讲坛"系列讲座（总第 760 期）：《满族民居的沿革与发展》，由吉林省非物质文化遗产乌拉满族民居建造技艺传承人宋宝林主讲。

12 月 10 日，图书馆领导班子组织各部门主任在二楼党员会议室召开关于"迎接全国文明城创建检查"的工作部署会议。

12 月 12 日，办公室组织全体员工在交流培训室分两批进行业务交流，由青少年读者工作部吴艳玲主讲《完善图书馆少儿读者的服务工作 引导孩子健康成长》，青少年读者工作部周琳主讲《幸福的种子——儿童阅读推广》。

12 月 17 日，长春市文化广电新闻出版局副局长陈大伟、办公室副主任邱永军一行到图书馆督查巡视安全生产工作。馆长谢群、副馆长朱亚玲及相关安全负责人陪同巡视。

12月18日、19日，图书馆党委办公室组织全体党员在五楼多功能厅进行培训，由中共长春市委党校教授张忠义主讲《不忘初心、牢记使命——学习贯彻习近平新时代中国特色社会主义思想》，由中共长春市委党校教师路琳娜主讲《坚定文化自信，促进社会主义文化繁荣发展》。

12月20日，新建长春市商务局分馆。

12月20日，图书馆在长春绿远吾悦广场、长春世界雕塑园雕塑博物馆、长春地铁1号线北站出口设置24小时自助图书馆。

12月24日，《长春市图书馆公务用车制度改革后保留车辆使用管理规定（试行）》开始执行。

12月25日，图书馆获得"2018年长春市文化广电新闻出版局调查研究工作优秀组织单位"称号；谢群、常盛提交的《图书馆推动全民阅读战略的对策与研究——新媒体环境下公共图书馆生态化建设刍议》获得2018年长春市文化广电新闻出版局优秀调研成果二等奖；谢群、常盛提交的《全媒体环境下图书馆数字化服务发展趋势研究——长图3H平台、自媒体矩阵数据分析及发展探究》获得2018年长春市文化广电新闻出版局优秀调研成果三等奖。

12月25日，长春市城市发展投资控股（集团）有限公司联系图书馆，人民大街历史文化街区"满铁长春图书馆"地块（"满铁长春图书馆"旧址）保护修缮工程及附属工程通过公开招标，进入施工阶段。铁南分馆前期工程（文物楼地面建筑及地下室进行加固及文物修缮处理）完成院外围挡搭建。

12月25日，图书馆在驻长空军某部举办"城市热读·七进"系列讲座：《强化初心意识，发扬光荣传统——回顾东北解放战争历史》，由中国作家协会会员、吉林省作家协会副主席李发锁主讲。

12月26日，办公室组织全体员工在交流培训室分两批进行业务交流，由青少年读者工作部王春雨主讲《一期一绘，送给你我记忆深处的故事——长春市图书馆小树苗亲子故事会案例分析》，策划推广部许皓涵主讲《浅谈图书馆阅读推广工作》。

12月28日，副馆长姚淑慧、典藏阅览部主任刘彩虹在长春参加由吉林省图书馆举办的2018年吉林省古籍保护工作会议。

12月28日至2019年1月23日，由吉林省茶文化产业协会、长春徽之堂茶业有限公司主办，长春市图书馆协办的"茗香·茶韵"中国茶文化体验展在二楼展厅展出。

12月28日至2019年8月，图书馆《读风臆评》一卷（明万历四十八年闵齐伋刻朱墨套印本）、《春秋左传》十五卷（明万历四十四年闵齐伋刻朱墨套印本）等五部古籍参加由国家图书馆（国家古籍保护中心）、吉林省文化和旅游厅主办，在吉林省图书馆（吉林省古籍保护中心）举办的"册府千华——吉林省珍贵古籍特展"，此次展览在吉林省图书馆隆重展出。

12月30日，图书馆新建朝阳区桂林街道湖滨社区分馆。

12月，"小树苗"社会实践案例荣获中国图书馆学会举办的"2018年全国少年儿童阅读年"系列活动之"全国公共图书馆未成年人服务案例征集评选活动"三等奖，案例负责人为于雅彬。在"2018年全国少年儿童阅读年"之"传承·创新——读经典美文 绘创意新画"全国少年儿童绘画作品征集大赛活动中，图书馆推送的30幅作品中，4幅获得一等奖，10幅获得二等奖，16幅获得三等奖。同时，图书馆荣获由中国图书馆学会颁发的"'传承·创新——读经典美文绘制意新画'全国少年儿童绘画作品征集大赛"优秀组织单位奖。

12月，青少年读者工作部荣获吉林省青少年报刊总社、吉林省新华书店集团有限责任公司、长春旭声播音主持培训学校举办的2018年度第二届"少年中国说——中小学生口语表达能力展演大赛"吉林赛区优秀组织奖。

12月，图书馆提交的"助力小微 创业孵化·引领创新 筑阅读新空间——长图创空间建设"项目被中国图书馆学会评选为"2017年阅读推广优秀项目"，项目负责人为谢群。

12月，图书馆首部反映馆内古籍馆藏的专著——《长春市图书馆藏古籍善本图录》由国家图书馆出版社正式出版。图录精选图书馆馆藏150种古籍，其中宋刻本有《资治通鉴纲目》五十九卷和《大般若波罗蜜多经》六百卷两种，明刻本包括《诗传大全》二十卷等45种，其他为清刻本，此外还有一些稿本、钞本、彩绘本、满汉合璧本及珍贵的碑帖拓片和钤印本印谱等，以图文并茂的形式直观地反映宋代以来以书籍文字为载体的珍贵馆藏，是图书馆开展古籍保护工作十年来的重要成果。

截至12月底，据北京清博智能科技有限公司清博指数统计，长春市图书馆微信公众号、官方微博均进入全国公共图书馆影响力排行前十。

是年，图书馆被列为全国公共图书馆法人治理结构改革试点单位。

是年，为保障图书馆RFID系统长期稳定运行，图书馆经对比选择深圳市海恒智能科技有限公司作为图书馆RFID系统的技术支持维护公司，陆续对各分馆图书和读者证的RFID标签读写格式进行兼容性调试，最终完成对图书馆所有RFID系统终端进行软件系统更换，完成期刊回溯 RFID 标签加工工作。9 月中旬，图书馆重新调试好 RFID 图书盘点车，开始应用于图书盘点工作。为增加多角度统计读者数据的需要，图书馆年末完成自助办证机读者信息相应数据字段的增加，为智慧墙及大数据分析平台提供更多的基础数据。

是年，图书馆文献入藏总量 15.5 万册（件），订购中外文报刊 4 652 种，采购数据库 44 种，试用数据库 70 种。截至 2018 年 12 月底，长春市图书馆总藏量 360.5 万册（件），其中纸质文献 305 万册，电子图书 55.4 万册；数字资源存储容量达到 107TB。

是年，图书馆共接待读者 131 万余人次，其中到馆读者 123 万余人次。新办理读者证 2.6 万张。全年外借各类普通文献 97.1 万余册次，电子图书下载 95 万册次，数字资源检索 492 万次，期刊论文下载 47.7 万册次，解答咨询 33 万余条，网上联合参考咨询 3 万余条，代检索课题 1 849 项，提供课题服务 100 余项，文献宣传 76 次，文献开发 3 万余条。网站访问量 520 万次，移动客户端点击量达 3 053 万人次。图书馆全年以迎新春文化庙会、长春市民读书节和消夏阅读季三大系列活动为统领，共举办各类型读者活动 749 场次，参与人数达 19 万人次。其中，走进社区、学校、医院等地送活动 59 场，受众近 6 500 人；开展体验式阅读活动 170 余场，8 500 余人参与其中。全年编辑《决策参考》13 期、《立法信息快讯》24 期，还为地方党政机关、社会各界领导提供决策参考咨询服务 23 项；利用"全国图书馆参考咨询联盟"平台提供参考咨询 3 万余条。面向机关、企业和科研单位，开展有针对性的情报信息服务百余次。

是年，图书馆共开展基层业务辅导 50 天（次），组织示范分馆管理员、社区阅读空间及电子阅读屏管理等集中培训 4 次，培训 1 430 余人次。汽车流动图书馆全年出车开展流动服务 281 车次，办理借书证 2 102 个，借还图书 49 522 册次，接待读者约 25 000 人次。

是年，图书馆面向馆员开展业务培训与交流 30 余次；派出专业技术人员外出学习、考察、参加各种学术活动 40 余次 130 人次。图书馆职工共发表期刊论文 24 篇，会议获奖论文 2 篇，出版编著 5 部；申报省社科基金课题 1 项、省文化厅课题 4 项；参加中国图书馆学会、吉林省图书馆学会的征文、知识竞赛及作品征集活动 4 次，获得奖励 57 项。图书馆制定《长春市图书馆馆级科研项目评审与管理办法》并贯彻落实；修订《长春市图书馆学术研究成果奖励办法》和《长春市图书馆学术科研成果评审计分细则》等学术科研制度；全年编印《品读》6 期，编印《长图视窗》4 期。

是年，各类新闻媒体、本馆网站及微信公众号共报道图书馆信息 1 162 次。微信公众号年推送信息 291 期，总阅读量 150 万次，粉丝 7 万余人。据山东省图书馆《全国公共图书馆微信微博监测月报》，长春市图书馆有 4 个月份进入全国公共图书馆微信影响力排行前十；微博推送信息 613 条，阅读量 180 万次，9 月、10 月进入全国公共图书馆微博影响力排名前十位。今日头条账号发布信息 110 条，阅读量 7.5 万。

2019 年

1 月初，第二十一届"文以载道　联映新春"有奖春联征集活动结束。2018 年 11 月初至 2019 年 1 月初，共收到来自全国 52 个省（自治区、直辖市）的 70 位春联作者的 327 幅作品。最终评出优秀春联作品 57 幅，其中一等奖 3 幅，二等奖 18 幅，三等奖 36 幅，获奖作者共计 48 位。

1 月 1 日至 2 月 19 日，元旦到元宵节期间，2019 年"金猪贺岁　迎新纳福"迎新春系列活动举办，包括书香年俗、专题讲座、公益培训、数字阅读、文化沙龙、亲子阅读、文献展阅、文化展览、分馆活动 9 类 140 余场次活动。

1 月 1 日至 2 月 20 日，由长春市图书馆、景德镇市青年书法家协会、上海弘泊书画院共同举办的"瓷韵风华"景德镇陶瓷艺术展在八角轩文化展厅展出。

1 月 2 日，办公室组织全体员工在交流培训室进行业务交流，由参考咨询部马骥主讲《智库理念下的图书馆服务》，数字资源部党恬甜主讲《关于读者活动的一些思考》。

1 月 5 日，图书馆在交流培训室举办"城市热读·关东文化讲坛"系列讲座（总第761 期）:《近代中国东北地区把头文化与制度》，由吉林大学马克思主义学院教授、博士生导师王广义主讲。

1 月 6 日，图书馆文化讲堂改造工程、咨询台及读者体验区装修改造工程竣工。

1 月 6 日，长沙图书馆馆长王自洋一行 3 人到长春市图书馆交流学习。

1 月 7 日，图书馆信息员培训讲座在五楼多功能厅举行，副馆长姚淑慧、朱亚玲出席，50 余名馆员参加学习。本次讲座分为两场，分别由长春日报社总编李波、长春日报社记者朱怡主讲。

1 月 8 日，长春市文化广电新闻出版局副局长王立、公共文化处处长朱向阳到图书馆视察安全生产工作，馆长谢群、副馆长朱亚玲陪同巡视。

1 月 9 日，图书馆在交流培训室召开长春市图书馆领导班子及领导干部 2018 年度考核述职测评会，馆领导班子及全体馆员参加。长春市文化广电新闻出版局纪检委刘洪亮、党委办公室陈大伟出席。

1月14日，图书馆在五楼会议室召开2018年度全馆部门工作总结大会。

1月15日至18日，副馆长姚淑慧赴广州参加由中国图书馆学会公共图书馆分会主办，中国图书馆学会公共图书馆分会城市图书馆工作委员会、广州市图书馆学会、广州图书馆、同方知网（北京）技术有限公司承办的"新时代公共图书馆服务与建设创新"第三次研讨会。

1月16日，办公室组织全体员工在交流培训室进行业务交流，由文化项目发展部王艳立主讲《"长图公益课堂"品牌服务的发展及现状》，由网络技术部任凤鹏主讲《网络安全与"互联网+"文化》，由铁北分馆尚建伟主讲《网借服务介绍及思考》。

1月17日，图书馆获得由长春市文化广电新闻出版局授予的"2018年度全市文化广电新闻出版系统政务信息工作先进单位"称号；办公室主任路维平获得由长春市文化广电新闻出版局授予的"2018年度全市文化广电新闻出版系统政务信息工作优秀组织者"称号；办公室李超获得由长春市文化广电新闻出版局授予的"2018年度全市文化广电新闻出版系统政务信息工作优秀信息员"称号。

1月18日，图书馆被永昌街道惠民社区委员会授予"2018年度惠民社区'爱心帮帮团'共驻共建先进单位"称号。

1月19日，图书馆的数字阅读体验区正式投入使用。

1月19日，图书馆在交流培训室举办"城市热读·中医大讲堂"系列讲座（总第762期）:《中医药与养生文化》，由长春中医药大学附属医院医疗管理部主任郭家娟主讲。

1月19日，图书馆打造的三个自助图书馆在长春绿园吾悦广场、长春站北D出口、长春雕塑博物馆正式投入使用。

1月19日至20日，"迎新春·阅读文化市集"举办，来自创意、文化、科技、教育等领域的26家单位及团队，以文化创意、数字阅读和优秀传统文化为线索，通过"讲解＋体验＋互动"的形式为市民献上42场新春文化活动。1月19日，"揭秘"古代文明探究系列活动让市民亲身感受活字印刷术、造纸术、皮影戏等传统技艺的制作和演示过程，深入了解其原理。"原来是这样"科普学堂引领市民亲手操作3D打印、制作旋翼飞碟、感受魔法化学、了解创客工坊。1月20日上午，举办以"迎新春"为主题的文艺演出，二十余名演员奉上一场视听盛宴，《狮子闹春》《蹬技》《转毯》等杂技、魔术表演轮流登台。舞台周围有6个民俗手工展位，呈现糖人、剪纸、泥塑、草编等非遗传统技艺。下午，吉林好少年成长计划组委会等机构带来多种民俗体验活动，包括滚汤圆、制作手工灯笼、巧识五谷、大林面塑、清平乐诵读等。1月19日至20日，位于一楼的数字阅读体验区装修一新，规划出数字阅读区、少儿资源体验区和服务效能数据展示区，汇集瀑布流阅读屏、电子书借阅机、有声图书馆一体机、音乐云CD机等18台设备，为读者提供电子书籍、期刊报纸、有声书及其他音像制品的浏览和下载借阅。"U书到家"、长春图书馆移动客户端有奖体验、机器人大拜年、朗读亭体验、新春VR计划——我与"海陆空"有个约会、送你一个有声音的图书馆等数字阅读活动持续开展两天。

1月22日，图书馆新建吉林省财政厅图书流通站。

1月23日，图书馆工会在一楼大厅组织举办职工新春联欢会。会中对图书馆2018年度先进集体和先进个人进行了表彰。

1月25日，位于净月开发区中信城的玉鸟城市阅书房正式揭牌并投入使用。长春市图书馆馆长谢群与长春净日高新技术产业开发区文化旅游和体育局局长洪兵兵共同为玉鸟城市阅书房揭牌。随后，副馆长朱亚玲做讲话并向周围居民发出邀请。仪式结束后，玉鸟城市阅书房的首场讲座随即开始，由吉林省儿童文学作家窦晶老师为现场五十余名孩子及家长讲述《给孩子一双阅读的翅膀》。玉鸟城市阅书房是图书馆打造的第一家城市阅书房，由图书馆投入馆员工作站、电子书借阅机等设备和2 000余册文献，玉鸟书店投入场地、设施和人员。

1月26日，图书馆在交流培训室举办"城市热读·关东文化讲坛"系列讲座（总第763期）:《春节与春联文化》，由吉林省民俗学会理事长施立学主讲。

1月27日，由图书馆和长春市市直机关书画家协会共同主办的"墨香蕴年味"书法家现场写赠春联活动在一楼大厅举行。

1月27日，"品读聚乐部"举办"透过春联、门神的民俗，认识传统文化的价值"读者交流活动，民俗专家李恩存及好友与读者分享春节民俗。

1月28日至2月19日，图书馆举办的"文以载道 联映新春"己亥年迎春楹联书法展在二楼展厅展出。

1月31日至2月1日，图书馆"红色文艺轻骑兵"小分队赶赴净月区聚业社区分馆、经开区花园社区分馆等多家示范分馆开展送书、送福活动。

1月，图书馆申报的"'城市书网'工程 惠及幸福春城"项目荣获中共长春市委宣传部授予的"2018年度全市宣传思想文化工作创新奖"。

1月，图书馆第一党支部被中共长春市直属机关工作委员会评为"两先一优"典型示范工程先进党支部；姚淑慧、郭旭、郝欣、刘劲节4人被中共长春市直属机关工作委员会评为优秀共产党员。

1月，图书馆被长春市教科文卫体工会评为长春市教科文卫体系统"先进职工之家"；工会耿岱文被长春市教科文卫体工会评为2018年度长春市教科文卫体系统"优秀工会干部"。

1月，保卫科在长春市总工会、长春市安全生产监督管理局举办的2018年度长春市"安康杯"竞赛活动中荣获优胜班组称号。

2月5日，图书馆在一楼大厅举办"新春启阅有佳礼"迎新送祝福活动，馆长谢群向到馆的市民朋友拜年，并为前10位到场的市民送上书香四溢的新年礼物。

"新春启阅有佳礼"迎新送祝福活动中馆长谢群与市民合影

2月16日，图书馆在交流培训室举办"城市热读·文苑百家谈"系列讲座（总第764期）：《如何用中华语言传递正能量》，由吉林省法律援助中心副调研员、高级律师赵宏伟主讲。

2月19日，图书馆在一楼大厅举办2019年元宵佳节灯谜会。

2月23日，图书馆在交流培训室举办"城市热读·中医大讲堂"系列讲座（总第765期）：《春季养生知识》，由长春恒康中医医院院长张海波主讲。

2月26日，经图书馆多次沟通联系，长春市城市发展投资控股（集团）有限公司带领设计团队（吉林省建苑设计集团有限公司）相关人员与馆长谢群、副馆长朱亚玲及图书馆相关人员在五楼会议室召开专题会议，就铁南分馆在建项目中存在的问题做出反馈。会议中，双方明确铁南分馆的施工范围、施工工艺、消防安全责任等事项。

2月27日至28日，馆长谢群赴北京参加由中国图书馆学会举办的中国图书馆学会九届五次理事会。

2月，根据上级人社部门对事业单位工作人员年度考核工作的要求，按照《长春市图书馆2018年度考核评优方案》部署，经各部门推选、馆领导班子审议，图书馆确定2018年度考核优秀人员29人，具体名单为：路维平、齐红星、耿岱文、常盛、于雅彬、孟静、朱玲玲、陈虹羽、谢佳、金姗、王政冬、李莹波、范朦予、乔欣欣、胡艳玲、宋承夫、孙长友、翟羽佳、王立波、刘英、郭巍、冀岩、张英华、陶莎、王明旭、陈东、霍岩、赵皖喆、陈岳华。

2月，图书馆被中共长春市朝阳区委员会、长春市朝阳区人民政府授予"2018年度朝阳区平安创建工作标兵单位"称号。

3月1日，受长春市副市长贾丽娜委托，长春市政府副秘书长卢福建在长春市政府1629会议室主持召开专题会议，研究长春市图书馆少年儿童部项目建设问题。会上，图书馆简要介绍项目及目前需要协调解决的问题，长春市政府各部门从加快项目推进的角度提出建议和意见。会议确定：第一，长春市发展和改革委员会负责项目立项工作，尽快组织立项。第二，长春市财政局负责按照市政府要求，提出项目建设资金来源渠道的意见。第三，长春市住房保障和房地产管理局负责按照市政府有关无籍房处理规定，加快此项目的无籍房办理工作。第四，长春市规划局负责按照相关规定，审批此项目涉及的停车位等规划。第五，长春市园林绿化局负责该项目通过规划审批、确定方案后的绿化审批工作。第六，长春市国土资源局负责调整此项目建设中实际用地与总地图不符的相关事宜。第七，长春市文化广电新闻出版局负责项目建设组织协调工作，具体负责申请项目建设资金，负责处理原有建筑物等资产划拨以及固定资产核销工作。

3月2日，图书馆在交流培训室举办"城市热读·关东文化讲坛"系列讲座（总第766期）：《满族融入中华民族的历史进程》，由吉林省社会科学院二级研究员王卓主讲。

3月5日，图书馆党委组织开展学雷锋志愿服务走基层活动，前往南关区幸福乡"八一社区"协作分馆开展志愿服务活动。党员代表20余人参加此次活动。

3月7日至21日，由藏武才书画艺术学校举办的藏武才书画学员书画展在图书馆二楼展厅展出。

3月9日，图书馆在文化讲堂举办"城市热读·三八妇女节"专场讲座（总第767期）：《新时代·新女性——做健康、幸福、快乐的女人》，由长春市心理医院院长桑红、长春市中医院急诊科主任胡少红、长春师范大学文学院教授刘钊主讲。

3月12日，图书馆"邮书到校"服务在朝阳实验小学启动。启动仪式上，副馆长姚淑慧与朝阳实验小学校长张玉英作为双方代表签署服务框架协议。图书馆联手长春市朗诵协会的专家们为师生献上一场经典名篇朗诵会。

3月14日，新建吉林省财政厅示范分馆。

3月15日至4月15日，图书馆在长春市范围内发布领读者招募通知，共计招募863人。经过层层筛选，图书馆最终挑选出45名优秀阅读推广人作为第二批领读者。

3月16日，图书馆在文化讲堂举办"城市热读·国际消费者权益日"专场讲座（总第768期）：《关注〈消法〉 消费无忧》，由吉林省鹏信律师事务所主任律师赵立峰主讲。

3月17日，"品读聚乐部"举办"用心追随日月　用脚丈量地球"作家张彬彬读者见面会。

3月22日，图书馆与长春万科房地产开发有限公司战略合作框架协议签约仪式在文化讲堂举行，这标志着长春市"阅书房"建设迈出战略性的关键一步。仪式上，长春市文化广电新闻出版局副局长王立与长春万科房地产开发有限公司副总经理夏天代表签约双方进行致词。馆长谢群与长春万科房地产开发有限公司副总经理夏天共同开启象征合作共建的"共阅未来"印章。签约仪式后，吉林建筑大学建筑与规划学院李之吉院长以《阅读·行走——地域文化与居住形态的差异性》为题进行了"城市热读·'阅书房'项目战略签约仪式"专场讲座（总第769期）。"阅书房"作为长春市"城市书网"建设的一个重要组成部分，是通过图书馆与社会力量的合作，共同建设具有长春地域特色的新型阅读空间，建设集文化、旅游、艺术、科技、商务等为一体的人文交流空间，实现城市文化资源的共建与共享。

3月23日，图书馆在文化讲堂举办"城市热读·文苑百家谈"系列讲座（总第770期）：《孝文化是家庭幸福的不二法则》，由吉林农业大学人文学院教授、图书馆馆长崔永军主讲。

3月25日，"城市热读"进基层的首场讲座在经开区东方广场街道花园社区举办。吉林省法律援助中心副调研员、高级律师赵宏伟老师以《如何依法构建和谐的家庭关系》为主题为社区居民讲解有关家庭纠纷、儿女抚养、老人赡养等方面的法律知识。

3月26日至29日，馆长谢群、研究辅导部馆员李莹波赴成都参加由中国图书馆学会、中国国家图书馆、大英图书馆主办，四川省图书馆、成都图书馆承办的"2019中英图书馆论坛"。论坛主题为"公共图书馆服务创新与事业发展"。馆长谢群作为正式代表出席本次论坛，担任中方报告人，介绍长春市图书馆建设与服务的宝贵经验。

馆长谢群在 2019 中英图书馆论坛上做报告

3 月 30 日，图书馆在文化讲堂举办"城市热读·文苑百家谈"系列讲座（总第 771 期）：《域外体验与海外华文文学》，由吉林大学文学院教授、博士生导师白杨主讲。

3 月 31 日，图书馆第一、第四党支部党员代表参加"心视觉"影院活动，作为志愿者为前来参加活动的盲人读者提供服务。

3 月，图书馆关工委荣获由长春市关心下一代工作委员会、长春市精神文明建设指导委员会办公室授予的"'传承红色基因，争做时代新人'主题教育活动先进集体"荣誉称号。

4 月 1 日至 6 月 30 日，由图书馆主办，神州共享（北京）文化传媒有限公司协办的"中国连环画百年历史展"在八角轩文化展厅展出。

4 月 2 日，"2019 年度长春地区公共图书馆中心馆—总分馆建设馆长例会"在德惠市图书馆举行。馆长谢群、副馆长朱亚玲、研究辅导部、网络技术部以及长春地区各县（市、区）图书馆馆长、相关负责人等 40 余人参加此次会议。会议由副馆长朱亚玲主持，馆长谢群作主旨发言。此外，会议还布置了 2019 年市民读书节的相关活动；介绍 RFID、"3H 平台"、"U 书到家"等服务项目；培训 Interlib 3.5 系统的亮点功能及创新服务延伸等新技术。

4 月 6 日，图书馆在一楼大厅举办"国际儿童图书日——朗读无国界　倾听世界的声音"特别活动，吸引百余位小朋友和读者观看。此次活动特别邀请吉林外国语大学国际交流学院的 10 余位外国留学生与往期优秀"小小朗读者"联袂朗读。

4 月 8 日至 11 日，馆长谢群、副馆长姚淑慧赴太原参加由中国图书馆学会主办，中国图书馆学会阅读推广委员会、太原市图书馆、太原市图书馆学会承办的中国图书馆学会阅读推广委员会 2019 年工作会议暨第十三届"全民阅读论坛"。论坛主题为"读经典　学新知　链接美好生活"。会上，馆长谢群以《"助力小微　创业孵化·引领创新　筑阅读新空间"——长图创空间建设项目》为主题进行阅读推广优秀项目案例分享。

4 月 10 日至 12 日，青少年读者工作部主任于雅彬、馆员孙一平赴长沙参加由中国图书馆学会公共图书馆分会、长沙市推进学习型城市建设工作委员会主办的第二届"城市图书馆学术论坛"。于雅彬以《阅享童年　读见未来》为题在会上分享长春市图书馆"小树苗"亲子阅读系列活动。

4 月 12 日，吉林省长白山保护开发区管理委员会副主任尹涛一行 4 人到图书馆参观交流，副馆长朱亚玲陪同。

4 月 13 日，图书馆在文化讲堂举办"城市热读·关东文化讲坛"系列讲座（总第772 期）:《满族萨满教的前世今生》，由吉林师范大学历史文化学院副院长、副教授姜小莉主讲。

4 月 20 日，图书馆在文化讲堂举办"城市热读·世界读书日"专场讲座（总第 773期）:《行路阅书创人生》，由教授、博士生导师、吉林大学党委常委、常务副校长邴正主讲。

4 月 21 日，第一期"方寸时光"读书沙龙活动在图书馆二层书画活动室举办。本次活动邀请吉林大学图书馆方微老师与大家分享《此生——肉身觉醒》《真原医》两本书。

4 月 21 日至 26 日，研究辅导部王嘉雷赴长沙参加由长春市文化广播电视和旅游局[①]主办的 2019 年长春公共文化服务培训班（第一期）。

4 月 23 日，正值第 24 个世界读书日，以"读经典　学新知　链接美好生活"为主题的长春市全民阅读活动启动。图书馆公益课堂联合吉林省全民阅读协会朗诵艺术专业委员会共同举办的"'4·23'世界读书日中华经典百人诵读会"在文化讲堂举行。来自社会各界的百位读者参与活动。诵读作品选自"同城共读　万卷共知"推荐书目，内容紧扣中华优秀传统典籍，旨在通过朗读彰显经典作品的美好与深邃，继承和弘扬中华

---

① 2019年,因机构整合,原长春市文化广电新闻出版局和原长春市旅游局合并为长春市文化广播电视和旅游局。

优秀传统文化。副馆长姚淑慧出席活动。

4月23日，图书馆在数字阅读体验区以"读经典 学新知 链接美好生活"为主题，同时开展4项推广活动，并利用图书馆官方网站和微信公众平台为读者大力推介50本必读经典好书及全新演绎的四大名著有声资源。现场开展的活动包括：2019年文津奖颁奖直播、VR体验国学六艺、"同城共读，万卷共知"书目推荐、传统文化库使用指导和"万卷共知"有奖答题活动。

4月23日，图书馆与长春万科房地产开发有限公司联手打造的翡翠滨江阅书房项目正式揭牌启动。这是图书馆与长春万科房地产开发有限公司于2019年3月22日正式签订战略联盟协议之后联手打造的第一家阅书房，标志着双方的合作进入实施阶段。揭牌仪式上，副馆长朱亚玲与长春万科房地产开发有限公司副总经理夏天分别发表讲话，随后馆长谢群与长春万科房地产开发有限公司副总经理夏天共同为翡翠滨江阅书房揭牌。仪式结束后，翡翠滨江阅书房的首场讲座随即拉开帷幕，由李艳薇为现场的五十余名孩子讲述《如何快速阅读》。

4月23日至5月23日，由国家图书馆、长春市图书馆举办的第十四届文津图书奖获奖图书展在二楼展厅展出。

4月24日起，"小树苗"16点课堂于每周四、周五固定时间、固定地点开展"数学小课堂"和"唐诗宋词赏析课程"。

4月25日，由中国图书馆学会与国家图书馆主办，长春市图书馆与中国科学院长春应用化学研究所图书馆承办的"读经典 学新知 链接美好生活"读书分享会活动，在中国科学院长春应用化学研究所教育大厦6040礼堂正式拉开帷幕。这是2019年长春市"4·23世界读书日"主题系列活动的重头戏之一。来自长春市图书馆与中国科学院长春应用化学研究所的部分党员、职工、研究生以及市民读者80余人参加本次活动。

4月26日，新建长春市公安局特警支队示范分馆。

4月27日，图书馆在文化讲堂举办"城市热读·文苑百家谈"系列讲座（总第774期）：《儒家：中华文化的参照》，由东北师范大学文学院教授、博士生导师高长山主讲。

4月30日，五四青年节即将来临之际，图书馆团委组织广大团员青年前往长春市南湖公园开展活动，重温入团誓词，开展健康徒步活动，组织大家进行跳绳、踢毽球等文体活动。此为图书馆团委在纪念五四运动100周年期间举办的"青春心向党·奋发新时代"主题实践系列活动之一。

4月，图书馆受邀为"文津图书奖"联合评审单位。

4月，图书馆以"四月，我与图书有个约会"为主题，共举办8大类21项阅读推广活动。

5月4日，图书馆团委组织团员及青年通过网络平台学习习近平出席纪念五四运动100周年大会发表的重要讲话。

5月7日，第一期"墨韵丹青"老年读者书画艺术课堂在书画活动室启动。本期课程共8节课，为期两个月，课程主要内容是山水画绘画技法，由长铁老年大学张铁铭担任主讲老师。"墨韵丹青"老年读者书画艺术课堂是"墨韵丹青"书画沙龙活动的延伸，每期选取一个书画主题进行系统学习，每周授课一次，两个月为一期，通过培训使老年读者的书画水平在短期内得到改善和提升。

5月8日，办公室组织全体员工在文化讲堂进行2019年度第一场培训与业务交流，副馆长朱亚玲布置2019年业务培训工作。由东北师范大学信息科学与技术学院信息管理系主任陈昊琳主讲《智慧时代图书馆服务创新》。

5月10日，朝阳区永昌街道区域化党建联盟惠民分区联盟联席会议在图书馆召开。永昌街道党工委书记、党建联盟常任秘书长陈大东，永昌街道党工委副书记、党建联盟副秘书长张玉梅，副馆长姚淑慧以及省人大、商务厅、安监局、交通厅等18家区域化党建联盟成员单位代表，党员代表，居民代表，媒体记者等100余人参加会议。会上，联盟大会经举手表决，推选姚淑慧为2019年度朝阳区永昌街道区域化党建联盟惠民分区轮值书记，任期一年。随后，副馆长姚淑慧上台做任职发言。

5月11日，图书馆在文化讲堂举办"城市热读·名家讲座"（总第775期）:《稀土发光材料的基础研究及应用》，由中国科学院院士、发展中国家科学院院士张洪杰主讲。

5月13日，美国驻沈阳总领事馆向图书馆捐赠电影、音乐相关光盘。

5月15日，办公室组织全体员工在文化讲堂进行培训与业务交流，由研究辅导部李莹波主讲《2019年学术热点追踪报道》。

5月17日至18日，应图书馆邀请，著名阅读专家、南京大学教授徐雁来到春城，围绕读书这一话题，先后在长春市第六中学（长春市田家炳中学）、书嗜·天地里书店、长春市图书馆为春城市民作了三场精彩的演讲。5月17日下午，图书馆在长春市第六中学举办"城市热读·七进"系列讲座，徐雁教授为近600位在校师生以《劳于读书　逸于作文》为题举办讲座。5月17日晚，徐雁教授来到书嗜·天地里书店，为在场的40多位慕名而来的市民朋友以文学沙龙为形式做阅读分享。5月18日上午，图书馆在文化讲堂举办"城市热读·名家讲座"（总第776期），徐雁教授再次以《劳于读

书　逸于作文》为题，为在场 150 余位市民朋友推介一批囊括古今的"可以提升人生读写能力的中国文学名著书目"。

5 月 19 日是第 29 个全国助残日，围绕 2019 年全国助残日主题"自强脱贫，助残共享"，图书馆于 5 月 17 日至 19 日开展系列文化残助残活动。5 月 17 日下午，图书馆为长春大学特殊教育学院的视障学生们送去智能听书机 300 台，鼓励视障学生阅读，并举办"心视觉"影院讲述电影欣赏活动。5 月 19 日上午，图书馆在文化讲堂举办"心视觉"影院讲述电影欣赏活动，70 余位视障读者及陪护和志愿者欣赏馆员苗林讲述的电影《英雄本色》。"观"影结束后，为落实国家"盲人数字阅读推广工程"，图书馆开展"盲人数字阅读推广工程"智能听书机发放活动，为当天到馆的近 40 位视障读者免费办理借书证，向其免费外借智能听书机。为了让视障读者快速掌握智能听书机的使用方法，充分利用智能听书机各项功能，发放现场有 30 余名志愿者为视障读者提供一对一的使用指导。为了做好这次的现场指导服务工作，这些志愿者于 5 月 12 日参加图书馆举办的智能听书机志愿者使用培训活动，提前对智能听书机的使用方法进行学习。

5 月 18 日，作家赵欣做客"品读聚乐部"，以《惊悚小说的人性之光》为主题举办讲座。

5 月 21 日至 22 日，"吉林省图书馆学会第九次会员代表大会暨 2019 年全省图书馆馆长能力提升培训班"在吉林省图书馆多功能厅举行。馆长谢群在会上作《关于学会章程的修改说明》发言。馆长谢群被聘任为吉林省图书馆学会第九届理事会理事、常务理事、副理事长，任期五年。图书馆另有 10 人被吉林省图书馆学会第九届理事会专业委员会聘任：姚淑慧被聘任为阅读推广委员会主任，任期五年；朱亚玲被聘任为数字图书馆建设委员会副主任，任期五年；刘怡君、谢彦君被聘任为阅读推广委员会委员，任期五年；刘彩虹被聘任为资源建设委员会副主任，任期五年；于雅彬被聘任为未成年人服务委员会委员，任期五年；林忠娜被聘任为用户信息素质教育委员会委员，任期五年；丁文伍被聘任为建筑设备与环境建设委员会委员，任期五年；孙玲被聘任为特藏与古籍保护委员会委员，任期五年；李莹波被聘任为学术研究委员会委员，任期五年。大会对 2013 年以来为吉林省图书馆学会工作做出突出贡献的先进集体和优秀个人进行表彰。图书馆获得 2 个集体奖和 17 个优秀个人奖：长春市图书馆荣获 2013—2018 年度先进单位荣誉称号；挂靠长春市图书馆的吉林省图书馆学会阅读推广委员会荣获 2017—2018 年度工作促进奖；谢群荣获 2013—2018 年度优秀馆长荣誉称号；姚淑慧荣获 2015—2018 年度最佳阅读推广人荣誉称号；朱亚玲荣获 2015—2018 年度优秀学会工作者荣誉称号；谢彦君荣获 2015—2018 年度优秀科普工作者荣誉称号；孙一平荣获 2017—2018 年度青年人才奖；刘彩虹、于雅彬、李莹波、耿岱文、丁文伍、何爽、林忠娜、孟静、苗林、尚建伟、孙金星、陶莎、王英华、于洪洋等 14 位被评为 2015—2018 年度优秀会员。

2019 年 5 月 21 日，在吉林省图书馆学会第九次会员代表大会上，谢群馆长为 2015—2018 年度吉林省图书馆学会优秀会员代表颁发荣誉证书

　　5 月 21 日，吉林省图书馆学会第九次会员代表大会的共一百余位代表在参加大会之际，分别对图书馆和图书馆建设的"城市阅书房联盟"典型——中信城玉鸟城市阅书房，及"示范分馆"典型——长春净月高新技术产业开发区聚业社区分馆进行全面参观。馆长谢群、副馆长姚淑慧、朱亚玲等陪同并介绍相关情况。

　　5 月 22 日，办公室组织全体员工在交流培训室及五楼多功能厅进行培训与业务交流，观看纪录片《书缘：纽约公共图书馆》。

　　5 月 23 日，长春市文化广播电视和旅游局副局长袁继业、宣传处处长金勇、长春 3 家主流媒体等一行 9 人，来到图书馆调研宣传工作。调研组一行对图书馆进行全面参观。参观过程中，袁继业询问图书馆的服务情况，体验数字化、智能化服务设备，并听取馆长谢群对各阅览室服务及开展阅读推广活动等情况的介绍。袁继业对图书馆现代化、多元化、智能化的服务表示肯定和赞赏。参观结束后，调研组一行听取馆长谢群关于图书馆基本公共文化服务情况和宣传工作情况汇报。宣传处处长金勇认为图书馆可以就城市书网建设、数字化服务、工作创新等内容进行系列化、多角度、动态的宣传。副局长袁继业指出，图书馆是长春市公共文化服务的重要阵地，面向各年龄段、各层次人群的全媒体、数字化服务效果很好。今后，应继续加强宣传推广工作，把文化宣传出去，发挥文化春风化雨、润物无声的作用，促进文化旅游融合，不断提升城市形象，营造文化氛围。

5月25日，图书馆在文化讲堂举办"城市热读·素质教育"系列讲座（总第777期）：《日常生活中的微秩序》，由北京本来教育集团董事长、资深教育创业人张扬主讲。

5月25日至31日，图书馆举办2019年图书馆服务宣传周系列活动，以"阅读，从图书馆出发"为主题开展8大类26项活动，包括特别策划、领读行动、公益课堂、专题讲座、文献展阅、文化展览、数字阅读等。5月25日上午，在一楼的数字阅读体验区进行资源宣传和设备体验活动。同时还开展创空间系列活动"机械手与静电""夜光水母"。二楼展览区域，特别策划展出"长春市图书馆读者常见问题Q&A展览"。展览由"读者常见信息汇""玩转图书馆""关于借阅那点事儿""书海畅游指南""身边的图书馆""图书馆E时代""少儿阅读乐园""聚焦品牌服务"八个部分组成。在四楼青少年读者工作部，"和卢利尤伯伯一起学修补图书"活动让孩子们了解图书破损的原因，以及图书修补的基本方法。此外，一些服务活动还走出图书馆，走到大众身边。5月25日下午，图书馆在重庆路新华书店举办领读行动，由2019年长春"领读者"现场指导市民朋友科学阅读。5月27日，图书馆走进长春大学特殊教育学院举办"心视觉"影院讲述电影欣赏活动，为视障群体提供服务。

5月26日至27日，图书馆接待第六批《国家珍贵古籍名录》评审团陈红彦、刘冰等一行三人，考察《方氏墨谱》《御制丁观鹏画罗汉册神品》两部古籍。

5月29日至6月1日，采编部主任朱玲玲、馆员陈素梅参加由吉林省图书馆学会、吉林省图书馆主办的2019年吉林省文献联合编目中心培训班。长春市图书馆获评"优秀编目图书馆"，谢佳、陈虹羽、李娜获评"优秀编目员"。

5月，图书馆在吉林省文化和旅游厅[①]、吉林省教育厅、共青团吉林省委员会、吉林省图书馆（吉林省少年儿童图书馆）、吉林省中小学德育工作办公室举办的吉林省第九届农民工子女书画精品展中获得最佳组织奖。

5月，图书馆组织全体在职职工到万佳健康体检中心（吉林大学白求恩第一医院体

---

① 2018年10月18日上午,吉林省文化和旅游厅正式挂牌。根据《中共中央办公厅国务院办公厅关于印发〈吉林省机构改革方案〉的通知》（厅字〔2018〕106号）,吉林省文化厅和吉林省旅游发展委员会的职责整合,组建为吉林省文化和旅游厅,作为吉林省政府组成部门,加挂吉林省文物局牌子,不再保留吉林省文化厅、吉林省旅游发展委员会。

检中心）进行身体检查。

5月，图书馆申报项目《伪满洲国联合协议会记录档案》通过国家图书馆"2019年革命文献与民国时期文献整理项目专家评审会"评审，获准立项，并收入《革命文献与民国时期文献整理项目申报立项通知》。

5月，图书馆召开"城市热读"公益讲座读者座谈会，邀请重点高中教师、退伍军人、退休职工、热心读者等社会公众代表出席，广泛征集读者对讲座举办思路、主题选择、举办形式、可持续发展等方面的意见与建议。

6月1日，"小手牵小手"爱心公益置换集市在图书馆庭院内举行，70组家庭、多家公益团体及出版社共同参与。活动现场不仅安排文艺表演，还设置猜谜、缝香包、VR体验等10项体验活动。最后举行捐书仪式，将小朋友和出版社、书店等机构的捐赠图书，捐献给心语志愿者协会勤智少年和吉林中山志愿者协会自闭症儿童。

6月1日，万科和顺里阅书房揭牌。

6月1日，图书馆在文化讲堂举办"城市热读·国际儿童节"专场（总第778期）：《我们的生活与儿童文学》，由吉林省决策咨询研究所所长、研究员、作家陈晓雷主讲。

6月1日，"方寸时光·演讲俱乐部"系列活动第一期：《六一，重回"起跑线"》在交流培训室举行。这是"方寸时光"活动继读书沙龙系列后启动的又一系列活动。

6月1日至8日，主题为"品味书香·润泽童年"的六一儿童节嘉年华系列活动开展，为期一周，包括专题讲座、文献推荐、读者沙龙、数字阅读等8大类33项活动。其中特别策划"小手牵小手"爱心公益置换集市、中外家庭端午节文化交流体验日、长春市绘本阅读优秀讲读人大赛3项大型活动。

6月2日，吉阅七舍阅书房揭牌。

6月3日，图书馆在长春建筑学院土木工程学院举办"城市热读·七进"系列讲座：《为什么这个时代我们要读〈老子〉》，由深圳大学人文学院教授李大华主讲。

6月5日，办公室组织全体员工在交流培训室及五楼多功能厅进行培训与业务交流，观看由国家图书馆业务管理处副处长廖永霞主讲的《国家图书馆的创新服务》视频。

6月6日，"阅·端阳"中外家庭端午节传统文化体验日活动在文化讲堂举行。活动由长春市文化广播电视和旅游局主办，图书馆承办，30家在长媒体支持。长春市副市长贾丽娜，长春市文化广播电视和旅游局局长曲笑，长春市政府外事办公室副主任欧硕，长春市文化广播电视和旅游局副局长王立等领导出席活动。活动以"印象·端阳""走进·端阳""情系·端阳""快乐·端阳"为线索，通过读书分享、杂技展示、歌舞表演、游艺比赛、非遗体验等形式展现端午节的深厚文化内涵。来自中国、俄罗斯、加拿大、法国、塔吉克斯坦等8个国家的150余名嘉宾齐聚一堂，在书香中感受端午节传统文化魅力。

6月10日至17日，由长春市朝阳区金之桥教育培训学校、长春市超然街五彩童颜教育培训学校有限责任公司举办的第二届"多彩之夏艺术画展"在图书馆二楼展厅展出。

6月10日，图书馆在长春市商务局举办"城市热读·七进"系列讲座：《魅力中国茶》，由长春市茶业协会副会长、醉友茗茶苑创办人郭思延主讲。

6月12日，办公室组织全体员工在文化讲堂进行培训与业务交流，由典藏阅览部主任刘彩虹主讲《知识服务创新》。

6月15日，图书馆在文化讲堂举办"城市热读·文苑百家谈"系列讲座（总第779期）：《司马迁〈史记〉》，由东北师范大学古籍整理研究所讲师李路主讲。

6月15日，由长春市南关区残疾人联合会、长春心语志愿者协会、长春市图书馆、中国梦肢队、长春市爱之翼残疾人艺术团等单位联合举办的"我的舞台梦"残障人励志专场公益演出活动在馆文化讲堂倾情上演。上百余人的现场座无虚席，网友通过网络直播观看演出。

6月15日至7月2日，由中国科学院长春应用化学研究所、中国科学院档案馆、吉林省档案局、长春市图书馆举办的"新中国科技事业发展记忆——档案见证中科院长春应化所发展"图片展在二楼展厅展出。

6月16日，父亲节当天，图书馆联合晟乐谷钢琴中心举办"以父之名·为爱献礼"主题音乐会。

6月18日至7月2日，"迎70周年，赏意趣之美"刘建国水彩画展在图书馆举办。

6月19日，办公室组织全体员工在文化讲堂进行培训与业务交流，由长春师范大学政法学院李菲副院长主讲《现代信息技术与图书馆员素质提升的内在逻辑》。

6月19日，图书馆工会组织举办2019年职工技能大赛，大赛共设置5个项目的比赛，即选取图书馆服务工作中职工技能要求较高的5个方面，分场地开展图书分编加工知识大赛、图书分类上架技能大赛、数字资源检索能力大赛、服务咨询解答能力大赛和读者活动策划创意大赛。

6月19日，图书馆组织进行2019年安全生产月"防风险保平安迎大庆"安全生产知识培训暨应急演练。

6月22日，图书馆在文化讲堂举办"城市热读·法律讲堂"系列讲座（总第780期）:《〈长春市城市供热管理条例〉解读》，由吉林衡丰律师事务所主任田大原主讲。

6月25日至28日，研究辅导部丁文伍赴梅河口参加由吉林省图书馆主办的2019年吉林省公共数字文化工程培训班。

6月25日至28日，数字资源部耿岱文赴长沙参加由国家图书馆、文化和旅游部全国公共文化发展中心主办的全国地市以上图书馆和文化（群艺）馆馆长培训班。

6月27日，中国科学院长春应用化学研究所人资财联合党支部与和图书馆党委联合举办"不忘初心 牢记使命"主题党日教育活动。双方单位的党员代表30多人参加此次活动。

6月27日至28日，副馆长朱亚玲、新媒体服务部主任常盛、策划推广部谢彦君赴宁波参加由中国图书馆学会举办的第二届公共图书馆创新创意征集推广活动现场研议。会上，图书馆的"新零售"时代的图书馆文化阅读服务创新——长图"惠阅·文化菜单"服务案例获得二等奖；"长春星火阅读计划"服务案例获得三等奖。

6月29日，2019年长春消夏阅读季暨市民读书节活动在图书馆拉开帷幕。本届活动由长春市文化广播电视和旅游局主办，由长春市图书馆、长春市少年儿童图书馆、各县（市、区）文化和旅游局、各县（市、区）图书馆承办。活动从6月29日启幕，以"全城热读 清凉一夏"为主题，以"喜阅·书香之美"（6月29日至7月31日）、"共阅·春城仲夏"（8月1日至8月31日）、"爱阅·我的祖国"（9月1日至10月13日）为三个时段的分主题，由全市各级公共图书馆、社区图书馆（室）、阅书房、学校、商场以及书香公交等80余家单位共同参与，在全市范围内共开展12大类130项300余场活动。本届消夏阅读季暨市民读书节活动的举办体现出全城化联动、全民化参与、全媒体呈现的特点。6月29日当天，消夏阅读季暨市民读书节开幕仪式正式开始。仪式上共有5项活动呈现给广大市民。一是发布一年一度的《长春市民读书节市民荐读书目》，并向全市人民发起倡议，号召家庭阅读，让阅读成为家庭生活的一部分；二是第二批长春市领读者宣誓；三是"3H"平台上线推广；四是启动"爱贝阅读计划"；五是举行"阅读接力赛"起跑仪式。另外，"2019'中国陶瓷谷五彩新醴陵'建国七十周年醴陵红色官窑全国巡展·长春站"也于当天开幕。除此之外，在活动期间还推出多项阅读惠民服务，例如图书馆"喜阅再升级"新书借阅您做主，"U书到家"5 000单快递图书免费送，"爱心助学"500台智能听书机视障读者免费使用，免费"邮书到校"等，帮助市民便捷享受阅读服务。

"阅读接力赛"起跑

6月29日，图书馆在文化讲堂举办"城市热读·关东文化讲坛"系列讲座（总第781期）：《满族说部的女性主义神话学研究》，由吉林师范大学文学院教授、博士生导师张丽红主讲。

7月3日，长春市妇女联合会副主席李立、长春市妇女联合会家庭和儿童工作部部长纪岩红一行3人到图书馆调研工作。馆长谢群、副馆长姚淑慧陪同。

7月3日，办公室组织全体员工在文化讲堂进行培训与业务交流，参加由新媒体服务部组织的"时代的回响——遇见图书馆数字化服务的未来"论坛。嘉宾为李菲（长春师范大学政法学院副院长、研究生导师）、赵馨茹〔同方知网（北京）技术有限公司吉林省分公司教育与文化事业部经理〕、李桂军〔NTT DATA（中国）信息技术有限公司长春分公司项目经理、高级PMO工程师〕、王东彪（STEAM教育联盟吉林总会主席、长春点通计算机、培训学校校长）、赵闯（长春工程学院图书馆业务与信息服务部主任）、石美生（吉林省社会科学院助理研究员、吉林大学经济学博士）、常盛（长春市图书馆新媒体服务部主任）。

7月3日至6日，书刊流通部苗林赴北京参加由中国盲文图书馆主办的星级文化助盲志愿团队及志愿者认定暨文化助盲志愿服务经验交流会。

7月6日，图书馆在文化讲堂举办"城市热读·名家讲座"（总第782期）：《诗书礼乐》，由长春大学网络安全学院院长金海峰主讲。

7月6日，"品读聚乐部"举办"感恩贫穷，感恩磨难——'故事大王'顾文显的故事人生"长春作家交流会活动。

7月7日，由吉林省图书馆学会阅读推广委员会主办，图书馆承办的"书香长春·绘阅童年"经典绘本剧创意表演大赛决赛举行。本届经典绘本剧创意表演大赛自5月启动以来，全市共有30所单位团体参加，经过初赛的层层选拔和评委的认真评选，9部精彩作品进入决赛。最终评选出一等奖1名、二等奖3名、三等奖5名以及最佳表演奖、最佳编导奖、优秀组织奖等若干奖项。

7月9日，新建莲花山党群活动中心示范分馆。

7月10日，办公室组织全体员工在交流培训室及五楼多功能厅进行培训与业务交流，观看由上海图书馆副馆长刘炜主讲的《图书馆的空间再造与阅读推广》。

7月12日，图书馆在长春亚泰新城饭店举办"城市热读·七进"系列讲座:《国学与现代企业管理》，由东北师范大学文学院教授、博士生导师高长山主讲。

7月13日，图书馆在文化讲堂举办"城市热读·名家讲座"（总第783期）:《诗的起源与〈诗经〉》，由东北师范大学文学院教授、博士生导师高长山主讲。

7月13日，图书馆与美国驻沈阳总领事馆文化处首次合作共同举办两场活动：一是在四楼活动室举办的 The Catcher in the Rye（《麦田里的守望者》）读书分享会，东北师范大学教师 Heidi Healy 与25名读者和馆员就英文原著 The Catcher in the Rye 展开热烈的探讨。此次读书分享会为全英文交流，参加者多为英语专业的大学生、大学教师和英语水平较高的馆员。馆长谢群与美国驻沈阳总领事馆的两位工作人员出席此次活动。二是在青少年读者工作部四楼多功能厅举办的"小树苗"儿童英语角——和 Heidi Healy 女士一起说英语活动。

7月15日至19日，由中国图书馆学会主办，长春市图书馆、吉林省图书馆学会阅读推广委员会承办的"阅读推广人"培育行动（第十四期）在长春举行。来自27个省（自治区、直辖市）图书馆的186名学员参加培训。儿童文学理论家、翻译家、作家朱自强，国家图书馆少年儿童馆馆长王志庚，少儿阅读推广专家孙慧阳，百千幼儿阅读研究院专家孙莉莉等专家学者，以"绘本阅读推广"为主题，从绘本阅读推广理论、绘本阅读活动设计、成年人绘本精度等多个角度进行讲述；来自吉林省图书馆、长春市图书馆的优秀馆员及领读者，现场讲读儿童绘本。培训期间，图书馆还举办"回味童年——感动大人的图画书"展览和"2019博洛尼亚国际儿童书展·中国原创插画展"展览。

7月17日，青少年读者工作部主任于雅彬在长春参加由中国图书馆学会主办的"阅读推广人"培育行动（第十四期），以《阅享童年 读见未来》为主题在会上做"小树苗"亲子阅读系列活动案例分享。

7月20日，图书馆在文化讲堂举办"城市热读·法律讲堂"系列讲座（总第784期）：《长春市养犬管理规定》，由吉林大学法学院教授、博士生导师李海平主讲。

7月21日，图书馆举办"方寸时光·品读国学"系列首场沙龙活动，即日起至11月3日期间，每周日下午在书画活动室举办"方寸时光·品读国学"系列之"我们的四大名著：人生之书"沙龙活动，共14期。

7月24日，办公室组织全体员工在文化讲堂进行培训与业务交流，由哈尔滨学院科研处副处长李桂霞主讲《国家社科基金项目申报经验介绍》。

7月24日，图书馆被长春市教育局评为"长春市中小学生社会实践教育基地"。

7月27日，图书馆在文化讲堂举办"城市热读·关东文化讲坛"系列讲座（总第785期）：《新世纪东北女性写作对日常生活审美维度的重建》，由吉林师范大学文学院教授、硕士生导师郑春凤主讲。

7月29日，"爱尚e读"活动举办"全家总动员　阅读运动会"第二季。

7月30日，图书馆新建某部队流通站。

7月，根据《中国助残志愿者注册管理办法（试行）》，图书馆开展的文化助盲志愿服务累计时长达150小时，被中国助残志愿者协会、中国盲文图书馆认定为三星级文化助盲志愿服务团队。

8月1日，攀枝花市人大常委会副主任孔炜一行7人来到图书馆，学习和考察公共文化服务体系示范区创建工作的经验和做法，副馆长姚淑慧陪同参观。

8月3日，图书馆在文化讲堂举办"城市热读·文苑百家谈"系列讲座（总第786期）：《中国传统文化与当代精神品质的提升》，由吉林师范大学文学院教授、博士生导师孙艳红主讲。

8月5日，图书馆在长春市纪委监委机关会堂举办"城市热读·七进"系列讲座：《不忘初心、牢记使命——做中华传统文化的忠实守望者》，由故宫学院院长、故宫博物院原院长单霁翔主讲。

8月5日至14日，由吉林省国学研究会书画艺术专业委员会、长春市朝阳区文学艺术界联合会主办，图书馆承办的庆祝中华人民共和国成立70周年"不忘初心　创新艺术"主题书画作品展举办。

8月7日，办公室组织全体员工在文化讲堂进行培训与业务交流，由研究辅导部组织开展讲座《长春地区公共图书馆服务体系建设路径探讨》。

8月10日，图书馆在文化讲堂举办"城市热读·关东文化讲坛"系列讲座（总第

787 期）:《"反日民族革命"的口号与东北抗战》，由吉林大学文学院中国史系教授、博士生导师刘会军主讲。

8月11日，作家王书艳女士做客"品读聚乐部"，以《边关·那道靓丽的风景》为主题举办讲座。

8月14日，办公室组织全体员工在文化讲堂进行培训与业务交流，由数字资源部耿岱文主讲《长春市数字图书馆服务创新分享和资源推介》。

8月16日，长春市文化广播电视和旅游局副局长杨青宇及安监处处长孙博等一行5人到图书馆巡视督查安全生产工作。

8月17日，图书馆在文化讲堂举办"城市热读·文苑百家谈"（总第788期）:《习近平讲话中的传统文化》，由长春师范大学文学院教授、硕士生导师邹德文主讲。

8月17日至24日，由欧盟驻华代表团主办的"千年之交 世纪之旅——欧洲文化线路中国巡展·长春站"在图书馆隆重开启。欧盟嘉宾欧盟驻华代表团通讯部长William Fingleton，西班牙驻华大使馆公使Jorge，中方嘉宾长春市人民政府外事办公室副主任欧硕，长春市文化广播电视和旅游局副局长王立等出席开幕式。展览期间，图书馆还于8月17日举办《朝圣之路》观影会，8月18日举办《圣地亚哥之路》长春分享会。

8月21日，办公室组织全体员工在文化讲堂进行培训与业务交流，观看由原故宫博物院院长单霁翔主讲的讲座视频《不忘初心、牢记使命——做中华传统文化忠实守望者》。

8月20日至23日，办公室王英华赴鄂尔多斯参加2019年中国图书馆年会。年会主题为"新时代图书馆的转型发展：均衡 融合 智慧"。

8月24日，图书馆在文化讲堂举办"城市热读·法律讲堂"系列讲座（总第789期）:《〈长春市生活垃圾分类管理条例〉解读》，由吉林大学行政学院副教授、博士生导师刘畅主讲。

8月24日至30日，副馆长朱亚玲赴希腊参加2019年国际图联世界图书馆和信息大会，会议主题为"图书馆：通过对话实现变革"。

8月28日，"继往开来 中美建交40周年"图片展在长春市人民政府外事办公室、美国驻沈阳总领事馆等多方努力下，在长春市图书馆正式拉开帷幕。开幕仪式上，美国驻沈阳总领事馆总领事安丽珊、美国驻沈阳总领事馆文化领事克拉克、吉林省外事办公室副主任李建华、长春市人民政府外事办公室主任齐国华、长春市文化广播电视和旅游局副局长王立等出席活动并为图片展开幕剪彩。展览持续至9月15日结束。同时，为庆祝美中建交40年，美国驻沈阳总领事馆还向图书馆捐赠图书26册，并在中文图书查阅室设专架展阅。

8月29日，馆长谢群带领由朱玲玲、路维平、谢彦君、陆阳、周文举、常盛、刘升、李岩峰、黄子健、安山山、宋承夫、奚水、侯军、苗林、范崔岩组成的搬运小组，来到藏书家杨庆祥家中，对其向图书馆捐赠的图书进行清点、装箱、拍照、存档、封箱等，共运出66个大箱（每箱平均80册）、28个套书小箱（每箱3至4件）。同时，图书馆邀请设计公司对杨庆祥进行采访，为将来在图书馆内复原其书房原貌做好准备。

8月29日，图书馆志愿者服务队开展"不忘初心、牢记使命"精准扶贫爱心同行志愿服务活动，图书馆志愿服务队和22家区域化党建联盟成员单位党员代表以及居民、媒体记者等300余人参加活动。

8月31日，图书馆在文化讲堂举办"城市热读·素质教育"系列讲座（总第790期）：《赢在一生的品质》，由《老张看教育》主创、长春市教育科学研究所处长张洪波主讲。

8月，典藏阅览部整理特藏文库的图书，清点敬贤书斋的图书近8 000种8 622册，将吉林省哲学社会科学规划项目研究成果、长春市话剧院赠书、寄赠文库、金崎町文库、石景宜文库下架，打包1 033捆、装箱138个，运到铁北分馆保存。

9月2日，图书馆自修预约排座系统升级后正式上线应用。

9月3日，图书馆新建绿园区同心锦绣社区示范分馆。

9月3日至6日，办公室李超赴黑河参加由黑龙江省图书馆学会、吉林省图书馆学会、辽宁省图书馆学会主办的东北地区第十七次图书馆学科学讨论会，其提交的论文《公共图书馆内刊与阅读推广模式初探——以长春市图书馆〈品读〉为例》荣获一等奖。

9月4日，办公室组织全体员工在文化讲堂进行培训与业务交流，由网络技术部副主任李岩峰主讲《新技术在图书馆实际工作中的应用》。

9月7日，图书馆在文化讲堂举办"城市热读·关东文化讲坛"系列讲座（总第791期）:《东北老工业基地的历史现状与未来》，由东北师范大学历史文化学院教授、博士生导师程舒伟主讲。

9月8日至11日，馆长谢群赴北京参加由国家图书馆举办的"图书馆·与时代同行"国际学术研讨会。

9月9日，在中秋佳节和中华人民共和国成立70周年之际，副馆长姚淑慧带队一行三人，走访慰问图书馆离休老干部老党员。

9月11日，办公室组织全体员工在文化讲堂进行培训与业务交流，观看由深圳图书馆馆长张岩主讲的《深圳"图书馆之城"实践与思考》。

9月11日，东北师范大学信息科学与技术学院信息管理系大一新生到图书馆参观学习。

9月16日至22日，图书馆开展吉林省社会科学普及周系列活动。本次科普宣传周活动以"不忘初心、牢记使命——普及社会科学，提升人文科学素养"为主题，联合县（市、区）图书馆共策划6大类36项阅读推广活动。

9月17日，图书馆在文化讲堂召开图书馆"不忘初心、牢记使命"主题教育部署会议。

9月17日至19日，由长春市朝阳区永昌街道党工委主办，永昌街道牡丹园社区党委、图书馆、吉林省艺海书画院承办的"不忘初心跟党走·翰墨丹青颂祖国"庆祝中华人民共和国成立70周年书画作品展在二楼展出。

9月18日，长春市委第四巡察组组长李子臣等一行7人，在长春市文化广播电视和旅游局局长曲笑、人事处处长宋洪洋及馆领导班子陪同下，到图书馆督导检查工作。

9月18日，办公室组织全体员工在文化讲堂进行培训与业务交流，观看由北京大学信息管理系教授、博士生导师王子舟主讲的《公共阅读空间的兴起与发展》。

9月19日，图书馆新建净月开发区净月街道金宝社区示范分馆。

9月20日，中共长春市文化广播电视和旅游局党组下发长文广旅党字〔2019〕57号文件，决定任命路维平为长春市图书馆副馆长（试用期一年）。

9月21日，图书馆在文化讲堂举办"城市热读·法律讲堂"系列讲座（总第792期）：《〈长春市道路交通安全管理条例〉解读》，由北京大成（长春）律师事务所高级顾问李婧主讲。

9月21日，杭州市文化广电旅游局副巡视员郑智伟一行5人到图书馆参观调研，副馆长朱亚玲陪同。

9月21日，2019年"长春星火阅读计划"领读者阅读推广培训会议召开，会上就领读者队伍未来发展进行讨论。根据提议，图书馆将领读者队伍分为5个阅读推广小组，即绘本讲读组、文学阅读组、健康科普组、好书共读组、理论导读组。

9月24日至27日，参考咨询部于涵、张昭、马骥在长春参加由国家图书馆主办的全国图书馆参考咨询协作网业务培训班。

9月25日，"家国情怀 科学精神——长春院士展"暨《家国情怀 科学精神》新书发布仪式在一楼大厅隆重开幕。来自长春市人大、长春市政协、长春市科学技术协会、长春市人力资源和社会保障局、长春市文化广播电视和旅游局、长春出版社、吉林大学、中国科学院长春应用化学研究所、中国科学院长春光学精密机械与物理研究所等单位的领导和嘉宾以及各城区图书馆代表、新闻媒体记者和馆内读者150余人参加活动。本次活动旨在庆祝中华人民共和国成立70周年，弘扬科学家精神，重温长春70年科技发展的光辉历程。启动仪式由长春市图书馆馆长谢群主持，中国科学院长春市文化广播电视和旅游局局长曲笑致辞，长春市文化广播电视和旅游局副局长王立向三家协办单位图书馆及城区图书馆代表进行赠书。中国科学院院士、研究员王家骐，中国科学院长春光学精密机械与物理研究所纪委书记、副所长金宏，长春市人大科教文卫委员会主任宫国英，长春市文化广播电视和旅游局局长曲笑，长春市政协文史委副主任张颖，长春出版社副社长李春芳为"家国情怀　科学精神——长春院士展"暨《家国情怀　科学精神》新书发布仪式剪彩。启动仪式后，王家骐院士为来宾和读者作题为《"吉林一号"卫星》的讲座。本次展览由图书馆主办，吉林大学、中国科学院长春应用化学研究所、中国科学院长春光学精密机械与物理研究所协办。图书馆以馆藏文献为基础，充分发挥图书馆文献挖掘整理的专业优势，搜集整理71位在长春工作的院士资料，借助文字、图片、视频和实物，多方面、多角度地展示他们的成长历程、学术轨迹、科学成就以及精彩人生。院士图书专架在图书馆四楼同步开展，展出院士著作、院士画册、纪念文集等图书200余册，而后院士展在线展览也将上线。本次展览至2019年12月底结束。新书《家国情怀　科学精神》是"长春记忆"项目文献整理成果丛书的重要一部。

9月25日，图书馆工会组织职工进行净月潭徒步活动，同时举办《我和我的祖国》大合唱、拔河比赛、摸石头过河、"一圈到底"等团队活动项目。

9月28日，图书馆在文化讲堂举办"城市热读·庆祝中华人民共和国成立70周年"专场讲座（总第794期）:《伟大历程　辉煌成就——回顾新中国成立70周年光辉历程》，由中共长春市委党校校委委员、副教育长，国家二级教授王健主讲。

9月29日，副馆长朱亚玲带队，行政科、保卫科以及物业服务部门相关负责人，对总馆、铁北分馆、铁南分馆进行节前安全检查。

9月，图书馆在吉林省文化和旅游厅、吉林省教育厅、中国共产主义青年团吉林省委员会、吉林省图书馆（吉林省少年儿童图书馆）、吉林省中小学德育工作办公室举办的吉林省第十六届"青青草"杯原创作品大赛中获得最佳组织奖。

9月，中国共产主义青年团吉林省委员会在图书馆正式设立"吉林省青年志愿者协会领读者宣讲团"。

9月底，图书馆完成馆内民国文献数据提交工作，将图书馆11 110条书目数据全部导出，提交给民国文献保护中心。

10月国庆节期间，青少年读者工作部围绕"我爱祖国·我爱家"这一主题开展教育活动，与长春净月高新技术产业开发区爱国小学、长春心语志愿者协会等多家单位联合开展"辉煌70年，祖国发展我成长"朗诵比赛，共有百余名师生及福盛社区艺术团成员参加。

10月1日至7日，长春市轨道交通集团有限公司、长春晚报传媒有限公司主办的长春轨道交通建设摄影大赛成果巡回展在二楼展厅展出。

10月9日，办公室组织全体员工在文化讲堂进行培训与业务交流，由办公室王英华、李超主持"外出人员汇报会（一）"。

10月13日，历时三个半月的"2019长春消夏阅读季暨市民读书节"在文化讲堂落下帷幕。长春市市民、各级图书馆馆员、文化志愿者、阅读推广人等150余人齐聚一堂，以"阅读"为主题，弘扬城市文化精神。闭幕式以"七个表彰""五个表演"为主线，回顾2019长春消夏阅读季暨市民读书节期间阅读文化惠民工作，表彰工作突出的集体及先进个人，营造全民阅读氛围；通过朗诵、合唱、视障电影体验、绘本分享等手段展现"立体阅读"的魅力。闭幕式上，76个先进个人、36个单位团体获得"绘本故事讲读人""优秀领读者""阅读之星""读书小状元""优秀志愿者""市民读书节优秀组织单位""优秀读书会"等荣誉称号。

10月16日，办公室组织全体员工在文化讲堂进行培训与业务交流，由研究辅导部丁文伍、王嘉雷主持"外出人员汇报会（二）"。

10月16日至18日，副馆长姚淑慧赴宁波参加由中国图书馆学会主办，宁波图书馆、宁波市图书馆学会承办的第31届全国十五城市公共图书馆工作研讨会，主题为"城市图书馆创新服务"。

10月19日，图书馆在文化讲堂举办"城市热读·法律讲堂"系列讲座（总第795期）:《全民健康的制度保障:〈长春市全民健身条例〉解读》，由东北师范大学法学院院长、教授、博士生导师尹奎杰主讲。

10月23日，办公室组织全体员工在文化讲堂进行培训与业务交流，由书刊流通部苗林、青少年读者工作部孙一平主持"外出人员汇报会（三）"。

10月23日至25日，馆长谢群赴西安参加由中国图书馆学会、陕西省文化和旅游厅主办的"一带一路"图书馆发展论坛暨陕西省图书馆建馆110周年活动，期间参加"一带一路　合作共享"图书馆文献资源与文创产品联展、"一带一路"图书馆发展论坛、第九届陕西（西部）丝路图书交易博览会等。

10月24日至27日，新媒体服务部主任常盛、馆员刘劲节赴河南省漯河市参加由中国新闻出版传媒集团有限公司、中国全民阅读媒体联盟、中共漯河市主办，中国新闻出版广电报、漯河日报社承办的全民阅读高峰论坛暨第四届"大众喜爱的50个阅读微信公众号"颁奖典礼全民阅读高峰论坛暨。常盛在会上做《长春市图书馆新媒体运营概况分享》，长春市图书馆微信公众号入选第四届"大众喜爱的50个阅读微信公众号"。

10月25日，"心视觉"影院、"长图创空间"品牌荣获由中共长春市委宣传部、长春市教育局颁发的2019年"长春终身学习活动品牌"称号。

10月26日，图书馆在文化讲堂举办"城市热读·文苑百家谈"系列讲座（总第796期）:《苏轼与人生》，由吉林师范大学文学院教授、博士生导师孙艳红主讲。

10月28日，中共长春市文化广播电视和旅游局党组下发长文广旅党字〔2019〕67号文件，决定任命常盛为长春市图书馆副馆长（试用期一年）。

10月，图书馆获得由长春市民读书节组委会授予的"2019年长春市消夏阅读季暨市民读书节优秀组织单位"称号；文化项目发展部主任赵婷在组织2019年长春市消夏阅读季暨市民读书节活动过程中被长春市民读书节组委会评为先进个人。

10月，图书馆刘群在全省事业单位脱贫攻坚工作中做出突出贡献，中共吉林省委组织部、吉林省人力资源和社会保障厅、吉林省扶贫开发办公室给予嘉奖。

11月2日，在文化讲堂举办"城市热读·献礼70年"专场讲座（总第797期）:《共话：我们的时代　我们的公交》，由长春公交集团东盛汽车公司281路公交车队长毕景泉、长春市轨道交通集团有限公司客运二中心王晓英劳模车队车队长王晓英、长春市轨道交通集团有限公司运营事业总部通号中心AFC分部班长潘永生、绿园区交警大队车宣科科长王浩主讲。

11月5日，图书馆学习项目"心视觉"影院被吉林省成人教育协会评为2019年吉林省终身学习品牌项目。

11月5日，上海图书馆副馆长林峻一行7人来到长春市图书馆就科学编制"十四五"发展规划进行学习调研。长春市图书馆馆长谢群、副馆长姚淑慧、朱亚玲、路维平全程陪同。

11月6日，办公室组织全体员工在文化讲堂进行培训与业务交流，由计划财务科徐骐主讲《财务培训》，行政科安山山主讲《行政后勤工作交流——安全与保障》。

11月7日至8日，由中央文化和旅游管理干部学院与长春市文化广播电视和旅游局主办，长春市图书馆承办的 2019 年全国文化和旅游公共服务巡讲暨长春市社区文化工作者培训班在文化讲堂举办。长春市文化广播电视和旅游局公共服务处处长朱向阳在开班仪式上讲话，此次巡讲培训邀请到中共中央党校（国家行政学院）范玉刚教授、华东师范大学金武刚教授、首都师范大学文化研究院蒋璐老师和天津市公共文化志愿服务总队秘书长刘新宝做精彩报告。长春市各城区社区文化工作者 110 余人参加此次培训。

11 月 9 日，图书馆在文化讲堂举办"城市热读·文苑百家谈"系列讲座（总第 798 期）：《汉字与书法文化及其演进》，由东北师范大学文学院教授、博士生导师高长山主讲。

11 月 11 日至 15 日，数字资源部耿岱文赴北京参加由国家图书馆主办的 2019 年公共数字文化工程馆员研修培训班。

11 月 13 日，办公室组织全体员工在文化讲堂进行培训与业务交流，由保卫科副科长王鑫主讲《长春市图书馆安全培训》，办公室王彦萍主讲《现行事业单位工资收入分配制度》。

11 月 16 日，图书馆在文化讲堂举办"城市热读·社会热点"系列讲座（总第 799 期）：《我国意识形态安全面临的挑战与对策》，由长春师范大学党委副书记、教授、博士生导师迟海波主讲。

11 月 20 日，图书馆在文化讲堂召开图书馆 2019 年专业技术职务层级晋升民主测评会、第二届理事会图书馆理事代表选举会、中共长春市图书馆委员会增补委员选举大会。

11 月 23 日，图书馆在文化讲堂举办"城市热读·关东文化讲坛"系列讲座（总第 800 期）：《伪满话剧家研究——以安犀为例》，由吉林工程技术师范学院副教授李艳葳主讲。

11 月 26 日，第十五届省、自治区、直辖市、较大城市图书馆馆长联席会议在国家图书馆召开。本届馆长联席会的主题是深入学习贯彻习近平总书记给国家图书馆老专家回信精神，共同谋划公共图书馆"十四五"发展大局。馆长谢群出席会议。

11 月 27 日，图书馆在文化讲堂召开图书馆 2019 专业技术职务等级晋升民主测评会。

11 月 29 日，馆长谢群、策划推广部主任刘怡君赴深圳参加由南方都市报携手中国图书馆学会阅读推广委员会、中国阅读学研究会、深圳读书月组委员会办公室、深圳市宝安区委宣传部、深圳市阅读联合会共同主办的第五届领读者大奖颁奖典礼。"长春星火阅读计划"领读者阅读推广项目荣获中国图书馆学会阅读推广委员会、中国阅读学研究会等联合评选的第五届领读者大奖"阅读空间奖"（图书馆）提名奖。

11 月 30 日，图书馆在文化讲堂举办"城市热读·心理健康"系列讲座（总第 801 期）：《他山之石，可以攻玉》，由教育部首批国培专家、中学特级教师、国家二级心理咨询师陈晓冬主讲。

11月，图书馆被中华全国妇女联合会授予"全国维护妇女儿童权益先进集体"荣誉称号。

12月2日，经专家评审，馆长谢群入选吉林省人民政府"吉林省第七批拔尖创新人才第二层次（专业技术人才类）"。

12月7日，图书馆在文化讲堂举办"城市热读·文苑百家谈"系列讲座（总第802期）：《请把〈易经〉的智慧带回家——"渐卦"与"谦卦"的故事》，由"中华文明思想文化基因机理谱系图"创立者、"中华智慧金字塔"（易经塔）设计者、高级编辑张鸣雨主讲。

12月11日，图书馆在文化讲堂召开图书馆工会第一届第二次会员大会，以及2019年工会委员会换届选举大会、内设机构岗位聘用职工推荐会、非领导管理岗位（七级职员）聘用职工推荐会。

12月14日，图书馆在文化讲堂举办"城市热读·文苑百家谈"系列讲座（总第803期）：《明月几时有——诗、词、书、画、乐中苏东坡的多维解读》，由吉林大学文学院教授、国学研究中心研究员、乌克兰基辅大学客座教授兴波主讲。

12月17日，第四届中国吉林国际冰雪产业博览会暨第二十三届长春冰雪节在长春国际会展中心落下帷幕。展会期间，位于"冰雪长春"主题馆的长春市图书馆科技阅读体验展览引发关注。展览以"阅·时光"为主题，系统展示"长春城市书网""阅读推广活动品牌""新媒体矩阵"等阅读服务创新举措，"智能机器人""刷脸借还书""体感游戏""扫码听书""光影魔屏"等体验项目也出现在展会现场。12月13日开幕式当日，长春市市长刘忻、市委书记王凯在副市长贾丽娜、长春市文化广播电视和旅游局局长曲笑、副局长王立等领导陪同下先后来到长春市图书馆展区视察。馆长谢群介绍了转型期图书馆的创新服务及前沿科技在公共文化服务中的应用。

12月18日，图书馆在文化讲堂召开图书馆2019年非领导管理岗位（六级职员）聘用职工推荐会。

12月19日，长春市荣誉市民、长春市人民政府城市规划顾问、日本北海道大学名誉教授、日本著名园林与城市规划专家越泽明来图书馆参观访问，馆长谢群，副馆长路维平、常盛等陪同。越泽明向图书馆捐赠其签名新作《1895—1945年长春城市规划史图集》，馆长谢群代表图书馆接受捐赠并颁发捐赠证书。

12月20日至22日，副馆长朱亚玲赴杭州参加由中国图书馆学会学术委员会和杭州国际城市学研究中心主办，浙江图书馆承办，杭州图书馆协办的全国"公共图书馆主题分馆建设"馆长论坛，论坛主题为"主题分馆建设与特殊文献互换合作"。

12月21日，图书馆在文化讲堂举办"城市热读·纪念在毛泽东诞辰126周年"专场讲座（总第804期）：《毛泽东与东北解放战争》，由吉林大学东北抗联研究中心主任、马克思主义学院博士生导师、吉林大学领军人才刘信君主讲。

12月26日，图书馆新任中层干部集体谈话会在党员活动室举行，馆领导班子出席会议，全体新任中层干部参加。会议由姚淑慧副馆长主持。会上，馆党委书记、馆长谢群为26位新任中层干部颁发聘书，并与新任的中层干部开展集体谈话。

图书馆领导班子与新聘任中层干部合影

12月28日，图书馆在文化讲堂举办"城市热读·关东文化讲坛"系列讲座（总第805期）：《萨满造型艺术在当代的传承与转化》，由吉林工程技术师范学院服装工程学院副院长、副教授邹克瑾主讲。

12月30日，图书馆与吉林省如美文化旅游发展有限公司联手打造的"阅书房"项目在长春市文旅体验中心正式启动。长春市文化广播电视和旅游局党组书记、局长曲笑，长春市图书馆馆长谢群及有关部门领导出席此次活动，并与在场嘉宾分享相关经验。长春市文旅体验中心阅书房是长春市第一家以"文化阅读　旅游体验"为主题的新型城市阅读空间。与社会力量的广泛合作以及对文化、旅游、体育、艺术、教育、科技等多种资源的成功整合，使"阅书房"成为推动文旅融合的优秀样本。

是年，图书馆订购中外文图书6.6万种15.5万册；订购中外文报刊4 503种；采购数据库54种，试用数据库91种。接受捐赠图书8 614册。图书馆普通文献总藏量达315.3万册，电子图书达56万册；数字资源本地存储总量达114TB。

是年，图书馆接待读者165.7万余人次，办理读者证2.6万余张，外借各类普通文献约 88.6 万册次。网站访问量 84.4 万余次，远程数字资源访问量 1 975 万人次，移动端访问量 1 274 万人次，电子书下载量 92 万册次。全年编辑《决策参考》10 期、《立法信息快讯》24 期。面向长春市人大、政协开展课题咨询 16 项。利用"全国图书馆参考咨询联盟"平台提供参考咨询 1.6 万余条。全年共举办各类型读者活动 711 场次，参与人数达 18.5 万人次。"惠阅·文化菜单"平台发布馆内活动近 70 项，报名活动近 2 000 人；举办外出点单活动 16 场，受益人数约 2 400 人。

是年，图书馆新建标准化示范性分馆 4 家、阅书房 4 个，长春中心馆—总分馆服务体系的实体网点数达到 119 个。全年为各分馆配送图书 8.2 万册，联动分馆开展读者活动 68 项。汽车流动图书馆全年借还近 4 万册次，服务 2.5 万人次，行驶里程近 1.1 万公里。配备 RFID 自助借还、自助办证设备和标签转换器等设备 22 台。

是年，图书馆开展馆员业务培训和交流 20 余场，培训 2 000 余人次。有 26 名馆员实现层级晋升，49 名馆员实现等级晋升。全年组织申报一般课题 3 项，申报国家级课题 1 项。图书馆职工发表期刊论文 10 余篇，结项课题 2 项，出版编著 1 部。全年派出馆员外出学习培训、参加学术会议 20 余人次。全年编印《品读》正刊 6 期、读书节专刊 1 期，并编印《长图视窗》4 期。

是年，图书馆被媒体报道近 700 次。图书馆新媒体宣传矩阵全年累计发布信息近 2 600 条，阅读量 600 余万人次。其中，微博 440 余万人次、微信 140 余万人次。在中国新闻出版传媒集团、中国全民阅读媒体联盟举办的第四届"大众喜爱的 50 个阅读微信公众号"评选活动中，图书馆官方微信公众号入围；图书馆官方微博入选 2018 年"全国十大图书馆微博"，影响力排在全国第九名。

2020 年

1 月 4 日，图书馆在文化讲堂举办"城市热读·文苑百家谈"系列讲座（总第 806 期）:《温柔的强大——"漫长的 20 世纪"和"短 20 世纪"之间的汉德克》，由吉林大学哲学社会学院教授、博士生导师李龙主讲。

1 月 8 日，由图书馆、安阳市殷商文化研究会联合举办的"感受文字魅力 弘扬中华文化——殷商文化甲骨文学习普及巡展·长春站"在八角轩文化展厅隆重开幕。

1 月 9 日，"《长春市图书馆志（2011—2022）》编撰项目启动座谈会"在长春市图书馆召开。馆长谢群担任项目组组长，副馆长姚淑慧担任项目组副组长，项目合作单位北京雷速科技有限公司、北京碧虚文化有限公司董事长刘锦山担任副组长。图书馆和合作单位项目组成员参会。会议就编撰馆志的意义、要求、史料、体例、方法进行了讨论，并确定了后续的工作。

1月10日，图书馆和长春市文化广播电视和旅游局关工委共同开展"阅读圆梦 喜迎新春——走进吉大一院儿童肿瘤科送阅读活动"。青少年读者工作部4位馆员来到吉林大学白求恩第一医院儿童肿瘤科看望小患者，为他们带去精心挑选的图书和糕点作为新春礼物，并为设置在儿童肿瘤科的"小树苗"图书角更换图书100余册。

1月11日，图书馆在文化讲堂举办"城市热读·中医大讲堂"系列讲座（总第807期）：《养生保健从娃娃抓起》，由吉林省中医药科学院第一临床医院儿科主任、硕士生导师庄玲伶主讲。

1月11日，图书馆举办"鼠不尽的中国故事——春节的故事"活动，20多组家庭与来自长春义工团队的志愿者共同参与。

1月12日，"方寸时光·读者沙龙"邀请吉林工程技术师范学院副教授李艳葳开展"写作，就是聆听潜意识的声音"主题活动，吸引40多名长春市民参加。

1月12日，图书馆举办"书悦之声·小小朗读者"之"新年畅想"特色主题朗读活动。

1月15日，图书馆举办"不负韶华 全新起航"新春联欢会。会上，对图书馆2019年度先进集体和先进个人予以表彰。

"不负韶华 全新起航"新春联欢会参加者合影

1月16日，副馆长路维平获得由长春市总工会、长春市应急管理局联合授予的

2019 年度"全市'安康杯'竞赛组织工作优秀个人"称号。

1 月 16 日，图书馆在吉林省图书馆学会举办的第一届优秀学术成果评奖活动中荣获"优秀组织单位"称号。

1 月 17 日至 2 月 8 日，"不忘初心 同书康景——庚子迎春楹联书法展"在图书一、二楼大厅展出，共展出 60 幅有奖征联作品，均由长春市青年书法家协会书法家书写。

1 月 18 日，图书馆举办"图书馆里过大年"系列活动。活动分为 5 个部分。一是"阅美万家"2020 新年诗会及中华文化展。新年诗会以情景剧贯穿全程，以"古风、新雅、国颂"为主题，由少儿、青年、中年、老年读者带来诗文诵读表演；中华文化展为在八角轩文化展厅举办的"感受文字魅力 弘扬中华文化——殷商文化甲骨文学习普及巡展·长春站"。二是"纳福贺岁"写赠迎春贺新寄语活动。包括"墨香蕴年味"书法家现场写赠春联、福字，"阅享福年"拍摄全家福，设置"迎春贺新"寄语树。三是"启卷迎新"新书首借、现场签赠活动、绘本讲读活动。"启卷迎新"新书首借以"喜阅——你选书，我采购"活动为依托，面向各类读者群体，针对性地选择全新图书，供读者第一时间借阅，倡导以开启一本新书作为迎接新年的仪式之一；儿童文学作家见面会及现场签赠活动，邀请郝天晓、窦晶两位省内儿童文学作家携新作到馆，举办读者见面会，并现场为读者签名赠书；"鼠"不尽中国故事绘本讲读活动，邀请"小树苗"故事会的绘阅专家为小读者讲读年文化主题的绘本故事。四是"数字书香"数字阅读体验活动。活动选取滑雪、年俗等主题，通过 VR 设备、智能合成设备等带来数字阅读体验，并进行电子阅读资源的推介，为现场读者提供新颖体验服务。另外，活动采取图片直播技术，只

长春市图书馆 2020 年"年滋年味"传统年俗体验活动现场

需手机扫描二维码即可为关注活动的读者和媒体在线展示高质量现场活动图片，为不在现场的读者提供实时关注活动现场的途径。五是"年滋年味"传统年俗体验活动。邀请民间艺人在活动现场摆设摊位，为读者提供满族剪纸、泥人制作、糖人制作、绳艺、葫芦画等现场观摩和体验内容，大家可以亲自动手制作或进行品尝，零距离感受原汁原味的传统年俗。

1月19日，"小树苗"亲子手工坊活动邀请15组家庭走进图书馆，了解中国的传统文化，一起包饺子，共同迎接新春佳节的到来。

1月19日，图书馆举办"墨韵丹青"书画艺术老年读者沙龙——"鼠鼠生风　联联送喜"新春赠楹联特别活动，现场为到馆老年读者写赠春联。

1月20日，图书馆开展"幸福过大年，春节送温暖"文化助盲志愿服务。书刊流通部副主任郭旭和馆员苗林为视障读者送去读者证和"阳光听书郎"智能听书机，就智能听书机的各项功能和操作要领进行讲解，并代表图书馆送去新春祝福，还就图书馆视障服务征询意见。

1月20日，副馆长路维平带领后勤保障部、物业及相关人员对铁南分馆、铁北书库进行安全检查。

1月21日，副馆长朱亚玲、路维平、常盛及馆内相关安全负责人对图书馆各阅览区、书库、各部门办公室、机房、消防水箱等部位进行全面的安全检查，对排查出的安全隐患即查即改，并敦促相关部门将工作落实到位。馆领导要求，各部门必须高度重视春节期间的安全生产工作，值班人员要加强巡视，做好记录，发现问题及时处理、及时上报，有效防范各类安全生产事故，确保节日期间馆舍安全运行。

1月21日，长春市文化广播电视和旅游局党组成员、副局长王立，公共服务处处长朱向阳等一行3人到图书馆检查安全生产工作及文化活动情况。图书馆党委书记、馆长谢群，副馆长路维平及相关安全负责人陪同检查。

1月23日，85岁的董荫麟老人创作的一幅全长9米、宽60厘米的国画长卷《2020灵鼠献瑞图》在图书馆老年读者阅览室展出。

1月24日，为全力做好新型冠状病毒肺炎疫情联防联控工作，避免人流聚集导致的传染风险，经过慎重研究，图书馆决定临时闭馆（含24小时自助图书馆、汽车流动图书馆），各类读者活动延期开展。

1月，第二十二届"不忘初心　同书康景"有奖春联征集活动成功举办，共收到来自全国28个省（自治区、直辖市）、香港特别行政区以及海外的364位春联作者的

1 634副作品。最终评出优秀春联100副，其中一等奖3副，二等奖25副，三等奖72副，获奖作者共计92位。

1月，长春市教科文卫体工会授予图书馆2019年度"长春市教科文卫体系统先进职工之家"称号，耿岱文被评为2019年度市教科文卫体系统优秀工会干部。

2月5日，图书馆微信公众号推出《以"读"攻"毒"战"疫"特刊》，为读者推荐《新型冠状病毒感染防护》等5种图书。

2月8日，图书馆在微信公众号举办"闹春图"线上元宵节游园会活动，让市民足不出户，在家科学防疫"闹"元宵。活动包含三部分内容：一是"祈愿武汉"，大家共同抒写心中话语，为武汉祈福、为祖国加油。二是"有奖猜谜"，既有传统灯谜，又富含各类知识，涵盖字谜、成语、科学常识、生活妙招、文学知识、养生保健等多个方面，更添设"战'疫'20问"答题闯关环节。三是"线上庙会"，用短视频的形式将市民带入庙会，教授大家滚汤圆、剪窗花、做灯笼、写"春"字，参观泥塑、葫芦烙画、铁线、醒龙等民俗手工艺的制作，聆听专家讲解灯谜。

2月9日至2月12日，以"墨韵丹青　书画寄情"为主题的书法、绘画作品网上征集活动开展，共收集45幅书画作品，向奋战在抗疫一线的人们致敬。

2月12日，办公室主任、党员陆阳下沉到宽城区东广街道黄河路北社区抗疫第一线，全力支援抗疫工作。

2月15日，图书馆向武汉市汉阳区图书馆捐赠医用防护物资，包括一次性医用口罩1 000个，医用PVC检查手套1 000副，一次性雨衣500件。

图书馆向武汉市汉阳图书馆捐赠防护物资

2月19日，"方寸时光·书友会"举办线上读书会，主题为"宅家战'疫'学乐观——田野老师陪您读《苏东坡传》"，活动嘉宾为吉林省全民阅读协会常务理事、书香吉林讲书堂副秘书长田野。

2月25日，副馆长姚淑慧和党委办公室主任李莹波带着医用防护物资来到朝阳区永昌街道惠民社区，送到一线社区工作人员手中，表达对一线工作人员的敬意和对疫情防控工作的大力支持。

2月28日，"方寸时光·线上书友会"举办线上书友会，邀请吉林省全民阅读协会会长赵云良为大家分享《一部不得不读的大百科全书——新冠疫情时期的阅读》，共有50余名书友在线参与。

2月，"义务小馆员"志愿服务项目被全国学雷锋志愿服务"四个100"先进典型宣传推选活动组委会推选为最佳志愿服务项目。

3月1日，《长春记"疫" 大爱无疆——长春市图书馆向社会各界征集抗"疫"资料》公告发布，即日起图书馆公开征集反映长春抗击疫情工作情况、抗击疫情人物与事迹的相关资料。全年共征集各类抗击疫情文献资料2 400余件。

3月4日至3月8日，图书馆开展"绘阅"线上故事会和"书悦之声·小小朗读者"线上朗读活动，通过生动的故事和孩子们的朗读"颂"上最美的篇章，为伟大的妈妈献上"云祝福"。

3月6日，图书馆举办线上"女神节"专场读书会，为女性送上节日的祝福。读书会上，特别邀请吉林省全民阅读协会副秘书长赵淑丽与40余名书友一同分享《人生不设限》一书，畅谈当下女性的工作、生活、心理健康。

3月7日，"小树苗"绘阅线上亲子故事会以"春风十里 故事和你"为主题开展活动，讲述《皮埃尔摘月亮》。

3月11日，图书馆正式恢复开馆，采取限时限流预约服务。

3月11日，吉林省文化和旅游厅副厅长张辰源，吉林省图书馆馆长赵瑞军、副馆长宋艳，长春市文化广播电视和旅游局副局长王立、公共服务处处长朱向阳一行到图书馆视察参观。馆长谢群陪同参观。

3月14日，图书馆组织馆员收看线上培训讲座。讲座由中国科学院国家科学图书馆编辑出版中心主任初景利主讲，题为《高水平学术论文的主要特质——国情论文选题、写作与投稿》。

3月27日，为进一步强化疫情防控期间人员流动管理，图书馆试启动入馆扫一扫

"吉祥码"服务，并于 3 月 30 日正式启用。凡入馆读者，须凭读者证预约后扫一扫"吉祥码"入馆，实现"一人一档"精准管理和服务，有效规避区域人员集聚风险。

3 月，图书馆被中国图书馆学会评选为"2019 阅读推广星级单位"。

3 月，图书馆举办"阅'战'三月　爱传'疫'消"线上系列活动，开展 6 大类 22 项线上阅读推广活动，陪伴大家阅"战"三月，让爱传递，共消疫情。

3 月，根据上级人社部门对事业单位工作人员年度考核工作的要求，按照《长春市图书馆 2019 年度考核评优方案》部署，经各部门推选、馆领导班子审议，确定 2019 年度考核优秀人员 45 人，具体名单如下：谢群、陆阳、刘怡君、安山山、李岩峰、郭旭、赵婷、王彦萍、王英华、陈岳华、李小北、田久计、冯小伟、杨道伟、刘劲节、程华、李欣、袁春雁、李娜、房寂静、苗林、张文婷、张弛、李春娜、马贺、景丽萍、杨坤、孙玲、杨屹、马丽、亢吉平、孙金星、沈阳、王嘉雷、张昭、耿岱文、郝欣、胡冰清、张海峰、王春雨、孙丽红、王艳立、许皓涵、赵星月、刘群。

4 月 1 日，图书馆举办"愿你·莫负读书时"2020 年国际儿童图书日线上活动，最终有 27 名小读者完成阅读马拉松活动的全部环节。

4 月 2 日，图书馆举办《时代广场的蟋蟀》线上直播分享会，共有 200 多人参加。本次活动是图书馆"国际儿童图书日专题"系列活动之一。吉林师范大学硕士研究生导师、长春市星火计划领读者李艳葳受邀与"宅"在家里的同学们一起"云共读"。

4 月 2 日至 3 日，在"国际儿童图书日"来临之际，图书馆举办"童之趣书之光"活动，邀请台湾资深儿童文学作家方素珍、当代儿童文学作家薛涛、儿童阅读推广人孙慧阳等 6 位儿童文学大咖通过上线录播的方式，开启阅读嘉年华。

4 月 5 日，"美韵诵春礼赞生活"线上诗歌朗诵大赛在喜马拉雅平台正式上线，开放时间为 4 月 5 日 0：00 至 4 月 11 日 24：00，面向广大读者征集以礼赞春天、描绘春城、赞美家乡、歌颂祖国、讴歌新时代、传递正能量为核心内容的优秀诗歌朗诵作品。

4 月 13 日，图书自助分拣系统正式上线，单日可处理图书近 10 万册，最大程度上节约人力成本，为读者提供全自助式的查询、还书服务。

4 月 14 日，图书馆开展"战疫岁阅·优享书香"专属阅读服务活动，为长春市中心医院的援鄂医护人员准备特殊礼物，其中包含专属纪念读者、免押金借阅图书、免费"U书到家"、书店荐购优先选、数字资源下载、参考咨询个性服务、读者活动优先预约、外出活动优先点单、优先参加爱贝阅读计划、预存服务积分、绿色通道优先入馆等。同时向医院捐赠 200 册阅读普及读本及推广刊物用于医院公共书角建设。双方还签署了共建合作意向书，此后，长春市中心医院的医护人员会走进图书馆向读者分享抗疫故事，普及医疗卫生知识，开展志愿服务。图书馆也会开展"书香医院"建设项目，开展团体借阅、阅读分享、文化慰问等服务。

4月15日，图书馆深入长春市人民医院、长春市中医院、吉林省中医院三家单位，为抗疫先锋赠送满溢书香的厚礼。

4月17日，图书馆因计划停电，临时闭馆一天。

4月23日，图书馆增加读者证可借阅的图书借阅数量，普通读者证图书借阅数量由原来可借5册增至10册；信用读者证由原来可借3册图书升为5册；老年读者证取消100元押金，免费办理。

4月23日，图书馆举办《长春记"疫"大爱无疆——长春图书馆抗"疫"资料征集成果展》线上展览，展出由长春市委市政府、长春市疾控中心等医疗机构，长春市作家协会等社会组织、社区和个人捐赠的部分文献资料。

4月24日，图书馆推出"好书无界'云尚'换书"活动。由15名书友利用即时通信工具和网络视频会议形式，通过线上交流，共同分享自己喜欢的图书，并在线下进行邮寄互换，这样一来足不出户就可换到自己心仪的书籍。

4月28日，副馆长路维平带领后勤保障部、物业公司及相关人员所组成的检查组对总馆、铁南分馆、铁北书库进行专项检查。

4月29日，长春市文化广播电视和旅游局公共服务处处长朱向阳等一行到图书馆进行新冠疫情防控检查。

4月，图书馆举办"美韵诵春　礼赞生活"线上诗歌朗诵大赛。在作品提交阶段共收到青成组、少儿组（16周岁以下）两个组别作品共计1 370首。经过初评、终评，最终两个组别各评选出一等奖3名、二等奖5名、三等奖10名及优秀奖、优秀组织奖、优秀指导教师奖若干。入围的优秀作品制作成专辑于4月23日发布，并集中在喜马拉雅、抖音、微信公众号等新媒体平台进行展示。

4月，图书馆开展以"让阅读滋养心灵"为主题的阅读推广系列活动，包括惠民活动、国际儿童图书日专题、讲座沙龙、资源推介等8大类42项"云"活动。

4月，图书馆被全国妇联家庭和儿童工作部授予"全国家庭亲子阅读体验基地"称号。

5月9日，图书馆通过钉钉云课堂直播举办"长图雅音"音乐公益培训课程，突破疫情对人们空间行动的限制，满足市民对于音乐学习的需求。

5月13日，办公室组织全体员工在文化讲堂、交流培训室和五楼多功能厅进行业务交流与培训，并同时开展线上直播。副馆长姚淑慧做2020年业务培训动员讲话，之后由研究辅导部林忠娜以《2020年图书情报热点》为题作首场讲座。

5月15日，"长春市图书馆2020年度干部能力提升培训班"开班仪式在文化讲堂举行。长春市文化广播电视和旅游局干部人事处处长宋洪阳应邀出席开班仪式。馆领导班子全体成员、新任中层干部和党务工作者46人参加此次培训。中共长春市委党校原教授王健为培训班做题为《加强政治建设，增强斗争本领，争做一名优秀的青年干部》的首场讲座。

5月16日，由图书馆联合吉林省盲人协会、长春市残疾人联合会、《长春晚报》、长春心语志愿者协会共同举办的"凝心聚力·为爱发声"残障读者朗诵比赛圆满落下帷幕，最终评出一等奖2名、二等奖4名、三等奖6名以及优秀奖30名。

5月19日，图书馆预约入馆系统改版，实现"零接触"防疫信息收集。

5月20日，办公室组织全体员工观看中国科学院国家科学图书馆编辑出版中心主任初景利主讲的《从智能图书馆到智慧图书馆》讲座视频。

5月20日，图书馆党委办公室组织全体中层干部、党务工作者在文化讲堂、交流培训室以视频直播形式进行干部能力提升培训。由中共长春市委党校哲学教研部教师路琳娜主讲《抓好"三会一课"、提升基层党支部组织力》。长春市文化广播电视和旅游局机关党支部书记、局直属单位党组织书记参加此次培训。

5月21日，长春市文化广播电视和旅游局公共服务处宋煜锟、杨威娜一行到图书馆进行疫情防控、安全生产和稳定工作检查。

5月21日，宽城区土地征收中心主任于雷、征收三部部长李东权代表宽城区政府到图书馆征询、处理铁南分馆地块征收需要明确解决的问题。馆长谢群、副馆长路维平、后勤保障部主任安山山、计划财务部主任徐琪接待。

5月22日，图书馆党委办公室组织全体中层干部、党务工作者在文化讲堂进行干部能力提升培训，观看江苏师范大学辛建华主讲的《公文写作》视频。

5月28日，图书馆"党员志愿服务队"十余名志愿者与永昌街道惠民社区，共同开展维护公共环境卫生、居民楼道消杀等活动。

5月29日，图书馆与宽城区政府签订《固定资产交接及有关问题确认书》及《关于对市图书馆铁北分馆排危修缮有关事宜的备忘录》。

5月，"抗'疫'有情服务随行"图书馆服务宣传周主题活动上线。同时，通过图书馆微信公众号、微博、网站发布图书馆最新电子版服务手册。电子版服务手册通过"久心阅伴""数悦千翻""万卷一城""众阅百味"板块全面介绍图书馆的传统服务、数字服务、特色服务、品牌活动等4大类54项服务。

6月1日，图书馆举办"城市热读·国际儿童节"专场讲座线上回放活动，特别回顾由作家、吉林省委政研室决策咨询研究所所长、研究员陈晓雷老师主讲的《当今少年儿童文学的创作及其发展趋势》。

6月2日，新馆员开始为期5天的入职培训。

6月2日，图书馆召开在精神文明创建活动中深入开展爱国卫生运动动员大会，同时开展党员主题党日活动——垃圾分类知识讲座，邀请长春市垃圾分类培训讲师现场授课，全体职工、物业负责人参加培训。

6月3日，办公室组织全体员工在文化讲堂、交流培训室和五楼多功能厅进行业务交流与培训，参加由策划推广部主办的论坛，主题为《长春星火阅读燎原——"长春星火阅读计划"领读者阅读推广实践》。培训同时进行线上直播。

6月3日，党务干部培训课程在图书馆文化讲堂举办，由中共吉林省委党校主任丁彬主讲《领导者科学决策能力与领导艺术》，馆领导班子、中层干部及党务工作者参加培训。

6月5日，党务干部培训课程在文化讲堂举行，由副馆长朱亚玲主讲《图书馆科研工作与学术热点》，领导班子、中层干部参加培训。

6月5日，图书馆在文化讲堂举行关于图书馆开展"学条例、抓落实、促提升"活动动员会，各党支部支委参会。

6月9日，图书馆与中国科学院长春分院共同举办的"传承历史、践行率先、砥砺奋进——中国科学院长春分院历史沿革与重大成果主题展"在八角轩文化展厅展出。

6月10日，办公室组织全体员工在文化讲堂、交流培训室和五楼多功能厅进行业务交流与培训，参加由书刊流通部主办的论坛，主题为《假如给我三天光明——"温暖时光"文化助残服务》。培训同时进行线上直播。

6月10日，图书馆党委办公室组织馆领导班子、中层干部在文化讲堂举办干部能力提升培训，由副馆长路维平主讲《在公共图书馆安全生产消防工作中的思考与实践》。

6月17日，办公室组织全体员工在文化讲堂、交流培训室和五楼多功能厅进行业务交流与培训，线上直播同步开启，由长春市心理医院抑郁症诊疗中心主任燕利娟主讲《压力管理与应对策略》。

6月18日，"2020年度长春地区公共图书馆馆长工作研讨会"在图书馆新会议区举办。馆长谢群、副馆长朱亚玲、研究辅导部以及长春地区各县（市、区）图书馆馆长、相关负责人等30余人参加会议，副馆长朱亚玲主持会议。

6月19日，图书馆党委办公室组织馆领导班子、中层干部在文化讲堂举办干部能力提升培训，由副馆长常盛主讲《互联网语境下的图书馆创新与发展》。

6月22日，青少年读者工作部主任孟静作为吉林省十一次党代会基层代表列席中共吉林省委十一届七次全体会议，并在分组讨论中发言，介绍图书馆疫情防控及发展建设相关情况。

6月24日，副馆长路维平带领图书馆党委办公室、后勤保障部、物业公司及相关人员所组成的检查组对总馆及铁南分馆进行专项检查。

6月27日，图书馆邀请长春市妇产医院业务副院长陈鸣鸣做客腾讯会议直播间，举办"爱贝阅读线上系列讲座"活动，为广大家长提供儿童营养和健康方面的专业指导。

6月28日，"2020长春市民读书节活动信息发布会"在图书馆文化讲堂举行。发布会由副馆长常盛主持，长春市文化广播电视和旅游局公共服务处处长朱向阳对"2020长春消夏阅读季暨市民读书节"进行综合发布，馆长谢群对重点活动进行解读。

6月29日，长春市文化广播电视和旅游局纪念中国共产党成立99周年暨创先争优表彰大会在长春市群众艺术馆剧场举行。图书馆第三党支部被评为先进基层党组织；姚淑慧、齐红星荣获优秀党务工作者称号；王英华、耿岱文、孟静、刘彩虹、王嘉雷、赵星月、安山山荣获优秀共产党员称号。

6月30日，2020长春市民读书节在图书馆院内正式开幕，发布《长春市民读书节市民荐读书目》，"长春星火阅读计划"领读者代表领读《市民阅读倡议书》，举办"书醒"书包全城首发活动。同时，在全城同步开启各类阅读活动。开幕式后，由图书馆携手《长春晚报》共同打造的"城市热读·夜论坛"首场活动也与市民见面，论坛以"不一样的90后"为主题，邀请3名有代表性的90后"抗疫"英雄，以人物访谈的形式讲述"抗疫"故事。

"城市热读·夜论坛"首场活动:"不一样的90后"

6月,2020长春市民读书节活动拉开帷幕。本届长春市民读书节由中共长春市委宣传部、长春市文化广播电视和旅游局主办,由长春市图书馆、长春市少年儿童图书馆、各县(市、区)文化和旅游局承办,由各县(市、区)图书馆协办。活动以"书香长春·都市风尚"为主题,从6月30日至10月11日历时104天。读书节由开幕式和"吾阅吾城""吾讲吾城""吾行吾城""吾爱吾城"四部分组成,在全市开展130项阅读推广活动。此次读书节突出"三化四结合"的特点,"三化"指全城化、全民化和全媒化,"四个结合"指线上与线下结合、供给与需求结合、集中与常态结合、阅读与生活结合。

6月,图书馆被吉林省图书馆学会授予2019年度"全民阅读先进单位"称号。

7月1日,办公室组织全体员工在文化讲堂、交流培训室和五楼多功能厅进行业务交流与培训,由吉林大学管理学院教授黄微主讲《融合与重构:智能技术+智慧服务》。

7月2日,为进一步满足广大读者的借阅需求,按照新冠疫情防控总体要求及部署,图书馆恢复夏季开馆时间,继续实行限流预约服务措施。

7月8日,办公室组织全体员工在文化讲堂、交流培训室进行业务交流与培训,参加由采编部主办的论坛,主题为"纸电同步趋势下公共图书馆读者决策采购服务的探索与实践:'喜阅——你选书,我采购'的理论基础与发展趋势"。

7月13日,长春市文化广播电视和旅游局机关党委联合机关纪委调研工作组王欣、刘爽、焦向宇到图书馆进行党建综合检查。

7月15日,办公室组织全体员工在文化讲堂、交流培训室进行业务交流与培训,由新媒体服务部主任谢彦君主讲《新媒体矩阵使用指南》。

7月15日，图书馆举办党员领导干部讲党课专题学习活动，由馆党委书记、馆长谢群作《庆祝建党99周年专题学习：习近平总书记关于党史国史的重要思想》专题辅导报告，全体党员参加。

7月18日，由中共长春市委宣传部、长春市文化广播电视和旅游局主办，图书馆、《长春晚报》共同承办的"2020长春市民读书节——城市热读·夜论坛"第二场活动在长春市规划展览馆举办，李学亭等6位嘉宾围绕"小康点亮生活"与市民一起畅聊不同人心中的小康生活。

7月18日，由中共长春市委宣传部、长春市文化广播电视和旅游局主办，长春市图书馆、长春市少年儿童图书馆承办，各县市区图书馆及在长各大书店共同协办的"仲夏夜换书大集"在图书馆庭院内启幕，即日起至8月8日，每周六16：00—20：30在图书馆庭院共举行4场换书活动。"长春市民换书中心"于同日正式成立，长春市文化广播电视和旅游局副局长吴疆为"长春市民换书中心"揭牌。换书中心将常年为市民提供换书服务。

"仲夏夜换书大集"现场

7月18日，首场"阅读步步高·阅读大冲关"活动在长春水文化生态园内拉开帷幕。活动集知识性、趣味性、参与性于一体，是以国学知识、文学常识等内容作为赛题，由参赛选手现场报名参与闯关的综合文化活动。

7月22日，办公室组织全体员工在文化讲堂进行业务交流与培训，收看纪录片《但是还有书籍》。

7月23日，图书馆党委办公室联合研究辅导部开展"送书进军营"活动。活动选派党员代表和退伍军人代表 10 人前往某部队和中央军委审计署长春审计中心开展"送书进军营"活动，向两家单位各赠送 1 000 余册图书。中国人民解放军某部队向图书馆赠送锦旗，对图书馆开展八一慰问、送书进军营、协助建设部队图书室等文化拥军活动表示诚挚谢意。

7 月 26 日，"长春星火阅读计划"领读者 2020 首场线下阅读推广活动在长春市新华书店重庆路店二楼阅悦书吧（"长春星火阅读计划"领读者阅读推广基地）举办，本场活动由"长春星火阅读计划"领读者、吉林省肿瘤医院主任医师、结直肠胃腹部肿瘤外二科副主任、外科学博士池诏丞主讲，主要介绍了胃肠道疾病预防基本知识和达芬奇机器人的相关情况。

7 月 30 日，青少年读者工作部主任孟静作为吉林省十一次党代会基层代表列席中共长春市委十三届九次全体会议。

7 月，图书馆在吉林省文化和旅游厅、吉林省教育厅、中国共产主义青年团吉林省委员会、吉林省人力资源和社会保障厅、吉林省图书馆（吉林省少年儿童图书馆）、吉林省中小学德育工作办公室组织的"吉林省第十届农民工子女书画精品展"中荣获"最佳组织奖"。

7 月，在"2020 年中国图书馆学会学术论文和业务案例征集活动（中国图书馆年会征集）"中，姚淑慧、刘怡君、李超、许浩涵的《长春星火阅读燎原——"长春星火阅读计划"领读者阅读推广项目案例》入选一等案例名单；朱亚玲、丁文伍的论文《公共图书馆的融合服务与创新——以长春市图书馆"城市阅读书网"为例》入选二等论文名单；丁文伍、林忠娜的论文《公共文化空间运行机制的实证探索——以长春城市书网为例》，刘姝旭、于雅彬的论文《关于重大突发公共卫生事件中公共图书馆应急信息服务的研究与思考——以长春市图书馆为例》，赵星月的论文《浅议公共图书馆与公众人文素养培训》，王英华的论文《公共图书馆少儿阅读推广社会合作模式研究》，孙一平的论文《朗读无国界·倾听世界的声音——以长春市图书馆少儿经典阅读推广项目"朗读无国界"为例》，牟燕的论文《公共图书馆开放模式下读者座位共享的实践与思考》入选三等论文名单。

8 月 5 日，办公室组织全体员工在文化讲堂、交流培训室进行业务交流与培训，由青少年读者工作部胡冰清主讲《图书馆通识教育在青少年读者活动中的探索和尝试》，办公室赵星月主讲《公共图书馆导读类馆刊与阅读推广》。

8 月 6 日，吉林省公主岭市图书馆馆长韩冰等一行 4 人到长春市图书馆参观并对接工作。副馆长姚淑慧、朱亚玲、路维平参加此次对接活动。

8月7日，为贯彻落实长春市文化广播电视和旅游局《关于在全局开展爱国卫生"周末卫生日"活动的通知》文件精神，图书馆集中开展卫生清洁大扫除活动。

8月9日，"长春星火阅读计划"领读者线下阅读推广活动在长春市新华书店重庆路店（"长春星火阅读计划"领读者阅读推广基地）举办，本次活动邀请"长春星火阅读计划"领读者刘卓主讲《下肢动脉硬化闭塞症、下肢静脉曲张》专题讲座。

8月9日，"2020长春市民读书节——城市热读·夜论坛"第三场活动在长春欧亚新生活购物广场举办，主题为"小康源自奋斗"。

8月9日，由吉林省图书馆学会阅读推广委员会指导，长春市图书馆主办的"第二届长春市绘本阅读优秀讲读人大赛"在长春市新华书店红旗街店（"长春星火阅读计划"领读者阅读推广基地）正式启动，并举办第一场。

8月12日，办公室组织全体员工在文化讲堂进行文明礼仪服务专题培训，观看由湖南大学播音系教授袁涤非主讲的公开课《现代礼仪》。

8月16日，办公室组织全体员工在文化讲堂、交流培训室进行业务交流与培训。由东北师范大学信息科学与技术学院副院长、管理学博士魏来教授主讲《智慧图书馆与智慧服务实现的几点思考》。

8月16日，"第二届长春市绘本阅读优秀讲读人大赛"第二场线下讲读比赛在图书馆吉阅七舍阅书房举行。

8月20日，"第二届长春市绘本阅读优秀讲读人大赛"第三场线下讲读比赛在长春吉大附中力旺实验学校小学部举行，本场比赛的选手均来自吉大附中力旺实验学校小学部老师。

8月22日，万科向日葵小镇阅书房正式启用，对市民免费开放。这是图书馆与万科集团合作建设的省内面积最大、绘本品种最全、空间环境最美的主题分馆。

8月23日，由图书馆、长春世界雕塑园、长春市残疾人联合会、吉林省盲人协会和长春市盲人协会共同举办的"触摸文化脉络·聆听自然风俗"视障读者室外体验活动在长春世界雕塑园内举行。图书馆副馆长朱亚玲、省盲协主席王琦、市盲协主席楚洪波参加此次活动。

8月30日，"第二届长春市绘本阅读优秀讲读人大赛"第四场线下讲读比赛在图书馆青少年读者工作部四楼活动厅举行，本场比赛的九名小选手均来自长春市朝阳区明德小学校。

8月30日，图书馆开展"方寸时光"线下书友会，由中国联通吉林省分公司产业互联网中心产品规划师张东旭主讲《好马配好鞍：5G+物联网》。

8月30日，图书馆"心视觉"影院讲述电影欣赏活动2020年首场影片开播，本场讲述爱国主义题材影片《我和我的祖国》。

8月31日，办公室组织全体员工在文化讲堂举行长春市图书馆专业技术职务层级晋升民主测评会。

8月，全省宣传推选学雷锋志愿服务先进典型活动组委会授予图书馆学雷锋志愿服务队"吉林省优秀志愿服务组织标兵"荣誉称号。

9月2日，办公室组织全体员工在文化讲堂进行业务交流与培训，参加由文化项目发展部主办的论坛，主题为"以读者需求为导向、传播科学文化知识——长图公益课堂的回溯与展望"。

9月4日，"第二届长春市绘本阅读优秀讲读人大赛"在长春吉大附中力旺实验学校完美收官，本场比赛由10位力旺实验幼儿园的幼师和13位力旺实验学校学生共同参与。

9月7日，长春市市长张志军就"十四五"规划设计来图书馆实地调研视察。副市长贾丽娜，市政府秘书长赵显，市委宣传部常务副部长姜元生，市文化广播电视和旅游局局长曲笑和市政府办公厅、市文化广播电视和旅游局有关人员陪同调研。

9月9日，办公室组织全体员工在文化讲堂召开长春市图书馆专业技术职务等级晋升民主测评会。

9月9日至11日，馆长谢群赴北京参加由国家图书馆举办的"学习贯彻习近平总书记给国图老专家回信精神一周年座谈会"。

9月14日，吉林省人大常委会副主任车秀兰率省人大常委会执法检查组，就长春市《公共文化服务保障法》贯彻实施情况到图书馆实地调研检查。省人大常委会委员、教科文卫委员会主任委员邱志方，省人大常委会副秘书长王锋，省人大教科文卫委员会副主任委员姚树伟，省文化和旅游厅副厅长张辰源，省广播电视局副局长卢国栋，省人大常委会委员、法制委员会副主任委员、省科协副主席、党组书记林天，长春市人大常委会副主任甘琳，长春市人大教科文卫委员会主任委员宫国英，长春市文化广播电视和旅游局局长曲笑等有关人员陪同调研。

9月16日，办公室组织全体员工在文化讲堂进行业务交流与培训。由计财科李小北主讲《财务报销流程及政府采购流程工作细则》、参考咨询部范朦予主讲《公共图书馆政府舆情服务研究》。

9月17日，图书馆党委结合"不忘初心、牢记使命"主题教育活动，对图书馆4名离休党员干部进行走访慰问，送上党组织的关怀与节日的祝福。慰问活动由副馆长路维平、常盛带队，党委办公室4名馆员陪同。

9月19日，2020长春市民读书节颁奖活动在图书馆庭院内举行，62个先进个人、21个单位团体获得"优秀领读者""借阅之星""读书小状元""优秀文化志愿者及团队""城市阅读书网优秀服务点""市民读书节优秀组织单位及先进个人"等荣誉称号。市民读者、领读者代表、志愿者代表、各级图书馆馆员代表及媒体记者等百余人参与本次活动。图书馆荣获"2020长春市民读书节优秀组织单位"称号。

9月19日，"第二届长春市绘本阅读优秀讲读人大赛"优秀作品展演在文化讲堂举行。

9月20日，图书馆联合长春市残疾人联合会、吉林省科技馆举办视障读者室外体验活动，组织视障读者及家属、文化志愿者60余人走进吉林省科技馆，开启科技体验之旅。

9月20日，"2020长春市民读书节——城市热读·夜论坛"献礼国庆特别活动"致敬吉林力量"在长春世界雕塑园雕塑博物馆举行。长春市粮食和物资储备局副局长李北牧，吉林省粮食和物资储备局大米产业处处长张长城，吉林省松江佰顺米业有限公司董事长、长春市大米协会会长赵明柱，长光卫星技术股份有限公司数据中心三室主任朱瑞飞、副主任曲春梅和空间环境研究室热控技师周涵宁做客夜论坛，在国庆节前夕以特殊的形式向祖国献礼。

9月23日，图书馆在文化讲堂召开馆领导干部任职试用期满民主评议会，对副馆长路维平进行任职试用期满考核。会议采取本人述职、民主评议、个别谈话等方式综合进行，长春市文化广播电视和旅游局干部人事处张晓光、杜小琳两人出席会议，全体馆员参加。

9月26日，图书馆与长春爱尔眼科医院联合举办"我是眼科小医生"研学活动。

9月28日，图书馆在五楼特藏文献查阅室举行杨庆祥先生向图书馆捐赠图书暨"敬贤书斋"揭牌仪式。吉林省高级人民法院领导、长春市文化广播电视和旅游局副局长吴疆、图书馆领导及读者参加这一活动。仪式上，长春市文化广播电视和旅游局副局长吴疆向杨庆祥先生赠送捐赠荣誉证书，长春市文化广播电视和旅游局副局长吴疆、图书馆馆长谢群为新装修的"敬贤书斋"揭牌。

9月28日，副馆长路维平带领后勤保障部、物业公司及相关人员所组成的检查组对总馆和铁南分馆进行专项检查。

9月30日，工会委员会组织图书馆50多名职工在长春世界雕塑园开展"文旅之行，健康生活"定位挑战赛。

9月，在共青团长春市直属机关工作委员会组织的"发现长春之美　竞展青春风采"抖音挑战赛中，数字资源部主任耿岱文荣获"最美人文奖"。

9月，举办"长春记'疫'　大爱无疆——长春市图书馆抗'疫'资料征集成果回顾展"，9月至10月在微信公众平台展示。

9月，典藏阅览部修复古籍《宦乡要则》《绣像两汉演义》共四卷，修复内容为在原有破损封皮的上面加封片以及重新订线。

10月3日，由馆长谢群、副馆长路维平、当日总值人员及后勤保障部相关人员组成的检查组对馆内安全生产工作进行专项检查。

10月14日，办公室组织全体员工在文化讲堂进行业务交流与培训，由网络技术部潘长海主讲《计算机与网络知识概述》。

10月15日，副馆长路维平代表馆领导班子主持召开安全生产专题会议，组织开展消防安全专项大检查。全体中层正职、馆内具体负责安全生产工作人员以及物业公司人员参会。

10月21日，办公室组织全体员工在文化讲堂进行业务交流与培训，参加由参考咨询部主办的论坛，主题为"新信息时代背景下参考咨询服务发展"。

10月23日，"2020年度长春市图书馆示范分馆管理员暨社区文化工作者培训"在文化讲堂举办，示范分馆和阅书房的50余位管理员参加培训。朱亚玲副馆长为获"一级图书馆分馆"荣誉称号的聚业社区分馆、花园社区分馆和玉鸟阅书房授牌。

10月28日，办公室组织全体员工在文化讲堂进行业务交流与培训，参加由数字资源部主办的论坛，主题为"数字资源在创新服务中的作用与思考"。

10月30日，办公室组织召开全馆干部职工大会，长春市文化广播电视和旅游局副局长袁继业、吴疆，干部人事处处长宋洪阳出席会议。会上宣读长春市文化广播电视和旅游局干部任免决定文件，金勇从2020年11月起担任长春市图书馆党委书记、馆长。会后，吴疆与馆领导班子在新会议区举行座谈。

11月4日，办公室组织全体员工在文化讲堂进行业务交流与培训，参加由青少年读者工作部主办的论坛，主题为"种阅读　助成长——长春市图书馆0—3岁婴幼儿阅读推广工作的实践研究"。

11月6日，图书馆理论学习中心组和各党支部分别开展专题会议，传达学习中国共产党第十九届中央委员会第五次全体会议精神。

11月9日，"长春市图书馆青少年阅读基地"揭牌仪式在长春市第一〇一中学（长春市商务旅游学校）多功能厅举行。副馆长姚淑慧、长春市南关区教师进修学校副校长潘文久、长春市第一〇一中学校长田鑫出席此次活动。

11月9日，长春市文化广播电视和旅游局联合图书馆开展"文广旅系统消防应急演练"活动。

11月11日，办公室组织全体员工在文化讲堂进行业务交流与培训，参加由典藏阅览部主办的论坛，主题为"涵养城市文化　保存长春记忆——"长春记忆"项目的探索与实践"。

11月13日，图书馆党委和长春中医药大学附属医院工会、团委联合举办"关爱职工送健康·爱心义诊在身边"主题党日活动。

11月17日，图书馆携"长春星火阅读计划"领读者何平及长春市新华书店重庆路店（"长春星火阅读计划"领读者阅读推广基地），一同向长春市第一看守所捐赠书刊800余册。副馆长姚淑慧、长春市第一看守所政委李承伟及相关工作人员参加此次捐赠仪式。

11月18日，图书馆在文化讲堂召开领导干部任职试用期满民主评议会，对副馆长常盛进行任职试用期满考核，采取本人述职、民主评议、个别谈话等方式综合进行，长春市文化广播电视和旅游局干部人事处的张晓光、杜小琳两人出席会议，全体馆员参加。

11月18日，由长春市文化广播电视和旅游局、通辽市文化旅游广电局主办，长春市图书馆、通辽市图书馆承办的"魅力长春　醉美通辽——双城美景图片展"在长春市图书馆开幕。中共长春市委常委、宣传部部长赵明出席并为展览启幕，长春市文化广播电视和旅游局党组书记、局长曲笑致辞，长春市文化广播电视和旅游局党组成员、副局长吴疆，通辽市文化旅游广电局副局长赵乌日塔，通辽市图书馆馆长王蒙，通辽市图书馆副馆长巴特尔及长春市文化广播电视和旅游局相关处室负责人出席开幕仪式。

馆长金勇主持"魅力长春 醉美通辽——长春通辽城市美景图片展"开幕仪式

11月19日，为落实《吉林省安委会办公室、省减灾委办公室应对冰冻雨雪天气安全提示》要求，妥善应对极端天气，做好防范工作，图书馆闭馆时间调整为12：00。

11月20日，第32届全国十五城市公共图书馆工作研讨会在厦门召开，图书馆各业务部门主任通过直播观看专家线上主旨报告，馆长金勇参加线上视频会议并发言。

11月20日，图书馆党委组织党员干部前往朝阳区永昌街道惠民社区，开展"党员干部下社区、清积雪、畅交通"志愿服务活动，副馆长姚淑慧及党员干部共16人参加此次活动。

11月22日，"蒙奇·行知空间"阅书房正式启用，向市民免费开放。

11月24日，在由韬奋基金会、中国书刊发行业协会指导，《图书馆报》主办的"2020年度影响力绘本馆征集活动"中，图书馆"绘阅"亲子绘本馆荣获"2020年度影响力绘本馆"称号。

11月24日至26日，馆长金勇应邀参加在北京召开的中国图书馆学会第十次会员代表大会。

11月27日至30日，副馆长朱亚玲赴嘉兴参加国家公共文化服务体系示范区公共图书馆创新发展研讨会。

11月，图书馆经复查合格，继续保持"全国文明单位"荣誉称号。

12月4日，"义务小馆员志愿服务项目"在"全省志愿服务优秀项目展"中荣获由中共吉林省委宣传部颁发的"最具潜力项目"奖。

12月5日，图书馆"长春星火阅读计划"理论导读组的领读者们来到长春联合书城，以宣讲党的十九届五中全会精神为主题，向广大市民普及志愿服务理念，庆祝国际志愿者日的到来。

12月10日，"第十五届文津图书奖"获奖图书在二楼展厅展出。

12月12日，"长春星火阅读计划"领读者阅读推广活动——健康科普系列讲座第五期举办，由长春中医药大学附属医院副教授郭毅讲解甲状腺相关知识及甲状腺疾病的预防和治疗。

12月18日，由朝阳区永昌街道办事处主办，惠民社区承办的"全民健身　魅力乒乓"乒乓球友谊赛在南湖街道湖东社区乒乓球室举行。图书馆党委组织8名队员参加此次活动，其中3名参赛队员获奖。

12月21日，由中共长春市委宣传部主办、图书馆协办的第四届"发现长春之美"暨"全面小康·魅力之都"主题摄影展在二楼展厅展出。

12月23日，"都市冰雪阅美启航"长春冰雪阅读季系列活动新闻通气会在图书馆新会议区举办，会议通报长春冰雪阅读季系列活动情况，与媒体就宣传推广事宜进行座谈交流。长春市图书馆馆长金勇、副馆长姚淑慧，长春市少年儿童图书馆副馆长陈晓梅，两馆相关人员及在长新闻媒体记者参会。

12月23日，"戏剧春秋艺苑菁华——长春戏剧、戏曲、曲艺、杂技艺术名人展"在图书馆八角轩文化展厅举办。

12月26日，"长春星火阅读计划"领读者阅读推广系列活动在长春市新华书店重庆路店举办，由"长春星火阅读计划"领读者、优秀绘本阅读推广人陶然带来《温妮过冬》绘本故事会。副馆长姚淑慧、新华书店经理夏远达出席本次活动，活动吸引40多位小朋友及家长参与。

12月28日，中共吉林省委宣传部志愿服务处副处长孙晓雪率全省学雷锋志愿服务先进典型考核组，就图书馆志愿服务工作情况进行实地考察。副馆长姚淑慧陪同考察，在座谈中汇报图书馆学雷锋志愿服务工作整体开展情况。

12月28日，在长春市司法局开展的"法制宣传教育示范基地创建活动"中，图书馆被命名为"长春市法制宣传教育示范基地"。

12月29日，"长春市图书馆绘本阅读研究项目基地"揭牌仪式在长春市三之三陇上国际幼儿园举行。图书馆青少年读者工作部负责人孟静、长春市三之三教育集团董事长柳坤出席本次活动，长春市三之三教育集团旗下的各幼儿园园长及老师代表参加。

12月30日，为认真贯彻落实长春市文化广播电视和旅游局《关于做好2021年元旦假期值班工作的通知》要求，坚守安全生产红线不放松，继续做好疫情防控工作，确保元旦期间图书馆安全、有序对外开放。馆长金勇、副馆长路维平带领后勤保障部、物业公司及相关负责人，对总馆的安全生产工作及疫情防控开展情况进行专项检查，对铁南分馆文物楼、临街历史风貌建筑等进行重点检查。

12月，长春冰雪阅读季活动举办，活动以"都市冰雪 阅美启航"为主题，在全市范围内共开展"长春记忆""冰雪嘉年华""辛丑迎新""分众阅读"四大板块140项线上线下多种形式的阅读推广活动。

是年，图书馆订购中外文图书6.4万种7.5万册；订购中外文报刊4 291种；接受捐赠图书979册。图书馆普通文献总藏量达335.5万册，电子图书达61.5万册；数字资源本地存储总量达到120TB。

是年，图书馆共接待读者57.2万人次；新办理读者证1.3万余张；全年外借各类普通文献52.9万册次，电子图书下载155万册次，远程数字资源访问量2 741万人次。全年编辑制作长春市文化广播电视和旅游局国际交流活动信息专刊《H文旅》1期，编辑《立法信息快讯》20期，面向长春市人大、长春市政府等单位提供课题咨询26项。全国网上联合参考咨询解答课题2万余条。

是年，根据新冠疫情发展的不同阶段，图书馆先后制定6版《长春市图书馆防控工作方案》，以指导全馆疫情防控工作。疫情期间，图书馆以线上联动开展阅读推广活动为主，在节日和重要时间节点，先后举办线上活动365场；全年共举办各类型读者活动546场次，参与人数51万人次，"长春星火阅读计划"领读者活动通过广播电台传播推广累计听众300万余人次。利用自媒体矩阵、钉钉云课堂及网络直播、短视频平台等进行活动推广和数字资源推介，全年网站访问量979万余次，移动端访问量1 155万人次，微信公众号阅读量205万次。

是年，图书馆新建标准化示范性分馆3家、阅书房2个；为各分馆配送图书3.4万册，联动基层分馆开展线上线下活动96项。对流动图书馆部分服务网点进行调整，全年开展服务193天，新办读者证457张，借还文献2万余册，服务9 000人次。

是年，图书馆组织开展馆员业务交流与培训共计19次。编印馆刊《品读》6期、季报《长图视窗》4期。

是年，图书馆被各类媒体报道总计达1 400余次。全年长春市图书馆自媒体共发文4 839篇，总阅读量达998万人次，长春市图书馆微信公众号积累粉丝10.6万人。

第二部分　专题发展史

一、党建工作

中国共产党长春市图书馆委员会（简称"馆党委"）共设有 5 个党支部，分别为第一党支部、第二党支部、第三党支部、第四党支部和离退休党支部。长春市图书馆内设党委办公室，负责全馆党务建设等工作。2011 年至 2020 年期间，馆党委和党支部多次荣获"先进基层党组织"称号。多名党员被上级领导部门评为"优秀共产党员""优秀党务工作者"。

（一）党组织发展建设

2012 年 12 月 1 日至 2020 年 10 月 31 日，谢群任馆党委书记、馆长。

2011 年 1 月 1 日至 2017 年 11 月 2 日，吴锐任馆党委副书记、纪检委书记、副馆长。

2020 年 11 月 1 日起，金勇任馆党委书记、馆长。

馆党委组织工作结构图如下图所示。

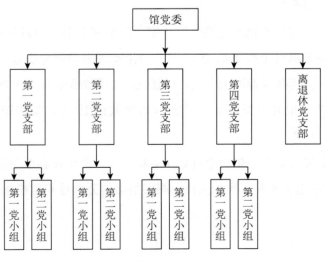

馆党委组织工作结构图

自馆党委建立以来，为确保其健康有序发展，图书馆不断建立健全党建工作制度，制定了一系列相应制度，包括《党委会议事决策规则》《党建工作责任制》《党建工作报告制度》《"三会一课"制度》《民主生活会制度》《民主评议党员制度》《党内监督制度》《党员谈话制度》《发展党员工作制度》《领导班子理论学习中心组学习制度》《党员学习制度》《党费收缴制度》《党风廉政建设责任制度》《荣誉体系建设暂行办法》《党员"督学""考学"制度》《党员领导干部联系和服务群众工作制度》《领导班子成员联系点制度》《长春市图书馆意识形态工作细则》《党务公开制度》《党内情况通报制度》《"三重一大"集体决策制度》等 21 项。

党支部是中国共产党的基础组织，是党的全部工作和战斗力的基础。"三会一课"制度是党的组织生活的基本制度，是健全党的组织生活，严格党员管理、加强党员教育的重要制度。"三会"即定期召开支部委员会、支部党员大会、党小组会，"一课"即按时上好党课。按照制度规定，馆党委会议一般每月召开一至两次，党内民主生活会一般每年召开一次，党支部党员大会每季度召开一次，党支部委员会每月召开一次，党小组会每月召开一次。领导班子理论学习中心组集中学习时间每月不少于半天，自学时间每天不少于一小时；党员每季度集中学习不少于两次，每次学习时间不少于两小时。

2020 年，为认真落实新时代党的建设总要求，进一步推动"学条例、抓落实、促提升"活动全面开展、持续深入，馆党委按照长春市文化广播电视和旅游局《基层党支部标准化建设三年提升行动》和《基层党支部星级达标创建活动实施方案》要求制定工作方案，通过开展星级支部建设，进一步推动基层党组织制度化规范化建设。2020 年初以来，馆党委指导支部完成换届改选、组织发展、队伍建设、档案标准化管理等工作，"对标对表"逐项落实《长春市文广旅局基层党支部星级达标创建量化表》66 项考核目标，通过支部自评、馆党委推荐、局党组验收和市直机关党工委考评，图书馆第一党支部被评为长春市五星级基层党支部，其他三个支部被评为长春市三星级基层党支部。支部标准化建设全面提升了图书馆党组织建设水平。

1. 建设学习型党组织

2009 年，中共第十七届中央委员会第四次全体会议提出建设马克思主义学习型政党的重大战略任务，强调要把各级党组织建设成为学习型党组织。2010 年 2 月，中共中央办公厅印发《关于推进学习型党组织建设的意见》，要求各地区各部门结合实际认真贯彻执行，建设学习型党组织。对此，馆党委高度重视，认真贯彻落实中央、省、市委关于全面开展创建学习型党组织活动的指示，于 2011 年 3 月至 4 月，以"践行理念，提升服务，保障群众阅读权益"为主题，召开动员大会，落实相关活动内容，号召并带领全体党员干部积极投身于创建学习型党组织活动。图书馆成立开展创建学习型党组织活动领导小组，组建领导小组办公室，馆党委领导亲自部署，周密安排，各基层党支部精心组织，扎实推进，设立党员活动室，开辟党员学习专架，建立"党员理论学习网络在线交流平台"，编辑创先争优活动简报，设立创先争优活动宣传栏，以一系列举措促进学习型党组织建设。

2011 年 5 月 10 日，长春市图书馆被中共长春市委宣传部、中共长春市委组织部评为"学习型党组织暨党员教育示范点"。

2011 年至 2020 年间，馆党委坚持将抓学习型党组织建设列为工作重点。一方面建设学习型领导班子。全体班子成员自觉把学习放在首要位置，积极开展中心组理论学习活动、阅读并学习相关必读书目，同时参加图书馆业务理论技能的培训和学习，提升自身政治、业务素养和知识水平。另一方面组织党员参加各类学习实践活动，努力提高党员干部思想道德素质。具体包括组织观看党的十八大、庆祝中国共产党成立 95 周年大会、党的十九大等，听取工作报告，学习领会文件精神；组织集中学习黄大年、郑德荣等同志的先进事迹，观看教育专题片、图文展；组织开展党员读书学习分享会、座谈会以及党建工作培训；组织开展"主题党日"活动，举办党建知识竞赛；开展为离退休党员"送学上门"活动，将学习资料送到离退休党员家中；等等。

2016 年 3 月至 12 月，长春市图书馆开展"两学一做"[①] 学习教育与解放思想大讨论活动。馆党委修订完善了"党员理论学习制度"，积极创建学习型领导班子、学习型党支部，通过理论学习中心组学习、党支部学习活动，在馆内打造浓厚的学习氛围。

2017 年，馆党委将加强理论学习、夯实队伍建设摆在重要位置，将党员干部的理论学习与"两学一做""一活动两行动"紧密结合，制订详细的学习计划与学习清单。各党支部在馆党委的领导下，严格遵守党员理论学习制度，开展多层次的理论学习研讨活动。按照长春市文化广电新闻出版局党组的学习部署方案要求，馆党委组织全体党员干部关注"中国政府网"微信公众号，安装"国务院"手机 App、"新时代 e 支部"学习 App，参与线上学习与答题测试，组织领导班子理论学习中心组学习，组织全体党员以党支部为单位开展"学原文"活动。同时，馆党委在全馆基层党组织中分层次组织开

---

① "两学一做"指学党章党规、学系列讲话，做合格党员。

展"领导干部讲党课"系列活动，馆长谢群代表领导班子，结合图书馆当前发展形势，以《学习十九大精神，做文化自信的践行者，推动图书馆文化惠民工程深入开展》为题为全体党员讲党课。此外，馆党委还充分利用图书馆网络及数字资源的优势，组织支部党员开展多种载体与形式的理论学习活动。例如，利用党员理论学习园地 QQ 群、微信公众平台、图书馆网站进行党建信息推送，让广大党员在学习工作之余潜移默化地接受党的教育、领会党的最新政策。这些举措有效推进了图书馆"两学一做"学习教育的常态化、制度化。同年 12 月 9 日，图书馆举办"新时代传习所"揭牌仪式以及首场讲座活动。"新时代传习所"的设立，不仅为馆内广大干部职工提供了理论学习课堂，也为广大读者搭建起新时代传播新思想的新平台、新阵地。

支部书记讲党课

2017 年 10 月 18 日，习近平总书记在十九大报告中指出，要在全党开展"不忘初心、牢记使命"主题教育，用党的新理论武装头脑，推动全党更加自觉地为实现新时代党的历史使命不懈奋斗。2018 年，馆党委全年开展以"不忘初心、牢记使命"为主题的"党建工作提升年"系列活动，包括党员理论学习、志愿服务、廉洁警示教育等 100 余项。2019 年，馆党委以"不忘初心、牢记使命"第二批主题教育为工作重点，带领全体党员认真开展理论学习、调查研究、问题检视、民主生活会等活动，全年共开展集中学习 21 次、开展主题实践教育活动 5 次、要求每天至少自学 1 小时，要求党员通过"学习强国""新时代 e 支部"等 App 开展线上学习，及时收听收看中华人民共和国成立 70 周年的有关视频节目。

2. 党员发展与管理

《中国共产党发展党员工作细则》第二条指出："党的基层组织应把吸收具有马克思

主义信仰、共产主义觉悟和中国特色社会主义信念，自觉践行社会主义核心价值观的先进分子入党，作为一项经常性重要工作。"2013年2月，中共中央办公厅印发《关于加强新形势下发展党员和党员管理工作的意见》，要求"不断提高发展党员和党员管理工作科学化水平，着力把各方面先进分子和优秀人才更多地吸收到党内，努力建设一支信念坚定、素质优良、规模适度、结构合理、纪律严明、作用突出的党员队伍"。

一直以来，馆党委把做好组织建设与发展工作，作为头等大事来抓，积极开展组织工作。馆党委领导经常与党员积极分子开展谈心活动，交流思想，帮助解决思想问题。在发展党员方面，馆党委十分注重对服务一线优秀骨干进行吸收发展，认真贯彻"坚持标准，保证质量，改善结构，慎重发展"的十六字方针，按照《中国共产党发展党员工作细则》和中共长春市委组织部关于发展党员规定的程序，做到成熟一个，发展一个。

在入党积极分子培养工作方面，2011年、2012年馆党委组织馆内入党积极分子参加由长春市文化局党委办公室统一组织召集开展的入党积极分子学习班。2013年6月，馆党委报请长春市文化局党办同意，由图书馆党委开办一期入党积极分子学习班，张磊、孙海晶、耿岱文、刘劲节、陆阳、李娜6人参加此次学习班，学习内容主要包括党的基础理论知识、《中国共产党章程》、党的十八大报告精神、党的纪律条例、《中国共产党廉洁自律准则》等。2014年后，入党积极分子学习班由长春市委党校统一组织开展。在党员发展与转正工作方面，各党支部严格按照党章和组织工作程序进行，如组织谈话、发展前公示、政审外调、征求群众意见、讨论表决，最后上报长春市文化广电新闻出版局党办批准后对外公告。2011年，图书馆党员总数为114人。2011年至2020年间，图书馆党委新发展多名党员，党员转正人数共13人。随着党员队伍越来越壮大，馆党委的任务更加重大。在新形势下，强化党员管理、增强党员队伍生机活力成为馆党委的重点工作。

2016年，馆党委对党员加强主动交纳党费的宣传教育，根据长春市委组织部和长春市文化广电新闻出版局党委的要求，及时对党费收缴标准进行核定，从2008年起组织补缴，保证党费及时足额上交。

为进一步促使党员养成经常参加组织生活的习惯，增强对党组织的归属感，使党组织更有凝聚力、影响力，馆党委充分利用"主题党日"开展系列活动。如2017年，馆党委和各党支部组织开展迎七一净月潭重温入党誓词活动、在职党员硬笔书法展、"三结合"交流座谈会等活动，让全体党员在实际活动中感受到"主题党日"的政治性和庄重感，也让支部主题党日接地气、有实效，成为党的组织生活方式的重要创新。2017年 5 月 26 日，中国共产党吉林省第十一次代表大会隆重召开，图书馆第一党支部书记孟静同志获得长春市文化系统唯一一个党代表资格并光荣参会。

2019 年 10 月，图书馆党委书记、馆长谢群为党员干部讲党课

在对在职党员严格管理的同时，馆党委还密切掌握离退休党员的情况，按季度对离退休老干部开展电话询访、实地走访慰问、扶贫帮困等工作；组织离退休党支部开展学习、培训、公益活动等。2017 年 7 月，在长春市文化广电新闻出版局党组的统一安排下，馆党委在图书馆全体党员中，以支部为单位开展党员信息采集工作，掌握详尽的在职党员及离退休党员信息，为下一步扎实开展党员管理工作打下坚实基础。同时，按照长春市文化广电新闻出版局的安排部署，将全部党员信息录入上传至"全国共产党员管理平台"，并打印党员名册详表上报长春市文化广电新闻出版局党办。2018 年，图书馆离退休党支部顺利改选，重新选举了支委成员。馆党委还专门建立"离退休干部工作群"，及时发布最新政策和活动通知，落实老干部的生活待遇，丰富老干部的文化生活。2019年，党中央、国务院、中央军委决定颁发中华人民共和国成立 70 周年纪念章，图书馆有4 位离休老干部荣获此殊荣。馆党委班子成员及时将荣誉纪念章送到他们的家中，并亲自给他们佩戴，摄影留念，展现党组织的关怀，实实在在提升老干部的幸福感和归属感。

3. 党风廉政建设

2010 年 2 月，《中国共产党党员领导干部廉洁从政若干准则》（简称《廉政准则》）颁布实施。2010 年 11 月，中共中央、国务院颁布《关于实行党风廉政建设责任制的规定》，其中第四条规定"实行党风廉政建设责任制，要坚持党委统一领导，党政齐抓共管，纪委组织协调，部门各负其责，依靠群众的支持和参与。要把党风廉政建设作为党的建设和政权建设的重要内容，纳入领导班子、领导干部目标管理，与经济建设、政治建设、文化建设、社会建设以及生态文明建设和业务工作紧密结合，一起部署，一起落实，一起检查、一起考核。"中国共产党长春市图书馆纪律检查委员会（简称馆纪检委）在馆党委领导下主持图书馆纪律检查工作，负责党内纪律检查委员会的全面工作，及时向党员贯彻落实上级下达的纪检工作精神；落实全面从严治党主体责任和一岗双责，加强馆党委班子政治建设；主持制定党委"反腐倡廉"等有关规定和措施，并监督执行；主持召开纪检委会议，维护党章、党规和党纪，协同馆党委向支部、党员进行党章、党规和党纪教育，对馆内工作进行监督、检查，起到保驾护航的作用。2011 年 1 月 1 日至 2017 年 11 月 2 日期间，吴锐任馆纪检委书记。2018 年起，馆纪检委书记工作由姚淑慧代为负责。

2011 年，中共长春市纪律检查委员会、长春市文化局下发《关于开展〈中国共产党党员领导干部廉洁从政若干准则〉贯彻执行情况专项检查的通知》。根据这一文件精神，2011 年 9 月 15 日，馆党委专门制定相应实施方案，成立"图书馆《廉政准则》贯彻执行情况专项检查工作领导小组"，由馆党委书记担任组长。馆党委召开专题民主生活会，集中学习《廉政准则》、"八个严禁""52 个不准"等内容，领导班子成员按照所列检查内容和要求，严格开展自查自纠，并撰写个人自查自纠报告；对自查中发现的问题进行剖析，并按照有关政策规定进行纠正处理。

为构建图书馆反腐倡廉长效机制，馆党委结合《廉政准则》组织建立健全多项相关制度，包括《长春市图书馆党建工作制度》《长春市图书馆财务管理制度》《长春市图书馆岗位细则与工作标准》《长春市图书馆关于总值班（宿）岗位管理规定（试行）》《重要涉权岗位廉正效能风险防控手册》等。此外，还把纪检专项检查与日常自查自纠结合起来、与日常监督管理和年终考核结合起来、与组织群众评议结合起来，加强党员领导干部贯彻落实、严格执行党章、党规和党纪等规定的力度，持续推进图书馆党风廉政建设工作。

2013 年 6 月，党的群众路线教育实践活动启动。活动紧紧围绕保持和发展党的先进性和纯洁性，以"为民、务实、清廉"为主要内容，以县处级以上领导机关、领导班子和领导干部为重点，切实加强全体党员的马克思主义的群众观点和党的群众路线教育。按照长春市"文广新局党的群众路线教育实践活动领导小组"的部署安排，长春市图书馆参加第二批党的群众路线教育实践活动。2013 年，馆党委先后组织开展领导班子作风建设征求意见活动和领导班子成员征求意见活动，发出征求意见表 185 张，征求到意见建议 25 条。2014 年，图书馆教育实践活动领导小组机构成立，认真制定教育实践活动方案，召开全馆动员大会。图书馆领导班子召开专题民主生活会，按照中央"照镜子、正衣冠、洗洗澡、治治病"的总要求，聚焦"四风"突出问题，紧密联系思想、工作实际和领导干部的个人成长经历，认真对照检查，深刻剖析根源，进一步明确努力方向和整改措施。

2014 年 7 月至 8 月，长春市图书馆领导班子还深入各部门开展调研活动，以座谈会形式开展交流谈心，了解部门工作情况、群众对图书馆事业建设发展方面的意见建议、群众对领导班子和班子成员的意见建议及愿望、群众关心的热点难点和亟须解决的问题及个人生活情况等。活动最终梳理出各类问题、意见建议 90 条，馆领导班子及班子成员逐一认领，并积极落实解决。2015 年 2 月，馆党委组织举办"长春市图书馆 2014 年党建工作成果回顾图片展"，集中展示图书馆开展党的群众教育实践活动情况，重点体现为群众、读者服务的成效，反映了党建工作所取得的成绩和作风变化。

2015 年 4 月，中共中央办公厅印发《关于在县处级以上领导干部中开展"三严三实"专题教育方案》。"三严三实"是习近平总书记在关于推进作风建设的讲话中提到的重要论述，即"既严以修身、严以用权、严以律己，又谋事要实、创业要实、做人要实"。按照上级的部署要求，图书馆于 2015 年、2016 年组织开展"三严三实"专题活动，成立领导小组，制定工作方案，馆党委书记带头讲党课，馆理论学习中心组和党支部开展专题学习研讨、召开专题民主生活会和组织生活会，以此强化整改落实和立规执纪，切实解决群众关心关注的重点问题，切实把"三严三实"工作落到实处，取得实效。

2016 年 9 月，图书馆党委组织召开"长春市图书馆党员干部警示教育大会"，组织全体党员干部开展党风廉政警示教育活动。2018 年，按照"作风建设提升年"的总要求，馆党委将"干部作风大整顿"活动和基层党组织"双查双改"工作作为作风建设的重中之重，着力推动干部作风大转变、大提升，提振干部担当作为的精气神。2019 年，馆党委按照"作风一线行""双锋（风）"行动、文明创建主题活动要求，围绕"不忘初心、牢记使命"第二批主题教育活动，深入开展纪律作风大整顿，定期开展纪律检查，对存在的问题提出解决措施，限期整改，推动作风转变。

2020 年，图书馆党委认真部署落实长春市文化广播电视和旅游局机关党委工作精神，着重抓对党员干部的廉政教育，组织广大党员干部学习党的纪律知识、国家安全法律法规，开展警示教育活动，在党员干部思想上筑起法、纪、德三道防线，提高党员干部拒腐防变和抵御风险的能力。按照局纪检监察工作部署，组织党员领导干部职工开展重点岗位廉政风险点防控自查活动，查找出高风险岗6个，中风险岗28个，并逐步建立健全防控长效机制，加大监督检查力度，提高风险防范意识，进一步加强防控工作。贯彻落实意识形态自查工作，重点对学习贯彻落实情况、行政行业管理情况、阵地建设情况、维护网络意识形态安全情况、纪检监察执纪问责情况等进行梳理，并对存在的意识形态领域风险点进行排查，完善意识形态工作常态机制。当年，馆党委进一步完善《长春市图书馆意识形态工作细则》，并制定年度意识形态整改工作方案，将意识形态工作纳入年度党建工作要点重要内容。严格执行通报和报告制度，每半年在党委会就意识形态工作进行通报1次，形成专题报告2份，并向局党组汇报。制定和完善意识形态相关工作制度32项，其中图书馆网络意识形态的相关工作制度有6项。馆党委将意识形态工作逐一落实、扎实推进，凝聚全馆正能量，牢牢把握意识形态工作主动权，坚决守好意识形态工作的主阵地。

2020年12月，图书馆领导班子到九台区"三下江南战役纪念馆"进行实地参观学习

（二）党组织引领力建设

党组织引领力强不强是衡量党建工作成效的重要标志之一。长春市图书馆十分重视

党组织引领力建设，在实践中充分发挥馆党委的领导核心作用、基层党支部的战斗堡垒作用和党员的先锋模范作用，有力地促进了党建工作的开展。

1. 为民服务创先争优

2007 年，党的十七大报告在关于党的建设的部署中，明确提出在党的基层组织和党员中深入开展创先争优活动。为此，馆党委多年来以"践行理念，提升服务，保障群众阅读权益"为主题，积极带领全体党员开展争创"标准化党支部"、争当"优秀共产党员"活动，开展评比"读者服务文明岗""读者服务标兵"活动，并结合图书馆实际，举办各种文化惠民活动，组织党员立足本职工作为社会公众提供优质图书馆服务。如在文化讲堂举办的活动中，组织党员开展志愿者学雷锋活动，关爱弱势群体，为未成年人、老年人和残障人士提供帮助。

2011 年中国共产党建党 90 周年之际，图书馆以"庆九十华诞　展争创风采""阳光少年热爱党""学党史，知党情，跟党走"等为主题，开展一系列形式多样、内容丰富的文化活动，包括主题活动、专题讲座、专题文献展阅、知识窗、文化展览等，分别从不同角度，以不同形式反映中国共产党"革命、建设、改革"的探索和跨越 90 年的风雨征程，展现如何在传承革命精神的同时，积极弘扬红色文化。

2011 年 10 月至 11 月，开展"为民服务创先争优推进月"活动期间，将"党员示范岗""读者服务文明岗""巾帼文明岗""青年文明号""三八红旗集体"作为图书馆"为民服务创先争优"岗位，服务窗口一线的 33 名党员根据各自岗位职责，作出履职承诺 145 余项。在党员工作区域、工作岗位设置党员责任区、党员示范岗 12 个，所有党员佩戴党员徽章标识上岗，主动亮明身份。通过亮标准、亮身份、亮承诺，比业务、比作风、比业绩，党员带头示范，产生了一批责任心强、业务素质高、服务读者满意的业务骨干人员。

2012 年 3 月至 9 月，馆党委全面开展创先争优基层组织建设年活动。按照基层组织建设年规定要求，馆党委、各支部按照时间顺序推进，分别进行调查摸底、自我认档、分类评级、整改提高、晋位升级等规定步骤工作。在自我认档定级中，馆党委被上级党委评定为"标兵"档次，第一、二党支部被馆党委评定为"标兵"档次；第三、四党支部被评定为"先进"档次，并按照要求制定整改提高、晋位升级的工作方案。

2017 年 4 月初，为推动全市"做表率、当先锋"行动扎实开展，按照长春市文化广电新闻出版局的工作要求与指示，馆党委班子召开专题会议，研究部署"领导干部做表率、广大党员当先锋"的相关工作，并在全体党员干部中进行广泛的宣传和动员。同年6月30日，在迎来中国共产党成立96周年之际，馆党委组织全体党员以"做表率、当先锋，促发展、创佳绩"为主题开展了庆祝中国共产党成立96周年主题教育实践活动。

图书馆党建工作成果展

图书馆党员活动室荣誉墙

2018 年，馆党委积极组织全馆基层党组织和党员干部参与全市"两优一先"典型示范工程的争创工作，并积极开展"长春市图书馆 2017—2018 年度创先争优暨荣誉体系建设活动"，选树优秀集体和个人典型，引导党员干部带头服务，发挥示范引领作用。馆党委以党员干部为先锋力量，围绕"两锋（风）"行动，依托"长图志愿者协会"，将 14 项品牌服务项目和文化惠民"七走进"志愿服务活动相结合，探索出"党建＋服务"的"14+7"创新型服务模式，全年开展特色活动近 600 场次，如"心视觉"影院走进长春大学特殊教育学院举办无障碍电影播放活动，"小树苗"图书角进医院"书送希望·温暖患儿"主题活动，"爱心帮帮团"助残法律知识讲座活动，"长图雅音"进校园活动等，受益人数高达 15 万人次。2018 年 7 月，永昌街道区域化党建联盟惠民分区成立，作为成员之一，图书馆与其他联盟单位充分整合辖区各类资源，开展"五个一"党建共建活动[①]，为区域经济社会发展作出贡献。

2019 年中华人民共和国成立 70 周年之际，馆党委继续深化"党建＋服务"工作模式，强化党员干部队伍能力素质与责任担当，组织开展一系列主题实践活动，如"家国情怀　科学精神"长春院士展，以纪念"中国共产党成立 98 周年暨新中国成立 70 周年"为主题的摄影展，并组织党员"学习强国"线上参观，到南关区幸福乡"八一社区"示范社区图书馆开展学雷锋志愿服务走基层活动，在"心视觉"影院活动中为视障读者讲电影等。2019 年至 2020 年，在副馆长姚淑慧担任永昌街道区域化党建联盟惠民分区轮值书记期间，图书馆以支部"主题党日"活动为依托，组织联盟单位在职党员走进社区开展"4+1"活动[②]，由此实现党建工作共建共享和党群服务常态化。

2020 年新冠疫情期间，馆党委不仅组织全体党员干部职工积极抗击疫情，为武汉新冠疫区图书馆、永昌街道惠民社区捐赠医用防护用品，为长春市抗疫一线人员捐款、献血，选派优秀党员及志愿者服务队下沉社区基层提供服务，还利用多种媒体多渠道加强防疫宣传，策划开展"同心战'疫'快乐'宅'家"抗疫作品征集活动。图书馆全年传达中央、省市疫情防控精神 100 余条，播放公益视频宣传视频 10 余部，开展相关专题讲座 3 次，向各种媒体发送抗疫报道 40 余篇，向市文明办信息平台上报本馆全年业务工作信息 100 余篇，不仅提高了馆员和读者的防疫认识，增强了防疫信心，更为上级

---

① "五个一"指签订一份项目协议，每半年开展一次主题党日活动，开展一次民情恳谈会，开展一次政策法规或专业知识宣讲，为居民办一批实事。

② "4+1"指每年至少参加一次社区党组织活动、认领一个微心愿、当一天社区志愿者、为社区建设提一条意见建议，有帮扶能力的报到党员可以直接联系帮扶一户困难群众。

领导及时掌握图书馆工作动态发挥了重要作用。通过举办"创先争优"表彰活动选树宣传典型，引导激励广大党员干部职工学先进、争先进，担当作为，工作再上新台阶。年内，图书馆 2 名党员被长春市文化广播电视和旅游局评为优秀党务工作者，7 名党员被评为优秀共产党员，第三党支部被评为先进基层党组织。图书馆学雷锋志愿服务团队荣获吉林省"2020 年优秀志愿服务组织标兵"荣誉称号。

馆党委向惠民社区捐赠防护物资

2. 加强党的群团工作

《中共中央关于加强和改进党的群团工作的意见》指出："群团事业是党的事业的重要组成部分，党的群团工作是党治国理政的一项经常性、基础性工作，是党组织动员广大人民群众为完成党的中心任务而奋斗的重要法宝。"一直以来，馆党委始终坚持党对群团工作的统一领导，将群团建设纳入党建工作总体部署，充分发挥党员先锋模范作用，影响和带动周围干部群众，注重发挥图书馆群团组织的桥梁和纽带作用，坚持围绕中心，服务大局，为群众办好事、解难事，推动群团组织引导群众自觉培育和践行社会主义核心价值观。

在馆党委指导组织下，2011 年初，长春市图书馆工会、团委、妇委会等群团组织完成换届改选工作。2011 年至 2020 年间，馆党委经常带领群团组织开展群工活动，组建职工活动室，每年组织职工健康体检，开展健康讲座，组织党员和群众开展丰富多样的文体活动，增进馆内员工之间的相互交流和团结协作的团队精神。在元旦、春节、中秋、国庆节等重要节庆和传统节日期间，馆党委组织班子成员开展走访慰问离休干部和困难职工活动，充分了解职工身体健康和家庭生活情况，对患病职工和身故职工家属做到及时探望，为他们送去党组织的关心和温暖，营造互助、友爱、和谐、团结的集体氛围，为全馆各项事业发展打下了坚实的基础。

2020 年工会主题活动"文旅之行　健康生活"定位挑战赛参赛人员合影

3. 帮扶脱贫攻坚工作

帮贫扶困是中华民族的传统美德，脱贫攻坚是中国共产党的伟大担当。2011 年 6 月，吉林省发出号召，在全省范围内开展帮扶困难群众、帮扶困难党员和帮扶薄弱基层党组织的"三帮扶"活动。7 月，馆党委制定《长春市图书馆关于做好帮扶困难群众、帮扶困难党员、帮扶薄弱基层党组织工作的实施方案》，并成立图书馆"三帮扶"工作领导小组，由馆党委副书记吴锐担任组长。根据方案，图书馆于 2011—2012 年度分 4 个阶段实施"三帮扶"工作：①调查摸底阶段（2011 年 7 月 1 日—2011 年 7 月 31 日）；②任务分工阶段（2011 年 8 月 1 日—2011 年 8 月 31 日）；③实施帮扶阶段（2011 年 9 月 1 日—2012 年 2 月 29 日）；④检查总结阶段（2012 年 3 月 1 日—2012 年 3 月 31 日）。

2011 年 7 月，馆党委对图书馆在职职工、离退休人员、全体党员以及党支部情况进行调查、梳理和认真统计，确定图书馆"三帮扶"的具体对象、人员数量和薄弱党支部，并将"三帮扶"工作责任分解到人。随后，图书馆帮助馆内困难群众、困难党员解决生活中遇到的困难，如解决残疾子女就业保险问题等，定期组织走访慰问并送去慰问品。此外，还开展爱心助学活动，资助6名特困学生完成小学义务教育学习、为他们解决学习生活上的困难；在长春市解放大路学校设立分馆，帮助解决来自汶川灾区的200名贫困孩子们学习、阅读难的问题；在长春市龙子心希望学校建立分馆，解决贫困学生看书难的问题；开展弱势群体帮扶活动，为长春市社会福利院分馆、吉林省妇女儿童发展中心分馆、长春市双阳区社会福利院分馆定期配送合适的文献资源，满足弱势群体的文化生活需求。

图书馆结对单位为农安县三岗镇永远村党支部。2011年8月至9月，在馆党委副书记吴锐带队深入永远村进行考察调研后，图书馆为永远村送去书架、电视、DVD等设备，组建了一个标准化图书阅览室，同时建立图书分馆暨全国文化信息资源共享工程基层服务点，配备农村致富科技光盘等文献资料，并协助连接测试"农村党员干部现代远程教育网"，确保网络能够正常使用。随后，图书馆多次进行"三帮扶"回访，并慰问帮扶贫困户，为其送去备春耕资金，解决其实际困难。

2012年1月，馆党委副书记吴锐获得由中共长春市委授予的"2011年度基层党组织服务民生和'三帮扶'工作先进个人"称号。同年8月23日，馆党委获得由中共长春市委授予的"城乡基层党组织'结对共建'先进单位"称号。

2011年至2020年间，馆党委始终将民生工作摆在党建工作的重要位置，每年定期慰问馆内困难职工，多次为困难群众献爱心送温暖。2015年11月，习近平总书记在中央扶贫开发工作会议上强调，消除贫困、改善民生、逐步实现共同富裕，是社会主义的本质要求，是中国共产党的重要使命，并提出坚决打赢脱贫攻坚战。馆党委发挥图书馆信息资源优势，扶贫先扶智，组织党员志愿者开展精准扶贫志愿服务活动。馆党委与长春市二道区英俊乡苇子小学和九台区土们岭镇马鞍山村开展帮扶共建活动，建立图书流动站1个，赠送书柜6个、图书600余册，举办阅读讲座1场，以满足农村群众精神文化需求。2018年，馆党委选派刘群同志赴榆树市秀水镇双庙村开展为期3年的定点驻村扶贫工作。2019年10月，图书馆驻双庙村党员刘群同志因在全省事业单位脱贫攻坚工作中作出突出贡献，受到中共吉林省委组织部、吉林省人力资源和社会保障厅、吉林省扶贫开发办公室嘉奖。每逢传统节日，馆党委班子成员赶赴双庙村包保户刘臣范家中走访慰问，了解实情，帮助解决贫困户实际困难，并积极宣传党的扶贫政策，让贫困户体会到组织的关心和温暖。

二、文化建设

图书馆文化包括 3 个层面，即物质层、制度层和精神层。其中物质层即图书馆的标识、建筑、设施等，本章节集中呈现图书馆文化的物质层；制度层指组织制度、激励制度、业务规范等图书馆成文或约定俗成的行业规范；精神层指图书馆的愿景、使命、服务理念、战略目标等。精神层是图书馆文化的核心，物质层是图书馆文化的基础，制度层则是图书馆文化建设的保障，三者相互影响，相互作用，共同构成图书馆文化的完整体系。长春市图书馆在 2011 年至 2020 年的十年发展历程中，不断丰富图书馆文化内涵，适应新时代图书馆发展的需求，约束、规范、引导馆员和读者行为，营造了和谐、进步、创新、开放的图书馆文化氛围。

（一）文化理念体系

2011 年，长春市图书馆以"传播知识，服务社会"为办馆理念，遵循理性办馆、和谐办馆、开放办馆的办馆原则，将战略目标确定为建设"东北一流、全国先进"的现代化公共图书馆，秉承"读者第一、服务至上"的服务理念，坚持公益性、基本性、均等性、便利性原则，进一步创新服务模式，增强服务活力，提高服务能力和水平，使长春市图书馆成为长春重要的文献信息传播中心、精神文明建设阵地。

2012 年 5 月 1 日，由国家质量监督检验检疫总局、国家标准化管理委员会批准发布的《公共图书馆服务规范》（GB/T 28220—2011）正式实施。同年，总馆改造修缮工程正式启动，图书馆迎来了新的历史发展机遇。为落实《公共图书馆服务规范》，切实履行公共图书馆社会职责，开创图书馆事业发展新局面，2013 年 6 月 7 日，《长春市图书馆 2014 年—2020 年发展规划》正式发布。在这一规划中，图书馆将建设目标确定为"根据未来社会经济、文化发展的要求，以优化服务为中心，以总分馆制建设为主线，以数字图书馆建设和品牌读书活动为突破口，助推全民阅读。以实施科学管理、培养一流队伍、争创一流效益为目标，建设具有长春特色、科学完善的文献信息资源保障体系，打造覆盖基层、服务全民的服务网络，全面提升服务质量和服务水平，促进长春文化事业的新发展"；提出要把图书馆建设成为"全市文献信息资源与服务中心、市民阅读活动中心、长春地区图书馆网络中心、文化学术交流中心"，真正将图书馆建设成为

"市民的第二起居室"和"共同的书房"。

2014 年 4 月，长春市图书馆总馆经过两年的改造修缮重新开放，形成了多功能、多载体、多元化、智能化、全开放式的服务格局，开放面积近 2 万平方米，提供各类阅览座席 1 000 余个，以全新的面貌为市民提供开放、智能化、全天候的服务，积极发挥作为长春市文化窗口和重要文化阵地的突出作用。总馆重新开放之际，提出"开放、平等、包容"的方针和"建设城市的知识中心、市民的学习中心和百姓的休闲文化中心"的战略目标。为迎接总馆重新开放，图书馆设计了新的 VI 识别系统。

2016 年 5 月，《长春市图书馆"十三五"发展规划（2016—2020 年）》正式发布，对总馆重新开放以后的服务理念、战略目标进行重新梳理，确定了今后一个时期内图书馆的愿景、使命、办馆理念、服务宗旨、五年总体目标、战略目标等，形成全新的系统的图书馆文化理念体系，具体如下：

愿景

涵养城市文化，引领阅读风尚

在知识全球化时代，长春市图书馆将汇聚多样性、开放性和高品质的文献信息资源，整合知识、服务和技术，引领全民阅读，为建设东北亚现代文化名城和书香社会提供信息文献支持，为读者带来卓越的阅读、学习、交流体验。

使命

（1）东北亚城市文化地标。以长春市历史文脉和文化特色为根基，收集地方传统文化及东北亚城市特色文化资源，提供文献、信息、知识、展览等多样化服务，以展示城市文化特质、传承城市文化个性、丰富城市文化内涵、促进对外文化交流为己任，努力成为具有影响力的城市文化地标。

（2）市民终身学习中心。以倡导全民阅读为路径，发挥图书馆社会教育职能，支持终身教育，建设书香社会。为公众提供自主学习和独立研究的空间、信息资源、设备和服务，促进公民素质提升和社会文明进步。

（3）城市第三文化空间。搭建公众之间及公众与图书馆资源、社会公益性群体、政府组织间的互动交流平台，广泛、深入地参与和影响公众文化生活，促进文化资源流动和知识、信息的交流，提高公众日常生活中的文化含量和文化品质。

（4）开放共享的知识网络。在知识全球化时代，整合馆藏、行业内外及网络开放的信息资源，构建覆盖全市、资源共享、便捷高效的数字图书馆网络，以"互联网＋公共文化服务"为理念，提供集网站，手机、平板 App，触屏应用，互动电视等多种应用形式为一体的数字化、全媒体服务，实现公共数字文化的广泛传播与共享应用。

（5）全市图书馆协作发展引擎。构建长春市图书馆总分馆服务体系，推进全市公共图书馆服务的均等化、标准化。完善基层分馆的规范化管理。指导和协调全市公共图书馆业务建设，开展面向基层馆员的辅导和培训。

办馆理念

公益、开放、平等、包容

服务宗旨

以人为本、服务至上

五年总体目标

坚持公益、开放、平等、包容的办馆理念，遵循以人为本、服务至上的服务宗旨，将图书馆打造为城市的知识信息中心、市民的学习交流中心和百姓的休闲文化中心，构建以市图书馆为中心，以县区图书馆为主干，以基层图书馆（室）为网点的城乡"一体化"的现代化、标准化、均等化图书馆服务体系，拓展以提升图书馆服务效能为导向的创新型图书馆服务项目，推进全民阅读，提升民众数字素养，创建图书馆虚实结合的服务新空间，完成全市图书馆服务中心资源发现门户、资源聚合平台集成网络建设，实施各类机构、资源类型、资源主题的共建共享，提供多元化、泛在化、数字化的便民惠民服务，建设以人为本、精细服务的城市图书馆，力争迈入"东北一流，国内先进"的图书馆行列。

战略目标

打造城市的知识信息中心，市民的学习交流中心，百姓的文化休闲中心

读者服务公约

服务第一，读者至上；

仪表整洁，举止端庄；

室内安静，环境清爽；

知识广博，熟悉馆藏；

甘为人梯，风格高尚。

读者服务行为规范

保证开馆时间，美化阅览环境；

坚守工作岗位，不要闲谈串岗；

站立接待读者，言谈面带微笑；

使用文明用语，释疑百问不厌；

专心岗位工作，加强室内巡视；

规范服务记录，有序排列文献；

熟悉检索途径，尽心服务读者；

一切为了读者，不得私藏书刊；

处理读者违规，耐心细致有据；

广泛联系读者，热心周到服务。

（二）文化识别系统

1. 图书馆标识设计

（1）馆徽

馆徽

长春市图书馆馆徽设计以地球、文献、网络为主体，体现了图书馆与国际接轨、汇集各种文献的特色与平等、开放、共享的服务理念。

馆徽的整体造型是一个椭圆形，既形似地球，象征知识的宝藏，又寓意图书馆是一个团结圆满的整体并充满凝聚力与向心力；馆徽的整体造型也是"长春"英文字母缩写"C"，表明图书馆的地域概念。馆徽中间六条向外扩展和延伸的渐变形线条，既似翻动的书页，又似一条条知识的光纤和信息通道，寓意图书馆网络顺畅和信息丰富。馆徽整体的组合似一本翻动的书又像一张飞速旋转的光盘，体现图书馆具有丰富的馆藏资源，展现了图书馆悠久的历史和美好的未来。

（2）标准字体

长春图书馆
CHANGCHUN LIBRARY

中英文标准字体

（3）标准色

馆徽的标准色为绿色，辅助色为棕黑色、黑色，方便在不同材质上使用。绿色象征生生不息，棕黑色象征传统与特色。

馆徽在标准色和辅助色上使用需做反白处理。

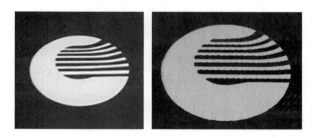

馆徽反白应用

（4）馆徽设计辅助图形

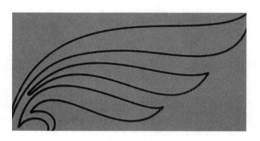

馆徽辅助图形

辅助图形由君子兰叶子的外形抽象而来。长春盛产君子兰，1984 年君子兰成为长春市的市花，寓意团结奋斗、勇于创新的精神和幽静、素雅的品格。

（5）组合规范

横式组合规范

竖式组合规范

2. 各类文化产品设计

（1）办公用品设计

办公用品主要包括名片、信封、文件夹、便签、手提袋、文件袋、档案袋、档案盒等。

图书馆信封设计图

图书馆手提袋设计图

图书馆档案袋设计图

（2）事务用品设计

事务用品主要包括读者证卡、捐赠证书、荣誉证书、奖状。

读者证设计

收藏荣誉证书封面

（3）读者服务相关用品设计

读者服务相关用品主要包括服务提示牌、新书通告栏、伸缩隔离带、宣传画册、读者指南、制度展示牌、馆藏章等。

馆藏章

读者服务手册封面

（4）导示系统设计

导示系统是指图书馆内外各种空间指示牌，可以帮助读者快速熟悉和了解图书馆环境与资源布局，指引读者到达想要去的区域或找到想要的资源。长春市图书馆的主导示系统基底采用与图书馆主楼外墙相同的白色，形状像一本翻开的书，馆徽位于左上角，同时以辅助图形兰花叶放在右下角加以点缀，给人以清新雅致的感觉；立地牌则采用白色基底搭配标准色绿色反白字设计。为悬挂和在不同墙面安装方便，一些指示牌加装了木色底托，形状为展开的书页。

儿童和青少年阅读及活动区指示牌采用玻璃质地，颜色选用更为鲜艳亮丽的红、粉、绿、黄等，突出儿童和青少年活泼好动、朝气蓬勃的特点。

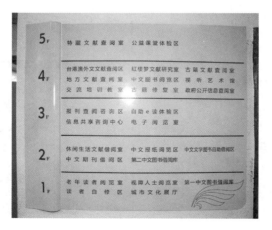

楼层索引标识

立地指示牌　　　　　　　　　借阅区指示牌

吊式指示牌

儿童和青少年阅读及活动区指示牌

（三）制度文化建设

长春市图书馆在制度文化建设方面，首先从制定各部门核心业务工作的操作标准、细则和规程开始着手，在制定过程中尽量做到细化、量化和具体化，以保证其可行性，能够指引馆员保质保量完成工作任务。例如采编部为文献从采购到加工、剔旧等流程制定了《文献采购条例》《文献著录规则》《普通图书编目细则》《馆藏剔旧标准》等一系列细则和标准，以保证馆藏文献质量；典藏阅览部根据自身职能制定了《地方文献编目规则》《古籍文献编目细则》《基藏书库文献保护制度》《开架文献保护规章制度》《开架图书、期刊、报纸架位维护管理办法》等；网络技术部制定了网络管理、网络安全和机房管理制度；研究辅导部重点制定了针对"中心馆—总分馆"服务体系中分馆、城市阅读书房、流动图书馆的业务培训和辅导制度；策划部和青少年读者服务部则重点对品牌服务活动的管理进行了制度规定。

其次是制定文明服务规范，强化服务效果。全馆工作人员需熟记 40 字的读者服务公约，履行《读者服务行为规范》。各部门领导负责本部门读者服务工作的管理，部主任每天对本部门读者服务工作岗位进行巡视检查，对不规范的行为及时给予处理和指导。读者工作委员会负责读者服务工作各项规范的制定，并对全馆各部门规范服务情况进行抽查，抽查内容为工作人员仪容仪表、行为举止、业务水平、工作能力、服务区域的环境建设等，每月抽查 2 至 3 次，并做好记录，将之作为年终评比的依据。读者工作委员会负责处理和解决读者口头投诉和书面意见，对经常不能达到本馆规定的服务标准或读者意见较大的工作人员，委员会经过讨论会对其采取经济处罚，并在馆务会上通报批评。屡教不改者，委员会会对其采取下岗培训处理，下岗培训待遇按照待岗人员办理。为激励图书馆工作人员自觉地、更好地为读者服务，树立图书馆美好形象，图书馆每年度对本馆读者服务工作业绩突出的人员给予表彰奖励。

三是根据岗位细则，实行精细化管理。岗位细则内容通常包括两个部分，即该岗位工作所需业务知识和技能、工作内容和要求。对于技术性较强的研究和参考咨询岗位等重要的读者服务岗位，岗位细则除上述两项内容外，还对在岗人员提出学术研究的要求，使岗位细则在对工作严格要求和约束的基础上，更对馆员进行业务学习督促。在2011 年以前，图书馆即已出台《长春市图书馆岗位细则与工作标准》，对全馆各部门各岗位的工作标准进行详细规定。以"24 小时自助图书馆管理岗位细则"为例，其规定馆员需熟悉 Interlib 流通管理系统，掌握"24 小时自助图书馆"图书的种类、学科属性及信息含量，熟悉图书的排架规则等技术和业务知识，同时还要求在岗人员"每年撰写1—2 篇具有一定学术水平的专业论文、业务工作报告、综述等，并在省级以上报刊上发表或为馆学术评审委员会认定"。2011 年以来，依据这一制度，图书馆精细化管理不断得到强化。

四是建立健全激励与约束机制并行的监督考评制度体系。为激励本馆职工立足本职岗位，积极参与学术研究活动，多出成果、出好成果，提升本馆学术科研水平和工作质量，图书馆制定《长春市图书馆学术研究成果奖励办法》。依据该办法，每年审核、奖励一次，奖励当年馆员在馆期间取得的学术成果。图书馆还制定《事业单位工作人员考核暂行规定》，从德、能、勤、绩四个方面，以岗位细则及年度工作任务为基本依据对馆员进行考核。此外还设置读者服务文明岗位、读者服务标兵，每年年末召开全馆大会对获奖岗位和人员给予表彰，在馆内大力宣传他们的优秀事迹，并规定获奖者在职称评定时可享受同等条件下优先评定。对读者服务标兵中表现最突出的 2 至 3 人，图书馆为其安排一次外出学习机会，使他们开阔视野，增长才干。

三、空间建设

2011 年，长春市图书馆拥有三处馆舍，分别为总馆、铁北分馆、铁南分馆，总建筑面积约 3.5 万平方米。其中总馆位于长春市朝阳区同志街 1956 号，1989 年 12 月开始建设，1992 年建成并开放，后于 2003 年扩建，现馆舍面积 2.5 万平方米。铁北分馆位于长春市宽城区宽府路 399 号，建于 2007 年，2009 年 9 月开放，馆舍面积 8 036 平方米。铁南分馆（原长春市电影发行放映公司旧址[①]），位于长春市人民大街 650 号，始建于 1931 年，由三栋主体建筑组成，即原"满铁长春图书馆"旧址和两栋办公用房，现总建筑面积为 2 275 平方米。

2012 年，总馆正式启动改造修缮工程，并于 2014 年 4 月 23 日重新向读者开放。

铁北分馆于 2013 年 6 月停止各项图书馆业务工作，进行修缮。铁南分馆自图书馆接管后，按照"修旧复旧"原则进行修缮。至 2020 年底，铁北分馆和铁南分馆仍在修建改造中。

---

① 2011 年 1 月 26 日，长春市政府第 3 次专题会议提出将原长春市电影发行放映公司房屋使用权由长春市地方志编纂委员会所有变更为长春市文化局所有，作为长春市图书馆一个分馆使用。2011 年 11 月 15 日，长春市图书馆正式接管此处，更名为长春市图书馆铁南分馆。

长春市图书馆铁北分馆

（一）总馆改造修缮工程

1. 项目背景与规划

改革开放以来，尤其是"十一五"期间，长春市的经济社会发生了前所未有的深刻变化。为满足市民自身发展和精神文化需求，提升城市文化品位，彰显城市文化魅力，打造富有长春特色的文化品牌，不断提高城市"软实力"，长春市委、市政府高度重视文化建设，在发展经济的同时，不断加大文化建设投资力度，新建、扩建了包括图书馆、博物院、全民健身中心等多项文化设施。截至 2007 年末，全市共有文化事业机构 207 个，公共图书馆 13 个，各类博物馆 5 个，各级文化馆、群众艺术馆 12 个，乡镇文化站 123 个，百万人口拥有公共文化设施数 15 个，公益性文化设施总面积近 20 万平方米。但是总体来讲，长春市文化建设仍处于起步阶段，与国内文化发达城市尚有较大差距。2009 年 7 月，长春市政府发布《长春市文化事业与文化产业发展规划（2008—2012）》，对 2008—2012 年全市文化事业与文化产业发展进行总体部署，提出文化主要发展指标，即：到 2012 年末，实现人均文化事业费财政支出在现有基础上翻一番；人均文化消费支出年均递增 20% 左右；实现公共图书馆人均藏书量 1.2 册；百万人拥有公共文化设施 16 个；省、市、县（区）各级公共图书馆、群艺馆、文化馆（站）等公共文化基础设施达到国家二级馆以上标准；乡镇综合文化站、农家书屋建设达到国家标准；"欢乐庄稼院"实现全覆盖等。

运营近 20 年的总馆，其传统的功能布局也已不适应新的业务发展和读者服务需求。经专家鉴定，馆舍地面、墙面、棚面以及供暖设施、消防通道均亟须改造翻修。

2011 年 5 月 28 日，经过精心筹备，长春市先后通过国家公共文化服务体系建设专家委员会评审、公示并报国家公共文化服务体系示范区（项目）创建工作领导小组批准同意，成功进入首批 28 个国家公共文化服务体系示范区行列。长春市委、市政府从城市发展战略出发，高度重视国家公共文化服务体系示范区建设，要求抓住这一机遇加快推进全市文化建设。2011 年 6 月，长春市政府出台《长春市创建国家公共文化服务体系示范区规划（2011—2012）》，提出"按照网络健全、结构合理、发展均衡、运行有效的要求，以科学发展为主题，以城乡统筹发展为主线，以改革创新为动力，坚持公益性、基本性、均等性、便利性原则，经过 2 年的克难攻坚，初步建立起比较完善、具有长春特色，在中部地区具有示范作用、在全国具有一定影响的广覆盖、高效能、可持续的公共文化服务体系"的总体建设目标。在公共图书馆建设方面，将长春市图书馆总馆改造修缮、铁南分馆修缮与建设工程纳入国家公共文化服务体系示范区创建期的主要工作任务，目标是争取 2012 年底投入使用，并达到部颁一级标准。

2011 年 5 月 25 日，市长崔杰主持召开第 40 次市政府专题会议，研究如何进一步推进长春市文化建设。会议认为，创建国家公共文化服务体系示范区对于丰富城市文化内涵、提高群众文化生活水平和质量具有重大意义，文化基础设施建设是国家公共文化服务体系示范区创建的一项硬性指标，要按照国家要求尽快达标完成建设任务。会议确定尽快启动长春市图书馆全面维修工程，由图书馆提出维修改造方案，市财政局审核后抓紧拨付维修经费。按照市政府专题会议的要求，图书馆于 2011 年 6 月 17 日提出《长春市图书馆总馆馆舍修缮方案》报长春市发展和改革委员会、长春市财政局立项、审核。

2. 项目实施

按照《长春市图书馆总馆馆舍修缮方案》，改造后的总馆将适应时代发展的要求，成为集科技、文化、教育、娱乐、休闲等功能为一体的文化知识共享空间，以开放的格局，提供优质、高效的文化服务。由于馆舍修缮项目多、工期长、环境复杂，为保证工程质量和图书馆开放不受太大的影响，整个馆舍修缮工程分为五大部分，采取分项目招标施工的方式，在采暖期之前，完成地下和地上管道、消防设施、洗手间、报告厅、大厅正门的改造，采暖后再对阅览室以及地面、墙面、天棚以及会议室等项目的修缮改造。该工程分楼层逐一施工，以保证图书馆的开放。

（1）会议室及院士厅、洗手间、更衣间、饮水间装饰改造工程

会议室建筑面积 130 平方米。由于经常举办一些专业性的研讨和培训，拟装备必备的现代化设施和设备。院士厅建筑面积 475 平万米，在其新建之初，仅采取简易装修，

经过数年使用，墙面、棚面、地面等都出现大面积的破损、断裂、变色。且由于暖气管道多年失修和保温不好，院士厅冬季温度很低，夏季天棚漏雨，亟待维修、改造。图书馆有洗手间 30 个，但多数洗手间的便池陈旧且经常堵塞，隔断基本损坏，有部分洗手间基本不能使用，特别是一、二楼层洗手间异味较大。因此，拟对洗手间进行重新改造和装修。同时，拟在每层的阅览区设置一个饮水间，为读者提供饮用水；在每层的阅览区设置一个更衣室，供馆员更换工作服和存放个人物品。

2012 年 3 月 6 日，总馆会议室及院士厅、洗手间、更衣间、饮水间装饰改造工程启动，由市级财政全额拨款。2012 年 4 月 11 日，该项目正式开工，2012 年 11 月 13 日竣工。

（2）消防改造工程

总馆的图书馆监控系统、火灾报警系统均已落后，尤其是消防管道近 20 年来一直没有改造。由于供暖设施循环不好，2011 年冬季消防管道甚至出现冻裂，存在一定的安全隐患。

2012 年 5 月 11 日，总馆消防改造工程启动，工程总建筑面积为 23 000 平方米，消防改造内容包括火灾报警系统、应急照明系统工程，由市级财政全额拨款。2012 年 6 月 4 日，该工程正式开工，2012 年 8 月 18 日竣工。

（3）一至四楼阅览区，一楼、二楼大厅装饰工程

一至四楼阅览区和一楼、二楼大厅存在的问题有：一楼大厅地面所铺设的花岗石、地砖大部分翘曲变形，甚至脱落；楼内柱子出现氧化酸腐变色；天棚已被锈蚀变黄；一至四楼的地砖大面积破损，已失去局部简单维修的价值。一楼大厅正门由于密封不好，冬天大厅内的温度仅有 10 度左右。为此，拟将大厅的正门换成自动感应门，既可以遮挡寒风，又可以装饰大厅。在使用功能方面，一楼大厅通往二楼大厅的环抱楼梯的扶手处拟将原来的围栏式设计改为封闭式设计，目的是保障读者，尤其是青少年读者在此区域活动时的安全；环抱楼梯中间设置 LED 屏幕用于图书馆活动及大型庆典活动的背景展示。二楼大厅主要是文化展览区和读者休闲区，设有公共展览厅、咖啡吧、英语角等。根据现代公共图书馆服务功能的要求，方便广大读者获取文献，拟将一至四楼的阅览区隔断拆除，实现大开间、多功能、一站式的服务格局。改造后三楼为电子文献阅览区，四楼为中文图书、期刊、地方文献查阅区。

2012 年 8 月 6 日，总馆一至四楼阅览区，一楼、二楼大厅装饰工程启动，工程建设规模为 8 000 平方米，建设内容为总馆一至四楼阅览区、一楼和二楼大厅装修改造，由市级财政全额拨款。2012 年 9 月 23 日，该项目正式开工，2012 年 12 月 24 日竣工。

（4）综合服务楼装修项目

总馆综合服务楼（简称综合楼）建于 1994 年，建筑面积 2 300 平方米，由长春市图书馆与长春市少儿图书馆共同使用，主要为长春市图书馆面向社会进行教育培训的场所。2010 年 7 月 27 日，崔杰市长视察长春市图书馆，在考察综合楼及周边环境后做出指示，对综合楼进行装修。2011 年，文化部、财政部共同出台《关于推进全国美术馆、公共图书馆、文化馆（站）免费开放工作的意见》（以下简称《意见》）。按照《意见》要求，图书馆取消所有办学项目，决定将总馆综合楼部分改造为未成年人读者阅览区，增加面向未成年人读者的服务功能。

2012 年 11 月 29 日，综合楼装修项目启动，由市级财政全额拨款。此次工程只装修长春市图书馆使用部分，建筑面积 1 100 平方米。装修后的综合楼规划为未成年读者活动区，设立动漫图书馆、玩具图书馆、阅读活动区、绿色上网区等功能区域，为婴幼儿和青少年打造集科技、文化、教育、娱乐、休闲等功能于一体的文化活动空间。2013 年 1 月 20 日，该项目正式开工，2013 年 4 月 10 日竣工。

（5）部分公共活动区装修改造工程

由于总馆平均每天有上百辆车次进出，院内地面已有多处裂缝塌陷。大门和两边的耳房也多年没有维修。此次装修改造对院内道路、两侧耳房、前后两个大门、外墙进行翻修，并更换自动伸缩门、旗杆等。

2014 年 4 月 14 日，总馆部分公共活动区装修改造工程启动，由市级财政全额拨款。该项目于 2014 年 5 月 15 日正式开工，2014 年 6 月 14 日竣工。

（6）后续装修改造工程

2014 年后，总馆还根据需要陆续对部分区域进行装修改造。

2016 年 3 月 22 日，古籍特藏书库空调改造工程启动。该项目于 2016 年 4 月 19 日正式开工，2016 年 7 月 16 日竣工。

2016 年 6 月 15 日，总馆大门旁 24 小时自助图书馆建设工程开工，并于 2016 年 9 月 2 日竣工。

2016 年 9 月 27 日，根据长春市城乡建设委员会出具的《关于实施立信街应急工程的函》文件要求，将立信街建成一条连接解放大路与自由大路的南北通道，对该项目涉及总馆东侧土地进行征收。图书馆经与该项目实施部门长春市朝阳区房屋征收经办中心协商，并取得《承诺书》，将总馆出让土地的后续维修工作列入 2017 年旧城改造工程，于 2017 年维修完毕。立信街应急工程于 2016 年 10 月底竣工并通车，总馆院落维修工程于 2017 年 11 月底竣工。

2017 年 8 月 14 日，总馆八角轩文化展厅、期刊借阅专区建设改造和书库及配电室区域外窗及幕墙、书库内墙饰面工程启动。该项目于 2017 年 9 月 12 日正式开工，2017 年 12 月 14 日竣工。

2018 年 4 月 20 日，总馆院落维修改造项目启动。该项目于 2018 年 4 月 28 日正式开工，2018 年 9 月 15 日竣工。

2018 年 4 月 27 日，总馆屋顶防水整修工程启动。该项目于 2018 年 5 月 7 日正式开工，2018 年 6 月 22 日竣工。

2018 年 12 月 4 日，总馆文化讲堂改造工程、咨询台及读者体验区装修改造工程启动。该项目于 2018 年 12 月 6 日正式开工，2019 年 1 月 6 日竣工。

2019 年 9 月 3 日，总馆 10kV 变电室改造和外线电缆更换工程启动。该项目于 2019 年 10 月 8 日正式开工，2019 年 11 月 20 日竣工。

2019 年 11 月 19 日，总馆低压供电系统及变电室改造工程启动。该项目于 2019 年 12 月 15 日正式开工，2020 年 4 月 27 日竣工。

3. 馆舍布局及功能

2014 年 4 月 23 日，图书馆总馆以全新的面貌重新向读者开放。改造后的图书馆设计风格彰显人性化，根据服务功能的需要，对空间设计、文献布局进行了重新规划和调整，形成大开间、多元化、多功能的服务格局，每个区域均设有阅读区、休闲区、上网区、自修区，真正体现出图书馆是市民的"第二起居室"和"共同的书房"的理念。改造后的借阅区采用大开间、无障碍布局，在功能区设置上推行均等化的读者服务模式，设置中文图书借阅区、中文期刊借阅区、中文报纸阅览区、中文文学图书自助借阅区、科普动漫文献借阅区、中小学生文献借阅区、台港澳外文文献查阅区、地方文献查阅区、电子阅览室、视听艺术馆、读者自修区等服务区。针对各类读者的不同阅读需求，设立老年读者阅览室、视障人士阅览室、低幼儿童活动室、休闲生活文献借阅区等。还设有提供茶饮、会客、休憩服务的咖啡茶座，提供网上参考咨询、课题跟踪一站式服务的信息共享资源中心，用于举办公益性文化展览的二楼展厅，用于举办讲座、文化交流活动的文化讲堂，用于销售社科图书、开展阅读交流活动的八角书屋[①]等。

---

① 八角书屋在2017年装修改造后改称为八角轩文化展厅。

至 2020 年，总馆馆舍布局及各区域功能如下表所示。

总馆主楼对外服务区域

楼层	地点	服务内容
1楼	总咨询台	解答读者咨询、办证、"喜阅行动"荐购图书归还
	八角轩文化展厅	面积 400 平方米，主要展出馆藏珍品、艺术精品、名人书画等，举办文化沙龙等活动
	第一中文图书借阅库（117）	提供社会科学（不含文学、历史、地理、艺术）类图书借阅服务
	老年读者阅览室（109）	提供适合老年人阅读的文献借阅等服务，举办"乐龄"老年读者系列活动
	视障人士阅读室（108）	提供盲文文献借阅服务，举办"温暖时光"文化助残系列服务活动
	读者自修区（106）	提供自修服务，备有电源插口
	文化讲堂	举办各类文化讲座、文化交流等活动
	数字阅读体验区	可实时展示图书馆服务效能的各项数据，同时为读者提供电子书籍、期刊报纸、有声资源的下载借阅，以及少儿绘本、连环画等资源的互动式阅读体验
2楼	第二中文图书借阅库（214）	提供自然科学类及历史、地理、艺术类图书借阅服务
	休闲生活文献借阅室（208）	提供旅游类图书借阅，以及时尚艺术、健康生活、影视文化、旅游汽车等休闲类期刊、报纸借阅服务
	中文文学图书自助借阅区（205）	提供文学类图书借阅服务
	中文报纸阅览区（205）	提供近两月报纸查阅服务
	中文期刊借阅区（201）	提供近两年出版的期刊借阅服务
	书画活动室（216）	定期举办"墨韵丹青"书画艺术老年读者沙龙活动，不定期举办"墨韵丹青"老年读者书画艺术课堂、"方寸时光"读书沙龙
	二楼展厅	展览面积 400 平方米，主要举办书画、摄影、图片、手工艺作品等展览
	布克咖啡	提供茶饮、会客、休憩服务
3楼	信息共享咨询中心 / 市民数字学习中心（309）	提供网上参考咨询服务、电子文献免费全文传递服务、课题跟踪服务、数字资源检索服务、全国文化信息资源共享工程推广服务、数字图书馆推广工程信息资源检索服务，以及各类考试用书借阅服务
	报刊咨询查阅区（306）	提供近三年出版的纸质中文期刊及当月自然科学报纸查阅咨询服务

续表

楼层	地点	服务内容
3楼	电子阅览室（301）	提供互联网浏览服务、馆藏数字资源检索及下载服务、视听文献鉴赏及借阅服务，举办社会信息素质培训活动，免费借阅Kindle、汉王等移动电子阅读设备
	报纸开架库（319）	提供新中国成立后纸质中文报纸半开架查阅咨询服务
4楼	中文图书阅览区（405）	提供近三年出版的中文图书阅览服务
	台港澳外文文献查阅区（405）	提供最新台港澳地区及部分国外图书、期刊、报纸阅览服务
	地方文献查阅室（406）	提供地方文献查阅咨询服务，举办"品读聚乐部"活动
	古籍查阅室（406）	提供古籍工具书、影印本查阅咨询服务
	《红楼梦》文献研究室（408）	提供《红楼梦》多种版本和相关研究资料查阅咨询服务
	政府公开信息查阅室（409）	提供长春市政府各部门及县（市、区）、开发区的政务公开信息网上查询、纸质文件查阅、复印服务
	视听艺术馆（401）	提供音乐相关图书、期刊、报纸等文献阅览，音乐相关视听文献鉴赏、阅览，举办系列沙龙活动，音乐、舞台剧、电影等相关主题讲座、赏析、展示活动
	交流培训室（411）	举办各类培训、文化沙龙等活动
	期刊开架库（413）	提供新中国成立后纸质中文期刊半开架查阅咨询服务
5楼	创空间	长期举办创新创意技术体验、传统文化技艺推广、科普创意阅读等阅读推广活动，设置创意产品展示区、创新体验区、技能交换区、数字工厂等空间，配备设计、科普、计算机、营销等创新创业内容相关文献
	特藏文献查阅室（501）	提供社会团体及个人捐赠特色藏书查阅咨询服务

一楼数字阅读体验区

一楼第一中文图书借阅库　　　　　　　　一楼老年读者阅览室

可容纳 160 人的文化讲堂

二楼中文报纸阅览区　　　　　　　　二楼中文期刊借阅区

二楼中文文学图书自助借阅区

四楼中文图书阅览区

四楼视听艺术馆

设于三楼走廊的自助 E 读体验区

辅楼部分设为青少年读者工作部，依据不同年龄阶段儿童和青少年读者的特点进行年龄分区，一楼设有低幼儿童活动区和外文绘本阅览室，二楼设有中小学生文献借阅区，三楼设有科普动漫文献借阅区、青少年电子阅览室、3D 少儿数字体验室，四楼为多功能厅。其中，低幼儿童活动区专门设有爬行区，提供玩具图书和防撕图书。

2013 年 12 月 7 日星期六，青少年读者工作部试运行。试运行后的第一个双休日，接待读者就达 1 000 多人，借阅图书 2 000 多册次。

辅楼青少年读者工作部服务窗口

楼层	地点	服务内容
1楼	低幼儿童活动区	提供低幼儿童书刊、国内外经典绘本、早教启蒙读物等借阅服务
	外文绘本阅览室	提供适宜少年儿童阅读的外文原版绘本图书的阅览服务
2楼	中小学生文献借阅区	提供适宜中小学生阅读的中外名著、文学历史类图书、青少年教育相关书刊借阅服务。提供阅读指导、信息咨询服务
3楼	科普动漫文献借阅区	提供适宜中小学生阅读的科普动漫及美术音乐类书刊借阅服务，提供阅读指导、信息咨询服务
	青少年电子阅览室	提供适宜青少年的电子文献阅览、检索及网络应用指导服务
	3D少儿数字体验室	提供少年儿童数字阅读体验、学习及交流服务
4楼	多功能厅	举办知识讲座、故事会、舞台剧演出、影视欣赏等活动

辅楼一楼低幼儿童活动区

辅楼二楼中小学生文献借阅区

辅楼三楼科普动漫文献借阅区

4. 馆舍重新开放

随着总馆改造修缮工程即将收尾，为保证在开馆时有更多文献和读者见面，在馆舍改造修缮期间，图书馆在文献组织上做好三个方面的准备工作。第一，在文献配备上，图书馆重点加大对新成立的阅览室的文献配备，从 2012 年底开始，就有针对性地对外文文献、台港澳文献、音乐类文献、老年读者文献、时尚休闲类文献、地方文献、动漫类文献、玩具书以及玩具等集中采购，加大采选力度，满足特色阅览室需求。第二，在文献布局和业务流程设计上，根据图书馆整体空间设计，对文献布局进行科学研究和合理规划，使文献布局科学、规范；对各类文献的排架规则进行系统研究，方便读者检索；同时，进一步规范业务流程，方便文献管理和读者利用。第三，在文献整理上，对大量文献及时排序。虽然闭馆期间，馆员工作空间狭小，环境艰苦，但是基本能够做到文献有序堆放；对积压的 2 万多册报刊合订本全部进行整序、装订，并建立数据库。从 2013 年底开始，随着家具陆续安装到位，图书馆组织馆员及时进行读者服务区域的文献上架工作。2014 年春节前夕，已全部完成一、二楼书库近 20 万册图书的上架工作。从 2014 年 3 月 1 日开始，在主楼阅览区消防改造接近尾声的时候，开始阅览区文献上架工作。由于文献整理工作做得比较充分，经过一个半月时间的积极筹备，到 2014 年 4 月开馆前，阅览区 30 余万册的文献上架工作基本完成。除个别细节工作需要进一步完善以外，大部分的文献上架和排序工作已经就绪，可以满足图书馆全面开馆的需要。

2014 年 4 月 23 日，修缮一新的总馆正式开馆。为了让广大市民体验图书馆全新的功能布局、服务设施及多元化的阅读服务，图书馆围绕"魅力市图　新妆绽放"主题，开展一系列读者活动，全方位、多角度向社会展现图书馆新理念、新服务、新面貌。活动时间从 4 月 23 日到 5 月 31 日，包括两大部分内容，第一部分是 4 月 23 日当天开馆的活动，第二部分是从 4 月 23 日开始历时一个多月的"新市图开放月"系列活动。

开馆当天的活动包括开放仪式和 6 项活动。开放仪式设有两个环节：一是迎接仪式环节，从 8 点 15 分到 8 点 30 分，馆领导班子和各部门主任统一着装，在院内迎接和引导到馆读者步入楼内；二是开放仪式环节，馆领导在一楼大厅接待到馆读者，并为到馆的前 50 名读者发放读者证和纪念品，与他们合影留念，共同宣告图书馆重新开放。当天有 6 项读者活动开展，包括：在文化讲堂举办的"城市热读·世界读书日"专场讲座，讲座主题是"变革时代谈青年学子的学术阅读"；在视听艺术馆举办的"E 网书香靓长图"数字资源应用推广活动；在视听艺术馆举办的"聆听·春之华尔兹"音乐体验活动；在一楼大厅举办的"为你　翘楚而出——市图新面貌·新功能·新体验主题展"；在二楼大厅举办的"阅读的魅力"摄影作品展；"图书馆之旅"新市图阅读体验活动，组织中小学生、幼儿园儿童到馆参观，体验总馆全新的阅读环境与服务设施，交流阅读体会。

"新市图开放月"系列阅读活动于 4 月 23 日至 5 月 31 日开展，期间举行文化展览、公益讲座、文献展阅、阅读分享、数字阅读、读者荐书、惠读活动等 7 大类 38 项活动，具体如下表所示。

"新市图开放月"系列阅读活动

类别	活动主题	时间	地点
文化展览	为你　翘楚而出——市图新面貌·新功能·新体验主题展	4 月 23 日—5 月 31 日	一楼大厅
	"阅读的魅力"摄影作品展	4 月 23 日—5 月 23 日	二楼大厅
	"从馆舍旧貌新颜到城市历史变迁"长春市城区地图展	4 月 23 日—5 月 10 日	地方文献查阅室
	"案牍书步入数字时代"馆藏珍贵古籍书影展	4 月 23 日—5 月 31 日	长春市图书馆网站
	"传播科学知识　享受健康人生"科普知识展	4 月 23 日—5 月 31 日	中文期刊借阅区

续表

类别	活动主题	时间	地点
公益讲座	"城市热读"系列讲座（9场）	4月23日—5月31日（每周六上、下午）	文化讲堂
	公益数字大讲堂（2场）	5月7日、21日9：30	信息共享咨询中心
文献展阅	夕阳无限　墨彩生活——书法、绘画类图书展阅	4月23日—5月31日	老年读者阅览室
	休闲生活　定格瞬间——摄影类图书展阅	4月23日—5月31日	休闲生活文献借阅室
	历届文津图书奖获奖及推荐图书展阅	4月23日—5月31日	第一中文图书借阅库
	一个时代的声音——中国现代文学经典展阅	4月23日—5月31日	中文图书阅览区
	生活的智慧——休闲期刊展阅	4月23日—5月31日	报刊咨询查阅区
	亲近自然——《自然博物馆》青少年科普丛书展阅	4月23日—5月31日	科普动漫文献借阅区
	钟爱经典——《全球儿童文学典藏书系》丛书展阅	4月23日—5月31日	中小学生文献借阅区
阅读分享	"寻找心灵深处的声音"音乐沙龙	4月23日—5月31日（隔周周五16：00）	视听艺术馆
	"快乐小陶子"绘本故事会	4月23日—5月31日（隔周周六上午）	青少年读者工作部多功能活动室
	"阅读起智"市图少儿故事会	4月23日—5月31日（隔周周六上午）	青少年读者工作部多功能活动室
数字阅读	"阅读微时代"微信公众平台互动	4月23日—5月31日	微信公众号
	"阅读无限"移动阅读推广活动	4月23日—5月31日	自助E读体验区
读者荐书	"热门图书汇"读者荐书活动	4月23日—5月31日	书刊借阅区及图书馆网站
惠读活动	"阳光阅读"图书捐赠活动	4月23日—5月31日	省女子监狱、长春希望高中（长春八十一中学）、长春市第一五四中学
	"爱心助力阅读"便民借阅服务	4月23日起	长春市区

（二）铁南分馆修缮工程

拍摄于 1932 年的 "满铁长春图书馆"

2011 年 5 月 25 日，长春市市长崔杰主持第 40 次市政府专题会议，研究如何推进长春市文化建设，会上提出按照修旧如旧原则修缮 "满铁长春图书馆" 旧址，满足公众阅读需求。通过整合、收集伪满资料，将此处发展成 "满铁及伪满文献资料主题馆"。修缮和搜集文献资金由市财政拨付。依据会议精神，长春市图书馆提出如下修缮原则：一是保持历史原貌，主要体现在对该建筑物外形的修缮，完全恢复原 "满铁长春图书馆" 的原貌。二是体现图书馆特征，在内部装修和装饰上，要以适用为原则，融入现代图书馆建设元素；采用仿古的装修风格，扩大藏书量，增加空间利用率，提升室内整体效果，打造一个集馆藏与展示、检索与阅览、研究与开发等多种功能于一体的主题图书馆。

2011 年 7 月 14 日，"满铁长春图书馆" 旧址复原工程认证会在图书馆二楼会议室举行，长春市文化局副局长刘宏宇、文物处处长邵金波，长春市图书馆副馆长范敏、朱亚玲及几位文物专家参加。

"满铁长春图书馆" 旧址由于年代久远，供电设备老化，存在重大消防隐患。在和平大戏院占用尚未交接期间，图书馆组织力量做了大量的安全消防调研工作，形成《关于和平大戏院消防安防整改报告》上报长春市文化局。长春市文化局将文件下发和平大戏院，要求其强化安全意识，并定期进行安全检查巡视，以确保文物建筑万无一失。

2012 年 7 月 3 日，受长春市委常委、副市长吴兰委托，长春市政府副秘书长卢福建在市政府会议室主持召开专题会议，研究长春市图书馆铁南分馆建设。会议听取图书馆关于铁南分馆建设情况的汇报，并就有关问题进行讨论。会议确定：第一，将"满铁长春图书馆"旧址所有建筑物产权划拨为长春市图书馆所有。第二，旧址内原有的 3 个建筑物，按有关规定和需要区别建设。其中，1931 年所建的"满铁长春图书馆"旧址（面积 572 平方米），因属于市级文物保护单位，按照"修旧复旧"原则进行修缮；另两处由长春市电影公司 1959 年所建的小楼（面积 1 520 平方米）属危房，拆除重建。第三，项目所需要资金总预算 2 300 万元，其中"满铁长图书馆"修缮面积为 572 平方米，工程预算 400 万元；危楼拆除重建，拆除面积 1 520 平方米，新建面积 2 635 平方米，工程预算 1 900 万元。第四，建设项目由长春市发展和改革委员会按国家有关规定抓紧立项，长春市规划局、长春市住房保障和房地产管理局等提出修缮及拆除重建意见，项目工程属公益性文化基础设施建设，由长春市财政局提出项目建设资金意见，长春市图书馆作为项目建设主体进行前期准备并筹划建设工作，确保项目尽快开工建设。第五，此项目属《长春市 2012 年民生行动计划》的内容，长春市国土资源局、长春市财政局、长春市住房保障和房地产管理局、长春市发展和改革委员会、长春市规划局、长春市城乡建设委员会、长春市文化广电新闻出版局等相关部门要给以支持，创造项目建设条件。长春市图书馆要认真落实项目招标、代建等相关事宜，确保如期完成项目建设任务。

2016 年 6 月，长春市启动实施新一轮旧城更新改造工程，计划用两年时间，对三环以内 166 平方千米的旧城区实施综合改造。旧城改造提升工程包括 8 个方面，主要涵盖街路更新改造工程、五大商圈提升工程、历史文化街区改造工程、老旧小区更新改造工程、暖房子改造维修工程、公用管线集中改造工程、绿化亮化美化净化工程、城市公共设施改造工程。经过反复思考论证后，确定了"先地下、后地上，先功能、后景观"的旧城改造原则和时序；对于历史文化遗存，在旧城改造中将本着"修旧如旧"的原则最大程度地将其保留下来。"满铁长春图书馆"旧址修缮成为宽城区旧城改造工程中历史文化街区改造工程的一部分。

2017 年，人民大街历史文化街区"满铁长春图书馆"地块（"满铁长春图书馆"旧址）保护修缮及附属工程由长春市发展和改革委以长发改审批字〔2017〕336 号文件批准建设，并于 2018 年 11 月 16 日公开招标。此次修缮主要以修复为主，还原建筑本色。2018 年 12 月 17 日，该项目中标公告发布，中标单位为沈阳中联建设工程有限公司。2018 年 11 月 16

日，人民大街历史文化街区"满铁长春图书馆"地块（"满铁长春图书馆"旧址）保护修缮及附属工程监理进行公开招标，2018年11月26日进行二次公开招标。2018年12月17日，该项目监理中标公告发布，中标单位为吉林省工程建设监理有限责任公司。

修缮前的铁南分馆（2011年10月摄）

铁南分馆（右侧楼房）修缮后效果图

2019年2月26日，经长春市图书馆多次沟通联系，长春市城市发展投资控股（集团）有限公司（简称长发集团）带领设计团队（吉林省建苑设计集团有限公司）相关人员与馆长谢群、副馆长朱亚玲及图书馆相关人员在五楼会议室召开专题会议，就铁南分馆在建项目中存在的疑义作出反馈。会议中，双方明确铁南分馆的施工范围、施工工艺、消防安全责任等事项：第一，此次工程范围目前仅限于市文物局所批复的8号楼

（"满铁长春图书馆"旧址）。第二，此次施工仅加固外立面和做简单的电力改造。电力、照明、供暖、给排水等设施修缮仅限楼内，不包括外联网。第三，长发集团明确表示，8号楼在建工程仅是宽城区旧城改造工程的一部分，施工完成后不能保证其正常开馆。第四，施工期间消防安全问题由长发集团负责。第五，图书馆与长发集团针对8号楼内应按实际需求增设卫生间达成一致共识，长发集团委托设计单位按照地下给排水管网位置进行增加，追加费用由长发集团妥善处理。第六，图书馆将全力配合长发集团此次工程建设，提供必要的原始材料档案。

至2020年底，铁南分馆修缮工程仍在进行中。

四、组织管理

（一）组织沿革

2011年底，长春市图书馆共有员工198人，内设机构18个，其中总馆16个，铁北分馆2个。党委副书记吴锐兼任业务副馆长，范敏、朱亚玲任业务副馆长，刘曙光任行政副馆长。

2012年12月，谢群到任长春市图书馆馆长、党委书记。

2013年，原流通部与报刊部合并为书刊借阅中心，增设新媒体服务部，其他部门不变。由陆阳担任书刊借阅中心主任，常盛担任新媒体服务部主任。2014年，馆长办公室更名为办公室，书刊借阅中心更名为书刊流通部；铁北分馆的读者工作部更名为读者服务部。2015年，撤销铁北分馆馆长岗位。

2017年11月，姚淑慧由长春市少年儿童图书馆调入长春市图书馆，任业务副馆长。馆内设立临时机构基建办，由路维平兼任负责人。基建办在馆长的直接领导下，负责对馆内基础建设工程及维修改造项目进行监督控制，以确保相关工作顺利开展。同年，撤销铁北分馆的读者服务部和后勤保障部。

2019年，行政科和保卫科合并成立后勤保障部；设立临时机构馆史办负责图书馆馆史编撰工作；临时机构基建办被撤销。9月20日，路维平被任命为副馆长。10月28日，常盛被任命为副馆长。

2020年11月1日，金勇到任长春市图书馆馆长、党委书记。

至 2020 年底，长春市图书馆员工总数为 168 人，其中男性 52 人，女性 116 人；行政管理人员 7 人，专业技术人员 156 人，技术工人 5 人。

（二）部门建制与管理

1. 部门工作职责

2020 年，长春市图书馆设有办公室、党委办公室、计划财务部、后勤保障部、采编部、书刊流通部、参考咨询部、典藏阅览部、研究辅导部、网络技术部、数字资源部、新媒体服务部、文化项目发展部、青少年读者工作部、策划推广部。各部门工作职责如下：

（1）办公室

办公室是统筹协调全馆工作，负责综合文字工作、上传下达、会务、人事管理、档案管理、宣传、接待、读者意见处理、数据统计、业务培训、内刊编印等工作，并负责处理的外馆内外日常事务的综合性管理部门。其职责范围包括：协助馆领导统筹全馆管理工作，处理馆内外日常事务，以及做好部门间协调工作，及时贯彻落实馆领导班子的工作部署和业务决策；负责综合文字工作，撰写工作报告、年度总结、领导讲话等综合性文字材料，办理文件的收发、记录、交转，承担公章的管理工作；统筹图书馆业务管理工作，制订全馆年度工作计划，下达年度业务指标，开展业务培训、业务统计工作；负责人员的聘任、考核、继续教育、工资、社会保障、职称申报、人事档案管理等工作；做好信息宣传工作，对接新闻媒体发布信息、协调采访、统计媒体报道情况，开展信息上报工作，承担本馆网站"通知公告""新闻动态""媒体来风"栏目的内容更新等工作；协助馆领导做好接待来访等外事工作，综合处理馆内外行政事务；负责全馆档案的收集、整理、查阅，档案资源开发和编研工作；负责读者意见处理工作；记录全馆大事记，编印图书馆志，编印内部资料《品读》。

（2）党委办公室

党委办公室是馆党委的综合办事机构，主要担负组织建设、精神文明创建、群团组织、纪检工作、离退休人员管理等工作。职责范围包括：负责党委工作计划、总结、报告、决议、信函等文字材料的起草工作；处理党委日常文书，包括收发文登记、传阅、催办、收集、整理、归档等；筹备、组织党委安排的各种会议，做好会议记录；负责党委公章的保管和规范使用；组织落实好理论学习中心组的学习工作；做好民主生活会、组织生活会工作；指导、组织党支部换届改选、标准化建设工作，支部"三会一课""主题党日""创先争优表彰"等活动以及支部考核；负责党员干部教育培训，加强"学习强国""新时代e支部"平台学习管理；巩固创建成果，组织全国文明单位和全国文明城市审核、新时代文明实践站工作；加强与省、市宣传部门、文明办沟通与联系，做好党建对外宣传工作；以党建联盟为载体，做好公益惠民服务项目、下沉基层志愿服务等工作；组织开展中共长春市图书馆纪律检查委员会换届选举工作；负责本馆纪检监察工作；负责全馆各岗位宣传阵地和网站意识形态建设督导工作；做好离退休人员各项工作，定期开展走访慰问、困难帮扶、文化活动等；负责离退休支部工作。

（3）计划财务部

计划财务部是主管本单位财务工作的管理部门，主要工作内容是负责编制本馆每年的预、决算工作，统筹安排，保证馆内各项资金能够合理运用，有效保证单位正常运转与事业持续发展的资金需要；及时进行财务活动分析，向领导真实、准确、及时地反映馆内的财务状况；建立健全财务制度，加强经济核算，对单位内部的财务活动进行控制和监督。职责范围包括：编制年度经费预算，按审批以后的预算执行并监督落实；认真贯彻执行财会制度，严格遵守财经纪律，杜绝违纪行为；确保对于原始票据的审核合法有效，做到记账、结账及时，数据准确，单据完整；做到对于原始票据的报销工作一审二查三记账，确保审批手续合法完整有效，及时做好现金、银行存款的收支业务工作，每月与银行对账一次，确保账账相符；根据有关人事政策，及时做好馆内职工工资报表和发放工作，包括各种款项的扣除工作，确保数据准确，单据完整；接受审计、税务、财政等部门的监督检查工作并协调好与上述部门的关系；按规定做好现金、有价证券（含读者证等）提取、保管工作，做到准确无误；负责国有资产的审核入账等管理工作。

（4）后勤保障部

后勤保障部负责起草、修订全馆安全生产消防工作的各项制度、预案等；负责全馆社会治安综合治理工作；负责全馆安全隐患排查整改、宣传教育培训及突发事件应急处置工作；负责全馆电力设施安全运行及日常维护工作；负责全馆公共卫生防疫工作；负责全馆建筑物及附属设施设备的维修工作；负责对与后勤保障有关的社会化购买服务进行监督管理与落实；负责全馆物资备品管理及保障工作。

（5）采编部

采编部是本馆负责馆藏文献资源建设、馆藏文献书目加工、书目数据库的建设与维护等工作的基础业务部门。职责范围包括：统筹全市图书馆文献资源建设工作，制订本地区文献资源保障体系建设发展规划；负责全市总分馆业务系统书目数据库、连续出版物数据库的建设与维护工作及书目数据的质量控制；负责编制本馆年度文献采访经费预算，制订年度文献采访计划，确定馆藏范围、藏书结构、各类文献的采购比例及复本量；负责本馆图书、报刊等纸质文献的招标及采购工作，按照采购计划，制定采购需求，准备招标文件，完成中文图书、中文期刊、台港澳及外文文献等招标工作；负责文献购置经费的管理工作，控制和计划文献采访经费，合理使用购书经费；负责到馆文献的核对工作，核对实际到馆的文献与所订购的文献是否一致，发现问题及时查清，保证文献账目清楚无误，并及时报账；负责文献呈缴本、捐赠的接收、登记及回函工作；负责处理读者对文献采访的意见或建议；负责制定本馆文献标引编目的规范、标准及实施细则；对文献的分类标引和主题标引工作、文献著录工作进行审校。

（6）书刊流通部

书刊流通部是主要负责本馆中文图书、中文期刊、盲文图书借阅服务以及中文报纸阅览查询服务，同时承担本馆读者证办理、解答咨询、读者活动组织策划等工作的基础业务部门。其职责范围包括：承担本馆成年读者借阅、解答咨询、课题检索、图书预约等常规服务；承担视障读者、老年读者等特殊群体的借阅服务工作；负责本馆中文图书、中文期刊、中文报纸、盲文图书、大字版图书、盲用听书机等的借阅服务；承担本部门文献的整理、装订、排架、剔旧、丢失、修补等工作；承担本馆自助图书馆的文献管理工作，保障其顺畅运行；承担本部门中文期刊、中文报纸的增订工作；承担本馆读者证的办证、退证、补证、挂失、变更等服务，保证办证资金账目清楚无误，并及时报账；负责本部门过期未还图书的有关数据统计，制定年度催书工作计划，同时承担处理读者丢书赔付，并及时报账；负责自助分拣还书室的日常管理工作，确保顺畅运行；负责长春市民换书中心日常运行及管理工作；承担本部门文献展陈及推荐工作；负责面向成年读者、视障读者及老年读者组织、策划及开展适宜的读者活动。

（7）参考咨询部

参考咨询部依托专业资深馆员和本馆文献、数字资源优势，通过先进的信息采集、分析、整合技术，为长春市高层领导、政府单位、科研院所、广大市民读者提供不同需求的特色信息咨询服务。职责范围包括：负责规划、主持参考咨询服务工作的全面开展，及时掌握国内外特别是本省、市的经济、文化、政治的发展状况，负责本部门所有参考信息咨询服务的选题、分析、策划等工作；根据信息开发工作的实际需求，及时调整部门的信息资源采购方向，制定出合理的年度部门信息资源采购计划；及时掌握了解本市规划、人大立法计划，与市人大建立常态化联系；跟踪城市发展动态，每月为市人大提供两期《立法信息快讯》，常规课题咨询服务；为市人大常委会提供《立法决策参考》的编撰工作；做好立法决策参考咨询服务档案的建立；及时搜集市人大、政协机关领导对本馆所提供信息服务的反馈意见；开展舆情监测服务（如舆情监测服务平台、热点事件分析报告、人大代表舆情、其他省份人大公众号等的定向监测和推送）；根据用户需求，为政府部门提供政治、经济、文化、社会民生、舆情等各个领域的信息专题制作及实时报送服务。

（8）典藏阅览部

典藏阅览部负责全馆基藏图书、期刊、报纸、特藏文献及馆藏历史珍贵文献典藏、阅览工作。职责范围包括：负责全馆文献资源布局规划和保存本图书、期刊、报纸的贮存；负责基藏书库及特藏书库管理工作；负责地方文献采集、管理、咨询、研究与开发；负责古籍整理、研究与开发；负责特藏文献管理与咨询；负责中外文保存本图书、期刊、报纸的查阅与咨询服务；负责中外文保存期刊、报纸合订本的馆藏目录的编制；负责政府公开信息的查阅与咨询；负责管理范围内各种设施、家具、电子设备的正常运作；配合后勤保障部做好本部门内综合治理、安全和卫生工作。

（9）研究辅导部

研究辅导部主要承担本地区公共图书馆、长春城市书网的发展建设，长春市图书馆学会秘书处及图书情报业务资料室管理等工作。其职责范围包括：总体统筹全市图书馆事业建设，制订本地区图书馆事业发展规划，组建本地区图书馆事业网；承担图书馆公共服务体系建设的各项具体事务，研究制定建设目标、计划，制定总分馆建设的业务规范；负责公共数字文化工程在本地区的建设、验收及日常管理工作；负责各分馆的日常管理工作，承担馆际间协作，协调具体工作，负责处理解决总分馆业务工作中出现的问题；承担基层图书馆业务指导工作，协助各分馆做好建设规划，如馆舍功能布局、购书计划和业务工作规范等；协助完成对地区基层图书馆的考核、检查、评估和评比工作，总结推广先进经验；负责基层图书馆专业人员的业务培训工作，拟订基层图书馆业务人员的年度培训计划；负责总分馆馆长例会的组织、筹备及各项具体事务工作；负责组织开展图书馆间的业务考察及调研活动；负责图书流动车的管理、服务网点的建设及日常服务等工作；负责馆际物流管理工作；负责本地区图书馆业务统计及统计资料的管理、收集、整理、备档各种业务辅导资料，建立业务辅导档案。

（10）网络技术部

网络技术部是负责保障图书馆计算机软件系统、硬件系统、网络系统的安全稳定运行，为图书馆各项业务的开展提供技术支持，为图书馆建设提供最优的技术解决方案的基础业务部门。其职责范围包括：负责图书馆网络化、智慧化、数字化建设的规划和统筹管理工作；负责本地区总分馆自动化建设，制订全市总分馆自动化、网络化技术的发展规划和措施；负责全馆信息化建设相关项目的招标、采购、测试运行、验收等工作；负责全馆计算机软硬件设备、网络设备和 RFID 自助借还设备的规划、建设、管理与运行维护工作；负责全馆计算机及其辅助设备、网络设备、消耗材料的采购、管理、维护和发放；负责对全馆服务器系统、网络系统、业务系统、OA 办公系统等的日常管理和维护，定期对各系统数据进行备份，保证系统数据的安全完整；承担本馆中心机房及各分机房的运行和管理工作；负责 Interlib 集群管理系统在县（市、区）、社区图书馆的技术指导与人员培训；承担本馆网站建设和数字资源建设的技术支持工作；承担图书馆业务人员的技术培训工作；负责保障管理范围内各种设施、家具、电子设备的正常运作。

（11）数字资源部

数字资源部是本馆负责承担数字资源建设、网站及数字化平台建设、音视频加工建设、电子阅览室和数字阅读体验区读者服务、数字阅读推广服务、全媒体宣传服务等工作（包括开馆服务、采访采购、技术保障和宣传推广等各方面业务）的综合性部门。职责范围包括：负责跟踪调研数字图书馆发展趋势，制订本馆数字资源建设规划，以自建、采购、共享、开放资源获取等多种方式，通过广泛获取、有效利用原则，完善本馆数字资源体系的建设；负责编制本馆年度数字资源采购经费预算，制订招标采购计划和数字资源续订增订方案并上报馆领导班子审议；负责本馆数字资源及相关服务项目的招标及采购工作，按照采购计划和方案制订采购需求文件，准备招标文件，完成招标流程、合同签署、项目验收和付款提交工作；负责外购数字资源的验收核对工作，保证数字资源在服务期内的正常使用和数字资源固定资产入藏，并及时报账；负责馆藏特色数据库建设的选题策划和建设工作，掌握文化和旅游部公共数字文化工程相关项目最新情况，规划建设内容，统筹实施方案，完成资源申报、实施报备、项目验收和整合发布工作；负责长春市图书馆官方网站、长春数字图书馆网及各自建特色数据库平台的设计建设和管理维护。

（12）新媒体服务部

新媒体服务部以拓展信息时代图书馆前沿业务为主要内容，负责本馆数字资源的推广与服务、新媒体业务拓展及平台建设、视听文献建设与服务，阅读生态建设探索等工作。职责范围包括：通过建设新媒体服务集群来构建新媒体、O2O^①服务体系，营建贯通线上线下渠道，服务支点遍及全市的阅读生态；负责新媒体平台的日常运营和维护，包括微信公众号、微博、今日头条等平台，使用咕噜管家机器人对读者微信群进行管理，建设"3H"服务平台为本馆服务品牌向全市输出服务，策划与提供高传播度的优质阅读推广内容，发布本馆各类通知、公告及活动信息等；以了解用户需求、收集用户反馈、分析用户行为及需求为前提，通过各种有效方法和渠道增加粉丝（读者）数量，提高各新媒体平台的关注度和粉丝（读者）的活跃度；联合馆内其他业务部门，通过新媒体载体及平台，积极做好数字资源使用推广和阅读推广活动的发布和推介等工作；负责视听艺术馆文献采购工作，并对视听艺术馆馆藏及光盘进行登记、管理；以市民文化需求为导向，根据本馆和本部门实际情况策划组织阅读推广活动，坚持举办"长图雅音"系列活动，深化创客空间职能。

（13）文化项目发展部

文化项目发展部主要负责公益培训、文化展览、文创产品的综合管理工作。职责范围包括：负责公益培训的组织、策划和实施推广工作；负责文化展览的组织、策划、设计和实施推广工作；根据馆藏资源合理开发文创产品；负责公益课堂、文化展览和文创产品的对外宣传工作，负责新闻媒体采访接待和安排，对新闻报道严格把关；负责一年一度的三八妇女节活动的策划、宣传、组织、资料整理归档等各项工作；负责保障管理范围内各种设施、家具、电子设备的正常运行。

（14）青少年读者工作部

青少年读者工作部面向低幼儿童、青少年及其家长，以及儿童阅读研究者等，提供借阅、学习、研究服务。职责范围包括：负责青少年读者工作部读者服务及设备管理工作；承担低幼儿童活动区、中小学生文献借阅区、科普动漫文献借阅区文献的验收、上架、修补、剔旧、流通等日常管理工作；面向少年儿童读者提供电子文献阅览、上网服务；开展文献揭示、宣传、推荐工作；积极组织开展各类少年儿童阅读推广活动；负责"长图小树苗"微信公众号的运营工作；负责少年儿童阅读推广研究工作；完成本部门的业务统计、档案整理工作，撰写年度工作总结、计划及业务分析报告；协助辅导部完成年度图书、期刊订购工作；负责保障管理范围内各种设施、家具、电子设备的正常运作。

---

① O2O，即Online To Offline，从线上到线下，意为将线下服务与线上结合在一起，让互联网成为线下服务的前台。

（15）策划推广部

策划推广部是负责全馆大型阅读推广系列活动及部分品牌活动的策划、统筹、实施等工作的基础业务部门。职责范围包括：围绕重要时间节点，负责全馆乃至全市（每年的长春市民读书节）大型阅读推广系列活动的策划、统筹、实施；负责"城市热读"公益讲座品牌的策划、组织实施及宣传推介；负责讲座资源的开发与推介，编辑出版《文化之隅》系列图书，推介优秀讲座资源，扩大馆藏讲座资源的受众范围；负责"长春星火阅读计划"领读者品牌的策划、组织实施及宣传推介；本馆为吉林省图书馆学会阅读推广委员会主任成员馆，本部门负责其日常工作；承办上级部门、吉林省图书馆学会等临时性阅读推广活动；负责调查、收集读者对阅读推广活动的意见或建议；完成本部门阅读推广活动的统计工作，按时提供工作报表及年度分析报告。

2. 部门规章制度

为使图书馆管理逐步走向制度化、规范化，确保全馆业务正常、稳定开展，长春市图书馆制定一系列规章制度，并根据不断变化的读者需求和图书馆管理模式进行创新和完善，形成一套较为健全的公共图书馆管理规章和制度。

健全的业务管理工作制度是图书馆业务正常开展的有力保证，也是公共图书馆管理规章和制度的主要组成部分。长春市图书馆业务管理工作制度包括文献管理制度、网络网站管理制度、分馆管理制度以及其他与图书馆业务相关的制度。总馆改造修缮前，图书馆的业务管理工作制度较少，仅有若干文献管理制度如文献采购、著录、分类标引规则和特藏文献的管理制度，以及中心机房和网站管理制度。这一时期馆藏主要以印刷文献为主，因此文献管理制度也以纸质文献的管理为主。如《文献采购条例》规定的藏书体系为"以基础藏书和重点文献为核心，以特色文献为导向，以一般文献为基础的综合性藏书体系"。

2014年，馆舍改造修缮后重新开放，长春市图书馆对空间和文献布局进行了重新规划和调整，智能化、全媒体技术在图书馆管理中大量应用，图书馆的服务功能和服务模式也发生巨大变化。为适应新的发展形势，在做好开馆服务的同时，图书馆下大力气推进业务管理制度的建设：一是对原有制度进行及时修订。以《文献采购条例》为例，其中"藏书体系"变更为"文献资源建设体系"，并规定要"建成以中文资源为主体，以外文文献为辅助，以地方文献为特色，纸质文献与数字资源并存的多学科、多语种、多载体的综合性文献资源体系。"二是根据业务需求逐渐增加新的规章制度。如文献管理制度方面，随着数字资源采购在文献采购中所占的比例不断攀升，出台规范数字资源采购工作的《数字资源采购制度》；文献加工业务外包引进图书馆后，出台对外包业务进行管理的《数字资源外包加工绩效管理制度》和《图书分编加工服务外包绩效考核制度》。截至 2019 年底，文献管理制度由原来的 4 项增加到 20 项，内容涉及文献采购、著录、分类、编目、剔旧、捐赠、保护、外包等馆藏文献建设的各个方面。

2016 年起，长春市公共图书馆总分馆模式开始向"中心馆—总分馆"的新模式转变，一系列有关"中心馆—总分馆"服务体系建设的规章制度陆续出台。如《长春地区公共图书馆中心馆—总分馆管理规范》，规定长春市公共图书馆"中心馆—总分馆"建设过程中，中心馆与总馆各自所承担的职责与义务，以及"中心馆—总分馆"建设过程中的相关建设标准、服务规范、射频识别数据模型建议标准等内容。从 2017 年开始，图书馆又将工作重点放在推进分馆的标准化、规范化建设上，通过打造精品示范性分馆，带动总分馆建设的全面开展，适时制定《长春市图书馆示范分馆建设标准》《长春市图书馆示范分馆管理制度》《长春市图书馆示范分馆借阅制度》《长春市图书馆示范分馆评估管理办法》等一系列推进分馆建设的制度和规范。2018 年起，开展城市阅书房建设，出台《城市阅书房管理办法》和《城市阅书房借阅制度》，促进城市阅书房的标准化、规范化和可持续发展。为全力打通服务群众的"最后一公里"，做好流动图书馆服务，出台《流动图书馆借阅管理办法》《流动图书馆工作人员管理规定》《流动图书馆工作员管理细则》，为保证流动图书车出现某些特殊情况时流动服务的及时开展，出台《流动图书馆运行应急预案》。

长春市图书馆重新开放后，阅读推广活动越来越丰富，为推进这些活动的高质量开展，依据不同活动的开展情况制定相应的管理和服务规定，如《长春市"领读者"服务管理章程》《优秀义务小馆员评选办法》《长图公益课堂教师管理守则》等。

为提高服务质量，在服务规范方面，长春市图书馆于 2018 年修订《长春市图书馆服务规范》并单独印刷成册。同时在原有的文明服务规范中增加《读者日常评价管理制度》《读者投诉处理有关规定》《读者意见收集与反馈制度》，接受读者评价和监督。

近几年来，志愿者服务逐渐成为长春市图书馆服务活动中的亮点。志愿者们既是读者，又是服务者，在阅读推广活动中发挥着重要作用。为规范和激励志愿者服务，2018 年出台《长春市图书馆文化志愿组织章程》《长春市图书馆文化志愿者组织服务管理条例》《长春市图书馆文化志愿者组织服务工作奖励办法》。

2019 年是长春市图书馆的"制度完善"年。图书馆在原有制度汇编中的 70 余项制度基础上，收集整理全馆新制定或修订的规章制度，进一步完善图书馆制度建设，逐步形成工作程序规范化、岗位责任明晰化、管理方法科学化的"按制度办事、靠制度管人"的工作机制。截至 2020 年，图书馆已制定形成党建工作制度、办公管理工作制度、安全保障工作制度、财务管理工作制度、人事管理工作制度、业务管理工作制度、文明服务规范、理事会制度等 8 个系列共计 148 项规章、规范和制度，规范了图书馆系统的运行，协调了各部门工作的有序开展，保证了图书馆事业的顺利发展。

（三）理事会建设与运营

为进一步深化图书馆管理体制改革，不断提高图书馆科学治理水平，长春市图书馆在长春市文化广电新闻出版局的统一部署下，于 2015 年初启动法人治理改革工作，并被列入长春市事业单位法人治理结构改革试点单位。

1. 推行图书馆法人治理

长春市图书馆依据本馆情况，明确图书馆法人治理的具体工作内容，主要包括以下几点：

（1）建立理事会制度

组建理事会：组建长春市图书馆理事会（以下简称"理事会"）作为决策机构和监督机构，其主要职责是对图书馆重大事项进行审议和科学决策等。理事会由 11 人组成，分别为举办单位代表、图书馆代表、社会代表。理事长人选由举办单位相关领导担任。理事会每届任期 3 年，设 1 名执行理事，执行理事由图书馆馆长担任。

确定理事会成员：理事采用选任制或委任制产生，由长春市文化广电新闻出版局履行任免程序。举办单位代表由长春市文化广电新闻出版局委派；图书馆代表 3 名，其中馆长为当然理事，另外为副馆长 1 名、员工代表 1 名，由图书馆组织推荐；社会代表包括读者代表、专家代表、媒体代表、文化界知名人士和教育界代表、企业界代表，社会代表理事面向社会公开选聘，在自愿报名或组织推荐的基础上由举办单位遴选。

组建图书馆管理层：组建以馆长为代表的行政班子作为图书馆管理的执行机构，组织开展日常业务活动。馆长按理事会章程规定执行理事会的决议、编制预算方案、聘用其他行政管理人员和专业技术人员、负责本馆日常事务运行等。

（2）制定理事会章程

章程是法人治理结构的制度载体，是理事会和管理层的运行规则，是有关部门对事业单位进行监管的重要依据。按照《中共中央国务院关于分类推进事业单位改革的指导意见》及相关配套文件精神，根据《事业单位登记管理暂行条例》及其实施细则，结合行业特点及图书馆实际，制定理事会章程。

2. 理事会的建立发展

长春市图书馆将法人治理结构改革工作列入 2015 年全馆的重点工作，并于 2015 年 1 月开始搜集资料，深入学习有关政策文件。

2015 年 3 月 30 日，长春市文化广电新闻出版局发布《长春市图书馆、群众艺术馆法人治理结构改革试点工作总体方案》，提出"实行两馆决策、执行和监督三权相对分离，相互制约，相互促进。基本形成政府宏观管理、两馆自主办事业、社会力量积极参与的办馆格局，从而提供优质、高效、公平的公共文化服务"的总体目标。长春市文化广电新闻出版局成立事业单位法人治理结构建设试点工作领导小组，对试点工作进行统一领导。2015 年 4 月，图书馆参加由长春市文化广电新闻出版局组织的考察组，随考察组到深圳、南昌、长沙等地调研学习。

2015 年 5 月，组建长春市图书馆法人治理改革项目工作组，全面推进法人治理结构改革工作。同月，参加中国图书馆学会主办的"公共图书馆法人治理结构建设研讨班"，并启动《长春市图书馆章程》起草和理事会筹建的工作。

2015 年 9 月，完成《长春市图书馆章程（试行）》及《长春市图书馆年度报告制度（试行）》《长春市图书馆信息公开制度（试行）》《长春市图书馆审计和绩效评估制度（试行）》《长春市图书馆理事会决策失误追究制度（试行）》四个配套制度的制定。期间多次电话咨询广州、济南、宁波等地先期开展法人治理结构改革工作的图书馆，学习经验，确保工作扎实稳妥推进。

2015 年 10 月 15 日，长春市图书馆发布招募部分理事会成员的公告，面向社会公开邀请 6 名关注和关心图书馆事业发展的社会人士代表为理事会成员。申请条件为：居住在长春市辖区范围内，年龄为 18 周岁以上、60 周岁以下，具有完全民事行为能力；热心社会公益，具有社会责任心，讲究诚信；在所属领域拥有较高的资历和声望，能客观、独立地表达意见；热爱图书馆事业，维护图书馆的权益和社会声誉；具备担任理事所需的相关知识和技能；从服务对象中遴选的理事应为长春市图书馆持证 3 年以上读者，并且近 3 年中曾被评选为长春市图书馆优秀读者。

符合条件的社会人士由相关主管部门审核通过后颁发聘书。

2015 年 10 月 28 日，图书馆召开第一届理事会图书馆代表选举大会。会上通过不记名投票的形式，对由本馆组织推荐的候选理事会代表进行投票选举。最终，吴锐、刘彩虹当选为第一届理事会成员。

2015 年 11 月 11 日至 18 日，根据《长春市图书馆章程（试行）》和《长春市图书馆理事会理事成员产生办法》，经有关部门推荐和向社会公开招募、长春市图书馆理事会建设领导小组商议及推荐、长春市文化广电新闻出版局党委会讨论通过等程序，确定了长春市图书馆理事会首届理事会成员和理事长并进行公示。长春市文化广电新闻出版局党委成员、副局长曲笑为理事长；长春市图书馆馆长、党委书记谢群为执行理事；另有理事 9 名。

2015 年 11 月 20 日上午，长春市图书馆理事会成立大会暨第一届理事会第一次会议在长春市群众艺术馆召开。吉林省文化厅社文处处长李虹、长春市文化广电新闻出版局局长崔永泉出席会议。会议由长春市文化广电新闻出版局副局长曲笑主持。会议宣读图书馆首届理事会理事长和理事会成员名单，出席会议的领导为理事颁发聘书。理事会成立仪式之后，随即召开第一届理事会第一次会议。会议审议通过《长春市图书馆章程（试行）》和《长春市图书馆年度报告制度（试行）》《长春市图书馆信息公开制度（试行）》《长春市图书馆审计和绩效评估制度（试行）》《长春市图书馆理事会决策失误追究制度》4 个配套制度，审议通过《长春市图书馆服务规范（讨论稿）》。与会理事就图书馆读者活动的开展、品牌打造、地方文献征集、特藏文献保护开发等问题畅谈己见，提出众多建议。

理事会成立后，按照《长春市图书馆章程（试行）》规定的职责行使决策和监督权力，正式开展工作。几年来，长春市图书馆理事会定期召开理事会议，在对图书馆重大事项进行科学决策方面发挥了重要作用，对图书馆文献资源建设、开发和利用，地方文献和特色文献的挖掘和利用，馆企共建，精细化服务，志愿者服务，职工关怀等方面提出了诸多合理化建议，促使图书馆在建设文献资源体系、开发特色馆藏资源、开展精细化和便捷化服务、开展文化交流活动、吸引社会力量参与图书馆服务、建设和谐团队等方面取得长足进展。理事会制度运行以来，拓宽了图书馆的工作思路，促进了社会沟通，基本形成了政府宏观管理、图书馆自主办事业、社会力量积极参与的办馆格局。长春市图书馆法人治理改革工作取得初步成效。

2015 年长春市图书馆理事会第一次会议

（四）群团工作的开展

1. 长春市图书馆工会委员会

2011 年，长春市图书馆会委员会换届，图书馆新一届工会委员会成立，由刘曙光任工会主席，路维平任工会副主席。

2015 年 3 月，刘曙光退休离岗。2018 年，在长春市总工会的指导和支持下，于 2018 年 1 月 18 日召开长春市图书馆工会会员代表大会，选举新一届工会委员会，朱亚玲任工会主席，路维平任工会副主席。会上完善了基层工会的相关手续，建立了新的工会财务制度。

2018 年 2 月 11 日，长春市总工会组织部正式批准长春市图书馆工会委员会成立。2019 年 12 月 11 日，长春市图书馆工会第一届[①]第二次会员大会召开，根据工会委员会人员变动调整进行投票选举。大会采取无记名投票，选举路维平为工会主席；耿岱文、安山山、郭旭、孟静、陈岳华、孙丽红 6 位同志为工会委员；郭旭、耿岱文、孟静兼任经费审查委员会委员；耿岱文任经费审查委员会主任；郭旭任女职工委员。

几年来，图书馆工会在长春市总工会的指导和支持下，在图书馆党委的正确领导下，充分发挥群团组织的桥梁纽带作用，深入职工群体，了解职工思想状况、实际问题，设身处地、尽心竭力为职工排忧解难，在稳定职工队伍、维护职工利益、关爱职工

---

① 此届工会经长春市总工会批准为第一届工会。

生活、调动职工积极性方面发挥了重要作用。

（1）关爱职工健康，帮扶困难职工

关爱困难职工一直是馆工会的优良传统。馆工会充分发挥自身主观能动性，深入了解职工生活中存在的困难，帮助他们解决现实问题。2013年，图书馆4位同志本人或家属患病住院，高昂的治疗费用给他们本来就不富裕的家庭带来巨大的压力，生活困难。馆工会了解到他们的情况后，积极帮扶救助，在长春市总工会的帮助下，为他们办理医疗救助，解决他们的燃眉之急。2014年，工会将图书馆5位生活困难职工纳入"副局级以上领导干部帮扶结对困难职工"活动名单，由上级领导结对帮扶，在经济上给予他们一定的帮助，让困难职工感受到工会组织的关怀。

为切实关爱馆员的身体健康，使馆员及时详细了解自己的健康状况，达到对疾病早发现、早诊断、早治疗的目的，从2014年起，馆工会每年春季组织全体在职职工到吉林省爱康国宾佳昌体检中心进行身体检查。2016年9月，馆工会与长春市中医院联合组织专家义诊活动，邀请4位内科、神经科及老年病方面的临床专家亲临图书馆，为职工提供诊脉咨询服务。2018年，3名职工生病住院期间，馆工会负责人连同职工所在部门负责人共同前往看望，给予慰问金，表达馆工会对他们的关心。对于退休职工，馆工会连同党委为退休老同志组织欢送茶话会并购买纪念品。

（2）关注职工文体生活，组织集体活动

2011年新一届工会委员会成立后，在馆内办公用房十分紧张的情况下，馆工会将原二楼基建办公室整理布置，恢复职工活动室的使用。同年11月，经馆长提议，馆领导研究决定扩建职工活动室，将原女子修养学堂扩建为新的职工活动室，在原有乒乓球、棋牌等娱乐项目的基础上，新增跑步机、磁力车、腹肌板等健身器材，以方便职工利用午休时间，进行各项有益身心健康的文体活动，受到广大职工的热烈欢迎。为丰富馆内职工的文体生活，缓解他们的工作压力，2016年起，馆工会每年利用职工休息时间，组织全馆职工赴长春净月潭国家森林公园开展"净月徒步"活动，通过比赛形式，鼓励职工加强身体锻炼。2018年8月，馆工会组织职工参加长春市直属机关青年职工三人制篮球赛、长春市文化广电新闻出版局拔河比赛，并利用职工活动室开展持续一年的瑜伽健身活动。

市直属机关青年职工三人制篮球赛现场

（3）发挥群团组织的战斗堡垒作用，调动职工积极性

总馆改造修缮期间，为了配合改造修缮工程的顺利进行，馆工会在馆党委的正确领导下，积极发挥群团组织的战斗堡垒作用，发动职工积极参与图书馆搬迁整理工作，并不断排解职工由于劳动时间长、劳动强度大等客观情况导致的不理解情绪，保质保量地完成搬迁整理工作，极大地推动了改造修缮工程的顺利开展。2014 年 4 月 23 日重新开馆前，需要完成大量的图书上架整理工作，时间紧、任务重，馆工会发动全体职工，发扬不怕脏、不怕累、顽强奋战的工作精神，短期内完成数十万册图书的上架整理工作，为正式开馆奠定了基础。

（4）维护职工利益，稳定职工队伍

2014 年，为满足职工用餐需求，提高职工的就餐质量和标准，在馆党委的领导下，馆工会经过细致研究，决定改革职工食堂管理模式，实行承包制度，在馆内、外广泛联系承包意向人，由馆工会组织职工代表，认真听取承包竞争者的经营方案，试尝菜品味道，就职工最关心的问题提出质询，经过投票选举出职工最为满意的承包者，并签订承包合同。2017 年起，职工食堂改为通过招标方式委托企业经营。为督促经营者提高服务质量，维护职工权益，馆工会责成专人监督各类食材的采买以及外卖商品价格，建立微信群，让广大员工和食堂工作人员能够积极有效地进行沟通，随时反馈意见。经过一系列改革，食堂的菜品种类与质量有了较大的提升，受到职工好评。

2015 年，长春市总工会组织开展为全市在职职工办理"工会会员卡"的工作。凭借会员卡，广大职工可以享受在医疗救助、意外伤害补贴、法律援助、技能培训、公园和博物馆年票及门票等项目的优惠政策。馆工会立即开展信息采集工作，为全部在职职工办理会员卡。

2. 共青团长春市图书馆委员会

2010年末，共青团长春市图书馆委员会举行换届选举，新一届共青团长春市图书馆委员会（简称馆团委）成立，李超任书记，耿岱文任组织委员，王明旭任宣传委员，刘劲节任文体委员，金姗任生活委员。

10年来，馆团委在上级团组织和图书馆党委的领导下，以服务青年、教育青年为目的，紧密围绕长春市图书馆各年中心工作，带领团员青年在图书馆的建设发展中发挥积极作用。

（1）加强团员思想政治学习和业务学习

馆团委带领团员青年积极投身理论学习，认真学习，创新实践，不断提高团员青年的思想理论素养。认真向团员青年传达党和团的重要会议精神，号召团员青年理论联系实践，真正把理论运用到实践中去。不断向党组织推荐优秀团员作为发展对象，充实党的新生力量，激发广大团员青年的政治热情，增强共青团组织的吸引力和凝聚力，充分发挥党的后备军的作用。馆团委还非常注重团员青年的业务学习，号召团员青年提高自身业务能力，积极参加馆内组织的各种业务培训，努力提高全体团员青年的业务水平。

（2）带领团员青年开展文明优质服务

馆团委在团员青年中大力倡导文明优质服务，加强服务意识，规范服务标准。2012年5月1日，《公共图书馆服务规范》正式实施，馆团委积极号召并带领全体团员进行学习。馆团委树立典型榜样，号召全体团员青年向优秀同志学习，利用典型带动全体。除了向身边的同志学习外，还号召向社会中的先进人物学习。长春市鼎庆经贸有限责任公司李万升的先进事迹感动着长春人，是全市党政机关学习的典型，馆团委就在团员青年中宣传其先进事迹，整理其事迹材料并在职工之间进行传阅，还开会讨论学习。通过学习先进典型，团员青年的读者服务意识不断提高，立足本职，努力做好本职工作。2013年，图书馆的改造修缮工程进入关键时期，馆藏文献和家具搬运工作陆续开始，馆团委积极发挥年轻人的力量和作用，带领广大团员参加整理、搬运文献和家具等义务劳动，配合馆舍改造修缮工程的顺利进行。2017年，在迎接图书馆评估定级的准备工作中，馆团委带领团员青年充分发挥"钉子精神"，哪里需要就到哪里去，按照馆里统一安排，努力在各自的工作岗位中充分发挥作用，为迎接评估工作奠定良好基础。

（3）为团员青年开展丰富的文化活动

馆团委以五四青年节为活动契机，激励和动员广大团员青年继承和发扬五四精神，增强团员的荣誉感和责任感。2011年举办"传承五四精神 绽放青春光彩"演讲活动；2012年开展"书香传社区"送文化到社区活动及"美味递春色"团员厨艺展示活动；2013年组织开展"学雷锋 文明在行动"系列活动；2014年以图书馆重新开放为契机，开展"展市图新妆 筑青春梦想"活动；2015年开展纪念五四青年节"敬老送书香 爱老献温暖"活动；2016年开展"奏响青春旋律 感受书香情怀"文体活动；2017年策划开展"一次畅谈会、一次团会、一部励志电影"的纪念五四青年节系列活动；2018年与馆工会共同组织青年馆员参观长春规划展览馆、观看大型纪录片《大国外交》，积极配合馆党委，选派优秀团员代表团委参加馆里举办的读书分享会、主题征文及硬笔书法比赛；2019年举办"青春心向党·奋发新时代"主题实践系列活动。

2018年青年馆员参观长春规划展览馆合影

（五）志愿者服务队伍

早在2004年，长春市图书馆就创办了"义务小馆员"志愿服务活动，参加对象为年龄在9—16岁之间的少年儿童，每年2期，旨在帮助未成年人认识图书馆、了解图书馆、科学利用图书馆，锻炼他们的社会实践与交往能力，培养他们尊重劳动、热爱劳动的美德，充分发挥图书馆的育人作用。为了让小馆员在实践中能够学习到新知识，多角度了解图书馆，上岗之前，图书馆工作人员耐心细致地带领小馆员们熟悉图书馆，并手把手地演示排架、上书、借书等工作流程，让他们掌握阅览室的规章制度和文明服务要求。具体培训内容包括岗前培训、文献整理、读者接待、卫生清洁、日常阅览室管理以及活动后自我总结等。每期活动的义务小馆员的工作时间为7天，分上午、下午两个时间段，分别为早9点至中午12点、下午1点至4点，每班2至3人，由青少年读者工作部负责招募、培训和管理。活动结束后，图书馆为义务小馆员颁发荣誉证书。

"义务小馆员"志愿服务活动经过多年积累与摸索，逐渐形成了稳定的参与群体和成熟的服务模式，受到家长的欢迎和社会的认可，并被各类媒体广泛关注和报道。以2011年为例，中国日报网、搜狐网、国家公共文化网、《中国文化报》、《长春晚报》、《新华书目报》、长春电视台、e线图情等多家媒体从不同视角全面报道"义务小馆员"志愿服务活动。2012年11月，该活动荣获由文化部颁发的"全国基层文化志愿服务活动优秀项目"奖，2016年、2017年连续两年获得"省级文化志愿者优秀示范项目"奖，2018年荣获全国少年儿童阅读年系列活动之"全国公共图书馆未成年人服务案例征集评选活动"三等奖。到2020年，图书馆已坚持开展16年的"义务小馆员"社会实践活动，在帮助青少年读者建立使用图书馆的习惯和能力，促进少年儿童的健康成长方面一直发挥着积极作用，也为图书馆进一步开展其他项目的志愿服务活动积累了经验。

2017年暑假义务小馆员总结表彰会现场

2014年长春市图书馆总馆改造修缮工程完工后，读者数量与日俱增。馆员既要做好开馆后的读者接待工作，还要面对大量的文献整理工作，人员紧张，工作任务繁重。

为有效解决这一问题，图书馆主动联系社会志愿者团体尤其是高校志愿者团体，组织志愿者到书刊借阅中心参与文献整理工作。全年共组织开展志愿者服务 7 次，志愿者帮助图书馆剔旧文献 10 000 余册，整理光盘 100 余张。另外，长春大学特殊教育学院学生还主动帮助图书馆打印盲文目录 3 本。通过与社会志愿者团体建立合作关系，文献整理志愿者服务的开展初见成效。

2015 年，长春市图书馆与吉林华桥外国语学院以及吉林大学机械学院、文史学院等高校志愿团体建立志愿者合作关系，由学校组织青年学生利用周末、寒暑期或其他课余时间到图书馆开展志愿者服务，内容包括：过刊回溯建库数据的录入、过刊装订整理、过期图书下架整理、报纸库过期报纸整理以及专利公报的下架打捆等。500 余人参与志愿者服务，全年志愿者服务共计 24 次。另有大学生暑假志愿者 4 人，在典藏阅览部各岗位实习。

2015 年度图书馆报刊查阅咨询区部分志愿者服务记录

时间	志愿者学校	参加人数	活动内容
4 月 10 日	吉林华桥外国语学院	34	2014 年过刊装订整理 600 捆、古籍书库卫生清理工作、报纸库工作
4 月 12 日	吉林大学机械学院	25	2014 年过刊装订整理 1 083 捆，报纸库过期报纸整理，中文图书阅览区图书排序、上架
4 月 17 日	吉林华桥外国语学院	15	2014 年过刊整理 300 捆，报纸库过期报纸整理，中文图书阅览区图书排序、上架
5 月 8 日	吉林华桥外国语学院	20	2014 年过刊打捆工作，中文图书阅览区图书排序、上架工作
5 月 15 日	吉林华桥外国语学院	20	2014 年过刊打捆工作，中文图书阅览区图书排序、上架工作
5 月 23 日	吉林华桥外国语学院	20	2014 年过刊打捆工作
5 月 23 日	吉林大学机械学院	20	2012 年过刊分类、上架、打捆工作
5 月 24 日	吉林大学机械学院	20	2012 年过刊上架
5 月 30 日	吉林大学机械学院、吉林华桥外国语学院	20	2012 年过刊上架、2014 年过刊打捆
6 月 27 日	吉林华桥外国语学院	20	合订本架位整理、2015 年现刊架位清点
9 月 18 日	吉林华桥外国语学院	15	专利公报下架打捆工作
9 月 25 日	吉林华桥外国语学院	10	专利公报下架打捆，社科过刊倒架工作

续表

时间	志愿者学校	参加人数	活动内容
10月13日	吉林华桥外国语学院	30	专利公报下架打捆130捆、社科过刊倒架200合订册、完成过刊回溯建库数据360条、社科报纸整理、地方文献图书整理
10月15日	吉林华桥外国语学院	33	社科过刊倒架，工具书下架、打捆
10月20日	吉林华桥外国语学院	25	社科过刊倒架，工具书全国报刊索引下架、打捆，完成过刊回溯建库数据175条
10月23日	吉林华桥外国语学院	38	社科过刊倒架、自科过刊分类、社科图书打捆整理
11月3日	吉林华桥外国语学院	38	社科、自科过刊倒架，2012—2014年画报入库
11月6日	吉林华桥外国语学院	35	社科、自科过刊倒架，2012年自科T|TB\TD\TE\TF\TG\TH类入库
11月10日	吉林华桥外国语学院	28	社科倒架150合订本，自科倒架1 000合订本，下架2015年过刊约2 000册并打捆269捆
11月26日	吉林大学	20	社科期刊下架、打捆
11月27日	吉林华桥外国语学院	20	社科期刊、下架打捆共计1 069捆
11月28日	吉林大学	15	社科期刊、自科期刊下架打捆共计1 417捆

　　2016年，除吉林大学和吉林华桥外国语学院两所高校外，来长春市图书馆进行志愿服务的单位还有吉林省志愿者协会、吉林大学阳光志愿者协会、吉林大学附属实验中学、东北师范大学附属中学、长春汽车经济技术开发区第六中学等。书刊流通部与吉林大学和吉林华桥外国语学院的2个志愿团体建立长期合作关系，根据部门内工作需要定岗培养志愿者服务技能，并定时提供志愿服务，在一定程度上缓解了部门内人员不足的压力。2016年，图书馆组织全年集体性志愿服务共计40次，参与人次687人次。另外，利用假期参与志愿者服务的学生和社会人士累计108人次，全年累计服务时长2 972小时。志愿者较好地完成了过刊回溯建库数据的录入、过刊装订整理、过期图书下架整理、报纸库过期报纸整理及2012年至2013年社科过刊的下架打捆等工作。

　　2017年，为使文化志愿者服务活动持续深入推进，图书馆决定成立长图文化服务志愿者协会，并初步建立协会的组织框架。图书馆建立了志愿者微信群和 QQ 群，加强志愿者之间的沟通；拓展志愿者服务范围，宣传、策划、阅读指导、青少年活动、图书期刊整理录入等多个工作岗位向社会公开招募志愿者；提升并规范志愿者待遇，包括为一次志愿服务达 4 个小时以上者提供午餐，为服务时间累计满 16 个小时的志愿者出具志愿者服务（或社会实践）证明，对在馆实际服务时间累计满 300 个小时以上者授予"长春市图书馆荣誉馆员"称号。在管理方面，图书馆为志愿者统一制作"长图志愿者服务证"，要求持证到馆服务；建立志愿者服务记录档案，实行积分制。此外，为使志愿者服务管理有章可循，着手研究制定一系列志愿者管理办法，包括《长春市图书馆文化志愿组织章程》《长春市图书馆文化志愿服务管理条例》《长春市图书馆文化志愿者组织各部门职责》《长春市图书馆志愿服务工作奖励办法》等。参与志愿服务的集体数量、人次有所增加并趋于稳定。是年，来自吉林华桥外国语学院、吉林大学机械科学与工程学院、吉林大学汽车工程学院、吉林大学行政学院、吉林大学南岭校区、长春理工大学、吉林艺术学院、长春师范大学、长春建筑学院、长春工程学院、长春职业技术学院、吉林省志愿者协会、吉林大学阳光志愿者协会、长春市第八中学等单位的 4 664 人次在图书馆进行志愿服务，服务时长达 19 110 小时。图书馆还和吉林大学行政学院、吉林大学汽车工程学院、长春师范大学行政学院、吉林华桥外国语学院西方语学院等签订志愿服务合作事宜，其余单位的志愿服务团体或采取固定时间或根据图书馆需求随时开展服务。

长春职业技术学院志愿者在图书馆进行志愿服务

2017 年图书馆志愿者服务情况

服务类型	服务岗位	服务时段	志愿者 / 人次	服务时长 / 小时
基础服务	书刊整理	寒暑假（义务小馆员）	128	1 555
		周六、周日、寒暑假及部分时段	3 756	14 066
阅读推广	"城市热读"系列讲座、大型读者活动	周六、周日及部分时段	65	238
资源建设	报刊数据库建设	部分时段	200	400
资料整理	办公室	部分时段	215	1 651
特殊群体服务	"心视觉"影院	周日	300	1 200
合计			4 664	19 110

2017 年，书刊流通部重点打造"温暖时光"文化助残服务项目，为确保项目顺利开展，图书馆于年初面向社会招募一批志愿者，组成爱心志愿者服务团队，专门为该服务项目提供志愿者服务。爱心志愿者服务团队在 2017 年承担 8 场"心视觉"影院活动的主持、视障读者接送、现场服务等工作，160 余人次参与；还承担 2 期"爱心帮帮团"法律维权讲座活动的服务工作，26 人次参与。为提高爱心志愿者服务水平，为残障人士提供更加有效、专业的服务，图书馆于 2017 年 4 月 15 日、16 日特邀请北京红丹丹教育文化交流中心（北京红丹丹视障文化服务中心）创办人、中国第一个盲人电影院——心目影院创始人王伟力，在文化讲堂举办"爱的力量"爱心志愿者培训活动。培训内容包括助盲基础知识以及电影讲述人培训，共有 120 余人参加培训。到 2017 年底，爱心志愿者服务团队已拥有爱心志愿者 190 余人。

2017 年 3 月 26 日，"心视觉"影院讲述电影欣赏活动全体志愿者与工作人员合影

爱心志愿者助盲培训现场

2017 年"爱的力量"爱心志愿者培训活动之盲人体验

2018 年 3 月，长春市民读书节前夕，长春市图书馆启动"长春星火阅读计划"领读者阅读推广项目，以"书香长春·寻找领读者"活动为起点，开启阅读推广先锋领读者团队建设的"三年百人"工程。该计划利用 3 年时间，在全市发展 100 名领读者作为阅读推广的核心力量，通过发挥公共图书馆社会阅读指导作用来调动社会资源和民间力量，使他们参与和壮大全民阅读事业。领读者是来自全市社会各界、各年龄段的阅读爱好者、传播者、实践者，是全民阅读活动的领跑人。这些文化志愿者以点带面地在全市范围内深入开展全民阅读活动，以文化提升助力城市建设，最终促进形成全民参与、全城共读的良好书香氛围。

为建立一支高素质高标准的阅读推广团队，领读者从遴选产生到统一培训再到参与阅读推广工作都有着严格的标准。遴选领读者需坚持四个原则：一是乐于奉献，富有正能量，能够坚持以弘扬社会主义核心价值观为前提，志愿为市民开展阅读推广工作服务；二是对阅读充满热爱，并且有着独到见解；三是具有一定的号召力和影响力，能带动身边人爱上阅读、参与阅读；四是有比较丰富的社会经验，对阅读推广工作有一定的认知水平。

活动启动后，得到媒体的关注和市民热情响应。在一个月时间内，报名参选者就已近200名。2018年5月10日，受长春市民读书节组委会委托，长春市图书馆召集领读者召开第一次工作会议。2018年7月27日，"领读者"第一次培训会议在图书馆召开。会议讨论通过《长春市"领读者"服务管理章程》，并邀请4位主讲嘉宾（作家、教师、记者、社团会长）为"领读者"作专题培训。2018年长春市民读书节期间，37名市民被授予"领读者"荣誉称号。读书节闭幕式前夕，还分别在学校、社区、书店、个人书馆等7家单位建立"长春星火阅读计划"领读者阅读推广基地。从9月到12月，领读者开展各类阅读推广活动210余场，其中通过初期建立的7个领读者阅读推广基地开展"书香长春"活动近20次。"寻找领读者"活动也被媒体关注并广泛报道，如《中国新闻出版广电报》在头版给予活动专题报道，长春电视台"城市速递"栏目对活动进行跟踪报道并在黄金时段播出，其他省内外各大报纸网站也纷纷进行报道和转载。据不完全统计，仅"书香长春·寻找领读者"征集活动，在2018年长春市民读书节期间报道次数便达上百次。

2018年长春市民读书节开幕式上，领读者正在宣誓

2018年，长春市图书馆文化服务志愿者队伍已达700余人，并和吉林大学汽车工

程学院、吉林大学行政学院、吉林外国语大学西方语学院、中国电建集团吉林省电子勘测设计院有限公司党委、吉林省中山志愿者协会、长春义工团队、长春小义工群、长春心语志愿者协会等单位建立志愿合作关系，全年志愿者服务 3 173 人次，服务时长 1.5 万余小时，志愿者成为图书馆服务读者的一支重要力量。同时，继续完善文化志愿服务制度，制定《长春市图书馆文化志愿组织章程》《长春市图书馆文化志愿服务管理条例》《长春市图书馆文化志愿者组织各部门职责》《长春市图书馆志愿服务工作奖励办法》等文化志愿服务规章制度，明确文化志愿者队伍的职责、人员条件及吸纳对象、招募方式、权利与义务、退出机制、奖励办法等，做到有章可循，并在品牌打造、宣传推广、培训激励等方面进行探索，推动志愿服务向规范化、制度化、专业化方向发展。

2018 年图书馆志愿者服务情况

服务类型	服务岗位	服务时段	志愿者 / 人次	服务时长 / 小时
基础服务	书刊整理	寒暑假（义务小馆员）	112	2 352.0
		周六、周日、寒暑假及部分时段	2286	10 003.5
阅读推广	"城市热读" 系列讲座、大型读者活动	周六、周日及部分时段	98	366.0
资源建设	报刊数据库建设	部分时段	522	1 827.0
特殊群体服务	"心视觉" 影院	周日	155	697.5
合计			3 173	15 246.0

2019 年，长春市图书馆本着规范化、专业化、常态化的原则，在志愿者服务运行模式上多措并举，开展三项建设：一是制度建设，制定服务管理章程等制度性文件，为领读者开展阅读推广工作建立标准并在运行过程中逐步完善；二是队伍建设，定期开展集中培训，统一领读者思想认知、提升工作能力，建立奖励退出机制，推进志愿服务水平的提升；三是文化建设，为领读者建立微信群、QQ 群等沟通平台，便于工作和经验交流，同时确定统一的活动口号 "书香长春，领读先行"、活动背景和身份标牌等，为团队成长提供基础。2019 年，新版长春市图书馆 App 完成改版上线，图书馆在 App 上为志愿者服务建设了在线管理平台，并以数字阅读体验区为试行岗位招募 80 余名志愿者在 App 上进行了培训和管理，完成 450 小时以上的服务时长的登记记录，可供管理人员和志愿者自行查阅。

2019 年 7 月，根据《中国助残志愿者注册管理办法（试行）》，长春市图书馆开展的文化助盲志愿服务累计时长达 150 小时，被中国助残志愿者协会、中国盲文图书馆认定为三星级文化助盲志愿服务团队。

2019 年末，在长春市图书馆登记的文化志愿者达 2 000 余人，志愿服务团队 12 个，设有志愿者 QQ 群 2 个，微信群 1 个。志愿者广泛参与文献整理、阅览室管理、读者活动辅助性工作等。全年志愿者服务 4 101 人次，服务时长 14 337 小时，志愿者继续在读者服务中发挥着重要作用。

2019 年图书馆志愿者服务情况

服务类型	服务岗位	服务时段	志愿者／人次	服务时长／小时
基础服务	书刊整理	寒暑假（义务小馆员）	160	3 160.0
		周六、周日、寒暑假及部分时段	1 910	5 589.0
阅读推广	"城市热读"系列讲座、大型读者活动	周六、周日及部分时段	1 325	2 251.5
资料整理	办公室	部分时段	665	3 172.5
特殊群体服务	"心视觉"影院	周日	41	164.0
合计			4 101	14 337.0

2020 年，长春市图书馆坚持常态化开展党员志愿者服务活动，全馆党员开展志愿服务活动 1 万余小时。2020 年，在长春市图书馆登记的文化志愿者开展志愿服务 902 次，服务时长 2 576.55 小时。图书馆学雷锋志愿服务团队荣获吉林省"2020 年优秀志愿服务组织标兵"荣誉称号。吉林省委宣传部对图书馆志愿服务队开展的各项工作给予高度评价，认为其"亮点突出、队伍稳定、多元发展、自成体系、档案细致，凝聚力强，工作卓有成效"。

2020 年图书馆志愿者服务情况

服务类型	服务岗位	服务时段	志愿者／人次	服务时长／小时
基础服务	读者接待	周六、周日、寒暑假及部分时段	95	483.00
	书刊整理	周六、周日、寒暑假及部分时段	373	989.80

续表

服务类型	服务岗位	服务时段	志愿者 / 人次	服务时长 / 小时
阅读推广	读者活动	周六、周日及部分时段	217	142.75
	数字阅读体验区	每日 9：00—17：00	96	480.00
资料整理	办公室	部分时段	51	191.00
特殊群体服务	文化助残	周末	70	290.00
合计			902	2576.55

　　截至 2020 年末，"长春星火阅读计划"已完成"三年百人"工程，发展和培养领读者百余人。他们在长春市图书馆的组织协调下积极行动，各展所长，活跃在长春市各个城区，累计开展各类阅读推广活动 500 场次，直接受众 2 万余人次，在线听众百余万人次。活动覆盖长春市各个城区，包括新华书店、联合书城等 10 余个领读者阅读推广基地、10 余个长春市图书馆"阅书房"及示范分馆。月均开展活动 3 场。领读者利用自己的生活圈、工作圈自行组织开展各类阅读推广活动近 400 场次，同时深入学校、企业、商场、咖啡吧等场所开展各类阅读推广活动，足迹遍布城乡，构筑起由一处处小型公共阅读空间连接而成的城市阅读新空间。

领读者耿玉苗在山丘书局开展活动

领读者陶然在新里社区开展故事会活动

五、队伍建设

1991 年，国家人事部发布《关于职称改革评聘分开试点工作有关事项的通知》（人职发〔1991〕7 号），2000 年，长春市人事局就将长春市图书馆作为专业技术职务评聘分开的试点单位。2006 年，国家人事部、财政部发布《关于印发事业单位工作人员收入分配制度改革方案的通知》（国人部发〔2006〕56 号），同年国家人事部发布《事业单位岗位设置管理试行办法》（国人部发〔2006〕70 号）及实施意见。2007 年，长春市图书馆成为长春市绩效工资改革试点单位。2009 年 6 月，吉林省人力资源和社会保障厅印发《关于印发〈吉林省事业单位岗位设置管理实施意见（试行）〉的通知》（吉人社联字〔2009〕25 号），同年，长春市图书馆成为吉林省岗位设置管理实施试点单位。2009 年 7 月 24 日，长春市人民政府发布《长春市文化事业与文化产业发展规划（2008—2012）》，将"人才聚集战略"作为长春市文化事业与文化产业的发展战略之一，提出通过采取以多种手段培养文化人才、注重文化人才引进、完善人才激励制度等措施以建设高素质文化人才队伍。随着人事制度改革的逐步深入和完善，图书馆紧紧抓住培养人才、吸引人才、用好人才的人才建设与培养战略，通过科学设岗、继续教育、业务交流培训、强化学术研究以及考核与聘任等方式，使人员年龄结构日趋合理，整体学历水平、职务资格水平、职务等级不断提升，逐步建立起一支会管理、精业务、懂技术的人才队伍。

截至 2020 年底，长春市图书馆在岗人员 168 人。在岗人员中专科学历 18 人，占 10.71%；本科学历 107 人，占 63.69%；研究生学历 39 人，占 23.21%（其中取得硕士学位 38 人，取得博士学位 1 人）；其他学历 4 人，占 2.38%。在岗人员初级职称及以下 35 人，占 20.83%；中级职称 58 人，占 34.52%；副高级职称 60 人，占 35.71%；正高级职称 15 人，占 8.93%。

（一）培训与继续教育

1. 业务培训

业务培训是提高馆员专业知识和专业技能，强化馆员职业精神、职业道德，提高馆员职业素养的有效手段。多年来，长春市图书馆坚持积极开展馆员业务培训工作，不断丰富和创新培训形式，不仅让中层干部、业务骨干有机会多走出去交流、学习，也让专业技术人员成为主讲人，上台与大家分享经验，促进共同提高。图书馆于每年年初制订馆员培训计划，全年按计划组织实施馆员业务培训。

在对馆员进行业务培训的过程中，长春市图书馆始终坚持两个原则。一是坚持联系实际、学用结合。从理论、实践两个角度，解析图书馆的业务流程、服务标准，提高馆员理论素养与实践能力，以学促用，以用促学。二是坚持质量第一、注重实效。组织馆内优秀培训业务人员授课，认真组织、开展培训活动，提高教学质量和培训效果。明确培训目的，即以加强馆员职业精神、职业道德、职业素养教育为重点，以提高培训质量、培训效果为主线，不断提高馆员的专业技能与服务水平，努力培养造就一支管理科学、工作创新、服务优质的高素质馆员队伍，为全面推进图书馆事业的快速发展提供人才保证和智力支持。

长春市图书馆采取多种形式进行培训，包括：（1）集中培训。统一时间、地点，全馆业务人员参加，以面授、讲座、播放视频等方式进行培训。（2）分层培训。根据馆员的岗位分工、技术能力、兴趣特长，举办多种形式的分层教学，包括部门内专业技术学习与交流等。（3）学历教育培训。鼓励馆员参加在职学历教育，对参加图书馆学、情报学等与业务相关专业学习的馆员，给予一定的时间支持。（4）交流培训。挑选具有一定业务基础及专业特长的馆员进行定向培养，选派到国内外先进的图书馆进行馆际交流与学习。（5）在线学习。鼓励馆员在线学习、自主学习，年末统计上报。

为保障培训取得良好实效，图书馆建立了培训约束机制。图书馆于每年年末将馆员参加岗位培训情况纳入人员绩效考核范畴，对于积极参加学习培训的馆员，在职称申报、评审及岗位工资兑现方面予以优先考虑。坚持做好培训宣传总结，做好痕迹留存，做到有方案、有计划、有总结、有信息、有档案、有影像资料。提炼培训中的好经验、好做法。及时报送培训信息。

2018年以前，长春市图书馆馆员业务培训工作由办公室和各部门组织管理。2018年，为健全业务培训的组织领导，图书馆成立培训工作领导小组，全面指导和监督培训工作的开展，使业务培训工作有了组织保障。同时设立培训工作领导小组办公室，具体负责培训计划审定、培训工作组织协调、督导检查、总结宣传、信息报送等工作。

2018年图书馆培训工作领导小组成员

组长	谢群
副组长	姚淑慧、朱亚玲
成员	路维平、齐红星、朱玲玲、阚立民、刘彩虹、潘长海、陆阳、于雅彬、赵婷、术红梅、安山山、王鑫、徐骐、耿岱文、谢彦君、于涵
培训联系人	李超

馆员业务培训内容主要分为三个部分。一是业务知识培训。本馆具有中级以上职称的业务骨干结合自己岗位工作内容和图书馆工作实际，自拟题目，面向全体馆员组织业务交流，并由现场听众提出问题，进行现场互动交流，彼此交流知识与经验，提升业务水平。二是专业知识培训。通过讲解图书馆学理论知识、数字资源、学术热点追踪等，加强理论基础知识的学习。三是延伸知识。通过外出人员汇报会、在线学习活动等开拓馆员视野，增长馆员见闻。此外还偶尔为馆员开展其他知识培训，如讲解职业病防治、心理健康等方面的知识。

2020年新冠疫情的出现对馆员工作和培训产生显著影响，而图书馆坚持"防疫不停'学'、充电不间断"，多措并举，使培训突破场地条件限制，实现防控疫情和提升馆员能力两不误。疫情期间，为确保安全，图书馆创新培训形式，将网络直播技术与传统馆员培训结合起来，通过分会场直播及线上直播的方式，保证全体馆员收看参与，严防聚集。同时，在会场设置"安全座席"，使到场人员保持安全距离，并在会议前后对场地进行全面消杀。此外，图书馆还倡导馆员在居家隔离期间利用"读联体·数字共享阅读服务平台"开展线上学习，利用平台上的"学会专栏"，参加数字资源培训，每周至少听一个业界专家讲座。

2020 年图书馆员培训及业务交流内容

序号	培训及交流主题	主讲人
1	中国文旅产业振兴在线大会	戴斌、章德辉、洪清华等
2	"读联体·数字共享阅读服务平台"线上培训	金武刚、林佳、孙一钢等
3	"高水平学术论文的主要特质——图情论文选题、写作与投稿"主题讲座	初景利
4	"书香助力战'疫'，阅读通达未来——图书馆员业务能力提升"主题讲座	柯平、黄如花、王余光等
5	2020 年业务培训开班动员讲话	姚淑慧
6	2020 年学术热点追踪报道	林忠娜
7	干部能力提升培训开班仪式	谢群
8	提高素质、坚定理想信念做合格的领导干部	王健
9	从智能图书馆到智慧图书馆（视频学习）	初景利
10	抓好"三会一课"、提升基层党支部组织力	路琳娜
11	公文写作（视频学习）	辛建华
12	公关与沟通："互联网+"社交机制与艺术（视频学习）	单凤儒等
13	长春星火 阅读燎原——"长春星火阅读计划"领读者阅读推广实践（论坛）	策划推广部
14	规范领导干部科学决策能力和领导艺术	丁彬
15	学术科研工作热点领域话题交流活动	朱亚玲
16	公共图书馆安全生产、消防工作中的思考与实践	路维平
17	假如给我三天光明——"温暖时光"文化助残服务（论坛）	书刊流通部
18	互联网语境下的图书馆创新与发展	常盛
19	心理健康讲座	燕利娟
20	图书馆阅读推广活动策划（视频学习）	王宗义
21	融合与重构：智能技术+智慧服务（讲座）	黄微
22	纸电同步趋势下公共图书馆读者决策采购服务的探索与实践："喜阅——你选书，我采购"的理论基础与发展趋势（论坛）	采编部
23	2020 年吉林省公共图书馆馆员能力提升培训班	韩喜平、陈太博、胡莹等

序号	培训及交流主题	主讲人
24	新媒体矩阵使用指南	谢彦君
25	党课	谢群
26	纪录片《但是还有书籍》（1、2）（视频学习）	—
27	坚持和完善党和国家监督体系，强化对权力运行的制约和监督	郑凯旋
28	互联网舆论引导，掌握意识形态阵地领导权	路琳娜
29	公共图书馆导读类馆刊与阅读推广	赵星月
30	图书馆通识教育在青少年读者活动中的探索和尝试	胡冰清
31	开辟"中国之治"新境界——党的十九届四中全会精神解读	张宝忠
32	文明礼仪服务专题培训（视频学习）	袁涤非
33	满足人民日益增长的美好生活需要，推动长春民生事业健康发展	房永壮
34	"阅读推广人"线上培训班	王宇、李东来、李超平等
35	智慧图书馆与智慧服务实现的几点思考	魏来
36	从四中全会的视角看后疫情时代——中国政治经济形势分析与策略	吴笛
37	全面提升新时代基层党建工作水平	李贺明
38	"长图公益课堂"社会实践与思考（论坛）	文化项目发展部
39	2020年"古籍与文创"主题系列线上培训——图书馆文创开发研修班	高宏存、吕敬人、王晨等
40	浅析疫情助推文化产业大变革	范朦予
41	政府采购流程介绍	李小北
42	2020年图书馆创新服务培训班	柯平、谢强、邵丹等
43	计算机与网络知识体系概述	潘长海
44	基层文化和旅游公共服务队伍线上培训，公共图书馆创新发展系列培训班（第一期）	康尔平、陈力、周德明等
45	2020年吉林省文化和旅游志愿服务培训班	迟海波、孟志丹、王永新
46	新信息时代背景下图书馆参考咨询服务发展（论坛）	参考咨询部
47	"2020中英图书馆论坛"视频会议	周德明、郭欣萍、卡罗尔·斯丹普

序号	培训及交流主题	主讲人
48	数字资源在图书馆创新服务中的作用与思考（论坛）	数字资源部
49	第十期图书馆参考咨询业务培训班	冯洁音、叶振宇、刘萍等
50	"爱贝阅读计划"（论坛）	青少年读者工作部
51	长春市文广旅系统消防应急演练	后勤保障部
52	保存城市记忆　传承地方文化——"长春记忆"项目工作的实践与探索（论坛）	典藏阅览部
53	2020 年全省图书馆馆员能力提升培训班	程舒伟、李志远、刘世荣等
54	第 32 届全国十五城市公共图书馆工作研讨会线上视频会议	柯平、周德明、李静霞等
55	国图公开课（线上学习）	多位主讲人
56	长春市民学习空间（线上学习）	多位主讲人

2011—2020 年馆员培训与业务交流情况统计

年度	培训次数	参加人次	学时 / 小时
2011	14	1 611	2 222.5
2012	8	850	1 788.5
2013	15	1 681	3 402.0
2014	21	2 953	5 661.5
2015	28	2 010	17 609.0
2016	44	4 115	25 697.0
2017	64	5 328	24 171.0
2018	54	4 845	20 428.0
2019	31	4 357	17 104.0
2020	53	4 059	21 955.5

　　注：该表中馆员培训与业务交流的数据，2011 年至 2013 年不含新进馆员培训与继续教育；2014 年包括继续教育培训，但不含新进馆员培训；2015 年至 2020 年包括继续教育和新进馆员培训。

　　对于通过考试或考核录聘的新馆员，图书馆采取理论学习和岗位实践两种方式进行培训。理论学习采取专题培训形式，由图书馆专业技术人员专题授课，新馆员集中学习。岗位实践采取轮岗实习和参加业务活动相结合的形式进行，由图书馆办公室统一划分实习小组，安排实习地点和实习内容，提出参加各种业务活动的主题内容和要求。培训结束后，通过组织考试（笔试）的方式考察新馆员的学习态度、基础学识水平等；通过组织座谈会的形式汇报学习体会和交流思想，检验新馆员的语言表达能力和对图书馆的认知能力等，最终根据新馆员的实际能力和业务专长分配岗位，做到人尽其才，才尽其用。

图书馆 2018 年新进馆员集中培训情况

序号	培训日期	培　训　主　题	主讲人	参加人数	学时	累计学时
1	1 月 15 日	长春市图书馆馆情介绍	朱亚玲	7	2	14
2	1 月 15 日	采编工作概述	朱玲玲	7	2	14
3	1 月 16 日	长春市图书馆人事管理规定	路维平	7	2	14
4	1 月 16 日	长春市图书馆四防安全教育培训	王鑫	7	2	14
5	1 月 16 日	新媒体服务在图书馆中的应用	常盛	7	2	14
6	1 月 18 日	现代图书馆网络化与自动化	李岩峰	7	2	14
7	1 月 18 日	图书馆基础知识与长春市协作图书馆介绍	王嘉雷	7	2	14

2. 继续教育

2014 年以前，按照长春市专业技术人员继续教育培训工作的有关要求，长春市图书馆专业技术人员继续教育培训由长春市文化局主办（2013 年由长春市文化广电新闻出版局主办）、长春市图书馆承办。每年上半年由长春市图书馆制定本年度继续教育培训工作计划，明确培训目标、内容、学时、考核方法等，依计划在图书馆对馆内专业技术人员进行继续教育培训。培训学时为 72 小时，培训内容通常根据学员实际需求有针对性地开展专题讲座。要求本馆所有涉及人员必须参加培训，否则视为当年未完成继续教育学时。实行严格的考勤制度，每天进行两次不定时考勤签到，超过 5 次不签到者，取消其考试资格并视为当年未完成继续教育学时。考核标准为出勤占 30%，笔试占 40%，学习心得占 30%（不得低于 500 字），采取脱产考试形式。

2011—2013 年图书馆继续教育培训内容及讲师情况

时间	培训内容	学时	讲师
2011 年 5 月 25 日至 2011 年 10 月 29 日	图书馆馆员职业生涯规划与职业素养培养	18	馆领导
	创新服务理念　提升服务能力——免费开放后的图书馆读者服务工作	18	吴锐
	图书馆新媒体技术与服务	18	朱亚玲
	馆藏特色文献的开发、服务与利用	18	刘佳贺
2012 年 5 月 2 日至 10 月 29 日	全新时代背景下读者活动与图书馆职能的发挥	18	刘怡君
	长春市图书馆的新媒体服务	18	任凤鹏
	长春数字图书馆建设与应用	18	刘彩虹
	中国书籍载体、装帧的演变和发展	18	刘佳贺
2013 年 5 月 29 日至 2013 年 10 月 23 日	读者活动策划与推广	18	刘怡君
	读者文明优质服务案例解析	18	吴锐
	《公共图书馆服务规范》解读	18	朱亚玲
	公共图书馆如何推动全民阅读	18	范敏

2014 年起，继续教育培训工作由长春市文化广电新闻出版局负责，长春市图书馆不再承担此项工作。

（二）绩效考核与评优

绩效考核的目的是对馆员的表现和实绩进行实事求是的评价，建立有效的激励机制，从而调动馆员的工作积极性。长春市图书馆的绩效考核分为季度考核和年度考核，分别于季度末和年度末进行，其中以每年第一季度和年终的考核为重点，目的是通过考核及时指导各个岗位落实年度工作计划和各项方案，年终考核是全年工作的总结，图书馆从中确定下年度的工作思路和目标。在各个季度考核中，根据各个时期的工作重点和存在的主要问题确定其考核内容和重点。考核的内容主要包括敬业精神、管理能力、业务素质、责任意识、工作质量以及创新成果等。

1. 总馆改造修缮期间的绩效考核与评优

2011 年至 2013 年，由于总馆改造修缮，长春市图书馆全馆工作以基建工程和内部文献整理为重心。这一时期除考核每位员工的工作完成情况外，还对中层干部就未来重新开馆后的部门建设和规划设想进行考核，为重新开馆后的人力资源合理配置提供依据。

2011年，总馆和铁南分馆进行改造和维修期间，为进一步加强管理，改善服务，图书馆分别于2011年4月6日至13日、7月4日至11日、10月8日至15日、11月至12月进行了第一季度、第二季度、第三季度和年度绩效考核。

季度考核方式如下：由图书馆办公室制定考核方案，经考核领导小组审查后交各部（室）主任，各部（室）主任将考核目的传达给部内人员。部内人员认真填写完成《长春市图书馆工作人员季度考核表》，如实反映季度工作情况。各部（室）主任认真审阅后做出客观评价，并将考核表上交办公室，由办公室交由考核领导小组审核，通过后归馆办公室存档。

年度考核方式如下：①在岗人员每人填写一份年度考核表，部门主任对本部门人员进行考核并填写考核评语，同时召开部门工作总结会，由部门主任在部门人员进行自我总结的基础上对每位同志给予准确的评价。②各部门对目前岗位工作任务完成不太理想，或者计划拟聘用到上一级岗位，或者要进行岗位调整的人员，按照20%—30%的比例提出作为重点考核人员，由馆考核领导小组及所在部门主任对这部分人员进行面对面考核，并填写考核意见。根据考核结果，组织实施下一年度图书馆的岗位聘任工作。③召开中层干部工作总结交流会，对本部门当年工作进行总结和交流，分析工作中存在的问题和不足，并提出改进意见。同时，对下一年工作进行全面规划，根据全馆业务格局调整情况，提出本部门工作设想。馆务会成员要填写中层干部考核意见表，作为对部门主任的考核。④行政后勤管理工作以面对面形式进行考核，分块进行总结考核。⑤召开全馆大会，由馆长对当年工作进行全面总结，对下一年工作计划进行部署。

2012年，总馆处于全面改造修缮阶段，馆舍格局和文献布局将得到重新规划，机构设置和人员配备将进行一定范围的调整。长春市图书馆分别于4月6日至13日、7月4日至11日、10月8日至15日、12月19日至28日进行第一季度、第二季度、第三季度和年度考核，考核方式与2011年度相同。

2013年，总馆改造修缮工程过半，文献整理等图书馆开馆前的准备工作全面展开。长春市图书馆分别于4月3日至12日、7月3日至17日、9月27日至10月11日进行第一季度、第二季度和第三季度考核。本年度的考核坚持客观公正、民主公开、注重实绩、奖惩结合的原则，全面、准确评价每位职工的德、能、勤、绩。其中，第二季度考核分两个阶段进行，第一阶段与往年的季度考核相同，重点考核第二季度的工作情况；第二阶段通过召开中层干部述职会，各部门主任认真梳理前期工作，并结合本部门的岗位设置和工作职责，对下一阶段开馆后的工作进行了大胆规划，理性思考，使工作思路更加清晰。2013 年度考核于 2014 年 1 月 8 日至 25 日进行。与往年不同，本次考核由考核领导小组按照上级人事部门核定的优秀指标（优秀总指标不超过在岗人数的 15%）及每部门实际人数拨付优秀指标，以部门为单位推选优秀人员，形成对被考核者的考核意见，确定其考核等次；考核小组在广泛听取群众意见的基础上，根据平时考核情况及个人总结，确定优秀人员，并在单位内公示。考核领导小组在优秀指标名额的分配上统筹兼顾各岗，以民主形式推选表现突出人员，评选结果在馆内进行公示，确保考核结果的公正。2013 年全馆在岗职工 190 人，其中优秀等次 28 人，合格等次 156 人，见习期内未确定等次 3 人，因病、事假累计超半年未参加考核 3 人，实际参加考核人员 187 人。

2. 图书馆重新开放后的绩效考核与评优

2014 年长春市图书馆自改造完成并全面开放以来，本着客观公正、民主公开、注重实绩、奖惩结合的原则，在 2013 年考核方案的基础上对年度考核工作进行完善，重点强化员工的责任心与竞争意识，提高组织整体效能。2015 年，图书馆还开展"全国文明单位"的创建工作，将对馆员的相关要求也纳入考核指标。这一时期，年度考核从德、能、勤、绩、廉五个方面开展，考核指标主要包括职工业务技术水平、管理能力、开发创新能力、知识更新情况、履行岗位职责情况、完成工作目标情况等。同时，按照省级精神文明单位创建工作相关要求，认真总结职工的政治、思想表现，公益服务意识，工作责任心，工作态度等。

考核方法与步骤：①由考核工作领导小组负责组织年度考核工作，制定和布置考核方案，确定评优办法，分配评优指标。②各部门根据考核方案要求，安排部署个人总结，全馆职工结合岗位职责和工作实际，认真总结工作成果，填写工作人员年度考核登记表。③部门主任从德、能、勤、绩、廉等方面对每位职工给予准确评价，形成对被考核者的考核意见，并以部门为单位推选优秀人员，确定其考核等次。对全年病、事假累计半年以上人员，不确定考核等次。未按规定参加本年度继续教育的行政和专业技术人员不能确定为优秀等次。④召开部门总结会，开展集中述职，分管馆长参加各部门会议。其中要求部门正职对本部门工作进行全面述职，部门副职对所承担的工作进行述职。述职内容包括对本年度工作完成情况的全面总结，以及对下一年度重点工作特别是创新工作的阐述。⑤在部门评议的基础上，考核小组根据平时考核情况及读者意见、个人总结等，确定优秀人员，并在单位内公示。

2014—2020 年图书馆季度考核时间

年度	考核时间	
2014	第一季度	3 月 31 日至 4 月 8 日
	第二季度	6 月 30 日至 7 月 4 日
	第三季度	9 月 20 日至 30 日
2016	第一季度	4 月 6 日至 13 日
	第二季度	7 月 4 日至 11 日
	第三季度	10 月 8 日至 15 日
2017	第一季度	4 月 3 日至 14 日
	第二季度	7 月 3 日至 12 日
	第三季度	9 月 20 日至 30 日
2018	第一季度	4 月 6 日至 13 日
	第二季度	7 月 2 日至 13 日
	第三季度	10 月 8 日至 17 日
2019	第一季度	3 月 28 日至 4 月 9 日
	第二季度	7 月 1 日至 10 日
	第三季度	10 月 9 日至 16 日
2020	第一季度	3 月 30 日至 4 月 10 日
	第二季度	7 月 1 日至 10 日
	第三季度	10 月 9 日至 16 日

2015—2016 年度考核领导小组成员

组长	谢群
副组长	吴锐、范敏、朱亚玲
成员	路维平、齐红星、王鑫、朱玲玲、陆阳、常盛、阚立民、于雅彬、刘彩虹、潘长海、刘怡君、赵婷、术红梅、安山山

2017—2019 年度考核领导小组成员

组长	谢群
副组长	姚淑慧、朱亚玲
成员	路维平、齐红星、王鑫、安山山、朱玲玲、陆阳、常盛、阚立民、于雅彬、刘彩虹、潘长海、赵婷、术红梅

2014—2019 年度考核情况

单位：人

年度	考核时间	在岗职工	实际参加考核	优秀	合格	不定等次	因病、事假累计超半年未参加考核
2014	2014 年 12 月 16 日至 12 月 31 日	186	178	36	142	0	8
2015	2016 年 1 月 22 日至 1 月 31 日	190	188	37	143	8	2
2016	2017 年 1 月 19 日至 3 月底	189	188	28	155	5	1
2017	2018 年 1 月 10 日至 1 月 25 日	185	185	37	141	7	0
2018	2019 年 1 月 4 日至 1 月 28 日	178	178	29	146	3	0
2019	2020 年 1 月 6 日至 2 月 28 日	172	172	45	127	0	0

注：2016 年度新媒体服务部主任常盛因参与长春市文化广电新闻出版局网站建设等工作表现突出，由长春市文化广电新闻出版局单独奖励优秀指标 1 个。

2019 年年度考核于 2020 年 1 月 6 日至 2 月 28 日结束。按照考核要求，考核领导小组及时研究制定了本次考核的工作方案，明确了考核具体方式和内容，并在全馆范围内及时传达部署，使大家第一时间领会掌握考核依据、内容、方式、要求等。办公室及时下发《长春市图书馆个人年度考核表》，制定《各部门总结会时间安排表》，并根据上级人社部门核定的考核评优指数，落实了考核评优指标的分配和评选办法。此次年度考核，虽然期间因受新冠疫情影响，经历了阶段性的闭馆和人员放假隔离等特殊情况，但在全馆上下的共同努力下，主管馆长与各部门主任、中层干部与部门人员在特殊时期始终保持及时联系，信息畅通，确保考核材料的及时收集上交和考核结果的全面及时反馈。

（三）知识与技能大赛

为提高馆员综合素质、拓宽馆员视野，使馆员熟练掌握业务知识和工作技能，全面提高图书馆服务质量，2011 年至 2020 年间，长春市图书馆共举办两次全馆知识与技能大赛。

1. 2015 年业务知识竞赛

2015 年是总馆改造修缮后重新开放的第二年。为契合全新功能布局、服务设施及多元化阅读服务对馆员提出的更高要求，2015 年 4 月，图书馆决定在全馆范围内举行业务知识竞赛，在馆员中掀起业务学习的风潮。为此，图书馆成立了领导小组和专家组，对竞赛进行筹划布置。竞赛本着公平、公正、公开、求知、求实、求精的原则，分笔答赛和公开赛两部分，竞赛试题遵循专业性、实用性、与时俱进性等特点进行设计。

笔答赛于 2015 年 5 月 27 日举行，内容涵盖图情领域相关知识、国家对公共图书馆发展提出的方针政策、公共图书馆服务规范、本馆发展概况等方面，采用闭卷笔试形式，全馆 12 个业务部门 89 名专业技术岗位的馆员参与竞赛。最终办公室、研究辅导部、青少年读者工作部分别获得笔答赛团体奖第一、二、三名，李超、刘佳贺、孟静等 10 人获得笔答赛个人奖一、二、三等奖（一等奖 2 名，二等奖 3 名，三等奖 5 名）。

公开赛包含预赛和决赛两个环节，内容涵盖笔答赛的知识范围，并且融入情报学、文献学、网络技术、时政要点、文化常识等知识信息，加大了竞赛难度。预赛于 2015 年 6 月 17 日举行，共有 11 个参赛队以部室为单位参加淘汰赛，办公室、辅导部、青少年读者工作部胜出并进入冠、亚、季军的最后争夺赛。决赛于 2015 年 7 月 1 日举行。最终，青少年读者工作部获得冠军，辅导部获得亚军，办公室获得季军。同日，图书馆还在文化讲堂举行"长春市图书馆 2015 年业务知识竞赛总结表彰大会"，对竞赛中获奖的团体和个人给予表彰奖励。

2015 年业务知识竞赛总结表彰大会

为巩固竞赛成果，2015 年 7 月 8 日，办公室组织全体员工在文化讲堂进行培训，由典藏阅览部主任刘彩虹主讲《长春市图书馆 2015 年业务知识竞赛试题解答》。

2. 2019 年职工技能大赛

2016 年，长春市总工会、长春市人力资源和社会保障局联合下发《长春市职工技能大赛提升推进暨"长春工匠"培养选树五年规划（2016—2020）》（长会联字〔2016〕4 号），计划用 5 年时间，通过组织开展全市职工技能大赛，培养选树 500 名"长春工匠"、1 000 名"长春市职工技术带头人"、2 000 名"长春市高技能职工"。2019 年，根据《长春市 2019 年职工技能大赛方案》，长春市图书馆决定在全馆范围内开展职工技能大赛。大赛共设置图书分编加工、图书分类上架、数字资源检索、服务咨询解答和读者活动策划等图书馆服务工作中对职工技能要求较高的 5 个项目进行比赛。由于图书馆职工技能种类较多，技术能力专业性较强，因此本次比赛项目均为单项竞技，允许职工报名多项赛事。单项比赛中取成绩最优 6 人，分别为一等奖 1 名，二等奖 2 名，三等奖 3 名。其中一等奖获得者将获得现金奖励 500 元并被评为"长春市高技能职工"（长春市总工会和长春市人力资源和社会保障局共同颁发），二等奖 300 元，三等奖 200 元并颁发证书。

大赛成立由馆领导班子和部门负责人组成的赛事考评组，5 个项目的比赛细则如下：

（1）图书分编加工知识大赛。由赛事考评组根据图书馆分编基础知识出题，参赛选手在规定时间内在答题纸内完成图书分类排序等相关题目，以准确度及答题时间为依据排名。

（2）图书分类上架技能大赛。由赛事考评组提供流通部第一、第二中文借阅库作为比赛场地，比赛选手抽签选择比赛场地（本阅览室馆员到其他阅览室比赛）及所需上架的图书，以上架准确率及完成时间为依据排名。

（3）数字资源检索能力大赛。由赛事考评组出题，比赛选手抽签选择题目，在 OPAC 检索机检索所需信息资源并记录在答题纸上，以准确率及完成时间为依据排名。

（4）服务咨询解答能力大赛。由赛事考评组出题，比赛选手抽签选择题目，在规定时间内完成咨询解答题目，以准确率及完成时间为依据排名。

（5）读者活动策划创意大赛。比赛选手提交一份读者活动策划方案，方案可以为已开展或计划开展的活动，最终由赛事考评组评审方案，以方案格式、内容、策划新意等为依据打分，去掉最高分和最低分后，按平均分排名。

2019 年 6 月 19 日，职工技能大赛正式开始，各部门共计 173 名馆员参加了比赛。最终评选出一等奖 5 名、二等奖 10 名，三等奖 17 名，分别给予现金和证书奖励。

2019 年职工技能大赛笔试现场

2019 年职工技能大赛图书上架分类决赛现场

2019 年职工技能大赛图书分编加工大赛现场

（四）岗位聘用与竞聘

1. 岗位设置与等级划分

依照《事业单位岗位设置管理试行办法》（国人部发〔2006〕70 号）和《〈事业单位岗位设置管理试行办法〉实施意见》（国人部发〔2006〕87 号）、《关于印发〈关于文化事业单位岗位设置管理的指导意见〉的通知》（国人部发〔2007〕19 号）、《关于印发〈吉林省事业单位岗位设置管理实施意见（试行）〉的通知》（吉人社联字〔2009〕25 号）以及中共长春市委办公厅、长春市人民政府办公厅《关于转发〈长春市事业单位岗位设置的实施意见（试行）〉的通知》（长办发〔2011〕8 号）文件，长春市图书馆将全馆的岗位分为 3 个系列，即专业技术系列、行政管理系列、工勤系列，并按照岗位职能确定岗位指数，按照岗位性质、业务含量、技术标准确定岗位等级，控制岗位总量。

其中，管理岗位按照机构编制部门确定的机构规格设置，最高等级设置为五级职员岗位。专业技术岗位在坚持因事设岗、科学设岗、合理设岗的基础上，对高、中、初级岗位级别进行划分。其所遵循的原则和标准是：一是根据专业技术岗位的专业范围与专业程度；二是根据专业技术岗位的业务深度与技术含量；三是根据专业技术岗位的工作任务与责任。专业技术岗位设置的结构比例，严格按照《长春市各类事业单位专业技术岗位设置结构比例控制标准》执行。专业技术岗位共分 13 个等级，包括高级岗位（一级至七级）、中级岗位（八级至十级）和初级岗位（十一级至十三级）；专业技术岗位的结构比例（占单位专业技术人员数的百分比）为：正高级岗位≤6%，副高级岗位≤25%，中级岗位≤40%，初级岗位≥29%。专业技术二、三级岗位的确定按照相关要求，通过个人申请、单位组织申报、专家委员会评审等程序，分别由吉林省人力资源和社会保障厅、长春市人力资源和社会保障局组织评审、公示与聘任。

2020年底，长春市图书馆共设置岗位168个，其中行政管理岗位7个，专业技术岗位156个，工勤技能岗位5个；从事专业技术岗位的156人中，具有正高级职称15人，副高级职称60人，中级职称56人。专业技术岗位等级的结构比例、行政职员级别的设置以及工勤技能岗位等级的设置，严格按照《吉林省事业单位岗位设置管理实施意见（试行）》的要求和长春市人事局下达的各种指标比例执行。

2. 岗位职责与上岗条件

长春市图书馆制订了《长春市图书馆岗位细则与工作标准》，对所有岗位的工作内容、工作标准、工作质量、工作责任等都做出明确的规定，并在事业的发展过程中不断进行调整和修订。在制订岗位职责时，淡化身份，强化岗位，不因人设岗定责。

在明确岗位职责的同时，针对各岗位职责的要求，长春市图书馆制定了相对应的中层干部及高、中级岗位的上岗条件。先后出台《中层干部岗位设置及上岗条件》《高、中级岗位设置及上岗条件》。在上岗条件中，对各级各类岗位的任职条件，包括学历、专业、职称、政治素养、业务能力、工作经验、文字水平等各方面的素质都做出明确的规定，为工作人员选择岗位、竞争上岗提供依据。

3. 岗位聘用实施过程

依据中共长春市委组织部、长春市人力资源和社会保障局《关于印发〈关于完善规范全市事业单位工作人员岗位聘用工作的意见〉的通知》（长人社联〔2015〕1号）以及长春市文化广电新闻出版局《关于完善规范局属事业单位工作人员岗位聘用工作的通知》（长文广新发〔2017〕19号）等文件精神，2017年4月，图书馆制定《长春市图书馆岗位聘用方案（征求意见稿）》，明确专业技术岗位和管理岗位聘用办法，具体做法是：专业技术职务层级晋升和七级职员以下管理岗位的聘用采取"自主申报、民主测评、组织考评"的方式；专业技术岗位等级晋升的聘用方式采取"自主申报、组织考评"的方式；六级职员以上管理岗位的聘用按长春市文化广电新闻出版局有关方案执行。此外，文件还明确了专业技术职务层次晋升考评原则、专业技术岗位等级晋升考评原则和管理岗位聘用考评原则。

2019年10月30日，按照中共长春市委组织部、长春市人力资源和社会保障局《关于印发〈关于完善规范全市事业单位工作人员岗位聘用工作的意见〉的通知》（长人社联〔2015〕1号）、《关于完善规范全市事业单位工作人员岗位聘用工作的补充通知》（长人社联〔2018〕8号）、长春市文化广播电视和旅游局《关于局属事业单位工作人员岗位聘用工作的通知》（长文广旅发〔2019〕78号）精神，长春市图书馆制定《2019年长春市图书馆岗位聘用总体方案》，对聘用岗位、资格条件、聘用方法、程序步骤、组织领导、纪律监督等进行规定。

（1）聘用岗位

在市级人社部门核准的岗位职数范围内，因岗位复核或自然减员出现空缺的专业技术岗位、管理岗位、工勤技能岗位。

（2）资格条件

依据中共长春市委组织部、长春市人力资源和社会保障局《关于印发〈关于完善规范全市事业单位工作人员岗位聘用工作的意见〉的通知》（长人社联〔2015〕1号）第四条"聘用条件"规定，结合人员实际情况和岗位职责需要确定。

（3）聘用方法

专业技术岗位聘用采取自主申报、民主测评、组织考评方式进行；非领导管理岗位和工勤技能岗位聘用采取推荐方式进行。

（4）程序步骤

①制定实施方案。包括聘用岗位、聘用范围、任职条件、方法程序、组织领导、纪律要求等。方案由馆领导班子集体研究制定，以部门为单位组织职工讨论通过，上报主管部门审批同意后组织实施。

②在全馆范围内公开发布实施方案和聘用岗位。

③报名与资格审查。针对不同岗位，可根据岗位特点以及工作需要，采取个人申请、群众推荐或者组织提名的方式进行。聘用工作领导小组按照聘用条件对申报人员进行资格审查，确定符合条件的申报人员名单。

④组织考评。对申报专业技术岗位聘用人员进行民主测评打分，测评打分结果达到70分（含70分）以上人员确定为考评候选人。再由聘用工作领导小组根据不同层级、不同等级专业技术岗位考评原则，对各岗位考评候选人进行综合考评，提出每个岗位的拟聘人选意见。采取推荐方式的岗位，应在会议推荐和谈话推荐的基础上，由聘用工作

领导小组根据工作需要和干部德才条件，将民主推荐与日常了解、综合分析研判以及岗位匹配度等情况综合考虑，充分酝酿，研究确定考察对象。

⑤确定并公示拟聘人选。由馆领导班子对各岗位的拟聘人选或考察对象进行集体讨论表决，确定各岗位受聘人员，并在全馆范围内进行公示。

⑥办理聘用手续。公示期满无异议或有反映问题但经查实不影响聘用结果的，向长春市文化广播电视和旅游局干部人事处上报相关数据信息，主管部门备案后，履行聘任程序，订立或者变更聘用合同，兑现工资待遇。其中，按照干部人事管理权限需要报批或者备案的，按规定履行相关手续。

（5）组织领导

2019年，岗位聘任工作在馆班子集体领导，长春市文化广播电视和旅游局党组、长春市文化广播电视和旅游局干部人事处的监督指导下开展，成立长春市图书馆岗位聘用工作领导小组，名单如下：

组长：谢群

副组长：姚淑慧、朱亚玲、路维平、常盛

成员：齐红星、孟静、王彦萍、李超、赵星月

（6）纪律监督

要求各部门在规定核准的岗位设置总量内组织和实施岗位聘用工作，不出现因人设岗、破格聘用等违规行为；规定对七级以上专业技术岗位、六级职员以上管理岗位和"双肩挑"人员的岗位聘任工作在长春市文化广播电视和旅游局党组、长春市文化广播电视和旅游局纪委和干部人事处的监督与参与下组织实施；岗位聘用中因违规违纪或不正当竞争行为，导致聘用结果不公平公正的，聘用结果无效。应聘人员违规违纪的，则按照有关规定，视情节轻重给予相应处分；聘任涉及本人及特殊亲属关系的，执行回避制度。

通过岗位聘用，使一些学历较高、具有专业特长和工作经验及管理能力的专业技术人员走上了相应的岗位。同时，对初级业务人员实行岗位交流，这不仅为年轻的专业人员提供了较全面的了解和熟悉各岗位工作的机会，同时，也为他们确立专业方向、发挥专业特长提供了平台，为图书馆事业的持续发展培养了后备人才。

六、资源建设

图书馆馆藏资源是图书馆进行文献信息服务的物质基础和保障条件，馆藏资源建设的质量直接影响着读者服务工作能否有效开展。经过多年的发展和建设，至 2020 年底，长春市图书馆总藏量已达到 3 355 640 册（件），其中图书 2 890 374 册（含盲文图书 1 387 册），古籍①67 000 册（含善本 3 094 册），报刊 302 180 件，视听文献 91 561 件（套），缩微制品 235 件（套），其他文献 4 290 册（件）。全部馆藏文献中，开架书刊为 830 000 册，少儿文献 125 000 册。此外，馆藏音视频资源总量 5 000 小时，电子文本、图片文献资源年总量为 120TB。

（一）馆藏发展政策与采编业务

1. 馆藏发展政策

馆藏发展政策是图书馆发展的一种规划性文件，目的是为图书馆馆藏的维护和发展提供政策框架。为制定出更加科学、规范的馆藏发展政策，长春市图书馆成立馆藏建设发展委员会，其作为本馆馆藏建设发展指导、规划、监督组织，由馆内负责各类文献采购的部门负责人和采购员组成，由馆长和主管藏书建设的副馆长任正、副主任。该委员会对长春市图书馆理事会负责。馆藏的具体采选由相关部门的馆藏采选人员负责，他们由具有不同学科背景、具备中级以上专业技术职称的学科馆员承担。馆藏建设工作具体由以下部门承担、中外文图书、期刊、报纸等纸质文献采访任务由采编部承担，地方文献采访由典藏阅览部承担，视听文献采访由新媒体服务部承担，网络文献、缩微文献、电子文献采访由数字资源部承担；馆藏组织由采编部承担；实体馆藏布局、管理、剔旧和保护由书刊流通部、典藏阅览部、青少年读者工作部以及铁北分馆、铁南分馆共同承担，其中剔旧任务由书刊流通部、青少年读者工作部、铁北分馆共同负责组织实施；虚拟馆藏布局、管理和维护任务由网络技术部和数字资源部承担。馆藏评价由理事会成员和学科馆员承担。

馆藏建设是持续性工作。为持续确保馆藏建设与图书馆服务的一致性，长春市图

---

① 此处古籍数量含馆藏1912年至1949年民国时期线装书。

书馆坚持适时修订馆藏发展政策，以配合各方发展。2016年12月28日，《长春市图书馆馆藏发展政策（2016年修订版）》（以下简称《馆藏发展政策》）经图书馆理事会审议正式通过，为图书馆馆藏的建设和发展提供更全面的政策框架。《馆藏发展政策》由长春市图书馆馆藏建设发展委员会制订并监督实施，其内容包含馆藏发展的目标、基本原则，馆藏级别的划分，馆藏发展组织，文献采选的基本原则，文献采选方式，经费分配和控制，各类型文献的选择，馆藏组织与布局，馆藏流通与调配，馆藏保护，馆藏剔旧，馆藏评价，馆际合作和资源共享，本区域文献资源共建共享等。为配合馆藏发展政策的落实，长春市图书馆还制定了《长春市图书馆文献采购条例》《长春市图书馆中文纸质图书二次询价工作流程》《长春市图书馆书目数据质量控制规范》《长春市图书馆地方文献编目规则》《长春市图书馆馆藏剔旧标准》《长春市图书馆馆藏剔旧工作制度》等一系列制度。《馆藏发展政策》也进一步明确了图书馆的馆藏建设目标，即根据长春市图书馆的性质、任务、服务功能和本地区经济建设、社会发展、科学研究、工农业生产等需要，科学配置馆藏文献资源，建成以中文资源为主体，以外文文献为辅助，以地方文献为特色，纸质文献与数字资源兼备的多学科、多语种、多载体的综合性文献资源体系。

根据《馆藏发展政策》，馆藏图书由基础藏书、重点藏书、特色藏书和一般藏书组成。基础藏书是指除军事、矿业、武器、石油、天然气、原子能技术、水利工程、航空、航天等学科外的其他学科的藏书，这类藏书应尽量门类齐全、系统，在每一学科内要以收藏能代表这一学科水平的基础理论和基本方法的著作为重点。基础藏书为图书馆的永久性藏书，复册为1册。重点藏书主要是指为长春市党政机关、企事业单位、科研机构的生产和科研提供服务的藏书。这部分藏书现实性强、更新快，要随着社会需求的变化不断更新、剔旧，复册指标根据需求动态调整。特色藏书包括两个部分：一部分是由历史原因而形成的具有一定规模和体系的藏书，如伪满时期资料，古籍善本、珍本，"文革"资料等。对此类藏书要求有目的、有计划地进行补充完善。另一部分是根据图书馆藏书结构、藏书建设而逐渐确定的具有特色的藏书，如地方文献、各种专题文库。对此类资料要求有重点地系统收藏。对本地的科技名人、文化名人、历史名人等的著述、手稿、实物、照片、家谱等要收集齐全。特色藏书为永久性藏书，应设专库、专室保管，不外借、不剔旧。一般藏书是指图书馆为一般读者提供的学习用书、文化生活用书等。此类图书的采购方式为订单采购、零散采购或读者荐购，复册指标为3至10册。此类藏书流通率高、破损大，属于经常剔旧类藏书，不属于永久性藏书。

　　图书馆文献采选方式包括文献购买、文献交换、文献征集等，并接受捐赠、缴送、调拨，此外，还可通过复制方式保存和补充图书馆馆藏。对于文献捐赠，《馆藏发展政策》规定：图书馆要求受赠文献的内容要符合图书馆《馆藏发展政策》中基础藏书、重点藏书及特色藏书的收藏范围；受赠图书必须是无破损图书。要求为受赠文献建立专门的捐赠档案，列明捐赠者、捐赠品名及数量、价值。受赠图书数量较大、价值较高、自成体系的，需专门建立文库进行保管和利用。对于文献交换，《馆藏发展政策》规定，文献交换工作遵循"以我所有，换我所需"和"平等互利"的原则，分为国际交换和国内交换。国际交换中，图书馆提供交换的文献以宣传介绍长春市政治、经济、文化、教育的地方出版物为主，重点交换国外有价值的，特别是通过贸易渠道难以买到的出版物，以补充馆藏；国内交换则重点补充图书馆缺藏的普通古籍、民国时期出版物、伪满历史文献、地方文献、非公开发行的连续性出版物及其他各类国内文献。

　　《馆藏发展政策》对于馆藏文献载体类型也做出了规定。图书馆馆藏文献包括印刷型文献和非印刷型文献。印刷型文献包括图书、报纸、期刊、书画等。非印刷型文献包括电子文献、网络数据库包库服务及镜像资源、视听资料（光盘、磁盘、影像带、缩微品等）、自建特色数据库等。《馆藏发展政策》分别对中文图书、中文报刊、台港澳地区文献、外文文献以及各类非印刷型文献的采购范围、采选标准提出规范。

　　对于文献分类编目方面，《馆藏发展政策》规定，图书馆自2010年起，采用《中国图书馆分类法》（第四版）进行文献分类标引，使用《中国分类主题词表》（第二版）进行主题标引，2013年起采用《中国图书馆分类法》（第五版）对馆藏中、外文普通图书进行分类，同时采用《中国图书馆分类法：简本》（第五版）进行分类取号及排架。书目数据库建设是图书馆工作自动化、数字化、网络化的基础。为使图书馆的编目工作走向标准化、规范化，实现编目资源共享，建立区域性的联合编目网络，协调区域内资源建设，探索建设统一编目、共建共享的文献保障体系，图书馆依据我国《文献著录》（GB/T 3792）系列国家标准和《中国机读目录通讯格式》（CNMARC）的要求著录，制定了《长春市图书馆书目数据质量控制规范》，包括普通图书著录规范、普通图书分类标引规范、期刊和报纸书目数据质量控制规范、非书资料书目数据质量控制规范等。此外，图书馆还制定了《长春市图书馆图书分编加工服务外包规范》《长春市图书馆图书分编加工服务外包绩效考评表》，对提供图书分编加工服务的图书供应商进行服务绩效考核，用以约束供应商的行为，从而保证外包服务的质量。

2. 印本文献采编工作

采编工作是图书馆馆藏文献资源建设中的重要环节。长春市图书馆根据中心城市公共图书馆的性质、任务、服务功能和用户需求，设立采编部。采编部负责全馆图书、期刊和报纸的采购、分编工作，依据"以用定藏，资源共享"的原则，遵循"服务为主，保存为辅"的采购理念，合理规划、选择、收集馆藏文献资源，建立科学、高效、实用的馆藏文献体系。同时，图书馆还联合县（市、区）馆，建立起全地区统一的中心数据库，统一使用图书馆的 Interlib 系统进行联合编目。

（1）采访工作

在中文图书采访方面，图书馆采选人员严格遵循《长春市图书馆中文图书采选条例》等采访规定，通过大型图书订货会、互联网、新闻媒介以及读者调查等渠道，了解中文图书出版发行动态；通过系统规划、科学控制，保障各类型文献的数量及结构比例；通过订单采购、现场看样采购等方式，开拓多元化的采购渠道；通过深入读者服务部门、开通读者荐购平台等方式，了解并满足读者的个性化需求。

在台港澳图书、外文图书采访方面，2012 年之前图书馆只订购了为数不多的十几种外文报纸、期刊，远远不能满足读者需求。为了能更好地为广大读者提供服务，同时也为了达到图书馆评估定级中对外文原版图书的选藏要求，2012 年起，图书馆大幅增加购书经费，特别加强了对外文原版图书及台港澳图书的采访，并于 2012 年 5 月制订《长春图书馆外文图书采访原则》。

2016 年，图书馆文献采购模式由原来的单一来源采购转变为多家定点采购，通过订单采购、现场采购及零散采购的方式，保证了馆藏图书的品种能够满足读者的阅读需求，提升了藏书品质。同时，图书馆完善了文献采选方式，不再被动地按照书商提供的书目进行选择，而是从全国几百家出版社中筛选出 100 家权威出版社及各省级出版社，与出版社馆社直联，定期从出版社获取新书书单。采选人员遵循采购条例，结合现有馆藏，将新书书单筛选汇总，通过调查读者阅读需求、征求读者服务部门图书采选意见等方式确定每一批图书目录，并报请在长春的高校、机关、企事业单位、新闻媒体的领导和专家，以及图书馆的各位馆长、业务部门主任和业务骨干等审阅，确定采购书目，保证图书采选质量。此外，图书馆还创新采购流程，根据业务需要组建采购工作组，有针对性地加强专题文献阅览室图书采选力度并及时配送新书，此外还修订了《长春图书馆外文图书采访原则》。

　　图书馆在保持本馆馆藏特点的同时，坚持结合时政热点事件，并采纳广大读者的意见与建议，积极灵活地调整中文图书采购计划，最大限度地满足广大读者的实际阅读需求。如2012年，图书馆专门采购了一批有关国家重大会议、决定、方针政策的中文图书；为了方便广大市民了解十八大，采购了一批相关内容的图书；针对莫言获得诺贝尔文学奖，采购了完整的莫言作品集；针对我国首艘航母"辽宁"号的成功试航，采购了有关现代军事方面的中文图书。2012年全民读书月活动期间，图书馆举办"爱读书荐馆藏"亲子阅读团荐购活动，由自愿报名参加的50对大人和孩子形成的组合，在指定书店根据孩子的阅读喜好直接选购图书，由图书馆当场采购并列为馆藏。参加活动的组合可将自行选购的图书经登记后直接带回家阅读，读完归还图书馆。

　　2017年4月23日，图书馆正式开启"喜阅——你选书，我采购"全民借阅行动计划（以下简称"喜阅行动"）。市民在办理图书馆读者证并开通借阅功能后，即可到长春市内指定书店直接选阅符合借阅标准的新书，然后在借期内还回图书馆。图书馆还引进了读者荐购系统，为不方便亲自到书店或图书馆借阅图书的读者提供便利服务。读者可以通过电脑或手机客户端登录荐购系统，在网上看到各家书店的图书资源概况，自主在网站上推荐购买各家书店的图书。在同年9月长春市民读书节期间，"喜阅行动"再次升级，与京东商城合作。市民可以足不出户网络下单，享受免费快递送书到家。这种读者决策采购的新型资源建设模式成为图书馆传统采购模式的有效补充。此举得到上级领导高度评价，被认为是长春市图书馆2017年度最有亮点的惠民举措之一，并荣获中共长春市委宣传部授予的"2017年度全市宣传思想文化工作创新奖"。

图书荐购活动现场读者排队等待办理外借手续

（2）分类编目工作

馆藏文献资源是图书馆的重要资产。长春市图书馆在长久的发展历史中，积累了丰富多样的馆藏。对于馆藏的管理组织就是分编工作。长春市图书馆的分编工作经历了从卡片目录到机读目录的变化，包括对馆藏中文普通图书、地方文献、特藏文献、外文图书、报纸、期刊的分编、加工，以及各协作分馆文献书目数据的审校工作，具有专业性高、技术性强的特点。

2011 年以来，长春市图书馆书目数据大部分为下载数据。数据下载后需经过分编工作人员的修改并添加馆藏地，方能成为图书馆的书目数据。分编工作程序包括图书书目数据的下载及标引、图书的加工整理，如贴条形码、夹磁条、加盖馆藏印，以及对每一种图书馆藏地的分配。数据下载来源主要是国内两大编目中心，即全国图书馆联合编目中心（国家图书馆）和地方版文献联合采编协作网。在联机编目的情况下，强化书目数据审校工作十分重要。为确保书目数据的质量，采编部不断加强对部内业务人员的系统培训，定期或不定期地派送业务人员参加由国家图书馆组织的培训学习。这些工作人员学完后有针对性地将所学知识及时与馆内的专业人员进行交流，更新业务知识，推动业务工作更加规范。

在此期间，长春市图书馆完成了多项比较有特色的分编工作，如民国时期文献的建库工作。2012 年，国家图书馆联合国内文献收藏单位启动实施"民国时期文献保护计划"项目。根据 2012 年国家图书馆针对全国图书馆革命文献与民国时期文献的调查安排，长春市图书馆重新整理馆藏民国文献，划选出民国文献范围，将卡片目录与原书进行核对，从书库中筛选出 2 000 余册民国文献，为下一步制作机读目录做好准备。2015年，为完成国家图书馆组织的民国时期文献普查工作，长春市图书馆采编部 2 名工作人员负责承担本馆民国时期文献的建库工作。

图书馆完成的另一项较有特色的分编工作是馆藏地图资料的分编工作。在很长一段时间内，图书馆地图资料的著录都是在中文图书著录模块下按中文图书的方式进行的，但随着地图资料的采购数量不断增多，至 2014 年已基本形成地方特色馆藏，不宜继续按中文图书著录格式著录。为此，2014 年，采编部根据 CNMARC 各文献类型的著录规则，确立了图书馆地图资料的 CNMARC 著录格式，并与网络维护人员协调，共同设置了图书馆地图资料著录的 CNMARC 格式模板。在此基础上，图书馆对总书目库进行维护，修改地图资料 CNMARC 格式 339 种。此外，图书馆作为地区中心馆，是长春地区采编中心的领航者，要为本地区协作馆分编书目数据提供参考，建立地区性的联合编目网络。为此，图书馆不断加强对协作馆业务人员的培训，提高协作馆编目人员的编目水平，并加强联系，通过网络及时解答各协作馆的业务咨询。

2012 年底，长春市图书馆对采编工作外包进行探索和试验，经过 1 个多月的试运行后，长春市图书馆与吉林省新华书店集团外文图书发行有限责任公司合作，探索开展中文图书采购及数据库外包工作，将部分由外文书店采购的中文图书书目数据加工工作交由其工作人员进行。图书馆的采编工作模式因而发生改变。为此，2013 年 1 月，图书馆对采编部的工作岗位进行调整，将全体采编工作人员分为三部分，一部分工作人员负责采访，第二部分工作人员负责外包数据的验收工作，第三部分工作人员负责本馆其他图书（如八角书屋采购图书及零散采购图书）分编加工、地方文献的分编加工及各分馆书目数据的审校工作。

从 2013 年 6 月开始，中文报刊订购、验收及分编等业务工作也由采编部负责。2014 年，采编部对分编工作做出相应的调整，分为期刊采访验收分编组和图书验收分编组两个组。2015 年，图书馆重新修订《长春市图书馆中文图书采选条例》，进一步规范采购行为和分编工作，确定部分中文图书分编工作采取外包的形式进行，期刊采访工作采取招标采购的方式进行，由中标公司完成期刊的数据制作及期刊的物理加工工作。

2016 年起，长春市图书馆中文图书采访全面实行政府招标采购的方式，共有十余家供应商参与图书馆中文图书和期刊的采购工作。在新的采购模式下，图书馆分编工作变为两大块，即原有的本馆书目数据加工工作，以及因采编业务外包而形成的外包书目数据加工工作。承接数据外包服务的各供应商的分编水平参差不齐，这就要求图书馆编目人员在书目数据到馆后，仔细核对每一条数据的分类标引及 MARC 格式，同时要对每一条书目数据进行记到验收、添加馆藏数据、分配分类排架号，检查图书和期刊加工质量等，待全部书目数据审校完成并与采购数据核对无误后，方可交送给读者服务部门。

2020 年，为进一步提高工作效率，采编部协调各供应商调整分编工作的整体工作流程，探索实现到馆加工的工作模式，将原来由分编人员操作的给号、分配馆藏等工作全部移交给供应商完成，使得单线程工作变成多线程工作，初步解决分编过程的瓶颈问题，极大地提高了工作效率。同时，为进一步保证分编质量，加强审校环节，供应商加工后的每一本书都要由分编人员进行审校，发现问题后及时进行反馈、修改，在提高效率的同时也严把质量关。

（二）特色文献建设

经过长时间的馆藏建设，长春市图书馆已形成一批独具特色、价值突出的文献资源，包括古籍文献、伪满文献、民国时期文献、地方文献、专题文库、"文革"资料和《红楼梦》文献等。

1. 古籍文献 [①] 建设

2007 年，国务院办公厅发布《关于进一步加强古籍保护工作的意见》（国办发 2007〔6〕号），正式启动"中华古籍保护计划"。从 2008 年底开始，长春市图书馆在国家古籍保护中心和吉林省古籍保护中心的指导下，开展了一系列古籍保护工作。

十余年来，长春市委市政府对古籍保护工作高度重视，在人力、物力上给予大力支持。长春市图书馆积极作为，完成对古籍书库设施设备的更新改造，极大改善了古籍保管保护条件，达到国家对图书馆古籍特藏书库的基本要求；完成普通古籍书目回溯建库工作；按照《全国古籍普查登记目录》出版要求，完成馆藏 2 600 余部 3.3 万余册古籍的普查登记工作；开展古籍修复工作；加大人才培养力度，多次派人参加古籍修复和古籍整理方面的培训学习；同时积极开展"全国古籍重点保护单位"和《国家珍贵古籍名录》申报工作。经过努力，图书馆入选第二批"全国古籍重点保护单位"，共有 16 部古籍先后入选第二、第三、第六批《国家珍贵古籍名录》，有 24 部古籍入选《吉林省珍贵古籍名录》。2014 年，图书馆入选"吉林省古籍重点保护单位"并获"吉林省古籍保护工作先进集体"荣誉称号。2015 年 1 月，典藏阅览部张英华被文化部授予"全国古籍保护工作先进个人"称号。

长春市图书馆一直十分重视对古籍的管理和保护工作，有四名具有大学本科以上学历的文史专业人才从事古籍的保管和开发工作，其中孙玲为吉林省图书馆学会第九届理事会特藏与古籍保护委员会委员。为更好地保存珍贵古籍文献，图书馆第六层设有两个专门的古籍书库，总面积 600 平方米，分别为善本古籍书库和普通古籍书库。其中古籍善本按种装入樟木书匣进行单独存藏，普通古籍文献全部保管于封闭式手摇书架，并在书架每层底部加入樟木隔板防虫，实现了全部古籍的封闭管理。为加强对古籍的保护，图书馆制定《古籍保护制度》《古籍库房管理制度》，对古籍库房的防潮、防水、防虫、防火、防盗，以及人员入库、文献出入库等都做出严格规定，使古籍管理在制度上有了

---

① 此处古籍文献特指 1912 年之前的古籍，不含民国时期文献。

保证。此外，还设有专人管理古籍库房，保证古籍库房的定时通风和卫生清洁。按国家标准《图书馆古籍书库基本要求》（GB/T 30227—2013），古籍书库不仅安装监控报警系统、烟感温感自动报警系统、七氟丙烷气体灭火系统，而且还在 2016 年申请财政资金对古籍书库进行恒温恒湿空调系统的安装与改造工程，安装防紫外线的防护窗帘等设施，为古籍文献的科学有效保管和安全防护提供保障。

长春市图书馆于 2009 年入选第二批"全国古籍重点保护单位"。此后，国家古籍保护中心陆续为图书馆配备了中国字画拷贝修复工作台、中国字画超声乳化修复仪、古籍文献除尘修复工作台等设备，还配备了各种修复用纸和工具。2012 年 9 月开始开展古籍修复工作，修复人员经过多次培训学习，基本掌握了古籍修复的理念、原则与基本技法，一般的配纸、染纸、染线、制作浆糊等技能都能熟练操作，并能对普通古籍开展修补书叶、衬纸、揭书叶、揭书背、糟朽书叶的修补、清洗书叶、包角、扣皮、订线等工作。

普通古籍书库

善本古籍书库

放入樟木书匣的善本古籍

图书馆每年会派有关人员外出学习，积极参加由国家图书馆（国家古籍保护中心）、中国古籍保护协会、吉林省图书馆等主办的相关培训班和古籍保护方面的会议，与业界交流互通古籍保护工作经验。入选"全国古籍重点保护单位"以来，图书馆共有 19 人次参加由国家古籍保护中心和吉林省古籍保护中心举办的 12 个培训班，内容涵盖古籍编目、古籍普查、古籍修复、碑帖整理与鉴定、书志编纂、文化创意产品等各个方面，图书馆古籍保护人才队伍的知识和技能提到了极大提升。

入选"全国古籍重点保护单位"后，图书馆开始对 1912 年之前的古籍进行普查登记工作，并将数据录入全国古籍普查平台系统。图书馆从 2012 年 9 月份开始，将藏书单位所藏古籍的六个基本项目（索书号、题名卷数、著者、版本、册数、存缺卷），登记为 excel 表格，报送国家古籍保护中心，最终这些数据被纳入《全国古籍普查登记目录》并出版。至 2018 年底，图书馆已将馆藏 2 636 条馆藏古籍数据全部录入完毕，审校无误后提交给吉林省古籍保护中心。

经统计，至 2020 年，图书馆藏有古籍 2 636 部 33 081 册，全部为汉文古籍，其中线装古籍 2 529 部，拓本 107 部，包括宋刻本 2 部、明刻本 87 部、清刻本 2 547 部。

在古籍普查登记过程中，图书馆在古籍版本方面有了重要收获，发现两部宋刻本，改写了馆藏没有宋刻本的历史。第一部是宋刻元明递修本《资治通鉴纲目》（全书五十九卷，存卷四十二）①；第二部是宋刻本《大般若波罗蜜多经》。《大般若波罗

---

① 此本长久以来被图书馆认为是明刻本存放于善本库内。2009 年，第二批《国家珍贵古籍名录》申报工作启动，图书馆将此书以明刻本上报给国家古籍保护中心。最终，评选专家认定此本为宋代刊刻、元明两代递修，此本成为第二批《国家珍贵古籍名录》评选时的一大亮点。

蜜多经》全书六百卷，图书馆存四卷，即一百七卷、一百二十四卷、四百五十三卷、五百二十二卷（此卷不全），千字文帙号分别为"盈""辰""出""珠"。此书被发现前，一直入藏在普通古籍中。在古籍普查时工作人员发现该本，整理出有序的四卷本，初步确认是宋刻本，并于 2014 年 5 月向国家古籍保护中心申报第五批《国家珍贵古籍名录》，引起专家组的注意。2015 年 5 月，古籍保护专家李致忠先生、故宫博物院研究员翁连溪先生等一行 6 人到馆考察东北地区珍贵古籍。经专家组鉴定，馆藏《大般若波罗蜜多经》被确认是宋刻本。2020 年，《大般若波罗蜜多经》入选第六批《国家珍贵古籍名录》，此本被专家组确定为"宋元丰三年至政和二年（1080—1112）刻福州东禅等觉禅院崇宁万寿大藏经本"，这大大缩小了此本刊刻的时间范围，也确定了其版本来源。

长春市图书馆古籍文献统计表

序号	古籍朝代	古籍公元纪年	古籍数量	种类百分比
1	宋代	960—1279	2 部 10 册	0.1%
2	明代	1368—1644	87 部 925 册	3.3%
3	清代	1644—1911	2 547 部 32 149 册	96.6%
合计	—	—	2 636 部 33 084 册	—

注：古籍公元纪年指的是馆藏各朝代古籍所对应的最早和最晚的年份。

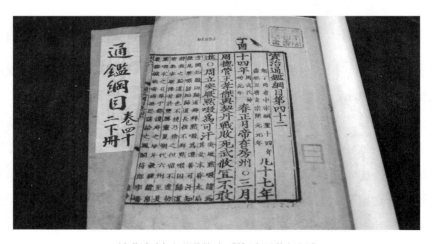

馆藏宋刻元明递修本《资治通鉴纲目》

馆藏宋刻本《大般若波罗蜜多经》

馆藏清初抄本《大唐开元礼》及入选第二批《国家珍贵古籍名录》证书

2018年12月，首部反映馆内古籍珍贵馆藏的著作——《长春市图书馆藏古籍善本图录》由国家图书馆出版社出版。该图录精选长春市图书馆馆藏150种古籍，其中宋刻本有《资治通鉴纲目》五十九卷和《大般若波罗蜜多经》六百卷，明刻本包括《诗传大全》二十卷等45种，其他为清刻本，此外还有一些稿钞本、彩绘本、满汉合璧本及珍贵的碑帖拓片和钤印本印谱等。该图录以图文并茂的形式直观地反映了宋代以来以书籍文字为载体的珍贵馆藏，展现了长春市图书馆开展古籍保护工作十年来的重要成果。

2019年，图书馆继续开展古籍修复工作。2020年，图书馆按照吉林省古籍保护中心的要求撰写了《长春市图书馆古籍普查工作报告》和《长春市图书馆古籍普查大事记》。

2. 伪满文献建设

伪满文献是长春市图书馆的重要特色馆藏之一，属于图书馆入藏年代较早的地方文献。二战期间，日本侵略者侵占中国东北三省后，扶植清废帝溥仪设立傀儡伪政权，即伪满洲国（1932年3月1日—1945年8月18日），简称"伪满"。1932年3月，伪满洲国成立，伪国都定在长春，并把长春改名为"新京"。从1932年至1945年，日本出版了大量有关东北的图书、期刊、报纸。伪满文献就是这一时期所形成的特殊文献资料。伪满文献不仅是日本政府在我国东北地区实行愚民政策和奴化教育的重要证据，也是伪满时期东北地区各领域发展的重要历史见证，因此具有重要的研究价值和利用价值。对伪满文献的收集、整理、保存和开发利用有十分重要的意义。

在1906年至1945年，南满洲铁道株式会社（简称"满铁"）在中国存在的将近40年期间所形成和收藏的大量文书档案和调查资料，被称为"满铁文献"。满铁文献中有大量伪满成立前的相关文献资料。至2020年，长春市图书馆藏有满铁文献总计10 367种，文献语种以日文为主，兼有少量中文。伪满文献是长春市图书馆馆藏文献资源体系中的一个重要组成部分。

图书馆馆藏政策明确提出，对馆藏残缺的伪满文献采取复制、影印的方式进行补充，将伪满时期出版的有关"新京"（长春）方面的资料作为收藏的重点，并加强对近些年来国际国内关于"满洲"问题研究的再生资料的收集。至2020年初，图书馆藏有伪满文献5 319册。其中图书4 612册，占伪满文献总量的86.7%；期刊707册，占总量的13.3%。文献中普遍钤有"满铁长春图书馆""满铁新京图书馆""新京特别市立图书馆"印章，出版时间以1931年至1945年居多。文献语种以日文为主，兼有少量中文。内容主要涉及东北的政治、军事、经济、文化、教育、地理、历史、物产、风俗习惯，以及工业、矿产、商业、金融、交通运输等各个方面。其中伪满时期各政府机关所出版的刊物1 255册，占总文献量的23.6%，如《满洲国政府公报》《满洲国现势》《新京特别市公报》《新京特别市文教年鉴》等。

图书馆伪满文献[①]按年份统计表

序号	年份	文献数量/册	百分比
1	1932	178	3.3%
2	1933	280	5.3%

续表

序号	年份	文献数量／册	百分比
3	1934	241	4.5%
4	1935	288	5.4%
5	1936	430	8.1%
6	1937	368	6.9%
7	1938	337	6.3%
8	1939	389	7.3%
9	1940	407	7.7%
10	1941	381	7.2%
11	1942	382	7.2%
12	1943	336	6.3%
13	1944	227	4.3%
14	1945	56	1.1%
15	其他[2]	1 019	19.2%
合计	－	5 319	100.0%

①表中伪满文献数量包含图书和刊物的数量。
②其他指年份不明或属于其他年份的伪满文献。

图书馆伪满文献种类统计表

序号	中图法分类号	种类数／种	百分比
1	K 历史、地理	842	21.8%
2	D 政治、法律	840	21.8%
3	F 经济	799	20.7%
4	G 文化、科学、教育、体育	278	7.2%
5	Z 综合性图书	202	5.2%
6	C 社会科学总论	174	4.5%
7	R 医药、卫生	111	2.9%
8	S 农业科学	91	2.4%
9	I 文学	85	2.2%
10	B 哲学、宗教	82	2.1%
11	E 军事	67	1.7%
12	P 天文学、地球科学	57	1.5%

续表

序号	中图法分类号	种类数 / 种	百分比
13	H 语言、文字	56	1.5%
14	J 艺术	51	1.3%
15	T 工业技术	48	1.2%
16	Q 生物科学	23	0.6%
17	U 交通运输	17	0.4%
18	N 自然科学总论	12	0.3%
19	V 航空、航天	5	0.1%
20	X 环境科学、安全科学	4	0.1%
21	其他	20	0.5%
	合计	3 864	100.0%

为满足读者需求，图书馆对馆藏伪满文献进行整理、开发，派专人对破损的伪满文献进行糊补、装订，对馆藏伪满文献重新进行著录，形成一套完整的分类与书名目录卡片，还专门编制《东北地方文献索引》《东北市县沿革及地名由来》等二、三次文献，并与东北三省其他图书馆联合编制了《东北地方文献联合目录》。伪满文献的文字大部分为日文，为便于发掘其中的内容并进行利用，2016 年底，图书馆启动伪满文献翻译工作，开始探索采用委托翻译等方式陆续将某些专题的资料译成中文。2019 年 5 月，图书馆申报的"伪满洲国联合协议会记录档案"项目通过国家图书馆"2019 年革命文献与民国时期文献整理项目专家评审会"评审，获准立项，并收入《革命文献与民国时期文献整理项目申报立项通知》。《伪满洲国联合协议会记录档案》是中国近代史上特殊且不可多得的珍贵文献，也是日本帝国主义侵略我国的重要历史佐证之一。这部分文献资源是长春市图书馆从馆藏中筛选出的伪满协和会的档案资料，主要以伪满协和会的"全国联合协议会"记录为主，各地方联合协议会记录为辅，兼有伪满协和会相关图书，计 30 册 15 000 页左右。

3. 地方文献建设

地方文献反映了一个地区的政治、经济、文化生活，是对区域社会发展的忠实记录，具有很高的史料价值和学术价值。地方文献建设是公共图书馆的基本职能之一。长春市图书馆历来重视地方文献资源的建设工作，制定有《地方文献采购人员工作制度》等，设专人利用各种科学方法和手段，通过各种途径，及时、广泛地搜集各类本地区公开及内部发行的文献，并设专门阅览室向广大读者开放。长春市图书馆现藏地方文献包括三个方面内容：一是中华人民共和国成立后的地方资料，以吉林省、长春市年鉴，吉林省、长春市志书及长春市的区志、县志为主；二是特色收藏部分，包括地方作家作品专架、长春院士专架、齐放方志文库；三是吉林省、长春市出版的地方刊物、地图等。截至 2020 年，长春市图书馆馆藏地方文献累计 24 593 册（件）。

图书馆将地方文献采购范围确定为以长春地区为主，吉林省为辅，包括长春市出版的图书、报纸、期刊（包括内部出版），市内大型活动的文字材料、图片及国内各地出版的有关长春的文献等。和其他文献相比，地方文献的采购方式更为灵活多样。图书馆要求以征集、接受呈缴、购买、上门采买、交换、复制等多种方式，尽最大可能将地方文献收集齐全，对缺期、断代的地方文献要采用复印的方式将其补齐。采购复册以 1 种 2 册为主。此外，图书馆还规定地方文献不外借、不剔旧，属永久性的藏书。在文献加工过程中，应加入特殊的标识。伪满文献也属于地方文献，相关情况见前文。

2011 年以来，图书馆不断加强地方文献资源建设，加强非书资料搜集工作，以完善图书馆馆藏文献资源体系建设。2014 年，图书馆将收集省内地图作为地方文献征集工作重点，全年收集图书 103 种 144 册，地图 94 幅。2015 年，图书馆地方文献采购专家委员会成立，并上报《长春市图书馆地方文献采购专家委员会管理办法》，还制定《长春市图书馆关于吉林省地方作家作品征集方案》，向长春市作家协会发送《长春市图书馆关于吉林省地方作家作品的征集函》，得到多位作家积极响应。全年收集地方文献 315 册，收集地方作家作品 178 册，接受捐赠地方文献书刊 591 册（份）。

为便于读者利用，图书馆还积极对地方文献进行二、三次文献的开发、编制工作。如在 2011 年，典藏阅览部完成美术界、书法界名人名家索引 396 条，伪满人物专题索引、建筑旧址索引、历史研究论文题录索引 777 条，长春新貌照片专题索引 87 条，吉林省哲学社会科学成果文摘录入 275 条，核心法律法规索引 50 条等。2015 年起，地方文献验收及分编工作成为采编部工作的重要组成部分。

2016 年，图书馆向长春市政府法制办公室递交了关于《长春市地方文献征集管理办法（草案）》申请登记的报告、起草说明，详细列举了上位法依据、第一季度提供地方文献征集单位 26 个，并上报长春市文化广电新闻出版局。同年，图书馆通过走访、电话、发函等多种途径进一步巩固和扩大地方文献采集网络体系，拓宽文献采集渠道，加大对地方作家作品的征集力度。全年采购、收集地方文献 454 册，收集地方作家作品 270 种 322 册，接受捐赠地方文献书刊 620 册（份）。此外，图书馆还对长春地方作家概况及作品书目进行梳理，将原地方文献查阅室以及基藏书库内的地方作家作品进行筛选、整理、排架，在馆内增设"地方作家作品"专架进行展示。

2017年，图书馆制定《地方文献采购风险控制制度》，推动地方文献收集工作继续有序推进。全年共采购地方志年鉴、地方作家作品共715种744册；购买长春出版社图书308种308册；接受捐赠文献300册（份）。

2018年，图书馆启动了"长春记忆"项目，项目遵循"立足长春，注重特色，藏用结合"原则，以时间为经，以现当代长春地方各领域重要人物、重大事件为纬，以馆藏文献体系为依托，通过走访地方名人和事件亲历者，采集名人手稿、信件、照片、口述史料和影音资料等信息承载物，形成具有地方特色的记忆资源体系。

2018年长春市民读书节开幕式上，图书馆举办纪念改革开放40周年"沃土芳华——长春市图书馆馆藏地方作家作品展"，通过长春籍作家群体的作品创作，反映时代故事，折射出改革开放40年来长春市文坛繁荣发展的历程。该展览历经两年多时间的精心筹备，走访近50位作家，电话访问100余位作家，梳理出102位长春籍作家的作品，在4月至8月间隆重展出，期间接待读者7 000余人次，部分作家留下墨宝。活动还得到吉林电视台生活频道、长春广播电台等10余家新闻媒体的广泛关注和报道。这是长春市第一次对作家群体进行调研与走访，并大规模地收集专题资源。在采访中，图书馆留存了120GB影像资料并整理形成采访日志，收集10位作家的手稿，完成102位参展作家的图片扫描、2 000多册书影的扫描、作家介绍文本信息校对等工作。

为庆祝中华人民共和国成立70周年，弘扬科学家精神，重温长春70年科技发展的光辉历程，2019年9月，长春市图书馆举办"家国情怀 科学精神——长春院士展"暨《家国情怀 科学精神》新书发布仪式。书中收录500多篇媒体报道及多位院士的工作生活照片。活动筹划期间，图书馆多次走访吉林大学、中国科学院长春应用化学研究所、中国科学院长春光学精密机械与物理研究所等院士工作单位，听取相关意见，并采访多位院士及院士同事、家属，查阅大量文献资料，包括图书、期刊、报纸、视频等。10余位馆员在馆领导的带领下，历时一年多，最终收集、甄选、整理出王大珩、徐叙瑢、龚祖同、张作梅、王家骐等71位院士在长春工作期间留下的珍贵手稿、照片、实物等100多组（件）档案珍品，力求从多个角度展示他们为我国科学事业发展做出的杰出贡献。活动结束后，图书馆特设"院士图书"专架，集中展示200余册院士图书。

2020年2月15日，"长春记忆"项目再次扬帆起航，项目组成立，并遵循防疫要求将成员分成两组居家办公。项目组梳理了涵盖评剧、话剧、杂技、吉剧、京剧、黄龙戏、二人转、曲艺8个戏剧戏曲剧种的119位艺术家的人物资料，通过文献查阅、专家咨询、线上对话、登门拜访等方式进行挖掘整理、编辑出版《戏剧春秋　艺苑菁华》一书，成功举办"戏剧春秋　艺苑菁华——长春戏剧、戏曲、曲艺、杂技艺术名人展"。这是对长春地区戏剧戏曲领域的艺术家进行的第一次大规模全面梳理，以凝练的文字、珍贵的图片展现了艺术家们精彩的艺术人生，也展现了艺术家们在新中国成立以来为戏剧戏曲事业的发展繁荣所做出的贡献，共收集图书100余册、照片3 000余张、实物资料500余件。2020年12月23日，"戏剧春秋　艺苑菁华——长春戏剧、戏曲、曲艺、杂技艺术名人展"在八角轩文化展厅拉开序幕，展览引起业界和广大群众的强烈反响，关注人数众多，累计被十几家媒体报道17次。

长春市图书馆举办"家国情怀　科学精神——
长春院士展"

读者观看"戏剧春秋　艺苑菁华——长春戏剧、
戏曲、曲艺、杂技艺术名人展"

至2020年，长春市图书馆的"长春记忆"项目经过数年探索与实践，已相继完成长春地方作家、长春两院院士、长春艺术名人三个主题的人物资料收集整理工作，逐渐创立书籍出版、展览、讲座·口述史、数据库、专藏书架"五位一体"的全新服务模式，为读者提供了一种全方位、立体式的阅读体验，也为发掘地方特色文化资源、推动地方特色文化建设做出了有益探索。

4. 专题文库建设

长期以来，长春市图书馆十分注重对本地科技名人、文化名人、历史名人等的著述、手稿、照片、家谱等文献资源进行收集，并在此基础上建立专题文库查阅室。典藏阅览部专题文库查阅室的文献来源于广大读者、社会各界人士、国际友人和相关机关团体的馈赠和文献交流与互换。从文献内容和学科范围上看，专题文库查阅室的文献绝大多数为社会科学类的图书，其中以文学类、历史类、法律类、文化教育类和哲学宗教类图书居多。至 2020 年，长春市图书馆已形成敬贤书斋、上官缨文库、尤肖其文库、韩国金海图书馆赠书文库、石景宜文库、金崎町文库、寄赠文库、吉林省哲学社会科学规划项目研究成果专柜、纪鹏文库和外文文献文库等内容不同、形态各异的特色藏书。

敬贤书斋的主要特色是以政治、法律、中外历史、古典文学、外国文学、中国现代文学、中国文化相关藏书为主，并含有一定数量的吉林省政府公报等文献。由于赠书人杨庆祥系吉林省高级人民法院原院长并且是国际人权协会的委员，因此这些文献中有关法律、人权、文学和文化类的文献自成体系，具有较强的权威性，其保存价值和开发利用价值都非常高。

敬贤书斋

上官缨文库的文献由吉林省著名作家上官缨捐赠。上官缨原名潘芜，是吉林省著名作家和藏书家，曾获吉林省十大藏书家之首的殊荣。上官缨先生一生酷爱图书，读书、藏书是他毕生的最大乐趣。上官缨文库的藏书主要包括社会科学、传记文学、外国文学、散文随笔、杂文评论等相关图书和古籍文献以及个人日记、书信、剪报等，综合藏书质量较高，具有较高的人文价值和学术价值。

上官缨文库

尤肖其文库的文献由澳门特区政府土地工务运输局基建厅首席顾问、高级工程师，长春市政协原常委尤肖其捐赠。多年来，尤肖其每年都要向长春市图书馆捐赠一至两次图书，其内容涉及澳门的政治、经济、文化、历史地理、旅游、佛教等方面。其中一些政府出版物和非正式出版物是不可多得的珍贵资料，对于多方面、多角度地了解澳门，具有较高的权威性的参考价值。

韩国金海图书馆赠书文库的文献共有 72 种 72 册。韩国金海图书馆与长春市图书馆为姊妹图书馆，虽然赠书数量较少，而且近几年的联系较少，互赠图书有所中断，但因属于国际图书馆间的交流与合作项目，故特设专题文库。

石景宜文库的图书是 1994 年香港书商石景宜向长春市图书馆捐赠的图书。这是图书馆收藏香港图书的主要部分，但其内容大多已略显陈旧。

金崎町文库是利用 1999 年以来日本岩手县金崎町向图书馆寄赠的日文原版图书所建立起来的专题文库，其藏书内容涉及日本的文化、艺术、历史、地理、文学等多方面。

寄赠文库是来自全国各地（包括香港、澳门和台湾）以及美国、俄罗斯、日本、英国、丹麦、德国、韩国的机关团体和个人的捐赠图书。此专题文库的图书涉及内容十分广泛，囊括社会科学和自然科学众多方面，具有很高的参考和利用价值。

吉林省哲学社会科学规划项目研究成果专柜的藏书包括著作和研究报告两个部分，

所藏文献代表了吉林省哲学社会科学研究的相对最高水平，是吉林省哲学社会科学界精英们勤奋劳动的结晶，具有很好的开发和参考、利用价值。

纪鹏文库的文献为当代著名诗人纪鹏所赠。纪鹏，祖籍山东胶州，1927年5月31日生于吉林九台，曾就读于吉林高中，1948年5月由长春学院入伍，曾任文艺刊物编辑组长，部队宣传处副处长，出版社研究员，解放军文艺出版社特约编审、《中国风》杂志常务副主编。纪鹏是中国作家协会会员、"湖畔"诗社主席团委员、中国散文诗学会副会长、中外散文诗研究会名誉会长、中日歌俳研究中心常务理事、中国毛泽东诗词研究会常务理事。著有长短诗集、散文诗集、诗论集及选编集子20余部，一些诗文被选入国内《新文学大系》等80余种选集，有些作品被译为英、法、德、西班牙、日、朝、乌尔都文及世界语，刊于中外报刊书籍。纪鹏在病危临终前嘱托子女将其毕生所藏图书全部捐给长春市图书馆。他所捐赠的文献以文学作品为主，其中诗歌作品尤具特色，囊括从20世纪50年代到21世纪初的一些重要国内外诗歌作品。这些诗歌作品展现了这一段时期我国诗歌创作演进和发展的轨迹，具有很强的系统性和相对的完整性，阅读和参考研究价值较高。

纪鹏文库

2018年4月，长春市图书馆特藏文献查阅室新建文库1个，即"文博书架"。文博书架是伪满皇宫博物院打造的城市文化品牌项目，致力于做好"城市历史文化讲述者"

的工作，成为知识分享与传递的桥梁，于 2018 年 4 月 23 日在吉林省图书馆启动。首批文博书架单位包括公共图书馆 9 家，高校、共建单位 13 家，社区 9 家，其他 2 家。长春市图书馆是首批文博书架单位之一。

2020 年特藏文献查阅室文献分布情况一览表

文库名称	捐赠者	种数	册（件）数	备注
敬贤书斋	杨庆祥	12 791	14 256	包括古籍 454 册
上官缨文库	潘芜	6 251	7 047	其中图书 6 183 种、6 211 册，期刊 19 种、787 册，其他 49 种、49 件
尤肖其文库	尤肖其	906	1 021	—
韩国金海图书馆赠书文库	韩国金海图书馆	72	72	—
石景宜文库	石景宜	1 491	1 491	赠书人为香港书商
金崎町文库	日本岩手县金崎町	251	437	—
寄赠文库	国内外社会各界、机关团体	4 691	4 925	—
吉林省哲学社会科学规划项目研究成果专柜	吉林省哲学社会科学规划基金办公室	372	1 897	其中著作 174 种、729 册，研究报告 198 种、1 168 册
纪鹏文库	纪鹏	4 560	4 750	—
《大藏经》	常照法师	1	101	—
《永乐北藏》	—	1	200	—
《道藏》	—	1	37	—
《龙藏》	—	1	121	—
艺术研究所赠书	长春艺术研究所	860	860	—
话剧院赠书	长春话剧院	996	1 060	—
文博书架	伪满皇宫博物院	43	125	—
合计		29 117	32 777	

5. 其他特色文献建设

除了上述古籍文献、伪满文献、地方文献、专题文库外，长春市图书馆的民国时期文献、"文革"资料和《红楼梦》文献也是特色文献建设中的亮点。

民国时期文献指的是形成于 1912 年至 1949 年这一特定历史时期的各种知识和信息的载体，包括图书、期刊、报纸、档案、手稿等。长春市图书馆现存民国平装本 11 110 种，内容集中反映这一时期的政治、军事、外交、经济、教育、思想文化、宗教等各方面的情况，具有鲜明的时代性，同时亦具有珍贵的史料价值和学术价值。

"文革"资料是"文化大革命"期间遗留下来的全国各地传单小报。长春市图书馆馆藏"文革"资料包括全国 20 多个省市自治区的相关资料共 4 万余份，已分类装订 800 多册。

吉林省《红楼梦》学会于 1998 年在长春市图书馆成立，以长春市图书馆为基地，向图书馆捐赠各种版本《红楼梦》，红学研究专著、期刊、手稿等，并建立《红楼梦》研究室。图书馆也积极推动吉林省红学研究和发展，以采购、交换、接受捐赠等方式搜集有关《红楼梦》的文本，以及对其历史背景、文学史关系和作者家世、生平、创作经历的研究资料。图书馆现存《红楼梦》文献 900 余件，主要包括各个学派、研究学会、红学研究名人等对《红楼梦》研究的正式或非正式的出版物及手稿等，极具研究价值。

此外，图书馆还藏有一些文物、字画、地图文献，包括历史遗留的古币、碑帖、字帖、字画、地图，以及不同时期采购的精品画册、不易流传的图书等。这些文献均被视为馆藏珍品文物，严格按要求进行特殊保管。因其文物价值大于史料价值，故不复制，设专人负责。在图书馆馆藏发展规划中，提出对今后出版的具有珍藏价值的精品有重点地采购，对长春地方性图表一类的文献加强采购力度，并加强对地方名人字画的收集工作。同时规定采购复册以 1 种 2 册为主。

（三）数字资源建设

随着互联网的普及应用，数字资源建设在图书馆工作中的重要性日益提升。长春市图书馆在加强传统文献组织及利用的基础上，结合文献资源共建共享的开放发展态势，自 1992 年起就有计划地组织、开展数字资源建设工作。2011 年以来，图书馆尤其注重将数字资源的外购与内建相结合，不断提高数字资源建设能力，推进图书馆数字化进程。

1. 数字资源建设与发展

长春市图书馆的数字资源建设工作主要由数字资源部负责。数字资源建设主要包括三部分内容，一是外购数字资源，二是自建特色数据库，三是馆藏数字化工作。外购数字资源主要分为数据库和视听文献两大类。自建特色数据库方面，长春市图书馆在长期的工作实践中，建立了科学的资源评价指标体系，结合读者资源利用倾向，针对图书馆馆藏资源的数字化选题开展大量研究工作，确立了图书馆的特色数据库建设原则，先后组织策划并建成一系列具有地方特色、馆藏特色、符合国际标准的数据库。

2011—2020 年图书馆数字资源建设情况

年份	外购数据库 / 个	试用数据库 / 个	馆藏电子图书[1] / 册	自建数据库 / 个	数字资源存储容量 /TB
2011	25	20	96 051	21	2.0
2012	28	24	246 069	21	6.0
2013	31	27	276 069	20	20.0
2014	49	31	328 135	22	76.0
2015	47	52	383 693	23	80.0
2016	43	18	428 750	14	100.0
2017	44	35	501 795	14	100.9
2018	44	70	553 795	14	107.0
2019	54	91	560 000	14	114.0
2020	49	70	661 457	15	121.5

①馆藏电子图书数量包含本馆外购电子图书资源、本馆自建电子图书资源以及从其他机构免费共享的电子图书资源。

2011 年以来，长春市图书馆每年都外购一批数字资源，以数据库为主。为使数据库采购更加科学、合理，图书馆还加大了数据库的试用力度，这在一定程度上弥补了图书馆数字资源藏量。

2012 年起，长春市图书馆在增加外购数字资源的基础上，加大对自建特色数据库的投入力度。2012 年，图书馆重点加强了对长春地区日伪统治时期史料汇编数据库、东北史志类线装古籍数据等库的建设。馆藏数字化通常是图书馆自建数据库建设中的一项重点工作，长春市图书馆馆藏数字化工作在十二五以来取得了较大进展。2012 年，除完成国家图书馆数字资源征集项目的资源申报工作外，长春市图书馆还开展了伪满洲国时期地方文献数字化工作和《伪满沦陷时期文学史料汇编》数字化工作。数字资源部历时 2 个月，完成馆藏伪满洲国时期地方文献数字化扫描 1 352 册 376 060 页，并对数据进行后期加工，总计 5TB；整理、校对伪满沦陷时期文学史料，并录入数据库。2013 年，长春市图书馆共新建数据库 11 个，至此，图书馆自建数据库达到 20 个。2014 年，长春市图书馆在数字资源建设方面更着重挖掘本馆特色资源，自建特色数据库，重点建设和更新东北史志类线装古籍数据库、知识讲座库、简报信息库、电子文献书目数据库，其中东北史志类线装古籍数据库最具特色。2014 年共完成对 32 种 45 部古籍的数字化处理，这些古籍均是史志修撰、学术研究的珍贵史料。

2010 年起，为联合全国各图书馆共建国家数字图书馆，进一步提高国家数字图书馆的公共文化服务水平，国家图书馆启动数字资源征集项目，面向全国各省级公共图书馆及全国数字图书馆建设与服务联席会议成员单位等机构，广泛征集数字资源。为此，2012 年以来，长春市图书馆持续开展国家图书馆数字资源征集项目的资源申报工作。2012 年，图书馆申报了两个项目，即伪满洲国时期地方文献及长春日伪统治时期史料汇编，获得批准后对相关资源进行了数字化处理。2013 年，《国家图书馆数字资源征集实施办法》发布，面向全国副省级以上公共图书馆等机构，有重点地征集一批已完成建设的主题明确、特色鲜明的优秀数字资源，为国家数字图书馆和数字图书馆推广工程的建设提供重要的资源保障，并提出新规范。因此，2013 年，图书馆对 2012 年申报的两批资源按照 2013 年新规范重新进行编辑整理，制作相应的元数据及资源总体、明细说明表，完成项目最后的数据提交。同年，图书馆完成"伪满洲国时期地方文献数据库"申报资源共 1 274 册 352 725 页，总量 4.3TB。2014 年完成申报资源总量达 2 495 册。2015 年再度提交 280 种资源。

2014 年，长春市图书馆开展馆藏文献数字化外包加工工作，完成 2 066 册文献的数字化工作。2015 年完成 306 种民国时期馆藏特色图书数字化建设；完成视障专题资源库 3 298 个音频文件的资源采集工作；完成古籍资源、东北史志类线装古籍等电子书

558 册。2016 年，图书馆继续扩大馆藏资源数字化建设规模，加速推进特色资源数据库的建设工作。是年，图书馆筛选整理地方志及地方文史资料类、人物传记类、少数民族历史类、民俗类等约 38.4 万页文献上报国家图书馆进行筛选，并进行了第一批 161 册图书的数字化加工；此外加工伪满文献全文数据 57 册，共 5.96GB。

除以上工作外，长春市图书馆的网站建设也进一步推动了数字资源建设，有效实现了对数字资源的揭示和整合，为广大读者利用图书馆数字资源提供了便利。2012 年 5 月 31 日，图书馆正式开通"长春市图书馆·长春数字图书馆"门户网站。此网站不仅集中展示了长春地区公共图书馆的图书文献信息资源和服务，还实现了与吉林省图书馆联盟、数字图书馆推广工程、全国文化信息资源共享工程等平台的资源与服务的整合。2017 年，长春市图书馆数字图书馆完成升级改版，新版网站正式上线。新网站更好地整合了搜索与揭示的功能，其中还新设市民学习空间，系统整合各类型网上学习资源，内容包括不少于 260 万册的电子图书和 20 万余集的视频学习资源。

2. 自建特色数据库

长春市图书馆对自建特色数据库不断更新改版整合，截至 2020 年，自建特色数据库已有 14 个，包括百年长春资源库、馆藏国家珍贵古籍数据库、伪满时期文献资源库、民国时期文献资源库、地方文献资源库、剪报信息库等。

（1）百年长春资源库

百年长春资源库内容涉及长春人物、长春老字号、长春老照片、长春历史事件、长春地方作品、长春文化旅游、长影影片、长春文化教育、长春院士等各方面。

（2）萨满文化专题数据库

萨满文化是一种世界性的文化现象，是我国北方民族的原生态民俗信仰文化，属于一种综合性原生态文化现象，内容涉猎北方民族口传历史、经济生活、认识观念、道德规范、口传文学及艺术、社会文体活动、民间习俗、医药知识等诸多领域。长春市图书馆的萨满文化专题数据库为方便读者检索，按专题分为：萨满与中国北方少数民族宗教、萨满宗教仪式、萨满人物、萨满服饰、萨满神具与面具、萨满音乐与舞蹈、萨满与民间艺术、萨满文化与民间医药、萨满文化研究人物、萨满文化研究机构、萨满文化研讨会、萨满文化的相关研究成果。

（3）馆藏国家珍贵古籍数据库

作为全国古籍重点保护单位，长春市图书馆藏有大量珍贵古籍善本，有的已入选《国家珍贵古籍名录》。为保护这些文献，图书馆将其中 15 种 273 册进行数字化处理，以电子书形式（PDF 格式）建成"长春图书馆馆藏国家珍贵古籍全文数据库"，供读者查询利用。

（4）红色记忆——庆祝中国共产党建党 90 周年专题资源库

2011 年，中国共产党迎来 90 周年华诞。90 年来，中国共产党团结带领全国各族人民战胜各种艰难险阻，取得了社会主义革命、建设、改革的伟大胜利，谱写了中华民族自强不息、实现复兴的奋斗凯歌。32 000 多个平凡但伟大的日子，承载了决定党和国家前途命运的一系列重要事件，谱写了壮丽辉煌的历史篇章。为庆祝中国共产党建党 90 周年，长春市图书馆特别建设此库。

（5）吉林地方法律法规全文数据库

自 2002 年起，长春市图书馆对网上吉林省地方法律法规方面的信息进行全面收集。截至 2020 年，此库已收录新中国成立后吉林省颁布的全部地方法律、法规。

（6）剪报信息库

剪报信息库收录长春市图书馆剪报信息中 2005—2008 年的通信、人力资源、决策参考三个专题的信息，可全文检索。

（7）东北市县沿革与地名由来

此数据库收集了东北地区县以上的地名及其由来等信息共 183 条。

（8）东北地方文献索引数据库

此数据库收录长春市图书馆馆藏日伪时期东北及满蒙地方文献资料三千多种，其中东三省孤本就有六百多种。这部分资料大多属于日伪时期的政府出版物，对当时东北各地及河北、内蒙古部分地区的经济、政治、文化、矿产、交通、工农业、地理、风俗都有较详细的记载。因此，这部分资料是当前编史修志和研究东北历史不可多得的史料。

（9）吉林第一资源库

此数据库分为自然地理、特产风味、经济文化三个部分，介绍吉林省最早的公营商业企业、吉林省最早的金矿等吉林之最。

（10）地方文献数据库

此数据库包括长春市图书馆馆藏地方文献 348 种，共计 15 000 余页，全部实现数字化。另根据馆藏建设需求，图书馆派人前往辽宁省阜新市矿物学院、阜新市档案馆，共收集矿务志等地方档案 14 414 页，分 56 个卷，扫描文献量为 20.4GB。

（11）民国时期文献数据库

长春市图书馆结合本馆馆藏特色，对 241 种民国时期各类文献进行数字化，建成此库。

（12）伪满时期文献数据库

为方便读者阅览、查询伪满时期文献，长春市图书馆对馆藏的伪满时期图书文献进行了数字化，建成此库。该数据库收录伪满时期文献 3 698 种，分为七辑，第一辑 389 种，第二辑 159 种，第三辑 430 种，第四辑 296 种，第五辑 596 种，第六辑 856 种，第七辑 972 种。

（13）日本涉华珍贵史料数据库

长春市图书馆根据馆藏需求，先后购入 4 批资源，用以建设日本涉华珍贵史料数据库。其中包括：《日本海军省涉华档案》（1874—1933），总数约 37 700 拍；《日本陆军省涉华档案》（1872—1945），总数约 83 300 余拍；《日本外务省满洲档案》（1872—1945）则根据图书馆馆藏的需要，仅选择购买了与满洲有关内容中的极其重要的一部分。

七、技术建设

2011 年以来，长春市图书馆积极引入新技术，紧跟技术发展最新趋势，将前沿技术的应用作为图书馆服务转型创新的重要手段。图书馆的读者服务和业务管理先后经历自动化、数字化、智能化的发展阶段，基本实现基础设施现代化、文献资源数字化、服务便捷化、管理一体化。

（一）技术发展历程

2011 年，"长春图书馆·移动图书馆"网页服务开通，标志着长春市图书馆步入"互联网＋"时代。2013 年，长春市图书馆移动客户端上线服务，微信公众号正式运营，实现数字图书馆、移动图书馆、微信公众号等多种平台并存的多媒体服务格局。

2014 年 4 月，长春市图书馆以馆舍改造修缮为契机，全面实现以 RFID 自助借还系统、自助办证系统、架位管理系统为核心，以自助文印、短信自助服务、电话语音服务、自助预约服务、自助上机服务为辅助的完整的自助服务体系。自此标志着图书馆进入了智能化服务的新阶段。同年 6 月，图书馆启用访客流量统计系统（海康威视摄像监控统计系统），在总馆大厅入口、八角书屋和后门入口处安装摄像头，对总馆到馆读者的实时流量进行统计。

2015 年，长春市图书馆制定《长春地区 RFID 通借通还技术标准》，规范 RFID 写入的方式和标准，与县（市、区）图书馆 RFID 设备进行"一卡通"自助借还测试，为实现长春地区公共图书馆文献通借通还打下坚实基础。

2016 年 5 月，长春市图书馆实现馆内无线网络全覆盖，方便读者使用移动终端设备接入互联网。同年 9 月，集无人值守联动系统、自助办证、自助借还、图书定位、书架还书等功能于一体的 24 小时自助图书馆建成并开始运行。

2017 年 3 月，长春地区公共图书馆服务效能评测系统上线。该系统采集、统计、汇总、显示市馆及各县（区）公共图书馆的入馆读者数量及借阅情况等数据，形成统一管理、统一监测、规范化服务的管理格局。4 月，图书馆集群管理系统 Interlib 由 2.0 版升级到 3.0 版，进一步实现长春地区公共图书馆联合编目，推进了区域内资源整合，构筑文化共享信息平台。读者开放式采购平台也正式上线，读者可以从指定书店荐购图书。7 月，OA 办公自动化系统正式上线。该系统将馆员从烦琐、无序的"手动"办公工作中解放出来，真正实现"自动化"办公，整体提高了馆员的办事效率和信息的可控性，图书馆的现代化办公管理系统趋于完善。9 月，线上京东荐购平台上线。至此，长春市图书馆读者线上线下荐购系统全部开通。

2018 年 3 月，长春市图书积分管理平台上线，同时取消图书过期罚款，用积分代替过期罚款。此举既减少了读者与工作人员发生摩擦的概率，又激发了读者的阅读兴趣，增加了图书的借阅量。4 月，长春市图书馆信用借还平台、长春市图书馆网借平台上线。此举利用互联网改变了传统图书馆的借阅模式，读者可以凭借支付宝中的芝麻信用积分在线免押金办理读者证，享受免费送书上门服务。2018 年至 2019 年，长春市图书馆在欧亚卖场、欧亚商都、吾悦广场、长春站北、雕塑博物馆共设置 5 台街区图书馆自助借还设备，充分利用设备无人值守的优势，实现自助办证、自助借还的智能服务。

2020 年 4 月，长春市图书馆自助分拣系统正式投入使用。该系统采用智能化手段，实现图书自助还回、分类整理。

（二）硬件系统建设

长春市图书馆的硬件系统主要包括 1 个中心机房、4 个网络配线间及工作、服务设备等。至 2020 年，图书馆硬件系统建设成果如下：

机房基础硬件包括：①机房装饰，如抗静电地板铺设、微孔天花板和机房墙板装修、天棚及地面防尘处理、防火门窗安装等；②供配电系统，包括供电系统、配电系统、照明、应急照明、UPS 电源；③空调新风系统，共设置专业机房空调 2 台，保证机房恒温、恒湿的运行环境；④消防报警系统、手提式灭火器；⑤防盗报警系统，如红外线报警系统；⑥防雷接地系统，如电源防雷击抗浪涌保护、等电位连接、静电泄放、接地系统；⑦安防系统，包括门禁、视频监控系统。

机房及配线间硬件设备包括：①机柜，共配备 6 个标准化服务器机柜，含机架式服务器 16 台、刀片式服务器 8 台、数据库存储陈列 100TB，为长春市地区图书馆提供 Interlib 图书馆集群管理服务、数字图书馆应用服务及为读者提供各种数据库远程检索与下载服务；②布线系统，共配备 5 个标准化网络机柜，采用双核心互备方式，核心层采用 H3C 7503 千兆路由交换机，各服务器千兆接入，统一带宽出口为联通千兆出口；③供电系统，采用双路电源供电为服务器提供稳定的电能质量；④UPS 配置，配备 1 套 40KVA 的 UPS 不间断电源系统，UPS 的后备电池能够在双路市电都停电的紧急情况下，保证服务器不间断的电力供应，给相关业务留出应急处置的时间。

工作及服务设备包括：①工作人员计算机服务终端设备 100 台；②读者服务终端设备，检索查询计算机 110 台、触摸屏 20 台，用于读者网络浏览、资源下载、书目检索、信息查询。

（三）网络系统建设

2013 年，长春市图书馆对 2000 年初建、2003 年扩建的综合布线系统进行升级改造。图书馆网络系统由分布在各区域 1 129 个信息点、经由超五类百兆双绞线分别连接到四个不同区域的配线间和千兆光纤连接的中心机房组成。信息点终端可分别接入计算机和电话语音终端设备。2016 年初，通过相应信息点无线 AP 的接入，建立了无线网络系统，实现了馆内无线网络全覆盖。网络出口带宽经几次升级后已达到 1000 兆。

长春市图书馆的网络系统包括 2 台三层核心交换机、20 台二层交换机、2 台防火墙及 1 台上网行为管理设备等。该系统可以通过对网络二层与三层交换机对信息点终端进行智能逻辑管理，形成有规模、可管理、安全高效的局域网络。图书馆通过对网络的 VLAN 逻辑划分，按照不同功能需要划分了多个 VLAN 组，包括服务器、办公桌面机、移动终端、读者终端，这些 VLAN 组可分别接入到相应的网络组中，实现网络安全服务需求。局域网通过千兆联通专线接入到互联网，实现馆内的终端可与互联网互联互通。通过网络服务商分配的相应公网 IP 地址、域名等，对外发布数字资源信息服务。在网络出入口中分别安装有防火墙、上网行为管理、安全认证等不同网络软硬件设备，利用其软硬件功能的结合实现对网络的管理。

至 2020 年，长春市图书馆网络系统建设方面的成果如下：

（1）图书馆管理系统

在 2011 年前，长春市图书馆已先后应用了广州天河图书馆计算机管理系统、ILAS 系统、Interlib 图书馆集群管理系统。在对图书馆管理系统多次升级的基础上，10 年来，长春市图书馆通过互联网将区域内各图书馆联合起来，组成一个区域性的虚拟图书馆群，从而建立一个区域图书馆群的电子化、数字化、网络化的立体信息空间，通过馆际间的合作，实现了区域图书馆群的联合编目、资源共享、通借通还，向公众提供更加开放、共享的公共图书馆服务。

（2）RFID 智能化管理系统

2014 年，长春市图书馆采用 RFID 电子标签技术实现数据自动采集功能，结合数据库及软件管理系统，实现了自助借还、图书盘点、图书上架、图书检索、图书防盗、借阅证管理和发放、馆藏信息统计等功能。利用 RFID 系统，馆员可以通过便携和移动式的图书清点设备进行自动化的图书盘点，极大地降低了工作强度，提高了盘点工作效率。对读者而言，自助办证、自助借阅的实行既保障个人隐私，又提高了他们阅读的自主性与自由性。采用 RFID 智能安全检测系统设备（安全防盗门）后，读者可以带包进入图书外借区，避免存包的麻烦。RFID 智能架位导航系统，可以清晰地揭示文献的架位。读者可以通过 OPAC 检索，方便地看到要借的图书所在的位置。

（3）手机图书馆服务系统

该系统实现了图书馆管理系统与移动无线网络的对接，将图书馆应用扩展到手机客户端。读者扫描二维码或在网站上下载安装客户端软件，即可进行新书查询、文献查询、文献预约 / 续借、数字资源检索等。

（4）短信平台服务系统

工作人员利用短信平台获取通过 Interlib 注册的读者手机号，可自动或手动向读者发送图书馆业务信息，包括图书查询、续借和自动催还及读者活动信息等。

（5）电话语音服务系统

该系统为读者提供 24 小时电话语音服务，具有图书借还、预约、图书信息查询、欠款查询、借阅信息查询、读者证件挂失、预约取消等功能。读者可根据电话语音提示进行续借、挂失等操作。该系统的使用既弥补了人工服务节假日、夜晚易疏漏的不足，节省了人力，也为读者提供了便利。

（6）图书馆微信平台发布系统

该系统支持通过微信平台进行活动信息发布、文献推荐、服务推广，读者可进行数字阅读卡在线申请。

（7）自助复印打印系统

长春市图书馆在二、三、四楼阅览区，分别设置一台自助式复印、打印、扫描一体机。读者可通过刷卡，自助复印、自动计费结算。

（8）电子阅览室、自修室自助管理系统

该系统采用实名认证制，读者自助刷卡使用电子阅览室。系统功能包括上网权限管理、远程管理、查询统计、消息管理、定时截屏、限时免费上机、远程监控与锁屏，同时支持用手机作为客户端来进行管理。在自修室两个入口，分别设立一台自助式自修座位管理机，读者可以通过微信预约订座、到馆自助排座方式进行自修，还可以设定自修时间。

（9）高清智能多媒体发布系统

长春市图书馆在一楼总咨询台及二、三、四楼大阅览区，分别设置了卧式、立式的多媒体发布机，通过服务器系统软件控制，可进行文献推介、功能展示、活动介绍等服务宣传推广。

（10）多媒体导读系统

长春市图书馆在一楼大厅、文化讲堂、楼体外墙均设置 LED 大显示屏，播放活动宣传、图书馆服务信息；在一楼侧厅，设置 55 寸触摸屏，对馆舍功能布局、文献服务等进行互动式导引；在 2—4 层大阅览区设置了 30 台计算机，并在第一、第二中文图书借阅室设置 OPAC 查询机，为读者提供随手可及的文献导引、数字资源检索服务。

（11）视听艺术馆服务系统

长春市图书馆在视听艺术馆（401 室）外间，配备高品质 3D 蓝光 DVD 播放机、监听耳机、液晶电视等，为读者提供个性化视听欣赏服务；在里间音乐厅，配备高保真的音箱、调音台、高清晰度的投影仪等，为读者提供音乐欣赏、影音播放、舞台演艺等服务。

（12）大数据展示系统

该系统基于网络架构，集信息编辑、信息传输和内容发布、模板引用、业务互动查询、信息指引、集中控制管理于一体，与图书馆业务系统、客流系统、微信平台、数字资源系统相结合，揭示长春地区公共图书馆入馆流量、文献借还、数字资源检索、分馆服务等数据信息。

（13）诚信积分管理系统

该系统可以有效评估、约束、激励用户，通过积分来构建弹性图书馆诚信制度，由此建立诚信奖惩机制，规范读者行为。

（14）开放式采购系统

该系统对接实体书店和电商平台，由读者按需选书，阅后一个月后还回图书馆，买书费用由图书馆支付。读者按需选书，提高了文献的使用率、流通率。

（15）O2O 网借信用系统

该系统结合"互联网＋图书馆"的创新应用，将线上推广和线下体验相融合，打破空间和时间限制，为读者提供线上支付宝信用办证、线上选书下单、线下物流配送、免费送书上门的一站式借阅服务。

（四）办公系统建设

长春市图书馆办公自动化系统（即 OA 系统）于 2017 年启动建设，实现了公文的电子起草、传阅、审批、会签、签发、归档等电子化流转。采用无纸化、移动化、社交化办公模式，变"手动"办公为"自动化"办公。长春市图书馆的办公自动化系统具有以下功能：

（1）办公流程管理

流程管理涵盖财务类付款、询价、差旅费报销、出差审批、工会付款、公务出行、借款、志愿者用餐补助等 11 个流程；馆办类阅示件处理、文件传阅意见卡等 4 个流程；媒体类信息审核、媒体宣传申请 2 个流程；人事类加班社情、请假单等 5 个流程；行政类分散采购招标、零星维修、内部采购、印章使用等 8 个流程；网络类网络耗材采购申请 1 个流程。

文件管理中，收文管理可实现来文登记、拟办、批示、分发、传阅、承办、转办、归档等功能；发文管理可实现发文拟稿、审核、会签、签发、登记、打印、盖章、分发、阅读、监控、归档等全过程管理。

（2）办公应用管理

该功能包括新闻功能模块，相关部门信息员可由此发布馆内新闻消息，信息透明。

（3）PC办公与移动办公高效协同

该功能实现了PC端、苹果系统、安卓系统移动设备之间的协同办公。职工可在手机端使用视频会议、文件管理、流程审批、上班打卡、健康上报、信息管理等多项功能，这使得办公模式更加简单，办公环境更加自由。

（五）信息安全建设

10年间，为维护计算机信息系统的安全运行，长春市图书馆通过机房安全建设、网络安全建设、数据安全建设、病毒防范等举措，建立多层次的安全管理系统，并制定一系列安全管理规章制度。

（1）安全管理系统

具体表现在：①机房安全建设。长春市图书馆中心机房拥有完整的供配电系统、空调新风系统、消防报警系统、防盗报警系统、红外报警系统、防雷接地系统、安防系统。②网络安全建设。核心交换机网络、服务器采取充分的冗余安全措施并实施安全加固；网络边界部署防火墙以实现边界访问控制；利用行为管理系统、身份认证系统对内部网络实施管理与监测。③数据安全建设。对关键数据和核心数据采取完整保护和加密措施，对重要业务数据进行双机实时备份和异地定时备份。④病毒防范。定期更新服务器和计算机终端杀毒软件，并定期对服务器和计算机终端进行漏洞检测与杀毒。

（2）安全管理规章制度

至2020年，长春市图书馆已制定一系列安全管理规章制度，包括《长春市图书馆网络安全应急预案》《长春市图书馆网络安全重大事项报告制度》《长春市图书馆网络舆情应急处置预案》《长春市图书馆安全审核和安全检查管理制度》《长春市图书馆病毒防治管理制度》《长春市图书馆机房安全管理制度》《长春市图书馆人员安全管理制度》《长春市图书馆设备安全管理制度》《长春市图书馆网络安全管理制度》《长春市图书馆系统安全管理制度》《长春市图书馆项目安全管理制度》《长春市图书馆信息安全管理评审管理制度》《长春市图书馆信息安全组织及职责管理》《长春市图书馆资产安全管理制度》《长春市图书馆信息安全策略》。

八、体系建设

作为长春地区公共文化服务体系的主体力量之一，长春市图书馆在长春市构建公共文化服务体系建设中一直发挥着重要作用。"十二五"至"十三五"时期，长春市图书馆主要围绕全国文化信息资源共享工程长春市支中心建设、长春市协作图书馆工程建设以及国家公共文化服务体系示范区创建、第五次和第六次全国县级以上公共图书馆评估定级工作、"城市书网"服务项目，引领推进全市公共图书馆服务体系建设。至2020年，长春市图书馆已在全市范围内建立起"中心馆—总分馆"模式的公共图书馆服务体系。

（一）区域图书馆协作

长春市协作图书馆自2005年6月3日启动以来，尤其是2011年以来，在推动区域图书馆协作以及区域公共文化服务体系建设方面发挥了重要作用，成效斐然。

长春市协作图书馆是长春市图书馆为贯彻落实《文化部、财政部关于进一步加强全国文化信息资源共享工程建设的意见》而推出的一项文化创新工程。目的是通过发挥长春市图书馆的中心馆作用，整合长春市公共图书馆的资源，建立起以公共图书馆为主体的公共文化服务体系，发挥地区公共图书馆的整体效益，让更多的民众享受公共图书馆服务，从而促进长春地区公共图书馆的整体发展。

从时间上来说，长春市图书馆是在我国图书馆界还没有形成广泛共识的情况下便已启动长春市协作图书馆工程的，因此，属于我国较早探索总分馆制实现方式的图书馆之一。经过多年的运行，长春市协作图书馆工程已经成为我国公共图书馆界具有一定影响的项目之一。

长春市协作图书馆工程启动以来，长春市图书馆制定了《长春市协作图书馆资源共建共享协议书》《长春市协作图书馆基层服务点借阅制度》《长春市乡镇、村图书馆（室）暨共享工程基层站点建设标准》等一系列制度，确定了中心馆长春市图书馆和分馆，即各县（市、区）图书馆的责任、权利及义务，以及长春市协作图书馆的运作方式。具体表现为：在各馆局域网上通过 ILAS Ⅱ 实现网上流通和检索。首先采取网上流通的方式实现协作馆之间的通借通还，再逐步采用 VPN 技术全面实现协作馆的自动化管理。采用全国文化信息资源共享工程国家中心和省级中心统一的技术服务平台和标准，实现文化信息资源的共建共享。建立长春地区图书馆采编中心，以确保书目数据的规范化、标准化，减少各馆人力、物力和财力的投入，降低成本。建立文献信息保障体系，由长春市图书馆拿出一定经费和设备支持"长春市协作图书馆"的建设。实施"一卡通"借阅服务，读者通过使用统一的"读者证"可以在任何协作馆之间借还图书，读者可在任意协作馆办理读者证。

经过长春市协作图书馆的多年努力，长春地区公共图书馆建立起以长春市图书馆为总馆，以县市区图书馆为分馆，以街道、社区、乡镇、村文化机构等为基层网点的三级总分馆发展模式，实现长春地区公共图书馆与全国文化信息资源共享工程资源和服务的共享。依托因特网，通过图书馆网络管理平台，实施"一卡通"服务，实现总分馆之间的文献通借通还、数字资源共享、网上联合编目、远程参考咨询服务等；依托卫星网提供的"全国文化信息资源共享工程"数字资源，借助农村党员干部远程教育网和中小学现代化远程教育网，提供数字文化信息服务。并以总馆为文化活动载体，联合各级分馆开展丰富多彩的读者活动。

2016 年 5 月 25 日，长春市图书馆组织召开 2016 年度长春市协作图书馆工作会议。会议总结了长春市协作图书馆十余年发展经验，并对未来发展做出了规划。会上，谢群馆长提出总分馆发展的新思路，即建立以长春市图书馆为中心馆，以县（市、区）图书馆为总馆，以乡镇、社区图书馆为分馆的现代公共文化服务网络。此后，长春市协作图书馆继续在推动全市公共图书馆事业发展方面发挥重要作用。经过十多年的探索、实践，在长春市图书馆的带动和协调下，在长春地区各县（市、区）图书馆的大力配合下，一个发展均衡、运行有效、惠及全民的协作图书馆服务体系已在全市建立，并取得令人瞩目的成效。主要表现为：促进各级政府对公共图书馆的投入；带动和促进基层图书馆的馆舍建设；以点带面，稳步推进分馆与基层网点建设；促进区域公共图书馆的自动化、网络化建设。

（二）总分馆建设与发展

2011 年至 2020 年间，长春市图书馆在探索区域总分馆建设方面取得巨大进展。

《长春市 2011 年民生行动计划》中第 68 条要求，"加强各县（市、区）图书馆现代化、标准化、网络化建设，打造 15 分钟阅读圈"，即市民步行 15 分钟以内，就能到达附近的图书馆（室），享受普遍均等、方便快捷的文献信息服务。为此，2011 年，长春市图书馆研究辅导部对长春市 235 个社区图书室馆舍馆藏、基础设施设备、自动化网络化等情况进行走访调研，为打造 15 分钟读书圈奠定基础。2012 年又对长春地区 6 个城区以及 4 个开发区街道社区图书室、全国文化信息资源共享工程基层服务点建设情况进行走访调研，共调查 308 家，撰写《长春市创建公共文化服务体系示范区进展情况调研报告》，为长春市创建国家公共文化服务示范区提供基础数据。

2011 年至 2013 年期间，长春市图书馆借助长春市成功申报国家公共文化服务体系示范区之机，加大力度推进分馆建设，制定《长春市协作图书馆资源共建共享协议书》及《长春市分馆建设协议书》。为将社区分馆建成符合标准的示范点，长春市图书馆为每个社区分馆配备 300—500 册图书，丰富各分馆的馆藏；为每个社区分馆安装 Interlib 系统，并配置身份证阅读器，使这些分馆具备与长春市图书馆实现"一卡通"管理的条件；统一悬挂分馆、全国文化信息资源共享工程基层服务点以及公共电子阅览室三块牌匾，张贴全国文化信息资源共享工程简介、"一卡通"介绍、公共电子阅览室管理规范三张海报，使社区分馆的建设更加统一规范。为保证各分馆工作正常开展，长春市图书馆每年按照计划为分馆配送图书，深入开展业务辅导工作，通过上门辅导、接待来访等形式对各基层馆进行辅导，包括对新建社区分馆围绕 Interlib 系统、"一卡通"管理、公共电子阅览室建设等方面的内容进行重点辅导，围绕第五次全国县以上公共图书馆评估定级工作、创建国家公共文化服务体系示范区工作对长春地区 10 个县（市、区）图书馆以及乡镇社区进行深入辅导，并联动各分馆开展丰富多彩的读者活动，以此推动地区图书馆事业的建设发展。

2013 年，长春市以出色的成绩完成国家公共文化服务示范区的验收工作，获得文化部、财政部授予的"国家公共文化服务体系示范区"称号，长春市图书馆在其中做出突出成绩。同年，因馆舍改造闭馆，长春市图书馆未参加第五次全国县以上公共图书馆评估定级，但仍为本地区县（市、区）图书馆参评提供指导和帮助，有 3 个县（市、区）图书馆被评为国家一级图书馆，5 个县（市、区）图书馆被评为国家二级图书馆。分馆建设方面，长春市图书馆于 2011 年新建 8 个分馆暨全国文化信息资源共享工程基层服务点。于 2012 年新建 11 个分馆暨全国文化信息资源共享工程基层服务点，其中包括 1 个开发区分馆，9 个"一卡通"分馆以及 1 个农村合作社分馆，使社区分馆发展至 21 家；并结合"农家书屋"工程建设、打造欢乐庄稼院等惠农文化工程的开展，积极参与农村文化建设，在农村建立 43 个分馆。2013 年新建社区分馆 6 个。至 2013 年底，长春市图书馆已有分馆 108 个，初步建立起设施完善、体系合理、机制灵活、覆盖范围广泛的公共图书馆服务体系。

2014 年，为巩固长春市国家公共文化服务体系示范区创建成果，长春市图书馆新建分馆6个，其中包括1个农村分馆、3个社区分馆、1个未成年人分馆，并对原有分馆进行清理整顿工作。此外，图书馆研究辅导部还深入长春市150个社区开展专项调研，组织社区读者填写调查问卷，由此撰写《长春市公共图书馆服务效能调研报告》，为做好下一步公共图书馆服务体系建设的科学决策提供第一手资料。

2015年，长春市图书馆根据发展的需要，制定《长春市县（市、区）图书馆服务规范》《分馆建设标准》以及《图书流通站管理办法》等，以推进分馆建设的标准化、规范化管理。按照重新制定的标准和规范，长春市图书馆新建8个分馆，并为其中的聚业社区分馆、花园社区分馆、文广旅局分馆、审计局分馆4个精品分馆分别配备自助借还设备终端，与总馆实现通借通还。同时，对原有的分馆进行清理、评估、检查、验收工作，一共清理、整顿41个分馆，其中予以保留的分馆15个，其中县（市、区）图书馆10个；转为图书流通站16个；取消10个分馆资格。此外，图书馆还完成了汽车流动图书馆的前期准备，撰写完成相关实施方案、申请报告、考察方案，完成考察工作，完成相关采购程序。

在2016年以前，长春市图书馆在推进图书馆服务体系建设过程中采取的是总分馆发展模式，即建立以长春市图书馆为总馆，以县（市、区）图书馆为分馆，以街道、社区、乡镇、村等为基层分馆的三级图书馆事业网。这一总分馆发展模式在特定历史时期发挥了显著的服务效能，主要体现在促进地区公共图书馆的整体发展、规范地区公共图书馆的业务建设、提高公共图书馆整体服务能力和水平、以平等的原则实现公众享有公共图书馆服务的权利、以共享的方式保障公众获取文化信息资源的权益等。但随着总分馆服务体系建设的不断深入，原有的总分馆发展模式由于受到体系、经费、环境、标准、人才、管理机制等诸多制约因素的影响，发展状态堪忧。该模式实际上属于不同图书馆的联合体，并未改变各参与图书馆的行政隶属、人事和财政关系，还不是一种完整意义上的总分馆制体系，主要靠长春地区图书馆人自觉在推动，而不是在政府的管理与控制下的总分馆制，导致总分馆制发展需要解决的馆舍、设备、文献购置费、人员等靠仅承担业务职能的图书馆自身的力量无法获得解决。为此，从2016年起，长春市图书馆开始在原来总分馆服务模式的基础上转型发展，探索建立"中心馆—总分馆"公共图书馆服务体系的新模式。

（三）"中心馆—总分馆"模式的建设与发展

2015年，我国出台《关于加快构建现代公共文化服务体系的实施意见》，在"指导思想"部分提出，要促进基本公共文化服务标准化、均等化；并确立发展目标，即到 2020 年基本建成覆盖城乡，便捷高效，保基本、促公平的现代公共文化服务体系。2016 年，文化部出台《关于推进县级文化馆图书馆总分馆制建设的指导意见》，明确提出推进以县级文化馆、图书馆为中心的总分馆制建设，是构建现代公共文化服务体系的重要任务。

为落实这两个文件精神，同时也是为了破除以往长春市图书馆在开展总分馆制建设中存在的诸多制约因素，从 2016 年起，长春市图书馆开始在原来总分馆服务模式的基础上转型发展，探索建立"中心馆—总分馆"公共图书馆服务体系建设的新模式。

2016 年，长春市图书馆对原有分馆再度进行清理整顿评估验收，取消 48 个分馆，保留 33 个分馆，转为图书流通站 39 个。同时，按照标准化、规范化管理的要求打造 4 个精品分馆，并新建 2 个分馆、4 个图书流通站，其中 2 个图书流通站位于 2 个省级贫困村，以此进行精准扶贫，保障贫困村弱势群体的文化权益。截至 2016 年底，共有分馆 35 个、图书流通站 43 个。同年 9 月，长春市图书馆还启动了自助图书馆、汽车流动图书馆服务，进一步延伸服务范围、延长服务时间，推动图书馆服务向社区、农村等基层深入。

第六次全国县级以上公共图书馆评估定级工作于 2017 年开展，长春市图书馆不仅圆满完成本馆的迎评工作，还参与本区域县级图书馆的评估定级工作，制定工作方案，组织参与培训，指导并帮助县（市、区）图书馆完成迎评工作，并组成地区评估组，完成对长春市县级图书馆的初评工作，还协助省评估定级专家组对长春市申报的 5 个一级图书馆进行复评工作。在第六次全国县级以上公共图书馆评估定级工作中，长春市图书馆再次被评为国家一级图书馆，同时本地区还有 5 个县（市、区）图书馆被评为国家一级图书馆、2 个县（市、区）图书馆被评为国家二级图书馆、1 个县（市、区）图书馆被评为国家三级图书馆。本区域公共图书馆服务体系建设是第六次全国县级以上公共图书馆评估定级工作中的一个十分重要的指标。从 2017 年起，长春市图书馆将推进分馆的标准化、规范化建设列入工作重点，打造精品示范分馆，以示范分馆建设为引领，带动全市县（市、区）图书馆总分馆建设的全面开展。2017 年 4 月 23 日，长春市图书馆启动"城市书网"服务项目。这一年，图书馆在二道、南关、双阳等区建设 20 家标准化示范分馆，初步制定示范分馆自助设备配置方案和建设标准，为下一步建设工作打好基础；进一步完善汽车流动图书馆的定时定点服务线路，确立 15 个固定服务点，涵盖社区、军营、广场等区域；并安装 24 小时自助借还机，进一步完善城市书网建设的内容。至 2017 年底，图书馆共设有馆外服务点 97 个，其中直属分馆 1 个，县（市、区）

分馆 10 个，示范分馆 20 个，普通分馆 16 个，图书流通站 47 个，自助图书馆 2 个，汽车流动图书馆 1 个。

长春市社区书屋农家书屋培训班

2018 年，图书馆新建 7 个标准化示范分馆、5 个图书流通站、5 个自助图书馆、2 个阅书房、1 个智能书柜，启动"U 书到家"服务项目，不断完善"城市书网"的实体网点建设，提高网点覆盖率。2018 年 6 月 29 日，"2018 年长春地区公共图书馆馆长工作研讨会"举办，会上确定制约长春地区公共图书馆服务体系发展的主要矛盾，厘清未来的发展思路，同时对长春市图书馆制定的多个相关标准和规范进行修订，并达成共识。此次会议有效调动了各县（市、区）图书馆开展总分馆建设的积极性，对进一步实现基层图书馆（室）的广覆盖乃至全覆盖，提升总分馆的服务效能等起到积极的推动作用。

2019 年，长春市图书馆启动"阅书房"项目。该项目以"政府主导，社会合作，联盟运营，便民共享"为指导思想，以"绘半亩方塘，品城市书香"为服务愿景，建设具有长春地域特色的新型阅读空间。这一年度的"阅书房"项目呈现两个突出特点：一是聚焦文旅融合，打造公共文化服务新样本。建设的长春文旅体验中心阅书房，作为长春市第一家以"文化阅读　旅游体验"为主题的新型城市阅读空间，为推进文旅融合、延伸智慧服务和推动文化成果普惠共享发挥了积极的示范作用。二是关注百姓阅读，将书房开到百姓身边。如万科翡翠滨江阅书房、万科和顺里阅书房，都建在住宅小区旁，实现了百姓走出家门就能走进图书馆阅读。至 2019 年底，图书馆实体馆外服务点达到 119 个，其中直属分馆 1 个，县（市、区）分馆 10 个，示范分馆 31 个，阅书房 6 个，普通分馆 16 个，图书流通站 49 个，自助图书馆 5 个，汽车流动图书馆 1 个。

阅书房 Logo

注：阅书房 Logo 以书籍为设计的基本元素，排列的书籍变形成为城市的楼房，寓意阅书房是引领市民读书的一种新的阅读空间和载体，是一间对所有人免费敞开的书房，在主体文字的设计中采用黑体字变形，线条首尾相连，突出整体感。

长春文旅体验中心阅书房外景

万科翡翠滨江阅书房

万科和顺里阅书房内景

　　长春市图书馆于 2019 年、2020 年先后组织召开"2019 年度长春地区公共图书馆中心馆—总分馆建设馆长例会""2020 年长春地区公共图书馆馆长工作研讨会"，围绕"中心馆—总分馆"发展建设议题进行广泛深入的探讨和交流。这标志着长春地区公共图书馆中心馆—总分馆建设已进入一个崭新的发展阶段。在 2020 年，图书馆新建 3 个示范分馆、2 个阅书房，对汽车流动图书馆的服务网点进行调整，取消 1 个服务效能较差的网点，并重新设置 1 个服务网点，还对 2 个服务网点运行时间进行调整；示范分馆全年共办证 672 个，借还图书 8 238 册；阅书房全年共办证 574 个，借还图书 18 147 册；流动图书馆全年共办证 457 个，借还图书 20 148 册；自助图书馆全年共办证 314 个，借还图书 7 573 册；为满足读者在疫情防控期间的阅读需求，"U 书到家"平台自 2 月 10 日起恢复运行并积极拓展服务内容，全年组织网借阅读推广活动 12 次；全年为县（市、区）馆配送图书 30 000 册，满足了基层图书馆对中心馆文献的需求。

　　"中心馆—总分馆"公共图书馆服务体系建设的模式，即建立以长春市图书馆为中心馆、以县（市、区）图书馆为总馆，以乡镇（街道）、村（社区）等图书馆为分馆的公共图书馆服务体系，同时以城市为核心，探索开展"实体＋虚拟"双网合一的"城市书网"建设新模式。这也是长春市公共图书馆服务体系发展的一种新模式新形态。在"涵养城市文化，引领阅读风尚"的愿景指引下，图书馆汇聚多样性、开放性的高品质文献信息资源，整合知识、服务和技术，引领全民阅读，致力于为建设智慧城市、书香城市和文明城市提供文献信息和知识服务，为广大市民提供卓越的阅读、学习、交流和创新空间。为此，长春市图书馆提出并践行"一三五"发展战略，即"一张网、三个中心、五个转变"的建设模式。"一张网"即"城市书网"，在"中心馆—总分馆"的服务框架下，以"一卡通"为载体，通过"实体＋虚拟"的方式，编织一个以长春市图书馆为中心馆，以县（市、区）、社区（街道）图书馆为总分馆，以地铁图书馆、汽车流动图书馆、自助图书馆、书店为延伸的多级阅读服务网络，实现阅读服务的全覆盖。"三个中心"即打造城市的知识信息中心、市民的学习交流中心、百姓的休闲文化中心。实现"五个转变"，即传统工具服务向智能化、数字化服务转变，阅读推广活动由单一化向品牌化、分众化、课程化转变，文化服务由回应需求向发展需求的供给侧改革转变，图书馆自建模式向社会共同参与转变，由阵地服务向基层社区延伸化服务转变。

长春城市阅读书网

由此，长春市图书馆作为中心馆，职能也发生转变，主要包括搭建全市公共图书馆服务平台，整合资源，制定统一的服务规范和管理标准，提供技术支持并开展人员培训与辅导，示范引领，活动联动，评估促进等。

在平台选择方面，由长春市图书馆购买 Interlib 集群系统和服务器，"中心馆—总分馆"统一采用 Interlib 集群系统进行管理。

在服务规范和管理标准方面，一是制定《长春地区公共图书馆总分馆建设规划》《长春市公共图书馆中心馆—总分馆管理规范》，明确中心馆与总馆所承担的职责与义务，以及中心馆—总分馆建设过程中的相关建设标准、服务规范、射频识别数据模型建议标准等内容。二是制定《长春市图书馆示范分馆建设标准》《长春市图书馆示范分馆建设协议书》《长春市图书馆示范分馆管理规范》《长春市图书馆示范分馆管理制度》《长春市图书馆示范分馆评估管理办法》《长春市图书馆"阅书房"建设协议》等。根据规定，示范分馆的指标为面积不低于 80 平方米；书架 8 个以上，并配备相应的期刊架、报纸架、阅览桌椅等专用设备；配备至少两名工作人员，其中一名必须为专职；使用 Interlib 管理系统为读者提供通借通还服务，并负责本区域阅读推广及未成年人阅读服务；文献总量 3 000 册以上，期刊 20 种以上，报纸 5 种以上；年组织读者活动不少于 4 次，发展持证读者数量不少于 100 人等。此外，也对"阅书房"的选址、建筑指标、人员配置、管理和服务等做出规范。

县（市、区）图书馆作为总馆，负责本区域内的总分馆建设，包括：负责本地区分馆建设与管理，重点是业务指导和资源调配；整合县（市、区）区域内的公共阅读资源，实行总馆主导下的文献资源统一采购、统一编目、统一配送、通借通还；组织统一的业务指导、培训；开展分馆工作考核与评估。

分馆即乡镇（街道）、村（社区）图书馆分馆。各分馆按照总馆的工作安排和服务标准，面向基层群众提供与总馆水平相当的基本服务。有条件的地方可以探索总馆统一管理或参与管理各分馆的人财物。

（四）建设规模与成就

截至 2020 年底，从规模与成就来看，长春地区"中心馆—总分馆"公共图书馆服务体系建设取得显著成效。

2016 年以来，长春市政府、市财政先后投入 1 400 余万元设备专项经费，用于中心馆及示范分馆建设。得益于政府的重视，长春地区"中心馆—总分馆"体系建设持续扎实推进。

长春市图书馆作为中心馆，有效发挥示范引领作用，显著提升地区公共图书馆管理与服务水平。至 2020 年底，长春市图书馆已在全市打造 10 个县（市、区）图书馆总馆、34 个示范分馆、8 个阅书房、5 个自助图书馆、1 个汽车流动图书馆、1 个"U 书到家"智能书柜。一个上下联通、服务优质、有效覆盖的现代公共图书馆服务网络正在逐步形成。

长春地区县（市、区）总分馆建设稳步推进，覆盖基层的服务格局正在形成。朝阳区图书馆以试点为先导，逐步建立标准化社区示范分馆 16 家；宽城区图书馆已打造

2 家社区示范分馆，并建立起以区图书馆为总馆，街道分馆，社区基层网点，企业、学校、部队网点等为补充的城乡一体化公共图书馆服务体系；九台区图书馆已在乡镇、街道、社区、学校、部队等地建立 15 家分馆；德惠市图书馆已经在乡镇、村建立 26 个分馆；二道区图书馆在 2017 年打造了 7 个万册社区分馆。

"中心馆—总分馆"公共图书馆服务体系的服务触角不断延伸拓展。中心馆加大总分馆服务平台的技术创新，发挥现代信息技术优势，利用国家公共数字文化工程和资源，升级改造了县（市、区）广泛共享的网站及微信平台。同时，着力打造长春"城市书网"，形成以示范分馆、汽车流动图书馆、自助图书馆、书香公交、"阅书房联盟"等为实体网点支撑，以长春数字图书馆为虚拟网络，以"喜阅行动"按需采购、"U 书到家（校）"个性化服务等为主体的创新服务品牌，在满足市民阅读需求，保障公民阅读权利，推动公共文化服务均等化等方面取得明显成效。

以汽车为载体的长春市图书馆流动图书馆可装载 3 000 册纸本图书，2 000 册电子图书，在为读者提供纸本文献借阅服务的同时也为读者提供电子书借阅服务。流动图书馆采取定时、定点、定线路、公交化运行的方式，为缺乏图书馆服务的社区、开发区、商业中心、部队以及企事业单位的读者提供图书借阅、信息咨询、讲座、展览等服务，实现了一个小型图书馆的基本功能。至 2020 年底，长春市图书馆流动图书馆设立的固定服务网点已达到 16 个，每周出车六天，累计出车开展服务 1 162 天，办证 7 801 个，借还图书 160 828 册，开展读者活动以及服务宣传 12 次，接待读者约 89 000 余人次。

汽车流动图书馆开进吉林省武警直属支队进行服务

长春市图书馆的自助图书馆每台内配有 400 余册热门纸质图书，涵盖文学、教育、历史、艺术等热门领域，图书种类据实际情况每月进行更新和充实，另有包括 300 万册电子图书在内的海量数字资源可供读者选择，并提供读者证办理、图书借还等服务。至2020 年底，全市范围内已建设完成的自助图书馆共有 5 家，累计办证 2 447 个，借还图书 33 197 册次。

另外，2018 年 4 月正式投入使用的"U 书到家"智能书柜至 2020 年底已累计借还图书 36 627 册。

"中心馆—总分馆"发展模式下，各馆不断强化技术服务，长春地区公共图书馆智能化服务水平得到极大提升。长春市图书馆及长春地区的县（市、区）图书馆，先后均应用 RFID 智能借还系统。中心馆在打造标准化社区图书馆分馆时，统一配发 RFID 馆员工作站、数字资源查询机、身份证读卡器、扫描枪等自助设备，出资加工带有 RFID标签的文献，为实现区域 RFID "一卡通"通借通还提供必备条件。中心馆与总分馆间建立统一的区域网络管理平台，实施"一卡通"服务，实现总分馆之间文献通借通还、数字资源共享、网上联合编目等服务。

长春市图书馆充分吸纳并积极引导社会力量参与"中心馆—总分馆"建设，取得较大进展。长春市图书馆与具备条件的商业机构、地产开发商、学校、科研机构、企业等合作，共同建设图书馆分馆，采取委托管理或连锁运营的方式，通过专业化服务、科学化管理，探索总分馆社会化运行模式。如"阅书房"，这是长春市图书馆为实现城市文化资源的共建与共享，与社会力量共同建设的人文交流空间，具有长春地域特色，集文化、旅游、艺术、科技、阅读等功能于一体。"阅书房"采用自动化设备和无线射频技术，实现统一、规范、连锁化的借阅服务，属于场馆型、公益化、自助式服务的公共图书馆分馆范畴。作为"城市书网"建设的重要组成部分，"阅书房"的环境更加舒适，设备更加智能，开放时间更加人性化，服务手段更加多样化。至 2020年底，长春市图书馆已经与长春万科房地产开发有限公司等几个具备实力的社会机构合作建设 8 个"阅书房"。按照建设规划，到 2023 年底，"阅书房"建设数量将达到 20 个。

九、服务创新

2011 年以来，长春市图书馆持续在实践中积极探索服务创新，不断更新服务理念和服务方式，以人为本关注读者需求，与时俱进扩充服务内容，提升服务质量。在服务工作上，长春市图书馆以免费开放服务为基础，高度重视特殊群体服务，大力开展阅读推广服务，升级拓展参考咨询服务，实现了公共文化服务的有效供给。

（一）免费开放服务

长春市图书馆一直秉承开放的办馆理念，坚持公益性的办馆原则，服务于社会、服务于大众。公益性表现为图书馆免费为公众提供服务，开放表现为最大限度地开放空间和资源，帮助用户便捷地获取资源并进行交流共享。早在 1992 年新馆开馆时，长春市图书馆就对老年人、下岗职工、残障群体实施免费办证服务，公益性讲座和文化展览全部向市民免费开放，并从 2004 年开始对未成年人实施全部免费服务。

2011 年 1 月 26 日下发的《文化部、财政部关于推进全国美术馆、公共图书馆、文化馆（站）免费开放工作的意见》明确指出："到 2011 年底，全国所有公共图书馆、文化馆（站）实现无障碍、零门槛进入，公共空间设施场地全部免费开放，所提供的基本服务项目全部免费。"为贯彻落实这一文件精神，长春市图书馆研究制定了免费开放的实施方案，并从收到文件之日起全部实现免费开放。在原有的对青少年、老年人、下岗职工、残障群体等办证免费，网络资源检索下载免费，公益性讲座和展览免费，存包免费等基本免费服务的基础上，进一步加大免费服务的力度，开放所有的公共设施空间和场地，免去所有办证费、验证费、自修室使用费、电子阅览室上网费等。同年 3 月 1 日，继实行免费开放后，图书馆又推出一系列便民、利民、惠民服务举措，简化读者入馆手续，实现无障碍、零门槛服务。读者无须办理任何手续，直接可以进馆进行阅览；只要凭二代身份证免费注册，不仅可以把图书、期刊、光盘等借回家，还可以到电子阅览室免费上网。此外，图书馆还采用网络化的服务手段，读者可以凭身份证号注册并登录长春网络图书馆网站，远程查询、下载 200 万余种中文图书、近万种学术期刊、千余种电子报纸、百万余篇科技论文等。

根据长春市图书馆 2011 年相关服务数据统计，图书馆实行全部免费开放后，日均办证人数逾300人、文献借阅量达1 600余册次，办证及借阅文献数量分别达到了免费开放前的2—3倍。多媒体电子阅览室日均接待上网读者200余人次，双休日达到300余人次，是免费开放前的4倍之多。图书馆全部免费开放，吸引了大量读者，来馆的读者以学生和企事业单位读者为主，但身份类型更加广泛和多样。图书馆的利用率显著提高，可见免费开放极大带动了市民的阅读热情。

2012年5月1日起，由长春市图书馆与上海图书馆、浙江图书馆共同起草完成的《公共图书馆服务规范》（GB/T 28220—2011）正式颁布实施。该标准由文化部牵头制定，是我国第一个规范公共文化的国家级服务标准，也是我国图书馆规范体系中的首个服务类标准。其中提出，"公共图书馆的基本服务是保障和满足公众的基本文化需求的服务，包括为读者免费提供多语种、多种载体的文献的借阅服务和一般性的咨询服务，组织各类读者活动以及其他公益性服务。"《长春市图书馆2014—2020发展规划》提出："继续秉承读者第一、服务至上的服务理念，不断完善基础设施建设，打造一流服务环境，将本馆建设成为全市文献信息资源与服务中心、市民阅读活动中心、长春地区图书馆网络中心、文化学术交流中心。真正将图书馆建设成为'市民的第二起居室'和'共同的书房'。"至"十二五"末期，长春市图书馆已形成以到馆借阅服务为基础，以数字远程服务为补充的现代化图书馆服务格局，年均接待到馆读者120万人次，文献流通78万余册次，数字资源年均检索、下载730万余次。而随着时代的变迁，图书馆基本服务也不断面临新的挑战，如互联网的普及应用让公众获取文献信息资源的方式更加多样化，导致公共图书馆传统文献服务受到冲击。对此，长春市图书馆提出多项创新服务举措，如调整文献借阅规则，提升读者证借阅量上限，开展"喜阅——你选书，我采购"全民借阅行动计划，开展汽车流动图书车服务，扩大自助图书馆延伸服务范围，以及实施延时服务等。这些精准化、人性化的服务逐渐发挥作用，使传统文献服务效能保持着平稳增长。在2017年，长春市图书馆根据第六次全国县级以上公共图书馆评估定级要求，重新筹划设立集电子文献查阅和纸质文献查阅于一体的长春市政府信息公开查阅室，并与长春市政府信息处沟通政府公开信息收集事宜。经协调，相关部门决定定期为图书馆邮寄《长春政报》和吉林省人民政府公报。2017年6月，长春市政府信息公开查阅室布置完毕。7月至12月，图书馆整理各类政府部门出版书籍66册、期刊400余册、会议材料200份，打印政府公开文件600份，供读者查阅。

《长春市图书馆"十三五"发展规划（2016—2020年）》总体目标提出："坚持公益、开放、平等、包容的办馆理念，遵循以人为本、服务至上的服务宗旨，将图书馆打造为城市的知识信息中心、市民的学习交流中心和百姓的休闲文化中心。"至 2019 年底，长春市图书馆实现全年 365 天开馆，周最长开放时间达到 75.5 小时，坚持免费开放的原则，广泛服务于各类读者。包括免费开展文献借阅、阅读指导、自修、文献传递、网上检索、网上借阅及全文下载等基本服务，对县（市、区）图书馆、社区分馆、部队、学校、党政机关、监狱等实施免费的延伸服务。同时，常年举办公益讲座、公益课堂、文化展览、亲子阅读、文献展阅、读书沙龙、电影公益放映等读者活动，所有活动均免费。

市民读者参观长春市图书馆八角轩文化展厅

"海外风情——境外旅游类图书展阅"活动海报

传统的公共图书馆往往依赖于馆舍、馆藏和馆内服务设施开展服务，因此在服务范围和服务群体方面，始终存在一个理论上的"天花板"。为突破这个"天花板"，长春市图书馆坚持潜心探索，用心实践，创新服务，从最初布局城乡的"总分馆制度"到后来服务全城的"城市书网"，不断推出一系列扎实有效的服务措施来为市民提供优质服务。为实现公共文化服务的均等化、便利化，长春市图书馆积极推进公共图书馆服务体系建设，以长春市图书馆为中心，以县（市、区）馆为骨干，以社区分馆和城市书房为节点，以自助图书馆、汽车流动图书馆和地铁自助图书馆为延伸，面向基层群众广泛提供通借通还等图书馆服务，打通为老百姓服务的最后一公里。同时，长春市图书馆还积极完善和推广数字图书馆服务和电子书的免费下载，开展"喜阅——你选书，我采购"全民借阅行动计划，通过线上网上购书平台和线下实体书店联合的形式，让读者第一时间可以选到新书，最大限度地满足读者的阅读需求。图书馆还开通网上凭信用免押金办理虚拟读者证，并推出"U（邮）书到家""U（邮）书到校"服务。读者可以网上远程访问检索图书馆馆藏、选书下单，不需花费一分钱，之后图书馆通过物流系统将书配送到读者家中或学校。通过这项服务，图书馆为老百姓打造身边触手可及的图书馆，让群众能够通过互联网随时随地免费享受图书馆的服务。据统计，2019年，通过"U书到家""U书到校"服务，长春市图书馆全年外借图书10 484册次。

在信息化时代，开展自助式服务是推动图书馆服务更加开放的重要方式。多年来，长春市图书馆积极开展自助式服务，专设新书自助借阅室（104室），购置自助办证机、自动选座机、自助选书机、自助还书机等自助式服务设备。2014年图书馆完成改造重新开馆后，又新设自助E读体验区，读者可通过多种阅读服务终端免费下载各类数字资源，或者通过手机、平板电脑等阅读工具畅享移动阅读新体验。为提升图书馆智能化服务水平，实施便利的自助办证、自助借还及微信预约服务，长春市图书馆从2015年起停止使用身份证借阅文献，一律使用RFID读者证。2016年9月，位于图书馆大门一侧的24小时自助图书馆投入使用，为市民提供全天候、全自助的图书借还及数字阅读服务。随后，长春市图书馆陆续在长春市的地铁站、商场、广场、公园等多处人流量较大的场所安设自助图书馆，打破传统图书馆经营时间的壁垒，延伸服务范围，从而为更多的人提供更便捷的图书馆服务。2019年，长春市图书馆为全市各区图书馆统一配备RFID自助借还、自助办证设备和标签转换器等设备22台，进一步完善全市通借通还系统，为构建城市书网大流通服务格局奠定基础。

自助借还机

长春市图书馆自助式服务设备统计

序号	名称	数量/台（套）	服务项目和内容	投入使用时间
1	自助借还机	11	读者自助借还图书	2014 年 4 月 23 日
2	自助办证机	2	读者自助办证	2014 年 4 月 23 日
3	移动盘点设备	6	图书盘点	2014 年 4 月 23 日
4	自助文印机	4	读者自助复印	2014 年 4 月 23 日
5	自修室预约系统	2	读者自助预约座位	2014 年 4 月 23 日
6	24 小时自助阅览室	1	读者自助办证、自助借还、图书架位信息自动更新	2016 年 9 月 15 日
7	自助借还机	8	阅书房读者自助借还图书	2018 年 7 月—2019 年 8 月
8	街区图书馆	5	大型商场，地铁，博物馆读者自助借还图书、办证	2018 年 5 月
9	自助借还机	16	各县（市、区）图书馆自助借还图书	2020 年 4 月
10	自助办证机	6	各县（市、区）图书馆自助办证	2020 年 4 月
11	自助分拣设备	1	用于图书馆图书自助分拣	2020 年 4 月

（二）为特殊群体服务

《公共图书馆服务规范》的"总则"中提出："公共图书馆服务对象包括所有公众。应当注重培养少年儿童的阅读习惯，并努力满足残疾人、老年人、进城务工者、农村和偏远地区公众等的特殊需求。"长春市图书馆一直坚持公益性、基本性、均等性、便利性办馆原则，落实《公共图书馆服务规范》，切实履行公共图书馆社会职责，将为特殊群体服务作为本馆的一项重要工作，不断加大为弱势群体服务的力度。

长春市图书馆一直注重从读者需求出发不断改进读者服务工作，通过分龄、分众的精细化服务提升读者满意度。例如图书馆读者证，截至 2019 年底，图书馆的读者证类型共有 9 种，每种类型读者证在功能及使用范围上都各有侧重，由此形成一套服务特征明显、布局合理的卡证系统，读者可根据自身需求选择开通不同类型的读者证。这 9 种读者证大致可分为可进行外借的读者证和不能进行外借的读者证两类。可进行外借的读者证共有 8 种，可分为普通借阅证和非普通借阅证。普通借阅读者证主要是针对成年人，采用图书、期刊、光盘的一般借阅规则，并通过不同押金金额控制外借文献的数量。另外 7 种非普通借阅证则具有各自的特点：未成年人文献借阅证主要提供青少年文献的借阅；70 岁以上（含 70 岁）老年读者可以开通 70 岁老年证，这类借阅证可免除文献逾期积分扣除；爱心读者证主要是针对残障人士免押金办理，可以外借盲文文献；信用读者证是以个人信用体系为基础免押金办理；流动图书馆读者证是在流动图书车上办理的免押金外借读者证；无押金读者证主要是针对单位集体等特殊情况进行办理的读者证；阅读设备外借证则是用于外借电子阅读设备的读者证。不能办理外借的读者证只有 1 种，即普通阅览证，该证主要用于图书馆的网络实名登录、电子资源远程下载及自修室座位预约。

长春市图书馆读者证类型一览表

读者证类型	功能	押金/元	使用范围	外借文献数量		
				图书/册	期刊/册	光盘
普通借阅读者证	文献外借网络服务[①]自修预约	100	第一、二中文图书借阅库，中文文学图书自助借阅区，中文期刊借阅区，休闲生活文献借阅室，老年读者阅览室，信息共享咨询中心，电子阅览室，24 小时自助图书馆，流动图书车，城市书网服务点，自修室	5	10	6 件或视听文献 1 套
		200		10	20	
		300		15	30	
		400		20	40	
		500		25	50	

续表

读者证类型	功能	押金/元	使用范围	外借文献数量		
				图书/册	期刊/册	光盘
未成年人文献借阅证	文献外借网络服务	50	低幼儿童活动区，未成年人文献借阅区，科普动漫文献借阅区，流动图书车，自修室	5	—	—
		100		10	—	—
70岁老年证	文献外借网络服务自修预约	100	第一、二中文图书借阅库，中文文学图书自助借阅区，中文期刊借阅区，休闲生活文献借阅室，老年读者阅览室，信息共享咨询中心，电子阅览室，24小时自助图书馆，流动图书车，城市书网服务点，自修室	5	10	6件或视听文献1套
爱心读者证	文献外借网络服务自修预约	无	视障人士阅览室，第一、二中文图书借阅库，中文文学图书自助借阅区，中文期刊借阅区，休闲生活文献借阅室，老年读者阅览室，信息共享咨询中心，电子阅览室，24小时自助图书馆，流动图书车，城市书网服务点，自修室	5	—	—
信用读者证	文献外借网络服务	无	低幼儿童活动区，未成年人文献借阅区，科普动漫文献借阅区，第一、二中文图书借阅库，中文文学图书自助借阅区，休闲生活文献借阅室，老年读者阅览室，信息共享咨询中心，	3	—	—

读者证类型	功能	押金/元	使用范围	外借文献数量		
				图书/册	期刊/册	光盘
			电子阅览室， 24小时自助图书馆， 流动图书车， 城市书网服务点			
流动图书馆读者证	文献外借 网络服务 自修预约	无	第一、二中文图书借阅库， 中文文学图书自助借阅区， 中文期刊借阅区， 休闲生活文献借阅室， 老年读者阅览室， 信息共享咨询中心， 电子阅览室， 24小时自助图书馆， 流动图书车， 城市书网服务点， 自修室	3	3	—
无押金读者证	文献外借 网络服务 自修预约	无	第一、二中文图书借阅库， 中文文学图书自助借阅区， 中文期刊借阅区， 休闲生活文献借阅室， 老年读者阅览室， 信息共享咨询中心， 电子阅览室， 24小时自助图书馆， 流动图书车， 城市书网服务点， 自修室	3	3	—
阅读设备外借证	网络服务 自修预约	400	E读体验区， 自修室	—	—	—
普通阅览证	网络服务 自修预约	无	自修室			

①网络服务包括长春市图书馆网站、手机APP、微信公众号提供的各项服务。

长春市图书馆还特别制定《为未成年人群体读者服务制度》《为老年群体读者服务制度》《为视障群体读者服务制度》《为农民工群体读者服务制度》，以进一步规范面向特殊群体的服务。

针对未成年人群体，长春市图书馆专门设立青少年读者工作部，并开辟未成年人阅读服务空间。该空间设有 5 个阅览区、2 个多功能厅，可免费为未成年人提供文献借阅、信息查询、阅读指导等服务。2014 年，图书馆创办"小树苗"亲子阅读服务品牌，下设 11 个子项目，以积极推动和鼓励少儿阅读。"十三五"期间，图书馆进一步加强对未成年人群体服务工作的研究，扩大为未成年人提供服务的空间，开展各类少儿阅读指导活动，策划开展专门面向未成年人的服务和活动，如"小树苗"爱贝阅读计划、"小树苗"义务小馆员、"小树苗"爱心公益置换活动等。2016 年，图书馆启动"小树苗"图书角建设项目，与长春市各中小学校、幼儿园和福利院等采取合作共建方式，在馆外为青少年读者设立多个读者服务场所，意在进一步扩大图书馆为未成年人服务的领域和范围，实现延伸服务，提升效能，更好地为少年儿童阅读成长创造有利条件。2017 年，图书馆推出"小树苗"16 点课堂建设项目，丰富小朋友们 16 点放学后的课余文化生活；开设"长图小树苗"微信公众号，为少儿读者提供咨询服务、活动信息查询以及馆藏优秀少儿图书推荐等。2018 年，图书馆的"小树苗"16 点课堂项目在中国图书馆学会公共图书馆分会主办的第一届公共图书馆创新创意征集推广活动中获最佳创意奖。2019 年，图书馆专门面向 0—3 岁婴幼儿家庭推出"小树苗"爱贝阅读计划，精心制作一份阅读大礼包为其提供阅读指导，其中包括婴幼儿视觉发育激发卡、亲子共读的精美绘本、《0—3 岁婴幼儿亲子阅读指导书目》、家庭教育读本以及《致家长的一封信》，从而帮助和指导家长正确、有效地分阶段为宝宝选择图书，创设美好的亲子阅读环境。

针对老年人群体，长春市图书馆专门设立老年读者阅览室，采购丰富的文献资源，为老年读者提供各种人性化服务。同时，举办丰富的读者活动，包括书画艺术沙龙、老年读者才艺作品展示、公益性知识讲座、影视欣赏活动、专题文献展阅等，为实现老年人"老有所学、老有所乐、老有所为"搭建公共平台。目前，面向老年人开展阅读推广活动的"乐龄"老年读者服务项目已是图书馆的文化服务品牌之一。此外，图书馆还多次组织参与馆外面向老年人群体的服务，为老年医疗护理院的老人们送去文化慰问演出和图书报刊，在"书香公交"车厢专门规划"老年人阅读区"。因多年来始终坚持为老年读者提供优先、优质、专门的服务，2015 年 12 月，长春市图书馆被吉林省老龄工作委员会授予"全省敬老文明号"称号；2017 年 7 月，长春市图书馆获得由全国老龄工作委员会授予的"全国敬老文明号"称号。

新春佳节来临之际，长春市图书馆组织老年读者开展写赠楹联送祝福活动

　　针对残障人士，长春市图书馆专门设置视障人士阅读室，设立残疾人通道、卫生设备等，增设馆员服务引导、电子有声读书等服务内容，建立"长春市残疾人阅读指导中心"，策划专门面向残障人士开展阅读推广活动的"温暖时光"文化助残服务项目，推出"心视觉"影院讲述电影活动，为视障人士口述电影，并举办视障读者与志愿者互动的主题活动；组织残障读者参加诵读比赛；推出残疾人艺术作品展，为其提供平台，让残障读者发挥所长，实现自我价值。图书馆多次走进长春大学特殊教育学院，为视障学生提供各种服务，如现场为学生办理图书馆阅览证，上门取送学生借还的文献，为学生送去盲文文献、大字版文献、智能听书机，开展无障碍电影播放活动等，以此鼓励视障学生阅读。

"心视觉"影院讲述电影活动现场

长春市图书馆还面向老年读者、残障人士开展免费送书上门和纸质文献邮寄服务，由图书馆承担视障文献的邮寄费用，以此保障特殊群体平等享有图书馆服务的权益。

此外，针对下岗人员及外来务工人员，长春市图书馆多次组织开展实用技术、信息检索、就业指导等技能培训活动，并建立"小蜘蛛"创业信息网为弱势群体提供专题信息服务。2013年，图书馆重点开展面向服务农民工及其子女的主题文化活动，包括举办农民工子女图书荐购活动、设立农民工图书漂流站和举办关爱农民工专题讲座，深受他们的欢迎，同时也受到社会各界好评。图书馆通过举办这些活动，缓解农民工及其子女的生活压力，使他们得以开阔视野、丰富知识储备、提升素质，在享受阅读乐趣的同时，更好地融入城市生活。多年来，图书馆还坚持为监狱民警和服刑人员提供各项服务，如将汽车流动图书馆开进吉林省女子监狱，将图书馆读者证送到监狱民警和服刑人员手里。

汽车流动图书馆开进吉林省女子监狱提供服务

（三）阅读推广服务

为建设书香城市、学习型城市，提升市民的文化素养，长春市图书馆积极探索，不断创新服务模式，拓展服务空间，建立起纵横交错全覆盖的全民阅读推广服务模式。纵向，即按照时间轴顺序，图书馆每年以节庆日、"4·23"世界读书日、长春市民读书节、重大纪念日、图书馆服务宣传周、科普周、寒暑假等时间节点为契机，举办不同主题的系列阅读推广活动，使全民阅读推广工作贯穿全年；横向，即以公益性的服务阵地为轴，建立由图书馆总分馆、自助图书馆、汽车流动图书馆、数字图书馆、手机客户端、微信平台等构成的"实体＋虚拟"的城市书网。在布设纵横交错全覆盖的服务模式的同时，图书馆还着力于策划开展品牌读者活动，全年持续不断地举办各类读者活动，始终保持图书馆阅读推广活动的热度。

长春市图书馆常设文化项目发展部，负责对图书馆公益培训、文化展览的综合管理工作，并于 2010 年 11 月成立策划推广部，配备专职人员，负责读者活动的策划、统筹，公益讲座的策划、组织及读者活动的宣传推广工作。2011 年，此举颇见成效，全馆的读者活动亮点频出，极大地丰富了市民的业余文化生活。图书馆不断拓展服务范围和服务群体，打造了新的活动品牌，获得良好的社会效益。一是围绕庆祝中国共产党成立 90 周年和纪念辛亥革命 100 周年等重大时事主题，开展一系列内容丰富、形式多样的活动，反响热烈。二是创新文化思路，发掘服务潜力，推出影响范围广、活动意义深远的读者活动，如举行"传递知识，全民阅读"大型图书漂流活动、"阅读启智：市图少儿故事会"活动、"亲近经典，传承文明——诵读经典、书写经典、宣讲经典"系列活动、"阳光少年热爱党"少儿文艺汇演等，带动了市民的阅读热情。

2013 年 7 月，长春市图书馆创办以建设书香城市、推广全民阅读为宗旨的导读类内部刊物《品读》。刊物名意为"品中晓，读中悦"，为双月刊，遵循"读者至上"的原则，倾听读者心声，与读者分享阅读感受，搭建起读者与图书馆沟通交流的平台。刊物主要包括焦点关注、市图讲座、八角荐书、特色馆藏、藏书阁、数字悦读、图林博览、图情速递、文化广角、阅读分享等栏目。因其兼具文化性、趣味性、参与性，取得了良好的社会反响。同年，图书馆还围绕"新媒体服务"创新阅读服务模式，利用微信和移动图书馆等平台，促进移动阅读服务发展。此后数年，图书馆继续突出移动互联应用优势，构建由改版后的长春市图书馆数字图书馆、移动阅读 App 以及微信公众号、微博、QQ 群、短信等平台组成的新媒体服务矩阵，面向读者打造全时段不停歇的服务窗口。

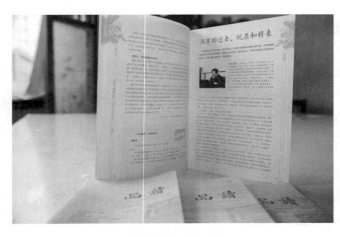

内部刊物《品读》

长春市图书馆抖音短视频平台（ID：1959476594）

长春市图书馆新浪微博二维码

"长春市图书馆"微信公众号（ID：ccslib）
二维码

"长图资讯"微信公众号（ID：ctzixun）
二维码

　　2011 年至 2020 年期间，在阅读推广工作中，长春市图书馆每年坚持，以传统节日和重要纪念日为时间节点开展系列活动，主要包括迎新春活动（包括元旦、春节、元宵节）、市民读书节、图书馆服务宣传周、暑期活动和吉林省科普活动周等。其中尤以迎新春系列活动和市民读书节系列活动为重。2018 年，市民读书节由往年的 9 月前后举办，改为在世界读书日当天启幕，推广全民阅读的意愿更加浓厚，目的更加明确，展示出长春市文化工作的新动态。2019 年，图书馆相继举办迎新春、世界读书日、图书馆服务宣传周、六一嘉年华、市民读书节暨消夏阅读季、科普宣传周及庆祝新中国成立70 周年等大型阅读活动。项目的轮值改变过去由固定部门策划主导、其他部门配合的形式，由多部门轮值牵头，发挥各部门各自的资源优势，促进阅读推广质量提升。

长春市民读书节中举行的大型公益朗读活动

　　同时，长春市图书馆还在部分节日安排专题活动，如妇女节、儿童节、端午节、中秋节、国庆节等。2014年4月23日，长春市图书馆总馆历经近2年的改造修缮后全面开馆。以此为契机，图书馆特别举办"魅力市图　新妆绽放"新市图开放月系列阅读推广活动。开馆当日，馆领导班子在一楼大厅接待到馆读者，代表全馆员工诚挚欢迎读者回家，为到馆的前50名读者发放纪念品并合影留念。2018年9月1日至8日，第十四届中国长春电影节在长春举办。中国长春电影节是中国第一个以城市命名的国家级电影节。为迎接此次电影节，长春市图书馆举办"新时代·新摇篮·新力量——第十四届中国长春电影节电影海报设计大赛"获奖作品展，并开展多场"城市热读·中国长春电影节"专场讲座，引领大众共享电影节日，助力擦亮"电影城"城市文化名片。

"第十四届中国长春电影节电影海报设计大赛"获奖作品展

长春市图书馆开展的系列活动，以品牌活动等动态阅读推广活动为主，以文献展阅等静态阅读推广活动为辅，根据活动主题策划活动内容、确定活动形式，在吸引市民参与活动的同时，推介图书馆服务内容，提高市民使用图书馆文献资源的能力，发挥图书馆职能作用。丰富多样的阅读推广活动在图书馆阅读推广服务中发挥着重要作用。长春市图书馆开展的阅读推广活动大致可以分为以下类别：主题活动、公益讲座、文化展览、少儿阅读、公益培训、数字阅读、文化沙龙、专项服务、文献展阅、其他活动。1996年，图书馆创办"城市热读"公益讲座，开展全民阅读推广工作。2013年以后，图书馆围绕"涵养城市文化，引领阅读风尚"的愿景，着力在全民阅读推广领域打造自己的品牌。截至2020年，图书馆已面向各类人群精心打造公益性讲座、培训、展览、沙龙等共计17个公益文化服务品牌，拥有稳定的活动受众，年均开展品牌活动约700场次，有力推动了全民阅读活动深入开展。这些阅读推广活动品牌在服务对象、服务内容、服务形式上各有侧重，又互为补充，在引领全民阅读和发挥公共图书馆社会教育职能等方面起到突出的作用。特别是2014年起，图书馆以推动、引导、服务全民阅读作为重要任务，每年独立承办长春市民读书节，在全市范围内统筹开展规模化阅读推广，取得了良好的社会效益。2017年9月16日，图书馆特别以"阅读推广日"为名举办系列阅读推广活动。此次活动以其丰富的内容和创新的形式，让当日每一位到场的市民都体验到阅读之美。从2018年起，为更好地促进文旅融合，图书馆开展惠及全市市民的"消夏阅读季"公共图书馆服务活动，在"书香长春"建设中发挥阵地作用。图书馆开展的全民阅读推广活动呈现出全年化、常态化、品牌化特点。2019年，为实现公共服务的精准化，更好地扩大阅读推广的辐射面，图书馆以本馆的品牌阅读推广活动为基础，整合打造阅读推广活动的平台——"惠阅文化菜单"（简称"惠阅"平台）。"惠阅"平台集中实现了活动展示、在线预约、团体点单、合作申请等功能。用户可在平台按需点单，还可以拼单，等待人满成团，然后坐等图书馆送活动上门。这标志着公共图书馆阅读推广进入"点单"时代，图书馆所提供的公共文化服务从数量增长走向质量提升。经统计，2019年，通过"惠阅"平台，图书馆发布馆内活动近70项，近2 000人报名参加活动；举办外出点单活动16场，约2 400人受益。2020年，受新冠疫情影响，图书馆积极开展线上阅读推广服务，全年数字资源访问量达39 637 835次，各类资源下载、在线阅读、在线点击总计9 416 067次，长春市图书馆官网访问量达56万人次，长春数字图书馆网页访问量为923万次，学习中心网页访问量为251万次，电子图书下载量为119万册次，电子图书在线阅读量为 2 162 058 次，原文传递量为 357 879 篇，长春图书馆 App 访问量为 7 083 108 次。

著名作家、清华大学教授格非在文化讲堂主讲《〈金瓶梅〉与十六世纪文学真妄观的确立》

　　此外，长春市图书馆还积极参与吉林省以及全国范围的阅读推广工作，并组织举办相关活动，为推进阅读推广工作献策献力。2016 年 4 月，馆长谢群当选为中国图书馆学会第九届理事会阅读推广委员会副主任。2017 年 4 月，吉林省图书馆学会阅读推广委员会成立暨第一届委员会第一次全体会议在长春市图书馆召开，馆长谢群任吉林省图书馆学会阅读推广委员会主任。吉林省图书馆学会阅读推广委员会担负着在全省范围内规划、指导、协调、组织阅读推广及相关学术研究活动的职责。该委员会的成立，意味着吉林省的阅读推广工作有了科学的指导。自此，吉林全省图书馆的阅读推广工作在该委员会的推动下朝着更加规范化、科学化、规模化的方向发展，对书香吉林的建设起到促进作用，成为行业建设的标识之一。长春市图书馆多次承办由中国图书馆学会阅读推广委员会或吉林省图书馆学会阅读推广委员会主办的相关活动，如"我的书房故事"有奖征集活动、吉林省大学生阅读问卷调查活动、"普法惠民　书香吉林"百馆荐书活动、"传承红色基因·争做时代新人"2018 年吉林省青少年红色故事会大赛、吉林省大学生知识联赛、"书香长春·绘阅童年"经典绘本剧创意表演大赛、第十四期"阅读推广人"培育行动等。图书馆还积极组织馆员读者参与全省、全国范围的阅读推广活动，如馆员书评征集活动、"寻找图书馆最美阅读空间"摄影作品公益展征集活动等，并多次荣获优秀组织奖。

　　多年来，长春市图书馆在阅读推广工作方面做出的努力以及取得的成效获得了业界与社会的高度认可。2012 年 7 月，长春市图书馆被中国图书馆学会授予"全民阅读示范基地"称号。这是图书馆界全民阅读活动的最高奖项，全国首批共有 16 家图书馆获此殊荣。2017 年，图书馆顺利通过复核检查，再次被中国图书馆学会确定为"全民阅读示范基地"。同年，还被中国图书馆学会命名为"有声阅读示范基地"。图书馆报送的案例多次在全国举办的阅读推广案例征集评选等活动中获奖。"长图雅音"高雅艺术沙龙被中国图书馆学会评选为 2016 年阅读推广优秀项目。图书馆提交的《品读》阅读推广案例在中国图书馆学会阅读推广委员会举办的 2016 年阅读刊物的阅读推广实例征集活动中获一等奖。2017 年，图书馆编印的馆刊《品读》荣获中国图书馆学会颁发的"2017 年中国图书馆界阅读推广类十佳内刊内报"荣誉称号；图书馆"小树苗"亲子阅读系列的活动"书悦之声·小小朗读者"在 2017 年出版界图书馆界全民阅读年会评选中荣获"全民阅读优秀案例"二等奖。2018 年，图书馆选送的案例《长图创客集市构建科普阅读生态群落》在中国图书馆学会阅读推广委员会举办的第二届科普阅读推广案例征集活动中荣获三等奖；图书馆申报的案例《地方作家作品文库》在中国图书馆学会阅读推广委员会举办的 2018 年"发现图书馆阅读推广特色人文空间"活动中荣获三等奖；图书馆提交的《时光与记忆——中国传统文化传承与推广活动案例》获评为 2018 出版界图书馆界全民阅读年会"2018 年全民阅读优秀案例"奖项。2019 年，"长春星火阅读计划"领读者阅读推广项目荣获由中国图书馆学会阅读推广委员会、中国阅读学研究会等联合评选的第五届领读者大奖"阅读空间奖"（图书馆）提名奖。2020 年 7 月，"长春星火阅读计划"领读者阅读推广项目案例在 2020 年中国图书馆学会学术论文和业务案例征集活动中荣获一等奖。

（四）参考咨询服务

根据 2015 年文化部发布的《图书馆参考咨询服务规范》（WH/T 71—2015），参考咨询服务指的是针对用户需求，以各类型权威信息资源为依托，帮助和指导用户检索所需信息或提供相关数据、文献资料、文献线索、专题内容等多种形式的信息服务模式。长春市图书馆设有参考咨询部，面向长春市领导决策提供参考咨询服务。2011 年至 2020 年期间，参考咨询部不断拓展服务领域，深化服务内涵，创新服务方式，建立起面向地方领导机关，重点科研单位，文化、立法部门等各类服务对象的分层服务体系。其主要工作包括为地方领导提供决策类信息产品《决策参考》，为省市人大立法部门提供立法决策咨询服务，为省市人大和政协提供两会服务，为地方党政机关、社会各界领导提供嵌入式课题跟踪服务。

由参考咨询部编印的《决策参考》是一份专门为长春市委、市人大、市政府等中高层领导干部提供决策信息参考服务的内部刊物。提供决策参考咨询是公共图书馆深化服务工作的一项重要内容。长春市图书馆充分利用图书馆的专业人员、馆藏和各种信息资源，打造服务针对性强、知识体系系统化、资料来源可靠、信息提供及时的决策参考咨询服务品牌，为各级领导提供专业有效的决策参考服务，充分发挥公共图书馆作为信息支撑和知识保障平台的作用，履行其公共文化服务职能，实现服务价值的最大化。该刊物创刊于 2008 年，当时名为《决策参考信息》。2014 年，图书馆将《决策参考信息》改版升级为《决策参考》。改版后的《决策参考》更加突出图书馆信息服务特色，版面简洁精美，信息更加丰富，在坚守研究性的同时增强了可读性。《决策参考》继续紧密跟踪长春市的中心工作、重大项目及国家大政方针，据此确定每一期的主题，每一个主题都形成一个比较系统化的综合信息库，并根据每一期围绕主题所采集的信息内容，灵活设置栏目。参考咨询部馆员本着"时效性、权威性、前瞻性、针对性、准确性、实用性"的原则，从国内外公开出版物和官方网站系统地采集、分析、加工、整合信息，遵循客观、全面的信息服务原则，传播国家政策信息，传递最新专家观点，介绍国内各地经验做法及外国观点经验等。主要栏目如下：①《领导讲话》汇总党和国家领导人有关当期主题的具有指导性的权威讲话；②《政策信息》汇集有关当期主题的国家、地方政策；③《专家视点》汇集有关当期主题的权威专家的观点；④《媒体评论》汇集国内国际权威媒体评论；⑤《国内经验、国内动态》汇集有关当期主题的国内先进城市经验和做法；⑥《国外经验》汇集有关当期主题的国际典型城市经验参考；⑦《相关链接》汇集有关本期主题的相关知识点；⑧《信息精粹》汇集本期主题扩展阅读内容等。

通过编印《决策参考》，长春市图书馆为长春市委、市政府、市政协、市人大的中高层领导实施科学决策，提供了强有力的信息支撑，也受到了时任长春市委副书记郑文芝的肯定。

截至 2019 年底，长春市图书馆共编辑《决策参考》176 期。其中，2011 年编辑《决策参考信息》18 期；2012 年编辑《决策参考信息》23 期；2013 年编辑《决策参考信息》24 期；2014 年编辑《决策参考》22 期；2015 年编辑《决策参考》22 期；2016 年编辑《决策参考》22 期；2017 年编辑《决策参考》22 期；2018 年编辑《决策参考》13 期；2019 年编辑《决策参考》10 期。

立法决策服务发端于参考咨询服务，属于参考咨询部的一项业务职能。长春市图书馆于 2013 年开始尝试进行立法决策信息服务，经过多年的探索，已经建立起多层面、多角度、多方式的立体服务体系，形成专题咨询、信息专报、分析报告、简报、快讯等多种形式的服务产品，实现了服务的专业化、个性化，提供及时、准确的立法信息参考决策服务。具体服务内容如下：

（1）成立立法决策信息共享中心。长春市图书馆深化与长春市人大立法部门的合作，形成持久稳定的保障机制，实现了常规化、专业化、个性化服务，在地方立法决策方面发挥了其作为政府立法信息资源保障部门的作用。2020 年，长春市图书馆与长春市人大相关部门接触并达成共识，成立立法决策信息共享中心，并规划于 2021 年筹备并整合图书馆资源与服务，搭建"一网、一库、一群"的数字化立法决策服务平台。

（2）编辑《立法信息快讯》。2013 年，长春市图书馆为立法决策部门提供《立法信息快讯》，每月编辑 1 期，全年共 12 期。《立法信息快讯》主要是跟踪各地出台的立法信息，尤其是填补地方立法空白的立法，以及百姓关注、社会热议、媒体聚焦的立法动态、立法建议，并根据每期的信息量，提供拓展阅读栏目，以能够引发领导思考的内容为主，从而为本地立法的出台提供参考、借鉴。2014 年 8 月起，《立法信息快讯》由每周编辑一期调整为每两周编辑一期，平均每月编辑 2 期，全年共 24 期。《立法信息快讯》已发展成为长春市图书馆为地方立法决策部门和立法决策高层领导提供的常规服务。

（3）舆情服务。2019 年，长春市图书馆利用有关舆情秘书平台，为人大立法决策部门提供数份立法舆情信息服务，如编印《多地出台禁野令事件报》《东北"可以探索"率先全面放开生育限制舆情分析报告》《公共卫生领域卫生事件报》等，丰富了立法决策服务的方式。

（4）立法决策专题信息服务。长春市图书馆经过多次赴立法决策部门调研，形成了立法决策专题信息服务项目，主要是配合长春市出台的立法规划、立法项目、立法调研项目，形成有价值、可用、接地气的信息参考资料。其内容包括国家、直辖市、十五个副省级城市、省会城市的立法法规条文以及立法说明、人大审议结果报告、媒体报道、专家解释等。其所提供的立法信息既具有宏观的视野，又具有实用性、贴近性、新鲜度和可操作性。长春市图书馆历年来共编辑数十份立法决策信息专题，其中如《学前教育管理条例》《学前教育管理规定》《简易体例立法》《机动车停车办法》等对于立法决策和法规审议起到了重要辅助作用，得到立法决策部门的认可和好评，已收到数十封感谢信。

（5）两会服务。2013 年，长春市图书馆多措并举，全力为长春市两会代表、委员参政议政提供高质量的文献信息咨询服务。图书馆从 2013 年 11 月开始着手策划方案，确定了采取会前服务与上会服务相结合的服务形式。会前应人大的要求编辑了《全国十城市人代会议议案目录（2011—2013）》。依托长春市图书馆丰富的文献资源和信息服务方面的专业力量，选取了经济转型、医疗改革、养老问题等当前全市经济社会发展面临的热点难点和人民群众关注的焦点共计 15 个主题，编辑长春市两会信息服务专刊《聚焦——2013 年热点信息参考》，并印刷成册，提供给代表和委员参阅。在两会期间，图书馆编辑两会舆情信息专报，印刷成册，每天发送给人大常委会人员参阅，让大家全面掌握会议当日网络舆情态势、媒体报道情况；建设决策参考信息网站，以微网站的形式提供常态化服务，便于代表、委员通过手机、电脑等终端进行访问。另外，图书馆在两会期间全部开放国研网数据库资源，供代表、委员免费使用这一专业性经济信息服务平台查阅资料。图书馆在两会现场设立长春市图书馆两会服务处，服务内容包括：为代表起草和完善建议，提供提案课题咨询；提供触摸屏电子报刊阅览；免费办理长春市图书馆借阅证；提供热门书籍借阅、报刊阅览；提供图书馆海量数字资源自助检索；免费发放长春市数字图书馆阅读卡等。长春市图书馆的 2013 年两会服务社会反响良好，被《城市晚报》《长春日报》《吉林日报》等多家媒体报道。

此外，参考咨询部还为地方党政机关、社会各界领导提供专题信息服务和课题跟踪服务。10 年来共完成来自长春市政协、长春市文化局、长春市旅游局、长春市文化广播电视和旅游局、长春市财政局等单位以及吉林省属高校、长春市属高校的研究类课题百余项，获得表扬信数十封。其中为用户提供的嵌入式课题跟踪满意度极高。

2019 年 12 月中旬，时任长春市市长刘忻委托长春市文化广播电视和旅游局提供长春市文旅国际交流活动的相关信息产品。长春市文化广播电视和旅游局将此项工作交由长春市图书馆承办。经馆领导研究决定，由参考咨询部完成《H 文旅》第 1 期的全部文字信息内容。该期《H 文旅》利用各种主流媒体、权威网站的相关信息和数据，将大量资料通过短讯、数据、图表、摘要、短评等形式进行提炼表达，回顾 2019 年长春市文旅国际交流工作，展现长春市文旅行业的成长与蜕变，梳理产业热点与优秀案例，展望 2020 年长春市文旅发展新趋势。为方便阅读，《H 文旅》采取纸刊与电子版的双版呈现方式，电子版"长春 H 文旅"共计发布 16 条图文消息，其内容以二维码形式附于《H 文旅》纸刊相应内容区域。

长春市图书馆自 2005 年加入联合参考咨询网以来，15 年间历经系统三次升级改版。2013 年 6 月 24 日，图书馆正式组建新媒体服务部。因部门调整，图书馆的网络参考咨询服务从由参考咨询部负责改为由新媒体服务部负责。2014年，原"电子阅览室"QQ群功能服务经重新定位成功升级为"长春市图书馆数字服务群"，设专人在群内针对读者在数字资源使用方面存在的问题进行解答。此外，图书馆还通过网站、电子邮件、QQ、微博、微信等多种渠道为读者提供网上参考咨询服务。2016年9月，图书馆新媒体服务矩阵创建形成，为读者提供更加全面的网上参考咨询服务。2020年9月，因部门调整，网上参考咨询业务归回参考咨询部。截至2018年，长春市图书馆的咨询回复质量和数量，始终位居前列。长春市图书馆也因此多次荣获"全国联合参考咨询先进单位"称号，相关咨询馆员也多次荣获"全国优秀咨询员"称号。

2011年至2020年，参考咨询部先后为长春市人大、长春市政协、长春市文化广电新闻出版局、长春市委宣传部、长春市旅游局、长春市人大常委会法制工作委员会、长春市文化广电新闻出版局文化产业处、长春新区卫生健康局等单位提供相关课题服务（见下表），收获相关表扬信、新闻报道等20余次。

长春市图书馆2011—2020年课题服务情况

服务时间	服务对象	服务内容
2013年10月	长春市人大	《地名管理条例》
2013年12月15日	长春市人大	《两会信息服务专刊》
2015年2月12日	长春市人大	《停车场建设管理信息资料选编》
2016年4月5日	长春市文化广电新闻出版局	《城市主题公园建设》
2016年12月8日	长春市旅游局	《旅游政策、旅游典型案例汇编》
2017年4月10日	长春市政协	《食品安全》《家庭医生和居民契约服务》《公共文化服务体系建设》《全民健身公共服务体系建设》《慢性病防治》《职业教育》《特殊教育人群教育》
2017年7月13日	长春市人大常委会法制工作委员会	《节约用水立法参考资料》
2017年7月24日	长春市人大常委会法制工作委员会	《简易体例立法参考资料》
2017年11月23日	长春市文化广电新闻出版局文化产业处	《国家文化产业政策汇编资料参考2012—2017年》《地方文化产业政策汇编资料参考2012—2016》《文化产业基地园区政策参考》《文化产业项目认定办法》《文化企业界定参考标准参考》
2018年12月19日	长春市委宣传部	《决策参考》

续表

服务时间	服务对象	服务内容
2018 年 12 月 30 日	长春市政协	《精准扶贫》《河长制》
2020 年 2 月 10 日	长春新区卫生健康局	《全球疫情周报》
2020 年 12 月 1 日	长春新区卫生健康局	《全球疫情影响跟踪周报》
2020 年 12 月 15 日	长春市人大	《生态环境补偿机制》
2020 年 12 月 20 日	长春市政协	《中小学生心理卫生健康教育》《发挥体育社会组织作用助推全民健身事业发展》《中医院》《中医药》《职业教育》
2020 年 12 月 30 日	长春市人大常委会法制工作委员会	《长春市学前教育条例》《长春市养犬管理条例》

吉林省人民代表大会常务委员会研究室等单位的感谢信

十、品牌建设

截至 2020 年底，长春市图书馆共有"城市热读"公益讲座、长图展览、长图公益课堂、"义务小馆员"社会实践、"小手牵小手"爱心公益置换、"长图雅音"高雅艺术沙龙、"小树苗"亲子阅读、数字公益讲堂、"乐龄"老年读者服务、"温暖时光"文化助残服务、创空间、"漫读"书友会、"品读聚乐部"、长春星火阅读计划、爱尚 e 读、爱贝阅读计划、方寸时光 17 个公益文化服务品牌。这些品牌通过不同的主题、丰富的形式、多样的载体，针对不同群体开展丰富多彩的公益文化服务。图书馆平均每年举办品牌活动约 700 场次，受众近 20 万人次，被媒体报道近 700 次。

（一）"城市热读"公益讲座

"城市热读"公益讲座标识

注："城市热读"公益讲座标识采用由现代风格线条构成的中国古代印章的图案，体现"城市热读"是既继承中华传统文化，也推广现代文化的品牌活动。配色采用明度较低的暗红色，给人安静的视觉印象，同时体现厚重感、权威感。

长春市图书馆"城市热读"公益讲座创办于 1996 年，2008 年被纳入长春市政府民生计划和幸福长春行动计划以及"书香长春"活动方案，同时被作为长春市推进全民阅读重点文化项目之一在全市推广。"城市热读"公益讲座于每周六定期举办，先后由策划部、社会教育培训部、馆办公室负责。2010 年 11 月，"城市热读"公益讲座由新成立的策划推广部负责。成立之时，策划推广部设立"城市热读"讲座策划与组织岗位，负责讲座的策划、宣传、沟通、安排、主持等工作，实行专人专项负责制，确保讲座工作有序进行。"城市热读"公益讲座的内容涵盖各个学科领域及热点话题，同时走出馆外举办各类便民文化讲座。至 2020 年底，系列讲座已举办 800 多期，听众 28 万余人次，直播观看人数超过 8 万，被媒体报道 3 万余次。"城市热读"公益讲座先后被评为"全国终身学习品牌项目""长春终身学习活动品牌"，是提升市民整体文化素养的有效平台，也是推进长春市全民阅读活动、建设学习型社会的强力支撑。

自创办以来，长春市图书馆"城市热读"公益讲座一直以"打造文化服务品牌，培育社会阅读风尚"为己任，始终坚持公益、立足基层、贴近大众，聚焦社会热点，精选百姓"热题"，关注民生"热议"，努力为广大市民和求知者提供获取知识和信息的渠道，搭建专家学者与普通大众交流的平台，形成人人可以共享的"知识超市"和"市民课堂"。讲座主题广泛，涵盖科学、历史、哲学、教育、文学、艺术、经济、法律、社会、生活等与市民息息相关的方方面面。多年来，"城市热读"公益讲座坚持"以人为本"的服务理念，均衡各系列讲座分布，坚持科学定位，以亲民原则定选题，以倡导阅读为重点，以此作为培育讲座持久生命力的先决条件。图书馆通过读者问卷调查、专家学者座谈会、电话咨询等方式研究讲座主题，不断更新讲座内容，创新讲座形式，巩固讲座品牌，精心打造阅读主题板块"文苑百家谈"，并不断联合社会优势资源，推出"关东文化讲坛""中医大讲堂""长春城市规划大讲堂""心理健康讲堂""法律讲堂"等精品子系列。图书馆还结合社会热点、重要节点开办专场讲座，如"城市热读·三八妇女节"专场讲座、"城市热读·世界读书日"专场讲座、"城市热读·市民读书节"专场讲座等。

2011年，长春市图书馆特别推出"城市热读·五走进"系列讲座，让"城市热读"公益讲座走出馆外，走进机关、走进企业、走进学校、走进社区、走进军营，使讲座在横向延伸上呈现出良好的发展态势，也使讲座这种优秀的文化资源得到有效的传播，将"城市热读"讲座推广到全省范围，满足不同行业、不同地域人群的需要。此举得到了积极的社会反馈，产生了广泛的社会影响。2018年，"城市热读·五走进"系列讲座升级为"城市热读·七进"系列讲座，进企业、进学校、进机关、进社区、进农村、进家庭、进公共场所。截至2019年，这一系列讲座已举办80期。

2011至2020年"城市热读"公益讲座开展情况

年份	馆内 / 场	馆外 / 场	总计 / 场
2011	51	13	64
2012	51	11	62
2013	75	10	85
2014	81	0	81
2015	49	0	49
2016	48	3	51
2017	47	12	59
2018	44	2	46

续表

年份	馆内/场	馆外/场	总计/场
2019	45	7	52
2020	50	3	53

注：2020年"城市热读"讲座数量包含回放46场，现场4场。

为了向市民提供高质量的公共文化服务产品，用文化让市民感受长春之美，长春市图书馆坚持建立高水平的主讲嘉宾队伍和培育稳定的听众群体，以此作为保持讲座较高品位和不断提升讲座品质的有效途径。为确保讲座工作的可持续发展，图书馆与吉林省社会科学界联合会、吉林省中医药学会、吉林省素质教育学会、长春市规划局等单位建立良好合作，持续推出具有号召力的精品讲座。多年来，图书馆不断扩大讲座嘉宾的遴选范围，广邀国内外各领域专家学者、文化名家、模范典型等走进讲堂，与市民分享优秀文化内容与先进文化理念。为让每一场讲座都能达到良好的效果，图书馆充分利用报纸、电视台、网站、微信等多种平台和媒体对"城市热读"讲座进行广泛宣传。2014年3月7日，图书馆特别举办纪念"城市热读"500期座谈会，"城市热读"主讲嘉宾代表、合作单位以及新闻媒体和读者代表、长春市图书馆领导、讲座工作人员参加此次活动。会上，来宾们围绕"城市热读"的主题策划、形式拓展、栏目设置和未来发展方向等方面进行发言。大家对于"城市热读"多年来所取得的成就给予充分肯定，并结合多年与长春市图书馆的合作以及自身的专业特长和工作学习经历，对"城市热读"未来的发展规划提出宝贵的建设性意见。

著名阅读推广专家、南京大学教授徐雁做客"城市热读"

2019 年，图书馆"城市热读"讲座加大热门栏目"名家讲座"与"法律讲堂"的占比，并创新形式，探索以访谈对话方式开办讲座，以进一步增强互动性、开放性。例如，三八妇女节专场讲座以"新时代　新女性——做健康　幸福　快乐的女人"为题，邀请六位知名女性嘉宾进行访谈对话，并与观众互动交流，现场气氛热烈。名家讲座传承经典阅读，邀请故宫学院院长、故宫博物院原院长单霁翔走进长春市委机关会堂做专题报告，市长刘忻、副市长贾丽娜莅临讲座现场，讲座取得极佳的活动效果。图书馆还丰富科普讲座板块，形成院士讲座系列，如邀请中国科学院长春应用化学研究所研究员张洪杰和中国科学院长春光学精密机械与物理研究所研究员王家琪两位院士开讲，让图书馆的讲堂成为连接科技精英与平民百姓的科普课堂。此外，图书馆还与长春市人大常委会法制工作委员会合作，于 6 月至 9 月每月举办一期"法律讲堂"，就供热管理、养犬管理、垃圾分类、道路交通安全、全民健身等民众关注的热门话题，向市民普及相关法律法规，让市民了解相关的权利与义务，为共同建设美好城市提供正确的法律依据。

2020 年，由于新冠疫情，"城市热读"公益讲座积极推出精品讲座线上回放活动，共回放 46 期优秀讲座。此举实现了市民足不出户聆听精彩讲座的心愿，丰富了他们的休闲文化生活，受到广大市民欢迎。此外，2020 年长春市民读书节期间，图书馆创新推出"城市热读·夜论坛"，围绕弘扬抗疫精神、建设幸福长春、全面建成小康社会、致敬吉林力量等主题，举办了 5 期访谈类讲座，长春晚报抖音号、长春文旅百家号等直播号同步直播，300 余人次现场参与，直播观看数超过 8 万次，获得良好社会效益。

除在馆内外举办现场讲座外，长春市图书馆还通过网站播放、光盘制作和实体书出版等方式实现"城市热读"讲座内容的再传播。如定期在电子阅览室播放讲座光盘，实现讲座的二次、三次传播；每年遴选精品讲座编辑整理结集成册，出版《文化之隅——"城市热读"讲座精编》系列图书。这些举措不断丰富讲座文化的传播形式，拓宽了图书馆的服务渠道，延伸宽了图书馆的服务范围。

（二）长图展览

"长图展览"品牌始创于 1992 年，先后由长春市图书馆办公室、社会教育培训部、文化项目发展部负责。"长图展览"长期举办各类公益性文化展览，已成为长春市民艺术鉴赏、文化交流、知识获取、娱乐休闲的重要阵地，为推进文化艺术交流、丰富市民精神文化生活、提高市民的文化素养、提升城市的文化品位发挥了积极的作用。

展 长图展览

长图展览标识

注：长图展览标识把"展"字进行立体化变形，通过点、线、面、空间来体现展览艺术的实质，即展览是空间的艺术，也是光视觉的艺术。标准字为黑体字，弧线突出视觉的流动性，模拟观展人眼睛的律动性。整体画面具有较强的稳定感，体现厚重感、沉静感。

"长图展览"品牌共设有两个展览厅。一个是展览面积近450平方米的二楼展厅，此展厅作为长春市图书馆公共文化服务场所面向广大市民提供免费展览服务。另一个是展览面积近400平方米的八角轩多功能精品展厅，主要举办高雅艺术品展、书画展等。

千年之交·世纪之旅——欧洲文化线路中国巡展

"长图展览"品牌多年举办各种展览，内容十分丰富，包括弘扬传统文化和宣传主旋律的文教展、名家艺术作品展、市民作品展，富有知识性的科技展，各具特色的工艺品展，充满特色的个性化展览和挖掘馆藏地方资源的专题展等精品展览，满足了读者的多元化需求。例如为推动中国和欧盟之间的跨文化交流和可持续旅游合作而举办的"千年之交·世纪之旅——欧洲文化线路中国巡展"，为纪念中美建立外交关系40周年举办的"继往开来——中美建交40周年图片展"，为纪念中日邦交正常化45周年举办的"新海诚展·透过剧场动画感受新海诚的世界"主题展览等。为了丰富展览内容，拓宽展览渠道，图书馆秉承"引进来、走出去"的开放共享理念，与国家图书馆、上海图书馆、南京图书馆等9家公共图书馆建立长期的展览资源共享机制，广泛进行图书馆展览的馆际交流。同时，在2020年，还自主策划"长春—通辽城市图片展"活动，共选取220张图片，将长春市的现代都市休闲、工业遗迹、乡村风光、冰雪景色、避暑胜地和通辽市的草原沙漠风光、游牧民俗、满蒙宗教、民族美食等特色文化旅游资源进行全方位的展示。此外，为让更多的读者观赏到优质的展览，图书馆还定期到长春市各县（市、区）图书馆举办巡展活动，并开设网上展厅，拓展和延伸展览服务，真正发挥图书馆展览文化惠民的作用。

中国连环画百年历史展

"长图展览"平均每年举办展览 20 余次，年参观人数近 10 万人次，媒体报道近百次。截至 2020 年底，"长图展览"共举办各类文化展览 519 次，参观人数达 300 万余人次，媒体报道近 3 000 次。

（三）长图公益课堂

长图公益课堂标识

注：长图公益课堂标识将翻开的书籍和话筒两个元素变形后进行组合。其中，图书是人类社会传播知识的重要方式，同时变形成门的形状，寓意公益讲堂可以为人们开启知识的大门。话筒是现代社会大型讲堂的重要电子设备，体现推广性，同时与下方的弧形结合为成长的嫩芽，寓意新生、成长。配色采用绿色，体现智慧性与公益性。

"长图公益课堂"品牌是始于 1996 年的长春市图书馆社会教育培训业务的延续和发展。2014 年长春市图书馆重新装修开放后，该业务正式定名为"长图公益课堂"，并作为一个服务品牌。长图公益课堂是为提高市民综合素养而开展的公益培训，内容涵盖国学、手工、绘画、乐器、写作、亲子等诸多方面，先后由社会教育培训部、文化项目发展部负责。

自创办以来，长图公益课堂始终以拓展和延伸图书馆的社会教育职能，传播先进文化和科学知识为宗旨，以读者需求为导向，搭建专家学者与市民大众广泛交流的平台，以期成为广大市民的学习交流中心。

长图公益课堂品牌主要分为四大板块，分别是青少年培训、成人培训、长图公益课堂、青少年课外活动。下设悦读心语成人朗诵课堂、青少年国学诵读课堂、假期体验课堂、传统节日文化体验课堂、名师讲堂、科普知识在线、好家风亲子课堂等精品培训子系列，同时开设微课堂，方便线上学习交流。以系统化、规律化和规范化的课程体系满足不同群体对知识的渴求。此外，图书馆持续开展文化下基层活动，把优秀的公益课程带进学校、社区、企事业单位。

青少年培训主要有青少年国学经典课堂、中小学生假期体验课堂、长图公益名师讲堂。青少年国学经典课堂包括少儿国学经典诵读课、古诗词鉴赏课、少儿中华历史故事课等。其中每周二的少儿国学经典诵读课是长图公益课堂一项重要的培训项目，参与培训的人数已比较稳定。中小学生假期体验课堂包括：三国演义精讲课、艺术创意画体验课、手工剪纸课、创意思维写作课、英语口语课和亲子安全教育课等。2018 年 10 月，长春市图书馆启动"长图公益名师讲堂"。这是由图书馆和吉林省教育学院联合举办的系列活动，以"整合省内名师资源，打造教育服务品牌"为宗旨，汇聚省内众多名师授课，搭建从幼儿到高中的纯公益教育平台，充分发挥专家和名师的引领、示范、辐射作用，让广大春城市民共享名师课堂，反响十分热烈。

长图公益课堂古诗词鉴赏课

　　成人培训主要包括"悦读心语"朗诵课、"光影瞬间"摄影课、朗诵艺术沙龙。图书馆还充分利用微信群等线上学习群，开设微课堂，让学员在家中也能参与长图公益课堂课外延伸活动，学习课程内容。

长图公益课堂成人朗诵课

　　长图公益课堂系列活动第一站于 2017 年 7 月在长春市南关区民康街道九圣祠社区开课。该活动由长春市图书馆公益课堂联合吉林省全民阅读协会朗诵艺术学会共同举办。2018 年起，图书馆将朗诵课、亲子教育课、阅读推广课等系列课程打包，走进学校、区县图书馆、企业等地，满足不同群体的文化需求，提升了长图公益课堂的知名度。

长春市图书馆流动公益课堂走进北京师范大学长春附属学校

青少年课外活动主要是民俗体验阅读推广活动。从 2016 年起，文化项目发展部就将传统节日与民俗知识阅读相结合，推出民俗体验阅读推广系列活动，开展迎新春、思清明、忆端午、品中秋等主题的阅读活动，以此来传承中华优秀传统文化，加强中华优秀传统文化教育，增强青少年文化自信。

2014 年以来，长图公益课堂平均每年举办培训课程 110 余次，培训活动 20 余次，培训人数近万人次。截至 2020 年底，共举办培训及活动 735 次，学员 9 万余人次，被媒体报道 300 余次。2015 年，长图公益课堂被纳入长春市政府民生计划及幸福长春行动计划；2018 年，被评为"长春终身学习活动品牌"。

（四）"义务小馆员"社会实践活动

"义务小馆员"社会实践活动标识

注："义务小馆员"社会实践活动标识将人物造型与书籍造型相结合。人物造型清晰传达小馆员的形象，翻开的书籍环抱人物，寓意小馆员服务于读者群体；书籍同时变形成为打开的窗，寓意图书馆同时也为义务小馆员开启了一扇社会实践之窗。配色采用纯度较高的蓝色系，能够传达积极向上的感染力，增强可视性，使宣传内容一目了然。

"义务小馆员"社会实践活动品牌创办于 2004 年，每年 2 期，于寒暑假期间定期举行，由长春市图书馆青少年读者工作部负责。该品牌始终坚持引导少年儿童在体验图书馆工作的过程中树立爱心和责任心，培养他们的沟通交流能力，动手动脑能力和独立处事能力。"义务小馆员"社会实践活动为少年儿童提供了一个连接家庭、学校与社会的实践平台，进一步提升青少年的社会实践能力，充分发挥图书馆的社会教育职能。

"义务小馆员"指的是协助图书馆工作人员开展书籍管理、借阅服务工作，帮助维持图书馆秩序，为读者提供服务的青少年志愿者，现已逐渐形成稳定的参与群体和成熟的服务模式。"义务小馆员"年龄在 9—15 岁间，征募范围涵盖长春市所有中小学校。

截至 2020 年底，"义务小馆员"社会实践活动已举办 30 期，培养义务小馆员 1 200余名，累计服务时长 2.5 万小时。2012 年，该活动荣获文化部颁发的"全国基层文化志愿服务活动优秀项目奖"；2017 年，获评"吉林省志愿者服务示范项目"；2018 年，在全国少年儿童阅读年系列活动之"全国公共图书馆未成年人服务案例征集评选活动"中荣获三等奖；2020年被评为全国学雷锋志愿服务"四个100"最佳志愿服务项目。活动被新华网、中国政府网、教育部政府门户网站、中国教育新闻网、《中国文化报》、《长春日报》、香港《文汇报》等几十家媒体报道百余次。

（五）"小手牵小手"爱心公益置换活动

"小手牵小手"爱心公益置换活动标识

注："小手牵小手"爱心公益置换活动标识为两只相牵的小手形成的心形图案，寓意心手相牵，同时融入孩童的脸庞，增加画面的趣味感。标准字以黑体字为基础进行变形，增加童趣。配色采用明度较高的新绿色，寓意成长、生机。

"小手牵小手"爱心公益置换活动品牌创办于2005年，由长春市图书馆青少年读者工作部负责，每年儿童节和长春市民读书节期间开展。该活动为到馆青少年读者提供富有创意的爱心公益平台，以实际行动在青少年群体中推广共享、节约、创新的绿色社会发展理念，有效丰富了青少年读者活动的形式和内容，充分发挥了图书馆的社会教育职能。

"小手牵小手"爱心公益置换创办前期主要采取义卖的方式，面向社会爱心人士、长春市中小学校征集义卖物品。活动现场除物品义卖以外，还设置爱心捐款箱，为贫困儿童奉献爱心。2005至2012年间，"小手牵小手"爱心义卖活动共筹集善款3万余元，全部捐赠给儿童福利院、红十字会等机构，用于促进儿童公益事业发展。

2016年，"小手牵小手"爱心义卖活动顺应时代发展，进行改进升级，在倡导奉献爱心的同时，提倡共同建设节约型社会，宣传绿色环保简约的生活理念，引导市民为闲置的书刊玩具和文化用品寻找新家，并将品牌正式定名为"小手牵小手"爱心公益置换活动。在置换现场，图书馆还专门设置收集点，接受社会捐赠，活动后将捐赠物品送至自闭症训练机构，用于自闭症儿童的康复训练。"小手牵小手"爱心公益置换活动锻炼儿童的动手能力和独立的人际沟通能力，帮助他们学会节约、学会分享、学会创新，宣传普及共享观念与环保理念，提升少年儿童的节约意识与互助精神。同时，利用通过图书馆浓郁的书香氛围来吸引更多的少年儿童走进图书馆，感受新时期图书馆阅读学习方式的丰富和便利。

"小手牵小手"爱心公益置换活动现场

参加置换活动的两位小朋友互换礼物成功

截至 2020 年底，"小手牵小手"爱心公益置换活动共举办爱心义卖、爱心置换活动 14 次，参与读者达 1.5 万余人次。活动规模不断扩大，有多家社会机构、组织共同参与活动组织工作。活动内容除公益置换外，还安排精彩的文艺表演，为参与的读者提供"虚拟币"，设置猜谜、手工、VR 数字体验等多项内容，现已成为集"玩""游"

"学""阅"于一体的儿童嘉年华活动。中国图书馆学会和对该活动十分关注，《吉林日报》、《长春日报》、新浪网等多家主流媒体也对活动进行了数十次报道。

（六）"长图雅音"高雅艺术沙龙

"长图雅音"高雅艺术沙龙标识

注："长图雅音"高雅艺术沙龙标识在长春市图书馆馆徽的基础之上，把书籍变形为钢琴的琴键。在标准字的设计中，采用图形与文字相结合的方式，采用百灵鸟图形强化活动的音乐属性，标准字纤巧体现律动性。配色采用明度较高的蓝色和橙色。

"长图雅音"高雅艺术沙龙（以下简称"长图雅音"）创办于2014年，由长春市图书馆新媒体服务部负责。"长图雅音"以满足市民艺术文献阅读需求为初衷，通过有效整合社会资源来拓展图书馆服务领域，全面提升市民阅读综合体验。活动以视听服务为基础，以艺术演出、讲座沙龙为亮点，重视中西文化的结合，将电影、民乐、西洋乐、美术、朗诵、摄影等不同艺术形式展现于读者面前。同时在春节、端午节、市民读书节等时间点举办大型主题活动，并深入中小学、社区、福利院等机构进行文化慰问演出，将高雅艺术带给社会大众，丰富市民文化生活，普及艺术教育，提升市民艺术素养，推动城市文明的建设。平均每年举办活动80余场，3 000余人参与，被媒体报道80余次。2016年，"长图雅音"获得中国图书馆学会颁发的"阅读推广优秀项目"称号，在长春市委宣传部和长春市教育局开展的评比活动中被评为"长春终身学习活动品牌"，被列入幸福长春行动计划。

2019年，通过实施项目制，"长图雅音"完成内容迭代，服务对象更加精准化，形成以长图阅唱团、传统音乐沙龙、观影沙龙为主的艺术欣赏模式。其中长图阅唱团精选阅读元素丰复的经典乐曲作为演唱素材，通过合唱、曲目赏析、讲座等环节传达阅读理念和价值，唱团注册人数超200人，年龄层覆盖少儿、青年和中老年。传统音乐沙龙结合茶艺、太极拳、书法等传统文化表演，通过赏析、培训、雅集、讲座等形式传播优秀传统文化精髓。观影沙龙以光影中的文学、中外文化交流等为主题，以国庆节、母亲节、端午节等节庆假日为节点，定期开展观影活动。

截至 2020 年底，"长图雅音"与东北师范大学、吉林艺术学院、长春师范大学等高校以及长春市朗诵协会、长春市桐韵轩古筝有限公司等数十家单位、机构和个人联合举办各类活动 400 余场，参与人次近 1.5 万。尹爱青、钱彤、赵峰等兼具影响力和知名度的专家义务加入到系列活动的举办中，已为长春市民奉献出一系列精品艺术表演。

"长图雅音"进校园进行民乐表演

（七）"小树苗"亲子阅读

"小树苗"亲子阅读标识

注："小树苗"亲子阅读标识以抽象的小树为主体，简洁明快。整体涵义象征着少年儿童与小伙伴们在树下玩耍嬉闹，与小树苗一起快乐成长。圆点象征着小朋友们的理想和多样的思维。在视觉上，标识展现了"苗壮成长的小树"形象，具有"快乐、和谐"的感觉。

"小树苗"亲子阅读系列活动品牌创办于 2014 年，由长春市图书馆青少年读者工作部负责开展，面向 0—15 岁少年儿童及他们的家长定期举办读者活动，是图书馆专为未成年人打造的文化服务品牌。"小树苗"亲子阅读系列活动旨在为少年儿童和家长搭建阅读平台，传播"陪伴与沟通"的亲子理念，倡导并促进形成全社会重视儿童阅读的良好风尚。开展亲子阅读系列活动，培养少年儿童的阅读习惯，激发他们的阅读兴趣，提升他们的知识素养，引导他们树立正确的人生观、价值观和世界观，促进少年儿童综合素质的全面发展。

"小树苗"亲子阅读系列活动品牌下设：绘阅故事会、"书悦之声·小小朗读者"、亲子手工坊、创意数字阅读、常青藤课堂、家庭书房建设、亲子研学游、馆外阅读基地建设等子项目。"小树苗"亲子阅读系列活动以满足儿童成长需求为出发点，以长春市图书馆优势资源为依托，以创新创意为规划原则，从全新的角度开发青少年的阅读兴趣，培养青少年的阅读习惯和阅读能力，建设期间逐步形成品牌管理制度化、内容设计精细化、服务方式多样化、参与主体多元化、人才配置专业化的发展模式。规范的建设与反馈流程，为品牌建设与长期发展提供了保障；针对儿童成长需求设计并细节化的活动内容，在精准对接儿童需求的同时，也符合学校、家庭对儿童发展的愿景；"阵地＋流动＋数字化"的服务模式，在一定程度上实现服务方式从单一供给向多元供给、交互供给的转变，解决文化服务在城乡、不同区域、不同人群间发展不平衡的问题；"政府＋图书馆＋社会"的参与模式，令儿童阅读推广活动实现在深度和广度上的拓展。内容丰富、形式多样的亲子阅读系列活动，在培养青少年阅读习惯，激发青少年阅读兴趣，提升青少年知识素养，引导青少年树立正确的人生观、价值观和世界观，促进少年儿童综合素质的全面发展方面发挥了积极作用。

英文绘本故事会活动中，小朋友们与老师进行互动

"书悦之声·小小朗读者"童诗童话专场活动中，小读者朗读原创作品

"小树苗"亲子阅读讲堂上，小朋友们在老师的指导下练习口部操

　　截至 2020 年底，"小树苗"亲子阅读系列活动已累计举办活动 1 000 余场，受众 8 万人次。"书悦之声·小小朗读者"活动荣获由中国图书馆学会主办的出版界图书馆界"2017 全民阅读优秀案例"二等奖。在 2017 年中国图书馆学会主办的"我听·我读"全国少年儿童朗读大赛中，长春市图书馆被授予"有声阅读基地"称号。在 2017 年"书香润德"亲子阅读活动中，长春市图书馆被吉林省妇联、吉林省新闻出版广电局评为吉林省"书香润德"活动先进单位。2018 年，"小树苗"亲子阅读系列活动被评为

"全国终身学习品牌项目""长春终身学习活动品牌"。2020年，长春市图书馆被全国妇联家庭和儿童工作部命名为"全国家庭亲子阅读体验基地"，被《图书馆报》评为"年度影响力绘本馆"。

（八）数字公益讲堂

数字公益讲堂标识

注：数字公益讲堂标识以讲台、电脑、对话框为基本元素，直观表达数字公益讲堂是以计算机、数字技术为主要宣讲内容。绿色树叶从电脑中生发出来，寓意数字公益讲堂为广大听众打开新的天地。

数字公益讲堂创办于2014年，由长春市图书馆新媒体服务部始建，后由数字资源部负责。依托图书馆丰富的数字资源和设备设施，数字公益讲堂将信息化时代的特点和市民需求相结合，面向全体市民开设全媒体学习公益培训课程，旨在提升市民的数字化应用能力。

数字公益讲堂在培训内容设计上针对不同人群的不同兴趣开班设课，聘用专业讲师及团队，通过同步演示、实战操作、问题解答、课后联系等方式，免费为读者讲解Office、Photoshop、Dreamweaver、会声会影等常用软件的使用方法，并进行计算机实用技术、数字资源使用方法培训，提供各类考试辅导等。在培训方式上，讲堂深入浅出地进行普及化教学，针对青少年、职场青年、老年人分别开展"青少年编程课堂""办公自动化白领课堂""乐龄计算机公益讲堂""线上直播课"等。

数字公益讲堂每年举办30余场次，参与1 400人次，被媒体报道30余次。截至2020年底，已开展活动近百场次，以贴近读者需求、学用结合的特点受到市民欢迎和好评。

数字公益讲堂的青少年编程课受到家长和孩子青睐

（九）"乐龄"老年读者服务

"乐龄"老年读者服务标识

注："乐龄"老年读者服务标识以飞舞的彩带形成"乐"字。乐字与彩带寓意步入耳顺之年的人们乐字当先，生活丰富多彩。标准字的设计基于黑体字进行了变形。

长春市图书馆的"乐龄"老年读者服务品牌创办于 2014 年，由书刊流通部负责。该品牌以关注老年读者的阅读需求，丰富老年读者的文化生活为目的，为老年市民开展专项服务，引导他们乐享晚年，创新打造多元化活动，为老年读者服务。

"乐龄"老年读者服务品牌以常规化的借阅服务为基础，以多元化的系列读者活动为支撑，以特色化的读者服务为亮点，筹建老年读者阅览室，专为 60 岁以上老年人提供免费借阅服务。室内设有阅览坐席 20 个，藏书 3 000 余册，期刊 700 余册，报纸 40 余种，配备书画桌，备有笔、墨、纸、砚，供老年读者进行书画练习。"乐龄"老年读者服务品牌相继推出"最美夕阳 乐享人生"老年读者才艺展、"墨韵丹青"书画艺术沙龙、"老年健康知识讲座"、"乐龄"数字课堂和专题文献展阅等系列主题活动，满足老年人获取信息、获得情感慰藉、实现自我价值和进行社会交往的需要，引领老年读者乐享阅读文化。

老年书画大赛获奖作品展

"墨韵丹青"书画艺术沙龙活动中，嘉宾给作品上色

老年数字课堂上，馆员耐心指导老年读者使用智能手机

截至 2020 年，"乐龄"老年读者服务品牌共举办活动 80 余次，展出个人作品百余幅，受众 800 余人，媒体报道 50 余次。同时，老年读者阅览室年接待到馆老年读者 7 000 余人次。图书馆被全国老龄工作委员会评为"全国敬老文明号"。

（十）"温暖时光"文化助残服务

"温暖时光"文化助残服务标识

注："温暖时光"文化助残服务标识在设计上以文字"温暖"为主体，同时在其中融入盲文"温暖"，在实际使用中便于盲人读者触摸阅读。标准字的设计采用浅绿色，寓意生机与希望。

长春市图书馆"温暖时光"文化助残服务品牌创办于 2014 年，由书刊流通部负责。"温暖时光"寓意为让每一位来到图书馆的残障读者都能度过一段温馨的、充满爱的时光。自创办以来，该品牌始终坚持倡导"平等、参与、共享"的助残服务理念，以残障读者需求为出发点，以传播先进文化、满足残障读者的精神文化需求为己任，以保障残障读者文化权益、倡导全民阅读为目的，通过不同形式、不同载体的活动开展服务。

"温暖时光"文化助残服务为残障读者免费提供"一站式"服务，即"一优二免三服务"。凡进馆的残障读者可以优先查阅所有阅览室的文献；办证免押金，借阅文献免逾期使用费；享有盲文纸质文献借阅服务、上门送书取书服务、网络电子资源在线传输服务。同时，长春市图书馆推出"心视觉"影院讲述电影无障碍服务，带领视障读者来到一个色彩斑斓的世界。依托长春市图书馆与吉林省残疾人联合会、长春市残疾人联合会成立的"长春市残疾人阅读指导中心"，活动与中国残疾人联合会建立合作，签订了《盲人阅读推广与社会教育示范应用》项目协议，在此基础上，长春市图书馆"温暖时光"品牌开展各类阅读服务，借助社会力量深化文化助残服务，共促书香遍惠春城。

从内容看，"温暖时光"文化助残服务主要包括四大类，即文化助残基础服务、文化助残读者活动、文化助残培训活动、文化助残专家讲座。文化助残基础服务包括盲文文献邮寄服务和网络文献传递服务。文化助残读者活动主要围绕"心视觉"影院相关活动和"爱心帮帮团"残障读者维权知识讲座两项活动开展。其中"心视觉"影院包括无障碍电影播放和电影讲述活动。文化助残培训活动以"爱的力量"为主题开展爱心志愿者培训。文化助残专家讲座则将长春市图书馆"城市热读"讲座送进长春大学特殊教育学院。由于成绩显著，《中国文化报》《中国新闻广电报》曾对长春市图书馆"温暖时光"文化助残服务给予专门报道。《长春日报》、长春信息港等多家新闻媒体也对其活动进行多次追踪报道。

"心视觉"影院讲述电影活动是长春市图书馆于 2017 年在"温暖时光"文化助残服务中推出的新内容，长春市图书馆因此成为吉林省第一家自主开展"讲述电影"服务的公共文化服务机构。该活动在以往的"心视觉"影院活动基础上进行改版升级，将播放无障碍电影升级为现场为视障读者讲述电影，已成为"温暖时光"文化助残服务的重点活动。活动以书刊流通部的工作人员为主要讲述人。为提高讲述电影活动的质量，图书馆还与吉林广电全媒体咨询中心建立合作，由对方派出专业人士来图书馆为残障读者讲述电影。为保证活动的长期开展，图书馆同时也在培训志愿者进行电影讲述。该活动定为 3 月至 10 月每月举办一期，以避开交通不便的冬季，方便视障读者来参加活动。

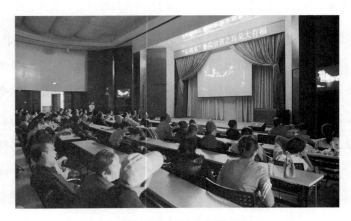

"心视觉"影院讲述电影活动现场

"爱心帮帮团"残障读者维权知识讲座、"爱心助力阅读"便民借阅等服务也是"温暖时光"文化助残服务项目的一部分。"爱心帮帮团"残障读者维权知识讲座每半年举办一期，旨在帮助残障人士解决困难，关心、关爱包括残障人士在内的弱势群体，维护他们的正当合法权益，鼓励他们更多地参与社会活动。"爱心助力阅读"便民借阅则根据读者需求开展。截至 2020 年，活动已为长春大学特殊教育学院的学生开展送书上门服务 3 次，送去盲文文献 150 余册，办理读者证 30 张。

"爱心帮帮团"残障读者维权座谈会现场

"温暖时光"文化助残服务平均每年开展专项服务 40 余项，受众 4 000 余人，共计提供网络传递文献信息服务 300 余次，提供电子文档 400 余个共 18.6GB，被媒体报道 150 余次。2019 年，"心视觉"影院荣获"长春终身学习活动品牌"及"吉林省终身学习品牌项目"称号。

（十一）创空间

"创空间"创办于 2015 年，由长春市图书馆新媒体服务部负责。"创空间"以"科普阅读＋创新创意"为定位，现已形成一个系统（城市书网）、两个平台（新媒体矩阵、惠阅文化菜单）、三种驱动（创新活动驱动、创业助推驱动、服务效益驱动）、四种手段（集群化、聚焦化、分众化、精品化）的完备体系；覆盖以青少年科技体验、助力小微为主线的五个系列活动（传统技艺体验、科普学堂、创新大集、创业课堂、职业技能培训）。"创空间"平均每年举办活动 50 余场，参与读者 1 500 余人次，被媒体报道 40 余次。截至 2020 年底，累计举办活动 210 余场，6 000 余人次参与。

"创空间"标识

注："创空间"标识设计突出整体科技感，以文字"创"及阶梯图案为设计的基本元素，组合形成人头部形状，寓意创新空间培训为听众打开创新、创业阶梯的智慧大门。

"创空间"主要通过活动体验、展览、讲座等形式向市民进行"双创"知识普及，内容涉及诸多创新创业项目展示，目前已有来自在长院校和科技公司的多支创新团队入驻空间。活动内容主要有 3D 打印体验、造纸技术体验、机器人体验。

"创空间"活动现场

3D 打印笔亲子体验活动中小朋友完成的作品

VEX 机器人体验活动中老师为孩子们展示机器人操作

　　"创空间"相关活动案例获得中国图书馆学会颁发的"2017 年阅读推广优秀项目"称号；在中国图书馆学会阅读推广委员会举办的"2019 年发现图书馆阅读推广特色人文空间案例征集"活动中获得二等奖；在第二届"科普阅读推广优秀案例征集评选活动"中获三等奖；2019 年，在长春市委宣传部和长春市教育局开展的评比活动中被评为"长春终身学习活动品牌"。服务案例还受邀在第十三届全民阅读论坛上进行分享，被国家图书馆出版社《科普阅读推广优秀案例集》收录，《图书馆报》于 2019 年 7 月 26 日对活动进行专版报道。

（十二）"漫读"书友会

"漫读"书友会标识

　　注："漫读"书友会标识对标识及标准字进行统一设计，加入书籍元素，突出整体感，强化设计元素，易于整体推广。

　　"漫读"书友会创办于 2016 年，由长春市图书馆策划推广部负责，是以阅读话题讨论为主的读者沙龙，主要与樊登读书会长春分会合作，旨在为爱书人搭建交流分享阅读心得的平台，让大家共同学习和借鉴科学系统的阅读理念，拓宽阅读视野，并养成良好的阅读习惯。

"漫读"书友会创办初期采取精品读物线上解读与书友线下讨论结合的方式开展。随后发展为"我是讲书人"书友现场荐读形式，读者围绕荐读图书和讲书内容，展开深度交流。

以线上解读与线下讨论同步结合方式开展的"漫读"书友会

"漫读"书友会中读者分享图书《你就是孩子最好的玩具》

"漫读"书友会每年举办5—6场活动，截至2020年共开展22期，累计参与读者700余人次。

（十三）品读聚乐部

"品读聚乐部"标识

注："品读聚乐部"标识以文字"品"、茶杯及读书者的形象作为设计元素，将品与读相结合，寓意"品读聚乐部"引导读者像品茶一样精细地阅读。

"品读聚乐部"创办于 2017 年，由长春市图书馆与长春市作家协会共同发起并创立，取"聚群贤之智，品读书之乐"之意，旨在充分发挥公共图书馆的地区文化信息枢纽作用，联合社会力量开展各类形式新颖的阅读推广活动，提升全民阅读推广的影响力和辐射力，体现公共图书馆的社会职能，打造具有鲜明特色和影响力的公共图书馆服务品牌，宣传地方作家作品，为作家与读者打造良好的交流平台，繁荣和发展地方文化。

"品读聚乐部"立足于长春本土作家的创作经历，以作家见面会、作品恳谈会和文学研讨会为主要形式，让作家从书后走向台前，面对面与读者交流创作心得与人生感悟。品读聚乐部书友会参会人员包括作家、行业人士及普通书友，每期不超过 40 人。每期活动由长春市图书馆发布活动信息，书友自愿报名，额满为止。其中行业人士由长春市作家协会和作家本人邀请，作为友情嘉宾参与活动。

通过与作协、文联等社团或单位合作，由作家、行业人士及书友围绕地方作家及其所创作的文学作品展开研讨和交流，"品读聚乐部"已形成具有品牌效应的沟通平台，以激发作家灵感和创作意愿，培养具有较高文学素养的文学阅读群体。"品读聚乐部"的选题方向侧重于有社会影响力的、正能量的内容，主要包括地方乡土文化、中华优秀传统文化、阅读与写作方法等。

"品读聚乐部"书友会活动部分参会人员合影留念

　　"品读聚乐部"每年举办 6 期活动，截至 2020 年初已举办作家沙龙 14 场，参与读者 700 余人次，获 10 余家媒体报道共计 200 余次。同时在长春市图书馆馆刊《品读》开辟"沃土芳华"专栏，以每期活动为主题，择取精彩内容予以登载，累计整理、发表 9 万字。"品读聚乐部"让"读"与"写"的关系更加清晰明朗，使作家们从写书人，转变成阅读推广人，让阅读更具深度，进一步彰显了图书馆的人文特色。

（十四）"长春星火阅读计划"领读者阅读推广项目

"星火阅读计划"标识

　　"长春星火阅读计划"领读者阅读推广项目创办于 2018 年，由长春市图书馆策划推广部负责。该项目以发展和培养全民阅读活动的领跑人——领读者为主线，以"助力书香长春建设，涵养培育城市精神"为目标，以"书香长春·寻找领读者"活动为起点，开启了阅读推广团队建设的"三年百人"工程（2020 年已完成）。项目通过领读者深入城市各领域开展阅读推广活动来发挥公共图书馆的社会阅读指导作用，充分调动社会资源和民间力量来参与和壮大全民阅读事业，构建覆盖全市的"领读者—大众群体—阅读载体"的三维阅读生态圈，打造全民喜爱、全民参与、全民共享的社会阅读空间。

　　"长春星火阅读计划"的领读者来源广泛，遍及社会各行各业；活动架构完整，注重细节完善；内容接地气，易让市民接受；运行机制规范，具备持续性；开展社会合作，吸纳拓展资源。"长春星火阅读计划"所开展的阅读推广活动，服务上实行分组方式，组建5个阅读推广小组，面向不同群体有针对性地开展分众化阅读推广活动；内容上进行分类推送，在线上线下全媒体推广的同时，兼顾各类阅读群体的阅读需要和特点；空间上实现全覆盖，依托"城市书网"建设，搭建起网格状分布的覆盖全市的阅读生态圈。

领读者走进社区开展阅读推广活动

领读者走进 FM100.1《约会班主任》栏目进行阅读推广

领读者在长春市民读书节开幕式上领读《市民阅读倡议书》

　　"长春星火阅读计划"领读者阅读推广活动分为由长春市图书馆指导和自行组织开展两种形式，每年在图书馆指导下开展的活动不少于30场，领读者自行组织开展的活动则有百场以上。国家和省市各大新闻媒体对"领读者"事迹及所开展的活动报道累计200余次。2019年7月，"长春星火阅读计划"项目荣获中国图书馆学会"创新引领未来——第二届公共图书馆创新创意征集推广"活动三等奖；2019年9月，共青团吉林省委在长春市图书馆正式设立"吉林省青年志愿者协会领读者宣讲团"；2019年11月，"长春星火阅读计划"项目荣获深圳读书月第五届领读者大奖"领读者·阅读空间奖"（图书馆）提名奖；2020年7月，"长春星火阅读计划"领读者阅读推广项目案例在2020年中国图书馆学会学术论文和业务案例征集活动中荣获一等奖。

（十五）"爱尚 e 读"数字阅读品牌

"爱尚 e 读"标识

　　"爱尚 e 读"数字阅读品牌创办于 2018 年，由长春市图书馆数字资源部负责。该项目通过线上线下相结合的活动方式，为读者介绍馆藏数字资源的使用方法，让更多读者了解和体验新型阅读形式。项目旨在推广数字阅读，迎合各类型阅读群体的多元需求，顺应阅读形态的飞速发展趋势，推动阅读服务形式的更新迭代。

　　"爱尚 e 读"通过线上线下相结合的方式开展数字阅读推广活动。线上活动载体主要为长春市图书馆 App 和微信公众号，资源主要包括上万册的热门电子图书、10 余万册 8 万多小时的听书资源、实时更新的 3 600 余种主流期刊报纸以及各类线上课程学习资源等。线下活动主要为面向全年龄层读者的各类数字阅读互动体验活动。

第二季"爱尚 e 读"线下活动中，读者进行超大拼图拼装

小读者在"爱尚 e 读"活动现场进行数字阅读互动体验

截至 2020 年底，"爱尚 e 读"共举办线上线下数字阅读推广活动 200 余场，参与读者 7 万余人次，被媒体报道百余次。

（十六）爱贝阅读计划

"爱贝阅读计划"标识

"爱贝阅读计划"始于 2019 年，由长春市图书馆青少年读者工作部负责。该品牌是面对长春市新生儿家庭长期开展的一项公益性阅读推广活动，以"种阅读，助成长"为理念，以 0—3 岁婴幼儿为服务对象，通过为其家庭免费发放阅读礼包、提供阅读指导书目、开展线上线下阅读跟踪和指导服务，激发婴幼儿阅读兴趣，培养其阅读习惯，培育书香家庭。

"爱贝阅读计划"以赠送"阅读大礼包"为起点，针对新生儿家庭精心打造一份新生儿"阅读大礼包"。图书馆与儿科医院、幼托、学校等机构合作，发放"阅读大礼包"，针对不同月龄的儿童选取适合阅读的素材进行详细指导，为家长指明阅读启蒙的重要意义，采用线上线下相结合的方式对家长提供多元化的阅读指导。项目开设"爱贝课堂""绘阅故事会""亲子手工坊"等活动，线上线下相结合，全面系统地讲解孩子成长过程中家长们应当注意的营养、发育、生理、心理等方面的问题。同时，项目组建专家团队，邀请心理、教育、阅读、孕婴等方面的专家为家长提供早期教育方面的指导培训，普及关于阅读、营养、保健及亲子教育等方面的知识，帮助家长掌握阅读技巧，让更多孩子在良好的家庭环境中健康快乐地成长。

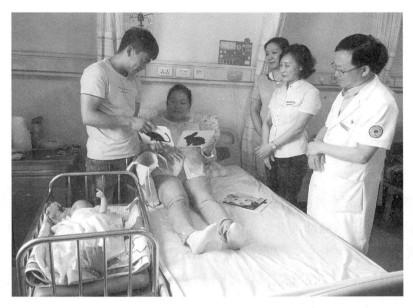

"爱贝阅读计划"走进长春市妇产医院

"爱贝阅读计划"走进吉大附中力旺实验幼儿园

　　截至 2020 年末,"爱贝阅读计划"已经有百余组家庭加入,图书馆不定期开展阅读指导讲座、家长沙龙、线上课堂、阅读推荐指导等多种形式的活动共计 20 余场次。《中国新闻出版广电报》《图书馆界》《长春晚报》等多家媒体对该项目及活动给予了关注和报道。

（十七）方寸时光

"方寸时光"标识

　　"方寸时光"文化服务品牌项目创办于 2019 年 4 月，是长春市图书馆自主创办的文化服务品牌，由书刊流通部负责。这是一个年轻的品牌，创办以来坚持以群众为载体，以满足读者个性化需求为己任，以打造多元化阅读平台为目的，不断完善、创新，使图书馆、社会团体、个人三者形成合力，引导和形成全民阅读氛围，建设书香社会，做市民的文化加油站和梦想俱乐部。

　　"方寸时光"自创办以来，通过每月同读一本好书、同议一个读书话题、同讲一个读书故事，为广大读书爱好者提供了传播和共享知识的平台，营造了一个读书思考、讨论交流、表达自我的环境。通过努力，"方寸时光"逐渐走进书友的视野，逐渐被书友喜欢、熟知和接纳。通过媒体宣传，"方寸时光"活动影响力得到了提升，在社会上渐渐有了知名度，其后被作为长春市图书馆特色服务项目进行重点打造和推广。"方寸时光"不断在发展中创新服务形式和内容，扩大服务范围，不再局限于单一的读书分享，而是朝着多元化发展，覆盖读书、写作、国学、演讲、艺术等多个主题，实现了活动的系列化、常态化。活动内容涵盖市民文化生活的方方面面，读者可根据自己的意愿选择喜欢的活动报名，极大满足了市民的精神文化需求。2020 年新冠疫情期间，长春市图书馆独辟蹊径，以服务读者为中心、以互联网工具为依托，利用即时通信工具和网络视频会议形式，开展"方寸时光·线上书友会"，实现"互联网＋阅读"的线上阅读交流模式，打破了时间和空间的局限性，引领更多读者享受阅读及文化生活的乐趣，使活动形式更加多元化。

　　"方寸时光"旨在帮助更多市民养成读书习惯，通过知识传播让阅读更有感召力和吸引力。截至 2020 年，"方寸时光"共举办活动 40 场，受众 2 500 余人，已成为一档深受年轻一代读者喜爱的、评价高、口碑好的公益品牌项目，被各类媒体报道 30 余次。

"方寸时光"之"艺术沙龙"

十一、学术研究

长春市图书馆除了为社会各界提供各项图书馆服务外，还肩负开展学术研究的重要职能。在第六次全国县级以上公共图书馆评估定级的相关标准中，副省级图书馆"业务研究"一项的基本分值为 20 分、加分项分值为 50 分，在相应的总分值中分别占 2%、10%，体现出国家对副省级图书馆开展学术研究的积极引导和鼓励。2011 年至 2020 年间，长春市图书馆通过完善科研管理制度，建立科学合理的科研成果立项、研究、评价、表彰机制，加强激励作用，促进馆员多出成果、出好成果。

（一）管理政策

2014 年，为进一步加强学术科研工作的正规化、专业化、标准化建设，完善中高级职称科研成果评审计分标准，确保职称评审结果的科学、客观和公正，长春市图书馆根据《吉林省图书、资料系列中、高级专业技术资格评审条件（试行）》（吉人联字〔2004〕50 号）、《关于开展 2013 年全省图书资料等四个系列专业技术资格评审工作的通知》（吉文发〔2013〕142 号）、《2014 年长春市职称评聘工作安排意见》（长人社〔2014〕53 号），以及历届北京大学、南京大学等国内公认比较权威机构评选的图书情报学、文献学核心期刊目录，结合图书馆实际，制定《长春市图书馆学术科研成果评审计分细则》（以下简称《细则》），对学术论著、科研课题的赋分标准，馆员专业技术资格、副研究馆员专业技术资格、研究馆员专业技术资格的评审标准及本馆学术成果推荐条件进行详尽规定。为鼓励优秀人才脱颖而出，对个别不具备规定学历的馆员还规定了破格评审专业技术资格的条件。

《细则》中明确：学术科研成果中，学术论著包括发表的期刊论文、会议论文、学术著作等，总分最高分为45分。科研课题结项后，除课题主持人外，排名前5位的课题组成员为主要参加人，其他成员为一般参加人，总分最高分为25分。赋分标准分别如下表所示。

学术论著赋分表

作者排名		独著	第一作者/主编	第二作者/副主编	编委
期刊论文	国家级学术论文	10分	6分	4分	—
	核心级学术论文	8分	5分	3分	—
	省级学术论文	6分	4分	2分	—
	非本专业省级以上学术论文	3分	2分	1分	—
会议论文	国际级会议入选或获奖	8分	5分	3分	—
	国家级会议最高等级	6分	4分	2分	—
	国家级会议二等奖	2分	1.5分	0.5分	—
	国家级会议三等奖	1分	1分	—	—
	省级会议最高等级	2分	1.5分	—	—
	省级会议二等奖	1分	1分	1分	—
学术著作	专著	15分	8分	5分	2分
	编著	8分	5分	2分	1分
	汇编	4分	3分	1分	—

科研课题赋分表

课题组成员	国家级	省部级	厅局级	馆级
主持人	25分	15分	10分	5分
主要参加人	15分	11分	7分	3.5分
一般参加人	10分	4分	3分	1.5分

《细则》还明确了评审馆员、副研究馆员、研究馆员专业技术资格所需具备的条件。以评审馆员专业技术资格为例，长春市图书馆学术成果推荐条件是要求任现职期间，公开发表、出版本专业学术论著，须具备下列条件之一：①在省级以上学术期刊公开发表本专业学术论文 2 篇，其中至少 1 篇为独著；②在省级以上学术期刊合作发表本专业学术论文 3 篇；③合作出版本专业学术著作 1 部。吉林省厅学术（技术）成果评审条件有两条，一是任现职期间，公开发表、出版本专业学术论著，须具备下列条件之一：①合作撰写学术著作 1 部；②独立撰写学术论文 2 篇；③合作撰写学术论文 3 篇。二是任现职期间，须具备下列条件：①市（厅）级或县（处）级科研成果获奖项目的参加人；②参与完成本单位组织的科研项目或文献信息开发信息课题 1 项；③参与编写本单位的业务制度、技术规章、工作细则，或提出业务建设的可行性建议 2 项，并被采纳应用。同时，《细则》提出了破格评审馆员、副研究馆员、研究馆员专业技术资格的条件。如评审馆员专业技术资格，凡不符合下列三个单项条件之一的：不具备规定的学历层次或年限，取得助理馆员专业技术资格满 4 年，受聘助理馆员专业技术职务满 2 年，且这个不符合的单项条件与正常申报年限规定只差一年的，均可提出破格申请。破格评审馆员专业技术资格的人员，任现职期间，在具备专业技术工作能力和学术成果等正常评审条件的同时，还须具备下列条件之一：①省（部）级科研成果获奖项目的主要完成人，或市（厅）级科研成果一、二等奖 1 项或三等奖 2 项获奖项目的主要完成人；②县级科研成果一等奖 2 项获奖项目的主要完成人。

2015 年，长春市图书馆依据文化部全国第五次县以上公共图书馆评估定级《省级图书馆评估标准》的业务研究指标要求以及上述《细则》，制定了《长春市图书馆学术研究成果奖励办法（2015 年修订稿）》（以下简称《办法》），规定每年审核、奖励一次馆员当年在馆期间取得的符合条件的论文、专著、编著、科研课题等学术成果，并规定记入奖项获得者本人档案，作为考核、评定技术职务的重要依据之一。2018 年，图书馆又根据文化部第六次全国县级以公共图书馆评估定级《省级（副省级）图书馆评估标准》以及 2018 年修订的《细则》，制定了《长春市图书馆学术研究成果奖励办法（2018 年修订稿）》。

（二）学术团队

2011 年以来，长春市图书馆不仅鼓励全馆职工结合自己的工作实践和兴趣爱好进行个人学术研究，还鼓励通过分部门或跨部门积极开展学术科研项目，以项目建设培养学术团队，推动学术团队建设。

一方面，图书馆各部门结合本部门职责和实际工作开展学术研究，推动部门内部学术团队建设。如采编部撰写年度采编工作分析报告、本馆加工书目数据审校分析报告、图书采访执行分析报告；书刊流通部撰写年度读者（用户）统计分析及文献流通统计分析报告；研究辅导部多次深入基层，对长春地区的公共图书馆服务体系建设情况进行走访调研，撰写《长春市创建公共文化服务体系示范区进展情况调研报告》《长春市公共图书馆服务效能调研报告》。这些学术研究工作为促进本部门工作发展和图书馆事业发展发挥了重要作用。

另一方面，图书馆还跨部门组建学术研究团队。团队的组建主要是以项目建设为契机，包括基于某一图书编著出版项目而跨部门成立编委会，或基于某一科研课题而跨部门成立课题组。如《东北沦陷时期文学作品与史料编年集成》《城市公共图书馆的创新发展与服务效能提升——第27届十五城市公共图书馆工作研讨会论文集》这两部著作的编委会，均由图书馆跨部门人员组成。《东北沦陷时期文学作品与史料编年集成》是长春市图书馆组织编写的一部大型多卷书，共16卷，包括卷前卷以及从1931年到1945年每年一卷，由图书馆各部门协力完成。第27届全国十五城市公共图书馆工作研讨会由中国图书馆学会主办、长春市图书馆承办，此次会议优秀论文结集出版工作由长春市图书馆组织本馆多个部门的人员完成，成果即《城市公共图书馆的创新发展与服务效能提升——第27届十五城市公共图书馆工作研讨会论文集》。2012年9月至2014年5月开展的省级重点科研课题《公益性数字文化服务体系研究》的课题研究团队，则是由来自图书馆网络技术部、数字资源部、新媒体服务部等部门的人员组成。

在长春市图书馆的学术科研工作中，馆领导班子以身作则，在学术团队中发挥骨干力量或领导作用，撰写并发表多篇论文，编撰出版多部学术著作，主持或参与多项专业课题研究，还坚持理论联系实际，从实践中来到实践中去。如图书馆的公益文化服务品牌建设中，馆长谢群创立并主持的"'长图雅音'高雅艺术沙龙"项目获评中国图书馆学会2016年阅读推广优秀项目；案例《"小树苗"16点课堂》荣获第一届公共图书馆创新创意征集活动最佳创意奖；"助力小微　创业孵化·引领创新　筑阅读新空间——长图创空间建设项目"荣获中国图书馆学会2017年阅读推广优秀项目；"'新零售　阅读点餐'——长图'惠阅·文化菜单'微服务平台"荣获第二届全国公共图书馆创新创意征集活动二等奖。副馆长姚淑慧策划的"城市热读"系列讲座、"长春星火阅读计划"、"爱贝阅读计划"、"少年阅读"大讲堂、悦读故事汇、"蒲公英"亲子阅读讲座、"爱心传递，书香漂流"活动等成为业界阅读推广活动的典型案例和地方文化服务品牌，并受邀在国内外介绍经验。

（三）学术交流

学术交流在学术科研中占有十分重要的地位，是科研工作赖以存在和发展的基本机制。通常来说，图书馆学术交流主要是指图书馆员参加各级各类学术会议、专题研讨会、学术讲座、学习培训班等，包括馆内和馆外各种形式的专业性学术活动。在这中间，馆内外的一些学术平台发挥了重要作用。2011年以来，长春市图书馆通过各种馆内自建平台为全馆职工提供了良好的学术交流环境，同时积极"走出去"，借用省级图书馆学会和中国图书馆学会及其下属分会的学术平台促进馆员与馆外同行的学术交流，以此加强馆内学术研究，提升馆员业务研究能力。

在实际工作中，图书馆的学术交流和业务交流通常密不可分。如前文所述，长春市图书馆常态化开展的馆员业务培训工作包含了许多学术交流的内容。在馆内组织开展的馆员业务培训工作中，培训内容主要分为三个部分，其中之一就是专业知识培训，即通过讲解图书馆学理论知识、数字资源、学术热点追踪等，加强馆员的理论基础知识学习。这项培训是馆内搭建的重要学术平台之一，不仅有利于馆内人员之间进行学术交流，还将专家"请进来"，为馆内人员与馆外同行进行学术交流提供重要渠道。如2018年的馆内培训中，既有本馆人员讲解"2018年学术热点追踪报道"，也有邀请馆外专家担任主讲，如由吉林大学《情报科学》编辑部副主任、管理学博士张连峰主讲《解读社会科学基金项目，发表高质量学术论文》。

根据《长春市图书馆学术研究成果奖励办法》，长春市图书馆学术评审委员会负责每年对全馆申报材料审核汇总，进行奖励。馆员在期刊、会议上发表专业学术论文，或出版图书馆学、情报学、文献学的专著、编著，或以长春市图书馆为单位完成国家级、省部级、厅局级科研课题，均可向所在部门提出申请，由各部门填写《长春市图书馆学术成果奖励申报表》，连同申报材料一同报送学术评审委员会。这成为长春市图书馆为馆员搭建的又一重要学术平台，在促进馆内学术交流方面发挥了重要作用。

2011年至2020年间，长春市图书馆还积极参与国内外各级学术会议及其征文活动，以其为平台促进与馆外同行的学术交流。这些学术会议主要包括国际图联大会，中国图书馆年会，十五城市公共图书馆工作研讨会，吉林省图书馆学会年会，东北地区图书馆学科学讨论会，川吉苏冀桂五省（区）图书馆学会学术研讨会，以及中国图书馆学会分支委员会举办的会议，各省市图书馆举办的国际学术会议和全国性学术会议。如2013年，馆长谢群、策划推广部主任刘怡君赴广州参加"大都市的公共图书馆事业"国际学术研讨会；副馆长朱亚玲、典藏阅览部牟燕赴黑龙江省绥芬河市参加东北地区第十四次图书馆学科学讨论会。2014年，馆长谢群赴上海参加由上海图书馆上海科学技术情报研究所主办，上海市图书馆学会、上海市科学技术情报学会协办的第七届上海国际图书馆论坛（SILF7）。2015年，馆长谢群、策划推广部主任刘怡君赴临沂参加"2015年阅读推广峰会（秋季）暨中国图书馆学会阅读推广委员会成立十周年学术研讨会"。会上，馆长谢群以《长春市民读书节的文化创意与可持续发展》为题做报告。2017年，馆长谢群赴波兰参加第83届国际图联大会，并在国际图联大会的阅读推广分会场发表主旨演讲。2018年，馆长谢群赴杭州参加首届中国—中东欧国家图书馆联盟馆长论坛。2019年，副馆长姚淑慧赴广州参加新时代公共图书馆服务与建设创新第三次研讨会；馆长谢群、研究辅导部李莹波赴成都参加2019中英图书馆论坛。此外，在各级会议征文活动中，长春市图书馆多次获奖，由此提升了图书馆的学术影响力。

（四）学术成果

2011年以来，长春市图书馆积极鼓励馆员进行项目和课题的认领、申报，形成良好学术研究氛围。馆员研究领域涉及阅读推广、数字资源建设、地方文献、创新服务与管理、数字图书馆建设与服务等诸多方面，发表和出版大量论文、专著，完成相关课题10多项，为图书馆事业的发展提供了理论支撑。

2011—2020 年长春市图书馆学术研究成果统计

年份	期刊论文／篇	获奖会议论文[①]／篇	论文集论文／篇	学术专著／部	科研课题[②]／项
2011	24	21	30	3	0
2012	45	4	15	6	3
2013	67	5	21	3	1
2014	77	4	0	3	3
2015	55	5	1	18	0
2016	40	6	0	2	3

续表

年份	期刊论文/篇	获奖会议论文/篇	论文集论文/篇	学术专著/部	科研课题/项
2017	22	1	0	0	1
2018	23	3	0	5	5
2019	29	7	0	3	3
2020	43	9	0	1	11

①获奖会议论文的数量包括在国家级、省级行业案例征集活动中获奖的案例数量。

②科研课题的数量中包括已完成的科研课题和已立项未完结的科研课题。

2011—2020 年长春市图书馆部分研究主题及代表性成果

序号	研究主题	体裁	论文题目/书名/项目名称	发表/出版/项目情况	作者/项目责任人
1	数字资源建设	期刊论文	联盟图书馆框架下吉林省内图书馆特色数据库共建模式研究	《图书馆学研究》，2011 年第 8 期	刘彩虹、于亚芳、于丹辉
2		期刊论文	基于本体集成的数字资源整合研究	《图书馆学研究》，2011 年第 20 期	郝欣、刘英涛
3		期刊论文	图书馆数字资源共享的保障机制研究	《图书馆学研究》，2012 年第 4 期	于丹辉
4		期刊论文	吉林省电子信息资源集成管理现状分析与推进策略	《图书馆学研究》，2016 年第 9 期	赵春杰、田丽君、付希金
5	阅读推广	期刊论文	公共图书馆开展亲子阅读服务的思考	《图书馆研究》，2013 年第 5 期	李欣
6		科研项目	新媒体与图书馆阅读推广研究	2017 中国图书馆学会阅读推广课题项目	朱亚玲等
7		学术专著	文化之隅——"城市热读"讲座精编	长春出版社 2015 年出版	谢群
8		期刊论文	微电影在图书馆经典阅读推广中的效用	《图书馆工作与研究》，2016 年第 4 期	于艳波
9		期刊论文	幼儿书目推荐——公共图书馆阅读推广新策略	《图书馆工作与研究》，2016 年第 8 期	王英华
10		学术专著	现代图书馆建设与阅读推广研究	德宏民族出版社 2018 年出版	谢彦君

序号	研究主题	体裁	论文题目/书名/项目名称	发表/出版/项目情况	作者/项目责任人
11	阅读推广	学术专著	公共图书馆阅读推广研究	延边大学出版社2018年出版	张雪
12		期刊论文	新媒体视角下公共图书馆数字阅读推广探析	《图书馆学研究》，2019年第3期	朱亚玲、霍岩、刘劲杰
13		期刊论文	公共图书馆引导儿童家庭阅读环境创建策略研究	《图书馆研究与工作》，2019年第8期	王英华
14	服务创新	期刊论文	少儿图书馆延伸服务模式研究	《图书馆学研究》，2012年第22期	赵淑燕、周文举
15		期刊论文	打造公共图书馆中未成年人的第三空间	《四川图书馆学报》，2013年第1期	刘姝旭
16		期刊论文	以构建文化第三空间为导向的图书馆服务创新	《图书馆学研究》，2014年第10期	谢群
17		期刊论文	营造第三空间 服务城市文化——城市图书馆提升服务品质的探索与实践	《图书馆工作与研究》，2015年第1期	杨坤
18		学术专著	城市公共图书馆的创新发展与服务交通提升——第27届十五城市公共图书馆工作研讨会论文集	长春出版社2015年出版	谢群
19		期刊论文	IP运营——公共图书馆文化创新与推广的新思路	《图书馆学刊》，2018年第7期	胡一
20	数字图书馆	期刊论文	高校数字图书馆安全信息共享体系的构建研究	《现代情报》，2012年第11期	刁文魁
21		期刊论文	城市公共图书馆在区域性数字文化服务中的实践与探索——以长春数字图书馆为例	《公共图书馆》，2012年第4期	朱亚玲
22		期刊论文	数字图书馆推广工程在区域性数字文化服务中的探索与实践——以长春数字图书馆为例	《国家图书馆学刊》，2012年第5期	朱亚玲、李娜

续表

序号	研究主题	体裁	论文题目/书名/项目名称	发表/出版/项目情况	作者/项目责任人
23		期刊论文	溥仪文献的开发利用价值研究	《情报探索》，2011年第2期	张英华
24	地方文献	期刊论文	网络环境下图书馆地方文献资源建设研究——以长春市图书馆为例	《图书馆学研究》，2013年第10期	宋川
25		期刊论文	基于图书馆联盟的地方文献建设研究	《图书馆学刊》，2014年第10期	侯小梅
26		期刊论文	总分馆制与联盟制服务模式的比较研究	《图书馆学刊》，2011年第8期	刘冬
27	图书馆联盟与总分馆制	期刊论文	PDCA法在总分馆制中的应用	《图书馆学刊》，2012年第1期	王嘉雷
28		期刊论文	吉林省农家书屋一体化管理体系建设研究	《图书馆学研究》，2013年第16期	王嘉雷、吴锐、奚水

谢群 刘锦山 主编

长春市图书馆志

（2011—2020）

下

国家图书馆出版社

第三部分　统计数据

一、图书馆领导任职表

党委书记任职年表

姓名	职务	任职时间
谢群	党委书记	2012 年 12 月 1 日—2020 年 10 月 31 日
金勇	党委书记	2020 年 11 月 1 日—2020 年 12 月 31 日

党委副书记任职年表

姓名	党委职务	任职时间
吴锐	党委副书记	2011 年 1 月 1 日—2017 年 11 月 2 日

馆长任职年表

姓名	职务	任职时间
谢群	馆长	2012 年 12 月 1 日—2020 年 10 月 31 日
金勇	馆长	2020 年 11 月 1 日—2020 年 12 月 31 日

副馆长任职年表

姓名	职务	任职时间
朱亚玲	业务副馆长	2011 年 1 月 1 日—2016 年 12 月 31 日
	业务副馆长兼行政副馆长	2017 年 1 月 1 日—2020 年 12 月 31 日
刘曙光	行政副馆长	2011 年 1 月 1 日—2015 年 2 月
范敏	业务副馆长	2011 年 1 月 1 日—2017 年 11 月 2 日
吴锐	业务副馆长	2011 年 1 月 1 日—2017 年 11 月 2 日
姚淑慧	业务副馆长	2017 年 11 月 3 日—2020 年 12 月 31 日
路维平	副馆长	2019 年 9 月 20 日—2020 年 12 月 31 日
常盛	副馆长	2019 年 10 月 28 日—2020 年 12 月 31 日

二、图书馆部门建制及人员组成表

图书馆部门建制表

时间	业务部门设置
2011	馆长办公室、党委办公室、计划财务科、行政科、保卫科、采编部、流通部、报刊部、参考咨询部、典藏阅览部、研究辅导部、网络技术部、数字资源、文化项目发展部、青少年读者工作部、策划推广部、铁北分馆[①]
2012	馆长办公室、党委办公室、计划财务科、行政科、保卫科、采编部、流通部、报刊部、参考咨询部、典藏阅览部、研究辅导部、网络技术部、数字资源部、文化项目发展部、青少年读者工作部、策划推广部、铁北分馆
2013	馆长办公室、党委办公室、计划财务科、行政科、保卫科、采编部、书刊借阅中心、参考咨询部、典藏阅览部、研究辅导部、网络技术部、数字资源部、新媒体服务部、文化项目发展部、青少年读者工作部、策划推广部、铁北分馆
2014	办公室、党委办公室、计划财务科、行政科、保卫科、采编部、书刊流通部、参考咨询部、典藏阅览部、研究辅导部、网络技术部、数字资源部、新媒体服务部、文化项目发展部、青少年读者工作部、策划推广部、铁北分馆
2015	办公室、党委办公室、计划财务科、行政科、保卫科、采编部、书刊流通部、参考咨询部、典藏阅览部、研究辅导部、网络技术部、数字资源部、新媒体服务部、文化项目发展部、青少年读者工作部、策划推广部、铁北分馆
2016	办公室、党委办公室、计划财务科、行政科、保卫科、采编部、书刊流通部、参考咨询部、典藏阅览部、研究辅导部、网络技术部、数字资源部、新媒体服务部、文化项目发展部、青少年读者工作部、策划推广部、铁北分馆
2017	办公室、党委办公室、计划财务科、行政科、保卫科、采编部、书刊流通部、参考咨询部、典藏阅览部、研究辅导部、网络技术部、数字资源部、新媒体服务部、文化项目发展部、青少年读者工作部、策划推广部、铁北分馆、基建办（临时机构）[②]
2018	办公室、党委办公室、计划财务科、行政科、保卫科、采编部、书刊流通部、参考咨询部、典藏阅览部、研究辅导部、网络技术部、数字资源部、新媒体服务部、文化项目发展部、青少年读者工作部、策划推广部、铁北分馆、基建办（临时机构）
2019	办公室、党委办公室、计划财务部、后勤保障部、采编部、书刊流通部、参考咨询部、典藏阅览部、研究辅导部、网络技术部、数字资源部、新媒体服务部、文化项目发展部、青少年读者工作部、策划推广部、铁北分馆、馆史办（临时机构）[③]
2020	办公室、党委办公室、计划财务部、后勤保障部、采编部、书刊流通部、参考咨询部、典藏阅览部、研究辅导部、网络技术部、数字资源部、新媒体服务部、文化项目发展部、青少年读者工作部、策划推广部

①铁北分馆内设读者工作部（后改名读者服务部）、后勤保障部等部门，从2011年起10年间分馆负责人、内设部门屡有调整。

②2017年，为确保图书馆维修改造工作顺利开展，图书馆设立临时机构基建办。

③2019年，为编撰图书馆馆史，图书馆设立临时机构馆史办。

馆长办公室人员组成表

时间	主任	成员
2011	路维平	陈东、赵春杰、王彦萍、李超、车秀峰、孙海晶、安爱功
2012	路维平	陈东、赵春杰、王彦萍、李超、车秀峰、孙海晶、王英华
2013	路维平	赵春杰、王彦萍、李超、王英华、刘群

办公室①人员组成表

时间	主任	副主任	成员
2014	路维平	—	赵春杰、王彦萍、李超、王英华、刘群
2015	路维平	—	赵春杰、王彦萍、李超、王英华、刘群
2016	路维平	—	赵春杰、王彦萍、李超、王英华、刘群
2017	路维平	—	赵春杰、王彦萍、李超、王英华、王政冬、郭旭（4月1日—12月31日）
2018	路维平	—	赵春杰、王彦萍、李超、王英华、王政冬、赵星月
2019	陆阳	王英华	赵春杰、王彦萍、赵星月、陶莎
2020	—	王英华	朱玲玲、赵春杰、王彦萍、赵星月、陶莎

① 2014年馆长办公室更名为办公室。

计划财务部人员组成表

时间	部长	成员
2011	—	王玉、姜莉莉、徐骐、贾晓凤、李亚军
2012	—	王玉、姜莉莉、徐骐、贾晓凤、翟羽佳、李亚军
2013	—	王玉、徐骐、贾晓凤、翟羽佳
2014	—	王玉、徐骐、贾晓凤、翟羽佳
2015	—	王玉、徐骐、贾晓凤、翟羽佳
2016	—	王玉、徐骐、贾晓凤、翟羽佳
2017	徐骐（负责人）	王玉、贾晓凤、翟羽佳
2018	徐骐（负责人）	王玉（1—2月）、贾晓凤、翟羽佳、李小北
2019	徐骐（负责人）	贾晓凤、翟羽佳、李小北
2020	徐骐（负责人）	贾晓凤、翟羽佳、李小北

行政科人员组成表

时间	科长	成员
2011	周伟勋	徐宝宏、蔡树君、吴利群、张黎光、冯晓伟、林岩、赵巨、徐胜利、满振刚、李志民、宋承夫、王勤俭
2012	周伟勋	徐宝宏、蔡树君、吴利群、张黎光、冯晓伟、林岩、赵巨、满振刚、李志民、宋承夫、王勤俭
2013	周伟勋	徐宝宏、蔡树君、吴利群、张黎光、冯晓伟、林岩、赵巨、满振刚、李志民、宋承夫、王勤俭
2014	周伟勋（1—9月）	徐宝宏、蔡树君、吴利群、张黎光、冯晓伟、林岩、赵巨、满振刚、李志民、宋承夫、张文婷
2015	—	徐宝宏、蔡树君、吴利群、张黎光、冯晓伟、林岩、赵巨、满振刚、李志民、宋承夫、张文婷
2016	—	徐宝宏、蔡树君、吴利群、张黎光、冯晓伟、林岩、赵巨、满振刚、李志民、宋承夫、张文婷
2017	路维平（兼任）、安山山（负责人）	蔡树君、冯晓伟、林岩、赵巨、满振刚、李志民、宋承夫
2018	路维平（兼任）、安山山（负责人）	蔡树君、冯晓伟、林岩、赵巨、满振刚、宋承夫、李志民（1—2月）

保卫科人员组成表

时间	科长	副科长	成员
2011	李益军	王鑫	王健、孙长友、王伟影、田久计
2012	李益军	王鑫	王健、孙长友、王伟影、田久计、安爱功
2013	李益军	王鑫	王健、孙长友、王伟影、田久计、安爱功
2014	李益军	王鑫	王健、孙长友、王伟影、田久计、安爱功
2015	李益军（1—2月）	王鑫	王健、孙长友、王伟影、田久计、安爱功
2016	—	王鑫	王健、孙长友、王伟影、田久计、安爱功
2017	—	王鑫	王健、孙长友、王伟影、田久计、徐宝宏、吴利群
2018	—	王鑫	王健、孙长友、王伟影、田久计、徐宝宏、吴利群

后勤保障部①人员组成表

时间	主任	副主任	成员
2019	安山山	陈岳华	王鑫、王伟影、田久计、徐宝宏、吴利群、蔡树君、冯晓伟、林岩、赵巨、满振刚、宋承夫、张磊、李玫玫
2020	安山山	陈岳华	王鑫、田久计、蔡树君、冯晓伟、林岩、赵巨、满振刚、宋承夫、张磊、李玫玫、高立波

① 2019 年，行政科和保卫科合并成立为后勤保障部。

采编部人员组成表

时间	主任	副主任	成员
2011	朱玲玲	—	侯军、于亚芳、于艳波、陈爱军、安晓涛、刘铭、李娜、陈素梅、张华、袁春雁、李欣、谢佳、黄子健
2012	朱玲玲	—	侯军、于亚芳、于艳波、陈爱军、安晓涛、刘铭、李娜、陈素梅、张华、袁春雁、李欣、谢佳、黄子健、陈虹羽
2013	朱玲玲	—	侯军、于亚芳、李晓蓉、李志全、张华、刘铭、李娜、陈素梅、袁春雁、李欣、谢佳、陈虹羽、黄子健
2014	朱玲玲	—	侯军、于亚芳、李晓蓉、李志全、张华、刘铭、李娜、陈素梅、袁春雁、李欣、谢佳、陈虹羽、黄子健
2015	朱玲玲	—	侯军、于亚芳、李晓蓉、李志全、张华、刘铭、李娜、陈素梅、袁春雁、李欣、谢佳、陈虹羽、黄子健
2016	朱玲玲	—	侯军、于亚芳、李晓蓉、李志全、张华、刘铭、李娜、陈素梅、袁春雁、李欣、谢佳、陈虹羽、黄子健、胡育杏、胡一
2017	朱玲玲	—	侯军、于亚芳、李晓蓉、李志全、陈素梅、张华、刘铭、李娜、袁春雁、李欣、黄子健、谢佳、陈虹羽、胡育杏、胡一
2018	朱玲玲	—	侯军、于亚芳、李晓蓉、李志全、陈素梅、袁春雁、刘铭、李娜、李欣、黄子健、谢佳、陈虹羽、胡育杏、胡一、张华（1—2 月）
2019	王嘉雷	李欣	侯军、于亚芳、李晓蓉、陈素梅、袁春雁、董艳、刘铭、李娜、黄子健、胡育杏、胡一、于洪洋
2020	王嘉雷	李欣	侯军、于亚芳、李晓蓉、陈素梅、袁春雁、董艳、刘铭、李娜、黄子健、胡育杏、胡一、于洪洋

流通部人员组成表

时间	主任	副主任	成员
2011	陆阳	孟静	房寂静、陈芸芸、刁文魁、张文婷、杨坤、郭巍、王立波、刘英、高薪婷、岳晓波、张弛、张佳音、刘冬、刘春颖、李春娜、吕爽、王新灵、王秀利、付艳、孙燕、王郡华、马贺、范崔岩
2012	陆阳	孟静	房寂静、陈芸芸、刁文魁、张文婷、杨坤、郭巍、王立波、刘英、高薪婷、岳晓波、张弛、张佳音、刘冬、刘春颖、李春娜、吕爽、王新灵、王秀利、孙燕、王郡华、马贺、范崔岩

报刊部人员组成表

时间	主任	副主任	成员
2011	林忠娜	董艳	侯晓梅、姜洪青、冯也芮、马丽、牟燕、付俊、刘颖久、赵晶、李晓蓉、葛丹阳、李志全、于涵、赵雪莹、王文宇、刘艳梅、杨大亮、张诗杨、周文举、于雪飞
2012	林忠娜	董艳	侯晓梅、姜洪青、于雪飞、马丽、牟燕、付俊、刘颖久、赵晶、李晓蓉、葛丹阳、李志全、周文举、赵雪莹、王文宇、刘艳梅、杨大亮、张诗杨、艾妍

书刊借阅中心[①]人员组成表

时间	主任	副主任	成员
2013	陆阳	孟静、董艳	房寂静、陈芸芸、刁文魁、付俊、杨坤、郭巍、王立波、刘英、高薪婷、岳晓波、张弛、张佳音、刘冬、刘春颖、李春娜、吕爽、王新灵、范崔岩、孙燕、王郡华、赵晶、马贺、刘艳梅、杨大亮、艾妍、周文举、于雪飞

① 2013 年，流通部和报刊部合并为书刊借阅中心。

书刊流通部[①]人员组成表

时间	主任	副主任	成员
2014	陆阳	孟静、董艳	房寂静、王海波、刁文魁、付俊、杨坤、郭巍、王立波、刘英、高薪婷、岳晓波、张弛、张佳音、刘冬、刘春颖、李春娜、吕爽、王新灵、范崔岩、孙燕、王郡华、赵晶、马贺、刘艳梅、杨大亮、周文举、于雪飞、张诗扬、李立群、马晓丽、冀岩、武勇、王丽娟

续表

时间	主任	副主任	成员
2015	陆阳	孟静、董艳	房寂静、王海波、刁文魁、付俊、杨坤、郭巍、王立波、刘英、高薪婷、岳晓波、张弛、张佳音、刘冬、刘春颖、李春娜、吕爽、王新灵、范崔岩、孙燕、王郡华、赵晶、马贺、刘艳梅、杨大亮、周文举、于雪飞、张诗扬、李立群、马晓丽、冀岩、武勇、王丽娟
2016	陆阳	孟静、董艳	房寂静、刁文魁、付俊、马晓丽、杨坤、郭巍、王立波、刘英、高薪婷、岳晓波、张弛、张佳音、刘冬、刘春颖、李春娜、吕爽、王新灵、范崔岩、孙燕、王郡华、马贺、刘艳梅、杨大亮、武勇、周文举、于雪飞、张诗扬、李立群、冀岩、王丽娟、苗林、邸东博
2017	陆阳	孟静、董艳	房寂静、刁文魁、付俊、马晓丽、杨坤、郭巍、王立波、刘英、高薪婷、岳晓波、张弛、张佳音、刘冬、刘春颖、李春娜、吕爽、王新灵、范崔岩、孙燕、王郡华、马贺、刘艳梅、杨大亮、武勇、周文举、于雪飞、张诗扬、冀岩、王丽娟、苗林、邸东博、祝磊、张文婷、吴方、景丽萍
2018	陆阳	孟静、董艳	房寂静、刁文魁、付俊、马晓丽、杨坤、王郡华、郭巍、王立波、刘英、高薪婷、岳晓波、武勇、张弛、张佳音、刘冬、刘春颖、李春娜、吕爽、王新灵、范崔岩、孙燕、马贺、刘艳梅、杨大亮、周文举、于雪飞、张诗扬、冀岩、王丽娟、苗林、邸东博、祝磊、张文婷、吴方、景丽萍、付钟谊
2019	于雅彬	郭旭、张文婷	房寂静、刁文魁、付俊、马晓丽、杨坤、王郡华、郭巍、王立波、刘英、高薪婷、岳晓波、武勇、张弛、张佳音、刘冬、刘春颖、李春娜、吕爽、王新灵、范崔岩、孙燕、马贺、刘艳梅、杨大亮、周文举、于雪飞、张诗扬、王丽娟、苗林、祝磊、吴方、景丽萍、付钟谊、叶心
2020	于雅彬	郭旭、张文婷	房寂静、刁文魁、付俊、马晓丽、杨坤、王郡华、郭巍、王立波、刘英、高薪婷、岳晓波、武勇、张弛、张佳音、刘冬、刘春颖、李春娜、吕爽、王新灵、范崔岩、孙燕、马贺、刘艳梅、杨大亮、周文举、于雪飞、张诗扬、王丽娟、苗林、祝磊、吴方、景丽萍、付钟谊、叶心、刘姝旭

①2014年，书刊借阅中心更名为书刊流通部。

参考咨询部人员组成表

时间	主任	副主任	成员
2011	金钟春	于丹辉	张晓光、刘丽梅、胡艳玲、叶心、程华、唐彬、张昭、王英华、孙一平
2012	金钟春	于丹辉	刘丽梅、胡艳玲、叶心、于涵、程华、唐彬、张昭
2013	金钟春	—	刘丽梅、唐彬、张昭、于涵、马骥
2014	金钟春	—	唐彬、张昭、于涵、马骥
2015	金钟春	—	唐彬、张昭、于涵、马骥
2016	金钟春（1—8月）	—	唐彬、张昭、于涵、马骥
2017	张昭（负责人）	—	唐彬、于涵、马骥
2018	于涵（负责人）	—	张昭、马骥、范朦予
2019	—	于涵	张昭、马骥、范朦予
2020	—	于涵	于丹辉、程华、杜欣、张昭、马骥、范朦予

典藏阅览部人员组成表

时间	主任	副主任	成员
2011	刘雅南	刘佳贺	张英华、宋川、孙晓红、高晶霞、洪旭、赵多方、孙玲、刘畅悦、牛寒梅、亢吉平、李玫玫、张雯婷、杨屹、齐放
2012	刘雅南	刘佳贺	张英华、宋川、孙晓红、高晶霞、洪旭、赵多方、孙玲、齐放、牛寒梅、亢吉平、李玫玫、张雯婷、杨屹
2013	刘彩虹[①]	刘佳贺	张英华、宋川、孙晓红、高晶霞、赵多方、孙玲、齐放、车秀峰、牛寒梅、亢吉平、林忠娜、张雯婷、杨屹、侯小梅、姜洪青、马丽、牟燕、刘颖久、葛丹阳、王文宇、赵雪莹、于艳波、陈爱军、叶心、孟欣、王秀利
2014	刘彩虹	刘佳贺	张英华、宋川、孙晓红、王秀利、赵多方、孙玲、齐放、车秀峰、牛寒梅、亢吉平、林忠娜、张雯婷、杨屹、侯小梅、姜洪青、马丽、牟燕、刘颖久、葛丹阳、王文宇、赵雪莹、于艳波、陈爱军、叶心、孟昕、孙金星、刘升、沈阳、王明旭
2015	刘彩虹	刘佳贺	张英华、宋川、孙晓红、王秀利、赵多方、孙玲、齐放、车秀峰、牛寒梅、亢吉平、林忠娜、张雯婷、杨屹、侯小梅、姜洪青、马丽、牟燕、刘颖久、葛丹阳、王文宇、赵雪莹、于艳波、陈爱军、叶心、孙金星、刘升、沈阳、王明旭、佟馨、胡一、周琳、胡育杏、许皓涵、王春雨

时间	主任	副主任	成员
2016	刘彩虹	刘佳贺	张英华、宋川、孙晓红、王秀利、赵多方、孙玲、齐放、车秀峰、牛寒梅、亢吉平、林忠娜、张雯婷、杨屹、侯小梅、姜洪青、马丽、牟燕、刘颖久、葛丹阳、王文宇、赵雪莹、于艳波、陈爱军、叶心、孙金星、刘升、沈阳、王明旭、佟馨、王政冬、徐迎、于洪洋、刘畅、陶莎
2017	刘彩虹	刘佳贺	张英华、洪旭、孙晓红、王秀利、赵多方、孙玲、齐放、车秀峰、牛寒梅、亢吉平、林忠娜、张雯婷、杨屹、侯小梅、姜洪青、马丽、牟燕、葛丹阳、王文宇、赵雪莹、陈爱军、叶心、孙金星、刘升、沈阳、王明旭、陶莎、刘群
2018	刘彩虹	刘佳贺	张英华、洪旭、孙晓红、王秀利、赵多方、唐彬、孙玲、齐放、车秀峰、陈爱军、亢吉平、林忠娜、张雯婷、杨屹、刘升、姜洪青、马丽、牟燕、葛丹阳、王文宇、赵雪莹、沈阳、叶心、孙金星、王明旭、陶莎、刘群、侯小梅（1—2月）、牛寒梅（1—3月）
2019	刘彩虹	杨屹、孙玲	洪旭、孙晓红、王秀利、赵多方、唐彬、王明旭、齐放、车秀峰、陈爱军、亢吉平、张雯婷、刘升、姜洪青、马丽、牟燕、葛丹阳、王文宇、赵雪莹、沈阳、谢佳、孙金星、刘群、刘佳贺、邸东博
2020	刘彩虹	杨屹、孙玲	洪旭、孙晓红、王秀利、赵多方、唐彬、王明旭、齐放、车秀峰、陈爱军、亢吉平、张雯婷、刘升、马丽、牟燕、葛丹阳、王文宇、赵雪莹、沈阳、谢佳、孙金星、刘群、刘佳贺、邸东博、李志全

①2013年10月，数字资源部原主任刘彩虹接替刘雅南任典藏阅览部主任。

研究辅导部人员组成表

时间	主任	成员
2011	阚立民	奚水、王嘉雷、李莹波、丁文伍
2012	阚立民	奚水、王嘉雷、李莹波、丁文伍
2013	阚立民	奚水、王嘉雷、李莹波、丁文伍
2014	阚立民	奚水、王嘉雷、李莹波、丁文伍
2015	阚立民	奚水、王嘉雷、李莹波、丁文伍
2016	阚立民	奚水、王嘉雷、李莹波、丁文伍
2017	阚立民	奚水、王嘉雷、李莹波、丁文伍、吴锐（11月3日—12月31日）
2018	阚立民	奚水、王嘉雷、李莹波、丁文伍、吴锐（1—6月）
2019	丁文伍	奚水、林忠娜、任凤鹏、周琳
2020	丁文伍	奚水、林忠娜、任凤鹏、周琳

网络技术部人员组成表

时间	主任	副主任	成员
2011	潘长海	李岩峰	赵皖喆、任凤鹏、陈风
2012	潘长海	李岩峰	赵皖喆、任凤鹏、陈风
2013	潘长海	李岩峰	赵皖喆、任凤鹏、陈风
2014	潘长海	李岩峰	赵皖喆、任凤鹏、陈风
2015	潘长海	李岩峰	赵皖喆、任凤鹏、陈风
2016	潘长海	李岩峰	赵皖喆、任凤鹏、陈风
2017	潘长海	李岩峰	赵皖喆、任凤鹏、陈风
2018	潘长海	李岩峰	赵皖喆、任凤鹏、陈风、孙丽红
2019	李岩峰	—	潘长海、赵皖喆、陈风、孙丽红
2020	李岩峰	—	潘长海、赵皖喆、陈风、孙丽红

数字资源部人员组成表

时间	主任	成员
2011	刘彩虹	杨育红、霍岩、郝欣、耿岱文、杜欣、李妍、刘劲节、艾妍、杨道伟
2012	刘彩虹	杨育红、霍岩、郝欣、耿岱文、杜欣、李妍、刘劲节、杨道伟、常盛
2013	耿岱文（负责人）[①]	杨育红、霍岩、郝欣
2014	耿岱文（负责人）	杨育红、霍岩、郝欣
2015	耿岱文（负责人）	杨育红、霍岩、郝欣
2016	耿岱文（负责人）	霍岩、郝欣、党恬甜
2017	耿岱文（负责人）	霍岩、郝欣、党恬甜、刘畅
2018	耿岱文（负责人）	霍岩、郝欣、党恬甜、刘畅
2019	耿岱文	霍岩、郝欣、党恬甜、刘畅、李妍
2020	耿岱文	霍岩、郝欣、党恬甜、刘畅、李妍、孙哲、冀言

① 2013 年 11 月，数字资源部耿岱文作为部门负责人承担部门管理工作。

新媒体服务部人员组成表

时间	主任	副主任	成员
2013	常盛	于丹辉	杜欣、李妍、刘劲节、杨道伟、李玫玫、胡艳玲、程华、高得玥、孙海晶
2014	常盛	于丹辉	杜欣、李妍、刘劲节、杨道伟、李玫玫、胡艳玲、程华、高得玥、孙海晶、艾妍、祝磊、孙哲

时间	主任	副主任	成员
2015	常盛	于丹辉	杜欣、李妍、刘劲节、杨道伟、李玫玫、胡艳玲、程华、高得玥、孙海晶、艾妍、祝磊、孙哲
2016	常盛	于丹辉	杜欣、李妍、刘劲节、杨道伟、李玫玫、胡艳玲、程华、高得玥、孙海晶、艾妍、祝磊、孙哲
2017	常盛	于丹辉	杜欣、李妍、刘劲节、杨道伟、李玫玫、胡艳玲、程华、高得玥、孙海晶、孙哲、于洪洋
2018	常盛	于丹辉	杜欣、李妍、刘劲节、杨道伟、李玫玫、孙海晶、胡艳玲、程华、高得玥、孙哲、于洪洋、董卓
2019	谢彦君	刘劲节	杜欣、胡艳玲、于丹辉、杨道伟、孙海晶、冀岩、程华、高得玥、孙哲、董卓
2020	谢彦君	刘劲节	胡艳玲、杨道伟、孙海晶、高得玥、董卓、侯姗姗

注：新媒体服务部于 2013 年建立。

文化项目发展部人员组成表

时间	主任	副主任	成员
2011	赵婷	—	李晓燕、孙金星、何桂华、王艳立
2012	赵婷	—	李晓燕、孙金星、何桂华、王艳立
2013	赵婷	—	李晓燕、孙金星、何桂华、王艳立、陈东
2014	赵婷	—	陈东、张雪、王艳立
2015	赵婷	—	陈东、张雪、王艳立、姜莉莉
2016	赵婷	—	陈东、张雪、王艳立、姜莉莉
2017	赵婷	—	陈东、张雪、王艳立、姜莉莉
2018	赵婷	—	陈东、张雪、王艳立、姜莉莉
2019	赵婷	—	陈东、张雪、姜莉莉
2020	赵婷	尚建伟	陈东、张雪、姜莉莉

青少年读者工作部人员组成表

时间	主任	副主任	成员
2011—2012	于雅彬	—	吴方、周隽慧、张海峰、刘姝旭、王明旭、党恬甜、所丹妮、金姗
2013	于雅彬	—	吴方、周隽慧、张海峰、刘姝旭、王明旭、党恬甜、所丹妮、金姗、姜莉莉、张文婷、安晓涛、何爽、孙一平

续表

时间	主任	副主任	成员
2014	于雅彬	—	吴方、周隽慧、张海峰、刘姝旭、党恬甜、所丹妮、金姗、何桂华、姜莉莉、李晓燕、安晓涛、何爽、孙一平、景丽萍
2015	于雅彬	—	吴方、周隽慧、张海峰、刘姝旭、党恬甜、所丹妮、金姗、何桂华、景丽萍、李晓燕、安晓涛、何爽、孙一平
2016	于雅彬	—	吴方、周隽慧、张海峰、刘姝旭、孙一平、所丹妮、金姗、何桂华、景丽萍、李晓燕、安晓涛、何爽、王春雨、洪旭
2017	于雅彬	—	何桂华、李晓燕、张海峰、刘姝旭、吴艳玲、孙一平、所丹妮、金姗、安晓涛、何爽、王春雨、周琳
2018	于雅彬	—	何桂华、李晓燕、张海峰、吴艳玲、安晓涛、周琳、孙一平、所丹妮、金姗、王春雨、何爽、胡冰清
2019	孟静	孙一平	何桂华、李晓燕、张海峰、吴艳玲、安晓涛、王艳立、所丹妮、金姗、王春雨、何爽、胡冰清、刘姝旭
2020	孟静	孙一平	何桂华、李晓燕、张海峰、吴艳玲、安晓涛、王艳立、所丹妮、金姗、何爽、胡冰清、王茜瑶、任聘铭、陈旭

策划推广部人员组成表

时间	主任	副主任	成员
2011	刘怡君	—	逯晓雅、谢彦君、乔欣欣、吕晓凤
2012	刘怡君	—	逯晓雅、谢彦君、乔欣欣、吕晓凤、孙一平
2013	刘怡君	—	逯晓雅、谢彦君、乔欣欣、洪旭
2014	刘怡君	—	逯晓雅、谢彦君、乔欣欣、洪旭
2015	刘怡君	—	逯晓雅、谢彦君、乔欣欣、洪旭
2016	刘怡君	—	逯晓雅、谢彦君、乔欣欣、许皓涵
2017	刘怡君	—	逯晓雅、谢彦君、乔欣欣、许皓涵
2018	刘怡君	—	逯晓雅、谢彦君、乔欣欣、许皓涵、刘姝旭
2019	刘怡君	李超	逯晓雅、乔欣欣、许皓涵
2020	—	李超	逯晓雅、乔欣欣、许皓涵、张超

铁北分馆馆长（负责人）任职表

时间	职务	姓名
2011	馆长	李帆
2012	馆长	李帆
2013	馆长	李帆
2014	馆长	李帆

时间	职务	姓名
2017	负责人	术红梅
2018	负责人	术红梅

注：2015 年铁北分馆馆长岗位撤销，2017 年铁北分馆设立负责人岗位，2019 年铁北分馆负责人岗位撤销。

2011—2013 年铁北分馆人员组成表

时间	读者工作部主任	读者工作部副主任	读者工作部成员	后勤保障部主任	后勤保障部成员
2011	术红梅	郭旭	李立群、马晓丽、尚建伟、冀岩、陈岳华、翟羽佳、苗林、滕淑英、高世杰、陈虹羽、孙哲、马骥、武勇、祝磊、刘升、景丽萍、沈阳、王丽娟、张雪	安山山	高立波、邸东博、张宝贵、张磊
2012	术红梅	郭旭	李立群、马晓丽、尚建伟、冀岩、陈岳华、张雪、苗林、滕淑英、王丽娟、沈阳、孙哲、马骥、武勇、祝磊、刘升、景丽萍	安山山	高立波、邸东博、张宝贵、张磊
2013	术红梅	郭旭	李立群、马晓丽、尚建伟、冀岩、陈岳华、张雪、苗林、王丽娟、沈阳、孙哲、刘升、景丽萍、武勇、祝磊、张诗扬	安山山	高立波、邸东博、张宝贵、张磊

2014—2016 年铁北分馆人员组成表

时间	读者服务部[①]主任	读者服务部副主任	读者服务部成员	后勤保障部主任	后勤保障部成员
2014	术红梅	郭旭	尚建伟、陈岳华、苗林	安山山	高立波、邸东博、张宝贵、张磊
2015	术红梅	郭旭	尚建伟、陈岳华、苗林	安山山	高立波、邸东博、张宝贵、张磊
2016	术红梅	郭旭	尚建伟、陈岳华	安山山	高立波、张宝贵、张磊

① 2014 年，铁北分馆的读者工作部更名为读者服务部。

2017—2018 年铁北分馆人员组成表

时间	成员
2017	郭旭（1月1日—3月31日）、尚建伟、高立波、张宝贵
2018	尚建伟、高立波、张宝贵（1月—7月）

注：2017 年，铁北分馆的读者服务部和后勤保障部两部门撤销。

2019 年铁北分馆人员组成表

时间	综合办公室主任	综合办公室副主任	综合办公室成员
2019	—	尚建伟	高立波、李志全

注：2019 年，铁北分馆综合办公室设立，2020 年撤销。

基建办（临时机构）人员组成表

时间	负责人	成员
2017	路维平（兼任）	安山山、陈岳华、张磊
2018	路维平（兼任）	安山山、陈岳华、张磊

馆史办（临时机构）人员组成表

时间	成员
2019	阚立民、朱玲玲

三、图书馆党群组织表

图书馆党组织[①]建制表

时间	机构设置
2011—2015	书记、副书记、组织委员、宣传委员、纪检委员、妇女委员
2016—2018	书记、副书记、组织检查委员、宣传委员、群团委员
2019	书记、组织检查委员、宣传委员、群团委员

续表

时间	机构设置
2020	书记、组织委员、纪检检查委员、宣传委员、群团委员

① 2016 年 10 月 19 日，中国共产党长春市图书馆委员会换届选举大会举行。

党委委员任职年表

姓名	职务	任职时间
谢群	书记	2012 年 12 月 1 日至 2020 年 10 月
金勇	书记	2020 年 11 月至 2020 年 12 月 31 日
吴锐	副书记	2011 年 1 月 1 日—2017 年 11 月 2 日
齐红星	组织委员	2011 年 1 月 1 日—2015 年 12 月 31 日
齐红星	组织检查委员	2016 年 1 月 1 日至 2020 年 12 月 31 日
范敏	宣传委员	2011 年 1 月 1 日—2017 年 11 月 2 日
姚淑慧	宣传委员	2017 年 11 月 3 日至 2020 年 12 月 31 日
刘曙光	纪检委员	2011 年 1 月 1 日—2015 年 2 月
朱亚玲	妇女委员	2011 年 1 月 1 日—2015 年 12 月 31 日
朱亚玲	群团委员	2016 年 1 月 1 日至 2020 年 12 月 31 日

党委办公室人员组成表

时间	主任	成员
2011—2015	齐红星	—
2016	齐红星	周琳
2017	齐红星	徐迎
2018	齐红星	郭旭、徐迎
2019	齐红星（1 月 1 日—12 月 26 日）、李莹波（12 月 27 日—12 月 31 日）	齐红星（12 月 27 日—12 月 31 日）、陈虹羽、徐迎
2020	李莹波	齐红星、陈虹羽、徐迎

纪律检查委员会①人员组成表

时间	书记	组织检查委员	宣传委员
2011—2015	吴锐	齐红星	孟静
2016	吴锐	齐红星	孟静
2017	吴锐（1月1日—11月2日）	齐红星	孟静
2018—2019	姚淑慧（负责人）	齐红星	孟静
2020	姚淑慧（负责人）	齐红星	孟静

① 2016年11月9日，中国共产党长春市图书馆纪律检查委员会换届选举大会举行，同时图书馆各党支部举行换届选举。

第一党支部人员组成表

时间	书记	组织委员	宣传委员
2011—2015	孟静	李欣	张海峰
2016—2019	孟静	陈虹羽	常盛
2020	谢彦君	孙海晶	刘畅

第二党支部人员组成表

时间	书记	组织委员	宣传委员
2011—2013	刘怡君	高晶霞	郝欣
2014—2019	刘怡君	丁文伍	郝欣
2020	李超	何桂华	陈虹羽

第三党支部人员组成表

时间	书记	组织委员	宣传委员
2011—2015	王鑫	田久计	李超
2016	王鑫	田久计（1—11月）、王彦萍（12月）	李超
2017—2019	王鑫	王彦萍	李超
2020	郭旭	范崔岩	董艳

第四党支部人员组成表

时间	书记	组织委员	宣传委员
2011—2019	郭旭	孙哲	苗林
2020	孙玲	齐放	陈岳华

离退休老干部党支部人员组成表

时间	书记	组织委员	宣传委员
2011—2015	芦颖	徐鹏华	张庭贵
2016—2017	李亚军	—	—
2018	李亚军（1月1日—12月5日）、李益军（12月6日—12月31日）	李益军（1月1日—12月5日）、刘曙光（12月6日—12月31日）	刘丽梅（1月1日—12月5日）、郭旭（12月6日—12月31日）
2019	李益军	刘曙光	郭旭（兼）
2020	李益军	刘曙光	术红梅

图书馆工会建制表

时间	机构设置
2011—2018	主席、副主席、委员
2019—2020	主席、委员

2018年2月11日，长春市总工会组织部正式批准长春市图书馆工会委员会成立。

图书馆工会人员组成表

时间	主席	副主席	委员
2011—2014	刘曙光	路维平	于雅彬、赵婷、陈东
2015	刘曙光（1—2月在职）	路维平	于雅彬、赵婷、陈东
2016—2017	—	路维平	于雅彬、赵婷、陈东
2018	朱亚玲	路维平	耿岱文、王政冬、王春雨
2019	朱亚玲（1月1日—12月16日）、路维平（12月17日—12月31日）	—	耿岱文、王政冬（1月1日—8月）、王春雨（1月1日—12月16日）、安山山（12月17日—12月31日）、郭旭（12月17日—12月31日）、孟静（12月17日—12月31日）、陈岳华（12月17日—12月31日）、孙丽红（12月17日—12月31日）
2020	路维平	—	安山山、孟静、陈岳华、耿岱文、郭旭、孙丽红

图书馆共青团建制表

时间	机构设置
2011—2020	书记、组织委员、宣传委员、文体委员、生活委员

图书馆共青团人员组成表

时间	书记	组织委员	宣传委员	文体委员	生活委员
2011—2020	李超	耿岱文	王明旭	刘劲节	金姗

图书馆妇委会建制表

时间	机构设置
2011—2017	主任、成员

注：2018年，图书馆妇委会撤销，由工会中设立的妇女代表发挥妇委会职能。

图书馆妇委会人员组成表

时间	主任	成员
2011—2017	于雅彬	王彦萍、乔欣欣

图书馆关工委建制表

时间	机构设置
2018—2020	顾问、主任、副主任、秘书长、成员

注：2018年9月，长春市图书馆关工委成立。"关工委"全称为关心下一代工作委员会。

图书馆关工委人员组成表

时间	顾问	主任	副主任	秘书长	成员
2018—2019	董洁[1]	谢群	姚淑慧	于雅彬	谢立军[2]、李益军[3]、王春雨、孙一平、胡冰清、周琳、金姗
2020	董洁	金勇	姚淑慧	孟静	谢立军、李益军、孙一平、胡冰清、王茜瑶、张海峰、王艳立、所丹妮、安晓涛、金姗、何爽、何桂华、李晓燕、吴艳玲、陈旭

①董洁为长春市文化广电新闻出版局关工委副主任，非图书馆工作人员。
②谢立军为长春市文化广电新闻出版局人事处原干事，已退休。
③李益军为长春市图书馆保卫科原科长，已退休。

四、图书馆人力资源统计表

图书馆职工学历结构表

时间	职工总数/人	博士研究生（含在读）		硕士研究生		本科		专科		其他	
		人数/人	占比/%	人数/人	占比/%	人数/人	占比/%	人数/人	占比/%	人数/人	占比/%
2011	198	3	1.52	26	13.20	114	57.87	42	21.32	12	6.09
2012	193	3	1.55	31	16.06	114	59.07	38	19.69	7	3.63
2013	190	3	1.58	34	17.89	115	60.53	37	19.47	1	0.53
2014	186	3	1.61	34	18.28	105	56.45	35	18.82	9	4.84
2015	190	3	1.58	37	19.47	107	56.32	35	18.42	8	4.21
2016	189	3	1.59	41	21.69	107	56.61	31	16.40	7	3.70
2017	185	3	1.62	41	22.16	110	59.46	27	14.60	4	2.16
2018	178	2	1.12	39	21.91	109	61.24	23	12.92	5	2.81
2019	172	2	1.16	37	21.51	106	61.63	21	12.21	6	3.49
2020	168	1	0.60	38	22.62	107	63.69	18	10.71	4	2.38

图书馆专业技术人员职称结构表

时间	专业技术人员总数/人	正高级		副高级		中级		初级及以下	
		人数/人	占比/%	人数/人	占比/%	人数/人	占比/%	人数/人	占比/%
2011	168	13	7.74	34	20.24	68	40.48	53	31.55
2012	165	12	7.27	39	23.64	71	43.03	43	26.06
2013	162	11	6.79	39	24.07	70	43.21	42	25.93
2014	159	10	6.29	38	23.90	69	43.40	42	26.42
2015	165	11	6.67	54	32.73	72	43.64	28	16.97
2016	166	11	6.63	53	31.93	70	42.17	32	19.28
2017	167	12	7.19	54	32.34	70	41.92	31	18.56
2018	162	12	7.41	58	35.80	65	40.12	27	16.67
2019	158	15	9.49	60	37.97	58	36.71	25	15.82
2020	156	15	9.62	60	38.46	56	35.90	25	16.03

五、图书馆经费年表

图书馆经费年表

时间	经费／千元	印本资源经费／千元
2011	49 479	5 000
2012	33 017	10 000
2013	40 709	10 000
2014	43 575	10 000
2015	46 559	10 000
2016	39 039	6 724
2017	40 978	12 000
2018	45 998	12 000
2019	41 285	12 000
2020	47 657	12 000

六、图书馆馆藏资源表

馆藏量表

时间	图书／册	盲文图书／册	古籍／册	善本／册	报刊／件	视听文献／件（套）	缩微制品／件（套）	自建数据库／个	外购数据库／个
2011	1 732 303	298	57 564	2 027	238 563	83 987	162	21	25
2012	1 866 823	298	67 000	3 094	249 758	88 060	162	21	28
2013	2 031 391	836	67 000	3 094	261 924	88 559	162	11	31
2014	2 175 295	1 329	67 000	3 094	261 924	88 936	162	20	68
2015	2 258 023	1 329	67 000	3 094	288 549	88 999	217	20	47
2016	2 367 180	1 381	67 000	3 094	297 526	89 608	217	22	43
2017	2 482 988	1 381	67 000	3 094	302 180	91 543	235	14	44
2018	2 585 733	1 387	67 000	3 094	302 180	91 543	235	14	55

续表

时间	图书/册	盲文图书/册	古籍/册	善本/册	报刊/件	视听文献/件（套）	缩微制品/件（套）	自建数据库/个	外购数据库/个
2019	2 688 525	1 387	67 000	3 094	302 180	91 543	235	14	57
2020	2 890 374	1 387	67 000	3 094	302 180	91 561	235	15	49

馆藏量按文种统计表

时间	年新增图书①		期刊②		报纸	
	中文图书/册	外文图书/册	中文期刊/件	外文期刊/件	中文报纸/件	外文报纸/件
2011	60 837	127	7 511	24	1 135	10
2012	139 378	4	9 556	24	1 462	10
2013	169 334	796	5 745	31	178	13
2014	151 590	1 643	5 598	33	598	13
2015	82 972	1 793	5 417	33	627	15
2016	110 017	617	5 311	33	614	15
2017	132 452	1 008	5 311	33	614	15
2018	116 550	715	5 344	33	545	15
2019	108 294	356	5 121	33	521	15
2020	181 557	311	4 981	31	587	16

①图书统计数量为每年新增量。
②期刊、报纸以当年的订购量为准。

七、图书馆服务统计表

图书馆文献借阅统计

时间	服务人口/人	持证读者/人	总流通人次/人次	书刊文献外借量/人次	书刊文献外借量/册次	图书馆网站访问量/人次
2011	7 617 663	377 545	2 076 245	202 329	566 817	5 000 000
2012	7 569 037	381 669	2 170 147	260 893	828 968	7 220 000
2013	7 526 708	382 452	575 059	96 401	316 224	7 500 000

续表

时间	服务人口/人	持证读者/人	总流通人次/人次	书刊文献外借人次/人次	书刊文献外借册次/册次	图书馆网站访问量/人次
2014	7 545 472	409 818	1 200 000	125 063	514 937	7 000 000
2015	7 538 335	482 034	1 380 000	765 426	1 682 112	1 800 000
2016	7 534 284	500 510	1 450 000	210 000	910 000	1 500 000
2017	7 489 211	532 051	1 680 000	960 098	960 098	2 845 500
2018	7 512 896	554 158	1 310 000	971 370	971 370	5 200 000
2019	7 537 969	576 421	1 657 296	886 068	886 068	530 000
2020	9 066 906	590 351	572 000	108 100	529 366	9 790 000

注：2011 年至 2019 年服务人口数据源自长春市统计局官网发布的《2020 长春统计年鉴》中相关数据，参见 http：//tjj.changchun.gov.cn/ztlm/tjnj/202012/t20201204_2615850.html。2020 年服务人口数据源自长春市第七次全国人口普查公报，参见 http：//tjj.changchun.gov.cn/tjgb/202106/t20210602_2830522.html。

图书馆读者活动统计表

时间	展览		讲座		培训班		其他活动		基层培训辅导人次
	举办场次	参加人次	举办场次	参加人次	举办场次	参加人次	举办场次	参加人次	
2011	18	41 500	69	9 023	0	0	96	53 315	0
2012	27	406 100	73	7 092	28	1 000	67	212 894	0
2013	10	54 500	85	20 000	27	4 000	15	56 929	0
2014	21	105 960	104	12 617	9	511	80	39 349	0
2015	30	150 830	96	10 982	83	5 437	145	48 351	1 100
2016	39	130 000	110	13 876	113	6 419	169	17 705	580
2017	30	102 540	136	13 099	104	4 895	235	19 335	800
2018	34	115 409	200	17 109	147	7 998	368	51 190	2 530
2019	44	134 456	185	14 519	183	10 734	299	24 551	0
2020	33	41 682	81	94 106	155	36350	277	114 840	60

图书馆业务活动统计表

时间	文献宣传/次	文献宣传/种	文献宣传/册（件）	代检索课题/项	解答咨询/条	网上联合参考咨询/条	课题服务/项	课题跟踪及参考咨询/项	文献开发（二次编制）/条
2011	110	3 939	6 788	4 680	330 044	92 647	449	30	11
2012	104	2 666	4 540	4 741	360 217	98 991	351	24	9
2013	22	918	1 332	67	209 723	62 499	8	36	2
2014	60	3 292	8 248	1 986	294 542	80 308	134	30	55 463
2015	76	3 704	6 570	2 261	369 886	88 000	162	33	67 504
2016	57	4 026	6 733	2 097	445 000	173 000	157	37	49 746
2017	67	3 246	6 189	1 986	334 000	150 000	151	52	56 000
2018	76	2 492	5 517	1 849	334 000	30 300	104	59	32 000
2019	68	2 129	5 388	1 386	339 000	11 000	20	27	12 000
2020	58	1 967	5 300	1 569	340 785	40 000	27	60	8 572

中心馆—总分馆服务体系建设现状表

名称	地址	面积/平方米	印本文献藏量/千册	成立时间	服务人口/千人	备注
长春市图书馆（中心馆）	朝阳区同志街 1956 号	35 000	3 600.0	1910 年	7 513.0	—
朝阳区图书馆（总馆）	朝阳区育民路 1699 号	4 500	86.0	1948 年	700.0	—
南关区图书馆（总馆）	南关区临河街南四环金色世界湾 29 栋	2 453	80.0	2005 年	500.0	新馆建设中
宽城区图书馆（总馆）	宽城区东一条街 64 号	2 111	190.0	1983 年	426.3	—
绿园区图书馆（总馆）	绿园区皓月大路 1170 号	3 000	200.0	1990 年	620.0	—
二道区图书馆（总馆）	二道区乐群街 2 号（吉盛小区 3-19 栋）	2 018	150.0	2004 年	300.0	—

名称	地址	面积/平方米	印本文献藏量/千册	成立时间	服务人口/千人	备注
双阳区图书馆（总馆）	双阳区学院大街359号	4 500	140.0	1974年	390.0	—
九台区图书馆（总馆）	九台区新华大街2806号	1 643	180.0	1978年	750.0	—
德惠市图书馆（总馆）	德惠市德福街	5 127	160.0	1956年	154.4	—
榆树市图书馆（总馆）	榆树市向阳路301号	2 213	150.0	1919年	1 300.0	—
农安县图书馆（总馆）	农安县宝塔街与兴隆路交汇	6 000	140.0	1956年	220.0	—
绿园区同心街道锦绣社区分馆	绿园区西环城路与景阳大路交汇锦绣社区东侧32号	80	1.0	2019年	8.0	绿园区图书馆分馆
清华社区阅读空间分馆	德惠市东风路与振兴街交汇	20	1.2	2019年	3.0	德惠市图书馆分馆
非公企业和社会组织党建指导服务中心分馆	德惠市德福街惠新小区	28	1.1	2019年	1.0	德惠市图书馆分馆
德惠市拘留所分馆	德惠市新华街与德环路交汇	35	1.6	2014年	0.1	德惠市图书馆分馆
达家沟镇合义村分馆	德惠市达家沟镇合义村	30	2.0	2012年	2.7	德惠市图书馆分馆
菜园子镇文化站图书分馆	德惠市菜园子镇街道	100	4.0	2012年	46.3	德惠市图书馆分馆
大青咀镇文化站图书分馆	德惠市大青咀镇街道	40	2.0	2013年	40.0	德惠市图书馆分馆
边岗乡文化站图书分馆	德惠市边岗乡街道	40	3.0	2012年	46.0	德惠市图书馆分馆
米沙子镇米沙子村图书分馆	德惠市米沙子镇街道农博会馆	40	3.0	2009年	1.8	德惠市图书馆分馆
五棵树镇文化服务中心分馆	榆树市五棵树镇文化服务中心	100	2.0	2015年	20.0	榆树市图书馆分馆

续表

名称	地址	面积／平方米	印本文献藏量／千册	成立时间	服务人口／千人	备注
榆树市法院分馆	榆树市法院	60	2.7	2015 年	0.3	榆树市图书馆分馆
榆树市新民学校分馆	榆树市新民学校	200	80.0	2016 年	1.5	榆树市图书馆分馆
燕窝书馆分馆	榆树市向阳路燕窝书馆	200	2.5	2017 年	2.0	榆树市图书馆分馆
榆树市公安局分馆	榆树市公安局	200	2.0	2018 年	0.5	榆树市图书馆分馆
榆树市福利中心分馆	榆树市福利中心	100	3.0	2018 年	0.5	榆树市图书馆分馆
榆树市看守所分馆	榆树市看守所	50	2.5	2019 年	0.6	榆树市图书馆分馆
企业家联合会分馆	榆树市平安种业	100	4.0	2019 年	0.3	榆树市图书馆分馆
弓棚镇服务中心分馆	榆树市弓棚镇服务中心	50	3.0	2019 年	5.0	榆树市图书馆分馆
榆树市应急大队分馆	榆树市应急大队	50	2.0	2019 年	0.2	榆树市图书馆分馆
榆树市医疗保障局分馆	榆树市医疗保障局	70	1.5	2019 年	5.0	榆树市图书馆分馆
大岭镇虎岗村服务中心分馆	榆树市大岭镇虎岗村服务中心	50	0.5	2019 年	2.0	榆树市图书馆分馆
大坡镇服务中心分馆	榆树市大坡镇服务中心	50	0.5	2019 年	5.0	榆树市图书馆分馆
东风社区分馆	南关区家苑路 399 号	50	6.2	2010 年	4.2	南关区图书馆分馆
百屹社区分馆	南关区东岭南街 761 号	80	2.1	2012 年	7.0	南关区图书馆分馆
电力社区分馆	南关区解放大路 1726 号	85	1.0	2012 年	5.2	南关区图书馆分馆
南溪社区分馆	南关区南三环路与彩织街交汇南行 200	42	3.4	2012 年	7.0	南关区图书馆分馆

名称	地址	面积／平方米	印本文献藏量／千册	成立时间	服务人口／千人	备注
桃源社区分馆	南关区桃源路与来安南街交汇	50	3.5	2012 年	5.7	南关区图书馆分馆
伊水社区分馆	南关区同华路 916 号	35	1.8	2011 年	7.5	南关区图书馆分馆
湖西分馆	朝阳区南湖大路与开运街交汇	100	2.0	2017 年	11.6	朝阳区图书馆分馆
东田社区分馆	朝阳区南湖大路 6632A 号	80	0.6	2014 年	14.8	朝阳区图书馆分馆
西朝阳社区分馆	朝阳区清和街西中华 29 号	80	0.5	2014 年	12.4	朝阳区图书馆分馆
宽平社区分馆	朝阳区宽平大路北二胡同 53A	80	1.0	2014 年	10.1	朝阳区图书馆分馆
同光西社区分馆	朝阳区丰顺街 1265 号	80	0.5	2014 年	5.5	朝阳区图书馆分馆
惠民社区分馆	朝阳区立信街 1222 号	80	0.6	2014 年	15.9	朝阳区图书馆分馆
开发区分馆	朝阳区育民路 1999 开发区管委会	80	1.7	2017 年	1.0	朝阳区图书馆分馆
同德分馆	朝阳区红旗街长影后身	80	1.2	2019 年	17.0	朝阳区图书馆分馆
二二八社区分馆	朝阳区繁荣路 17 号	80	1.1	2018 年	11.5	朝阳区图书馆分馆
宽城区凯旋街道办分馆	宽城区长新街 137 号	50	3.9	1997 年	44.0	宽城区图书馆分馆
兰家镇分馆	宽城区兰家大街 3500 号	35	0.7	1997 年	36.0	宽城区图书馆分馆
长春市公共关系学校分馆	宽城区北十条 36 号	500	14.6	1999 年	2.0	宽城区图书馆分馆
宽城区群英街道办分馆	宽城区天光路 230 号	60	3.6	1999 年	43.5	宽城区图书馆分馆
站前街道辽宁路社区分馆	宽城区铁路芙蓉小区	45	0.5	2001 年	3.7	宽城区图书馆分馆

名称	地址	面积/平方米	印本文献藏量/千册	成立时间	服务人口/千人	备注
东广黄河路北社区分馆	宽城区黑水路 1598 号	60	3.0	2002 年	7.6	宽城区图书馆分馆
天津路小学分馆	宽城区天津路 152 号	1 000	100.0	2003 年	2.0	宽城区图书馆分馆
兴业双利分馆	宽城区东天光路金苹果家园	30	0.8	2002 年	19.7	宽城区图书馆分馆
凯旋永盛社区分馆	宽城区长荣街 7 号	30	0.7	2003 年	8.9	宽城区图书馆分馆
柳兴新兴路社区分馆	宽城区青梅胡同	30	0.6	2004 年	21.8	宽城区图书馆分馆
新发街道贵阳社区分馆	宽城区东二条 45 号	20	0.7	2004 年	19.7	宽城区图书馆分馆
兰家镇小城子分馆	宽城区小城子街 2533 号	30	4.0	2008 年	2.0	宽城区图书馆分馆
兰家上台子村分馆	宽城区上台子村	30	0.5	2008 年	2.0	宽城区图书馆分馆
兰家自利小学分馆	宽城区兰西大街	100	2.0	2009 年	0.3	宽城区图书馆分馆
团山街道分馆	宽城区团山街 2466 号	40	1.0	2010 年	37.4	宽城区图书馆分馆
兰家郜家村分馆	宽城区兰家郜家村 052 乡道北 50 米	35	0.8	2011 年	2.0	宽城区图书馆分馆
站前丹东路分馆	宽城区人民大街西胡同与龙江路	50	1.4	2011 年	11.5	宽城区图书馆分馆
柳影街道分馆	宽城区榆树北街 302 号	80	2.5	2012 年	79.0	宽城区图书馆分馆
兴业街道办分馆	宽城区庆丰路与铜山路交汇	150	2.5	2012 年	73.0	宽城区图书馆分馆
兴业新村分馆	宽城区兴业街 52 号	25	1.0	2012 年	8.1	宽城区图书馆分馆
兴业富城分馆	宽城区北亚泰大街与北环城交汇	30	1.0	2012 年	7.5	宽城区图书馆分馆

名称	地址	面积/平方米	印本文献藏量/千册	成立时间	服务人口/千人	备注
团山长山分馆	宽城区长新街 2911 号	35	3.0	2012 年	3.4	宽城区图书馆分馆
宽城区 48 中学分馆	宽城区东二条 923 号	200	3.0	2013 年	2.0	宽城区图书馆分馆
柳影菜市北街分馆	宽城区柳林路与榆树北街交汇	80	1.5	2015 年	9.5	宽城区图书馆分馆
南广街道办分馆	宽城区东二条街 493 号	60	1.4	2015 年	21.7	宽城区图书馆分馆
兰家镇蔡家村分馆	宽城区新光复路市场对面	40	0.5	2016 年	2.1	宽城区图书馆分馆
团山银山社区分馆	宽城区团山街 1367-172 号	130	3.0	2017 年 17	3.1	宽城区图书馆分馆
长春市公安局交警支队分馆	宽城区金宇大街与泰兴街交汇	150	1.5	2018 年	1.2	宽城区图书馆分馆
凯旋一心街分馆	宽城区凯旋路 1555 号	30	1.0	2018 年	10.8	宽城区图书馆分馆
欣园桐雨社区分馆	宽城区青年路恒大城	40	1.0	2019 年	7.8	宽城区图书馆分馆
群英西道口分馆	宽城区铁北二路	150	1.5	2019 年	6.5	宽城区图书馆分馆
欣园五星村分馆	宽城区北四环路	35	0.5	2019 年	2.0	宽城区图书馆分馆
吉林街道沿河社区分馆	二道区武夷嘉园 29 栋	100	10.0	2017 年	5.4	二道区图书馆分馆
八里堡街道太有社区分馆	二道区新乡路与天石街交汇	85	10.0	2017 年	5.9	二道区图书馆分馆
远达街道新开社区分馆	二道区新开大街 277 号	85	10.0	2017 年	11.3	二道区图书馆分馆
东站街道蓝山社区分馆	二道区万科蓝山小区 AR-5 栋	100	10.0	2017 年	11.0	二道区图书馆分馆
荣光街道岭东社区分馆	二道区公平路与民丰三条交汇北行 100 米	100	10.0	2017 年	6.1	二道区图书馆分馆

名称	地址	面积/平方米	印本文献藏量/千册	成立时间	服务人口/千人	备注
东盛街道万通社区分馆	二道区公平路与东盛大街交汇万通A区院内28栋西侧	80	10.0	2017年	8.6	二道区图书馆分馆
长青街道城建社区分馆	二道区洋浦大街与四通路世纪佳园7号楼	100	10.0	2017年	2.6	二道区图书馆分馆
清江社区分馆	双阳区长青公路鹿秀街	80	8.0	2008年	33.0	双阳区图书馆分馆
柏山社区分馆	双阳区云山街道柏山社区（长山路商会大厦）	120	0.4	2017年	11.1	双阳区图书馆分馆
华泰社区分馆	双阳区云山街道华泰社区（站前广场上邦上品南门）	90	12.0	2019年	15.1	双阳区图书馆分馆
博山社区分馆	双阳区云山街道博山社区（站前广场上邦上品南门）	80	5.0	2013年	12.2	双阳区图书馆分馆
双营乡文体工作站分馆	双阳区双营乡人民政府	120	2.0	2013年	15.0	双阳区图书馆分馆
前城子村分馆	双阳区奢岭街道前程村（油田市场对面）	80	2.5	2019年	3.0	双阳区图书馆分馆
九台区特殊教育学校分馆	九台区特殊教育学校	60	4.5	2009年	0.1	九台区图书馆分馆
九台街道福临社区分馆	九台区九台街道福临社区	100	5.0	2012年	12.8	九台区图书馆分馆
九台区营城街道利民社区分馆	九台区营城街道利民社区	100	4.0	2012年	14.6	九台区图书馆分馆
吉林省九台区戒毒所分馆	吉林省九台戒毒所	120	8.0	2014年	0.3	九台区图书馆分馆
九台区委党校分馆	九台区委党校	100	15.0	2015年	0.1	九台区图书馆分馆
九台区营城街道兴华社区分馆	九台区营城街道兴华社区	100	5.0	2015年	15.1	九台区图书馆分馆

续表

名称	地址	面积/平方米	印本文献藏量/千册	成立时间	服务人口/千人	备注
吉林省九台区戒毒康复所分馆	九台区戒毒康复所	130	4.0	2015 年	0.1	九台区图书馆分馆
中国人民解放军 93151 部队分馆	中国人民解放军 93151 部队	100	3.0	2015 年	0.1	九台区图书馆分馆
九台区饮马河中心学校分馆	九台区饮马河中心学校	100	3.5	2017 年	1.2	九台区图书馆分馆
九台区九郊街道新洲社区分馆	九台区九郊街道新洲社区	120	3.0	2017 年	10.5	九台区图书馆分馆
武警中队图书分馆	农安县看守所员院内	40	1.5	2018 年	0.2	农安县图书馆分馆
通讯连分馆	农安县城铁西	40	1.0	2018 年	0.2	农安县图书馆分馆
武装部分馆	农安县武装部院内	60	1.5	2019 年	0.2	农安县图书馆分馆
龙翔学校分馆	农安县迎宾路龙翔学校	50	2.0	2018 年	0.5	农安县图书馆分馆
铁西村分馆	农安县铁西村南关街	60	1.5	2018 年	0.5	农安县图书馆分馆
良政社区分馆	农安县兴隆路良政社区	40	0.5	2018 年	1.0	农安县图书馆分馆
宝塔街社区分馆	农安县宝塔街社区	40	1.2	2017 年	1.0	农安县图书馆分馆
双拥社区分馆	农安县兴华路县委东侧	50	0.5	2018 年	1.0	农安县图书馆分馆
新龙社区分馆	农安县宝塔街新龙社区二楼	40	0.8	2017 年	1.0	农安县图书馆分馆
首佳教育分馆	农安县世纪大街	40	0.5	2018 年	0.5	农安县图书馆分馆
海宝宝双语幼儿园少儿分馆	农安县一品华城	50	0.8	2018 年	0.5	农安县图书馆分馆
农安县塔南社区分馆	农安县塔南社区	50	0.6	2018 年	1.0	农安县图书馆分馆

名称	地址	面积/平方米	印本文献藏量/千册	成立时间	服务人口/千人	备注
陈家店分馆	农安县陈家店村委会大楼一楼	80	2.0	2016 年	0.5	农安县图书馆分馆
东白鸽分馆	农安县杨树林乡东白鸽村二楼	80	2.4	2017 年	0.5	农安县图书馆分馆
开安镇万宝村分馆	农安县万宝村村委会	80	3.7	2018 年	0.5	农安县图书馆分馆
前岗文化大院分馆	农安县前岗乡政府附近	40	0.5	2019 年	0.5	农安县图书馆分馆
孙菜园子村分馆	农安县孙菜园子村委会	80	4.3	2018 年	0.5	农安县图书馆分馆
合隆非公大厦分馆	农安县合隆非公大厦二楼	90	4.0	2018 年	1.0	农安县图书馆分馆
农安镇工业集中区分馆	农安县农安镇北环路工业集中区院内	80	2.0	2018 年	1.0	农安县图书馆分馆
兴农街道分馆	农安县农安镇北环路第四中学西侧	80	2.0	2019 年	1.0	农安县图书馆分馆
桥南社区分馆	农安县桥南社区二楼	40	1.0	2019 年	1.0	农安县图书馆分馆
前岗乡太平村分馆	农安县太平村村委会附近	80	3.0	2019 年	0.5	农安县图书馆分馆
花园社区分馆	长吉南线与武汉路交汇过武汉路南行 200 米	80	9.0	2017 年	5.0	中心馆直属分馆
聚业社区分馆	净月旅游开发区净月区聚业大街与柳莺东路交汇	200	12.4	2017 年	5.0	中心馆直属分馆
长春市审计局分馆	朝阳区建设街 2246 号	60	2.5	2017 年	0.3	中心馆直属分馆
长春市文化广播电视和旅游局分馆	南关区谊民路 966 号	80	5.5	2017 年	0.5	中心馆直属分馆
长春市人大常委会分馆	绿园区景阳大路 893 号	60	1.9	2017 年	0.3	中心馆直属分馆

名称	地址	面积/平方米	印本文献藏量/千册	成立时间	服务人口/千人	备注
长春市第六医院分馆	亚泰北大街与庆丰路交汇	100	2.0	2017年	1.0	中心馆直属分馆
长春高新技术产业开发区超强社区分馆	澳海澜庭7栋101	80	1.5	2017年	2.0	中心馆直属分馆
幸福乡综合文化站分馆	南关区金宇大路与前进大街交汇（八一水韵城）	60	1.2	2017年	3.0	中心馆直属分馆
汽开区越野社区分馆	汽开区越野路保利拉菲公馆小区	60	1.5	2017年	5.0	中心馆直属分馆
九台兴华社区分馆	九营大街与新华大街交汇	60	1.1	2019年	3.0	中心馆直属分馆
九台新洲社区分馆	九台区福临大街1999	60	0.9	2019年	3.0	中心馆直属分馆
北京师范大学长春附属学校分馆	南关区超然街3298号	80	3.3	2018年	2.0	中心馆直属分馆
长春经开区临河街道北海社区分馆	经济技术开发区七区56栋东侧	80	4.0	2018年	5.0	中心馆直属分馆
长春市商务局分馆	西安大路1788号	80	4.0	2018年	0.3	中心馆直属分馆
长春市公安局特警支队分馆	宽城区凯旋路1311号	60	1.6	2019年	0.7	中心馆直属分馆
莲花山分馆	莲花山生态旅游度假区莲花雅居56栋门市	80	2.5	2019年	3.0	中心馆直属分馆
净月街道金宝社区分馆	南关区金碧街362号东南60米	60	1.0	2019年	5.0	中心馆直属分馆
吉林省财政厅分馆	人民大街3646号	80	1.7	2019年	0.5	中心馆直属分馆
吉林省工艺美术馆分馆	南关区福祉大路与宝相街交汇处东	80	2.9	2018年	5.0	中心馆直属分馆

名称	地址	面积 / 平方米	印本文献 藏量 / 千册	成立时间	服务人口 / 千人	备注
长春玉鸟文化传播有限公司分馆	净月区中信城浅山门市 9 栋 103 玉鸟 . 行知空间	100	4.5	2018 年	5.0	中心馆直属分馆
长春万科翡翠滨江分馆	宽城区东莱北街与永宁路交汇	60	3.2	2019 年	5.0	中心馆直属分馆
吉阅七舍书店分馆	高新区学府街与博文路交会栖乐荟购物中心 5F	100	4.9	2019 年	5.0	中心馆直属分馆
长春万科和顺里分馆	二道区东盛大街万科蓝山 1948-S3	100	2.8	2019 年	5.0	中心馆直属分馆
文旅体验中心阅书房分馆	南岭体育场院内	80	1.4	2019 年	5.0	中心馆直属分馆
西新镇分馆	绿园区皓月大路 12777 号	30	2.0	2020 年	13.0	绿园区图书馆分馆
越达社区分馆	西越达路瑞祥路 22 号	80	2.0	2020 年	18.0	中心馆直属分馆
湖光社区分馆	工农大路与工农二胡同交汇	85	3.0	2020 年	20.0	中心馆直属分馆
嘉兴社区分馆	合肥路与长吉公里交汇	130	2.0	2020 年	16.0	中心馆直属分馆

八、图书馆人员在学会及学术机构任职情况表

图书馆人员在学会及学术机构任职情况表

任职时间	学会名称	任职人员	任职情况
2013 年 2 月 22 日—2015 年 4 月 8 日	中国图书馆学会	谢群	中国图书馆学会第八届理事会理事
2013 年 5 月 7 日—2020 年 10 月	吉林省图书馆学会	谢群	吉林省图书馆学会第八届理事会副理事长

续表

任职时间	学会名称	任职人员	任职情况
2013 年 5 月 7 日—2020 年 10 月	吉林省图书馆学会	谢群	吉林省图书馆联盟第二届理事会副理事长
2015 年 4 月 9 日—2020 年 10 月	中国图书馆学会	谢群	中国图书馆学会第九届理事会理事
2015 年 4 月 21 日—2020 年 10 月	中国图书馆学会	谢群	中国图书馆学会第九届理事会阅读推广委员会副主任
2015—2019 年	中国图书馆学会	谢群	中国图书馆学会第九届理事会阅读推广委员会图书馆与社会阅读委员会委员
2015—2019 年	中国图书馆学会	姚淑慧	中国图书馆学会第九届理事会公共图书馆分会城市图书馆工作委员会委员
2015—2019 年	中国图书馆学会	朱亚玲	中国图书馆学会第九届理事会阅读推广委员会残疾人数字阅读推广委员会委员
2015—2019 年	中国图书馆学会	阚立民	中国图书馆学会第九届理事会阅读推广委员会社区与乡村阅读推广委员会委员
2016 年 6 月至今	中国图书馆学会	刘怡君	中国图书馆学会第九届理事会阅读推广委员会图书馆与家庭阅读推广委员会委员
2016 年 6 月至今	中国图书馆学会	于雅彬	中国图书馆学会第九届理事会未成年人图书馆分会青少年服务专业委员会委员
2016 年 9 月 12 日—2020 年 10 月	中国图书馆学会	谢群	中国图书馆学会第九届理事会公共图书馆分会委员
2017 年 3 月 10 日—2017 年 11 月	吉林省图书馆学会	谢群	吉林省图书馆学会第八届理事会阅读推广委员会主任
2017 年 3 月—2019 年 4 月	吉林省图书馆学会	王英华	吉林省图书馆学会第八届理事会图书馆管理委员会委员
2017 年 3 月—2019 年 4 月	吉林省图书馆学会	刘怡君	吉林省图书馆学会第八届理事会阅读推广委员会秘书长
2017 年 3 月—2019 年 4 月	吉林省图书馆学会	谢彦君	吉林省图书馆学会第八届理事会阅读推广委员会委员
2017 年 3 月—2019 年 4 月	吉林省图书馆学会	于雅彬	吉林省图书馆学会第八届理事会未成年人服务委员会委员

续表

任职时间	学会名称	任职人员	任职情况
2017年3月—2019年4月	吉林省图书馆学会	林忠娜	吉林省图书馆学会第八届理事会用户信息素质教育委员会委员
2018年10月—2019年4月	吉林省图书馆学会	常盛	吉林省图书馆学会第八届理事会学术委员会委员
2019年5月22日—2024年5月21日	吉林省图书馆学会	谢群	吉林省图书馆学会第九届理事会理事、常务理事、副理事长
2019年5月22日—2024年5月21日	吉林省图书馆学会	姚淑慧	吉林省图书馆学会第九届理事会阅读推广委员会主任
2019年5月22日—2024年5月21日	吉林省图书馆学会	朱亚玲	吉林省图书馆学会第九届理事会数字图书馆建设委员会副主任
2019年5月22日—2024年5月21日	吉林省图书馆学会	刘怡君	吉林省图书馆学会第九届理事会阅读推广委员会委员
2019年5月22日—2024年5月21日	吉林省图书馆学会	谢彦君	吉林省图书馆学会第九届理事会阅读推广委员会委员
2019年5月22日—2024年5月21日	吉林省图书馆学会	刘彩虹	吉林省图书馆学会第九届理事会资源建设委员会副主任
2019年5月22日—2024年5月21日	吉林省图书馆学会	于雅彬	吉林省图书馆学会第九届理事会未成年人服务委员会委员
2019年5月22日—2024年5月21日	吉林省图书馆学会	林忠娜	吉林省图书馆学会第九届理事会用户信息素质教育委员会委员
2019年5月22日—2024年5月21日	吉林省图书馆学会	丁文伍	吉林省图书馆学会第九届理事会建筑设备与环境建设委员会委员
2019年5月22日—2024年5月21日	吉林省图书馆学会	孙玲	吉林省图书馆学会第九届理事会特藏与古籍保护委员会委员
2019年5月22日—2024年5月21日	吉林省图书馆学会	李莹波	吉林省图书馆学会第九届理事会学术研究委员会委员

九、图书馆科研成果表

图书馆科研成果项目统计表

序号	项目周期	项目名称	项目情况	项目承担者
1	2009 年 11 月—2011 年 10 月	吉林省图书馆联盟文献资源共建共享模式研究	吉林省图书馆学、情报与文献学科研课题（吉林省文化厅）。课题编号：WK2009A034。课题类别：重点课题。成果形式：系列论文。证书编号：2012025	负责人：朱亚玲。参加人：黄微、范敏、程华、于丹辉、杨育红、金钟春
2	2009 年 6 月—2011 年 8 月	吉林省特色资源数据库共建共享模式研究	吉林省图书馆学、情报与文献学科研课题（吉林省文化厅）。课题编号：WK2009C052。课题类别：自筹经费课题。成果形式：研究报告。证书编号：2012041	负责人：刘彩虹。参加人：吴锐、郝欣、潘长海、李岩峰、丁文伍、耿岱文、陈风、刘丽梅、金钟春、唐光化、赵皖喆
3	2011 年 1 月 6 日—2012 年 2 月 15 日	数字资源进机关服务模式研究	吉林省文化厅文化科技创新成果（吉林省文化厅、长春市文化局）	主要研究人员：吴强、佟德军、朱亚玲、范敏、吴锐、刘彩虹、潘长海、李岩峰、金钟春等
4	2012 年 9 月—2014 年 5 月	公益性数字文化服务体系研究	吉林省图书馆学、情报与文献学科研课题（吉林省文化厅）。课题类别：重点课题。证书编号：2014054	主持人：朱亚玲。组员：王英华、常盛、杜欣、于丹辉、李岩峰、郝欣、霍岩
5	2012 年 9 月—2014 年 5 月	图书馆新媒体服务模式及其质量规范研究	吉林省图书馆学、情报与文献学科研课题（本馆课题）。课题编号：WK2012C098。课题类别：自筹经费课题。证书编号：2014074	主持人：林忠娜。组员：陈素梅、李志全、任凤鹏
6	2012 年 7 月—2013 年 5 月	吉林省公藏家谱文献调查分析研究	吉林省图书馆学、情报与文献学科研课题（外馆课题）。课题编号：WK2012C087。课题类别：自筹经费课题。负责人及单位：吉林大学朱永慧。结果形式：研究报告。证书编号：2014065	课题参加人：张英华（总第 4 位）
7	2015—2016 年	我国图书情报事业发展政策研究	全国教育科学规划中国教育学会"十二五"重点课题子课题，子课题编号：01020533-HB19192	张昭担任副组长、第一参与人

序号	项目周期	项目名称	项目情况	项目承担者
8	2012 年 5 月—2015 年 5 月	吉林省区域联合机构仓储服务系统建设研究	吉林省社会科学基金项目。项目编号：2012B50。项目类别：一般项目。负责人及单位：东北师范大学田丽君。成果形式：研究报告	参加人：赵春杰（第 8 位）
9	2016 年 12 月—2018 年 12 月	新媒体与图书馆阅读推广研究	中国图书馆学会阅读推广课题（中国图书馆学会阅读推广委员会）。项目类别：一般项目。批准号：YD2016B39。证书号：JX201827	负责人：朱亚玲。参加人：常盛、孙玲、耿岱文、王英华、刘佳贺
10	2018 年 4 月—2021 年 9 月	"互联网＋"时代长春市书网全民阅读服务体系建设研究	吉林省图书馆学、情报与文献学科研课题（吉林省文化厅）	负责人：谢群。参加人：朱亚玲、李莹波、丁文伍、王嘉雷、李岩峰、朱玲玲、胡育杏、奚水、徐迎、陈虹羽
11	2018 年 4 月—2019 年 11 月	新媒体数字环境下阅读生态环境建设研究	吉林省图书馆学、情报与文献学科研课题（吉林省文化和旅游厅）。课题编号：WK2018C140。证书编号：2019095	负责人：姚淑慧。参加人：常盛、李菲、刘劲节、胡艳玲、谢彦君、董卓
12	2018 年 5 月—2020 年 8 月	馆藏伪满时期珍贵史料的现代分编与数字化再生利用	吉林省图书馆学、情报与文献学科研课题（吉林省文化和旅游厅）。课题编号：WK2018A110。证书编号：2020104	负责人：朱亚玲。参加人：党恬甜、郝欣、耿岱文、刘畅、霍岩
13	2018 年 4 月—2021 年 9 月	公共图书馆 3.0 时代少儿创客空间研究	吉林省图书馆学、情报与文献学科研课题（吉林省文化厅）	负责人：刘姝旭。参加人：张雪、路维平、孙一平、所丹妮
14	2017 年 12 月—2020 年 9 月	长春本土作家作品调查、搜集、整理与研究	长春市图书馆馆级一般课题，课题编号：GK2018B002	负责人：刘彩虹。参加人：刘佳贺、王明旭、亢吉平、刘群、马丽、孙金星
15	2017 年 12 月—2020 年 9 月	馆藏伪满时期珍贵史料的现代分编与数字化再生利用	长春市图书馆馆级一般课题，课题编号：GK2018B001	负责人：党恬甜。参加人：耿岱文、郝欣、刘畅、李娜
16	2019 年 1 月—2020 年 9 月	家国情怀 科学精神——长春院士资料的搜集、整理与研究	长春市图书馆馆级重点课题，课题编号：GK2019A001	负责人：谢群。参加人：姚淑慧、刘彩虹、孙玲、马丽、亢吉平、孙金星、林忠娜、王明旭、刘佳贺、洪旭、杨屹、刘升

续表

序号	项目周期	项目名称	项目情况	项目承担者
17	2020 年立项	5G 时代基于"信息生态"语境下的图书馆全媒体服务框架构建与研究	中国图书馆学会 2020 年阅读推广课题。课题编号：Y2020B04。课题类别：一般课题	负责人：常盛。参加人：刘劲节、于涵、李菲、耿岱文、谢彦君
18	2020 年立项	图书馆阅读空间建设研究	中国图书馆学会 2020 年阅读推广课题。课题编号：Y2020B54。课题类别：一般课题	负责人：谢群。参加人：朱亚玲、林忠娜、丁文伍、王英华、周琳
19	2020 年立项	5G 时代革命文献与民国时期文献阅读推广模式探究	吉林省文化和旅游厅课题。课题编号：WK2020B163。课题类别：一般课题	负责人：谢佳。参加人：刘彩虹、刘怡君、赵嘉琦、李莹波、刘佳贺、孙海晶、杨屹、孙玲、朱玲玲、陈素梅
20	2020 年立项	数字人文视域下当代诗歌签名本特藏专题文献研究	吉林省文化和旅游厅课题。课题编号：WK2020B164。课题类别：一般课题	负责人：林忠娜。参加人：孙扬、何欣、吴帝标、冀岩、唐彬、赵雪莹、耿岱文、潘长海、任凤鹏、奚水
21	2020 年立项	公共图书馆低龄读者早期阅读服务的分龄指导研究——以长春市图书馆为例	吉林省文化和旅游厅课题。课题编号：WK2020B165。课题类别：一般课题	负责人：姚淑慧。参加人：李艳藏、孟静、孙一平、胡冰清、安晓涛、所丹妮、何爽、王茜瑶
22	2020 年立项	大数据环境下基于读者决策采购的精准服务研究	吉林省文化和旅游厅自筹经费课题，课题编号：WK2020C181	负责人：王嘉雷。参加人：陈虹羽、李欣、边继红、于洪洋、胡育杏、胡一、刘铭、陈素梅、于亚芳
23	2020 年立项	文旅融合视域下城市图书馆服务感知模式研究	吉林省文化和旅游厅自筹经费课题，课题编号：WK2020C183	负责人：于雅彬。参加人：杨坤、孟静、王立波、张文婷、郭旭、郭巍、高薪婷、叶心、所丹妮
24	2020 年立项	纸电同步趋势下公共图书馆读者决策采购（PDA）服务研究与实践	长春市图书馆馆级重点课题，课题编号：GK2020A001	负责人：王嘉雷。参加人：李欣、于洪洋、胡育杏、陈虹羽

序号	项目周期	项目名称	项目情况	项目承担者
25	2020年立项	婴幼儿阅读研究	长春市图书馆馆级重点课题，课题编号：GK2020A002	负责人：孟静。参加人：姚淑慧、孙一平、刘姝旭、胡冰清、王春雨
26	2020年立项	公共文化空间运作机制的实证探索	长春市图书馆馆级重点课题，课题编号：GK2020A003	负责人：丁文伍。参加人：林忠娜、奚水、任凤鹏、周琳
27	2020年立项	公共图书馆基于推广全民阅读发展战略背景下建立捐赠换书服务模式及未来发展方向研究	长春市图书馆馆级一般课题，课题编号：GK2020B001	负责人：于雅彬。参加人：刘姝旭、郭旭、张文婷、周文举、刘春影、杨坤

图书馆科研成果专著统计表

序号	出版时间	著作方式	著作名称	出版社	ISBN	著者
1	2011年8月	编著	文化之隅——2010"城市热读"讲座精编	吉林人民出版社	978-7-206-05381-8	副主编：范敏、刘怡君。执行主编：逯晓雅。编委：乔欣欣、谢彦君
2	2011年8月	编著	图书馆工作研究	吉林出版集团、吉林摄影出版社	978-7-5498-0678-2	副主编：于雪飞（第1位，总第4位）、郭巍（第3位，总第6位）
3	2012年5月	编著	教师写作规范教程	吉林人民出版社	978-7-206-09090-5	编著：刘姝旭
4	2012年6月	编著	图书情报理论与实践	吉林摄影出版社	978-7-5498-1258-8	副主编：孟静（第2位，总第5位）
5	2012年6月	编著	图书情报事业综论	吉林摄影出版社	978-7-5498-1258-5	副主编：张诗扬（第1位，总第4位）
6	2012年6月	编著	图书情报工作探索	吉林摄影出版社	978-7-5498-1258-2	副主编：刘春颖（第2位，总第5位）
7	2012年7月	编著	吉林省珍贵古籍名录图录（上、下册）	吉林人民出版社	978-7-206-07397-7	副主编：范敏（第4位，总第6位）。编委：孙玲、张英华
8	2012年8月	编著	文化之隅——2011"城市热读"讲座精编	吉林人民出版社	——	副主编：范敏、刘怡君。执行主编：逯晓雅。编委：乔欣欣、谢彦君

序号	出版时间	著作方式	著作名称	出版社	ISBN	著者
9	2012 年 12 月	汇编	国学大讲堂	吉林人民出版社	978-7-206-08048-7	本卷副主编：范敏（第 5 位，总第 6 位）。本卷编委：刘怡君（第 7 位）、逯晓雅（第 8 位）、谢彦君（第 9 位）、乔欣欣（第 10 位）
10	2014 年 3 月	编著	大师经典速写精选系列：鲁本斯	吉林美术出版社	978-7-5386-8184-0	编者：陈东
11	2014 年 5 月	编著	关东文化讲坛	吉林人民出版社	—	总编委（姓氏笔画排序）：范敏、谢群。本卷副主编：谢群。编辑：刘怡君、逯晓雅、谢彦君、乔欣欣、孙一平、洪旭
12	2014 年 8 月	编著	文化之隅——"城市热读"讲座精编（2013）	吉林人民出版社	—	主编：谢群。副主编：范敏、刘怡君。执行主编：逯晓雅。编委：谢彦君、乔欣欣、洪旭
13	2014 年 12 月	编著	第二批吉林省珍贵古籍名录图录	吉林人民出版社	978-7-206-10229-5	副主编：范敏、谢群（总第 11、12 位）。编委：孙玲、张英华
14	2015 年 4 月	编著	东北沦陷时期文学作品与史料编年集成．总第一卷：卷前卷	线装书局	978-7-5120-1535-7	主编：长春市图书馆
15	2015 年 4 月	编著	东北沦陷时期文学作品与史料编年集成．总第二至五卷．一九三一年卷（一至四）	线装书局	978-7-5120-1535-7	分卷主编：范敏。分卷副主编：张昭
16	2015 年 4 月	编著	东北沦陷时期文学作品与史料编年集成．总第六至九卷．一九三二年卷（一至四）	线装书局	978-7-5120-1535-7	分卷主编：朱亚玲。分卷副主编：王英华

序号	出版时间	著作方式	著作名称	出版社	ISBN	著者
17	2015 年 4 月	编著	东北沦陷时期文学作品与史料编年集成 . 总第十至十四卷 . 一九三三年卷（一至五）	线装书局	978-7-5120-1535-7	分卷主编：刘怡君。分卷副主编：刘劲节
18	2015 年 4 月	编著	东北沦陷时期文学作品与史料编年集成 . 总第十五至十六卷 . 一九三四年卷（一至二）	线装书局	978-7-5120-1535-7	分卷主编：林忠娜。分卷副主编：陈素梅
19	2015 年 4 月	编著	东北沦陷时期文学作品与史料编年集成 . 总第十七至二十三卷 . 一九三五年卷（一至七）	线装书局	978-7-5120-1535-7	分卷主编：刘姝旭。分卷副主编：李超、李娜
20	2015 年 4 月	编著	东北沦陷时期文学作品与史料编年集成 . 总第二十四至二十七卷 . 一九三六年卷（一至四）	线装书局	978-7-5120-1535-7	分卷主编：刘佳贺。分卷副主编：高晶霞、李岩峰
21	2015 年 4 月	编著	东北沦陷时期文学作品与史料编年集成 . 总第二十八卷 . 一九三七年卷（一）	线装书局	978-7-5120-1535-7	分卷主编：党恬甜、于雅彬。分卷副主编：姜莉莉
22	2015 年 4 月	编著	东北沦陷时期文学作品与史料编年集成 . 总第二十九至三十一卷册 . 一九三八年卷（一至三）	线装书局	978-7-5120-1535-7	分卷主编：刘彩虹。分卷副主编：孙一平、艾妍
23	2015 年 4 月	编著	东北沦陷时期文学作品与史料编年集成 . 总第三十二至三十三卷 . 一九三九年卷（一至二）	线装书局	978-7-5120-1535-7	分卷主编：张英华。分卷副主编：赵春杰

续表

序号	出版时间	著作方式	著作名称	出版社	ISBN	著者
24	2015 年 4 月	编著	东北沦陷时期文学作品与史料编年集成．总第三十四至三十七卷．一九四〇年卷（一至四）	线装书局	978-7-5120-1535-7	分卷主编：郝欣。分卷副主编：逯晓雅、耿岱文
25	2015 年 4 月	编著	东北沦陷时期文学作品与史料编年集成．总第三十八卷．一九四一年卷（一）	线装书局	978-7-5120-1535-7	分卷主编：乔欣欣、孙玲。分卷副主编：李岩峰
26	2015 年 4 月	编著	东北沦陷时期文学作品与史料编年集成．总第三十九至四十二卷．一九四二年卷（一至四）	线装书局	978-7-5120-1535-7	分卷主编：谢彦君。分卷副主编：李莹波、李妍
27	2015 年 4 月	编著	东北沦陷时期文学作品与史料编年集成．总第四十三卷．一九四三年卷（一）	线装书局	978-7-5120-1535-7	分卷主编：牟燕。分卷副主编：路维平
28	2015 年 4 月	编著	东北沦陷时期文学作品与史料编年集成．总第四十四卷．一九四四年卷（一）	线装书局	978-7-5120-1535-7	分卷主编：马丽。分卷副主编：王明旭
29	2015 年 4 月	编著	东北沦陷时期文学作品与史料编年集成．总第四十五卷．一九四五年卷（一）	线装书局	978-7-5120-1535-7	分卷主编：吴锐。分卷副主编：孙玲
30	2015 年 8 月	著作	文化之隅——"城市热读"讲座精编（2014）	吉林人民出版社	978-7-206-05381-8	主编：谢群。副主编：范敏、刘怡君。执行主编：逯晓雅。编委：谢彦君、乔欣欣、洪旭

序号	出版时间	著作方式	著作名称	出版社	ISBN	著者
31	2015 年 12 月	著作	城市公共图书馆的创新发展与服务效能提升——第 27 届十五城市公共图书馆工作研讨会论文集	长春出版社	978-7-5445-3064-4	主编：谢群。副主编：朱亚玲、阚立民、李莹波、刘怡君、王英华
32	2018 年 3 月	专著	图书馆读者服务工作漫谈	延边大学出版社	978-7-5688-4255-6	著者：孟静
33	2018 年 3 月	专著	公共图书馆阅读推广研究	延边大学出版社	978-7-5688-4256-3	著者：张雪
34	2018 年 8 月	专著	天堂应该是图书馆的模样	吉林出版集团股份有限公司	978-7-5581-5605-2	著者：叶心
35	2018 年 9 月	编著	东夏国史料汇编	吉林人民出版社	978-7-206-15689-2	于洪洋（参编）
36	2018 年 9 月	专著	现代图书馆建设与阅读推广研究	德宏民族出版社	978-7-5558-1030-8	著者：谢彦君
37	2018 年 9 月	著作	中国杂志书与新媒体融合发展研究	知识产权出版社	978-7-5130-5810-0	著者：于洪洋（第二作者）
38	2018 年 12 月	编著	长春市图书馆藏古籍善本图录	国家图书馆出版社	978-7-5013-6494-7	主编：谢群。副主编：姚淑慧、刘彩虹。执行主编：张英华。编委：刘佳贺、孙玲、亢吉平、刘群
39	2019 年 9 月	编著	家国情怀　科学精神	长春出版社	978-7-5445-5733-7	主编：谢群。副主编：姚淑慧、刘彩虹。编委：孙玲、马丽、亢吉平、孙金星、林忠娜、王明旭、刘佳贺、洪旭、杨屹、刘升
40	2020 年 4 月	编著	师范生生命教育（慕课版）	南京大学出版社	978-7-305-22973-2	祝磊（参编）

图书馆科研成果期刊论文统计表

序号	发表时间	体裁	论文题目	论文发表情况	作者
1	2011年1月	期刊论文	图书馆古籍保护利用的探索与实践——以长春图书馆为例	《科技情报开发与经济》，2011年第3期	张英华
2	2011年1月	会议论文	公共图书馆读者活动从量的积累到质的飞跃——以长春图书馆为例	收入《中国图书馆学会年会论文集（2011年卷）》，国家图书馆出版社出版	刘怡君等
3	2011年2月	期刊论文	溥仪文献的开发利用价值研究	《情报探索》，2011年第2期	张英华
4	2011年2月	期刊论文	图书馆员职业素养：职业精神与专业能力的结合	《四川图书馆学报》，2011年第1期	王彦萍、范敏
5	2011年2月	期刊论文	基于RFID的图书管理系统	《现代情报》，2011年第2期	唐彬（第三作者）
6	2011年3月	期刊论文	关注弱势群体 服务精神家园——长春图书馆为弱势群体服务的探索与实践	《重庆图情研究》，2011年第3期	陈素梅、安晓涛、谢佳
7	2011年4月	期刊论文	浅谈少儿图书馆的图书采访工作	《科技情报开发与经济》，2011年第11期	谢佳
8	2011年5月	会议论文	公共图书馆为弱势群体服务工作探讨	收入《全国中小型公共图书馆联合会2011年研讨会论文集》	牟燕
9	2011年6月	论文集论文	图书馆知识服务琐谈	《图书情报工作》，2011年第S1期	刘冬
10	2011年7月	期刊论文	浅析我国公共图书馆无障碍和零门槛进入过程中的问题及对策	《科技情报开发与经济》，2011年第19期	张雪
11	2011年7月	期刊论文	信息技术发展环境下公共图书馆用户需求变化与技术创新实践	《科技情报开发与经济》，2011年第19期	张昭
12	2011年7月	期刊论文	图书馆知识服务需求与发展现状	《科技情报开发与经济》，2011年第19期	于艳波
13	2011年7月	期刊论文	网络环境下公共图书馆面临的威胁与发展对策研究	《科技情报开发与经济》，2011年第20期	张昭
14	2011年8月	会议论文	图书馆为您买单——探讨公共图书馆的公益性	第23届全国十五城市公共图书馆工作研讨会参会	陈素梅
15	2011年8月	期刊论文	关于加快吉林省少儿图书馆事业发展的探讨	《科技情报开发与经济》，2011年第23期	李莹波、吴锐

序号	发表时间	体裁	论文题目	论文发表情况	作者
16	2011 年 8 月	论文集论文	对我国图书馆立法的思考	收入《图书馆工作与研究》，吉林摄影出版社出版	郭巍、孟静
17	2011 年 8 月	论文集论文	浅谈社区图书馆的发展趋势	收入《图书馆工作与研究》，吉林摄影出版社出版	郭巍、陆阳
18	2011 年 8 月	论文集论文	浅议公共图书馆服务走向	收入《图书馆工作与研究》，吉林摄影出版社出版	郭巍、马贺
19	2011 年 8 月	论文集论文	构建新农村公共图书馆服务体系的思考	收入《图书馆工作与研究》，吉林摄影出版社出版	于雪飞
20	2011 年 8 月	论文集论文	社区图书馆的建设与发展	收入《图书馆工作与研究》，吉林摄影出版社出版	于雪飞
21	2011 年 8 月	论文集论文	图书馆开展青少年素质教育初探	收入《图书馆工作与研究》，吉林摄影出版社出版	于雪飞
22	2011 年 8 月	论文集论文	关于少数民族图书馆事业的思考	收入《图书馆工作与研究》，吉林摄影出版社出版	高晶霞
23	2011 年 8 月	论文集论文	浅析新时期图书馆员工的职业生涯规划	收入《图书馆工作与研究》，吉林摄影出版社出版	翟羽佳
24	2011 年 8 月	论文集论文	网络环境下图书馆读者服务工作	收入《图书馆工作与研究》，吉林摄影出版社出版	翟羽佳
25	2011 年 8 月	论文集论文	图书馆数字资源建设新课题	收入《图书馆工作与研究》，吉林摄影出版社出版	马骥
26	2011 年 8 月	论文集论文	特色数字资源的开发与存储	收入《图书馆工作与研究》，吉林摄影出版社出版	马骥
27	2011 年 8 月	论文集论文	加强公共图书馆的服务意识	收入《图书馆工作与研究》，吉林摄影出版社出版	马骥
28	2011 年 8 月	论文集论文	提高高校图书馆读者服务质量的思考	收入《图书馆工作与研究》，吉林摄影出版社出版	冀岩
29	2011 年 8 月	论文集论文	图书馆读者服务中人文精神的解读	收入《图书馆工作与研究》，吉林摄影出版社出版	冀岩
30	2011 年 8 月	期刊论文	总分馆制与联盟制服务模式的比较研究	《图书馆学刊》，2011 年第 8 期	刘冬
31	2011 年 8 月	期刊论文	联盟图书馆框架下吉林省内图书馆特色数据库共建模式研究	《图书馆学研究》，2011 年第 16 期	刘彩虹、于亚芳、于丹辉

序号	发表时间	体裁	论文题目	论文发表情况	作者
32	2011 年9 月	会议论文	谈萨满文化专题数据库的建设	第 23 届全国十五城市公共图书馆工作研讨会参会	郝欣、逯晓雅、姜莉莉
33	2011 年9 月	期刊论文	浅议公共图书馆服务均等化	《科技情报开发与经济》，2011 年第 27 期	陆阳
34	2011 年10 月	期刊论文	公共图书馆免费开放服务的实践与思考——以长春图书馆为例	《东京文学》，2011 年第 10 期	李超
35	2011 年10 月	期刊论文	网络环境下公共图书馆内部发展的优劣势浅析	《科技情报开发与经济》，2011 年第 29 期	牛寒梅
36	2011 年10 月	期刊论文	论图书馆以人为本的服务理念的提升	《通化师范学院学报》，2011 年第 10 期	沈阳（第二作者）
37	2011 年10 月	期刊论文	基于知识管理的图书馆信息服务运营研究	《图书馆界》，2011 年第 5 期	祝磊（第一作者）、孙哲（第二作者）
38	2011 年10 月	期刊论文	公共图书馆地方年鉴的利用现状、问题与对策——以长春市图书馆为例	《图书馆学刊》，2011 年第 10 期	高晶霞
39	2011 年10 月	期刊论文	中图法第 5 版 H31 英语类目的设置	《图书馆学刊》，2011 年第 10 期	陈素梅、朱玲玲
40	2011 年10 月	期刊论文	基于本体集成的数字资源整合研究	《图书馆学研究》，2011 年第 20 期	郝欣（第一作者）
41	2011 年11 月	期刊论文	欠发达地区社区图书馆建设浅析——以长春市社区图书馆建设为例	《东京文学》，2011 年第 11 期	王嘉雷
42	2011 年12 月	期刊论文	保存文明载体，传承民族瑰宝——浅谈长春图书馆保护古籍的措施	《东京文学》，2011 年第 12 期	孙玲
43	2011 年12 月	期刊论文	浅谈公共图书馆的文化自觉	《图书馆界》，2011 年第 6 期	林忠娜、葛丹阳
44	2011 年12 月	期刊论文	浅议公共图书馆编制地方文献索引的可持续性	《图书馆界》，2011 年第 6 期	刘佳贺、谢佳

续表

序号	发表时间	体裁	论文题目	论文发表情况	作者
45	2012年1月	期刊论文	浅谈移动图书馆概况	《黑龙江科技信息》，2012年第3期	孙海晶
46	2012年1月	期刊论文	PDCA法在总分馆制中的应用	《图书馆学刊》，2012年第1期	王嘉雷
47	2012年2月	期刊论文	图书馆数字资源共享的保障机制研究	《图书馆学研究》，2012年第4期	于丹辉
48	2012年3月	期刊论文	浅议如何提升图书馆员的职业道德	《科技情报开发与经济》，2012年第5期	于雅彬
49	2012年3月	期刊论文	由群雄割据到江湖一统——谈我国文献编目工作发展道路	《科技情报开发与经济》，2012年第6期	于艳波
50	2012年5月	期刊论文	期望理论视角下图书馆用户激励路径分析	《图书馆学研究》，2012年第9期	刘春颖（第二作者）
51	2012年6月	期刊论文	将"便利店"应用到图书馆中	《贵图学刊》，2012年第2期	孟静
52	2012年6月	期刊论文	公共图书馆公益讲座研究	《科技情报开发与经济》，2012年第12期	李莹波、孙晓红
53	2012年6月	论文集论文	浅析如何将"便利店"应用到图书馆中	收入《图书情报工作探索》，吉林摄影出版社出版	孟静
54	2012年6月	论文集论文	我国图书馆立法中应注意的问题	收入《图书情报工作探索》，吉林摄影出版社出版	孟静
55	2012年6月	论文集论文	浅谈数字化图书馆的建设	收入《图书情报工作探索》，吉林摄影出版社出版	刘春颖、周文举
56	2012年6月	论文集论文	试论新世纪图书馆员的素质教育	收入《图书情报工作探索》，吉林摄影出版社出版	刘春颖
57	2012年6月	论文集论文	国内外图书馆立法的情况综述	收入《图书情报理论与实践》，中国时代经济出版社出版	孟静、陆阳
58	2012年6月	论文集论文	电子阅览室即时通讯与电子邮件服务浅析	收入《图书情报理论与实践》，中国时代经济出版社出版	孟静（第一作者）
59	2012年6月	论文集论文	浅谈长春图书馆创先争优活动	收入《图书情报理论与实践》，中国时代经济出版社出版	孟静

序号	发表时间	体裁	论文题目	论文发表情况	作者
60	2012 年 6 月	论文集论文	新时期图书馆服务创新之我见	收入《图书情报理论与实践》，中国时代经济出版社出版	刘春颖
61	2012 年 6 月	论文集论文	享受快乐阅读 构建社会和谐	收入《图书情报理论与实践》，中国时代经济出版社出版	马骥
62	2012 年 6 月	论文集论文	我国图书馆立法的必要性和可能性	收入《图书情报事业综论》，吉林摄影出版社出版	孟静、李春娜
63	2012 年 6 月	论文集论文	浅析公共图书馆电子阅览室的社会职能	收入《图书情报事业综论》，吉林摄影出版社出版	孟静（第一作者）
64	2012 年 6 月	论文集论文	试论图书馆与社会主义精神文明建设	收入《图书情报事业综论》，吉林摄影出版社出版	刘春颖
65	2012 年 6 月	论文集论文	浅谈如何提升公共图书馆在当今社会中的服务作用	收入《图书情报事业综论》，吉林摄影出版社出版	马骥
66	2012 年 6 月	论文集论文	试论高校图书馆对学科馆员的培养	收入《图书情报事业综论》，吉林摄影出版社出版	张诗扬
67	2012 年 6 月	论文集论文	浅析新形势下图书馆员职业素养的提升	收入《图书情报事业综论》，吉林摄影出版社出版	张诗扬
68	2012 年 7 月	期刊论文	明德亲民　止于至善——长春图书馆不断发展的源动力	《科技情报开发与经济》，2012 年第 14 期	孟静
69	2012 年 8 月	期刊论文	我国公共图书馆体制改革探析——基于国内外总分馆管理模式研究	《科技情报开发与经济》，2012 年第 15 期	祝磊
70	2012 年 8 月	期刊论文	学科知识门户在学术领域的现状与发展趋势研究	《科技情报开发与经济》，2012 年第 15 期	王丽娟
71	2012 年 9 月	期刊论文	试论面向基层公共图书馆服务体系的构建	《农业图书情报学刊》，2012 年第 9 期	刘姝旭
72	2012 年 9 月	期刊论文	Lib2.0 下 WEVR 用户关系培育体系研究	《图书馆学研究》，2012 年第 17 期	陈虹羽（第二作者）
73	2012 年 10 月	期刊论文	数字图书馆推广工程在区域性数字文化服务中的探索与实践——以长春数字图书馆为例	《国家图书馆学刊》，2012 年第 5 期	朱亚玲、李娜

序号	发表时间	体裁	论文题目	论文发表情况	作者
74	2012 年 10 月	期刊论文	浅析公共图书馆"以人养人"的人才战略	《黑龙江科技信息》，2012 年第 28 期	路维平
75	2012 年 10 月	期刊论文	面向未来的图书馆员职业精神新内涵	《黑龙江科技信息》，2012 年第 29 期	路维平
76	2012 年 10 月	期刊论文	浅谈构建便利图书馆普及社会阅读	《科技情报开发与经济》，2012 年第 19 期	孟静
77	2012 年 10 月	期刊论文	以读者观点构建公共图书馆读者满意度指标体系的研究与思考	《科技情报开发与经济》，2012 年第 19 期	刘姝旭
78	2012 年 10 月	期刊论文	浅议图书馆流通服务标准化	《科技情报开发与经济》，2012 年第 20 期	陆阳
79	2012 年 10 月	期刊论文	图书馆知识服务流程创新探析	《科技情报开发与经济》，2012 年第 20 期	高立波
80	2012 年 10 月	期刊论文	我国图书馆阅读服务研究综述	《科技情报开发与经济》，2012 年第 20 期	吕爽
81	2012 年 10 月	期刊论文	浅议图书馆流通服务标准化	《科技情报开发与经济》，2012 年第 20 期	陆阳
82	2012 年 10 月	期刊论文	网络信息时代下的图书馆论坛建设研究	《科技资讯》，2012 年第 29 期	刘升
83	2012 年 10 月	期刊论文	浅谈公共图书馆构建便利图书馆普及社会阅读	《图书馆界》，2012 年第 5 期	孟静
84	2012 年 10 月	期刊论文	国内在线专利服务系统的功能比较	《现代情报》，2012 年第 10 期	王明旭（第二作者）
85	2012 年 10 月	期刊论文	浅谈数字图书馆时代馆员的角色定位	《知识经济》，2012 年第 19 期	孙海晶
86	2012 年 11 月	期刊论文	试论个人与组织契合度在提升图书馆员素养方面的应用	《黑龙江科技信息》，2012 年第 31 期	谢彦君
87	2012 年 11 月	期刊论文	从延伸服务的发展谈图书馆服务创新	《黑龙江科技信息》，2012 年第 32 期	谢彦君
88	2012 年 11 月	期刊论文	基层图书馆发展的"破"与"立"	《黑龙江科技信息》，2012 年第 32 期	王彦萍
89	2012 年 11 月	期刊论文	试论公共图书馆文化休闲服务功能的定位与拓展	《黑龙江科技信息》，2012 年第 33 期	王彦萍

序号	发表时间	体裁	论文题目	论文发表情况	作者
90	2012年11月	期刊论文	云计算应用于图书馆所带来的问题研究	《华章》，2012年第33期	孙海晶
91	2012年11月	期刊论文	新形势下公共图书馆为弱势群体服务探析	《科技情报开发与经济》，2012年第21期	王立波
92	2012年11月	期刊论文	我国公共图书馆免费开放研究述评	《科技情报开发与经济》，2012年第22期	李莹波
93	2012年11月	期刊论文	少儿图书馆延伸服务模式研究	《图书馆学研究》，2012年第22期	周文举（第二作者）
94	2012年11月	期刊论文	高校数字图书馆安全信息共享体系的构建研究	《现代情报》，2012年第11期	刁文魁
95	2012年12月	论文集论文	国外移动图书馆服务实践内容浅析	收入《图书馆理论与实践创新研究》，吉林大学出版社出版	赵雪莹（第二作者）
96	2012年12月	论文集论文	图书馆编目工作及前景展望之我见	收入《图书馆理论与实践创新研究》，吉林大学出版社出版	赵雪莹（第二作者）
97	2012年12月	论文集论文	从马斯洛需求层次理论谈高校图书馆用户需求	收入《图书馆理论与实践创新研究》，吉林大学出版社出版	赵雪莹（第二作者）
98	2012年12月	论文集论文	图书馆法律体系建立问题研究——基于图书馆侵权纠纷的思考	收入《图书馆理论与实践创新研究》，吉林大学出版社出版	赵雪莹（第二作者）
99	2012年12月	期刊论文	城市公共图书馆在区域性数字文化服务中的实践与探索——以长春数字图书馆为例	《公共图书馆》，2012年第4期	朱亚玲
100	2012年12月	期刊论文	长春市公共图书馆事业发展概况	《公共图书馆》，2012年第4期	李莹波、王嘉雷
101	2012年12月	期刊论文	浅议新技术环境下公共图书馆的阅读推广工作	《公共图书馆》，2012年第4期	牟燕
102	2012年12月	期刊论文	网络环境下图书馆信息技术应用趋势	《黑龙江科技信息》，2012年第34期	李妍
103	2012年12月	期刊论文	网络环境下图书馆采编工作的思考与创新	《黑龙江科技信息》，2012年第34期	李娜

序号	发表时间	体裁	论文题目	论文发表情况	作者
104	2012 年 12 月	期刊论文	公益型数字文化服务体系研究现状及展望	《黑龙江科技信息》，2012 年第 34 期	王英华
105	2012 年 12 月	期刊论文	全民阅读环境下公共图书馆对阅读形式的探索	《科技情报开发与经济》，2012 年第 24 期	王明旭
106	2012 年 12 月	期刊论文	基于数学模型的语义抽取构建探析	《科技情报开发与经济》，2012 年第 24 期	邱东博
107	2012 年 12 月	期刊论文	公共图书馆服务创新研究	《内蒙古科技与经济》，2012 年第 23 期	李立群
108	2013 年 1 月	期刊论文	谈青年图书馆员的素质建设——以长春图书馆为例	《黑龙江科技信息》，2013 年第 1 期	王英华
109	2013 年 1 月	期刊论文	履行社会责任 拓展图书馆职能——长春图书馆少儿读者服务的探索	《科技情报开发与经济》，2013 年第 2 期	王英华
110	2013 年 1 月	期刊论文	国内外典型数字图书馆合作模式探析	《科技情报开发与经济》，2013 年第 2 期	郭旭
111	2013 年 1 月	期刊论文	公共图书馆读者满意度指标体系构建的研究与思考	《科技情报开发与经济》，2013 年第 2 期	郭巍
112	2013 年 2 月	期刊论文	图书馆古籍普查工作的实践与探索——以长春图书馆为例	《科技情报开发与经济》，2013 年第 3 期	孙玲
113	2013 年 2 月	期刊论文	图书馆发现服务发展综述	《科技情报开发与经济》，2013 年第 4 期	李立群
114	2013 年 2 月	期刊论文	公共图书馆标准化建设探析	《科技情报开发与经济》，2013 年第 4 期	王立波
115	2013 年 2 月	期刊论文	打造公共图书馆中未成年人的第三空间	《四川图书馆学报》，2013 年第 1 期	刘姝旭
116	2013 年 3 月	期刊论文	内蒙古自治区数字资源建设的调查与规划	《当代图书馆》，2013 年第 1 期	李立群
117	2013 年 3 月	期刊论文	数字信息环境下的用户行为研究	《科技情报开发与经济》，2013 年第 5 期	赵雪莹
118	2013 年 3 月	期刊论文	新时代图书馆员素养培养的重要性及策略研究	《科技情报开发与经济》，2013 年第 5 期	姜洪青
119	2013 年 3 月	期刊论文	期刊发展对期刊资源建设的潜在作用分析	《科技情报开发与经济》，2013 年第 6 期	姜洪青

序号	发表时间	体裁	论文题目	论文发表情况	作者
120	2013 年 3 月	期刊论文	浅谈以科学发展观为指导的图书馆建设——以长春图书馆为例	《科技情报开发与经济》，2013 年第 6 期	张佳音
121	2013 年 3 月	期刊论文	高校图书馆嵌入式信息素质教育实现模式及案例研究	《现代情报》，2013 年第 3 期	赵雪莹
122	2013 年 4 月	期刊论文	浅谈网络时代的文化管理与档案管理	《科技情报开发与经济》，2013 年第 8 期	任凤鹏
123	2013 年 5 月	期刊论文	云计算数据库查询算法在图书馆数字服务中的应用	《数字技术与应用》，2013 年第 5 期	常盛
124	2013 年 5 月	期刊论文	网络环境下图书馆地方文献资源建设研究——以长春图书馆为例	《图书馆学研究》，2013 年第 10 期	宋川
125	2013 年 6 月	期刊论文	中国当代藏书家的风采	《图书馆学刊》，2013 年第 6 期	陈素梅、于亚芳
126	2013 年 7 月	期刊论文	新媒体时代公共图书馆开展青少年阅读的研究——以长春图书馆阅读"三部曲"为例	《科技情报开发与经济》，2013 年第 13 期	孟静（第一作者）
127	2013 年 7 月	期刊论文	公共图书馆与城市文化发展关系的研究	《科技情报开发与经济》，2013 年第 14 期	赵婷
128	2013 年 7 月	期刊论文	图书馆员的职业精神	《科技资讯》，2013 年第 19 期	张海峰
129	2013 年 7 月	期刊论文	探析当前图书馆读者服务的特点、问题与策略	《科技资讯》，2013 年第 21 期	张海峰
130	2013 年 7 月	期刊论文	智能化图书馆 RFID 应用研究	《农业图书情报学刊》，2013 年第 7 期	郭巍
131	2013 年 8 月	论文集论文	图书馆本土化透视与剖析——图书馆学研究与本土化	收入《图书情报工作研究》，吉林摄影出版社出版	杜欣
132	2013 年 8 月	论文集论文	浅谈新时代公共图书馆的功能与定位	收入《图书情报工作研究》，吉林摄影出版社出版	程华
133	2013 年 8 月	论文集论文	浅析长春图书馆的创新发展	收入《图书情报工作研究》，吉林摄影出版社出版	于涵
134	2013 年 8 月	论文集论文	数字图书馆的建设	收入《图书情报工作研究》，吉林摄影出版社出版	王立波

序号	发表时间	体裁	论文题目	论文发表情况	作者
135	2013 年 8 月	论文集论文	图书馆人性化服务	收入《图书情报工作研究》，吉林摄影出版社出版	王立波
136	2013 年 8 月	论文集论文	数字图书馆区域性建设发展研究	收入《图书情报工作研究》，吉林摄影出版社出版	李妍
137	2013 年 8 月	论文集论文	二维码在图书馆建设中的应用与程序实现	收入《图书情报工作研究》，吉林摄影出版社出版	霍岩
138	2013 年 8 月	论文集论文	发挥图书馆作用　推动全民阅读活动	收入《图书情报工作研究》，吉林摄影出版社出版	于丹辉
139	2013 年 8 月	论文集论文	浅析全媒体时代公共图书馆读者服务	收入《图书情报工作研究》，吉林摄影出版社出版	胡艳玲
140	2013 年 8 月	论文集论文	浅谈公共图书馆开展图书漂流活动的形式	收入《图书情报工作研究》，吉林摄影出版社出版	葛丹阳
141	2013 年 8 月	论文集论文	信息时代图书馆竞争情报服务	收入《图书情报工作研究》，吉林摄影出版社出版	赵皖喆
142	2013 年 8 月	论文集论文	基于 Apriori 算法的知识推送研究	收入《图书情报工作研究》，吉林摄影出版社出版	常盛
143	2013 年 8 月	论文集论文	农家书屋服务方式探讨	收入《图书情报工作研究》，吉林摄影出版社出版	叶心
144	2013 年 8 月	论文集论文	数字时代的经典阅读推广	收入《图书情报工作研究》，吉林摄影出版社出版	孙一平
145	2013 年 8 月	论文集论文	图书馆网上参考咨询服务工作之我见	收入《图书情报工作研究》，吉林摄影出版社出版	霍岩
146	2013 年 8 月	论文集论文	对全国图书馆参考咨询联盟服务的思考	收入《图书情报工作研究》，吉林摄影出版社出版	程华
147	2013 年 8 月	论文集论文	试论新世纪图书馆员的综合素质	收入《图书情报工作研究》，吉林摄影出版社出版	刘劲节
148	2013 年 8 月	期刊论文	试析公共图书馆在公共文化服务体系建设中的作用	《科技情报开发与经济》，2013 年第 15 期	赵婷
149	2013 年 8 月	期刊论文	云环境下的图书馆服务模式探析	《科技情报开发与经济》，2013 年第 16 期	陈虹羽
150	2013 年 8 月	期刊论文	新媒体环境下图书馆导读工作探析	《科技情报开发与经济》，2013 年第 16 期	张文婷

序号	发表时间	体裁	论文题目	论文发表情况	作者
151	2013年8月	期刊论文	基于融资的图书馆运营理念和机制创新	《科技资讯》，2013年第22期	陈虹羽
152	2013年8月	期刊论文	浅谈当前图书馆员职业素养缺失表现与提升路径	《科技资讯》，2013年第24期	冀岩
153	2013年8月	期刊论文	细节无处不在——香港、澳门地区图书馆服务特色	《图书馆界》，2013年第4期	杜欣
154	2013年8月	期刊论文	吉林省农家书屋一体化管理体系建设研究	《图书馆学研究》，2013年第16期	王嘉雷、吴锐、奚水
155	2013年9月	期刊论文	公共图书馆阅读推广服务机制的探讨	《公共图书馆》，2013年第3期	于艳波
156	2013年9月	期刊论文	RFID技术在图书馆中的应用研究	《科技情报开发与经济》，2013年第17期	郭巍
157	2013年9月	期刊论文	图书馆经典阅读服务探析	《科技情报开发与经济》，2013年第17期	金姗
158	2013年9月	期刊论文	图书馆无形资产的构成及其管理分析	《科技情报开发与经济》，2013年第18期	赵婷
159	2013年9月	期刊论文	网络时代图书馆古籍版本鉴定新探	《科技情报开发与经济》，2013年第18期	刘劲节
160	2013年9月	期刊论文	阅读推广与公共图书馆服务	《科技资讯》，2013年第25期	马晓丽
161	2013年9月	期刊论文	浅议微信在图书馆的应用前景	《科技资讯》，2013年第26期	马骥
162	2013年9月	期刊论文	公益性数字文化体系建设问题研析	《农业图书情报学刊》，2013年第9期	杜欣
163	2013年9月	期刊论文	"图书馆里过六一·七彩童心绘党旗"活动案例	《图书馆论丛》，2013年第3期	王丽娟、张雪、郭旭
164	2013年9月	期刊论文	古籍保护和利用在图书馆社会职能拓展的价值探讨	《中国科技博览》，2013年第26期	马晓丽
165	2013年10月	期刊论文	公共图书馆分配制度创新与激励机制建立	《科技情报开发与经济》，2013年第19期	路维平
166	2013年10月	期刊论文	RFID技术在国内外图书馆应用综述	《科技情报开发与经济》，2013年第19期	王艳立

续表

序号	发表时间	体裁	论文题目	论文发表情况	作者
167	2013 年 10 月	期刊论文	通过实施 ERP 管理系统促进图书馆文献信息资源的共建共享	《科技情报开发与经济》，2013 年第 20 期	路维平
168	2013 年 10 月	期刊论文	创新驱动下的图书馆项目化管理探究	《科技情报开发与经济》，2013 年第 20 期	赵婷
169	2013 年 10 月	期刊论文	图书馆读者服务	《内蒙古科技与经济》，2013 年第 19 期	金姗
170	2013 年 10 月	期刊论文	浅析公共图书馆在科普工作中的责任与策略——以长春图书馆为例	《内蒙古科技与经济》，2013 年第 19 期	陈虹羽
171	2013 年 10 月	期刊论文	关注老年群体　提升服务能力——公共图书馆在老年读者服务中的实践探索	《农业图书情报学刊》，2013 年第 10 期	孟静
172	2013 年 10 月	期刊论文	公共图书馆开展亲子阅读服务的思考	《图书馆研究》，2013 年第 5 期	李欣
173	2013 年 10 月	期刊论文	图书馆个性化信息服务	《无线互联科技》，2013 年第 10 期	丁文伍
174	2013 年 10 月	期刊论文	全民阅读环境中图书馆使命与对策研究	《无线互联科技》，2013 年第 10 期	丁文伍
175	2013 年 10 月	期刊论文	图书馆古籍管理与保护工作探析	《科技与企业》，2013 年第 21 期	马晓丽
176	2013 年 11 月	期刊论文	提高图书馆信息化服务的思考	《黑龙江科技信息》，2013 年第 33 期	周文举
177	2013 年 11 月	期刊论文	公共图书馆读者办证情况统计分析——以长春图书馆为例	《科技情报开发与经济》，2013 年第 21 期	王立波
178	2013 年 11 月	期刊论文	浅析公共图书馆对少儿阅读习惯养成的影响——以长春图书馆青少部阅读推广活动为例	《科技情报开发与经济》，2013 年第 22 期	党恬甜
179	2013 年 11 月	期刊论文	移动图书馆 APP 服务研究	《科技情报开发与经济》，2013 年第 22 期	孙海晶
180	2013 年 11 月	期刊论文	科技助力阅读——新媒体 新技术在残疾人阅读服务中的应用	《科技与企业》，2013 年第 22 期	马骥
181	2013 年 11 月	期刊论文	浅谈当代图书馆员应具备的职业素养	《中国东盟博览》，2013 年第 11 期	冀岩

序号	发表时间	体裁	论文题目	论文发表情况	作者
182	2013 年 11 月	期刊论文	基于 AHP 分析法的图书馆员信息素养评价标准	《中国科教创新导刊》，2013 年第 31 期	祝磊（第二作者）
183	2013 年 12 月	期刊论文	外国移动图书馆服务实践内容浅析	《内蒙古科技与经济》，2013 年第 23 期	赵雪莹
184	2013 年 12 月	期刊论文	公共图书馆与终身教育的探讨	《商情》，2012 年第 51 期	杨大亮
185	2013 年 12 月	期刊论文	浅析群众路线在公共图书馆服务中的应用	《无线互联科技》，2013 年第 12 期	孙哲
186	2013 年 12 月	期刊论文	农村城镇化视阈下吉林省农民信息素质现状调查分析	《现代情报》，2013 年第 12 期	王明旭（第二作者）
187	2014 年 1 月	期刊论文	公共图书馆文献展阅服务开辟全民阅读新时代	《科技情报开发与经济》，2014 年第 1 期	杨坤
188	2014 年 2 月	期刊论文	浅析图书馆在新农村建设中的信息服务	《科技情报开发与经济》，2014 年第 4 期	李立群
189	2014 年 3 月	期刊论文	基于知识管理的图书馆管理模式探索	《科技情报开发与经济》，2014 年第 5 期	马骥
190	2014 年 4 月	期刊论文	享魅力文化 创精神乐园——公共图书馆对退休群体的文化关怀	《河南图书馆学刊》，2014 年第 4 期	杨坤
191	2014 年 4 月	期刊论文	微书评，引玉之砖——论公共图书馆推广经典阅读新方式	《晋图学刊》，2014 年第 2 期	于艳波
192	2014 年 4 月	期刊论文	浅议图书馆与创新型人才的培养	《考试周刊》，2014 年第 32 期	车秀峰
193	2014 年 4 月	期刊论文	浅析数字化对公共图书馆的影响	《科技情报开发与经济》，2014 年第 8 期	岳晓波
194	2014 年 4 月	期刊论文	移动图书馆近十年发展综述	《农业图书情报学刊》，2014 年第 4 期	刘春颖
195	2014 年 4 月	期刊论文	微书评·经典阅读·公共图书馆	《新世纪图书馆》，2014 年第 4 期	于艳波
196	2014 年 5 月	期刊论文	以构建文化第三空间为导向的图书馆服务创新	《图书馆学研究》，2014 年第 10 期	谢群
197	2014 年 7 月	期刊论文	谈公共图书馆事业发展若干趋势	《办公室业务》，2014 年第 13 期	张昭

序号	发表时间	体裁	论文题目	论文发表情况	作者
198	2014 年 7 月	期刊论文	公共图书馆数字资源的区域合作发展探析——以长春图书馆为例	《科技情报开发与经济》，2014 年第 13 期	岳晓波
199	2014 年 7 月	期刊论文	关于图书馆积极打造城市"第三空间"的思考	《科技情报开发与经济》，2014 年第 13 期	葛丹阳
200	2014 年 7 月	期刊论文	网络环境下公共图书馆提高公众阅读注意力的探讨	《科技情报开发与经济》，2014 年第 14 期	马晓丽
201	2014 年 8 月	期刊论文	信息时代下图书馆读者服务工作的变革之路	《赤子》，2014 年第 15 期	车秀峰
202	2014 年 8 月	期刊论文	基于知识服务的图书馆信息化决策参考咨询服务策略研究	《黑龙江科技信息》，2014 年第 22 期	葛丹阳
203	2014 年 8 月	期刊论文	浅析公共图书馆志愿者服务体系建设——以长春图书馆为例	《科技情报开发与经济》，2014 年第 15 期	孙晓红
204	2014 年 8 月	期刊论文	公共图书馆事业建设与服务创新实践——以长春图书馆为例	《科技情报开发与经济》，2014 年第 16 期	葛丹阳
205	2014 年 8 月	期刊论文	论"浅阅读"时代公共图书馆对阅读使命的践行	《科技情报开发与经济》，2014 年第 16 期	王明旭
206	2014 年 8 月	期刊论文	数字化资源共享环境下基层图书馆发展策略	《科技情报开发与经济》，2014 年第 16 期	李立群
207	2014 年 8 月	期刊论文	公共图书馆为农民工服务的措施分析	《科技资讯》，2014 年第 22 期	杨大亮
208	2014 年 8 月	期刊论文	浅谈公共图书馆青少年读者服务工作研究	《科技资讯》，2014 年第 24 期	张海峰
209	2014 年 9 月	期刊论文	美国图书馆服务追踪与剖析	《大学图书情报学刊》，2014 年第 5 期	杨道伟
210	2014 年 9 月	期刊论文	图书馆系统发展趋势	《科技创新导报》，2014 年第 27 期	任凤鹏
211	2014 年 9 月	期刊论文	城市地铁自助图书馆探析	《科技情报开发与经济》，2014 年第 17 期	李岩峰
212	2014 年 9 月	期刊论文	图书馆面向残疾人阅读推广的方法研究	《科技情报开发与经济》，2014 年第 17 期	马晓丽
213	2014 年 9 月	期刊论文	基于本体的数字图书馆服务模式研究	《科技情报开发与经济》，2014 年第 17 期	王秀利

序号	发表时间	体裁	论文题目	论文发表情况	作者
214	2014 年 9 月	期刊论文	基于读者荐购的图书馆文献建设新模式	《科技情报开发与经济》，2014 年第 17 期	杨屹
215	2014 年 9 月	期刊论文	浅析 Web2.0 时代图书馆用户信息服务	《科技情报开发与经济》，2014 年第 17 期	孙晓红
216	2014 年 9 月	期刊论文	农家书屋未来发展成为农村图书馆的思考	《科技情报开发与经济》，2014 年第 17 期	王彦萍
217	2014 年 9 月	期刊论文	国内图书馆联盟研究综述	《科技情报开发与经济》，2014 年第 17 期	所丹妮
218	2014 年 9 月	期刊论文	数字化环境下图书馆的新媒体服务——以长春图书馆新媒体服务为例	《科技情报开发与经济》，2014 年第 17 期	高立波
219	2014 年 9 月	期刊论文	图书馆移动服务新媒体——微信公众平台	《科技情报开发与经济》，2014 年第 18 期	赵春杰
220	2014 年 9 月	期刊论文	图书馆自助服务体系研究——以长春图书馆为例	《科技情报开发与经济》，2014 年第 18 期	李岩峰
221	2014 年 9 月	期刊论文	关于图书馆学本土化的透视研究	《科技情报开发与经济》，2014 年第 18 期	孙晓红
222	2014 年 9 月	期刊论文	图书馆数字资源建设与个性化服务	《科技情报开发与经济》，2014 年第 18 期	郝欣
223	2014 年 9 月	期刊论文	中小学生文献借阅情况分析及对策——以长春图书馆为例	《科技情报开发与经济》，2014 年第 18 期	张海峰
224	2014 年 10 月	期刊论文	基于微信的图书馆信息服务研究	《办公室业务》，2014 年第 19 期	孙一平
225	2014 年 10 月	期刊论文	数据挖掘技术在电子政务建设中的实施思路	《办公自动化》，2014 年第 19 期	常盛、刘劲节
226	2014 年 10 月	期刊论文	谈网络信息咨询工作	《黑龙江科技信息》，2014 年第 28 期	郭巍
227	2014 年 10 月	期刊论文	网络环境下的图书馆馆藏资源建设对策	《黑龙江史志》，2014 年第 19 期	王秀利
228	2014 年 10 月	期刊论文	高校数字图书馆的个性化服务	《黑龙江史志》，2014 年第 19 期	侯小梅
229	2014 年 10 月	期刊论文	浅谈如何提升图书馆服务质量	《黑龙江史志》，2014 年第 19 期	车秀峰

序号	发表时间	体裁	论文题目	论文发表情况	作者
230	2014 年 10 月	期刊论文	构建数字图书馆的有效措施	《科技创新导报》，2014 年第 28 期	任凤鹏
231	2014 年 10 月	期刊论文	试论新世纪图书馆员的综合素质	《科技创新导报》，2014 年第 28 期	刘劲节
232	2014 年 10 月	期刊论文	公共图书馆的贴心服务及其举措探析	《科技资讯》，2014 年第 28 期	高薪婷
233	2014 年 10 月	期刊论文	浅谈图书馆服务中网络广播电视融入的作用	《科技资讯》，2014 年第 28 期	张文婷
234	2014 年 10 月	期刊论文	提高社会图书馆的服务意识初探	《科技资讯》，2014 年第 28 期	张诗扬
235	2014 年 10 月	期刊论文	数字化图书馆读者服务工作的走向分析	《科技资讯》，2014 年第 28 期	张佳音
236	2014 年 10 月	期刊论文	关于社会图书馆制度文化的建设思考	《科技资讯》，2014 年第 28 期	张诗扬
237	2014 年 10 月	期刊论文	图书馆工作人员服务职能要点分析	《科技资讯》，2014 年第 28 期	王艳立
238	2014 年 10 月	期刊论文	农家书屋建设的现状与可持续发展	《农村科学实验》，2014 年第 10 期	李岩峰
239	2014 年 10 月	期刊论文	论农村公共文化服务体系的构建	《农村科学实验》，2014 年第 10 期	郝欣
240	2014 年 10 月	期刊论文	打造第三空间服务推广全民阅读——公共图书馆创新服务	《农业图书情报学刊》，2014 年第 10 期	刘春颖
241	2014 年 10 月	期刊论文	我国数字图书馆标准规范的构建	《图书馆界》，2014 年第 5 期	林忠娜、葛丹阳
242	2014 年 10 月	期刊论文	公共图书馆法人治理结构研究初探	《图书馆学刊》，2014 年第 10 期	于亚芳
243	2014 年 10 月	期刊论文	基于图书馆联盟的地方文献建设研究	《图书馆学刊》，2014 年第 10 期	侯小梅
244	2014 年 11 月	期刊论文	爱上阅读　从绘本开始	《才智》，2014 年第 33 期	党恬甜
245	2014 年 11 月	期刊论文	微博与图书馆危机管理的若干思考	《河北科技图苑》，2014 年第 6 期	张昭

序号	发表时间	体裁	论文题目	论文发表情况	作者
246	2014年11月	期刊论文	我国图书馆读者隐私权保护研究	《河南图书馆学刊》，2014年第11期	杨屹
247	2014年11月	期刊论文	21世纪城市公共图书馆读者服务探究	《科技传播》，2014年第21期	杨大亮
248	2014年11月	期刊论文	基于学习论谈手机图书馆服务模式	《科技创新导报》，2014年第31期	马贺
249	2014年11月	期刊论文	公共图书馆政府决策参考咨询服务模块化设计策略——以长春图书馆为例	《科技情报开发与经济》，2014年第21期	张昭
250	2014年11月	期刊论文	对我国图书馆法律体系建设问题的思考	《科技情报开发与经济》，2014年第21期	王立波
251	2014年11月	期刊论文	公共图书馆在阅读推广中的作用及新举措——以长春图书馆阅读推广实践为例	《科技情报开发与经济》，2014年第21期	郝欣
252	2014年11月	期刊论文	MOOCs背景下图书馆服务策略研究	《科技情报开发与经济》，2014年第21期	孙一平
253	2014年11月	期刊论文	复合图书馆读者服务模式的构建	《科技情报开发与经济》，2014年第22期	袁春雁
254	2014年11月	期刊论文	大数据在图书馆的应用研究与探讨	《农业图书情报学刊》，2014年第11期	刘春颖
255	2014年12月	期刊论文	基于物联网技术的现代智能图书馆研究	《高校图书馆工作》，2014年第6期	丁文伍（第二作者）
256	2014年12月	期刊论文	图书馆读者服务工作的改进和创新初探	《科技创新导报》，2014年第34期	杨屹
257	2015年1月	期刊论文	概论吉林省内图书馆特色资源数据库建设	《哈尔滨职业技术学院学报》，2015年第1期	于亚芳
258	2015年1月	期刊论文	对图书馆环境扫描报告（2013）的解读与思考	《河南图书馆学刊》，2015年第1期	所丹妮
259	2015年1月	期刊论文	中国图书馆学理论发展史的历史分期问题之我见	《科技情报开发与经济》，2015年第1期	杨道伟
260	2015年1月	期刊论文	美国图书馆"制造空间"的本土化透视——图书馆空间服务	《科技情报开发与经济》，2015年第2期	赵春杰

续表

序号	发表时间	体裁	论文题目	论文发表情况	作者
261	2015 年 1 月	期刊论文	营造第三空间 服务城市文化——城市图书馆提升服务品质的探索与实践	《图书馆工作与研究》，2015 年第 1 期	杨坤
262	2015 年 1 月	期刊论文	谈公共图书馆为政府权力机关信息咨询服务探索——以长春图书馆为例	《中文信息》，2015 年第 1 期	葛丹阳
263	2015 年 2 月	期刊论文	大数据时代图书馆发展对策研究	《科技情报开发与经济》，2015 年第 3 期	李莹波
264	2015 年 2 月	期刊论文	改革开放以来的图书馆学基础理论研究	《科技情报开发与经济》，2015 年第 3 期	杨道伟
265	2015 年 2 月	期刊论文	浅谈阅读对少儿读者成长的重要性	《科技情报开发与经济》，2015 年第 3 期	王明旭
266	2015 年 2 月	期刊论文	公共图书馆志愿者服务与管理研究	《科技情报开发与经济》，2015 年第 3 期	周文举、郭巍
267	2015 年 2 月	期刊论文	论公共图书馆读者服务创新	《科技情报开发与经济》，2015 年第 4 期	张诗扬
268	2015 年 2 月	期刊论文	图书馆读者服务中柔性服务的应用	《科技情报开发与经济》，2015 年第 4 期	杨大亮
269	2015 年 2 月	期刊论文	图书馆学理论研究的科学化问题探索	《科技情报开发与经济》，2015 年第 4 期	杨道伟
270	2015 年 2 月	期刊论文	成功老龄化与公共图书馆人本服务价值重塑	《图书馆工作与研究》，2015 年第 2 期	杨坤
271	2015 年 3 月	期刊论文	图书馆志愿者服务管理研究	《哈尔滨职业技术学院学报》，2015 年第 2 期	于亚芳（第一作者）
272	2015 年 3 月	期刊论文	浅析参考咨询工作在图书馆中的核心地位	《科技情报开发与经济》，2015 年第 5 期	杨坤
273	2015 年 3 月	期刊论文	论公共图书馆在推动全民阅读中的角色定位——服务与引导	《科技情报开发与经济》，2015 年第 5 期	孙玲
274	2015 年 3 月	期刊论文	信息时代高校图书馆学科服务架构研究	《科技情报开发与经济》，2015 年第 5 期	侯小梅
275	2015 年 3 月	期刊论文	图书馆读者活动创新刍议	《科技情报开发与经济》，2015 年第 6 期	孙一平
276	2015 年 3 月	期刊论文	图书馆与互联网的矛盾与互补	《科技情报开发与经济》，2015 年第 6 期	任凤鹏

序号	发表时间	体裁	论文题目	论文发表情况	作者
277	2015 年 3 月	期刊论文	基于共词分析视角的我国移动图书馆研究热点分析	《科技情报开发与经济》，2015 年第 6 期	赵春杰
278	2015 年 3 月	期刊论文	图书馆如何为农村留守儿童服务	《农村科学实验》，2015 年第 3 期	于雅彬
279	2015 年 4 月	期刊论文	近年来数字图书馆热点问题研究	《科技情报开发与经济》，2015 年第 7 期	赵春杰
280	2015 年 4 月	期刊论文	民国时期我国三级公共图书馆体系研究	《科技情报开发与经济》，2015 年第 7 期	张雯婷
281	2015 年 4 月	期刊论文	图书分编人员应具备的综合素质初探	《科技情报开发与经济》，2015 年第 8 期	于亚芳
282	2015 年 5 月	期刊论文	图书馆分编业务外包问题之我见	《科技情报开发与经济》，2015 年第 10 期	于亚芳
283	2015 年 6 月	期刊论文	浅谈图书信息化发展的有效途径	《黑龙江科技信息》，2015 年第 17 期	王郡华
284	2015 年 6 月	期刊论文	浅谈数字化图书馆对远程教育的作用	《科技创新导报》，2015 年第 18 期	郭旭
285	2015 年 7 月	期刊论文	图书馆的微博发展状况和读者服务创新	《科技情报开发与经济》，2015 年第 14 期	刘艳梅
286	2015 年 8 月	文集	长春市图书馆特藏文献资源建设分析	收入《天一阁文丛（第 13 辑）》，浙江古籍出版社出版	林忠娜、刘春颖
287	2015 年 8 月	期刊论文	数字信息环境下图书馆管理文化的构建	《科技情报开发与经济》，2015 年第 16 期	李春娜
288	2015 年 8 月	期刊论文	微阅读时代公共图书馆的读者服务	《科技情报开发与经济》，2015 年第 16 期	陆阳
289	2015 年 8 月	期刊论文	网络环境下图书馆的个性化信息服务措施探讨	《科技资讯》，2015 年第 22 期	刘艳梅
290	2015 年 8 月	期刊论文	充分利用 MOOCs，构建开放式图书阅读平台	《科技资讯》，2015 年第 23 期	刘艳梅
291	2015 年 9 月	期刊论文	论读者在公共图书馆中的法律地位	《科技情报开发与经济》，2015 年第 17 期	王郡华
292	2015 年 9 月	期刊论文	3D 打印技术在图书馆中应用的现状分析	《科技情报开发与经济》，2015 年第 17 期	周文举

续表

序号	发表时间	体裁	论文题目	论文发表情况	作者
293	2015 年 9 月	期刊论文	论网络环境下的图书馆读者服务工作	《科技情报开发与经济》，2015 年第 18 期	张雯婷
294	2015 年 9 月	期刊论文	社会图书馆大学生经典阅读探析	《科技资讯》，2015 年第 27 期	刘春颖
295	2015 年 9 月	期刊论文	3D 打印——开启图书馆服务新篇章	《农业图书情报学刊》，2015 年第 9 期	周文举
296	2015 年 9 月	期刊论文	浅析图书馆学研究中问题意识撷拾	《中华少年》，2015 年第 22 期	刘颖久
297	2015 年 9 月	期刊论文	分析图书馆学博物馆学档案学课程体系整合	《中华少年》，2015 年第 22 期	刘颖久
298	2015 年 10 月	期刊论文	信息化技术环境下图书馆微服务构想	《科技情报开发与经济》，2015 年第 19 期	孙燕
299	2015 年 10 月	期刊论文	公共图书馆实行总分馆制管理模式研究	《科技情报开发与经济》，2015 年第 20 期	郭旭
300	2015 年 11 月	期刊论文	图书馆管理中如何应用现代化管理手段	《赤子》，2015 年第 22 期	邸东博
301	2015 年 11 月	期刊论文	全媒体时代公共图书馆重点读者服务工作的新思考	《卷宗》，2015 年第 11 期	牟燕
302	2015 年 11 月	期刊论文	基于实证数据的图书馆移动阅读服务对策研究	《科技情报开发与经济》，2015 年第 21 期	孙燕
303	2015 年 11 月	期刊论文	免费开放背景下公共图书馆读者服务的瓶颈及出路	《科技情报开发与经济》，2015 年第 22 期	刘艳梅
304	2015 年 11 月	期刊论文	大流通模式下 RFID 服务系统在图书馆中的应用探讨	《科技情报开发与经济》，2015 年第 22 期	郭巍
305	2015 年 11 月	期刊论文	基于 SWOT 理论的图书馆女性馆员职业规划分析	《科技情报开发与经济》，2015 年第 22 期	刘春颖
306	2015 年 11 月	期刊论文	大数据时代图书馆的服务创新与发展探析	《人才资源开发》，2015 年第 22 期	牟燕
307	2015 年 11 月	期刊论文	我国公共图书馆为阅读障碍症人群服务的思考	《图书馆学刊》，2015 年第 11 期	李莹波
308	2015 年 12 月	期刊论文	公共图书馆服务体系建设的现状与对策	《卷宗》，2015 年第 12 期	牟燕

序号	发表时间	体裁	论文题目	论文发表情况	作者
309	2015年12月	期刊论文	满文文献的保护、开发与利用之我见	《科技情报开发与经济》，2015年第23期	郭旭
310	2015年12月	期刊论文	基于成本的公共图书馆经济效益分析	《科技情报开发与经济》，2015年第23期	刘艳梅
311	2015年12月	期刊论文	图书馆古籍文献普查工作存在的问题及对策	《科技情报开发与经济》，2015年第23期	张雯婷
312	2015年12月	期刊论文	数字信息环境下图书馆管理文化的构建	《科学家》，2015年第12期	牟燕
313	2015年12月	期刊论文	从少数民族文化传承看少数民族图书馆的建设与发展方向	《四川图书馆学报》，2015年第6期	祝磊
314	2015年12月	期刊论文	数字时代下图书馆读者服务工作的转型	《新媒体研究》，2015年第13期	牟燕
315	2016年1月	期刊论文	加强馆员队伍建设推进县级图书馆事业健康发展	《农业图书情报学刊》，2016年第1期	丁文伍、李莹波
316	2016年1月	期刊论文	物联网在智慧城市中的应用与思考	《信息系统工程》，2016年第1期	常盛（第二作者）
317	2016年2月	期刊论文	公共图书馆服务质量与读者行为意愿分析	《科技资讯》，2016年第5期	景丽萍
318	2016年2月	期刊论文	长春图书馆大流通模式下读者异质性探析	《图书情报导刊》，2016年第2期	杨坤
319	2016年2月	期刊论文	移动阅读服务在国内图书馆中的开展模式及发展	《现代情报》，2016年第2期	姜莉莉
320	2016年3月	期刊论文	"大流通"与图书馆RFID实践新探析	《河南图书馆学刊》，2016年第3期	郭巍
321	2016年3月	期刊论文	基于GIS模型的图书馆众创空间服务设计研究	《河南图书馆学刊》，2016年第3期	所丹妮
322	2016年3月	期刊论文	大数据时代图书馆一站式定题服务模式的演变——以长春图书馆为例	《图书馆学刊》，2016年第3期	杨坤
323	2016年3月	期刊论文	图书馆知识服务能力建设研究	《图书情报导刊》，2016年第3期	乔欣欣
324	2016年4月	期刊论文	微电影与图书馆经典阅读的推广	《山东图书馆学刊》，2016年第2期	于艳波

序号	发表时间	体裁	论文题目	论文发表情况	作者
325	2016 年 4 月	期刊论文	图书馆 RFID 在大流通模式下的应用探讨	《四川图书馆学报》，2016 年第 2 期	郭巍
326	2016 年 4 月	期刊论文	微电影在图书馆经典阅读推广中的效用	《图书馆工作与研究》，2016 年第 4 期	于艳波
327	2016 年 4 月	期刊论文	智库建设视角下的图书馆情报服务研究	《图书情报导刊》，2016 年第 4 期	乔欣欣
328	2016 年 5 月	期刊论文	吉林省电子信息资源集成管理现状分析与推进策略	《图书馆学研究》，2016 年第 9 期	赵春杰（第一作者）
329	2016 年 5 月	期刊论文	阅读推广背景下公共图书馆的地方文献宣传工作——以长春市图书馆东北沦陷时期史料宣传为例	《图书情报导刊》，2016 年第 5 期	王明旭
330	2016 年 6 月	期刊论文	国际数字出版环境对图书馆文献资源建设的影响	《河南图书馆学刊》，2016 年第 6 期	张昭
331	2016 年 7 月	期刊论文	"互联网＋农家书屋"模式浅析	《农业图书情报学刊》，2016 年第 7 期	王嘉雷
332	2016 年 8 月	期刊论文	对免费开放环境下公共图书馆信息化建设的几点思考	《科技传播》，2016 年第 16 期	杨大亮
333	2016 年 8 月	期刊论文	终身学习背景下公共图书馆社会教育探索	《情报探索》，2016 年第 8 期	艾妍
334	2016 年 8 月	期刊论文	幼儿书目推荐——公共图书馆阅读推广新策略	《图书馆工作与研究》，2016 年第 8 期	王英华
335	2016 年 9 月	期刊论文	现代公共文化服务体系建设中城乡图书馆一体化服务探析	《河南图书馆学刊》，2016 年第 9 期	贾晓凤
336	2016 年 9 月	期刊论文	以制度保障公共图书馆的读者权益探微	《科技资讯》，2016 年第 10 期	景丽萍
337	2016 年 9 月	期刊论文	基于智库理念的图书馆转型与建设策略	《农业图书情报学刊》，2016 年第 9 期	乔欣欣
338	2016 年 9 月	期刊论文	基于营销理论架构的全民阅读推广策略——以长春图书馆为例	《图书馆学刊》，2016 年第 9 期	刘怡君
339	2016 年 10 月	期刊论文	公共图书馆微信公众平台推广与营销	《科技资讯》，2016 年第 22 期	艾妍

序号	发表时间	体裁	论文题目	论文发表情况	作者
340	2016年10月	期刊论文	"互联网+"思维模式下的图书馆服务创新与实施路径	《四川图书馆学报》，2016年第5期	张昭
341	2016年10月	期刊论文	关于开放知识服务的图书馆存在构想	《长江丛刊》，2016年第29期	邸东博
342	2016年10月	期刊论文	试论图书馆学情报学档案学：研究对象与学科关系	《中华少年》，2015年第25期	刘颖久
343	2016年11月	期刊论文	公共图书馆未成年人阅读推广空间探讨	《办公室业务》，2016年第21期	于雅彬
344	2016年11月	期刊论文	一个开源的图书馆系统和公共图书馆用户：查找和使用图书馆馆藏	《卷宗》，2016年第11期	苗林
345	2016年11月	期刊论文	残疾和无障碍的图书馆与信息科学文献：内容分析	《卷宗》，2016年第11期	范崔岩
346	2016年11月	期刊论文	总分馆体系标准化管理研究——以长春市协作图书馆为例	《农业图书情报学刊》，2016年第11期	王嘉雷
347	2016年11月	期刊论文	大数据时代图书馆的服务拓展和策略探讨	《农业图书情报学刊》，2016年第11期	乔欣欣
348	2016年12月	期刊论文	k-means聚类算法在提高图书馆数字文献服务效能中的应用	《电子技术与软件工程》，2016年第23期	常盛
349	2016年12月	期刊论文	MOOC时代图书馆角色定位与创新服务	《河南图书馆学刊》，2016年第12期	周文举
350	2016年12月	期刊论文	论我国公共图书馆的教育功能——以国民素质教育为视角	《华北水利水电大学学报》，2016年第6期	马丽
351	2016年12月	期刊论文	24小时自助图书馆遇到的困境及出路	《科技创新导报》，2016年第34期	苗林
352	2016年12月	期刊论文	24小时自助图书馆的实践与探索	《科技创新导报》，2016年第34期	范崔岩
353	2016年12月	期刊论文	构建和谐的图书馆服务文化	《科技创新导报》，2016年第36期	范崔岩
354	2016年12月	期刊论文	图书馆如何服务好农民工读者群体	《科技创新导报》，2016年第36期	苗林
355	2016年12月	期刊论文	谈精神文化产品对未成年人培育和弘扬核心价值观的作用	《科技展望》，2016年第36期	于雅彬

续表

序号	发表时间	体裁	论文题目	论文发表情况	作者
356	2016 年 12 月	期刊论文	公共文化服务平台建设初探	《科技资讯》，2016 年第 34 期	常盛
357	2016 年 12 月	期刊论文	图书馆多媒体服务的策略研究	《科技资讯》，2016 年第 35 期	尚建伟
358	2016 年 12 月	期刊论文	"互联网+"理念在图书馆工作中的运用	《科技资讯》，2016 年第 36 期	尚建伟
359	2016 年 12 月	期刊论文	公共图书馆微信公众平台运营与推广——以副省级城市图书馆为例	《农业图书情报学刊》，2016 年第 12 期	艾妍
360	2017 年 1 月	期刊论文	基于需求视角下公共图书馆 RFID 技术应用探讨	《科技传播》，2017 年第 1 期	杨大亮
361	2017 年 1 月	期刊论文	图书馆公共教育的发展与创新	《科技风》，2017 年第 1 期	姜莉莉
362	2017 年 2 月	期刊论文	试析会员制模式下的公共图书馆专题信息服务	《四川图书馆学报》，2017 年第 1 期	谢佳
363	2017 年 2 月	期刊论文	新技术环境下公共图书馆读者服务创新研究——以长春图书馆为例	《图书馆学刊》，2017 年第 2 期	牟燕
364	2017 年 3 月	期刊论文	数字图书馆如何进一步服务于虚拟读者	《农业图书情报学刊》，2017 年第 3 期	姜莉莉
365	2017 年 4 月	期刊论文	关于中国儿童发展纲要（2011—2020）的深度思考——公共图书馆助力幼儿早期阅读	《办公室业务》，2017 年第 7 期	何爽
366	2017 年 4 月	期刊论文	浅谈以人为本理念在图书馆读者服务中的运用	《科技资讯》，2017 年第 12 期	贾晓凤
367	2017 年 5 月	期刊论文	图书馆服务艺术管窥	《科技资讯》，2017 年第 14 期	贾晓凤
368	2017 年 6 月	期刊论文	馆员能力建设与图书馆事业发展	《数字化用户》，2017 年第 23 期	孙金星
369	2017 年 6 月	期刊论文	公共图书馆手机客户端应用研究——以长春市图书馆为例	《中国管理信息化》，2017 年第 11 期	于雪飞
370	2017 年 9 月	期刊论文	公共图书馆老年用户信息服务研究	《河南图书馆学刊》，2017 年第 9 期	谢佳

序号	发表时间	体裁	论文题目	论文发表情况	作者
371	2017年9月	期刊论文	图书馆经典阅读推广中微电影的作用	《河南图书馆学刊》，2017年第9期	马丽
372	2017年9月	期刊论文	发挥图书馆作用　推动全民阅读活动开展——长春市图书馆在促进全民阅读中的探索	《科技资讯》，2017年第25期	贾晓凤
373	2017年10月	期刊论文	统战视角下战国时期诸侯合纵攻秦研究	《统一战线学研究》，2017年第5期	王政冬
374	2018年1月	期刊论文	公共图书馆3.0时代学龄前儿童亲子共读的思考和启示	《科技资讯》，2018年第1期	张雪
375	2018年1月	期刊论文	信息时代图书馆读者服务工作的思考	《科技资讯》，2018年第1期	王文宇
376	2018年2月	期刊论文	二维码技术在数字图书馆馆藏资源智能检索中的应用研究	《河南图书馆学刊》，2018年第2期	李春娜
377	2018年2月	期刊论文	公共图书馆对全民阅读的推广作用	《文化产业》，2018年第3期	李超
378	2018年3月	期刊论文	图书馆数字资源整合策略研究	《科技资讯》，2018年第9期	霍岩
379	2018年3月	期刊论文	大数据时代图书馆馆员职业能力建设研究	《农业图书情报学刊》，2018年第1期	李春娜
380	2018年3月	期刊论文	日本对伪满洲国殖民文化政策浅析	《外国问题研究》，2018年第1期	刘怡君
381	2018年3月	期刊论文	"互联网+"时代公共图书馆3.0的服务分析	《智库时代》，2018年第11期	王文宇
382	2018年3月	期刊论文	公共图书馆创客空间建设分析	《智库时代》，2018年第12期	王文宇
383	2018年4月	期刊论文	建立图书馆人性化服务模式探讨	《科技资讯》，2018年第10期	王文宇
384	2018年5月	期刊论文	浅谈公共图书馆如何提升未成年人服务能力	《科技资讯》，2018年第13期	李超
385	2018年5月	期刊论文	对新时期公共图书馆读者服务创新的几点思考	《科技资讯》，2018年第13期	杨大亮
386	2018年5月	期刊论文	新时期对文化系统职工继续教育的思考	《科技资讯》，2018年第15期	赵皖喆

序号	发表时间	体裁	论文题目	论文发表情况	作者
387	2018 年 5 月	期刊论文	众包模式在图书馆管理与服务中的应用	《科技资讯》，2018 年第 15 期	陈风
388	2018 年 5 月	期刊论文	影响数字图书馆用户忠诚度的实证研究	《农业图书情报学刊》，2018 年第 5 期	何爽
389	2018 年 6 月	期刊论文	论公共图书馆地方文献特色馆藏建设	《科技资讯》，2018 年第 16 期	刘群
390	2018 年 6 月	期刊论文	大数据在图书馆管理与服务中的应用	《科技资讯》，2018 年第 16 期	陈风
391	2018 年 6 月	期刊论文	图书馆微信公众平台讲座培训信息推广研究 ——以副省级公共图书馆为例	《科技资讯》，2018 年第 18 期	张雪
392	2018 年 6 月	期刊论文	图书馆微信公众平台儿童阅读推广研究	《农业图书情报学刊》，2018 年第 6 期	张雪
393	2018 年 7 月	期刊论文	公共图书馆青少年服务品牌建设的实践与思考	《卷宗》，2018 年第 19 期	周琳
394	2018 年 7 月	期刊论文	公共图书馆中文图书采访质量保障研究	《卷宗》，2018 年第 20 期	胡一
395	2018 年 7 月	期刊论文	地方文献工作与地域文化发展	《科技资讯》，2018 年第 21 期	刘群
396	2018 年 7 月	期刊论文	IP 运营——公共图书馆文化创新与推广的新思路	《图书馆学刊》，2018 年第 7 期	胡一
397	2018 年 8 月	期刊论文	文化信息资源共享工程基层服务点的建设与思考	《科技资讯》，2018 年第 22 期	奚水
398	2018 年 8 月	期刊论文	欧美儿童阅读推广实践及其创新启示	《图书馆界》，2018 年第 4 期	耿岱文
399	2018 年 9 月	期刊论文	公共图书馆青少年服务的创新与探索——以长春市图书馆"小树苗"16 点课堂为例	《河南图书馆学刊》，2018 年第 9 期	周琳
400	2018 年 9 月	期刊论文	新媒体环境下基于用户画像的智慧图书馆建设	《科技与创新》，2018 年第 18 期	常盛
401	2018 年 9 月	期刊论文	依法办馆创新发展——以长春市图书馆地方文献品牌活动为例	《科技资讯》，2018 年第 26 期	王明旭

续表

序号	发表时间	体裁	论文题目	论文发表情况	作者
402	2018年9月	期刊论文	大数据环境下的数字图书馆多元转型策略研究	《农业图书情报学刊》，2018年第9期	李超
403	2018年10月	期刊论文	公共图书馆法与公共图书馆未成年人阅读推广工作的开展	《办公室业务》，2018年第19期	周琳
404	2018年10月	期刊论文	网络时代下图书馆如何优化服务	《文化创新比较研究》，2018年第28期	任凤鹏
405	2018年11月	期刊论文	公共图书馆开展"中小学生课后免费托管服务"的分析及建议——以"长图小树苗16点课堂"为例	《办公室业务》，2018年第21期	何爽
406	2018年12月	期刊论文	新媒体环境下公共图书馆生态化发展现状研究	《安徽电子信息职业技术学院学报》，2018年第6期	常盛
407	2018年12月	期刊论文	图书馆电子期刊管理与服务的现状与发展	《河南图书馆学刊》，2018年第12期	李超
408	2019年1月	期刊论文	图书馆服务品牌竞争力形成机理与构建方法研究	《河南图书馆学刊》，2019年第1期	李春娜
409	2019年2月	期刊论文	新媒体视角下公共图书馆数字阅读推广探析	《图书馆学研究》，2019年第3期	朱亚玲、霍岩、刘劲节
410	2019年3月	期刊论文	知识图谱在领域知识多维分析中的应用途径研究	《数字图书馆论坛》，2019年第3期	叶心（第四作者）
411	2019年4月	期刊论文	浅析公共图书馆微服务——以长春市图书馆为例	《科技资讯》，2019年第12期	范朦予
412	2019年5月	期刊论文	基于自媒体视角下的公共图书馆读者服务探讨	《科技资讯》，2019年第14期	范朦予
413	2019年6月	期刊论文	大数据时代公共图书馆面临的机遇挑战与对策	《科技创新导报》，2019年第17期	孙金星
414	2019年8月	期刊论文	信息生态视域下高校大学生数据素养评价研究	《情报科学》，2019年第8期	孙玲（第二作者）
415	2019年8月	期刊论文	公共图书馆引导儿童家庭阅读环境创建策略研究	《图书馆研究与工作》，2019年第8期	王英华
416	2019年8月	期刊论文	浅析新型数字媒体对图书馆传统阅读方式的影响	《知识文库》，2019年第15期	刘畅

序号	发表时间	体裁	论文题目	论文发表情况	作者
417	2019 年 10 月	期刊论文	文化自信视域下图书馆经典阅读推广研究	《河南图书馆学刊》，2019 年第 10 期	刘升
418	2019 年 10 月	期刊论文	图书馆数字阅读推广研究	《科技创新导报》，2019 年第 29 期	耿岱文
419	2019 年 10 月	期刊论文	图书馆馆员对保护用户隐私的认知与实践程度调研	《四川图书馆学报》，2019 年第 5 期	何爽
420	2019 年 10 月	期刊论文	基于 O2O 的阅读生态平台建设研究——长春市图书馆"惠阅·文化菜单"设计与分析	《无线互联科技》，2019 年第 19 期	常盛
421	2019 年 10 月	期刊论文	探究公共图书馆读者服务的换位思考	《兰台内外》，2019 年第 30 期	于雪飞
422	2019 年 11 月	期刊论文	长春市图书馆馆藏伪满时期文献概括研究	《文物鉴定与鉴赏》，2019 年第 21 期	耿岱文
423	2019 年 12 月	期刊论文	试析伪满文献价值及其开发利用	《赤子》，2019 年第 35 期	李娜
424	2019 年 12 月	期刊论文	长春市图书馆伪满文献数字化的研究实践	《教育学文摘》，2019 年第 12 期	刘畅
425	2019 年 12 月	期刊论文	伪满时期文献数字化平台建设研究	《科技资讯》，2019 年第 35 期	耿岱文
426	2020 年 1 月	期刊论文	新时期图书馆管理工作创新	《科技创新导报》，2020 年第 1 期	孙海晶
427	2020 年 1 月	期刊论文	浅谈新时期公共图书馆传统文化推广工作	《科技资讯》，2020 年第 1 期	赵星月
428	2020 年 1 月	期刊论文	大数据背景下对图书馆工作的思考	《科技资讯》，2020 年第 2 期	孙海晶
429	2020 年 1 月	期刊论文	电子阅览室中光盘借阅及活动介绍与分析	《科技资讯》，2020 年第 3 期	孙海晶
430	2020 年 1 月	期刊论文	公共图书馆阅读推广的发展趋势研究	《文渊》，2020 年第 1 期	马恩启、马贺
431	2020 年 2 月	期刊论文	层次分析法与读者决策采购在纸质图书采购中的应用	《科技创新导报》，2020 年第 6 期	袁春雁
432	2020 年 2 月	期刊论文	全民阅读背景下图书馆阅读推广人的培育方式及策略	《卷宗》，2020 年第 2 期	许皓涵

序号	发表时间	体裁	论文题目	论文发表情况	作者
433	2020 年 3 月	期刊论文	公共图书馆旧馆改造中的"Q+S+1"模式刍议	《图书情报》，2020 年第 3 期	路维平
434	2020 年 3 月	期刊论文	公共图书馆老年读者信息素养提升策略	《公共图书馆》，2020 年第 1 期	于洪洋
435	2020 年 4 月	期刊论文	公共图书馆读者统计分析——以长春图书馆为例	《图书情报》，2020 年第 4 期	祝磊
436	2020 年 4 月	期刊论文	公共图书馆绘本故事会推广实践研究——以长春市图书馆小树苗·绘阅亲子故事会为例	《图书情报》，2020 年第 4 期	王春雨
437	2020 年 4 月	期刊论文	社科类图书管理与提高管理员素质修养分析	《办公室业务》，2020 年第 7 期	于雪飞
438	2020 年 5 月	期刊论文	公共图书馆的融合服务与创新——以长春市图书馆"城市阅读书网"为例	《图书情报》，2020 年第 5 期	朱亚玲、丁文伍
439	2020 年 5 月	期刊论文	新形势下中文图书分编工作的质量控制及提升途径	《科技资讯》，2020 年第 13 期	袁春雁
440	2020 年 5 月	期刊论文	民国文献的收藏与特色研究	《科技资讯》，2020 年第 14 期	杨屹、于亚芳
441	2020 年 5 月	期刊论文	公共图书馆共享型阅读空间的构建及完善	《办公室业务》，2020 年第 7 期	于雪飞
442	2020 年 6 月	期刊论文	"互联网+"技术支持下图书馆与书店跨界合作模式研究分析	《图书情报》，2020 年第 6 期	胡育杏、朱玲玲
443	2020 年 6 月	期刊论文	数字鸿沟视角下公共图书馆老年读者信息服务策略	《图书情报》，2020 年第 6 期	于洪洋
444	2020 年 6 月	期刊论文	基于实例探究媒体参与图书馆阅读推广活动策略和效果——以长春图书馆为例	《图书馆界》，2020 年第 3 期	马丽
445	2020 年 6 月	期刊论文	公共图书馆未成年人阅读书目推荐研究	《卷宗》，2020 年第 6 期	吴艳玲
446	2020 年 6 月	期刊论文	图书馆图书分编外包模式的构建与实施	《文化创新比较研究》，2020 年第 17 期	袁春雁
447	2020 年 7 月	期刊论文	城市书网环境下的社区图书馆建设研究	《图书情报》，2020 年第 7 期	王嘉雷

序号	发表时间	体裁	论文题目	论文发表情况	作者
448	2020 年 7 月	期刊论文	图书馆灾难管理的研究与思考	《图书情报》，2020 年第 7 期	刘姝旭
449	2020 年 7 月	期刊论文	浅谈"数字人文"背景下图书馆的挑战和知识服务	《科技创新导报》，2020 年第 17 期	孙海晶
450	2020 年 8 月	期刊论文	公共图书馆儿童阅读推广人队伍的建设与探索——以长春市图书馆"绘阅"专家讲读团为例	《图书情报》，2020 年第 8 期	金姗、王春雨
451	2020 年 8 月	期刊论文	中小型公共图书馆自助服务推广刍议	《图书情报》，2020 年第 8 期	吴艳玲
452	2020 年 8 月	期刊论文	"互联网＋"时代长春市图书馆流动图书馆研究	《科技创新导报》，2020 年第 22 期	丁文伍
453	2020 年 8 月	期刊论文	新技术环境下图书馆的读者需求与服务创新分析	《卷宗》，2020 年第 8 期	胡育杏
454	2020 年 8 月	期刊论文	产教融合背景下校企实训基地合作模式的构建——以地方财经院校为例	《教育教学论坛》，2020 年第 32 期	徐明、祝磊
455	2020 年 9 月	期刊论文	公共图书馆推进全国文明城市创建的重要途径——以长春市图书馆为例	《图书情报》，2020 年第 9 期	徐迎
456	2020 年 9 月	期刊论文	政府采购背景下公共图书馆采访工作的思考	《河南图书馆学刊》，2020 年第 9 期	胡育杏
457	2020 年 9 月	期刊论文	我国社会科学常用期刊及报纸研究	《科技资讯》，2020 年第 26 期	刘铭
458	2020 年 10 月	期刊论文	以儿童需求为导向的公共图书馆创客空间评价体系构建	《图书情报》，2020 年第 10 期	刘姝旭、张雪
459	2020 年 10 月	期刊论文	探讨公共图书馆管理与服务创新	《卷宗》，2020 年第 10 期	张昭
460	2020 年 10 月	期刊论文	文旅融合背景下公共图书馆地方文献资源宣传推广分析	《卷宗》，2020 年第 10 期下	王明旭
461	2020 年 10 月	期刊论文	地方财经院校校企实训基地多主体协同合作模式的建设对策	《高教学刊》，2020 年第 28 期	徐明、祝磊
462	2020 年 11 月	期刊论文	基于短视频的公共图书馆阅读推广分析	《图书情报》，2020 年第 11 期	路维平

续表

序号	发表时间	体裁	论文题目	论文发表情况	作者
463	2020年11月	期刊论文	公共图书馆少儿创客空间结构布局	《图书情报》，2020年第11期	孙一平、路维平
464	2020年11月	期刊论文	探析新时期公共图书馆与公众人文素养培育	《传媒论坛》，2020年第22期	赵星月
465	2020年11月	期刊论文	论图书馆电子书资产管理模式	《文存阅刊》，2020年第21期	孙哲
466	2020年11月	期刊论文	对现代图书馆管理理念与实践研究	《文存阅刊》，2020年第22期	孙哲
467	2020年12月	期刊论文	公共图书馆儿童创客空间服务策略探析	《图书情报》，2020年第12期	路维平
468	2020年12月	期刊论文	国外图书馆青少年创客空间优秀案例探讨	《办公室业务》，2020年第24期	所丹妮

十、图书馆获奖情况表

集体获奖表

序号	获奖时间	奖项名称或奖项情况	颁奖单位
1	2011年1月	2010年度全市文教工作先进单位	长春市人民政府
2	2011年3月	2010年度社会治安综合治理工作标兵单位	中共长春市朝阳区委员会、长春市朝阳区人民政府
3	2011年5月	学习型党组织暨党员教育示范点	中共长春市委宣传部、中共长春市委组织部
4	2011年5月	2010年度全民阅读先进单位	中国图书馆学会
5	2011年6月	长春市巾帼文明岗	长春市"巾帼建功"竞赛活动领导小组
6	2011年6月	书香长春·2011年全民阅读征文活动优秀组织单位	长春市全民阅读活动组委会
7	2011年6月	先进基层党组织	中共长春市委
8	2011年6月	2010—2011年度先进党组织	中共长春市文化局委员会
9	2011年9月	第二届文化共享杯——吉林省文化信息资源共享工程知识与技能竞赛冠军	吉林省文化厅

续表

序号	获奖时间	奖项名称或奖项情况	颁奖单位
10	2011 年 9 月	颂歌献给党——全国文化信息资源共享工程迎接建党 90 周年群众咏歌活动最佳组织奖	全国文化信息资源共享工程吉林省分中心
11	2011 年 10 月	第二届文化共享杯——全国文化信息资源共享工程知识与技能竞赛集体三等奖	文化部全国文化信息资源建设管理中心
12	2011 年 10 月	朝阳区"五五"普法依法治理先进单位	中共长春市朝阳区委员会、长春市朝阳区人民政府
13	2011 年 10 月	2011 中国图书馆学会年会征文活动组织奖	中国图书馆学会
14	2012 年 2 月	2011 年度全市文教工作先进单位	长春市人民政府
15	2012 年 2 月	2011 年度社会协同综合治理标兵单位	中共长春市朝阳区委员会、长春市朝阳区人民政府
16	2012 年 3 月	报刊部获评"五一巾帼标兵岗"	长春市总工会女职工委员会
17	2012 年 6 月	第一党支部获评先进基层党组织	中共长春市文化局委员会
18	2012 年 6 月	馆党委获评先进基层党组织	中共长春市文化局委员会
19	2012 年 7 月	全国图书馆联合参考咨询先进单位	全国图书馆参考咨询联盟管理中心
20	2012 年 7 月	全民阅读示范基地	中国图书馆学会
21	2012 年 8 月	2010—2012 年度全省文明单位	吉林省精神文明建设指导委员会
22	2012 年 8 月	城乡基层党组织结对共建先进单位	中共长春市委
23	2012 年 9 月	2012 年度吉林省优秀社会科学普及基地	吉林省社会科学界联合会
24	2012 年 12 月	2012 年吉林省社会科学普及周活动先进单位	吉林省社会科学界联合会
25	2012 年 12 月	2009—2012 年度长春市扶残助残先进集体	长春市人民政府残疾人工作委员会、中共长春市委宣传部
26	2012 年 12 月	"义务小馆员"志愿服务活动获评全国基层文化志愿服务活动优秀项目	中华人民共和国文化部
27	2013 年 1 月	2012 年度全市宣传思想文化工作标兵单位	中共长春市委宣传部
28	2013 年 3 月	2012 年度先进工会	长春市教科文卫体工会
29	2013 年 4 月	最佳馆藏图书馆	电子工业出版社

续表

序号	获奖时间	奖项名称或奖项情况	颁奖单位
30	2013 年 5 月	《吉图通讯》先进单位奖	吉林省图书馆学会
31	2013 年 5 月	2009—2012 年度先进单位	吉林省图书馆学会
32	2013 年 11 月	2013 年社会科学普及周活动先进单位	吉林省社会科学界联合会
33	2013 年 12 月	2013 年度全市文化广电新闻出版系统政务信息工作先进单位	长春市文化广电新闻出版局
34	2014 年 2 月	2013 年度先进工会	长春市教科文卫体工会
35	2014 年 2 月	2013 年度平安创建工作先进单位	中共长春市朝阳区委、长春市朝阳区人民政府
36	2014 年 9 月	吉林省优秀社会科学普及基地	吉林省社会科学界联合会
37	2014 年 12 月	2014 年度信息直报（特邀）先进单位	长春市人民政府
38	2014 年 12 月	2014 年市民读书节优秀组织单位	长春市文化广电新闻出版局
39	2014 年 12 月	全国文化系统先进集体	中华人民共和国人力资源和社会保障部、中华人民共和国文化部
40	2015 年 1 月	2014 年度馆藏及阅读推广优秀图书馆	社会科学文献出版社
41	2015 年 1 月	2014 年度全市文化广电新闻出版系统政务信息工作先进单位	长春市文化广电新闻出版局
42	2015 年 3 月	2014 年度先进职工之家	长春市教科文卫体工会
43	2015 年 3 月	2014 年度平安创建工作先进单位	中共长春市朝阳区委员会、长春市朝阳区人民政府
44	2015 年 4 月	文津图书奖联合评审单位	国家图书馆
45	2015 年 4 月	五一劳动奖状	长春市总工会
46	2015 年 7 月	2014 年度计划生育工作先进单位	中共长春市朝阳区委、长春市朝阳区人民政府
47	2015 年 9 月	全国社会科学普及教育基地	全国社会科学普及工作经验交流会组委会
48	2015 年 10 月	馆员所在的长春地区代表队获全省公共图书馆业务知识竞赛总决赛二等奖	吉林省文化厅

序号	获奖时间	奖项名称或奖项情况	颁奖单位
49	2015 年 10 月	"城市热读"公益讲座获评 2015 年长春终身学习活动品牌	中共长春市委宣传部、长春市教育局
50	2015 年 10 月	"长图雅音"高雅艺术沙龙获评 2015 年长春终身学习活动品牌	中共长春市委宣传部、长春市教育局
51	2015 年 12 月	2013—2015 年度全省文明单位	吉林省精神文明建设指导委员会
52	2015 年 12 月	全省敬老文明号	吉林省老龄工作委员会
53	2015 年 12 月	吉林省古籍重点保护单位	吉林省人民政府公布,吉林省文化厅颁发
54	2015 年 12 月	2015 年吉林省社会科学普及工作先进单位	吉林省社会科学界联合会
55	2015 年 12 月	吉林省古籍保护工作先进单位	吉林省文化厅
56	2015 年 12 月	敬老文明号	长春市老龄工作委员会
57	2015 年 12 月	图书馆推荐作品《三打白骨精新编》获评全国少年儿童名著新编短剧大赛小学组团体二等奖	中国图书馆学会
58	2016 年 1 月	2015 年度优秀馆藏图书馆	社会科学文献出版社
59	2016 年 1 月	2015 年度全市文化广电新闻出版系统政务信息工作先进单位	长春市文化广电新闻出版局
60	2016 年 1 月	2015 年度计划生育工作先进单位	中共长春市朝阳区委、长春市朝阳区人民政府
61	2016 年 2 月	2015 年度平安创建工作先进单位	中共长春市朝阳区委员会、长春市朝阳区人民政府
62	2016 年 3 月	先进职工之家	中国教科文卫体工会长春市委员会
63	2016 年 4 月	"我爱我家·书香吉林"亲子阅读示范基地	吉林省妇女联合会
64	2016 年 6 月	先进基层党组织	中共长春市文化广电新闻出版局委员会
65	2016 年 8 月	《文化之隅——"城市热读"讲座精编》获评吉林省优秀社会科学普及作品	吉林省社会科学界联合会
66	2016 年 8 月	2016 年吉林省优秀社会科学普及基地	吉林省社会科学界联合会

续表

序号	获奖时间	奖项名称或奖项情况	颁奖单位
67	2016 年 9 月	《品读》阅读推广案例获 2016 年阅读刊物的阅读推广实例征集活动一等奖	中国图书馆学会阅读推广委员会
68	2016 年 10 月	《文化之隅——"城市热读"讲座精编》（2014）获评全国优秀社会科学普及作品	全国社会科学普及工作委员会
69	2016 年 10 月	"城市热读"公益讲座获评 2016 年终身学习品牌项目	全民终身学习活动周工作小组中国成人教育协会
70	2017 年 1 月	2016 年度馆藏及阅读推广优秀图书馆	社会科学文献出版社
71	2017 年 1 月	2016 年度全市文化广电新闻出版系统政务信息工作先进单位	长春市文化广电新闻出版局
72	2017 年 2 月	"义务小馆员"获评吉林省 2016 年文化志愿服务示范项目	吉林省文化厅
73	2017 年 3 月	第二届全国"敬老文明号"（2016 年度）	全国老龄工作委员会
74	2017 年 3 月	2016 年度全国图书馆参考咨询联盟优秀服务奖一等奖	全国图书馆参考咨询联盟管理中心
75	2017 年 4 月	城市阅读书网示范点	长春市文化广电新闻出版局
76	2017 年 6 月	2016 年度参与社区建设优秀单位	中共永昌街道惠民社区委员会
77	2017 年 8 月	《品读》获 2017 年中国图书馆阅读推广类十佳内刊内报荣誉称号	中国图书馆学会
78	2017 年 10 月	"长图雅音"高雅艺术沙龙获评 2016 年阅读推广优秀项目	中国图书馆学会
79	2017 年 10 月	2017 年馆员书评第五季征集活动优秀组织奖	中国图书馆学会
80	2017 年 10 月	全民阅读示范基地	中国图书馆学会
81	2017 年 10 月	我听·我读——2017 全国少儿读者朗诵大赛有声阅读示范基地	中国图书馆学会
82	2017 年 10 月	"小树苗"16 点课堂之"书悦之声·小小朗读者"项目荣获全民阅读优秀案例二等奖	中国图书馆学会、韬奋基金会、中国出版集团、中国书刊发行业协会、中国新华书店协会

序号	获奖时间	奖项名称或奖项情况	颁奖单位
83	2017 年 11 月	"小树苗"亲子阅读系列活动被评为吉林省"书香润德"活动优秀成果奖	吉林省妇联、吉林省新闻出版广电局
84	2017 年 11 月	吉林省"书香润德"活动先进单位	吉林省妇联、吉林省新闻出版广电局
85	2017 年 11 月	2017 全国少年儿童阅读年系列活动——全国亲子绘本阅读推广月活动优秀奖	中国图书馆学会
86	2017 年 11 月	第五届全国文明单位	中央精神文明建设指导委员会
87	2017 年 12 月	2017 全国少年儿童阅读年活动优秀组织奖	中国图书馆学会
88	2018 年 1 月	2017 年度长春市"安康杯"竞赛优胜单位	长春市总工会、长春市安全生产监督管理局
89	2018 年 1 月	2017 年度惠民社区"爱心帮帮团"共驻共建先进单位	中共长春市朝阳区永昌街道惠民社区委员会、长春市朝阳区永昌街道惠民社区居民委员会
90	2018 年 2 月	2017 年度朝阳区平安创建工作标兵单位	中共长春市朝阳区委、长春市朝阳区人民政府
91	2018 年 2 月	"喜阅"惠溢书香长春项目获评 2017 年度全市宣传思想文化工作创新奖	中共长春市委宣传部
92	2018 年 3 月	2017 年度全市文化广电新闻出版系统政务信息工作先进单位	长春市文化广电新闻出版局
93	2018 年 3 月	2017 年度全国图书馆参考咨询联盟优秀服务奖一等奖	全国图书馆参考咨询联盟管理中心
94	2018 年 3 月	"小树苗"16 点课堂获第一届公共图书馆创新创意征集推广活动最佳创意奖	中国图书馆学会公共图书馆分会
95	2018 年 4 月	最美阅读空间	新文化报社、吉林省全民阅读协会
96	2018 年 5 月	案例《长图创客集市构建科普阅读生态群落》获第二届科普阅读推广案例征集活动三等奖	中国图书馆学会阅读推广委员会
97	2018 年 6 月	2018 年度《公共图书馆法》知识竞赛活动优秀组织单位	吉林省图书馆学会

续表

序号	获奖时间	奖项名称或奖项情况	颁奖单位
98	2018年6月	"健康生活 悦动吉林"——全省小学生古诗词诵读大赛优秀组织奖	吉林省图书馆学会未成年人服务委员会、白山市图书馆、白山市图书馆学会
99	2018年6月	吉林省第八届农民工子女书画精品展最佳组织奖	吉林省文化厅、吉林省教育厅、中国共产主义青年团吉林省委员会、吉林省图书馆（吉林省少年儿童图书馆）、吉林省中小学德育工作办公室
100	2018年6月	2017—2018年度区域化党建工作优秀党组织	中共长春市朝阳区永昌街道惠民社区委员会
101	2018年7月	优秀组织奖	长春市市民读书节组委会
102	2018年8月	一级图书馆	中华人民共和国文化和旅游部
103	2018年9月	《文化之隅——"城市热读"讲座精编》被评为吉林省优秀社会科学普及作品	吉林省社会科学界联合会
104	2018年9月	吉林省优秀社会科学普及基地	吉林省社会科学界联合会
105	2018年9月	2018"氤氲书香"朗读大赛优秀组织奖	吉林省文化厅
106	2018年9月	青少年读者工作部中小学生借阅区咨询岗获评巾帼文明岗	长春市"巾帼建功"竞赛活动领导小组办公室
107	2018年9月	吉林省公共图书馆未成年人阅读推广案例评选中"小树苗"社会实践活动案例被评为一等奖	吉林省图书馆学会
108	2018年10月	"小树苗"亲子阅读项目获评2018年吉林省终身学习品牌项目	吉林省成人教育协会
109	2018年10月	2018年吉林省青少年红色故事会大赛优秀组织奖	吉林省图书馆学会阅读推广委员会
110	2018年10月	2018书香吉林阅读季"我是小小讲书人"青少年讲书大赛吉林省最佳组织贡献奖	吉林省新闻广电出版局、《我是讲书人》吉林省大赛组委会
111	2018年10月	"小树苗"亲子阅读项目获评2018年终身学习品牌项目	全国终身学习活动周工作小组、中国成人教育协会
112	2018年10月	长春市文化广电新闻出版局系统拔河比赛第一名	长春市文化广电新闻出版局

序号	获奖时间	奖项名称或奖项情况	颁奖单位
113	2018 年 10 月	长春市文化广电新闻出版局系统徒步看家乡活动优秀组织奖	长春市文化广电新闻出版局
114	2018 年 10 月	"知法于心　守法于行"全国盲人演讲比赛优秀组织奖	中国残联维权部、中国盲文图书馆、中国盲文出版社
115	2018 年 10 月	2018 年馆员书评第六季征集活动优秀组织奖	中国图书馆学会阅读推广委员会
116	2018 年 11 月	2018 吉林省公共图书馆业务技能大赛第一名	吉林省图书馆学会
117	2018 年 11 月	2018 吉林省公共图书馆业务技能大赛优秀组织奖	吉林省图书馆学会
118	2018 年 11 月	"小树苗"亲子阅读项目获评 2018 年长春终身学习活动品牌	中共长春市委宣传部、长春市教育局
119	2018 年 11 月	长图公益课堂获评 2018 年长春终身学习活动品牌	中共长春市委宣传部、长春市教育局
120	2018 年 11 月	地方作家作品文库获评 2018 年发现图书馆阅读推广特色人文空间活动三等奖	中国图书馆学会阅读推广委员会
121	2018 年 12 月	青少年读者工作部获评 2018 年度第二届少年中国说——中小学生口语表达能力展演大赛吉林赛区优秀组织奖	吉林省青少年报刊总社、吉林省新华书店集团有限责任公司、长春旭声播音主持培训学校
122	2018 年 12 月	2018 年文化广电新闻出版局调查研究工作优秀组织单位	长春市文化广电新闻出版局
123	2018 年 12 月	2018 全国少年儿童阅读年活动——"绘画作品征集大赛"优秀组织单位奖	中国图书馆学会
124	2019 年 1 月	第一届优秀学术成果评奖活动优秀组织单位	吉林省图书馆学会
125	2019 年 1 月	长春市教科文卫体系统先进职工之家	长春市教科文卫体工会
126	2019 年 1 月	2018 年度全市文化广电新闻出版系统政务信息工作先进单位	长春市文化广电新闻出版局
127	2019 年 1 月	保卫科获评 2018 年度全市"安康杯"竞赛优胜班组	长春市总工会、长春市安全生产监督管理局

续表

序号	获奖时间	奖项名称或奖项情况	颁奖单位
128	2019 年 1 月	2018 年度惠民社区"爱心帮帮团"共驻共建先进单位	中共长春市朝阳区永昌街道惠民社区委员会
129	2019 年 1 月	"'城市书网'工程惠及幸福春城"项目荣获 2018 年度全市宣传思想文化工作创新奖	中共长春市委宣传部
130	2019 年 1 月	"长图公益课堂"获评 2018 年长春终身学习活动品牌	中共长春市委宣传部、长春市教育局
131	2019 年 1 月	第一党支部获评"两优一先"典型示范工程先进党支部	中共长春市直属机关工作委员会
132	2019 年 2 月	2018 年度朝阳区平安创建工作标兵单位	中共长春市朝阳区委员会、长春市朝阳区人民政府
133	2019 年 3 月	"传承红色基因，争做时代新人"主题教育活动先进集体	长春市关心下一代工作委员会、长春市精神文明建设指导委员会办公室
134	2019 年 5 月	2013—2018 年度先进单位	吉林省图书馆学会
135	2019 年 5 月	2017—2018 年度工作促进奖	吉林省图书馆学会
136	2019 年 5 月	吉林省第九届农民工子女书画精品展最佳组织奖	吉林省文化和旅游厅、吉林省教育厅、中国共产主义青年团吉林省委员会、吉林省图书馆（吉林省少年儿童图书馆）、吉林省中小学德育工作办公室
137	2019 年 7 月	三星级文化助盲志愿服务团队	中国助残志愿者协会、中国盲文图书馆
138	2019 年 8 月	第四届"大众喜爱的 50 个阅读微信公众号"	中国新闻出版传媒集团和中国全民阅读媒体联盟
139	2019 年 9 月	吉林省文明服务示范窗口	吉林省精神文明建设指导委员会
140	2019 年 9 月	吉林省第十六届"青青草"杯原创作品大赛最佳组织奖	吉林省文化和旅游厅、吉林省教育厅、中国共产主义青年团吉林省委员会、吉林省图书馆（吉林省少年儿童图书馆）、吉林省中小学德育工作办公室
141	2019 年 10 月	2019 年长春市消夏阅读季暨市民读书节优秀组织单位	长春市民读书节组委会

序号	获奖时间	奖项名称或奖项情况	颁奖单位
142	2019 年 10 月	"心视觉"影院获评 2019 年长春终身学习活动品牌	中共长春市委宣传部、长春市教育局
143	2019 年 10 月	"长图创空间"获评 2019 年长春终身学习活动品牌	中共长春市委宣传部、长春市教育局
144	2019 年 11 月	首届《三体》主题科幻征文大赛机构组织奖	QQ 阅读平台主办，阅文集团、三体宇宙（上海）文化发展有限公司联合主办
145	2019 年 11 月	"心视觉"影院被评为 2019 年吉林省终身学习品牌项目	吉林省成人教育协会
146	2019 年 11 月	"长春星火阅读计划"领读者阅读推广项目获评第五届领读者大奖"阅读空间奖"（图书馆）提名奖	中国图书馆学会阅读推广委员会、中国阅读学研究会、深圳读书月组委会办公室、深圳市宝安区委宣传部、南方都市报、深圳市阅读联合会、南都读书俱乐部
147	2019 年 11 月	全国维护妇女儿童权益先进集体	中华全国妇女联合会
148	2020 年 1 月	第一届优秀学术成果评奖活动"优秀组织单位"	吉林省图书馆学会
149	2020 年 1 月	2019 年度长春市教科文卫体系统先进职工之家	长春市教科文卫体工会
150	2020 年 2 月	"义务小馆员"志愿服务项目获评 2019 年度全国宣传推选学雷锋志愿服务"四个 100"先进典型活动最佳志愿服务项目	全国宣传推选学雷锋志愿服务"四个 100"先进典型活动组委会
151	2020 年 3 月	2019 阅读推广星级单位	中国图书馆学会
152	2020 年 4 月	全国家庭亲子阅读体验基地	全国妇联家庭和儿童工作部
153	2020 年 5 月	模范职工之家	吉林省教科文卫体工会
154	2020 年 6 月	2019 年度全民阅读先进单位	吉林省图书馆学会

序号	获奖时间	奖项名称或奖项情况	颁奖单位
155	2020 年 7 月	吉林省第十届农民工子女书画精品展最佳组织奖	吉林省文化和旅游厅、吉林省教育厅、中国共产主义青年团吉林省委员会、吉林省人力资源和社会保障厅、吉林省图书馆（吉林省少年儿童图书馆）、吉林省中小学德育工作办公室
156	2020 年 7 月	第三党支部获评先进基层党组织	中共长春市文化广播电视和旅游局党组
157	2020 年 7 月 23 日	获赠锦旗：长春市图书馆 军民共建一家亲　热情送书暖人心	中国人民解放军某部队
158	2020 年 8 月	长春市图书馆学雷锋志愿服务队获评 2020 年全省宣传推选学雷锋志愿服务先进典型活动优秀志愿服务组织标兵	全省宣传推选学雷锋志愿服务先进典型活动组委会
159	2020 年 9 月	2020 长春市民读书节优秀组织单位	长春市民读书节组委会
160	2020 年 11 月 20 日	全国文明单位	中央精神文明建设指导委员会
161	2020 年 12 月	长春市图书馆"绘阅"亲子绘本馆获评图书馆报 2020 年度影响力绘本馆征集活动年度影响力绘本馆	《图书馆报》
162	2020 年 12 月	长春市图书馆微博获评吉林省文旅新媒体"双百"扶持提升活动的 2020 年吉林省文旅最具影响力微博	吉林省文化和旅游厅
163	2020 年 12 月	长春市图书馆微信公众号获评吉林省文旅新媒体"双百"扶持提升活动的 2020 年吉林省文旅最具影响力微信公众号	吉林省文化和旅游厅
164	2020 年 12 月 4 日	"义务小馆员"项目获评全省志愿服务优秀项目展最具潜力项目	中共吉林省委宣传部
165	2020 年 12 月 28 日	长春市法治宣传教育示范基地	长春市司法局

个人获奖表

序号	获奖时间	获奖人	奖项名称或奖项情况	颁奖单位
1	2011 年 1 月	范敏、刘铭、术红梅、林忠娜、牟燕、刘艳梅、刘姝旭、刘英、孙晓红、金钟春、唐彬、郝欣、潘长海、路维平、阚立民、谢彦君、徐骐、任凤鹏、李莹波、高薪婷、田久计、齐红星、满振刚、王勤俭、车秀峰、邸东博、王艳立、郭巍、王丽娟、李玉梅	2010 年度年终考核优秀嘉奖人员	长春市人事局
2	2011 年 1 月	吴锐	2010 年度基层党组织服务民生工作先进个人	中共长春市委
3	2011 年 3 月	李益军、王鑫	2010 年度社会治安综合治理工作先进个人	中共长春市朝阳区委员会、长春市朝阳区人民政府
4	2011 年 3 月	朱亚玲	长春市三八红旗手	长春市妇女联合会
5	2011 年 6 月	范敏、王彦萍、于雅彬、郭旭、李岩峰	优秀共产党员	中共长春市文化局党委委员会
6	2011 年 6 月	吴锐	优秀党务工作者	中共长春市文化局党委委员会
7	2011 年 8 月	牟燕	征文《公共图书馆开展创新服务工作的实践与思考》荣获一等奖	东北地区第十三次图书馆学科学讨论会
8	2011 年 8 月	孟静	征文《用阅读填补空闲"——构建使得图书馆普及社会阅读》荣获一等奖	东北地区第十三次图书馆学科学讨论会
9	2011 年 9 月	耿岱文	作为长春地区代表队成员参加第二届文化共享杯——吉林省文化信息资源共享工程知识与技能竞赛，荣获集体一等奖	吉林省文化厅
10	2011 年 9 月	朱亚玲	征文《图书馆数字资源共享的保障机制研究》荣获二等奖	第 23 届全国十五城市公共图书馆工作研讨会

序号	获奖时间	获奖人	奖项名称或奖项情况	颁奖单位
11	2011年9月	郝欣、逯晓雅、姜莉莉	征文《谈萨满文化专题数据库的建设》荣获二等奖	第23届全国十五城市公共图书馆工作研讨会
12	2011年9月	陈素梅	征文《图书馆为您买单——探讨公共图书馆的公益性》荣获二等奖	第23届全国十五城市公共图书馆工作研讨会
13	2011年9月	丁文伍	第二届文化共享杯——全国文化信息资源共享工程知识与技有竞赛获奖参赛选手	文化部全国文化信息资源建设管理中心
14	2011年10月	刘怡君等	征文《公共图书馆读者活动从量的积累到质的飞跃——以长春图书馆为例》荣获一等奖	2011年中国图书馆学会年会
15	2011年10月	朱亚玲、郝欣	征文《基于本体集成的数字资源整合研究》荣获一等奖	2011年中国图书馆学会年会
16	2011年10月	朱亚玲	征文《图书馆数字资源共享的保障机制研究》荣获二等奖	2011年中国图书馆学会年会
17	2011年10月	刘佳贺、谢佳	征文《浅议公共图书馆编制地方文献索引的可持续性》荣获二等奖	2011年中国图书馆学会年会
18	2011年10月	李超	征文《让图书馆与读者共同阅读——浅论公共图书馆读者活动在营造阅读社会中的导读功能》荣获三等奖	2011年中国图书馆学会年会
19	2011年10月	高晶霞	征文《公共图书馆地方年鉴的利用现状、问题与对策——以长春市图书馆为例》荣获三等奖	2011年中国图书馆学会年会
20	2011年10月	刘姝旭	征文《新空间 小读者 大挑战——打造未成年人的第三空间 保障未成年人健康成长》荣获三等奖	2011年中国图书馆学会年会
21	2011年10月	郝欣、李岩峰	征文《关于"书香长春学习网"建设的分析与探讨》荣获三等奖	2011年中国图书馆学会年会
22	2011年10月	孟静、张雪	征文《浅析将图书馆建成"便利店"》荣获三等奖	2011年中国图书馆学会年会

序号	获奖时间	获奖人	奖项名称或奖项情况	颁奖单位
23	2011年10月	牟燕	征文《公共图书馆开展创新服务工作的实践与思考》荣获三等奖	2011年中国图书馆学会年会
24	2011年10月	乔欣欣	征文《免费开放，社会效益与责任挑战并存——以长春图书馆为例简析公共图书馆免费开放后的相应问题与对策》荣获三等奖	2011年中国图书馆学会年会
25	2011年10月	谢彦君	征文《积极应对免费开放　打造图书馆优质文化资源》荣获三等奖	2011年中国图书馆学会年会
26	2011年10月	耿岱文	作为长春地区代表队成员参加第二届文化共享杯——全国文化信息资源共享工程知识与技能竞赛，荣获集体三等奖	文化部全国文化信息资源建设管理中心
27	2011年12月	路维平	优秀班组长	长春市总工会
28	2011年12月	王立波、范崔岩、刘艳梅、牟燕、张海峰、刘劲节、程华、谢彦君、苗林	读者服务标兵	长春市图书馆
29	2011年12月	牟燕	征文《公共图书馆开展创新服务工作的实践与思考》荣获吉林省社会科学学术年会二等奖	中共吉林省委宣传部、吉林省社会科学界联合会
30	2011年12月	孟静	征文《以德为先　创先争优》荣获全市创先争优理论研讨优秀成果奖	中共长春市委创先争优活动领导小组办公室
31	2012年1月	朱玲玲、陆阳、刘彩虹、于雅彬、周伟勋、李岩峰、刘佳贺、安山山、王鑫、宋承夫、李超、贾晓凤、侯军、范崔岩、杨坤、杨大亮、刘颖久、孙晓红、耿岱文、王明旭、乔欣欣、张昭、李莹波、任凤鹏、王艳立、滕淑英、冀岩、李玉梅等	2011年度年终考核优秀嘉奖人员	长春市人事局

序号	获奖时间	获奖人	奖项名称或奖项情况	颁奖单位
32	2012年1月	吴锐	2011年度基层党组织服务民生和"三帮扶"工作先进个人	中共长春市委
33	2012年2月	李益军、王鑫	2011年度社会治安综合治理工作先进个人	中共长春市朝阳区委员会、长春市朝阳区人民政府
34	2012年3月	刘曙光	长春市教科文卫体系统先进工会干部	长春市教科文卫体工会
35	2012年6月	齐红星	市直文化系统优秀党务工作者	中共长春市文化局委员会
36	2012年6月	田久计、刘彩虹、朱玲玲、术红梅	市直文化系统优秀共产党员	中共长春市文化局委员会
37	2012年6月	吴锐	全市创先争优优秀共产党员	中国共产党长春市委员会
38	2012年6月	吴锐	市直文化系统优秀共产党员	中共长春市文化局委员会
39	2012年7月	于丹辉、程华	全国优秀咨询员	全国图书馆参考咨询联盟管理中心
40	2012年7月	吴锐、田久计、刘彩虹、朱玲玲、术红梅	2010—2012年度创先争优活动文化系统优秀共产党员	中共长春市文化局委员会
41	2012年9月	范敏、刘怡君、逯晓雅	《文化之隅》一书被评为2012年度吉林省优秀社会科学普及作品	吉林省社会科学界联合会
42	2012年9月	刘怡君	2012年度吉林省优秀社会科学普及工作者	吉林省社会科学界联合会
43	2012年9月	朱亚玲	2007—2012年度长春市第33届劳动模范	长春市人民政府
44	2012年10月	杜欣	征文《图书馆本土化透视和剖析》荣获三等奖	《图书情报工作》杂志社第27次图书馆学情报学学术研讨会
45	2012年10月	李妍	征文《国际视野下的图书馆信息技术应用走向》荣获优秀奖	《图书情报工作》杂志社第27次图书馆学情报学学术研讨会

序号	获奖时间	获奖人	奖项名称或奖项情况	颁奖单位
46	2012 年 11 月	林忠娜（第一作者）	征文《书香弥漫　共享文明——公共图书馆视障读者服务的实践与思考》荣获一等奖	2012 中国图书馆学会年会
47	2012 年 11 月	谢彦君	征文《试论个人与组织契合度在提升图书馆员素养方面的应用》荣获二等奖	2012 中国图书馆学会年会
48	2012 年 12 月	刘怡君	全国优秀社会科学普及工作者	全国社会科学普及工作经验交流会组委会
49	2013 年 1 月	朱亚玲、路维平、孙海晶、刘丽梅、周伟勋、徐宝宏、孙长友、阚立民、丁文伍、刘彩虹、刘劲节、朱玲玲、李娜、刘佳贺、张磊、亢吉平、刘英、刘怡君、逯晓雅、术红梅、尚建伟、张海峰、王玉、侯晓梅、范崔岩、房寂静、李玉梅、何桂华、周文举	2012 年度年终考核优秀嘉奖人员	长春市人事局
50	2013 年 5 月	阚立民	2009—2012 年度优秀学会工作者	吉林省图书馆学会
51	2013 年 5 月	李超	《吉图通讯》优秀通讯员	吉林省图书馆学会
52	2013 年 5 月	王嘉雷、刘姝旭、牟燕、李莹波、陈素梅、郝欣、郭旭、谢彦君	2009—2012 年度优秀会员	吉林省图书馆学会
53	2013 年 7 月	范敏	2010—2012 年度未成年人思想道德建设工作先进个人	长春市精神文明建设指导委员会
54	2013 年 8 月	牟燕	征文《数字时代公共图书馆的阅读推广服务探究》荣获一等奖	东北地区第十四次图书馆学科学讨论会
55	2013 年 8 月	谢群、朱亚玲	征文《以构建文化第三空间为导向的图书馆服务创新》荣获一等奖	东北地区第十四次图书馆学科学讨论会
56	2013 年 12 月	王英华	2013 年度全市文化广电新闻出版系统政务信息工作优秀信息员	长春市文化广电新闻出版局

续表

序号	获奖时间	获奖人	奖项名称或奖项情况	颁奖单位
57	2013年12月	谢群	2013年度全市文化广电新闻出版系统政务信息工作优秀组织者	长春市文化广电新闻出版局
58	2013年	张雪	征文《从出生就阅读——浅议公共图书馆在亲子绘本阅读中的作用》荣获二等奖	2013年中国图书馆学会年会
59	2013年	谢群、刘怡君	征文《4Rs营销理论在读者活动策划与推广中的应用——以长春图书馆读者活动策划与推广工作为例》荣获三等奖	2013年中国图书馆学会年会
60	2013年	谢彦君	征文《公共图书馆是经典阅读推广的主体——以长春图书馆为例谈公共图书馆在经典阅读推广中的地位和作用》荣获三等奖	2013年中国图书馆学会年会
61	2014年1月	朱亚玲、刘姝旭、刘劲节、阚立民、王嘉雷、金钟春、谢彦君、于涵、李岩峰、房寂静、周文举、范崔岩、刘英、陆阳、翟羽佳、王彦萍、郝欣、黄子健、王艳立、田久计、张黎光、孙晓红、张磊、苗林、亢吉平、侯军、郭旭、牟燕	2013年度年终考核优秀嘉奖人员	长春市人力资源和社会保障局
62	2014年3月	谢群	长春市三八红旗手	中共长春市委宣传部、中共长春市委政法委员会、长春市精神文明建设指导委员会、长春市妇女联合会等单位
63	2014年9月	谢彦君	吉林省优秀社会科学普及工作者	吉林省社会科学界联合会
64	2014年12月	王英华	2014年度信息直报（特邀）先进个人	长春市人民政府办公厅

序号	获奖时间	获奖人	奖项名称或奖项情况	颁奖单位
65	2014年12月	吴锐、齐红星、常盛、于雅彬、刘彩虹、刘怡君、路维平、张海峰、张文婷、王嘉雷、杨道伟、刘劲节、房寂静、周文举、付俊、范崔岩、郭巍、张昭、贾晓凤、刘群、耿岱文、张华、李晓蓉、洪旭、陈东、孙晓红、牟燕、杨屹、张英华、任凤鹏、田久计、李志民、冯晓伟、张宝贵	2014年度年终考核优秀嘉奖人员	长春市人力资源和社会保障局
66	2014年	李莹波	征文《大数据时代图书馆发展的思考》荣获一等奖	川吉苏冀桂五省（区）图书馆学会第十四届学术研讨会
67	2014年	车秀峰	征文《浅谈当代图书馆人性化管理创新》荣获二等奖	川吉苏冀桂五省（区）图书馆学会第十四届学术研讨会
68	2014年	李莹波	征文《我国公共图书馆法人治理结构现状及思考》荣获三等奖	中国图书馆学会年会
69	2014年	谢彦君	征文《馆员——图书馆发展的生机所在》荣获三等奖	中国图书馆学会年会
70	2015年1月	张英华	全国古籍保护工作先进个人	中华人民共和国文化部
71	2015年1月	王英华	2014年度全市文化广电新闻出版系统政务信息工作优秀信息员	长春市文化广电新闻出版局
72	2015年1月	谢群	2014年度全市文化广电新闻出版系统政务信息工作优秀组织者	长春市文化广电新闻出版局
73	2015年2月	刘曙光	2014年度先进工会干部	中国教科文卫体工会长春市委员会
74	2015年10月	李莹波	2013—2014年吉林省图书馆学会优秀工作者	吉林省图书馆学会
75	2015年10月	于雅彬、谢彦君、牟燕、林忠娜、董艳、刘怡君、王英华、刘佳贺、郭旭、王嘉雷	2013—2014年吉林省图书馆学会优秀会员	吉林省图书馆学会

序号	获奖时间	获奖人	奖项名称或奖项情况	颁奖单位
76	2015 年 11 月	李超	2015 年度全市文化广电新闻出版系统政务信息工作优秀信息员	长春市文化广电新闻出版局
77	2015 年 12 月	朱亚玲	长春市第六批有突出贡献专家	中共长春市委、长春市人民政府
78	2015 年	王英华	征文《学龄前儿童书目推荐——公共图书馆未成年人阅读推广新策略》荣获一等奖	2015 年中国图书馆年会
79	2015 年	林忠娜	征文《我与爱课程网》荣获三等奖	2015 年中国图书馆年会
80	2015 年	常盛	征文《整合领域边界，布局文化服务上游产业链》荣获二等奖	2015 年第 27 届全国十五城市公共图书馆工作研讨会
81	2015 年	郭旭	征文《公共图书馆实行总分馆制管理模式研究》荣获三等奖	2015 年第 27 届全国十五城市公共图书馆工作研讨会
82	2015 年	郭旭	征文《浅谈数字化图书馆对远程教育的作用》荣获一等奖	四川西部文献编译研究中心（科学发展与构建和谐社会理论实践成果）
83	2015 年	李超	2016 年度全市文化广电新闻出版系统政务信息工作优秀信息员	长春市文化广电新闻出版局
84	2015 年	李超、王英华	《吉图通讯》优秀通讯员	吉林省图书馆学会
85	2015 年	朱玲玲、孟静、金钟春、李岩峰、阚立民、赵婷、王英华、侯军、陈素梅、黄子健、杨屹、侯小梅、马丽、牟燕、亢吉平、孙玲、王嘉雷、马骥、周文举、刘英、郭巍、冀岩、杨大亮、马贺、艾妍、孙海晶、孙一平、何爽、任凤鹏、郝欣、乔欣欣、张雪、田久计、徐骐、满振刚、宋承夫、陈岳华	2015 年度年终考核优秀嘉奖人员	长春市人力资源和社会保障局

序号	获奖时间	获奖人	奖项名称或奖项情况	颁奖单位
86	2016年1月	谢群	2015年度全市文化广电新闻出版系统政务信息工作优秀组织者	长春市文化广电新闻出版局
87	2016年3月	路维平	先进工会干部	中国教科文卫体工会长春市委员会
88	2016年7月	齐红星	2015—2016年度创先争优活动优秀党务工作者	中共长春市文广新局委员会
89	2016年7月	张昭、党恬甜、王鑫、安山山	2015—2016年度创先争优活动优秀共产党员	中共长春市文广新局委员会
90	2016年8月	谢彦君	吉林省优秀社会科学普及工作者	吉林省社会科学界联合会
91	2016年10月	谢彦君	全国优秀社会科学普及工作者	全国社会科学普及工作组委会
92	2016年	刘佳贺	征文《论公共图书馆开发利用地方文献的优势——以编辑〈东北沦陷时期文学作品与史料编年集〉为例》荣获三等奖	中国图书馆学会年会
93	2016年	苗林	信息时代　数字未来——2016年数字图书馆业务技能竞赛2016年数字图书馆业务技能菁英	中国图书馆学会
94	2016年	苗林	信息时代　数字未来——2016年数字图书馆业务技能竞赛决赛一等奖	中国图书馆学会
95	2016年	苗林、尚建伟、林忠娜	信息时代　数字未来——2016年数字图书馆业务技能竞赛2016年数字图书馆业务技能能手	中国图书馆学会
96	2016年	于丹辉、胡艳玲	2016年度全国图书馆参考咨询联盟优秀服务奖一等奖	全国图书馆参考咨询联盟管理中心
97	2016年	孙一平	征文《浅谈自媒体时代图书馆的阅读推广》荣获三等奖	第28届全国十五城市公共图书馆工作研讨会
98	2016年	马丽	征文《基于公共文化服务中公共图书馆教育功能的构建》荣获三等奖	全国中小型公共图书馆联合会2016年研讨会

序号	获奖时间	获奖人	奖项名称或奖项情况	颁奖单位
99	2016年	孙金星	征文《大数据时代背景下图书馆的服务创新与发展》荣获一等奖	川吉苏冀桂五省（区）图书馆学会第十五届学术研讨会
100	2016年	牟燕	征文《新技术环境下公共图书馆创新读者服务工作的实践与思考》荣获二等奖	川吉苏冀桂五省（区）图书馆学会第十五届学术研讨会
101	2016年	刘佳贺	征文《大数据背景下地方数据信息服务创新模式设想》荣获二等奖	川吉苏冀桂吉五省（区）图书馆学会第十五届学术研讨会
102	2016年	谢群	2016年度全市文化广电新闻出版系统政务信息工作优秀组织者	长春市文化广电新闻出版局
103	2016年	阚立民、陆阳、于雅彬、刘怡君、刘群、侯军、李晓蓉、王明旭、杨屹、牟燕、李莹波、于涵、周文举、刘英、范崔岩、房寂静、安晓涛、赵皖喆、耿岱文、孙哲、谢彦君、姜莉莉、安爱功、贾晓凤、冯晓伟、陈岳华、尚建伟、常盛	2016年度年终考核优秀嘉奖人员	长春市人力资源和社会保障局
104	2017年10月	王政冬	2017年馆员书评第五季征集活动一等奖	中国图书馆学会
105	2017年10月	陶莎、姜莉莉	2017年馆员书评第五季征集活动二等奖	中国图书馆学会
106	2017年10月	王春雨、于洪洋、张雯婷、刘群、李超	2017年馆员书评第五季征集活动三等奖	中国图书馆学会
107	2017年12月	于雅彬	2017年全国少年儿童阅读年活动优秀组织个人奖	中国图书馆学会
108	2017年	李莹波、王英华、张雪	2013—2016年中国图书馆学会优秀会员	中国图书馆学会

续表

序号	获奖时间	获奖人	奖项名称或奖项情况	颁奖单位
109	2017 年	林忠娜	征文《城市阅读书网中用户信息素质教育——以吉林省图书馆学会用户信息素质教育委员会成立为例析》荣获 2017 年用户信息素质教育征文活动一等奖	吉林省图书馆学会用户信息素质教育委员会
110	2017 年	齐红星	长春市老干部工作先进工作者	中共长春市委组织部、中共长春市委老干部局
111	2018 年 2 月	程华	2017 年度全国图书馆参考咨询联盟文献服务优秀奖二等奖	全国图书馆参考咨询联盟管理中心
112	2018 年 2 月	于丹辉、胡艳玲	2017 年度全国图书馆参考咨询联盟文献服务优秀奖一等奖	全国图书馆参考咨询联盟管理中心
113	2018 年 3 月	常盛、刘劲节、于洪洋	征文《新媒体环境下公共图书馆生态化建设》荣获第一届公共图书馆创新创意征集推广活动最佳青年创意奖	中国图书馆学会公共图书馆分会
114	2018 年 3 月	常盛、路维平、安山山、王鑫、董艳、刘彩虹、徐骐、赵春杰、王彦萍、田久计、赵巨、谢彦君、刘姝旭、许皓涵、张昭、孙一平、王春雨、陈东、李玫玫、于洪洋、任凤鹏、丁文伍、王文宇、亢吉平、杨屹、刘升、牟燕、霍岩、苗林、范崔岩、周文举、郭巍、房寂静、景丽萍、陈素梅、黄子健、李晓蓉	2017 年度年终考核优秀嘉奖人员	长春市人力资源和社会保障局
115	2018 年 3 月	李超	2017 年度全市文化广电新闻出版系统政务信息工作优秀信息员	长春市文化广电新闻出版局
116	2018 年 3 月	谢群	2017 年度全市文化广电新闻出版系统政务信息工作优秀组织者	长春市文化广电新闻出版局
117	2018 年 3 月	谢群	2017 年外事（侨务）工作突出贡献奖	长春市人民政府外事（侨务）办公室

序号	获奖时间	获奖人	奖项名称或奖项情况	颁奖单位
118	2018年3月	谢群	2017年外事（侨务）工作先进个人	长春市人民政府外事（侨务）办公室
119	2018年5月	陈东	作品《春蚕》在寻找图书馆最美阅读空间、人文阅读摄影作品公益展征集活动中入围展览奖	中国图书馆学会
120	2018年5月	徐迎	"畅谈十八大以来变化、展望十九大胜利召开"主题征文活动中荣获一等奖	中共吉林省委老干部局
121	2018年5月	徐迎	征文《以书明智，畅想中国梦》在"喝彩新变化、展望十九大"主题征文活动中荣获一等奖	中共长春市委老干部局
122	2018年6月	孙金星	征文《学习宣传贯彻公共图书馆法——推动图书馆事业在新时代实现新发展》荣获"我身边的图书馆——公共图书馆法与新时代公共图书馆建设与服务"主题征文活动论坛之星奖	中国图书馆学会
123	2018年6月	张雪	征文《助力〈公共图书馆法〉落地，"长图公益课堂"少儿国学经典课程回顾》荣获"我身边的图书馆——公共图书馆法与新时代公共图书馆建设与服务"主题征文活动优秀征文奖	中国图书馆学会
124	2018年6月	周琳	征文《〈公共图书馆法〉与长春市图书馆青少年阅读推广工作的开展》荣获"我身边的图书馆——公共图书馆法与新时代公共图书馆建设与服务"主题征文活动优秀征文奖	中国图书馆学会
125	2018年6月	陶莎	吉林省参加"依法办馆　创新发展——新时代公共图书馆建设与服务知识学习竞赛"全国复赛与决赛代表之一	中国图书馆学会

序号	获奖时间	获奖人	奖项名称或奖项情况	颁奖单位
126	2018年6月	王嘉雷、陶莎、尚建伟、孟静	"依法办馆　创新发展——新时代公共图书馆建设与服务知识学习竞赛"活动研学之星	中国图书馆学会
127	2018年6月	于雅彬	吉林省第八届农民工子女书画精品展优秀个人组织奖	吉林省文化厅、吉林省教育厅、中国共产主义青年团吉林省委员会、吉林省图书馆（吉林省少年儿童图书馆）、吉林省中小学德育工作办公室
128	2018年6月	李莹波、耿岱文、王嘉雷、郝欣、丁文伍、李超、孙金星、高薪婷、王鑫、许皓涵、孟静、王新灵、范朦予、吴艳玲、程华、沈阳、周文举	《公共图书馆法》知识竞赛一等奖	吉林省图书馆学会
129	2018年6月	刘畅、林忠娜、尚建伟、刘佳贺、王彦萍、邸东博、郭巍、冀岩、牟燕、陈素梅、胡育杏、刘姝旭、叶心、董卓、孙丽红	《公共图书馆法》知识竞赛二等奖	吉林省图书馆学会
130	2018年6月	赵星月、胡冰清、孙一平、张雪、李岩峰、王英华、王春雨、付钟谊	《公共图书馆法》知识竞赛三等奖	吉林省图书馆学会
131	2018年6月	赵星月	《公共图书馆法》征文活动三等奖	吉林省图书馆学会
132	2018年6月	郭旭	2017—2018年度优秀共产党员	中共长春市朝阳区永昌街道惠民社区委员会
133	2018年6月	姚淑慧	2017—2018年度优秀党务工作者	中共长春市朝阳区永昌街道惠民社区委员会
134	2018年9月	乔欣欣	吉林省优秀社会科学普及工作者	吉林省社会科学界联合会

序号	获奖时间	获奖人	奖项名称或奖项情况	颁奖单位
135	2018年10月	孙丽红	书评《红楼梦遗梦语未休 却道天凉好个秋》荣获2018年馆员书评第六季征集活动二等奖	中国图书馆学会阅读推广委员会
136	2018年10月	于洪洋	书评《悲剧的幽默底色——读〈乌克兰拖拉机简史〉》荣获2018年馆员书评第六季征集活动二等奖	中国图书馆学会阅读推广委员会
137	2018年10月	王政冬	书评《重识庐山真面目——评李锐〈人物、文本、年代：出土文献与先秦古书年代学探索〉》荣获2018年馆员书评第六季征集活动三等奖	中国图书馆学会阅读推广委员会
138	2018年10月	赵星月	书评《传世名画后的城市特写——〈清明上河图〉北宋繁华记忆》荣获2018年馆员书评第六季征集活动三等奖	中国图书馆学会阅读推广委员会
139	2018年10月	周琳	书评《哲学的反思与现代价值——读〈哲学起步〉》荣获2018年馆员书评第六季征集活动三等奖	中国图书馆学会阅读推广委员会
140	2018年10月	孟静、苗林	"知法于心 守法于行"盲人演讲比赛荣获优秀指导教师奖	中国残联维权部、中国盲文图书馆
141	2018年10月	杨大亮、苗林、祝磊、范崔岩、安山山、宋承夫、张佳音、郭旭、张昭、冀岩、王鑫、奚水	长春市文化广电新闻出版局系统拔河比赛第一名	长春市文化广电新闻出版局
142	2018年11月	于雅彬、金姗、安晓涛	"时光与记忆——中国传统文化传承与推广活动"案例荣获2018出版界图书馆界全民阅读年会2018年全民阅读优秀案例奖	中国图书馆学会、韬奋基金会、中国书刊发行业协会、中国新华书店协会、中国出版集团公司
143	2018年11月	何爽	2018年吉林省公共图书馆业务技能大赛选拔赛三等奖	吉林省图书馆学会
144	2018年11月	林忠娜	2018年吉林省公共图书馆业务技能大赛选拔赛二等奖	吉林省图书馆学会

序号	获奖时间	获奖人	奖项名称或奖项情况	颁奖单位
145	2018 年 11 月	于洪洋、陶沙、何爽、付钟谊	2018 年吉林省公共图书馆业务技能大赛荣获第一名	吉林省图书馆学会
146	2018 年 12 月	谢群	"助力小微　创业孵化·引领创新　筑阅读新空间——长图创空间建设项目"荣获 2017 年阅读推广优秀项目	中国图书馆学会
147	2018 年 12 月	于雅彬	"小树苗"社会实践案例荣获 2018 年全国少年儿童阅读年系列活动——全国公共图书馆未成年人服务案例征集评选活动三等奖	中国图书馆学会
148	2018 年 12 月	谢群、常盛	《图书馆推动全民阅读战略的对策与研究——新媒体环境下公共图书馆生态化建设刍议》荣获 2018 年文化广电新闻出版局优秀调研成果二等奖	长春市文化广电新闻出版局
149	2018 年 12 月	谢群、常盛	《全媒体环境下图书馆数字化服务发展趋势研究——长图 3H 平台、自媒体矩阵数据分析及发展探究》荣获 2018 年文化广电新闻出版局优秀调研成果三等奖	长春市文化广电新闻出版局
150	2018 年	林忠娜	征文《核心素养教育开启中小型图书馆公共数字文化服务研究》荣获二等奖	2018 年中小型公共图书馆联合会研讨会
151	2018 年	谢群、李莹波	征文《公共图书馆职业能力提升路径分析——以长春地区基层图书馆为例》荣获一等奖	川吉苏冀桂五省（区）图书馆学会第十六届学术研讨会
152	2019 年 1 月	李超	2018 年度全市文化广电新闻出版系统政务信息工作优秀信息员	长春市文化广电新闻出版局
153	2019 年 1 月	路维平	2018 年度政务信息工作优秀组织者	长春市文化广电新闻出版局

序号	获奖时间	获奖人	奖项名称或奖项情况	颁奖单位
154	2019年1月	齐红星、路维平、耿岱文、常盛、于雅彬、孟静、朱玲玲、陈虹羽、谢佳、金姗、王政冬、李莹波、范朦予、乔欣欣、胡艳玲、宋承夫、孙长友、翟羽佳、王立波、刘英、郭巍、冀岩、张英华、陶莎、王明旭、陈东、霍岩、赵皖喆、陈岳华	2018年度年终考核优秀嘉奖人员	长春市人力资源和社会保障局
155	2019年1月	耿岱文	2018年度长春市教科文卫体系统优秀工会干部	长春市教科文卫体工会
156	2019年1月	刘劲节、郝欣、姚淑慧、郭旭	2018年度优秀共产党员	中共长春市直属机关工作委员会
157	2019年5月	谢群	2013—2018年度优秀馆长	吉林省图书馆学会
158	2019年5月	丁文伍、耿岱文、何爽、李莹波、林忠娜、刘彩虹、孟静、苗林、尚建伟、孙金星、陶莎、王英华、于洪洋、于雅彬	2015—2018年度优秀会员	吉林省图书馆学会
159	2019年5月	谢彦君	2015—2018年度优秀科普工作者	吉林省图书馆学会
160	2019年5月	姚淑慧	2015—2018年度最佳阅读推广人	吉林省图书馆学会
161	2019年5月	朱亚玲	2015—2018年度优秀学会工作者	吉林省图书馆学会
162	2019年5月	孙一平	2017—2018年度青年人才奖	吉林省图书馆学会
163	2019年6月	齐红星	2017—2018年度长春市精神文明建设先进个人	中共长春市委、长春市人民政府

序号	获奖时间	获奖人	奖项名称或奖项情况	颁奖单位
164	2019年7月	王明旭、亢吉平、刘群	案例《长春市图书馆"品读聚乐部"——长春作家交流会活动》入选中国图书馆学会学术论文和业务案例征集活动三等奖案例名单	中国图书馆学会阅读推广委员会
165	2019年8月	谢群、朱亚玲、常盛、李菲、刘劲节	案例《"新零售"时代的图书馆文化阅读服务创新——长图"惠阅·文化菜单"》入选第二届公共图书馆创新创意征集推广活动二等奖案例名单	中国图书馆学会
166	2019年8月	谢群、朱亚玲、常盛、王嘉雷、于洪洋	案例《图书馆的"点单外送"时代——长图基于生态进化的"去中心化"服务模式》入选第二届公共图书馆创新创意征集推广活动二等奖案例名单	中国图书馆学会
167	2019年8月	姚淑慧、谢彦君、刘怡君、许皓涵、刘姝旭	"长春星火阅读计划"入选第二届公共图书馆创新创意征集推广活动三等奖案例名单	中国图书馆学会
168	2019年9月	王英华	论文《公共图书馆引导家庭儿童阅读环境创建策略研究》入选2019年中国图书馆学会学术论文和业务案例征集活动一等论文名单	中国图书馆学会
169	2019年9月	赵星月	论文《浅谈新时期公共图书馆传统文化推广工作》入选2019年中国图书馆学会学术论文和业务案例征集活动二等论文名单	中国图书馆学会
170	2019年9月	谢群、朱亚玲、常盛	案例《新媒体环境下基于问题导向的社会阅读力量联合服务体系建设案例》入选2019年中国图书馆学会学术论文和业务案例征集活动二等案例名单	中国图书馆学会阅读推广委员会

序号	获奖时间	获奖人	奖项名称或奖项情况	颁奖单位
171	2019年9月	谢群、常盛、刘劲节	案例《"科技体验 助力小微·引领创新 筑阅读新空间"——长图创空间建设项目》入选2019年中国图书馆学会学术论文和业务案例征集活动二等案例名单	中国图书馆学会阅读推广委员会
172	2019年9月	李超	征文《公共图书馆内刊与阅读推广模式初探——以长春市图书馆〈品读〉为例》荣获东北地区第十七次图书馆学科学讨论会一等奖	黑龙江省图书馆学会、吉林省图书馆学会、辽宁省图书馆学会
173	2019年10月	刘群	全省事业单位脱贫攻坚工作突出贡献嘉奖	中共吉林省委组织部、吉林省人力资源和社会保障厅、吉林省扶贫开发办公室
174	2019年10月	赵婷	2019年长春市消夏阅读季暨市民读书节先进个人	长春市民读书节组委会
175	2019年12月	谢群	吉林省第七批拔尖创新人才第二层次（专业技术人才类）	吉林省人民政府
176	2019年12月19日	叶心、李娜、王嘉雷、陶莎、于雅彬	2019年长春市职工技能大赛活动长春市高技能职工荣誉称号	长春市总工会
177	2019年	于雅彬、周琳	论文《"政府＋图书馆＋"助推悦读成长——新时代公共图书馆儿童服务模式探析》荣获2018年全国少年儿童阅读年——全国公共图书馆未成年人服务论文征集活动一等奖	中国图书馆学会
178	2019年	孙一平	论文《"朗读"时代儿童阅读服务推广新模式》荣获2018年全国少年儿童阅读年——全国公共图书馆未成年人服务论文征集活动二等奖	中国图书馆学会

序号	获奖时间	获奖人	奖项名称或奖项情况	颁奖单位
179	2019 年	所丹妮	论文《公共图书馆特殊儿童服务的探讨》荣获 2018 年全国少年儿童阅读年——全国公共图书馆未成年人服务论文征集活动三等奖	中国图书馆学会
180	2019 年	范崔岩	"知法于心　守法于行"盲人演讲比赛优秀指导教师奖	中国残疾人联合会维权部、中国盲文图书馆
181	2019 年	范崔岩、陆阳、苗林	案例《长春市图书馆视障人群服务案例》入选 2019 年中国图书馆学会学术论文和业务案例征集活动三等案例名单	中国图书馆学会阅读推广委员会
182	2019 年	王春雨、于雅彬、胡冰清	案例《"种阅读 助成长"长春市图书馆小树苗·绘阅亲子故事会案例介绍》入选 2019 年中国图书馆学会学术论文和业务案例征集活动三等案例名单	中国图书馆学会阅读推广委员会
183	2019 年	刘彩虹、刘佳贺、王明旭	地方作家作品文库被评为 2018 年发现图书馆阅读推广特色人文空间三等奖	中国图书馆学会阅读推广委员会
184	2019 年	陶莎	全国首届图书馆杯全民英语口语风采展示活动馆员组英语口语金星（一星）称号	中国图书馆学会阅读推广委员会
185	2019 年	李超	征文《公共图书馆内刊与阅读推广模式初探——以长春市图书馆〈品读〉为例》荣获一等奖	第十七届东北地区图书馆学会研讨会
186	2019 年	何爽	吉林省第十六届"青青草"杯原创作品大赛优秀个人组织奖	吉林省文化和旅游厅等
187	2019 年	谢佳	2018 年优秀编目员	吉林省图书馆学会等
188	2019 年	谢群	《长春市图书馆藏古籍善本图录》荣获吉林省图书馆学会第一届优秀学术成果（著作类）二等奖	吉林省图书馆学会

序号	获奖时间	获奖人	奖项名称或奖项情况	颁奖单位
189	2019年	谢彦君	《现代图书馆建设与阅读推广研究》荣获吉林省图书馆学会第一届优秀学术成果（著作类）三等奖	吉林省图书馆学会
190	2019年	朱亚玲	《新媒体与图书馆阅读推广研究》荣获吉林省图书馆学会第一届优秀学术成果（课题类）二等奖	吉林省图书馆学会
191	2019年	李超	《公共图书馆内刊与阅读推广模式初探——以长春市图书馆〈品读〉为例》荣获吉林省图书馆学会第一届优秀学术成果（论文类）二等奖	吉林省图书馆学会
192	2019年	王英华	《公共图书馆引导家庭儿童阅读环境创建策略研究》荣获吉林省图书馆学会第一届优秀学术成果（论文类）二等奖	吉林省图书馆学会
193	2019年	于雅彬、周琳	《"政府＋图书馆＋"助推悦读成长——新时代公共图书馆儿童服务模式探析》荣获吉林省图书馆学会第一届优秀学术成果（论文类）二等奖	吉林省图书馆学会
194	2019年	林忠娜	《公共图书馆信息素养教育现状分析与对策研究》荣获2019年吉林省图书馆学会用户信息素质征文活动一等奖	吉林省图书馆学会、吉林省图书馆学会用户信息素质委员会
195	2019年	赵星月	"弘扬五四精神　勇担青春使命"主题征文活动优秀奖	共青团长春市直属机关工作委员会
196	2020年1月16日	路维平	2019年度全市"安康杯"竞赛组织工作优秀个人	长春市总工会、长春市应急管理局
197	2020年1月	耿岱文	2019年度市教科文卫体系统优秀工会干部	长春市教科文卫体工会
198	2020年1月	杨道伟、高得玥、孙海晶	"阅·唱团"2019年长春市图书馆阅读推广创新奖	长春市图书馆

序号	获奖时间	获奖人	奖项名称或奖项情况	颁奖单位
199	2020 年 5 月	刘劲节、尚建伟、金姗、林忠娜、孙丽红、刘姝旭	"书香助力战'疫'，阅读通达未来——图书馆员业务能力提升"主题活动"业务之星"称号	中国图书馆学会
200	2020 年 7 月	姚淑慧、刘怡君、李超、许皓涵	案例《长春星火 阅读燎原——"长春星火阅读计划"领读者阅读推广项目案例》入选 2020 年中国图书馆学会学术论文和业务案例征集活动一等案例名单	中国图书馆学会
201	2020 年 7 月	朱亚玲、丁文伍	论文《公共图书馆的融合服务与创新——以长春市图书馆"城市阅读书网"为例》入选 2020 年中国图书馆学会学术论文和业务案例征集活动二等论文名单	中国图书馆学会
202	2020 年 7 月	周琳	论文《创新阅读空间 联结人与城市——长春市图书馆"阅书房"建设探索与实践》入选 2020 年中国图书馆学会学术论文和业务案例征集活动二等论文名单	中国图书馆学会
203	2020 年 7 月	丁文伍、林忠娜	论文《公共文化空间运行机制的实证探索——以长春城市书网为例》入选 2020 年中国图书馆学会学术论文和业务案例征集活动三等论文名单	中国图书馆学会
204	2020 年 7 月	刘姝旭、于雅彬	论文《关于重大突发公共卫生事件中公共图书馆应急信息服务的研究与思考——以长春市图书馆》入选 2020 年中国图书馆学会学术论文和业务案例征集活动三等论文名单	中国图书馆学会
205	2020 年 7 月	赵星月	论文《浅议公共图书馆与公众人文素养培育》入选 2020 年中国图书馆学会学术论文和业务案例征集活动三等论文名单	中国图书馆学会

续表

序号	获奖时间	获奖人	奖项名称或奖项情况	颁奖单位
206	2020年7月	王英华	论文《公共图书馆少儿阅读推广社会合作模式研究》入选2020年中国图书馆学会学术论文和业务案例征集活动三等论文名单	中国图书馆学会
207	2020年7月	孙一平	论文《朗读无国界·倾听世界的声音——以长春市图书馆少儿经典阅读推广项目"朗读无国界"》入选2020年中国图书馆学会学术论文和业务案例征集活动三等论文名单	中国图书馆学会
208	2020年7月	牟燕	论文《公共图书馆开放模式下读者座位共享的实践与思考》入选2020年中国图书馆学会学术论文和业务案例征集活动三等论文名单	中国图书馆学会
209	2020年7月	何爽	吉林省第十届农民工子女书画精品展优秀个人组织奖	吉林省文化和旅游厅、吉林省教育厅、中国共产主义青年团吉林省委员会、吉林省人力资源和社会保障厅、吉林省图书馆（吉林省少年儿童图书馆）、吉林省中小学德育工作办公室
210	2020年7月	孙海晶	长春市直机关庆祝中国共产党成立99周年"向党说说心里话"作品征集文章体会类优秀奖	中共长春市直属机关工作委员会
211	2020年9月	耿岱文	长春市直属机关"发现长春之美 竞展青春风采"抖音挑战赛最美人文奖	共青团长春市直属机关工作委员会

序号	获奖时间	获奖人	奖项名称或奖项情况	颁奖单位
212	2020 年 10 月	何爽、金珊	吉林省第十七届"青青草"杯原创作品大赛优秀个人组织奖	吉林省文化和旅游厅、吉林省教育厅、中国共产主义青年团吉林省委员会、吉林省人力资源和社会保障厅、吉林省图书馆（吉林省少年儿童图书馆）、吉林省中小学德育工作办公室
213	2020 年 12 月 18 日	路维平	2020 年度全省"安康杯"竞赛组织工作优秀个人	吉林省总工会吉林省应急管理厅
214	2020 年 12 月	常盛	青年创新创业领军人才	长春市人民政府

十一、媒体报道与业界交流统计表

媒体对长春市图书馆报道情况统计表

单位：次

年份	报纸				电视				电台				网站及新媒体平台			
	国家级	省级	市级	其他	国家级	省级	市级	其他	国家级	省级	市级	其他	国家级	省级	市级	其他
2011	14	93	177	1	0	25	17	0	0	1	68	0	219	132	237	252
2012	8	160	177	0	0	7	62	0	0	0	65	0	107	118	199	149
2013	4	121	147	1	1	2	81	0	0	0	47	0	81	142	224	169
2014	6	95	178	0	0	11	22	0	0	7	21	0	132	114	250	251
2015	0	130	173	0	0	4	43	0	0	3	47	0	137	105	201	137
2016	2	60	164	0	0	6	21	0	0	2	29	0	113	73	145	102
2017	11	100	106	1	1	10	4	0	0	2	7	0	65	59	119	138

续表

年份	报纸				电视				电台				网站及新媒体			
	国家级	省级	市级	其他	国家级	省级	市级	其他	国家级	省级	市级	其他	国家级	省级	市级	其他
2018	10	75	84	1	0	11	14	0	0	5	53	0	51	65	157	173
2019	17	20	83	0	0	12	4	0	2	8	49	0	72	144	118	143
2020	32	24	115	3	0	59	12	1	0	22	19	5	82	591	382	207

重要全国性媒体及专业媒体对长春市图书馆报道一览表（2011—2020）

序号	时间	报道主题	媒体平台	媒体类型
1	2011 年 1 月 1 日	2010 年全民阅读风起云涌（长春图书馆围绕世博会举办活动）	《光明日报》第 4 版综合新闻	报纸
2	2011 年 1 月 1 日	2010 年全民阅读风起云涌	光明网、中国文明网、中国教育新闻网	网站
3	2011 年 1 月 10 日	2010 年全民阅读风起云涌	国家图书馆网站	网站
4	2011 年 1 月 10 日	长春图书馆元旦期间烹制文化大餐	国家图书馆网站	网站
5	2011 年 1 月 11 日	阅读御寒冬　书香暖春城——长春图书馆全民读书月活动侧记	中国图书馆学会网站	网站
6	2011 年 1 月 12 日	国学热在长春（在图书馆可免费听国学讲座）	中国网	网站
7	2011 年 1 月 28 日	2011 年春节、元宵节期间文化、体育活动安排一览表（图书馆举办多项群众文化活动）	中国日报网、中国网	网站
8	2011 年 2 月 10 日	荟萃妙句成佳联　含英咀华飨知音——长春图书馆第十三届有奖春联征集活动优秀春联作品展揭幕	中国图书馆学会网站	网站
9	2011 年 2 月 15 日	长春图书馆有奖春联征集作品展揭幕	中国政府网	网站
10	2011 年 2 月 16 日	长春图书馆已全面免费开放	中国图书馆学会网站	网站
11	2011 年 2 月 17 日	长春图书馆全部免费开放　加快服务全民步伐	中国广播网	网站

续表

序号	时间	报道主题	媒体平台	媒体类型
12	2011 年 2 月 18 日	听"四大名著"了解黄庭坚 两堂精彩国学课同时开讲	中国日报网、中国网	网站
13	2011 年 2 月 18 日	长春市图书馆全面免费开放 市民兔年收文化大礼	新华网、中国报道网、中国日报网	网站
14	2011 年 2 月 18 日	长春图书馆全面免费开放	中国网	网站
15	2011 年 2 月 18 日	长春图书馆艺术沙龙系列活动正式启动	中国图书馆学会网站	网站
16	2011 年 2 月 21 日	吉林长春图书馆文明科学服务 对读者免费开放	中国文明网、国家公共文化网	网站
17	2011 年 2 月 21 日	长春市图书馆全面免费开放	半月谈网	网站
18	2011 年 2 月 24 日	文化部副部长杨志今到吉林考察督导文化共享工程工作	全国文化信息资源共享工程网	网站
19	2011 年 2 月 25 日	文化部副部长杨志今莅临吉林长春督导工作	中国图书馆学会网	网站
20	2011 年 2 月 25 日	长春图书馆已全面免费开放	《图书馆报》	报纸
21	2011 年 2 月 26 日	长春市图书馆基本服务全免费	新华网、中国报道网	网站
22	2011 年 3 月 1 日	文化部督导组调研东北三省共享工程建设	国家公共文化网、中华人民共和国文化部网站	网站
23	2011 年 3 月 1 日	文化部督导组调研东北三省共享工程建设	《中国文化报》第 1—2 版	报纸
24	2011 年 3 月 1 日	相约长春图书馆 共享阅读好时代——长春图书馆 2010 年度优秀读者、2011 年优秀春联作者表彰大会圆满落幕	中国图书馆学会网站	网站
25	2011 年 3 月 2 日	长春：公共图书馆免费开放 读者成倍增加	光明网、新华网、中国日报网、中国网、中青在线网、中国新闻网、半月谈网	网站
26	2011 年 3 月 3 日	中国图书馆将进入"零门槛"时代（长春：图书馆免费开放 迎来借阅高峰）	中国新华新闻电视网	网站

续表

序号	时间	报道主题	媒体平台	媒体类型
27	2011 年 3 月 4 日	长春图书馆表彰优秀读者和春联作者	《新华书目报》	报纸
28	2011 年 3 月 5 日	长春图书馆免费开放后办证人数激增	《中国文化报》头版	报纸
29	2011 年 3 月 7 日	长春图书馆免费开放后办证人数激增	国家公共文化网	网站
30	2011 年 3 月 7 日	长春图书馆全面实施无障碍零门槛服务	新华网	网站
31	2011 年 3 月 11 日	图片新闻：长春图书馆举办义务小馆员活动	《新华书目报》	报纸
32	2011 年 3 月 20 日	长春图书馆馆长：读者应珍惜图书馆免费开放后的环境	新华网	网站
33	2011 年 3 月 20 日	专家呼吁读者珍惜图书馆等公共设施免费开放后的环境	中国报道网	网站
34	2011 年 3 月 21 日	长春图书馆馆长：读者应珍惜免费开放后的环境	中工网	网站
35	2011 年 3 月 21 日	长春图书馆馆长：应珍惜图书馆免费开放后的环境	中国广播网	网站
36	2011 年 4 月 1 日	读者应珍惜免费开放环境	《中国文化报》第 8 版公共阅读	报纸
37	2011 年 4 月 4 日	品味书香 长春市全民阅读读书月活动启动（图书漂流等活动相关报道）	中国广播网	网站
38	2011 年 4 月 4 日	长春市全民阅读读书月活动日前启动（图书漂流等活动相关报道）	中国日报网	网站
39	2011 年 4 月 10 日	"三馆"免费："零门槛"考量公民素养（长春市图书馆免费开放情况）	新华网、中国新闻网	网站
40	2011 年 4 月 11 日	"三馆"免费："零门槛"考量公民素养	国家公共文化网、人民网	网站
41	2011 年 4 月 11 日	长春图书馆征集漂流图书	国家图书馆网站	网站
42	2011 年 4 月 18 日	"三馆"免费："零门槛"考量公民素养	国家图书馆网站	网站

序号	时间	报道主题	媒体平台	媒体类型
43	2011 年 4 月 26 日	聆听经典 品味国韵——长春图书馆举办"弘扬经典 传承文明"诗文诵读会	中国图书馆学会网站	网站
44	2011 年 5 月 3 日	长春:"手机图书馆"让市民享受文化快餐	新华网、中国日报网	网站
45	2011 年 5 月 4 日	长春:"手机图书馆"让市民享受文化快餐	中国网络电视台	网站
46	2011 年 5 月 6 日	长春开通"手机图书馆"服务	《中国文化报》第 8 版公共阅读	报纸
47	2011 年 5 月 9 日	长春市开通"手机图书馆"	中华人民共和国文化部网站	网站
48	2011 年 5 月 15 日	市民建议将"忽悠"列入标准汉语(长春图书馆举办关东文化讲坛)	中工网、中国日报网、中国网络电视台	网站
49	2011 年 5 月 30 日	长春加强未成年人教育举行"小手牵小手"爱心义卖活动	中国文明网	网站
50	2011 年 6 月 2 日	七彩童心绘党旗 图书馆里过六一	中国日报网、中国网、中国网络电视台	网站
51	2011 年 6 月 5 日	少儿故事会作品展演 5 岁孩子绘声绘色讲故事	中工网、中国日报网、中国网	网站
52	2011 年 6 月 8 日	吉林省"两屋"建设推进全民阅读(长春图书馆图书漂流活动)	中国文明网	网站
53	2011 年 6 月 8 日	小读者用故事诠释图书内涵	中工网、中国日报网	网站
54	2011 年 6 月 8 日	长春图书馆信息二则	中国图书馆学会网站	网站
55	2011 年 6 月 8 日	正大杯第一届长春图书馆少儿故事会优秀作品展演活动举行	中国图书馆学会网站	网站
56	2011 年 6 月 10 日	图书馆里的别样"六一"节	中国图书馆学会网站	网站
57	2011 年 6 月 15 日	[吉林]长春推进全民阅读打造"15 分钟阅读圈"	中国文明网	网站
58	2011 年 6 月 17 日	书画助学义拍会明日举行	中国网	网站

续表

序号	时间	报道主题	媒体平台	媒体类型
59	2011 年 6 月 24 日	"城市热读"五走进　精品讲座飨市民	中国图书馆学会网站	网站
60	2011 年 6 月 27 日	长春图书馆"红色记忆"专题数据库开通	中国日报网、中国网	网站
61	2011 年 6 月 27 日	长春图书馆举办庆祝建党 90 周年系列活动	中国图书馆学会网站	网站
62	2011 年 6 月 28 日	学党史　知党情　跟党走——长春图书馆举办庆祝建党 90 周年系列活动	中国网络电视台	网站
63	2011 年 6 月 28 日	长春图书馆"红色记忆"专题数据库开通	中国网络电视台	网站
64	2011 年 6 月 30 日	学党史　知党情　跟党走——长春图书馆庆祝建党 90 周年	中国文明网	网站
65	2011 年 7 月 3 日	长春图书馆开展学党史系列活动	《中国文化报》第 2 版综合新闻	报纸
66	2011 年 7 月 4 日	长春图书馆开展学党史系列活动	国家公共文化网	网站
67	2011 年 7 月 5 日	"城市热读"讲解现代社交礼仪	中国文明网	网站
68	2011 年 7 月 8 日	长春图书馆走出去办讲座	《图书馆报》	报纸
69	2011 年 7 月 27 日	长春图书馆"城市热读"邀请专家深刻解读"七一"讲话	中国图书馆学会网站	网站
70	2011 年 7 月 28 日	长春图书馆欲讲李煜的艺术世界	中国日报网	网站
71	2011 年 8 月 19 日	去学生活中的英语单词	中国日报网、中国网	网站
72	2011 年 8 月 25 日	图书馆里有群"义务小馆员"	中国日报网	网站
73	2011 年 8 月 25 日	长春图书馆针对青少年读者开展暑期特别活动	中国图书馆学会网站	网站
74	2011 年 8 月 26 日	图片新闻：暑假期间，每天来长春图书馆自修的读者都人数可观	《图书馆报》	报纸

序号	时间	报道主题	媒体平台	媒体类型
75	2011 年 9 月 2 日	多场文化大餐　今起免费开席（长春图书馆举办"城市热读"讲座）	中国日报网、中国网	网站
76	2011 年 9 月 20 日	纪念辛亥革命 100 周年　专家讲"从帝制走向共和"	中国网	网站
77	2011 年 9 月 30 日	长春市图书馆培养义务小馆员	《中国文化报》第 8 版公共文化	报纸
78	2011 年 10 月 8 日	长春市图书馆培养义务小馆员	国家公共文化网	网站
79	2011 年 10 月 11 日	从《论语》教育思想看今日教育缺失	中国日报网	网站
80	2011 年 11 月 3 日	长春图书馆 2011 年庆祝国庆暨纪念辛亥革命 100 周年系列活动综述	中国图书馆学会网站	网站
81	2011 年 11 月 7 日	日本驻沈阳领事馆总领事向长春国际交流之窗赠书	中国网	网站
82	2011 年 11 月 22 日	吉大专家欲讲"东北古代民族变迁"	中国网	网站
83	2011 年 11 月 29 日	东北师大教授讲日"满蒙"青少年移民	中国网	网站
84	2011 年 12 月 18 日	2011：文化惠民在行动（长春图书馆"城市热读"系列讲座）	人民网、新华网、中国日报网	网站
85	2011 年 12 月 21 日	吉林 65 家公共图书馆全部向公众免费开放（长春市图书馆率先在吉林省内实施免费开放）	环球网、人民网、新华网、中国新闻网	网站
86	2011 年 12 月 22 日	吉林省图书馆联盟·学会工作会议在长召开（图书馆在会上作报告）	中国图书馆学会网站	网站
87	2011 年 12 月 24 日	吉林省公共图书馆均免费开放（长春市图书馆率先在吉林省内实施免费开放）	《中国文化报》第 2 版综合新闻	报纸
88	2011 年 12 月 26 日	吉林省公共图书馆均免费开放（长春市图书馆率先在吉林省内实施免费开放）	国家公共文化网、中华人民共和国文化部网站	网站
89	2012 年 1 月 3 日	用阅读扮美生活（图书馆将开展一系列文化活动）	中国网	网站

序号	时间	报道主题	媒体平台	媒体类型
90	2012 年 1 月 11 日	2011 年长春图书馆"读书小状元"评选揭晓	中国未成年人网	网站
91	2012 年 1 月 11 日	长春图书馆 2012 年"读书小状元"评选揭晓	中国图书馆学会网站	网站
92	2012 年 1 月 12 日	长春图书馆播撒遍地书香	国家图书馆网站	网站
93	2012 年 1 月 18 日	图书馆 2012 年迎新春系列活动报道：文化繁荣显盛世　龙腾华夏谱新篇——长春图书馆 2012 迎新春系列活动报道	中国图书馆学会网站	网站
94	2012 年 1 月 20 日	长春图书馆 2011 年"读书小状元"评选揭晓	《图书馆报》A03 版馆界动态	报纸
95	2012 年 2 月 3 日	长春：避寒寻暖，图书馆里惬意度假期	国家图书馆网站	网站
96	2012 年 2 月 7 日	全家总动员 一起猜灯谜（图书馆灯谜活动）	中国网	网站
97	2012 年 2 月 10 日	图书馆里的欢乐假期	中国网络电视台	网站
98	2012 年 2 月 10 日	长春图书馆以表彰大会回报读者	中国广播网	网站
99	2012 年 2 月 10 日	追寻长春历史印记	中国网	网站
100	2012 年 2 月 11 日	"城市热读"解读文化安全	中国网络电视台	网站
101	2012 年 2 月 14 日	"讲座爷爷""笔记奶奶"的"乐学"晚年	半月谈网、环球网、人民网、新华网	网站
102	2012 年 2 月 15 日	长春春节期间暖心阅读品书香四溢新文化	中国文明网	网站
103	2012 年 2 月 15 日	"城市热读"讲解有氧运动	中国网络电视台	网站
104	2012 年 2 月 15 日	百万春城市民　共襄文化盛举——长春市 2012 年"三会"、"三节"文化活动综述（报道图书馆举办的多项活动）	中国网、中国文明网	网站

序号	时间	报道主题	媒体平台	媒体类型
105	2012 年 2 月 15 日	长春图书馆以表彰大会回报读者	国家图书馆网站	网站
106	2012 年 2 月 17 日	"讲座爷爷""笔记奶奶"的"乐学"晚年	《半月谈》2012 年第 3 期	报纸
107	2012 年 2 月 21 日	关东文化讲坛：揭秘末代皇帝婚姻生活	新华网、中国经济网	网站
108	2012 年 3 月 20 日	长春：创建国家公共文化服务体系示范区 织就幸福网	中国文明网	网站
109	2012 年 3 月 21 日	长春首家数字陵园 4 月 3 日开通（4 月 3 日在图书馆举办清明文化讲座）	中国广播网	网站
110	2012 年 3 月 26 日	图书馆进社区方便居民借阅	国家图书馆网站	网站
111	2012 年 3 月 29 日	文化部第六督查组督查长春市国家公共文化服务体系示范区创建工作和吉林省公共文化设施免费开放工作（实地考察长春市图书馆）	中华人民共和国文化部网站	网站
112	2012 年 4 月 5 日	成立长春市图书馆分馆	国家图书馆网站	网站
113	2012 年 4 月 6 日	借文化建设提升幸福指数	国家公共文化网	网站
114	2012 年 4 月 6 日	借文化建设提升幸福指数——长春市公共文化服务体系建设见闻	《中国文化报》第 1—2 版	报纸
115	2012 年 4 月 23 日	长春 100 名"大小"读者体验书香之旅	中国文明网	网站
116	2012 年 4 月 24 日	长春图书馆 5 类 27 项活动充实"全民读书月"	中国文明网	网站
117	2012 年 4 月 25 日	图书馆开展丰富多彩的"世界读书"系列活动（二）：四、春城悦在市图——长春图书馆 2012 年全民读书月活动	中国图书馆学会网站	网站
118	2012 年 4 月 26 日	世界读书日：我们的世界充满书香：吉林：爱读书，做好书	《中国文化报》第 4 版特别关注	报纸
119	2012 年 4 月 26 日	世界读书日：我们的世界充满书香：吉林：爱读书，做好书	中国文明网	网站

序号	时间	报道主题	媒体平台	媒体类型
120	2012 年 5 月 17 日	长春将办"中日文化交流日"促进两国文化交流（长春市图书馆参与活动）	人民网、中华人民共和国商务部网站	网站
121	2012 年 5 月 22 日	长春宽城区图书馆：构建市民理想乐园（成为市图书馆首批协作图书馆之一）	中国文明网	网站
122	2012 年 5 月 27 日	2012 中国长春中日交流日活动举行	人民网、新华网	网站
123	2012 年 5 月 27 日	日本领事倡导以民间交流促中日两国友好	中国新闻网	网站
124	2012 年 5 月 27 日	长春中日交流日：日领事倡两国国民多交流	中国新闻网	网站
125	2012 年 5 月 28 日	"2012 中国长春中日交流日"活动举行	新华网	网站
126	2012 年 5 月 28 日	2012 中国长春中日交流日活动举行	中华人民共和国国务院新闻办公室网站	网站
127	2012 年 5 月 28 日	日本领事倡导以民间交流促中日两国友好	人民网	网站
128	2012 年 6 月 1 日	长春数字图书馆昨正式开通	中国图书馆学会高等学校图书馆分会网站	网站
129	2012 年 6 月 4 日	2012 年图书馆服务宣传周活动报道集锦：图书馆构建文化支点　数字化服务普惠民生——长春图书馆开展 2012 年度图书馆服务宣传周活动	中国图书馆学会网站	网站
130	2012 年 6 月 4 日	长春市"数字图书馆"正式开通	中国图书馆学会网站	网站
131	2012 年 6 月 11 日	"长春数字图书馆"正式开通	国家图书馆网站	网站
132	2012 年 6 月 11 日	长春图书馆服务宣传周活动好热闹	国家图书馆网站	网站
133	2012 年 6 月 26 日	"数字图书馆推广工程"馆长培训班在京成功举办（长春市图书馆就数字图书馆建设经验进行交流）	国家图书馆网站	网站
134	2012 年 6 月 26 日	我国加快实施数字图书馆推广工程（长春市图书馆就数字图书馆建设经验进行交流）	人民网	网站

序号	时间	报道主题	媒体平台	媒体类型
135	2012 年 7 月 10 日	长春市图书馆周六举办茶艺讲座	中国日报网	网站
136	2012 年 7 月 20 日	"数字图书馆推广工程"馆长培训班在京成功举办（长春市图书馆就数字图书馆建设经验进行交流）	光明网	网站
137	2012 年 7 月 23 日	"五走进"：动态的"文化使者"	中国文明网	网站
138	2012 年 7 月 27 日	关于命名全民阅读示范基地、表彰 2011 年全民阅读优秀组织奖和先进单位奖获奖单位的决定：长春市图书馆获"全民阅读示范基地"称号	中国图书馆学会网站	网站
139	2012 年 8 月 10 日	长春图书馆喜获"全国联合参考咨询先进单位"称号	中国图书馆学会网站	网站
140	2012 年 8 月 15 日	十省图书馆馆长在哈受训（长春市图书馆作经验交流）	中国教育新闻网	网站
141	2012 年 8 月 16 日	"数字图书馆推广工程"中部地区馆长培训班举行（长春市图书馆作经验交流）	人民网、中国广播网	网站
142	2012 年 8 月 17 日	"数字图书馆推广工程"中部地区馆长培训班在哈尔滨成功举办（长春市图书馆作经验交流）	国家图书馆网站、中国图书馆学会网站	网站
143	2012 年 8 月 20 日	数字图书馆推广工程举办馆长培训班（长春市图书馆作经验交流）	《中国文化报》第 2 版综合要闻	报纸
144	2012 年 8 月 27 日	长春市图书馆交流"数字图书馆推广工程"经验	中国经济网	网站
145	2012 年 9 月 21 日	长春书博会数字图书馆受关注	中国新闻网	网站
146	2012 年 9 月 26 日	专业办展凸显民生 2012 长春图博会特色鲜明（长春市图书馆开展数字图书馆、手机图书馆等体验活动等）	新华网	网站
147	2012 年 9 月 29 日	长春图书馆喜获吉林省社科界殊荣	中国图书馆学会网站	网站
148	2012 年 10 月 7 日	黄金周期间 很多学生到长春市图书馆读书充电	共青团中央未来网	网站

序号	时间	报道主题	媒体平台	媒体类型
149	2012 年 10 月 15 日	吉林长春图书馆获多个省社科普及奖	国家图书馆网站	网站
150	2012 年 11 月 8 日	长春图书馆：让市民与阅读约会	光明网	网站
151	2012 年 11 月 8 日	长春图书馆：让市民与阅读约会	《中国文化报》第 2 版综合新闻	报纸
152	2012 年 11 月 8 日	长春图书馆：让市民与阅读约会	中华人民共和国文化部网站	网站
153	2012 年 11 月 29 日	长春图书馆报告厅投入使用　更名文化讲堂	新华网	网站
154	2012 年 12 月 3 日	全国第十四次社会科学普及工作经验经验交流会在广州召开	《中国社会科学报》B02—03 版	报纸
155	2013 年 1 月 7 日	长春图书馆被评全国人文社会科学普及基地	新华网	网站
156	2013 年 1 月 17 日	长春今年再办 92 件民生实事　让幸福实实在在（完成总馆、铁南分馆改造；举办"城市热读"讲座 80 场）	中国网、中国广播网	网站
157	2013 年 1 月 24 日	"城市热读"讲解《黄帝内经》与《道德经》	共产党员网	网站
158	2013 年 2 月 22 日	长春图书馆周末颁发年度奖	共青团中央未来网	网站
159	2013 年 2 月 24 日	长春 8 岁"读书小状元"一年借书 372 本	新华网	网站
160	2013 年 2 月 26 日	文化庙会迎元宵（长春市图书馆举办灯谜竞猜活动等）	中国日报网	网站
161	2013 年 2 月 27 日	长春图书馆 2012 年度优秀读者、读书小状元、2013 年优秀春联作者表彰大会圆满落幕	中国图书馆学会网站	网站
162	2013 年 4 月 11 日	长春：新机制催生一批"文化人"	中国文明网	网站
163	2013 年 4 月 23 日	举办《阅读的魅力》影展	光明网	网站
164	2013 年 4 月 24 日	社区有了图书馆　居民可享文化餐	光明网	网站

序号	时间	报道主题	媒体平台	媒体类型
165	2013 年 4 月 27 日	分享书香　引领阅读　长春图书馆将举办系列文化活动	新华网	网站
166	2013 年 5 月 6 日	长春图书馆世界读书日社区分馆再增三成员	中国图书馆学会网站	网站
167	2013 年 5 月 27 日	吉林省长春图书馆开展"共享阳光阅读"等系列活动	国家图书馆网站	网站
168	2013 年 5 月 28 日	吉林长春图书馆摄影系列讲座受欢迎	国家图书馆网站	网站
169	2013 年 5 月 29 日	吉林长春图书馆举行"六一"专场讲座	国家图书馆网站	网站
170	2013 年 5 月 30 日	长春图书馆图书荐购活动小记	新华网	网站
171	2013 年 6 月 5 日	吉林长春全民参与建设国家公共文化服务体系示范区	《中国文化报》第 8 版公共文化	报纸
172	2013 年 7 月 9 日	寻找生活之美	共产党员网	网站
173	2013 年 7 月 23 日	长春城市规划大讲堂　第三期明日开讲	光明网	网站
174	2013 年 7 月 26 日	两大国家级专题讲座开讲 长春市民可免费领票参加	人民网	网站
175	2013 年 8 月 5 日	"大地情深" 8 月将走进"城市热读"讲坛	中华人民共和国文化部网站	网站
176	2013 年 8 月 5 日	图片新闻：北安社区农民工读书演讲会	《中国文化报》	报纸
177	2013 年 8 月 6 日	长春市社区文化工作者培训班开讲	光明网	网站
178	2013 年 8 月 7 日	"城市热读"讲解中东铁路历史与文化安全	共产党员网	网站
179	2013 年 8 月 16 日	长春着力培训社区文化工作者	《中国文化报》第 7 版公共文化	报纸
180	2013 年 8 月 19 日	读书报告会"行成于思"火爆"城市热读"	新华网	网站

序号	时间	报道主题	媒体平台	媒体类型
181	2013 年 9 月 10 日	两场公益讲座与你相约长春图书馆	光明网、中国网	网站
182	2013 年 9 月 12 日	"城市热读"关注素质教育与国学	共产党员网	网站
183	2013 年 10 月 15 日	敬贤书斋说敬贤	共产党员网	网站
184	2013 年 10 月 19 日	长春城市规划大讲堂第四期今日举行	光明网	网站
185	2013 年 12 月 4 日	长春图书馆青少部新馆即将对外开放	新华网	网站
186	2013 年 12 月 8 日	4 岁小书迷想把图书阅览室搬回家	光明网、中国网	网站
187	2013 年 12 月 8 日	九旬"学霸奶奶"坚持听讲座十余载	新华网	网站
188	2013 年 12 月 9 日	九旬学霸奶奶坚持听讲座	中国新闻网	网站
189	2013 年 12 月 9 日	长春图书馆青少部试开馆 孩子家长齐称赞	人民网	网站
190	2013 年 12 月 10 日	九旬老奶奶坚持听讲座十余载	《中国妇女报》A02 版女界报道	报纸
191	2013 年 12 月 26 日	吉林　长春，走基层"学霸奶奶"钱宝琴	央视网	网站
192	2014 年 1 月 3 日	"城市热读"讲解中国希望	共产党员网	网站
193	2014 年 1 月 10 日	"城市热读"讲解古希腊神话	共产党员网	网站
194	2014 年 2 月 28 日	"城市规划大讲堂"解读长春发展战略	中国文明网	网站
195	2014 年 3 月 20 日	"城市热读"解读金融市场与教育热点	共产党员网	网站
196	2014 年 3 月 24 日	传播知识　守望文明——长春市图书馆"城市热读讲座 500 期"纪念活动报道	中国图书馆学会网站	网站

续表

序号	时间	报道主题	媒体平台	媒体类型
197	2014年3月28日	"城市热读"讲解养生保健与传统文化	共产党员网	网站
198	2014年4月2日	兴阅读风尚　做文化津梁	共产党员网	网站
199	2014年4月9日	一方讲台培育社会风尚	《中国文化报》第3版公共文化	报纸
200	2014年4月10日	"城市热读"讲解关东文化及中医保健	共产党员网	网站
201	2014年4月22日	长春市图书馆明天全面开放	央视网	网站
202	2014年4月23日	"城市热读"推出"世界读书日专场讲座"	共产党员网	网站
203	2014年4月23日	新"市图"的Feel倍儿爽	人民日报海外网	网站
204	2014年4月24日	长春图书馆迎读者"回家"	光明网	网站
205	2014年4月25日	欢迎读者回家	共产党员网	网站
206	2014年4月25日	开展形式多样的读者活动	《中国文化报》第2版综合新闻	报纸
207	2014年4月25日	魅力市图　新妆绽放——长春市图书馆4月23日全面开馆	中国图书馆学会网站	网站
208	2014年5月6日	吉林省长春市图书馆招募20名"长图志愿者"	国家图书馆网站	网站
209	2014年5月8日	5月10日来吉林省长春市图书馆听"创意文化与创业人生"	国家图书馆网站	网站
210	2014年5月23日	"城市热读"讲解渤海国历史文化	共产党员网	网站
211	2014年6月3日	自闭症儿童六一过得嗨	光明网	网站
212	2014年6月17日	吉林长春图书馆"阅读的魅力"摄影展开展	国家图书馆网站	网站

序号	时间	报道主题	媒体平台	媒体类型
213	2014年6月17日	吉林长春图书馆人性化服务：发条短信就能续借图书	国家图书馆网站	网站
214	2014年6月17日	长春图书馆人性化服务发条短信就能续借图书	光明网	网站
215	2014年6月29日	这里有群不回家的人	光明网	网站
216	2014年7月9日	长春市图书馆：12日有两场讲座	新华网	网站
217	2014年7月17日	"城市热读"带你留住乡愁	光明网	网站
218	2014年7月17日	6大类37项活动吸引市民走进图书馆	光明网	网站
219	2014年7月25日	如何维护自身权益　不妨普及生活中的《侵权法》	光明网	网站
220	2014年7月31日	吉林长春精选图书进军营	中华人民共和国文化部网站	网站
221	2014年8月11日	图书馆"义务小馆员"	新华网	网站
222	2014年8月11日	图书馆的"义务小馆员"	中国政府网	网站
223	2014年8月12日	新闻图片：小馆员	《中国文化报》第2版综合新闻	报纸
224	2014年8月12日	图书馆的"义务小馆员"	中国发展门户网、中华人民共和国教育部网站	网站
225	2014年8月14日	义务小馆员	中国科技网	网站
226	2014年8月14日	义务小馆员	《科技日报》第4版	报纸
227	2014年8月15日	"市民荐书单"征集活动启动	光明网	网站
228	2014年8月29日	长春图书馆自修室可微信预约	光明网、国家图书馆网站、中国网	网站

序号	时间	报道主题	媒体平台	媒体类型
229	2014 年 8 月 31 日	公共文化服务体系建设惠及城乡居民	光明网	网站
230	2014 年 9 月 5 日	［我与图书馆］新馆员记事	中国图书馆学会网站	网站
231	2014 年 9 月 23 日	吉林省长春市读书节 60 余项阅读活动邀请市民参与	国家图书馆网站	网站
232	2014 年 9 月 30 日	征集"我爱读书"书评及读后感	光明网	网站
233	2014 年 10 月 9 日	长春举办"市民读书节"	光明网	网站
234	2014 年 10 月 15 日	"长图雅音 艺韵倾城"音乐会周六拉开帷幕	光明网	网站
235	2014 年 10 月 15 日	"智慧图书馆"带来全新阅读体验	光明网	网站
236	2014 年 10 月 15 日	长春"智慧图书馆"带来全新阅读体验	人民日报海外网、中国经济网、中国网、国家图书馆网站	网站
237	2014 年 10 月 17 日	"城市热读·市民读书节"专场讲座将拉开帷幕	光明网	网站
238	2014 年 10 月 20 日	图书馆里飘出美妙歌声	光明网	网站
239	2014 年 10 月 22 日	"城市热读"王余光主讲《阅读，与经典同行》	光明网	网站
240	2014 年 11 月 3 日	市民读书节提升阅读品位	光明网	网站
241	2014 年 11 月 17 日	比起"读霸"们真不好意思说自己爱读书	光明网	网站
242	2014 年 11 月 17 日	书店搬进图书馆 读者选中"我埋单"	光明网、国家图书馆网站、中国文明网	网站
243	2014 年 11 月 21 日	"唯成绩论"是一个败笔	光明网	网站
244	2014 年 11 月 21 日	本周六来长春市图书馆免费欣赏东师交响音乐会	光明网	网站

序号	时间	报道主题	媒体平台	媒体类型
245	2014 年 11 月 21 日	本周六来长春市图书馆免费欣赏东师交响音乐会	国家数字文化网	网站
246	2014 年 11 月 27 日	传承历史文脉　共享文化硕果	光明网	网站
247	2014 年 11 月 27 日	传承历史文脉　共享文化硕果　《发现长春》走进图书馆	国家图书馆网站	网站
248	2014 年 11 月 28 日	看"岁月长春"探寻 145 年的城市记忆	光明网	网站
249	2014 年 11 月 29 日	今日去听专家用文学"解读时代"	光明网	网站
250	2014 年 12 月 3 日	长春图书馆有奖征集春联	国家数字文化网、新华网	网站
251	2014 年 12 月 4 日	今起至 2015 年 1 月 15 日，长春图书馆有奖征春联	光明网	网站
252	2014 年 12 月 5 日	听茅为蕙跟您谈孩子学钢琴	光明网	网站
253	2014 年 12 月 5 日	长春举办市民读书节	《中国文化报》第 7 版公共文化	报纸
254	2014 年 12 月 8 日	旅美钢琴家茅为蕙 做客"城市热读"	光明网	网站
255	2014 年 12 月 9 日	长春市三项措施防文化基础设施"空壳化"	人民网	网站
256	2014 年 12 月 10 日	长春市图书馆三十家协作分馆受赠《发现长春》系列图书　让更多市民共享城市历史文化成果	中国图书馆学会网站	网站
257	2014 年 12 月 12 日	"城市热读"回顾王启民的光影人生	共产党员网、光明网	网站
258	2014 年 12 月 13 日	"城市热读"今日分享王启民大师的光影人生	光明网	网站
259	2014 年 12 月 13 日	泉涌之泪悼念屈死同胞　噬骨之痛激荡复兴之梦	光明网	网站
260	2014 年 12 月 14 日	南京大屠杀死难者国家公祭日各地开展主题纪念活动	共产党员网、人民网、中国网	网站

续表

序号	时间	报道主题	媒体平台	媒体类型
261	2014 年 12 月 14 日	南京大屠杀死难者国家公祭日各地开展主题纪念活动	《人民日报》第 4 版要闻	报纸
262	2015 年 1 月 10 日	"城市热读"讲述长影故事	光明网	网站
263	2015 年 1 月 14 日	长春市图书馆将举办公益儿童国学课堂	国家图书馆网站	网站
264	2015 年 1 月 15 日	长春市图书馆举办数字公益讲堂	光明网	网站
265	2015 年 1 月 19 日	"东师高雅艺术进长图"系列活动收官	光明网	网站
266	2015 年 1 月 19 日	长春市图书馆推出迎新春系列活动	共产党员网、光明网	网站
267	2015 年 1 月 20 日	"拽"着家长一起学国学	光明网	网站
268	2015 年 1 月 20 日	中国传统年画图片展将在长举行	光明网	网站
269	2015 年 1 月 21 日	中国传统年画图片展将展	光明网	网站
270	2015 年 1 月 22 日	别开生面的精神盛宴	光明网	网站
271	2015 年 2 月 1 日	难得的休息时间社区工作者带家属看电影	光明网	网站
272	2015 年 2 月 6 日	长春市图书馆将举办新春文化大集	共产党员网、中国网	网站
273	2015 年 2 月 7 日	"春意筝流"古筝专场音乐会 8 日奏响	光明网	网站
274	2015 年 2 月 11 日	去文化庙会找年味儿	光明网	网站
275	2015 年 2 月 12 日	这个小年挺有"味儿"	光明网	网站
276	2015 年 3 月 3 日	长春市图书馆正月十五可来看灯猜谜	新华网	网站

序号	时间	报道主题	媒体平台	媒体类型
277	2015 年 3 月 5 日	"城市热读"讲解生命的省思	光明网、新华网、中国日报网	网站
278	2015 年 3 月 18 日	有关长春图书馆的记忆	光明网	网站
279	2015 年 3 月 25 日	"城市热读"讲解老年人常见病	共产党员网、光明网、新华网	网站
280	2015 年 4 月 9 日	城市热读关注"新常态"	光明网	网站
281	2015 年 4 月 9 日	长春图书馆周日启幕三项公益活动	光明网	网站
282	2015 年 4 月 10 日	"读书日"将至　长春市图书馆开展"读书日"活动	新华网	网站
283	2015 年 4 月 10 日	长春市图书馆三场活动　欢迎免费参加	新华网	网站
284	2015 年 4 月 11 日	长春图书馆将启幕系列公益活动	共产党员网、光明网	网站
285	2015 年 4 月 15 日	"城市热读"解读"法治"社会	共产党员网、光明网	网站
286	2015 年 4 月 21 日	娃娃"探秘"图书馆	新华网、中国网	网站
287	2015 年 4 月 22 日	长春人热爱读书有六大理由	光明网	网站
288	2015 年 4 月 23 日	"盲人阅览室"让视障人士读懂世界	中国新闻社	网站
289	2015 年 4 月 23 日	长春市图书馆举办视障读者专题阅读活动	中国新闻社	网站
290	2015 年 4 月 29 日	春日胜景宜读书——长春图书馆世界读书日系列活动扫描	中国图书馆学会网站	网站
291	2015 年 5 月 6 日	春日胜景宜读书	共产党员网	网站
292	2015 年 5 月 7 日	读书日"邮"我作伴	共产党员网、光明网	网站

序号	时间	报道主题	媒体平台	媒体类型
293	2015 年 5 月 23 日	"长春城市规划大讲堂"讲解慢生活	新华网、中国网	网站
294	2015 年 5 月 27 日	长春市图书馆将举办"墨韵丹青"国画艺术老年读者沙龙活动	中国图书馆学会网站	网站
295	2015 年 7 月 6 日	长春图书馆举行抗战图片展　铭记历史珍爱和平	中国文明网	网站
296	2015 年 7 月 21 日	长春市图书馆青少部"假日影院"2015 年暑假开播	国家图书馆网站	网站
297	2015 年 8 月 4 日	夏日书海　怡情泛舟	光明网	网站
298	2015 年 8 月 18 日	吉林举办纪念抗战胜利历史图片展	环球网、人民网	网站
299	2015 年 8 月 19 日	"城市热读"主解"都市农业"	光明网	网站
300	2015 年 8 月 19 日	吉林省政协举办纪念抗战胜利 70 周年历史图片展	人民政协网	网站
301	2015 年 9 月 7 日	"白山黑水　英雄赞歌"展现东北军民不屈精神	中国网	网站
302	2015 年 9 月 9 日	市民读书节开场讲座，将在长春图书馆举行	光明网	网站
303	2015 年 9 月 10 日	2015 年长春市市民读书节明日启幕	光明网	网站
304	2015 年 9 月 10 日	长春市市民读书节 11 日开幕	光明网	网站
305	2015 年 9 月 10 日	专题：第 27 届全国十五城市公共图书馆工作研讨会	e 线图情	网站
306	2015 年 9 月 11 日	十五城市公共图书馆工作研讨会在长召开	新华网、中国青年网	网站
307	2015 年 9 月 17 日	第 27 届全国十五城市公共图书馆工作研讨会在长春市召开	中国图书馆学会网站	网站
308	2015 年 9 月 22 日	长图举办专场钢琴音乐会	光明网	网站

序号	时间	报道主题	媒体平台	媒体类型
309	2015 年 9 月 23 日	"你选书、我买单"读者荐购活动举行	新华网、中国网	网站
310	2015 年 9 月 24 日	周六来长春图书馆赶中秋公益文化大集	光明网	网站
311	2015 年 10 月 12 日	长春市图举行"长春市少年儿童名著新编短剧大赛"	国家图书馆网站	网站
312	2015 年 10 月 15 日	"城市热读"续讲长影老电影故事	光明网	网站
313	2015 年 10 月 18 日	50 余项活动彰显阅读活力	光明网	网站
314	2015 年 10 月 24 日	"城市热读"讲述长春国宝故事	光明网	网站
315	2015 年 10 月 29 日	"城市热读"解读《真实的幸福》	人民日报海外网、新华网	网站
316	2015 年 11 月 19 日	长春民进开明书画院书画艺术展举行	人民网、中国网	网站
317	2015 年 11 月 19 日	长春民进书画院举办会员书画艺术展	光明网	网站
318	2015 年 11 月 20 日	"城市热读"解读中国外交背后的大国战略博弈	光明网	网站
319	2015 年 11 月 26 日	长春市图书馆开展有奖征集春联活动	人民日报海外网、环球网、新华网	网站
320	2015 年 11 月 26 日	长春图书馆有奖征集春联	光明网	网站
321	2015 年 12 月 4 日	"城市热读"关注人文旅游资源	光明网	网站
322	2015 年 12 月 12 日	茶香里飘出的传统文化	共产党员网	网站
323	2015 年 12 月 14 日	长春市图书馆免费对外开放书画展　市民可来参观	国家图书馆网站	网站
324	2015 年 12 月 23 日	"城市热读"解读东北与东北人	环球网	网站

续表

序号	时间	报道主题	媒体平台	媒体类型
325	2015 年 12 月 24 日	"城市热读"关注东北人	光明网	网站
326	2015 年 12 月 24 日	长春市中小学"书香校园"读书活动启动	光明网、新华网	网站
327	2015 年 12 月 31 日	元旦假期长春市图书馆开馆时间这样安排	新华网、中国网	网站
328	2016 年 1 月 12 日	"城市热读"教大家慢旅游	光明网	网站
329	2016 年 1 月 12 日	长春市图书馆举办公益讲座活动	人民日报海外网、解放网	网站
330	2016 年 1 月 21 日	"城市热读"关注城市文化建设与城市规划	光明网	网站
331	2016 年 1 月 28 日	长春市图书馆周六奏响古筝音乐会	中国网	网站
332	2016 年 1 月 29 日	"城市热读"继续讲述长影老电影故事	光明网	网站
333	2016 年 2 月 4 日	书香盈城又一春	新华网	网站
334	2016 年 2 月 19 日	"城市热读"详解微电影	环球网、新华网	网站
335	2016 年 3 月 7 日	"红楼梦大观园"雕塑展将在吉林省长春市图书馆展厅拉开帷幕	国家图书馆网站	网站
336	2016 年 3 月 19 日	"创意图书馆"将陆续亮相	光明网	网站
337	2016 年 3 月 28 日	长春市推出多种新型图书馆方便读者	中国社会科学网	网站
338	2016 年 4 月 22 日	"温暖时光"无障碍电影将进校园	新华网	网站
339	2016 年 4 月 24 日	长春市图书馆举办文化大集	新华网、中国青年网、中国网	网站
340	2016 年 4 月 27 日	逛文化大集，体验不一样"阅读"	光明网、未来网	网站

序号	时间	报道主题	媒体平台	媒体类型
341	2016 年 5 月 23 日	在玩乐中培养孩子兴趣	光明网	网站
342	2016 年 5 月 26 日	寻找传统文化知识　达人活动即将启动	光明网	网站
343	2016 年 5 月 31 日	传统文化知识达人角逐"我是文魁"	光明网	网站
344	2016 年 6 月 2 日	"六一"活动文化氛围浓郁	光明网	网站
345	2016 年 6 月 5 日	今日来长春图书馆追忆红色岁月	光明网	网站
346	2016 年 6 月 5 日	长春图书馆开展 2016 年服务宣传月活动	新华网	网站
347	2016 年 6 月 15 日	本周日长春市图书馆　举办少儿公益置换集市	光明网	网站
348	2016 年 6 月 16 日	高科技让公共文化服务按下"快进"键	国家公共文化网、中国经济网、中央文化管理干部学院	网站
349	2016 年 6 月 20 日	"我是文魁"寻找知识达人举行父亲节专场	光明网、中国网	网站
350	2016 年 6 月 26 日	长春图书馆举办儿童公益置换活动	光明网	网站
351	2016 年 7 月 3 日	7 月 5 日至 8 月 20 日征集"2016 年市民荐读书单"	光明网	网站
352	2016 年 7 月 4 日	长春图书馆开展庆"七一"系列活动	光明网	网站
353	2016 年 7 月 6 日	电子阅读器免费借回家	光明网	网站
354	2016 年 7 月 7 日	吉林省第五批对口援藏系列展览开幕	中国经济网	网站
355	2016 年 7 月 7 日	吉林省第五批援藏成果展在长开幕	新华网	网站
356	2016 年 7 月 12 日	"阅读＋"打造立体式阅读　市图不断创新推广模式，引领阅读时尚	中央文化管理干部学院网站	网站

续表

序号	时间	报道主题	媒体平台	媒体类型
357	2016 年 7 月 13 日	参加"阅读长跑"获阅读基金	光明网	网站
358	2016 年 7 月 13 日	暑期孩子们该去哪儿	光明网	网站
359	2016 年 7 月 15 日	文化部门携手打造暑期好"礼"	光明网、国家图书馆网站	网站
360	2016 年 7 月 19 日	和演讲小达人分享暑假那些事儿	光明网	网站
361	2016 年 7 月 19 日	长春图书馆 8 月 7 日前每周日九点半讲 PS	光明网、新华网	网站
362	2016 年 7 月 22 日	为视障读者开启"阅读新世界"	光明网	网站
363	2016 年 8 月 1 日	3D 立体书开启阅读新模式	光明网	网站
364	2016 年 8 月 2 日	吉林长春图书馆举办市残疾人书画摄影艺术作品展	中国残疾人服务网	网站
365	2016 年 8 月 2 日	长春市残疾人书画摄影艺术作品展开展	中国网	网站
366	2016 年 8 月 6 日	阿卡贝拉专场音乐会唱响长春市图书馆	国家图书馆网站	网站
367	2016 年 8 月 7 日	20 天借还图书 45000 余册次，长春图书馆迎来暑期借阅高峰	光明网	网站
368	2016 年 8 月 11 日	数字公益讲堂"玩透"常用软件	光明网	网站
369	2016 年 8 月 12 日	"风雪中东路"图片展今日启幕	光明网	网站
370	2016 年 8 月 12 日	《风雪中东路——中东铁路南支线建筑百年变迁图片资料展》——今天长春开展	国家图书馆网站	网站
371	2016 年 8 月 12 日	中东铁路展览今启幕	光明网	网站
372	2016 年 8 月 17 日	环卫工人走进放映厅享清凉	光明网	网站

续表

序号	时间	报道主题	媒体平台	媒体类型
373	2016 年 8 月 19 日	吉林长春市图书馆打造户外工作者爱心驿站	国家图书馆网站	网站
374	2016 年 9 月 12 日	"我和电影的情缘"有奖征文即日启动	光明网	网站
375	2016 年 9 月 13 日	第十三届中国长春电影节群众文化系列活动启动	光明网、中国新闻网	网站
376	2016 年 9 月 23 日	长春现"流动图书馆"助民众回归阅读	中国新闻网	网站
377	2016 年 9 月 24 日	市民读书　随时随地	光明网	网站
378	2016 年 9 月 26 日	2016 年长春市民读书节启动	光明网	网站
379	2016 年 9 月 27 日	长春设无人值守的"不打烊图书馆"　市民诚信阅读	中国新闻网	网站
380	2016 年 9 月 28 日	长春闹市区设"不打烊图书馆"　民众诚信阅读	中国新闻网、中国政协传媒网、中青在线	网站
381	2016 年 10 月 15 日	"墨韵丹青"书画艺术老年读者沙龙活动举行	未来网	网站
382	2016 年 10 月 16 日	视障学生走进图书馆办讲座	光明网	网站
383	2016 年 10 月 17 日	孩子们选书图书馆买单	光明网	网站
384	2016 年 10 月 18 日	吉林征集 50 个家庭为图书馆选书	《中国新闻出版广电报》第 2 版要闻	报纸
385	2016 年 10 月 18 日	吉林征集 50 个家庭为图书馆选书	中国新闻出版广电网	网站
386	2016 年 10 月 21 日	长春市图书馆 8 场活动助力 2016 市民读书节	新华网	网站
387	2016 年 10 月 22 日	"城市热读"举办纪念红军长征胜利 80 周年讲座	解放网	网站
388	2016 年 10 月 25 日	东师向市民传播高雅艺术	光明网	网站

序号	时间	报道主题	媒体平台	媒体类型
389	2016 年 10 月 26 日	长春首届换书集市开集啦	《中国新闻出版广电报》第 3 版综合新闻	报纸
390	2016 年 10 月 29 日	吉林省暨长春市 2016 年全民终身学习活动周启动	光明网、新华网	网站
391	2016 年 11 月 2 日	"24 小时自助图书馆"：一个温暖的文化驿站	光明网、国家图书馆网站	网站
392	2016 年 11 月 7 日	"城市热读"讲座被评为全国"终身学习品牌项目"	光明网	网站
393	2016 年 11 月 14 日	"书香飘万家"亲子阅读巡展活动吉林行	央视网	网站
394	2016 年 11 月 24 日	民乐音乐会将在长春市图书馆举行	新华网	网站
395	2016 年 11 月 28 日	长春青年书法篆刻作品展开幕	新华网	网站
396	2016 年 12 月 3 日	长春图书馆"流动图书馆"征集服务网点	国家图书馆网站	网站
397	2016 年 12 月 20 日	长春图书馆"流动图书馆"现公开向社会征集服务网点	中国网	网站
398	2017 年 1 月 18 日	春节惠民季　最炫长春风	中国文明网	网站
399	2017 年 1 月 30 日	春节期间长春各大博物馆开馆信息　图书馆不打烊	中国青年网	网站
400	2017 年 2 月 7 日	视障读者以后不用出门可网上借书还书了	新华网、中国盲文出版社官网	网站
401	2017 年 2 月 7 日	长春建立十个盲人阅读社区	《光明日报》第 9 版文化新闻	报纸
402	2017 年 2 月 7 日	长春建立十个盲人阅读社区	环球网、未来网、新华网、中国社会科学网、中国文明网	网站
403	2017 年 2 月 10 日	春城人将过足"猜谜瘾"	国家图书馆网站	网站
404	2017 年 2 月 11 日	怡情益智猜灯谜　书香为伴闹元宵	未来网、新华网微信平台	网站

序号	时间	报道主题	媒体平台	媒体类型
405	2017 年 2 月 16 日	不来图书馆照样看馆藏图书	国家图书馆网站和微博、中国网	网站
406	2017 年 3 月 13 日	长春市将在 3 个地铁站点投放地铁图书馆	百姓观察网	网站
407	2017 年 3 月 28 日	长春：盲人听电影还能报路费	中国新闻出版广电网	网站
408	2017 年 3 月 29 日	长春：盲人听电影还能报路费	中国残疾人网	网站
409	2017 年 3 月 31 日	让视障读者也能享受阅读	国家数字文化网、人民政协网	网站
410	2017 年 3 月 31 日	让视障读者也能享受阅读	《中国文化报》第 6 版公共文化	报纸
411	2017 年 4 月 23 日	［第 22 个世界读书日］全民阅读　书海飘香	中央电视台《新闻联播》	电视
412	2017 年 4 月 24 日	145 项活动带您进入阅读生活	中国青年网	网站
413	2017 年 5 月 4 日	东三省文化志愿服务形成"六有"格局	人民网	网站
414	2017 年 5 月 4 日	东三省文化志愿服务形成"六有"格局	《中国文化报》第 2 版综合新闻	报纸
415	2017 年 5 月 5 日	东三省文化志愿服务形成"六有"格局	国家数字文化网	网站
416	2017 年 5 月 5 日	两本旧书可换一杯咖啡	国家图书馆网站	网站
417	2017 年 5 月 5 日	长春市图举办"书来咖往'换'醒书香"活动	中国文明网	网站
418	2017 年 5 月 5 日	长春市图书馆举办"喜阅"活动	《图书馆报》A11 版	报纸
419	2017 年 5 月 16 日	曹保明著作展在长春图书馆举行	中国青年网	网站
420	2017 年 5 月 29 日	2017 "我是讲书人"国际讲书大赛吉林省赛区启动仪式暨首场海选活动举办	央视网	网站

序号	时间	报道主题	媒体平台	媒体类型
421	2017 年 6 月 9 日	长图雅音进校园，传统文化公益课堂系列活动	中国图书馆学会网站	网站
422	2017 年 6 月 13 日	长春市图书馆送雅音进校园	国家数字文化网	网站
423	2017 年 6 月 13 日	长春市图书馆送雅音进校园	《中国文化报》第 6 版科技体育	报纸
424	2017 年 7 月 14 日	"长图雅音　情系党恩"专场朗诵会走进长春师范大学	《图书馆报》A09 版	报纸
425	2017 年 7 月 18 日	"流动图书馆"开进吉林省女子监狱	国家图书馆网站与微博	网站
426	2017 年 7 月 21 日	纪念中日邦交正常化 45 周年系列活动"新海诚动漫画展"在长春开展	中国青年网	网站
427	2017 年 7 月 24 日	长春图书馆"品读聚乐部"举办首场书友会	中国青年网、中国日报网、中国图书馆学会	网站
428	2017 年 7 月 29 日	讲座：近代长春城市空间的历史变迁	国家图书馆网站	网站
429	2017 年 8 月 8 日	最忆是书香　不负好时光	中国青年网	网站
430	2017 年 8 月 13 日	让吉林省处处都绽放书香	新华丝路网	网站
431	2017 年 8 月 14 日	长春图书馆外面排长队　长春人看书的劲头儿足	中国青年网、中华网	网站
432	2017 年 8 月 16 日	流动图书车开进女子监狱	中华网	网站
433	2017 年 8 月 24 日	长春图书馆流动图书车再增一站	中国青年网	网站
434	2017 年 9 月 7 日	第五届全国文明村镇、文明单位候选名单	中华网	网站
435	2017 年 9 月 17 日	加强农家书屋建设打造吉林省农家书屋阅读共享模式	中国文明网	网站
436	2017 年 9 月 25 日	线上借书　快递送到	新华网	网站

续表

序号	时间	报道主题	媒体平台	媒体类型
437	2017 年 10 月 13 日	长春市夯实基础抓"四化"构建公共文化服务新常态	《中国文化报》第 8 版专题	报纸
438	2017 年 10 月 24 日	"静态网点＋流动载体"补齐公共文化服务短板	中国文明网	网站
439	2017 年 11 月 23 日	让公共文化与科技联姻	新华网	网站
440	2017 年 11 月 23 日	让公共文化与科技联姻	人民网	网站
441	2017 年 11 月 23 日	如何让百姓享受的公共文化服务更便捷方便丰富，更个性智慧？让公共文化与科技联姻	《人民日报》第 19 版文教周刊	报纸
442	2017 年 11 月 23 日	史一棋：让公共文化与科技联姻	中国社会科学网	网站
443	2017 年 11 月 27 日	长春市图书馆举办有奖春联征集活动	新华网	网站
444	2017 年 12 月 2 日	让每本好书都发挥应有价值	《经济日报》第 5 版百姓生活	报纸
445	2017 年 12 月 8 日	长春市图书馆"书悦之声·小小朗读者"	《图书馆报》第 16 版	报纸
446	2017 年 12 月 14 日	长影新作《731》国家公祭日祭奠七三一遇难者	中国日报网	网站
447	2017 年 12 月 15 日	神游故宫三大殿　领悟中华传统文化——张鸣雨先生做客长春市图书馆"城市热读"系列讲座	中国图书馆学会网站	网站
448	2017 年 12 月 28 日	文化部全国公共图书馆评估专家莅临长春市图书馆开展实地评估	中国图书馆学会网站	网站
449	2018 年 1 月 4 日	长春市图书馆采用多种方式积极宣传贯彻《公共图书馆法》	中国图书馆学会网站	网站
450	2018 年 2 月 5 日	市图举办书法家现场写赠春联活动	中国图书馆学会网站	网站
451	2018 年 2 月 6 日	长春：新春颂春惠民文化季启动	《中国文化报》第 6 版公共文化	报纸
452	2018 年 2 月 12 日	吉林春节期间为群众打造文化盛宴　精彩天天有	中国新闻网	网站

序号	时间	报道主题	媒体平台	媒体类型
453	2018 年 2 月 22 日	长春：图书馆　文庙　热热热	中国社会科学网	网站
454	2018 年 3 月 1 日	3 月 2 日，去长春文庙、长春图书馆参加元宵节传统民俗公益活动！	光明网	网站
455	2018 年 3 月 1 日	各地图书馆新春活动一瞥	《图书馆报》第 9—10 版观察	报纸
456	2018 年 3 月 2 日	书香书韵闹元宵——长春市图书馆举办 2018 年元宵佳节灯谜会	中国图书馆学会网站	网站
457	2018 年 4 月 12 日	长春：3 年内寻找百名领读者	中国全民阅读网、中国新闻出版广电网	网站
458	2018 年 4 月 12 日	长春：3 年内寻找百名领读者	《中国新闻出版广电报》头版	报纸
459	2018 年 4 月 17 日	"朗诵，让阅读更'声'动"——2018 年世界读书日暨长春市民读书节百人千诵活动	国家图书馆网站	网站
460	2018 年 4 月 18 日	医院建起图书角	中国新闻出版广电网	网站
461	2018 年 4 月 19 日	长春市图书馆举办"书香长春·寻找领读者"活动	中国图书馆学会网站	网站
462	2018 年 4 月 23 日	书香长春：建全民阅读服务体系　让群众有更多获得感	《中国新闻出版广电报》第 4 版专版	报纸
463	2018 年 4 月 23 日	书香长春：建全民阅读服务体系　让群众有更多获得感	中国新闻出版广电网	网站
464	2018 年 4 月 24 日	吉林中外读者朗诵名作	《中国新闻出版广电报》第 3 版综合新闻	报纸
465	2018 年 4 月 24 日	文博书架落户长春市 33 家单位	新华网	网站
466	2018 年 4 月 24 日	长春市图书馆举行世界读书日特别活动	央广网、中国社会科学网	网站
467	2018 年 4 月 25 日	吉林长春市民读书节启幕	中华人民共和国文化和旅游部网站	网站
468	2018 年 4 月 25 日	神州春和景明　华夏书声琅琅——2018 年世界读书日扫描	中国新闻出版广电网	网站

序号	时间	报道主题	媒体平台	媒体类型
469	2018 年 4 月 25 日	长春市图书馆馆藏地方作家作品展举办	新华网	网站
470	2018 年 4 月 26 日	"朗诵，让阅读更'声'动"2018 年世界读书日暨长春市民读书节——百人千诵活动成功举办	中国图书馆学会网站	网站
471	2018 年 4 月 27 日	长春选出 20 名首批领读者	《图书馆报》第 6 版馆界动态	报纸
472	2018 年 5 月 7 日	长春图书馆开启全民借阅新模式	新华网、中国社会科学网	网站
473	2018 年 5 月 22 日	长春市图书馆开展"温暖时光"文化助残周活动	中国文明网、中国新闻网	网站
474	2018 年 5 月 22 日	长春市图书馆开展迎全国助残日"温暖时光"文化助残周活动	光明网	网站
475	2018 年 5 月 25 日	长春支中心开展迎全国助残日"温暖时光"文化助残周活动	国家数字文化网	网站
476	2018 年 6 月 4 日	2018 长春朗诵大会拉开序幕	中国社会科学网	网站
477	2018 年 6 月 7 日	首届长春市文化会展活动周将于 6 月 15 日启幕	人民网、中国日报网、中国新闻网	网站
478	2018 年 6 月 13 日	"品读聚乐部"作家于笑然"多读一点文学　创造诗意生活"沙龙会圆满结束	中国图书馆学会网站	网站
479	2018 年 7 月 6 日	长春市图书馆"心视觉"讲述电影欣赏活动之《闻香识女人》圆满结束	中国图书馆学会网站	网站
480	2018 年 7 月 17 日	长春市图书馆开展红色主题活动	《图书馆报》电子版	报纸
481	2018 年 7 月 23 日	长春市图书馆启动消夏阅读季	新华网	网站
482	2018 年 7 月 27 日	"2018 年长春市民读书节"落幕	《图书馆报》第 9 版馆界动态	报纸
483	2018 年 8 月 10 日	"品读聚乐部"带你了解《红楼梦》与满族文化"	人民网	网站
484	2018 年 8 月 14 日	长春图书馆"品读聚乐部"《红楼梦》与满族文化座谈活动小记	人民网	网站

续表

序号	时间	报道主题	媒体平台	媒体类型
485	2018 年 9 月 1 日	第十四届中国长春电影节电影海报设计大赛获奖作品展	新华网	网站
486	2018 年 9 月 4 日	电影海报设计大赛落幕	人民网	网站
487	2018 年 9 月 7 日	文化和旅游部关于公布第六次全国县级以上公共图书馆评估定级上等级图书馆名单的通知	《图书馆报》第 3 版	报纸
488	2018 年 9 月 9 日	一个日本老人镜头下的长春记忆	光明网	网站
489	2018 年 9 月 27 日	长春成立首批 4 家版权服务工作站	《中国新闻出版广电报》第 2 版要闻	报纸
490	2018 年 9 月 27 日	长春市首批 4 家版权服务工作站成立	中央广电总台国际在线	网站
491	2018 年 10 月 18 日	童声美文·小学生课文朗读大赛	中工网	网站
492	2018 年 11 月 26 日	长春市图书馆开展（2019 年）第二十一届有奖春联征集活动	新华网	网站
493	2019 年 1 月 1 日	谢群：涵养城市文化　引领阅读风尚	e 线图情	网站
494	2019 年 1 月 19 日	长春市图书馆举办迎新春系列活动	人民网	网站
495	2019 年 1 月 21 日	24 小时不打烊！长春自助图书馆助市民就近阅读	中国新闻网	网站
496	2019 年 1 月 21 日	长春自助图书馆：借书比取款还方便	《中国新闻出版广电报》第 2 版要闻	报纸
497	2019 年 1 月 24 日	长春市新增 3 个自助图书馆	光明网	网站
498	2019 年 1 月 25 日	长春市图书馆迎新春系列活动满溢书香	《中国新闻出版广电报》第 2 版要闻	报纸
499	2019 年 2 月 1 日	长春首家城市阅书房开门迎春	《中国新闻出版广电报》第 2 版要闻	报纸
500	2019 年 2 月 1 日	长春首家城市阅书房开门迎春	中国新闻出版广电网	网站

续表

序号	时间	报道主题	媒体平台	媒体类型
501	2019 年 2 月 6 日	新春走吉林：长春市图大年初一为市民送祝福	中国新闻网	网站
502	2019 年 2 月 11 日	长春市图书馆大年初一赠书贺新春	人民网	网站
503	2019 年 2 月 17 日	长春图书馆里"闹元宵"青少年品尝文化大餐	中国新闻网	网站
504	2019 年 2 月 19 日	长春市图书馆：小读者一起闹元宵	《中国新闻出版广电报》第 3 版综合新闻	报纸
505	2019 年 2 月 22 日	分享阅读新体验，共谱阅美新篇章	《图书馆报》第 12 版馆建风采	报纸
506	2019 年 3 月 8 日	图书馆里遇见美丽的"她"	《图书馆报》头版、第 6—7 版特别策划	报纸
507	2019 年 3 月 12 日	为视障读者口述电影：让他们聆听"最美的声音"	中国经济网	网站
508	2019 年 3 月 18 日	儿童安全教育课走进长春朝阳沟禁毒教育基地	中国新闻网	网站
509	2019 年 3 月 18 日	长春市图书馆"邮书到校"	中国新闻出版广电网	网站
510	2019 年 4 月 1 日	《中国连环画百年历史展》今日在长春图书馆举行	中国新闻网	网站
511	2019 年 4 月 7 日	国际儿童图书日：朗读无国界 倾听世界声音	中国新闻网	网站
512	2019 年 4 月 7 日	长春市图书馆：举办春季中医节气养生阅读体验活动	中国新闻网	网站
513	2019 年 4 月 17 日	让图书馆点亮城市更多角落	人民网	网站
514	2019 年 4 月 17 日	让图书馆点亮城市更多角落——中国图书馆学会第二届城市图书馆学术论坛综述	《中国文化报》第 6 版公共服务	报纸
515	2019 年 4 月 22 日	长春：举办首期"方寸时光"读书沙龙活动	中国新闻网	网站
516	2019 年 4 月 23 日	世界读书日：倡导全民阅读 建设吉林书香社会	中国新闻网	网站

序号	时间	报道主题	媒体平台	媒体类型
517	2019 年 4 月 24 日	世界读书日：长春市图书馆＋学校联手　助力全民阅读	中国新闻网	网站
518	2019 年 5 月 6 日	长春市图书馆举办"方寸时光"读书沙龙活动	中国新闻网	网站
519	2019 年 5 月 8 日	"墨韵丹青"老年读者书画艺术课堂	中国新闻网	网站
520	2019 年 5 月 12 日	吉林长春市图书馆举办"方寸时光"读书沙龙	中国文化网	网站
521	2019 年 5 月 13 日	"城市热读"系列专题讲座	中国新闻网	网站
522	2019 年 5 月 13 日	"读经典，学新知，链接美好生活"主题全民阅读活动	《中国文化报》第 6 版公共服务	报纸
523	2019 年 5 月 13 日	"我敬妈妈一杯茶"母亲节主题日活动	人民网、中国新闻网	网站
524	2019 年 5 月 13 日	长春市图书馆举办"方寸时光"读书沙龙	《中国文化报》第 6 版公共服务	报纸
525	2019 年 5 月 21 日	长春市图书馆助盲人"听"电影	《中国新闻出版广电报》第 2 版要闻	报纸
526	2019 年 5 月 22 日	长春市图书馆开展"温暖时光"文化助残周活动	人民日报客户端	网站
527	2019 年 6 月 26 日	2019 长春消夏阅读季暨市民读书节 29 日启幕	中央广电总台国际在线	网站
528	2019 年 6 月 27 日	2019 长春消夏阅读季暨市民读书节 29 日启幕	人民日报客户端、人民网、新华网	网站
529	2019 年 6 月 29 日	2019 长春消夏阅读季暨市民读书节活动启幕	人民日报客户端、人民网、新华网	网站
530	2019 年 7 月 1 日	2019 长春消夏阅读季暨市民读书节活动在长春启幕	国家图书馆网站、中央广电总台国际在线	网站
531	2019 年 7 月 1 日	长春消夏阅读季启幕	工人日报微信公众号	网站
532	2019 年 7 月 17 日	以文化为桥梁：长春市图举办"阅读推广人"活动	中国新闻网	网站

续表

序号	时间	报道主题	媒体平台	媒体类型
533	2019 年 7 月 21 日	"曲中赋夏之声"消夏阅读季专场演唱会在长举行	中国新闻网	网站
534	2019 年 7 月 28 日	长春市图书馆举办"方寸时光·品读国学"系列活动	中国新闻网	网站
535	2019 年 7 月 30 日	第四届"大众喜爱的 50 个阅读微信公众号"揭晓	中国新闻出版广电网	网站
536	2019 年 8 月 5 日	"不忘初心 艺术创新"主题书画作品展长春开展	中国新闻网	网站
537	2019 年 8 月 16 日	欧洲 38 条文化线路展览本周末将于长春开幕	中国日报网	网站
538	2019 年 8 月 29 日	长春市举办"继往开来，中美建交 40 周年"图片展	中央广电总台国际在线	网站
539	2019 年 9 月 2 日	长春市图书馆"以乐汇友"共享阅读之趣	中国新闻网	网站
540	2019 年 9 月 25 日	长春：垃圾分类"大作战" 萌娃用简笔画出环保心	中工网	网站
541	2019 年 9 月 26 日	"家国情怀 科学精神——长春院士展"在长春市图书馆举行	人民网	网站
542	2019 年 9 月 30 日	长春市多彩文化活动迎国庆	新华网	网站
543	2019 年 10 月 9 日	《家国情怀·科学精神》为长春工作院士"立传"	中国新闻出版广电网	网站
544	2019 年 10 月 14 日	2019 长春消夏阅读季暨市民读书节闭幕	新华网、中央广电总台国际在线	网站
545	2019 年 10 月 18 日	谢群：持续创新促发展 提升服务为读者	《图书馆报》	报纸
546	2019 年 10 月 21 日	长春 300 余场活动展"立体阅读"魅力	中国新闻出版广电网	网站
547	2019 年 10 月 25 日	50 个大众喜爱的阅读微信公众号，你知道几个？	工人日报客户端	网站
548	2019 年 10 月 28 日	吉林长春市图书馆"爱贝阅读计划"推广活动启动	国家图书馆网站	网站

序号	时间	报道主题	媒体平台	媒体类型
549	2019 年 10 月 29 日	"大众喜爱的 50 个阅读微信公众号"在漯河颁奖　来看他们的获奖"秘籍"	中国新闻出版广电网	网站
550	2019 年 10 月 31 日	长春市图书馆启动"爱贝阅读计划"	中国新闻出版广电网	网站
551	2019 年 11 月 1 日	长春市图书馆"爱贝阅读计划"走进幼儿园	《图书馆报》	报纸
552	2019 年 11 月 8 日	全国文化和旅游公共服务巡讲暨长春市社区文化工作者培训班开班	《人民日报》	报纸
553	2019 年 11 月 8 日	长春市社区文化工作者培训班在长春开班	光明网、中国文明网、中央广电总台国际在线	网站
554	2019 年 11 月 12 日	一堂乡村课　一把音乐钥匙	《中国文化报》	报纸
555	2019 年 11 月 12 日	一堂乡村课　一把音乐钥匙	中华人民共和国文化和旅游部网站	网站
556	2019 年 11 月 19 日	长春市图书馆有奖征集春联	国家数字文化网	网站
557	2019 年 11 月 22 日	长春市图书馆举办"孩子们的音乐课"乡村支教活动	《图书馆报》	报纸
558	2019 年 12 月 13 日	"长春星火阅读计划"领读者阅读推广项目办出特色	《图书馆报》	报纸
559	2019 年 12 月 25 日	长春市图书馆将举办"书声咏春　礼赞康景"2020 年迎新春系列活动	中央广电总台国际在线	网站
560	2019 年 12 月 26 日	长春市图书馆开展系列活动迎新春	新华网	网站
561	2019 年 12 月 27 日	长春市图书馆开展系列活动迎新春	中工网	网站
562	2019 年 12 月 31 日	长春首家文旅体验中心挂牌运营	中央广电总台国际在线	网站
563	2020 年 1 月 7 日	长春市图书馆"阅书房"项目正式启动	中国图书馆学会站	网站
564	2020 年 1 月 9 日	"感受文字魅力弘扬中国文化"——殷商文化甲骨文学习普及巡展（长春站）开幕	中央广电总台国际在线	网站

序号	时间	报道主题	媒体平台	媒体类型
565	2020 年 1 月 10 日	"鼠"你快乐丨长春市"我来陪您过大年"系列惠民文化活动火热开展	中国日报中文网	网站
566	2020 年 1 月 10 日	2020 长春市"我来陪您过大年"系列惠民文化活动火热开展	中央广电总台国际在线	网站
567	2020 年 1 月 14 日	长春市图书馆将于 1 月 18 日举办"图书馆里过大年"系列活动	中央广电总台国际在线	网站
568	2020 年 1 月 17 日	长春首家文旅公共服务综合体挂牌运营	《中国旅游报》	报纸
569	2020 年 1 月 17 日	长春首家文旅公共服务综合体挂牌运营	中华人民共和国文化和旅游部网站、中国旅游新闻网	网站
570	2020 年 1 月 19 日	长春市图书馆举办"图书馆里过大年"系列活动　五大板块 10 项内容精彩呈现	中央广电总台国际在线	网站
571	2020 年 2 月 7 日	长春市图书馆邀您网上猜灯谜、逛庙会、看展览、共阅读	中国旅游新闻网	网站
572	2020 年 2 月 8 日	战胜疫情再团圆——疫情阻击战中的元宵节	新华社新媒体百度百家号	新媒体
573	2020 年 2 月 14 日	长春市图书馆阅读战"疫"不停歇	《图书馆报》	报纸
574	2020 年 2 月 15 日	长春市图书馆征集书画作品为战"疫"加油	中国旅游新闻网	网站
575	2020 年 2 月 18 日	驰援武汉　共克时艰——全国图书馆界捐赠疫情防控急需物资行动（二）	中国图书馆学会网站	网站
576	2020 年 2 月 18 日	驰援武汉　共克时艰——全国图书馆界捐赠疫情防控急需物资行动（二）	中国图书馆学会 LSC 微信公众号	新媒体
577	2020 年 2 月 19 日	全国图书馆向武汉地区图书馆援助防疫物资	图书馆报微信公众号	新媒体
578	2020 年 2 月 20 日	"疫"方有难，八方驰援——图书馆人爱心接力在行动	图书馆报微信公众号	新媒体
579	2020 年 2 月 21 日	长春市图书馆采购物资驰援武汉	《图书馆报》	报纸
580	2020 年 2 月 26 日	长春图书馆向惠民社区捐赠防护物资助力抗疫一线	全国党媒信息公共平台今日头条号	新媒体

序号	时间	报道主题	媒体平台	媒体类型
581	2020 年 2 月 29 日	长春市图书馆多措并举全力做好疫情防控·工作	图书馆报微信公众号	新媒体
582	2020 年 3 月 2 日	保存这段特殊记"疫" 长春图书馆面向社会各界征集抗"疫"资料	国际在线吉林频道	网站
583	2020 年 3 月 3 日	长春市图书馆举办阅"战"三月 爱传"疫"消线上系列活动	中国日报网今日头条号	新媒体
584	2020 年 3 月 3 日	长春市图书馆开展"阅'战'三月 爱传'疫'消"线上系列活动	中央广电总台国际在线	网站
585	2020 年 3 月 10 日	长春市图书馆将于 3 月 11 日复工开馆！	全国党媒信息公共平台今日头条号	新媒体
586	2020 年 3 月 11 日	长春：复开图书馆 市民品书香	新华网、人民网、中国政府网、光明网、中国网、环京津网、中宏网	网站
587	2020 年 3 月 12 日	长春：复开图书馆 市民品书香	中国青年网	网站
588	2020 年 3 月 13 日	长春市图书馆开馆控制实时在馆不超 260 人	《中国新闻出版广电报》	报纸
589	2020 年 3 月 13 日	输送文化精神食粮 抚慰读者"疫"时心灵 长春市图书馆多措并举全力做好疫情防控工作	《图书馆报》	报纸
590	2020 年 3 月 13 日	长春市图书馆开馆控制实时在馆不超 260 人	中国新闻出版广电报今日头条号	新媒体
591	2020 年 3 月 20 日	坚守阵地，曙光在前	《图书馆报》	报纸
592	2020 年 3 月 26 日	沪豫皖渝等多地公共图书馆恢复开放	图书馆报微信公众号	新媒体
593	2020 年 3 月 31 日	让阅读滋养心灵 长春市图书馆 4 月份将举办 42 项阅读活动	中央广电总台国际在线	网站
594	2020 年 3 月 31 日	世界读书日：长春图书馆举办阅读推广系列活动	中国青年网	网站
595	2020 年 4 月 7 日	长春图书馆启动 2020 年世界读书日阅读推广系列活动	《图书馆报》	报纸

续表

序号	时间	报道主题	媒体平台	媒体类型
596	2020 年 4 月 13 日	简单智能 操作方便 长春市图书馆上线自助还书系统	中央广电总台国际在线	网站
597	2020 年 4 月 13 日	长春市图书馆图书自助分拣系统上线服务	新华网	网站
598	2020 年 4 月 13 日	长春市图书馆图书自助分拣系统上线	中国新闻出版广电网	网站
599	2020 年 4 月 13 日	长春市图书馆图书自助分拣系统上线	《中国新闻出版广电报》第 3 版	报纸
600	2020 年 4 月 13 日	长春市图书馆：图书自助分拣系统上线服务	新华网吉林频道	网站
601	2020 年 4 月 13 日	长春市图书馆：图书自助分拣系统上线服务	新华社今日头条号	新媒体
602	2020 年 4 月 14 日	长春市图书馆：图书自助分拣系统上线服务	新华网客户端百度百家号	新媒体
603	2020 年 4 月 14 日	长春市图书馆图书自助分拣系统上线	中国新闻出版广电报今日头条号	新媒体
604	2020 年 4 月 15 日	书香暖心 礼赠英雄 长春市图书馆为援鄂医疗队员送阅读服务"大礼包"	中央广电总台国际在线	网站
605	2020 年 4 月 16 日	长春市图书馆开启图书自助分拣系统	中国新闻网、中工网	网站
606	2020 年 4 月 16 日	长春市图书馆向抗疫先锋送"大礼包"	中国新闻出版广电网	网站
607	2020 年 4 月 16 日	长春市图书馆开启图书自助分拣系统	中国新闻网搜狐号	新媒体
608	2020 年 4 月 16 日	长春市图书馆向抗疫先锋送"大礼包"	中国新闻出版广电报今日头条号	新媒体
609	2020 年 4 月 16 日	长春图书馆出新招满足市民阅读：自主还书为读者读新书买单	中国新闻网客户端	新媒体
610	2020 年 4 月 24 日	长春市图书馆上线图书自助分拣系统	《图书馆报》	报纸
611	2020 年 4 月 24 日	长春图书馆直播诗朗诵 鼓励读者"云阅读"	中国新闻网	网站

续表

序号	时间	报道主题	媒体平台	媒体类型
612	2020 年 4 月 24 日	长春市图书馆举行线上诗歌朗诵大赛　声音传递温暖和力量	全国党媒信息公共平台今日头条号	新媒体
613	2020 年 5 月 1 日	长春图书馆举办线上诗歌朗诵大赛	《图书馆报》	报纸
614	2020 年 5 月 8 日	长春市图书馆推出"云尚"换书活动	《图书馆报》第 2 版	报纸
615	2020 年 5 月 9 日	阅读的热情，在图书馆里安放	图书馆报微信公众号	新媒体
616	2020 年 5 月 18 日	吉林长春市图书馆开展征集活动　寻找城市"领读者"	国家图书馆网站	网站
617	2020 年 5 月 28 日	服务随行　长春市图书馆发布最新电子版服务手册	中央广电总台国际在线	网站
618	2020 年 5 月 29 日	长春图书馆等举办残障读者朗诵比赛	《图书馆报》	报纸
619	2020 年 5 月 29 日	庆"六一"长春市图书馆将举办 17 项阅读推广活动	中央广电总台国际在线	网站
620	2020 年 6 月 5 日	长春市图书馆今年将长期开展馆员和干部培训	《图书馆报》	报纸
621	2020 年 6 月 5 日	图书"限折"提案引发行业热议	《图书馆报》	报纸
622	2020 年 6 月 8 日	中科院长春分院历史沿革与重大成果展将于 6 月 9 日举办	中央广电总台国际在线	网站
623	2020 年 6 月 29 日	长春：市民读书节将开展 130 项活动	《中国新闻出版广电报》第 2 版	报纸
624	2020 年 6 月 30 日	2020 长春市民读书节开幕	央广网搜狐号	新媒体
625	2020 年 7 月 1 日	2020 长春市民读书节启动	人民网搜狐号	新媒体
626	2020 年 7 月 9 日	2020 长春市民读书节活动启幕	图书馆报微信公众号	新媒体
627	2020 年 7 月 10 日	"2020 长春市民读书节"拉开帷幕	《图书馆报》	报纸

续表

序号	时间	报道主题	媒体平台	媒体类型
628	2020 年 7 月 10 日	长春市图书馆"仲夏夜"换书大集将于 7 月 18 日启幕	中央广电总台国际在线	网站
629	2020 年 7 月 18 日	长春：换书大集　传递书香	新华网	网站
630	2020 年 7 月 18 日	长春：换书大集　传递书香	新华社搜狐号	新媒体
631	2020 年 7 月 20 日	长春："仲夏夜"换书忙	《中国新闻出版广电报》第 2 版	报纸
632	2020 年 7 月 20 日	长春市图书馆，"仲夏夜"换书大集火热来袭	中国日报网	网站
633	2020 年 7 月 20 日	长春：换书大集　传递书香	人民网	网站
634	2020 年 7 月 20 日	夏夜有惊喜　2020 长春市民读书节 3 场活动举行	中央广电总台国际在线	网站
635	2020 年 7 月 23 日	长春市图书馆，"仲夏夜"换书大集火热来袭	中国文化传媒网	网站
636	2020 年 7 月 24 日	2020 长春市民读书节首场阅读大冲关活动举行	《图书馆报》第 3 版	报纸
637	2020 年 8 月 5 日	Changchun Library converts bus into mobile library	新华网	网站
638	2020 年 8 月 5 日	长春：城市中的"流动图书馆"	新华社搜狐号	新媒体
639	2020 年 8 月 6 日	城市"流动图书馆"	《新华每日电讯》	报纸
640	2020 年 8 月 10 日	长春市"书香长春·都市风尚"仲夏夜换书大集落幕	中央广电总台国际在线	网站
641	2020 年 8 月 10 日	第二届长春市绘本阅读优秀讲读人大赛线下讲读比赛开幕	中央广电总台国际在线	网站
642	2020 年 8 月 18 日	长春开展绘本讲读人大赛	《中国新闻出版广电报》第 3 版	报纸
643	2020 年 8 月 24 日	长春万科向日葵小镇：2 万册绘本等你来读	《中国新闻出版广电报》第 2 版	报纸

续表

序号	时间	报道主题	媒体平台	媒体类型
644	2020 年 8 月 24 日	长春万科向日葵小镇：2 万册绘本等你来读	中国新闻出版广电网	网站
645	2020 年 8 月 28 日	第二届长春市绘本阅读优秀讲读人大赛走进校园	《图书馆报》	报纸
646	2020 年 9 月 4 日	长春市图书馆"方寸时光"线下书友会分享"5G+ 物联网"	《图书馆报》	报纸
647	2020 年 9 月 9 日	业界十馆同庆建馆 111 周年精选寄语——国家图书馆	中国图书馆学会 LSC 微信公众号	新媒体
648	2020 年 9 月 9 日	业界十馆同庆建馆 111 周年精选寄语——国家图书馆	中国图书馆学会阅读推广委员会微信公众号	新媒体
649	2020 年 9 月 15 日	长春：义务小馆员　十年风景线	《中国新闻出版广电报》第 1 版导读、第 2 版	报纸
650	2020 年 9 月 15 日	长春市图书馆留下了 1000 多名小志愿者的脚步——义务小馆员 十年风景线	中国新闻出版广电网	网站
651	2020 年 9 月 15 日	长春市图书馆：义务小馆员 十年风景线	中国新闻出版广电报微信公众号	新媒体
652	2020 年 9 月 18 日	爱尚 e 读　全家总动员　阅读运动会	《图书馆报》	报纸
653	2020 年 9 月 22 日	长春市民读书节诞生一批"明星"	《中国新闻出版广电报》	报纸
654	2020 年 9 月 22 日	长春市民读书节诞生一批"明星"	中国新闻出版广电网	网站
655	2020 年 9 月 30 日	老法官杨庆祥向长春市图书馆捐书万余册	中国新闻出版广电网	网站
656	2020 年 9 月 30 日	老法官杨庆祥向长春市图书馆捐书万余册	《中国新闻出版广电报》第 4 版	报纸
657	2020 年 10 月 11 日	吉林省长春市图书馆举办视障读者室外体验活动	国家图书馆微博	新媒体
658	2020 年 10 月 13 日	2020 长春市民读书节颁奖活动举行	国家图书馆微博	新媒体

续表

序号	时间	报道主题	媒体平台	媒体类型
659	2020 年 11 月 18 日	勤拿少取，物尽其用——多地"厉行节约 反对浪费"行动蔚然成风（长春图书馆公益儿童画征集活动）	新华社客户端	新媒体
660	2020 年 11 月 20 日	长春市图书馆青少年阅读基地揭牌	《图书馆报》第 2 版	报纸
661	2020 年 11 月 26 日	长春市图书馆打造新型阅读空间	《中国新闻出版广电报》第 2 版	报纸
662	2020 年 12 月 7 日	吉林集中展示近百个优秀志愿服务项目	《中国新闻出版广电报》第 2 版	报纸
663	2020 年 12 月 7 日	吉林集中展示近百个优秀志愿服务项目	中国新闻出版广电网	网站
664	2020 年 12 月 25 日	长春：开启冰雪阅读季　扩大温暖服务圈	中国新闻出版广电网	网站
665	2020 年 12 月 25 日	长春：开启冰雪阅读季　扩大温暖服务圈	《中国新闻出版广电报》第 2 版	报纸
666	2020 年 12 月 25 日	2010—2020 图书馆长贺信	《图书馆报》第 16 版	报纸
667	2020 年 12 月 29 日	业界同仁寄语《图书馆报》创刊十周年（二）	图书馆报微信公众号	新媒体
668	2020 年 12 月 31 日	长春开启冰雪阅读季　城市因读书而温暖	中国民族广播网	网站

长春市图书馆接待业界交流情况一览表（2011—2020）

序号	时间	对方单位	对方人员	本馆接待人员	交流内容
1	2011 年 1 月 25 日	日本国际交流基金会日中交流中心	主任栗山政幸、久保井雅子、日本国际交流基金会北京日本文化中心李佳	副馆长范敏、青少年读者工作部主任于雅彬	到长春中日交流之窗进行业务访问
2	2011 年 7 月 22 日	国家图书馆	立法决策服务部主任卢海燕等一行 4 人	党委副书记吴锐，副馆长范敏、朱亚玲等	参观调研

序号	时间	对方单位	对方人员	本馆接待人员	交流内容
3	2011 年 9 月 7 日	日本国驻沈阳总领事馆	日本驻华大使丹羽宇一郎，日本国驻沈阳总领事馆总领事松本盛雄、副领事佐伯岳彦	副馆长范敏等	访问长春国际交流之窗
4	2011 年 9 月 22 日	由日本国际交流基金会组织	日本高中生交流访问团一行 10 人	—	到长春国际交流之窗进行友好访问。当天来自长春东北师范大学留日预校的学生、吉林大学、长春理工大学、长春师范学院等 30 余名学生参加了高中生访问交流会的活动
5	2011 年 10 月 28 日	日本国驻沈阳总领事馆	总领事松本盛雄一行 3 人	副馆长范敏、青少年读者工作部主任于雅彬	到长春国际交流之窗进行访问。短暂交流后，范馆长接受了总领事为交流之窗捐赠的由日本驻华大使丹羽宇一郎先生所著的图书《負けてたまるか！若者のための仕事論》，共计 15 册
6	2011 年 12 月 20 日	上海浦东图书馆	副馆长陈克杰、读者服务中心主任助理兼法律专题咨询馆员李秀、教育专题咨询馆员刘隽	—	学习专题咨询工作开展情况
7	2012 年 3 月 22 日	包头市图书馆	书记张建国、副馆长武永梅一行 6 人	副馆长范敏	参观交流
8	2012 年 7 月 11 日	国家图书馆	典藏阅览部	—	来访交流
9	2014 年 2 月 25 日	深圳图书馆	副馆长张岩一行 6 人	—	调研组就其承担的国家文化科技提升计划项目——《公共图书馆现代科技应用研究》课题，与本馆有关人员进行探讨
10	2014 年 4 月 16—17 日	包头市图书馆	参考民族地方文献部李沫池、辅导协作部马鸣	—	主要学习考察内容包括全馆整体情况，读者咨询服务与《参考决策信息》，协作图书馆、学会工作与分馆建设等方面内容

序号	时间	对方单位	对方人员	本馆接待人员	交流内容
11	2014 年 6 月 26 日	杭州图书馆	一行 8 人	副馆长范敏及相关部门主任	交流学习，主要学习本馆文献编目、少儿图书馆服务、开展特殊服务和品牌活动的经验等
12	2014 年 9 月 11 日	延边州公共图书馆	馆长金勇进一行 17 人	馆长谢群，副馆长刘曙光、吴锐、范敏、朱亚玲	对长春市公共文化服务体系示范区建设工作中取得的经验进行学习研讨与交流
13	2014 年 9 月 25 日	上海图书馆"十三五"发展规划编制工作小组	副馆长陈超一行 11 人	馆长谢群，副馆长刘曙光、吴锐、范敏、朱亚玲	开展学习调研活动
14	2014 年 10 月 14 日	厦门市图书馆	馆长林丽萍一行 4 人	馆长谢群，副馆长吴锐、范敏、朱亚玲	参观调研
15	2014 年 11 月 4 日	辽宁省图书馆	一行 30 余人	—	参观
16	2014 年 11 月 14 日	太原市图书馆	馆长郭欣萍一行 7 人	馆长谢群，副馆长刘曙光、吴锐、范敏、朱亚玲	参观调研
17	2015 年 5 月 15 日	国家古籍保护中心专家组	全国著名古籍保护专家李致忠先生、故宫博物院图书馆研究员翁连溪先生等一行 6 人	馆长谢群、副馆长范敏	考察重要古籍
18	2015 年 5 月 25 日	和龙市图书馆	副馆长何淑梅一行 4 人	办公室主任路维平、铁北分馆读者服务部副主任郭旭	参观学习
19	2016 年 7 月 8 日	湖北省图书馆	副馆长谢春枝一行 4 人	副馆长朱亚玲、办公室主任路维平	考察学习，双方针对图书馆"十三五"发展规划的愿景与具体发展项目进行了深入沟通

序号	时间	对方单位	对方人员	本馆接待人员	交流内容
20	2017 年 12 月 14 日	文化部	第四评估组一行 6 人	—	开展副省级公共图书馆实地评估工作
21	2018 年 1 月 11 日	郑州图书馆学会、郑州图书馆	秘书长张佩、常务副秘书长杨琳，郑州县（市、区）图书馆主管局长及图书馆馆长一行 20 余人	副馆长朱亚玲	就总分馆制、服务创新、服务品牌建设等方面取得的成功经验进行学习交流
22	2018 年 4 月 8 日	吉林大学管理学院	马捷教授、图书情报学专业硕士研究生一行 20 余人	副馆长朱亚玲	学习交流、参观
23	2019 年 4 月 12 日	长白山管委会	副主任尹涛一行 4 人	副馆长朱亚玲	参观交流
24	2019 年 8 月 1 日	攀枝花市人大常委会	副主任孔炜一行 7 人	副馆长姚淑慧	学习和考察公共文化服务体系示范区创建工作的经验和做法
25	2018 年 8 月 16 日	昆明市图书馆、昆明市文化馆、昆明市报业集团	长春市文明办综合处吴军主任陪同昆明市图书馆、昆明市文化馆、昆明市报业集团组成的考察团一行 5 人	副馆长姚淑慧	考察交流"新时代传习所"建设管理工作
26	2018 年 9 月 10 日	黑龙江省图书馆	常务副馆长张大尧、行政副馆长郝志福等 4 人	副馆长朱亚玲	考察交流物业社会化管理、财务管理及相关业务工作情况
27	2019 年 1 月 6 日	长沙市图书馆	馆长王自洋一行 3 人	—	交流学习城市图书馆建设和品牌活动打造经验
28	2019 年 9 月 21 日	杭州市文化广电旅游游局	副巡视员郑智伟一行 5 人	副馆长朱亚玲	参观调研
29	2019 年 11 月 5 日	上海图书馆	副馆长林峻一行 7 人	馆长谢群，副馆长姚淑慧、朱亚玲、路维平	就科学编制"十四五"发展规划进行学习调研

序号	时间	对方单位	对方人员	本馆接待人员	交流内容
30	2019年12月19日	—	长春市荣誉市民、长春市人民政府城市规划顾问、日本北海道大学名誉教授、日本著名园林与城市规划专家越泽明先生	馆长谢群，副馆长路维平、常盛等	参观访问，并捐赠越泽明签名的新作《1895—1945年长春城市规划史图集》
31	2020年8月6日	公主岭市图书馆	馆长韩冰一行4人	副馆长姚淑慧、朱亚玲、路维平	参观、对接工作

长春市图书馆外出进行业界交流情况一览表（2011—2020）

序号	时间	本馆人员	对方单位	对方接待人员	交流内容
1	2011年8月5日—2011年8月12日	副馆长朱亚玲	美国罗格斯大学	—	吉林省文化厅主办的"中美图书馆馆长论坛——吉林省图书馆联盟交流学习"
2	2013年3月26日	馆长谢群，党委副书记、副馆长吴锐，辅导部主任阚立民等一行6人	九台市图书馆	九台市文化广电新闻出版局局长杨丹丽、书记程延辉、副局长彭铁民	调研公共图书馆示范区建设发展情况
3	2013年9月25日—2013年9月27日	馆长谢群、副馆长范敏、书刊借阅中心主任陆阳、新媒体服务部主任常盛	天津图书馆	—	调研
4	2016年6月23日	长春市图书馆领导班子及全体中层干部组成的长春市社区图书馆（室）发展现状调研组一行	双阳区清江社区、博山社区和长山社区分馆	—	分别听取相关负责人关于社区和分馆基本情况的介绍。随后参观了双阳区图书馆，并进行座谈交流
5	2016年7月21日	长春市图书馆领导班子及全体中层干部组成的长春市社区图书馆（室）发展现状调研组	宽城区社区图书馆	宽城区文化体育局局长李晓东、宽城区图书馆馆长李嘉英	—

序号	时间	本馆人员	对方单位	对方接待人员	交流内容
6	2018年7月14日—2018年8月4日	馆长谢群	美国华盛顿哥伦比亚特区、马里兰州巴尔的摩市、纽约州纽约市、伊利诺伊州芝加哥市、俄克拉荷马州塔尔萨市、加利福尼亚州旧金山市的图书馆、博物馆	—	应美国国务院"美国国际访问者领袖计划"美国图书馆和博物馆管理项目邀请,赴美交流。学习美国图书馆和博物馆管理实践经验总体情况,探讨美国采用图书馆与博物馆新技术的策略及美国博物馆与图书馆吸引和服务公众的策略
7	2018年10月27日	馆长谢群、采编部主任朱玲玲、书刊流通部主任陆阳、文化项目发展部主任赵婷、网络技术部副主任李岩峰、数字资源部耿岱文、办公室王英华、研究辅导部丁文伍	杨浦图书馆	杨浦图书馆馆长潘立敏	参观杨浦图书馆新馆馆舍,听取了杨浦图书馆修缮扩建的情况介绍和经验做法
8	2018年11月4日—2018年11月13日	副馆长朱亚玲	广州、苏州、青岛市的图书馆、文化馆	—	赴广州、苏州、青岛参加由长春市文化广电新闻出版局组织的图书馆总分馆建设调研。就广州、苏州、青岛市的图书馆、文化馆总分馆建设进行交流及实地考察
9	2020年11月27日—2020年11月30日	副馆长朱亚玲	嘉兴市图书馆	—	考察嘉善县图书馆、嘉善县博物馆、嘉善云澜湾智慧书房、嘉兴市图书馆高照街道分馆(含智慧书房)、嘉兴市运河智慧书房;参加国家公共文化服务体系示范区公共图书馆创新发展研讨会

接待国家、省市级领导视察参观统计（2011—2020）

序号	时间	对方单位	对方人员	本馆接待人员	交流内容
1	2011 年 2 月 23 日	文化部	文化部党组成员、副部长杨志今，文化部社会文化司司长于群，文化部全国文化信息资源建设管理中心主任张彦博，社会文化司图书馆处处长陈胜利	党委副书记吴锐、副馆长朱亚玲	督导基层文化服务工作及文化共享工程建设情况
2	2011 年 11 月 1 日	长春市政府、长春市文化局	长春市委常委、副市长吴兰，市政府副秘书长卢福建，市文化局局长吴强、副局长曲笑	馆领导班子及全馆人员	视察指导工作
3	2011 年 11 月 11 日	长春市人大常务委员会	长春市人大代表团一行 14 人	馆领导班子	视察工作
4	2012 年 2 月 21 日	长春市文化广电新闻出版局	副局长张清秀	副馆长范敏、朱亚玲等	调研
5	2012 年 3 月 22 日	国家公共文化服务体系示范区督导组	督导组，由长春市领导吴兰、闫玉华陪同	馆领导班子及全馆人员	参观并进行了深入调研，实地检查指导公共文化服务体系示范区建设情况
6	2013 年 5 月 17 日	"省级文明单位"检查考核组	由长春市文明办刘宏伟处长带队的检查考核组	—	开展检查考核指导工作
7	2013 年 6 月 4 日	长春市文化广电新闻出版局	副局长于显民一行 4 人	馆长谢群、副馆长刘曙光	到铁北分馆检查指导工作
8	2013 年 6 月 7 日	长春市财政局	局长胡延生、副局长李晓玲带队的工作调研组一行 7 人，由市文化广电新闻出版局局长崔永泉、副局长曲笑、副巡视员贾哲等领导陪同	—	检查指导工作
9	2013 年 7 月 13 日	长春市文化广电新闻出版局	局长崔永泉、副局长于显民、办公室主任杨青宇、公共文化处负责人朱向阳等	馆领导班子	视察铁北分馆、铁南分馆房屋安全、安防消防设施设备情况

序号	时间	对方单位	对方人员	本馆接待人员	交流内容
10	2013 年 8 月 21 日	长春市委、长春市文化广电新闻出版局	市文化广电新闻出版局局长崔永泉、副局长曲笑等陪同市委常委、副市长张晶莹率消防专家、房屋安全专家一行	—	安全生产工作检查
11	2014 年 4 月 23 日	长春市文化广电新闻出版局	局长崔永泉,副局长于显民、曲笑及办公室主任杨青宇等一行5 人	—	督导检查消防安防工作
12	2014 年 5 月 13 日	长春市政府	民生办主任赵首沣,由长春市文广新局副局长曲笑陪同	—	调研免费开放工作开展情况
13	2014 年 5 月 13 日	长春市文化广电新闻出版局	局长崔永泉、副局长王柏秋	—	开展调研活动,广泛听取广大党员群众的意见和建议
14	2014 年 7 月 16 日	长春市政协	副主席贾丽娜带领部分市政协文教委委员,由市文化广电新闻出版局长崔永泉、办公室主任杨青宇等陪同	—	调研视察图书馆改造后的建设发展及服务情况
15	2014 年 7 月 22 日	长春市政府	副市长张晶莹、市政府副秘书长卢福建及市政府文教办等一行	—	调研图书馆重新改造修缮后的馆舍建设情况,了解读者服务情况
16	2014 年 8 月 19 日	长春市政府	市长姜治莹一行 8 人,副市长桂广礼、市政府秘书长贺兴国、副秘书长周继峰及市政府办公厅、市政府民生工作办公室、市化广电新闻出版局等相关部门的负责同志陪同	—	进行现场调研和考察
17	2014 年 8 月 28 日	吉林省人大常委会	副主任车秀兰率省市人大常委会联合视察组、市委常委、副市长张晶莹,市化广电新闻出版局等相关部门同志陪同	—	视察工作
18	2014 年 9 月 20 日	文化部	文化部人事司干部处副处长张金宁等一行 4 人,由吉林省文化厅、长春市文化广电新闻出版局相关领导陪同	—	考察创建全国文化系统先进集体的工作,并在会议室举行创建工作汇报会

序号	时间	对方单位	对方人员	本馆接待人员	交流内容
19	2015 年 5 月 14 日	长春市政协	副主席贾丽娜带队长春市政协文教委公共文化设施建设与使用情况项目专家组，由市化广电新闻出版局副局长曲笑等陪同	馆长谢群	到铁北分馆实地调研考察
20	2015 年 2 月 10 日	长春市文化广电新闻出版局	副局长曲笑及公共文化处副处长朱向阳等一行 4 人	—	督导检查消防安防工作
21	2015 年 5 月 14 日	长春市政协文教委公共文化设施建设与使用情况项目专家组	长春市政协副主席贾丽娜带队项目专家组，由市化广电新闻出版局副局长曲笑等陪同	—	到铁北分馆实地调研考察
22	2015 年 5 月 15 日	吉林省文化厅	吉林省文化厅厅长马少红、副厅长张辰源、公共文化处副调研员万洪滨一行，由长春市文广新局局长崔永泉陪同	馆长谢群，副馆长吴锐、范敏、朱亚玲	调研公共文化服务工作，重点考察了信息共享咨询中心和电子阅览室，详细调研了本馆作为文化信息资源共享工程支中心的建设与进展情况
23	2015 年 8 月 12 日	吉林省政协	吉林省政协主席黄燕明等领导	—	观看"白山松水浩气长存——吉林省纪念中国人民抗日战争暨世界反法西斯战争胜利 70 周年历史图片展"
24	2015 年 10 月 12 日	长春市财政局	副局长李晓玲一行	馆长谢群	到铁北分馆实地调研，考察铁北分馆改造建设等工作
25	2015 年 12 月 9 日	吉林省文明办	吉林省文明办副主任杨忆带领检查组一行，由市委宣传部副部长王戈陪同	副书记吴锐，副馆长范敏、朱亚玲	检查指导精神文明建设和创城工作情况

序号	时间	对方单位	对方人员	本馆接待人员	交流内容
26	2015 年 12 月 29 日	长春市文化广电新闻出版局	副局长曲笑、公共文化处副处长朱向阳及文化市场管理处处长于启莹等一行	馆长谢群,副馆长吴锐、朱亚玲	对冬季安全生产工作进行专项检查
27	2016 年 2 月 22 日	长春市文化广电新闻出版局	局长崔永泉、副局长曲笑等一行	馆长谢群,副馆长吴锐、范敏、朱亚玲	进行工作巡视督查
28	2016 年 5 月 27 日	长春市委宣传部	副局级员康恒俊一行,由市文广新局党委副书记王立陪同	馆长谢群、副馆长吴锐、范敏、朱亚玲	调研
29	2016 年 7 月 20 日	长春市财政局	调研组由副局长李晓玲带队一行 5 人,由市文广新局副局长贾哲等领导陪同	—	检查指导工作
30	2016 年 7 月 27 日	长春市文化广电新闻出版局	副局长杨青宇、办公室主任韩铭飞等一行	办公室主任路维平、保卫科副科长王鑫、安山山	赴铁南分馆视察安全生产工作
31	2016 年 8 月 16 日	长春市政府	副市长桂广礼、副秘书长卢福建,由长春市文化广电新闻出版局副局长曲笑以及长春市教育局、规划局等相关部门负责人陪同	—	参观"风雪中东路——中东铁路南支线建筑百年变迁图片资料展"
32	2016 年 8 月 18 日	长春市委	长春市委常委、宣传部长王庭凯一行	馆长谢群	参观"风雪中东路——中东铁路南支线建筑百年变迁图片资料展"、馆内参观视察
33	2016 年 12 月 19 日	长春市文化广电新闻出版局	局长张鸣雨、副书记王立、副局长杨青宇、办公室主任韩铭飞等一行 6 人	馆长谢群及相关负责同志	到铁北分馆、铁南分馆巡视督查安全生产工作
34	2017 年 3 月 27 日	长春市文化广电新闻出版局	局长张鸣雨、副书记王立一行	—	接待文化部 2016 年公共数字文化工程考核组专家,并视察工作

序号	时间	对方单位	对方人员	本馆接待人员	交流内容
35	2017 年 4 月 20 日	长春市委	市委常委、副市长张敬安一行，由长春市文广新局局长张鸣雨、宽城区长吴相道等陪同	朱亚玲副馆长	铁北分馆视察调研工作
36	2017 年 8 月 28 日	"全国文明单位"创建工作考核组	以吉林省文明办杨忆主任为组长的"全国文明单位"创建工作考核组一行 3 人	—	实地考核"全国文明单位"创建情况
37	2017 年 10 月 12 日	长春市人大常委会	市人大常委会主任钱万成，市委常委、常务副市长王路，市人大常委会副主任王铁茗、王明德，市政协副主席孙英利，市人大常委会秘书长吴强	—	《长春市地方性法规（2017 年版）》公开出版，出席出版发行仪式
38	2017 年 10 月 20 日	长春市政府	副市长贾丽娜、副秘书长卢福建等一行，由市文化广电新闻出版局局长张鸣雨、副局长吴疆等陪同	—	为贯彻落实十九大精神，调研指导工作，实地走访、听取图书馆工作汇报
39	2017 年 12 月 14 日	文化部	第六次全国副省级以上公共图书馆评估第四评估组一行 6 人，四川省文化厅原副厅长、巡视员李兆泉任组长，杭州图书馆馆长褚树青任副组长，贵州省图书馆副馆长钟海珍和河北省图书馆学会常务副理事长顾玉清为专家组成员，中国图书馆学会秘书处办公室主任马骏和杭州图书馆社会文化活动部主任周宇麟为联络员	馆领导班子成员、中层干部出席汇报会	开展副省级公共图书馆实地评估工作
40	2018 年 2 月 1 日	长春市文化广电新闻出版局	副局长陈大伟、办公室主任韩铭飞、副主任邱永军一行	馆长谢群及相关安全负责人	督查巡视安全生产工作，并巡视了市图铁南分馆
41	2018 年 4 月 20 日	长春市文化广电新闻出版局	局长张鸣雨、副局长杨青宇等一行	—	到八角轩文化展厅视察"纪念改革开放 40 周年沃土芳华——长春市图书馆馆藏地方作家作品展"相关情况

序号	时间	对方单位	对方人员	本馆接待人员	交流内容
42	2018 年 4 月 20 日	长春市文化广电新闻出版局	副局长王立	—	到八角轩文化展厅进行视察
43	2018 年 4 月 20 日	长春市文化广电新闻出版局	广电宣传管理处处长金俊全一行	副馆长姚淑慧及网络技术部相关同志	视察网络安全
44	2018 年 5 月 23 日	长春市委	宣传部刘颖副部长	副馆长姚淑慧	参观"纪念改革开放 40 周年　沃土芳华——长春市图书馆馆藏地方作家作品展"
45	2018 年 5 月 29 日	长春市人大	市人大教科文卫委员会主任委员宫国英、副主任委员刘畅以及数位代表和委员，由市文化广电新闻出版局副局长王立、公共文化处处长朱向阳陪同	馆领导班子	为考察长春市贯彻落实《中华人民共和国公共文化服务保障法》的落实执行情况而进行实地调研
46	2018 年 6 月 25 日	长春市机构编制委员会	办公室副主任孙杨、市编办事业单位登记管理局刘凌局长及工作人员王贵超一行	馆长谢群、副馆长朱亚玲	实地开展一线调研活动、检查工作
47	2018 年 9 月 3 日	长春市人力和社会保障局	事业单位考核培训处处长胡登峰一行，由市文化广电新闻出版局人事教育处副处长董晓东陪同	馆长谢群、副馆长姚馆长及办公室相关同志	调研工作
48	2018 年 9 月 5 日	长春市文化广电新闻出版局	人事处副处长董晓东及人事处韩凯	—	进行工作调研
49	2018 年 9 月 11 日	长春市文化广电新闻出版局	党组书记、局长张鸣雨、党办主任张美清、局纪检刘洪亮一行	馆领导班子及部分馆员代表	进行集中开展干部作风大整顿活动征求意见及督查
50	2018 年 10 月 9 日	长春市财政局	教科文处处长徐井士、教科文专管员郭建民，由文广新局副局长王立、财务处处长吕绍媛陪同	馆长谢群、副馆长姚淑慧及基建办相关同志	听取关于青少年读者工作部新建工程的汇报

续表

序号	时间	对方单位	对方人员	本馆接待人员	交流内容
51	2018 年 12 月 17 日	长春市文化广电新闻出版局	副局长陈大伟、办公室副主任邱永军一行	馆长谢群、副馆长朱亚玲及相关安全负责人	督查巡视安全生产工作
52	2019 年 1 月 8 日	长春市文化广电新闻出版局	副局长王立、公共文化处处长朱向阳	馆长谢群、副馆长朱亚玲	视察安全生产工作
53	2019 年 5 月 23 日	长春市文化广播电视和旅游局	副局长袁继业、宣传处处长金勇、长春三家主流媒体等一行 9 人	—	调研宣传工作
54	2019 年 7 月 3 日	长春市妇女联合会	副主席李立、家庭和儿童工作部部长纪岩红等一行 3 人	馆长谢群、副馆长姚淑慧	调研工作
55	2019 年 8 月 1 日	攀枝花市人大常委会	副主任孔炜一行 7 人	副馆长姚淑慧	学习和考察公共文化服务体系示范区创建工作的经验和做法
56	2019 年 8 月 16 日	长春市文化广播电视和旅游局	副局长杨青宇及安监处处长孙博等一行 5 人	馆长谢群及相关负责人	巡视督查安全生产工作，重点巡视青少年读者工作部封闭区域的安全保障措施，还检查了消防控制室以及各项安全生产工作制度的建立及归档情况
57	2019 年 8 月 17—24 日	欧盟驻华代表团	欧盟驻华代表团通讯部长 William Fingleton、西班牙驻华大使馆公使 Jorge、长春市人民政府外事办公室副主任欧硕、长春市文化广播电视和旅游局副局长王立	—	出席由欧盟驻华代表团主办的"千年之交 世纪之旅——欧洲文化线路中国巡展·长春站"活动开幕式
58	2019 年 9 月 18 日	长春市委	市委第四巡察组组长李子臣等一行 7 人，由长春市文广旅局局长曲笑、人事处处长宋洪洋陪同	馆领导班子	督导检查工作

序号	时间	对方单位	对方人员	本馆接待人员	交流内容
59	2020 年 3 月 11 日	吉林省文化和旅游厅、吉林省图书馆、长春市文化广播电视和旅游局	吉林省文化和旅游厅副厅长张辰源，吉林省图书馆馆长赵瑞军、副馆长宋艳，长春市文广旅局副局长王立、公共服务处处长朱向阳	馆长谢群	视察参观
60	2020 年 4 月 29 日	长春市文化广播电视和旅游局	公共服务处处长朱向阳		疫情防控检查
61	2020 年 7 月 13 日	长春市文化广播电视和旅游局	机关党委联合机关纪委调研工作组王欣、刘爽、焦向宇	馆党委办公室	党建综合检查
62	2020 年 9 月 7 日	长春市政府	市长张志军，副市长贾丽娜，市政府秘书长赵显，市委宣传部常务副部长姜元生，市文化广播电视和旅游局局长曲笑和市政府办公厅、市文广旅局有关人员	馆长谢群	就"十四五"规划设计实地调研视察
63	2020 年 9 月 14 日	吉林省人大常委会	受全国人大常委会委托，吉林省人大常委会组成由副主任车秀兰为组长，省人大常委会委员、教科文卫委员会主任委员邱志方，省人大常委会副秘书长王锋，省人大教科文卫委员会副主任委员姚树伟，省人大常委会委员、法制委员会副主任委员、省科协副主席、党组书记林天为成员的执法检查组；省文化和旅游厅副厅长张辰源、省广播电视局副局长卢国栋参加执法检查活动；长春市人大常委会副主任甘琳、长春市人大教科文卫委员会主任委员宫国英、长春市文化广播电视和旅游局局长曲笑等有关人员陪同调研	馆长谢群	就长春市《公共文化服务保障法》贯彻实施情况实地调研检查
64	2020 年 12 月 28 日	吉林省委、长春市委宣传部	省委宣传部志愿服务处副处长孙晓雪率全省学雷锋志愿服务先进典型考核组	副馆长姚淑慧	考察图书馆志愿服务工作情况

第四部分　大事记

2011 年 2 月 16 日起，长春市图书馆全面实现免费开放。

2011 年 4 月 23 日，"长图在线"手机图书馆服务（m.ccelib.com）开通。

2011 年 5 月，长春市图书馆被中国图书馆学会授予"2010 年度'全民阅读'先进单位"称号。

2011 年 10 月 14 日，长春市图书馆馆员作为吉林代表队成员，在文化部全国文化信息资源建设管理中心主办的"第二届文化共享杯——全国文化信息资源共享工程知识与技能竞赛"中荣获集体三等奖。

2011 年 10 月 20 日，长春市图书馆开展文献数字化工作，向国家图书馆提供 3 万余页伪满时期特色文献，供全国共享。

2011 年 10 月，长春市图书馆获 2011 中国图书馆学会年会征文活动组织奖。

2011 年 11 月 15 日，长春市图书馆正式接管"满铁长春图书馆"旧址，将其更名为长春市图书馆铁南分馆。

2012 年 1 月，长春市委市政府加大对图书馆事业的支持力度，长春市图书馆年购书经费由原来的每年 500 万元增至每年 1 000 万元。

2012 年 4 月 7 日，总馆改造修缮工程正式开工。

2012 年 5 月 1 日起，由文化部提出，上海图书馆作为牵头起草单位，联合长春市图书馆与浙江图书馆共同起草完成的《公共图书馆服务规范》正式颁布实施。该标准是我国第一个规范公共文化的国家级服务标准，也是我国图书馆规范体系中的首个服务类标准。

2012 年 5 月 31 日，"长春数字图书馆"正式开通。

2012 年 7 月 31 日，长春市图书馆被全国图书馆参考咨询联盟管理中心授予"全国图书馆联合参考咨询先进单位"称号。

2012 年 7 月，长春市图书馆被中国图书馆学会命名为"全民阅读示范基地"。

2012 年 11 月 30 日，经中共长春市文化广电新闻出版局委员会研究决定，谢群同志担任长春市图书馆党委书记，主持全面工作。

2012 年 11 月，"义务小馆员"志愿服务活动荣获由中华人民共和国文化部颁发的"全国基层文化志愿服务活动优秀项目"奖。

2012 年 12 月 1 日，院士厅改造基本完成，并正式更名为"文化讲堂"。

2012 年 12 月，长春市图书馆荣获由全国社会科学普及工作经验交流会组委会颁发的"全国人文社会科学普及基地"称号。

2013 年 3 月上旬，经中共长春市文化广电新闻出版局委员会决定，任命谢群同志担任长春市图书馆馆长。

2013 年 6 月 5 日，铁北分馆暂停各项图书馆业务工作，并进行全面维修改造。

2013 年 7 月，馆刊《品读》创刊。

2013 年 12 月 7 日，青少年读者工作部试运行。

2014 年 3 月 8 日，"城市热读"举办第 500 期讲座活动。

2014 年 4 月 23 日，经改造修缮后的总馆全面开馆。

2014 年 7 月 10 日，长春市图书馆自助借阅图书服务启用密码验证。

2014 年 9 月 1 日，长春市图书馆自修室预约系统试运行。

2014 年 11 月 19 日，经上级批准，长春市图书馆内部机构设置做出改变，增设数字资源部、新媒体服务部、策划推广部、铁北分馆青少年服务部；撤销铁北分馆文化教育部、铁北分馆后勤保障部；行政科、保卫科合并为后勤保障部，报刊部、流通部合并为书刊流通部；馆长办公室更名为办公室，计财科更名为计划财务部，信息网络部更名为网络技术部，铁北分馆文献借阅部更名为铁北分馆读者服务部。

2014 年 12 月，长春市图书馆被中华人民共和国人力资源和社会保障部、中华人民共和国文化部授予"全国文化系统先进集体"称号。

2015 年 1 月 1 日，长春市图书馆全面启用 RFID 读者证，停止使用身份证借阅文献。

2015 年 5 月 15 日，馆藏《大般若波罗蜜多经》被确认为宋刻本。

2015 年 6 月 19 日，长春市图书馆与长春市残疾人联合会合作，在视障人士阅览室成立长春市残疾人阅读指导中心。

2015 年 9 月 10 日至 11 日，长春市图书馆承办第 27 届全国十五城市公共图书馆工作研讨会。

2015 年 9 月 28 日，长春市图书馆短信服务平台经过升级改版后重新启用。

2015 年 9 月，长春市图书馆被全国社会科学普及工作经验交流会组委会评为"全国社会科学普及教育基地"。

2015年11月20日，长春市图书馆理事会成立大会暨第一届理事会第一次会议召开。

2015年，长春市图书馆完成馆藏606件可移动文物的普查工作；初步完成馆藏140余幅旧字画和旧拓片的整理、初步鉴定；完成6 802种民国平装书、旧日文图书的回溯建库工作。

2016年起，长春市图书馆在原来总分馆服务体系的基础上进行转型发展，探索建立"中心馆—总分馆"公共图书馆服务体系建设的新模式。

2016年4月23日，"小树苗"图书角建设项目正式启动。

2016年5月，图书馆内无线网络全覆盖系统建成。

2016年7月15日，"漫读"书友会首次举办。

2016年8月，长春市图书馆完成总馆六楼古籍特藏书库空调改造工程。

2016年9月23日，"汽车流动图书馆"启动。同日，位于长春市图书馆大门一侧的"24小时自助图书馆"投入使用。

2016年10月24日，《文化之隅——"城市热读"讲座精编》被全国社会科学普及工作组委会评为"全国优秀社会科学普及作品"。

2016年10月，"城市热读"系列讲座被评为2016年全国"终身学习品牌项目"。

2017年1月，长春市图书馆新版官方网站正式上线，英文版网站同步开通。

2017年3月17日起，长春市图书馆推出"小树苗"16点课堂建设项目。

2017年3月31日，长春市图书馆开通使用读者荐购系统平台。

2017年3月，"长图小树苗"微信公众号开始运营，3月23日推出第1期"图书推荐"栏目。

2017年3月，长春市图书馆荣获全国图书馆参考咨询联盟管理中心颁发的2016年度全国图书馆参考咨询联盟优秀服务一等奖。

2017年4月11日，长春市图书馆召开吉林省图书馆学会阅读推广委员会成立暨第一届委员会第一次全体会议。

2017年4月23日，"城市书网"项目启动。同日，"喜阅——你选书，我采购"全民借阅行动计划正式开启。

2017年7月17日，OA办公自动化系统软件正式上线应用。

2017年7月20日，长春市图书馆获得由全国老龄工作委员会授予的第二届全国"敬老文明号"称号。

2017年7月23日，"品读聚乐部"书友会第一期活动举行。

2017 年 7 月，《长图季报》创办。

2017 年 8 月，《品读》荣获中国图书馆学会颁发的"2017 年中国图书馆阅读推广类十佳内刊内报"荣誉称号。

2017 年 10 月 10 日，长春市图书馆再次被中国图书馆学会确定为"全民阅读示范基地"，"长图雅音"高雅艺术沙龙被评选为 2016 年阅读推广优秀项目。

2017 年 10 月，长春市图书馆在中国图书馆学会阅读推广委员会举办的 2017 年馆员书评第五季征集活动中获得优秀组织奖。

2017 年 10 月，在中国图书馆学会、韬奋基金会、中国出版集团、中国书刊发行业协会、中国新华书店协会举办的"出版界图书馆界全民阅读年会（2017）"评选中，"书悦之声·小小朗读者"荣获"全民阅读优秀案例"二等奖。

2017 年 11 月 1 日，长春市图书馆被中国图书馆学会评为"有声阅读示范基地"。

2017 年 11 月，长春市图书馆荣获由中央精神文明建设指导委员会颁发的"第五届全国文明单位"称号。

2017 年 12 月 9 日，"新时代传习所"正式揭牌。

2017 年 12 月，长春市图书馆在 2017 全国少年儿童阅读年活动中，荣获由中国图书馆学会颁发的"优秀组织奖"。

2018 年 1 月 11 日，长春市图书馆新版移动客户端在全部主流应用市场上线。

2018 年 2 月 2 日，长春市图书馆获得由全国图书馆参考咨询联盟管理中心颁发的"2017 年度全国图书馆参考咨询联盟优秀服务奖"一等奖。

2018 年 2 月 11 日，长春市总工会组织部正式批准长春市图书馆工会成立。

2018 年 3 月 12 日，在中国图书馆学会公共图书馆分会主办的第一届公共图书馆创新创意征集推广活动中，"小树苗"16 点课堂获最佳创意奖。

2018 年 3 月，"长春记忆"项目启动。

2018 年 3 月，"长春星火阅读计划"领读者阅读推广项目启动。

2018 年 7 月 10 日，"爱心帮帮团"助残法律援助咨询服务活动启动。

2018 年 7 月 20 日，长春市图书馆完成院落维修改造项目。

2018 年 8 月 13 日，长春市图书馆在第六次全国县级以上公共图书馆评估定级中被中华人民共和国文化和旅游部评为"一级图书馆"。

2018 年 9 月 27 日，长春市版权服务工作站揭牌。

2018 年 9 月，长春市图书馆关心下一代工作委员会成立。

2018 年 10 月 25 日，"小树苗"亲子阅读项目被全国终身学习活动周工作小组、中国成人教育协会评为"2018 年终身学习品牌项目"。

2018 年 10 月 31 日，长春市图书馆在中国残联维权部、中国盲文图书馆和中国盲文出版社共同主办的"知法于心　守法于行"全国盲人演讲比赛工作中荣获优秀组织奖。

2018 年 10 月，长春市图书馆在中国图书馆学会阅读推广委员会举办的 2018 年馆员书评第六季征集活动中获得优秀组织奖。

2018 年 11 月，"地方作家作品文库"在中国图书馆学会阅读推广委员会主办的 2018 年"发现图书馆阅读推广特色人文空间"活动中荣获三等奖。

2018 年 12 月，长春市图书馆荣获由中国图书馆学会颁发的"绘画作品征集大赛"优秀组织单位奖。

2018 年 12 月，首部反映馆内古籍馆藏的图录《长春市图书馆藏古籍善本图录》由国家图书馆出版社正式出版。

2019 年 1 月 19 日，长春市图书馆数字阅读体验区正式投入使用。

2019 年 4 月 21 日，第一期"方寸时光"读书沙龙活动举办。

2019 年 7 月，"长春星火阅读计划"领读者阅读推广项目荣获中国图书馆学会"创新引领未来——第二届公共图书馆创新创意征集推广活动"三等奖。

2019 年 7 月，爱心志愿者文化助盲志愿服务团队被中国助残志愿者协会、中国盲文图书馆认定为三星级文化助盲志愿服务团队。

2019 年 9 月 2 日，长春市图书馆自修预约排座系统升级后正式上线应用。

2019 年 9 月 25 日，"长春记忆"项目文献整理成果丛书之一《家国情怀　科学精神》发布。

2019 年 11 月，长春市图书馆被中华全国妇女联合会授予"全国维护妇女儿童权益先进集体"荣誉称号。

2020 年 1 月 9 日，《长春市图书馆志（2011—2020）》编撰项目正式启动。

2020 年 1 月 24 日，为全力做好新型冠状病毒肺炎疫情联防联控工作，避免人流聚集导致的传染风险，经过慎重研究，长春市图书馆临时闭馆（含 24 小时自助图书馆、汽车流动图书馆），各类读者活动延期开展。

2020 年 2 月，"义务小馆员"志愿服务项目被全国宣传推选学雷锋志愿服务"四个100"先进典型活动组委会推选为最佳志愿服务项目。

2020 年 3 月 11 日，长春市图书馆恢复开馆，采取限时限流预约服务。

2020 年 3 月，长春市图书馆被中国图书馆学会评选为"2019 阅读推广星级单位"。

2020 年 4 月 13 日，长春市图书馆图书自助分拣系统正式上线，提供全自助式的查询、还书服务。

2020 年 4 月，长春市图书馆荣获由全国妇联家庭和儿童工作部颁发的"全国家庭亲子阅读体验基地"称号。

2020 年 5 月 29 日，长春市图书馆与宽城区政府签定《固定资产交接及有关问题确认书》及《关于对市图书馆铁北分馆排危修缮有关事宜的备忘录》。

2020 年 7 月 2 日，为进一步满足广大读者的借阅需求，按照新冠肺炎疫情防控总体要求及部署，长春市图书馆恢复夏季开馆时间，继续实行限流预约服务。

2020 年 10 月 30 日，长春市图书馆召开全馆干部职工大会。会上宣读长春市文化广播电视和旅游局干部任免决定文件，金勇从 2020 年 11 月起担任图书馆党委书记、馆长。

2020 年 11 月 24 日，在由韬奋基金会、中国书刊发行业协会指导，《图书馆报》主办的"2020 年度影响力绘本馆征集活动"中，长春市图书馆"绘阅"亲子绘本馆喜获"2020 年度影响力绘本馆"称号。

2020 年 11 月，长春市图书馆经复查合格，继续保留"全国文明单位"荣誉称号。

第五部分　附录

长春市图书馆章程（试行）

第一章　总则

第一条　为规范本馆行为，确保公益目标的实现，根据《事业单位登记管理暂行条例》及其实施细则和国家有关法律法规及其他有关规定，制定本章程。

第二条　本馆名称：长春市图书馆。

第三条　本馆住所：吉林省长春市同志街 1956 号。

第四条　本馆经费来源：财政核拨。

第五条　本馆开办资金：人民币 11 331.0 万元。

第六条　本馆的举办单位：长春市文化广电新闻出版局。

第七条　本馆的登记管理机关：长春市事业单位登记管理局。

第二章　宗旨和业务范围

第八条　本馆的宗旨：读者至上、服务第一。

第九条　本馆的业务范围包括：

（一）收集、存储、传递多载体形式的各类文献信息，保存文化典籍；

（二）开发利用文献信息资源，为市民和社会服务；

（三）开展基层图书馆业务辅导与培训，提升地区图书馆管理、服务能力；

（四）开展图书馆学研究和学术交流，促进图书馆事业科学发展；

（五）建立公共图书馆服务网络，提供普遍均等、惠及全民的公共图书馆服务与技术支持。

（六）推广全民阅读活动，建设书香社会。

第三章　举办单位

第十条　举办单位的权利：

（一）提出本馆的宗旨和业务范围；

（二）组建本馆第一届理事会；

（三）向本馆理事会委派相关理事；

（四）提名或任免理事长、执行理事；

（五）批准理事会工作报告；

（六）监督本馆运行；

（七）审核章程草案及章程修改草案；

（八）考核、任免本馆馆长、副馆长人选；

（九）行使法律法规规定的举办单位权利。

第四章　理事会

第一节　理事会的构成及职责

第十一条　本馆设立理事会作为决策机构和监督机构，理事会向举办单位报告工作。

理事会每届任期为 3 年。

第十二条　理事会由 11 名理事组成，其来源、名额与产生方式为：

（一）举办单位（2 人）

产生方式：由长春市文化广电新闻出版局委派产生。

（二）图书馆（3 人）

1.馆长 1 名。

2.副馆长 1 名。

3.员工代表 1 名。

产生方式：馆长为当然理事。副馆长和员工代表理事由本馆组织推荐，经本馆职工代表大会通过产生。

（三）社会代表理事（6 人）

1.读者代表 1 名。

2.图书馆业内专家 1 名。

3.文化界知名人士 1 名。

4.新闻媒体代表 1 名。

5.教育界代表 1 名。

6.企业界代表 1 名。

社会代表理事面向社会公开选聘，在自愿报名或组织推荐的基础上由举办单位遴选。所有理事经举办单位审核聘任。

第十三条 理事会行使下列职权：

（一）审议和提出本馆章程的修改意见；

（二）审议本馆业务发展规划和重大活动计划；

（三）审定本馆内部主要管理制度；

（四）审议本馆财务预算和决算；

（五）监督管理层执行理事会决议；

（六）审议管理层年度工作报告并对管理层工作进行考评；

（七）审议通过拟任法定代表人人选；

（八）理事会届满前三个月内负责组建下届理事会，并报举办单位审核同意；

（九）决定其他重大事项。

第十四条 理事会设兼职秘书 2 名，负责理事会的会议筹备、文件保管等事宜。理事会秘书由理事会聘用，向理事会负责。理事会秘书应当严守秘密，不得私自公开理事会的信息。

第二节 理事

第十五条 理事每届任期与理事会每届任期相同。任期届满，可以连选连任。

理事不因理事资格在本馆领取薪酬，因履行理事职责产生的交通、通信等费用，可按有关规定列支。

第十六条 理事应具备履职的知识和能力，熟悉并遵守有关法律法规和国家政策，根据本馆的宗旨，忠实、诚信、勤勉地履行职责。

第十七条 理事享有以下权利：

（一）出席理事会会议，享有发言权、提议权、表决权、选举权和被选举权；

（二）对理事会会议和本馆开展业务活动情况的知情权、建议权、监督权；

（三）对管理层执行职务行为进行监督，对违反法律、法规、本章程或理事会决议的人员提出罢免建议；

（四）监督图书馆资金有效使用情况；

（五）向理事会提案；

（六）提议召开理事会临时会议；

（七）理事会赋予的其他权利。

第十八条　理事应当履行以下义务：

（一）遵守国家法律法规、本馆章程及有关规定；

（二）秉持诚信和勤勉精神，认真履行职责，谨慎决策；

（三）了解图书馆的管理制度、业务范围以及图书馆事业的发展规律、发展趋势；

（四）遵守并执行理事会会议决议；

（五）按时参加理事会会议及相关活动；

（六）不擅自公开本馆涉密信息；

（七）不凭借理事身份，为本人或他人从本馆牟取不当利益；

（八）审议有关议案可能会产生相关利益冲突时，应申请回避；

（九）理事会规定的其他相关义务。

第十九条　理事可以在任期内提出辞职。辞职应向理事会递交书面报告，经理事会表决通过后，理事资格方可终止。委派产生的理事辞职须经委派方同意。

第二十条　理事发生以下情形的，理事会应按程序终止其理事资格：

（一）无正当理由连续三次以上（含三次）不参加理事会会议的；

（二）因本人身体健康和工作等原因，不能继续履行理事职责的；

（三）违反法律法规，被追究刑事责任的；

（四）法律法规和本章程规定的其他情形。

第二十一条　理事推选方或委派方提出更换理事的，经理事会表决通过后，按理事原产生方式及程序予以更换。

第二十二条　理事出现空缺，应及时按原产生方式及程序填补缺额。

第三节　理事长

第二十三条　理事会设理事长 1 名，执行理事 1 名。理事长由举办单位任命；执行理事由图书馆馆长担任。

第二十四条　理事长除享有理事权利外，还行使下列职权：

（一）召集和主持理事会会议；

（二）当理事会会议的表决票数相同时，有权投决定票；

（三）签署理事会重要文件；

（四）确认理事会会议议题；

（五）督促和检查理事会决议的落实情况；

（六）理事会赋予的其他职权。

第二十五条　执行理事行使以下职权：

（一）参与理事会决策，组织实施理事会决议，定期向理事会汇报图书馆运行管理状况，接受理事会监督；

（二）组织实施图书馆年度工作计划，编制年度报告；

（三）决定聘任或解聘除应由理事会决定聘任或解聘以外的人员；

（四）组织拟订或建议修改图书馆用人规模、机构设置、基本管理制度和图书馆章程；

（五）理事会授予的其他职权。

第二十六条　执行理事协助理事长工作。理事长不能行使职权时，由执行理事代行其职权。

第四节　理事会会议

第二十七条　理事会每年定期召开至少两次会议。理事会会议一般由理事长召集和主持。

第二十八条　出现以下情况之一时，理事长应在 10 个工作日内召开理事会临时会议：

（一）理事长认为必要时；

（二）三分之一以上的理事联名提议时；

（三）馆长提议时。

第二十九条　如遇重大突发情况，理事长应当立即召开理事会会议。

第三十条　理事会会议程序：

（一）提议召开理事会会议，确定会议议题（理事会会议议题根据理事会章程确定，理事在职权范围内可提交补充议题，补充议题须在理事会会议召开前以书面方式提出，由理事长决定是否列入当次会议议题）；

（二）提前 10 个工作日将会议通知（时间、地点、议题等）及相关材料送达全体理事；

（三）就会议议题进行讨论；

（四）表决并形成理事会决议；

（五）制作会议记录，重要事项形成会议纪要。

第三十一条　理事会会议须有全部理事的三分之二以上出席方能召开。

第三十二条　理事会会议采取记名方式投票表决，每名理事享有一票表决权，理事会决议一般事项须经全部理事的半数以上通过。当表决票数相同时，理事长有权投决定票。如决议以下重大事项时，须经全部理事三分之二以上通过：

（一）业务发展规划；

（二）重大业务活动计划；

（三）机构设置方案；

（四）重大财务事项；

（五）章程修改。

理事会决议违反法律、法规和本馆章程规定的，在表决中投赞成票的理事承担相应责任，不赞成的不承担责任。

第三十三条　在理事会闭会期间，可以通过传真、电子邮件等通讯表决方式处理事务。由过半数成员以通讯表决方式通过的决议，具有与理事会会议通过的同等效力。

第三十四条　涉及全体职工切身利益的重大事项，按照有关规定提请职工代表大会讨论或审议。理事会在决策时应充分考虑职工代表大会的意见。

第三十五条　理事会会议应当有会议记录。出席会议的理事和记录人，应当在会议记录上签名。理事会会议记录应当作为本馆重要档案妥善保存。

第三十六条　理事会会议记录应当载明以下内容：

（一）出席会议的理事、列席人员、缺席人员及事由；

（二）会议的日期、地点；

（三）主要议题及议程；

（四）各位理事的发言要点；

（五）提交表决事项的表决结果；

（六）理事会认为应当载入会议记录的其他内容。

第五章　管理层

第三十七条　本馆管理层由馆长、副馆长组成，是理事会的执行机构。管理层实行馆长负责制。

第三十八条　管理层向理事会负责，履行下列职责：

（一）执行理事会决议；

（二）拟定和实施年度工作计划等日常业务管理；

（三）按要求编制年度经费预算和财务决算，执行上级审定的经费预算，按国家的有关规定进行财务核算和资产管理；

（四）拟定本馆基本管理制度草案；

（五）拟定本馆机构设置方案草案；

（六）定期向理事会汇报工作；

（七）理事会赋予的其他职权。

第三十九条　本馆馆长及副馆长产生方式为由举办单位提名，理事会审议通过，报有关部门任免备案。

第四十条　馆长行使下列职权：

（一）按照理事会决议主持开展工作；

（二）全面负责本馆业务工作；

（三）组织制定、实施图书馆发展规划、年度工作计划，编制年度报告；

（四）管理本馆的日常事务；

（五）决定聘任或解聘除应由理事会决定聘任或解聘以外的人员；

（六）负责本馆的人事、财务、资产等管理；

（七）组织拟订或建议修改图书馆用人规模、机构设置、基本管理制度和图书馆章程；

（八）法律法规和本章程规定的其他职责。

第四十一条　馆长作为拟任法定代表人人选，经长春市事业单位登记管理局核准登记后，取得本馆法定代表人资格。

第六章　资产的管理和使用

第四十二条　本馆的合法资产受法律保护，任何单位、个人不得侵占、私分、挪用。

第四十三条　本馆的经费使用应符合本馆的宗旨和业务范围。

第四十四条　本馆执行国家统一的事业单位会计制度，依法接受税务、会计、审计等主管部门监督。

第四十五条　本馆财务人员按照有关法律法规和会计制度的规定配备、管理。

第四十六条　本馆的人员工资、社保、福利待遇按照国家有关规定执行。

第四十七条　理事会换届和法定代表人（馆长）离任前，应当进行经济责任审计。

第七章　信息披露

第四十八条　本馆承诺按照国家法律法规和事业单位登记管理机关的规定，真实、完整、及时地披露以下信息：

（一）图书馆章程；

（二）图书馆发展规划、重大决策等事项；

（三）图书馆年度计划、年度工作报告；

（四）图书馆年度服务数据统计资料；

（五）图书馆年度公共服务经费使用情况；

（六）馆藏及读者服务信息；

（七）理事会认为需要公开的其他信息。

第八章　终止和剩余资产处理

第四十九条　本馆有以下情形之一，应当终止：

（一）经审批机关决定撤销；

（二）因合并、分立解散；

（三）因其他原因依法应当终止的。

第五十条　本馆自行决定解散，应由理事会表决通过，理事会的终止决议应报举办单位审查同意。

第五十一条　本馆在申请注销登记前，理事会在举办单位和有关机关的指导下，成立清算组织，开展清算工作。清算期间不开展清算以外的活动。

第五十二条　清算工作结束，形成清算报告，经理事会通过，报举办单位审查同意，向事业单位登记管理机关申请注销登记。

第五十三条　本馆终止后的剩余资产，在举办单位和有关机关的监督下，按照有关法律法规和本馆章程进行处置。

第九章　章程修改

第五十四条　本馆有下列情形之一的，应当修改章程：

（一）章程规定的事项与修改后的国家法律、行政法规的规定不符的；

（二）章程内容与实际情况不符的；

（三）理事会认为应当修改章程的其他情形。

第五十五条　理事会决议通过的章程修改案，经举办单位审查同意后，报登记管理机关核准备案。涉及事业单位法人登记事项的，须向登记管理机关申请变更登记。

第十章　附则

第五十六条　本章程经 2015 年 11 月 20 日理事会表决通过。

第五十七条　本章程内容如与法律法规、行政规章及国家政策相抵触时，应以法律法规、行政规章及国家政策的规定为准。涉及事业单位法人登记事项的，以登记管理机关核准颁发的《事业单位法人证书》刊载内容为准。

第五十八条　本章程的解释权属于理事会。

第五十九条　本章程自事业单位登记管理机关核准备案之日起生效。

长春市公共图书馆中心馆—总分馆管理规范

1 范围

本规范规定了长春市公共图书馆中心馆—总分馆建设过程中，中心馆与总馆所承担的职责与义务，以及中心馆—总分馆建设过程中的相关建设标准、服务规范、射频识别数据模型建议标准等内容。

本规范适用于长春市图书馆、长春市县（市、区）图书馆以及乡镇（街道）、村（社区）等图书馆。

2 术语和定义

下列术语和定义适用于本规范。

2.1 中心馆
指长春市图书馆。

2.2 总馆
指与长春市图书馆签署《长春市公共图书馆中心馆—总分馆服务体系建设协议书》的各县（市、区）图书馆。

2.3 分馆
指与长春市图书馆或与各县（市、区）图书馆签署分馆建设协议书的乡镇（街道）、村（社区）等图书馆。

2.4 区域服务人口数
长春市各级公共图书馆所在行政区域的常住人口数。

3 中心馆的职责与义务

3.1 组织地区公共图书馆馆长联席会议；

3.2 制定各项工作标准；

3.3 搭建地区公共图书馆资源共建共享平台；

3.4 负责业务辅导；

3.5 组织业务培训；

3.6 工作考核与评估；

3.7 推进示范分馆建设，并以示范分馆建设引领各县（市、区）图书馆总分馆建设；

3.8 组织策划长春地区大型读者活动。

4 总馆的职责与义务

4.1 参加中心馆组织的地区公共图书馆馆长联席会议；

4.2 遵照执行中心馆制定各项工作标准；

4.3 参与搭建地区公共图书馆资源共建共享平台；

4.4 接受中心馆业务辅导；

4.5 参加中心馆组织的业务培训；

4.6 定期接受中心馆的工作考核与评估；

4.7 按照中心馆"示范分馆"样板建设本地区分馆；

4.8 参与中心馆策划与组织的大型读者活动。

5 总分馆建设标准

5.1 馆舍建筑

5.1.1 馆舍建筑指标

总馆设置布局应遵循普遍均等原则，选址要考虑服务半径、服务人口等因素，并应按《公共图书馆建设用地指标》（建标〔2008〕74号）执行。

为了保证读者阅览空间和图书馆为读者服务能力，总馆建筑面积、阅览室用房使用面积的比例、阅览座位数按《公共图书馆建设标准》表2执行；分馆按照长春市图书馆示范社区分馆管理规范规定的指标执行。具体见下表。

馆舍建设指标

等级	建筑面积控制指标 /m²	阅览室面积占总建筑面积的比例 /%	阅览座位 / 个
总馆	2000 以上	55—60	200 以上
分馆	80 以上	55	10 以上

市区常住人口20万—150万的城市应设置中型馆，建筑面积不低于4500平方米，

服务半径不超过 6.5 公里。

5.1.2 建筑功能总体布局

总馆建筑功能总体布局应遵循以读者服务为中心，与图书馆的管理方式和服务手段相适应，做到分区明确、布局合理、流线通畅、安全节能、朝向和通风状况良好。

少年儿童阅览区应与成人阅览区分开，宜设置单独的出入口，有条件的可设室外少年儿童活动场地。视障阅览室宜设在图书馆本体建筑与社会公共通道之间的平行层。

5.1.3 电子信息设备

5.1.3.1 计算机

总分馆应配备一定数量的计算机专供读者使用。各级政府应支持图书馆配备与经济和技术发展水平相适应的信息技术设备。所需计算机数量总馆按照《公共图书馆服务规范》表 1 指标执行；分馆按照《长春市图书馆示范社区分馆管理规范》规定的指标执行。具体见下表。

计算机设备配置及用途指标

等级	计算机总数量 / 台	读者使用计算机数量 / 台	OPAC[①]计算机数量 / 台
总馆	30 以上	20 以上	4 以上
分馆	2 以上	1 以上	—

① OPAC（Online Public Access Catalogue）指在线公共检索目录。

5.1.3.2 网络与宽带接入

总馆网络与宽带接入，是为读者提供网络信息服务的基础。网络与带宽接入指标见下表。

网络与带宽接入指标

等级	互联网接口	局域网主干	局域网分支
总馆	≥ 10 兆	≥千兆	≥百兆
分馆	≥ 2 兆	≥百兆	≥百兆

5.2 人力资源

5.2.1 人员要求

总馆工作人员应受过专业训练，具备良好的职业道德，在读者服务工作中应平等对待所有公众，尊重和维护读者隐私。工作人员须统一着装、挂牌上岗，仪表端庄，使用文明用语，对工作热忱，努力为读者提供准确全面的信息服务。

5.2.2　人员配备

总馆具有相关学科背景的专业技术人员应占在编人员的 75% 以上。

专业技术人员是指符合下列条件之一并从事相关业务工作的人员：

● 具有助理馆员等各类初级及以上专业技术职务任职资格；

● 具有图书馆学专业（或图书情报专业）专科或以上学历；

● 非图书馆学专业（或图书情报专业）专科或以上学历，须经过省级及以上学会（协会）、图书馆、大学院系举办的图书馆学专业（或图书情报专业）课程培训，培训课时不少于 320 学时并成绩合格。

5.2.3　人员数量

总馆工作人员数量的确定，应以所在区域服务人口数为依据。总馆每服务人口 1—2 万人应配备 1 名工作人员。

各总馆所需的人员数量的配备，还应兼顾服务时间、馆舍规模、馆藏资源数量、年度读者服务量等因素。

5.2.4　教育培训

总馆应坚持实施针对全体工作人员的教育培训计划，年人均受教育培训时间应不少于 72 学时。总馆针对分馆每年组织集中培训的次数不少于 2 次。

5.2.5　业务辅导

总馆每年下基层进行业务辅导服务的次数不低于 50 次。

5.2.6　志愿者队伍

总馆应导入志愿者服务机制，吸引更多图书馆工作人员和社会公众加入志愿者队伍。

5.3　文献资源

5.3.1　馆藏文献

5.3.1.1　文献采集原则

馆藏文献资源建设应遵循以下原则：

● 与日益增长的读者需求和本地区经济、文化与社会事业发展相适应；

● 与国家知识产权保护等法律法规的要求相一致；

● 与本馆文献资源建设规划、采集方针及服务功能相匹配；

● 有利于形成资源体系和特色；

● 有利于促进区域文献资源共建共享；

● 有利于积淀与丰富历史文献。

5.3.1.2　文献加工方式

中心馆根据《中国文献编目规则（第二版）》制定统一的《长春市公共图书馆中心馆—总分馆著录规范》，由中心馆统一购买管理软件，各总馆、分馆采编人员需经中心馆采编中心培训颁发上岗证后方能进行文献编目，文献编目终审权属中心馆。

5.3.1.3　文献加工中的条形码管理规定

条形码码制采用三九码，打印机分辨率（解析度）在 300dpi 以上。条码采用 PVC（聚氯乙烯）白色条形码材料，从左到右依次由两部分组成：馆代码编号、流水编号；总长为 13 位。对于图书，每册图书粘贴一张条码，在不遮盖图书文字的原则下，一张贴在图书题名页面下方正中处，条码底边距离页角底边 4 厘米。若粘贴处有文字，则视实际情况调整位置。对于其他文献，具体位置及数量由各馆根据实际情况而定。

代码取号表

馆（藏）代码	图书馆
0001	长春市图书馆
0002	二道区图书馆
0003	宽城区图书馆
0004	德惠市图书馆
0005	九台区图书馆
0006	绿园区图书馆
0007	朝阳区图书馆
0008	榆树市图书馆
0009	长春社区图书馆
0010	双阳区图书馆
0011	农安县图书馆
0012	财政局图书馆
0013	南关区图书馆

续表

馆（藏）代码	图书馆
0014	高新区图书馆
0015	经开区图书馆

流水编号取号表

流水编号	代表文献	说明
年代 0×××××	中文图书	普通中文图书
年代 1×××××	报刊	包括中文报纸、中文期刊、外文报纸、外文期刊
年代 2×××××	中文图书	包括台港澳中文图书、中文赠书、地方文献、联合馆图书等
年代 3×××××	原版外文图书	包括各语种的原版外文图书（含外文赠书）
年代 4×××××	非书资料	包括 CD、VCD、DVD、磁带、磁盘、光盘、随书附盘等各种介质。

5.3.1.4 馆藏文献总量

馆藏文献包括印刷型文献、电子文献、缩微文献等。分馆应在确保印刷型文献入藏的基础上，逐步增加电子文献的品种和数量。

馆藏文献指标

等级	印刷型文献	年新增藏量	电子文献
总馆	人均占有藏书 0.7 册以上（按服务人口）	人均年增新书 0.03 册以上	100 种以上
分馆	人均占有藏书 1 册以上（按服务人口）	年增新书 200 册以上	—

5.3.2 呈缴本

总馆负有依法接受所在县（市、区）出版机构呈缴出版物和保存地方文献版本的职能。呈缴本的入藏应符合本馆的文献入藏原则和范围，征集的品种、数量应达到地方正式出版物的 70% 以上。

5.3.3 政府出版物

总馆应承担当地政府出版物的征集、保存与服务职能，设置政府公开信息查阅点，并做好服务工作。

5.3.4 文献购置经费

总馆的文献购置经费由各县市区政府投入，专款专用。

总馆文献购置经费应与财政收入的增长同步增加。

总馆应在文献购置经费中安排电子文献购置经费，并根据馆藏结构和文献利用情况逐年提高或不断调整其与印刷型文献的比例。

5.4　公共文化设施网络建设

总馆与分馆均应建有标准配置的公共电子阅览室。

5.5　服务供给

5.5.1　总馆应设立盲人阅读区，配备设备和盲文读物，并设置残疾人通道。

5.5.1　总馆应配备一台以上流动服务车。

6　总分馆服务规范

6.1　基本服务

总馆的基本服务是保障和满足公众的基本文化需求的服务，包括为读者免费提供多语种、多种载体的文献的借阅服务和一般性的咨询服务，组织各类读者活动以及其他公益性服务。

6.1.1　服务时间

总馆应有固定的开放时间，双休日应对外开放。总馆每周开放时间不少于 56 小时；分馆每周开放时间不少于 42 小时。各级公共电子阅览室为社会公众提供免费上网服务时间每周不少于 42 小时。

6.1.2　"一卡通"服务

为充分利用各图书馆的文献信息资源，方便读者借书、还书，总分馆应使用与中心馆相同的管理系统，并与其他馆实现通借通还服务。

6.1.3　流动服务

总馆除应负责组织本地区的总分馆建设外，还应当通过建立图书流动站，图书漂流点等形式，将文献外借服务和其他图书馆服务向社区、村镇等延伸，定期开展巡回服务。

6.2　服务效率

6.2.1　图书流通率

总馆平均每册藏书年流通率 0.7 次以上。

6.2.2　读者到馆率

总馆人均到馆次数 0.3 次以上。

6.2.3 年外借册次

总馆不低于 4 万册次；

分馆年人均外借册次不低于 2 册次。

6.2.4 读者满意率

总馆不低于 80%。

6.3 服务宣传

6.3.1 统一标识

总馆应悬挂×××县（市、区）图书馆、全国文化信息资源共享工程×××县（市、区）支中心、公共电子阅览室等三块牌匾；分馆应悬挂×××县（市、区）图书馆×××乡镇（街道）、村（社区）分馆、公共电子阅览室等两块牌匾。此外均应设置免费开放时间告示牌。

6.3.2 服务告示

6.3.2.1 告示内容和方式

总馆、分馆的服务范围、服务内容、服务时间、服务公约、读者须知、借阅（使用）规则、服务承诺等基本服务政策应在馆内醒目位置和图书馆网站的相关栏目向读者公示，其他服务政策及各类服务信息等应通过各种途径方便读者获取。

6.3.2.2 闭馆告示

因故须暂时闭馆，须向上级文化行政主管部门报告并经其同意后，提前一周向读者公告。

如遇公共安全、网络安全等突发事件须临时闭馆或关闭部分区域、暂停部分服务的，应及时向读者公告。

6.3.3 馆藏揭示

总馆、分馆应借助计算机管理与书目检索系统，将纸质、电子和缩微等不同载体的馆藏文献目录向公众揭示，提供题名、著者、主题等基本检索途径，方便读者查询。还应通过网站、宣传资料、专题展览等形式，向公众推介、揭示最新入藏的文献和特色馆藏。

6.3.4 活动推广

总馆、分馆应通过媒体、网站、宣传资料、宣传栏及各种现代化通信手段等形式，邀请、吸引读者的参与和互动。

6.4 监督与反馈

6.4.1　监督途径和方法

总馆、分馆应在馆舍显著位置设立读者意见箱（簿），公开监督电话，开设网络投诉通道，建立馆长接待日制度，组建社会监督员队伍，定期召开读者座谈会。认真对待并正确处理来自读者的意见或投诉，在五个工作日内回复并整改落实。

6.4.2　读者满意度调查

总馆、分馆每年应进行一次读者满意度调查，可自行或委托相关机构向馆内读者随机发放读者满意度调查表。调查表发放数量，总馆、分馆分别不少于 100、10 份，回收率不低于 80%。

6.5　评估与考核

中心馆每两年对总分馆进行评估与考核，对达到标准的给予表彰；对未达到标准的，提出整改意见。对整改之后仍然未达标的分馆应转为图书流通站或取消分馆资格。

7　射频识别数据模型建议标准

7.1　依据

依据中华人民共和国文化行业标准 WH/T 43—2012《图书馆—射频识别—数据模型第 1 部分：数据元素、设置及应用规则》、WH/T 44—2012《图书馆射频识别数据模式第 2 部分：基于 ISO/IEC 15962 的数据元素编码云案》制定本标准。

标准由两部分组成：第一部分为数据元素设置及应用规则，与国际标准 ISO 28560 第一部分兼容，主要内容包括用户数据元素、系统数据元素、数据安全及完整性工具、区域及业务细则以及隐私问题等；第二部分为基于 ISO/ICE 15692 的数据元素编码方案，兼容 ISO 25860-2，主要内容包括数据元素、数据编码、RFID 标签要求、数据完整性与安全性等。

7.2　技术要求

7.2.1　用户数据元素的选择与使用：用户数据元素有 31 个，根据长春地区图书馆实际情况，其中主馆藏表示、所属馆代码为必备元素，其他用户数据元素可根据各馆的实际情况选择使用。

7.2.2　数据编码规则的使用：文化行业标准标签数据编码规则总体上遵循 ISO 15962 数据编码标准，即采取 TLV 的数据编码方式编码后的内容，包括标识符 Tag、数据长度 Length、数据值 Value。

（1）OID-1 主馆藏标识：内容一般是文献条码号，按照《长春地区公共图书馆条形码管理细则》执行。

（2）OID-3 所属馆代码：按照下表执行。

馆（藏）代码	图书馆
0001	长春市图书馆
0002	二道区图书馆
0003	宽城区图书馆
0004	德惠市图书馆
0005	九台市图书馆
0006	绿园区图书馆
0007	朝阳区图书馆
0008	榆树市图书馆
0009	长春社区图书馆
0010	双阳区图书馆
0011	农安县图书馆
0012	财政局图书馆
0013	南关区图书馆
0014	高新区图书馆

（3）数据填写应从数据块第一块开始，连续填写。

7.2.3　安防方式：建议采用 EAS 安防方式防盗。

7.2.4　读者证与图书区分方式：建议采用 AFI 来区分图书、读者证与层架标。

类型	编码
图书	0x71
读者证	0x61
层架标	0x51

7.2.5　为了保证标签数据的互读、互懂，不建议对标签中的通用数据进行加密处理，否则就违背了图书馆数据模型标准的开放性、互操作性的基本原则。

7.2.6　读者证数据填写应从数据块第一块开始，连续填写；读者证号码遵循"馆代码 + 数字"的方式。

7.2.7 读者证涉退还押金及读者信息隐私，因此可以进行加密，但是加密规则应由各图书馆共同协商制定。

长春市图书馆

2018 年 6 月 8 日

长春市图书馆服务规范

1 范围

本标准规定了长春市图书馆服务资源、服务效能、服务宣传、服务监督与反馈等内容。

2 规范性引用文件

下列文件对于本文件的应用是必不可少的。凡是注日期的引用文件，仅注日期的版本适用于本文件。凡是不注日期的引用文件，其最新版本（包括所有的修改单）适用于本文件。

《国家基本公共文化服务指导标准（2015—2020）》；《公共文化体育设施条例》（国务院令第382号）；2015年《第三批创建国家公共文化服务体系示范区（项目）创建标准（中部）》；《文化标准化中长期发展规划（2007—2020）》；《省级图书馆评估标准》（文化部办公厅2012年）；《文化部　财政部关于推进全国美术馆、公共图书馆、文化馆（站）免费开放工作的意见》（文财务发〔2011〕5号）；《公共图书馆服务规范》（GB/T 28220—2011）；《公共图书馆建设标准》（建标108-2008）；《公共图书馆建设用地指标》（建标〔2008〕74号）；《标识用公共信息图形符号　第一部分：通用符号》（GB/T 10001.1）；《信息与文献　图书馆统计》（GB/T 13191—2009）。

3 术语和定义

下列术语和定义适用于本文件。

3.1 公共图书馆

指由各级人民政府投资兴办、或由社会力量捐资兴办的向社会公众开放的图书馆，是具有文献信息资源收集、整理、存储、传播、研究和服务等功能的公益性公共文化与社会教育设施。

3.2 公共文化服务体系

指以政府为主导，以公益性文化单位为骨干，鼓励全社会积极参与，努力建设公共文化产品供给、设施网络、资金人才技术保障、组织支撑和运行评估为基本框架的覆盖全社会的公共文化服务网络架构，其建设原则是结构合理、发展平衡、网络健全、运行有效、惠及全民，体现出公益性、基本性、均等性和便捷性的发展定位。

3.3　服务资源

指公共图书馆在开展服务过程中所拥有的物力、财力、人力等各种物质要素，主要包括硬件资源、人力资源、文献资源和经费资源。

3.4　服务效能

指公共图书馆投入的各项资源在满足读者和用户需求中体现的能力和效率。

3.5　文献提供

指图书馆根据读者要求，利用互联网、电子邮件、邮递等方式为本地或异地的读者直接提供所需原本文献和复制文献的服务形式。也可称为文献传递。

4　总则

4.1　长春市图书馆是长春市公共文化服务体系的重要组成部分。长春市图书馆服务规划应体现出公益性、基本性、均等性和便利性。

4.2　长春市图书馆服务应体现以人为本的原则，通过就近、便捷、可选择、温馨的服务，不断改进服务质量，统筹兼顾服务资源、服务效能、服务宣传、服务监督与反馈，促进服务的全面协调可持续发展。

4.3　长春市图书馆服务对象包括长春市内常住人口（即包括户籍人口和暂住人口在内的服务人口）。应当注重培养少年儿童的阅读习惯，并努力满足残疾人、老年人、进城务工者、农村和偏远地区公众等的特殊需求。

4.4　长春市图书馆的服务与管理除执行本标准的有关规定外，还应符合相关的国家标准和规范。

5　服务资源

5.1　硬件资源

5.1.1　馆舍建筑指标

长春市图书馆设置布局应遵循普遍均等原则，选址要考虑服务半径、服务人口等因素，并应按《公共图书馆建设用地指标》（建标〔2008〕74号）执行。

为了保证读者阅览空间和图书馆为读者服务能力，总建筑面积应达到35 000平方米以上，阅览室用房使用面积的比例应达到 30% 以上，总阅览座位数应达到 1 300 个以上。同时应为残障读者的无障碍服务提供必要的服务设施。

5.1.2 建筑功能总体布局

公共图书馆建筑功能总体布局应遵循以读者服务为中心，与图书馆的管理方式和服务手段相适应，做到分区明确、布局合理、流线通畅、安全节能、朝向和通风良好。

少年儿童阅览区应与成人阅览区分开，并设置单独的出入口。视障阅览室应设在图书馆本体建筑与社会公共通道之间的平行层。

5.1.3 电子信息设备

5.1.3.1 计算机

长春市图书馆应配备可提供服务的计算机 120 台以上，其中可供读者使用的计算机 70 台以上，OPAC 计算机 30 台以上。

5.1.3.2 网络与宽带接入

长春市图书馆网络与宽带接入，是为读者提供网络信息服务的基础。互联网接口 600 兆以上，局域网主干千兆以上，局域网分支百兆以上。

5.1.3.3 信息节点

信息节点指在馆内与局域网或互联网连接的计算机网络接口，阅览室的信息点设置应不少于阅览座位的 30%，电子阅览室的信息点设置应多于阅览座位数。读者服务区无线网覆盖范围达 100%。

5.2 人力资源

5.2.1 人员要求

长春市图书馆工作人员应受过专业训练，具备良好的职业道德，在读者服务工作中应平等对待所有公众，尊重和维护读者隐私。工作人员须挂牌上岗，仪表端庄，使用文明用语，对工作热忱，努力为读者提供准确全面的信息服务。

5.2.2 人员配备

长春市图书馆应配备数量适宜的工作人员。具有相关学科背景的专业技术人员应占在编人员的 75% 以上。

公共图书馆专业技术人员是指符合下列条件之一并从事相关业务工作的人员：

● 具有助理馆员等各类初级及以上专业技术职务任职资格的；

● 具有图书馆学专业（或图书情报专业）专科或以上学历的；

● 非图书馆学专业（或图书情报专业）专科或以上学历，须经过省级及以上学会

（协会）、图书馆、大学院系举办的图书馆学专业（或图书情报专业）课程培训，培训课时不少于 320 学时并成绩合格的。

5.2.3　人员数量

长春市图书馆工作人员数量的确定，应以所在区域服务人口数为依据。每服务人口 10000—25000 人应配备 1 名工作人员。还应兼顾服务时间、馆舍规模、馆藏资源数量、年度读者服务量等因素。

5.2.4　教育培训

长春市图书馆应坚持实施针对全体工作人员的教育培训计划。年人均受教育培训时间不少于 72 学时。

5.2.5　志愿者队伍

长春市图书馆应导入志愿者服务机制，吸引更多图书馆工作人员和社会公众加入志愿者队伍。

5.3　文献资源

5.3.1　馆藏文献

5.3.1.1　文献采集原则

馆藏文献资源建设应遵循以下原则：

- 与日益增长的读者需求和本地区经济、文化与社会事业发展相适应；
- 与国家知识产权保护等法律法规的要求相一致；
- 与本馆文献资源建设规划、采集方针及服务功能相匹配；
- 有利于形成资源体系和特色；
- 有利于促进区域文献资源共建共享；
- 有利于积淀与丰富历史文献。

5.3.1.2　馆藏文献总量

馆藏文献包括印刷型文献、电子文献、缩微文献等。长春市图书馆应在确保印刷型文献入藏的基础上，逐步增加电子文献的品种和数量，并根据当地读者和居住的外籍人员的需求，积极配置相应的外文文献，同时，根据视障读者阅读需求合理配置盲文文献。

馆藏印刷型文献以图书、报刊合订本的册数计。长春市图书馆的入藏总量应达到 250 万册以上，年人均新增藏量 0.035 册以上，期刊 4 000 种以上，报纸 300 种以上。

馆藏电子文献包括电子图书、电子报刊、视听资料等，以品种数计。长春市图书馆电子文献年入藏量应达到 2 万种以上。

5.3.2 政府出版物

长春市图书馆应承担长春市政府出版物的征集、保存与服务职能，设置政府公开信息查阅点，并做好服务工作。

6 服务效能

6.1 服务能力

6.1.1 服务时间

长春市图书馆应有固定的开放时间，双休日应对外开放。每周开放时间不少于 72 小时。

6.1.2 基本服务

长春市图书馆的基本服务是保障和满足公众的基本文化需求的服务。成人及少儿阅览室（阅览区）、电子阅览室、文化讲堂、交流培训室、二楼展厅、自修室等公共空间设施场地免费开放；文献资源借阅、检索与咨询、公益性讲座和展览、基层辅导、流动服务等基本文化服务项目健全并免费提供；为保障基本职能实现的一些辅助性服务全部免费，如办证、存包等。

6.1.3 流动服务

长春市图书馆应通过流动站、流动车等形式，将文献外借服务和其他图书馆服务向社区、村镇等延伸，定期开展图书巡回流动服务。

6.1.4 远程服务

长春市图书馆应利用互联网、手机等信息技术手段和载体，开展不受时空限制的网上书目检索、参考咨询、文献提供等远程网络信息服务。

6.1.5 个性化服务

长春市图书馆可为个人、企事业机构及政府部门提供多样化的、灵活的、有针对性的服务。

6.1.6 总分馆服务

长春市图书馆应在政府主导、多级投入、集中分层管理、资源共享的原则下，建立普遍均等的公共图书馆服务体系，因地制宜地开展形式多样的总分馆服务，形成统一的机构标识、统一的业务规范，建立便捷的通借通还文献分拣传递物流体系，提升同一地区公共图书馆系统的整体形象和服务能力。

6.2 服务效率

6.2.1 文献加工

长春市图书馆需根据不同类型（如印刷型、电子、缩微等）、不同来源（如购买、受赠、交换等）的文献资源特点和服务要求，按照《中国图书馆分类法》进行分类编目，并优化文献加工处理流程，缩短文献加工处理周期，提高文献加工处理效率。

文献加工处理时间以文献到馆至文献上架（或上线）服务的时间间隔计。其中，报纸到馆当天上架服务，期刊到馆 2 个工作日内上架服务，图书到馆 20 个工作日内上架服务。

6.2.2 闭架文献

闭架文献获取时间以读者递交调阅单到读者获取文献之间的间隔时间计算。

闭架文献提供不超过 30 分钟，外围书库文献提供不超过 2 个工作日。古籍等特种文献另按相关规定执行。

6.2.3 开架文献

近三年的图书和近期报纸、期刊实行开架借阅，开架文献按《中国图书馆分类法》分类号顺序排列整齐，开架图书排架正确率应不低于 96%。

6.2.4 馆藏外借量

馆藏外借量以外借文献册数计，长春市图书馆年书刊文献外借 65 万册次以上，平均每册图书年流通 0.72 次以上。

6.2.5 读者到馆率

长春市图书馆应制定有针对性的服务策略，逐步提高读者到馆次数。目标为年人均到馆次数 0.35 次以上。

6.2.6 电子文献使用量

电子文献使用量由数据库检索量、全文下载量组成。

长春市图书馆应积极宣传电子文献，举办电子文献使用辅导讲座，提升读者的信息素养，保持电子文献使用量逐年增长。

6.2.7 文献提供响应时间

文献提供响应时间以收到读者文献请求至回复读者之间的时间计算。响应时间不超过 2 个工作日，并告知读者文献获取的具体时间。

6.2.8 参考咨询响应时间

长春市图书馆应提供多样化的文献咨询服务方式，有效缩短文献咨询的响应时间。

多样化的文献咨询服务方式包括现场、电话、信件、传真、电子邮件、网上实时、短信等。

响应时间是以收到读者咨询提问至回复读者之间的时间计算。现场、电话、网上实时咨询需在服务时间内当即回复读者，其他方式的咨询服务的响应时间不超过 2 个工作日。

6.2.9 读者活动

长春市图书馆应常年组织读者活动及其他各类公益性活动，采取多种方式，如讲座、培训、展览、音乐欣赏、影视观摩等。年举办公益讲座 60 场以上，公益培训 40 次以上，文化展览 25 次以上，少儿活动 30 次以上，各类读者活动 120 次以上。

7 服务宣传

7.1 导引标识

7.1.1 方位区域标识

长春市图书馆导引标识系统应使用标准化的文字和图形建立，公共信息标识应采用国家标准 GB/T 10001.1《标识用公共信息图形符号 第 1 部分：通用符号》，根据需求可采用中英文对照。

长春市图书馆应在主体建筑外竖立明显的导向标识。

长春市图书馆入口处应标明区域划分，如阅览区域、活动区域、办公区域等，以方便读者到达目标区域。

长春市图书馆应在每一楼层设立醒目的布局功能标识。

7.1.2 文献排架标识

长春市图书馆应在阅览区和书库设置文献排架标识。

7.1.3 无障碍标识

长春市图书馆应设置无障碍设施的专用标识。

7.2 服务告示

7.2.1 告示内容和方式

长春市图书馆的服务范围、服务内容、服务时间、服务公约、读者须知、借阅（使用）规则、服务承诺等基本服务政策，应在馆内醒目位置和图书馆网站的相关栏目向读者公示，其他服务政策及各类服务信息等应通过各种途径方便读者获取。

7.2.2 闭馆告示

因故须暂时闭馆，须提前一周向读者公告。

如遇公共安全、网络安全等突发事件须临时闭馆或关闭部分区域、暂停部分服务的，应及时向读者公告。

7.3 馆藏揭示

长春市图书馆应借助计算机管理与书目检索系统，将纸质、电子和缩微等不同载体的馆藏文献目录向公众揭示，提供题名、著者、主题等基本检索途径，方便读者查询。

长春市图书馆还应通过网站、宣传资料、专题展览等形式，向公众推介、揭示最新入藏的文献和特色馆藏。年开展文献宣传 60 次以上，宣传文献 2 000 种以上。

7.4 活动推广

长春市图书馆应通过媒体、网站、宣传资料、宣传栏及各种现代化通信手段等形式，邀请、吸引读者的参与和互动。

8 服务监督与反馈

8.1 监督途径和方法

长春市图书馆应在馆舍显著位置设立读者意见箱（簿），公开监督电话，开设网上投诉通道，建立馆长接待日制度，组建社会监督员队伍，定期召开读者座谈会。认真对待并正确处理来自读者的意见或投诉，在五个工作日内回复并整改落实。

8.2 读者满意度调查

读者满意度调查表中读者对图书馆满意度的选项为"满意"、"基本满意"和"不满意"三项。读者满意度以参与问卷调查的读者中选择"基本满意"和"满意"的人数占调查总人数的比例计。长春市图书馆的读者满意度应在 85%（含）以上。

长春市图书馆每年应进行一次读者满意度调查，可自行或委托相关机构向馆内读者随机发放读者满意度调查表。调查表发放数量不少于 500 份，回收率不低于 80%。

长春市图书馆应对回收的读者满意度调查表进行分析，针对薄弱环节提出整改意见。调查数据应系统整理，建档保存。

长春市图书馆"十三五"发展规划（2016—2020年）

一、现实基础

"十二五"时期，在长春市创建公共文化服务体系建设示范区项目的推动下，长春市图书馆全面推进文化惠民工程建设，改善基础设施条件，优化资源配置，延伸服务功能，取得了出色的工作业绩。

在这一时期，长春市图书馆全面完成了总馆的改造修缮，投资了4 600余万元，将原来封闭、落后的旧馆改造修缮为布局开放、环境优雅、设备先进、服务开放的新格局，馆舍条件显著改善。馆藏文献信息资源数量持续增长，至"十二五"末期，馆藏总量已达309万册（件），数字资源存储数量80TB。基础业务工作扎实推进，形成了以到馆借阅服务为基础，以数字远程服务为补充的现代化图书馆服务格局。年均接待到馆读者120万人次，文献流通78余万册次，数字资源年均检索、下载730余万次。在全市建立了110余个图书馆分馆，实施了联合编目、资源共享、通借通（定）还的总分馆服务。采用RFID及新媒体技术，实现了自助办证、自助借阅、网上预约、远程检索咨询、手机移动阅读等现代化服务；开展休闲假日系列活动、全民阅读推广活动1 200余次，受众60余万人，形成了城市热读、长图雅音等系列读者活动品牌。人才推动图书馆科研水平快速发展，形成以业务专家为核心、以技术骨干为支撑的合理的人才结构，图书馆员工年均发表学术期刊论文40余篇，承接省级课题1项。

"十三五"期间是我国经济转型、文化改革升级的重要"窗口期"，也是我国实现全面小康社会的关键时期。按照党的十八大提出的"扎实推进社会主义文化强国建设"、十八届三中全会通过的《中共中央关于全面深化改革若干重大问题的决定》要求，构建现代公共文化服务体系、建立公共文化服务体系建设协调机制、统筹服务设施网络建设、促进基本公共文化服务标准化和均等化是新时期文化建设的战略方针和主要任务。特别是在2015年1月，为贯彻落实中共中央办公厅、国务院办公厅印发的《关于加快构建现代公共文化服务体系的意见》精神，省、市政府推出了多项关于推动文化大发展大繁荣的规划、政策、法规和措施，为图书馆面向现代化、面向世界、面向未来的文化发展提供了坚实的政策支持与法律保障。

二、指导思想和原则

（一）指导思想

全面贯彻落实党的十八大和十八届五中全会精神，以马克思列宁主义、毛泽东思想、邓小平理论、"三个代表"重要思想和科学发展观为指导，深入贯彻习近平总书记系列重要讲话精神，坚持"创新发展、协调发展、绿色发展、开放发展、共享发展"的理念，秉承"以人为本，服务至上"的办馆宗旨，以推进社会经济、文化发展为主线，以提升服务效能、服务品质为抓手，加快构建现代公共文化服务体系，加快文化体制机制改革创新，促进基本公共文化服务标准化和均等化，推进长春地区公共图书馆事业的协调、共享发展。

（二）原则

1.创新驱动原则。实施创新驱动战略，加强社会公益技术研究和图书馆学基础理论研究，积极推进科技与文化的深度融合，努力扩大跨界与跨域的开放合作，形成适应读者所需的新形态、新模式和新服务，不断走出具有中国特色的公共图书馆发展新路。

2.动态递进原则。在总体建设思路上，要与时俱进，尽可能地去适应未来发生的新变化，形成稳步推进、动态递进的思路。

3.适合有度原则。根据现实基础、环境及对未来发展的预测，确定适当的发展目标，将创新性、可操作性、可持续性有机结合起来，科学定位、实事求是、持续发展。

三、总体目标、愿景与使命

（一）总体目标

坚持公益、开放、平等、包容的办馆理念，遵循以人为本、服务至上的服务宗旨，将图书馆打造为城市的知识信息中心、市民的学习交流中心和百姓的休闲文化中心；构建以市图书馆为中心，以县（市、区）图书馆为主干，以基层图书馆（室）为网点的城乡"一体化"的现代化、标准化、均等化图书馆服务体系；拓展并深化以提升图书馆服务效能为导向的创新型图书馆服务项目，推进全民阅读，提升民众数字素养；创建图书馆虚实结合的服务新空间；完成全市图书馆服务中心资源发现门户、资源聚合平台集成网络建设，实施各类机构、资源类型、资源主题的共建共享；提供多元化、泛在化、数字化的便民惠民服务，建设以人为本、精细服务的城市图书馆，力争迈入"东北一流，国内先进"的图书馆行列。

（二）细化目标

1. 提高信息资源保障能力，促进馆藏资源持续快速增长。在"十三五"期间，年人均新增藏量达到 0.035 册以上，其中，年新增纸本馆藏 13 万册（件），数字图书 5 万种。

2. 深入挖掘文献信息资源，深度了解市民阅读需求，提升资源的整合、研究、出版、利用价值。在"十三五"期间馆藏文献流通率保持稳步增长并达到 0.72 册次标准，年人均到馆 0.35 次以上。

3. 进一步完善面向基层及面向各类服务对象的多元化、普惠性服务体系的建设，提升为政府决策、经济发展、终身教育、文化休闲服务的服务水平与服务能力。

4. 全面推进数字化服务，形成传统与现代业务有效融合的，智能高效、便民利民的现代公共图书馆服务网络，实现数字文化广普及、全覆盖。

5. 加强公共文化服务品牌建设，广泛推广全民阅读活动，推动形成 2—3 个具有鲜明特色和社会影响力的品牌服务项目，实施以用户需求为导向的创新型图书馆服务。

6. 深化社会教育与培训功能，打造在场、在线、互学、互动的市民学习中心。

7. 加强人才队伍建设，推动科研创新工作，建立适应面向现代化文化服务要求的人才队伍结构，实现业务、科研、人才培养的有机结合与良性互动。

8. 深化体制机制改革，稳步实施法人制理结构，完善社会力量参与图书馆建设的管理机制。

（三）愿景

长春市图书馆"十三五"期间的发展愿景是：涵养城市文化，引领阅读风尚。

在知识全球化时代，长春市图书馆将汇聚多样性、开放性和高品质的文献信息资源，整合知识、服务和技术，引领全民阅读，为建设东北亚现代文化名城和书香社会提供信息文献支持，为读者带来卓越的阅读、学习、交流体验。

（四）使命

1. 东北亚城市文化地标

以长春市历史文脉和文化特色为根基，收集地方传统文化及东北亚城市特色文化资源，提供文献、信息、知识、展览等多样化服务，以展示城市文化特质、传承城市文化个性、丰富城市文化内涵、促进对外文化交流为己任，努力成为具有影响力的城市文化地标。

2. 市民终身学习中心

以倡导全民阅读为路径，发挥图书馆社会教育职能，支持终身教育，建设书香社会。为公众提供自主学习和独立研究的空间、信息资源、设备和服务，促进公民素质提升和社会文明进步。

3. 城市第三文化空间

搭建公众之间及公众与图书馆资源、社会公益性群体、政府组织间的互动交流平台，广泛、深入地参与和影响公众文化生活，促进文化资源流动和知识、信息的交流，提高公众日常生活中的文化含量和文化品质。

4. 开放共享的知识网络

在知识全球化时代，整合馆藏、行业内外及网络开放的信息资源，构建覆盖全市、资源共享、便捷高效的数字图书馆网络，以"互联网＋公共文化服务"为理念，提供集网站，手机、平板 App，触屏应用，互动电视等多种应用形式为一体的数字化、全媒体服务，实现公共数字文化的广泛传播与共享应用。

5. 全市图书馆协作发展引擎

构建长春市图书馆总分馆服务体系，推进全市公共图书馆服务的均等化、标准化。完善基层分馆的规范化管理。指导和协调全市公共图书馆业务建设，开展基层馆员的辅导和培训。

四、主要任务及行动策略

（一）任务 1：完善公共图书馆服务体系建设，构建惠及全民的服务网络

策略 1：推进总分馆服务体系建设，面向基层全覆盖

（1）进一步建立以长春市图书馆为总馆，以县（市、区）图书馆为分馆，以街道、社区、乡镇、村等为基层网点的三级图书馆服务体系建设，建设覆盖城乡、便捷高效、保障基本、促进公平的现代图书馆服务体系。

（2）建设直属示范性分馆，以典型示范性分馆建设为引导，全面提升全市基层图书馆的标准化、规范化建设水平及服务效能。

（3）结合共享工程基层网点及农家书屋建设，在全市具备条件的乡村社区建立网点，并逐步将网点延伸到学校、部队、企事业单位等，实现全市公共图书馆服务网络的广覆盖。

（4）建立市一级的公共图书馆管理模式，组建"长春市公共图书馆服务体系建设委员会"，建立协调机制，统一组织、协调总分馆工作。

（5）推动设立保障公共图书馆服务体系建设的专项经费。

（6）广泛吸引社会力量及各种主体参与公共图书馆服务体系建设，形成多方互动的公益性文化服务模式。

策略 2：以制度化、标准化建设，推进基层服务效能提升

推进图书馆服务体系制度化、标准化和规范化建设。建立、健全城乡一体化服务相关的服务规范、技术标准、公用标准，确保城乡公共文化资源共享、高效管理，促进公共文化服务均等化、高效化。

（1）制定《长春市县（市、区）图书馆服务规范》《长春市图书馆分馆管理与服务规范》《长春市图书馆图书流通站管理办法》等，推进县（市、区）图书馆及分馆标准化建设与发展。

（2）策划制定全市公共图书馆统一标识、标志系统，形成全市统一、规范的服务宣传推广机制。

策略 3：创新流动服务模式，保障服务益民便民

（1）加强汽车流动图书馆服务。在 2016 年启动一台汽车流动图书馆的基础上，逐年增加流动图书车数量，增大流动图书车服务的频次。

（2）选择开发区、商业中心、学校、偏远地区以及其他不便于利用图书馆的地区建立流动服务点，提供汽车流动图书馆服务。

（3）在地铁、车站等人流密集场所建设 24 小时自助图书馆服务点，提供便民借阅服务。

策略 4：构建现代公共文化网络集群，实现共建共享

（1）建设全市公共图书馆数字网站服务集群，以长春市数字图书馆为中心，向下辐射各县区图书馆，构建集群管理、分布实施、联合服务的数字化网站集群，方便市民数字资源共享利用。

（2）结合共享工程、数字图书馆推广工程及公共电子阅览室工程建设，利用统一的管理平台软件，实现市、县区图书馆及乡镇、社区三级数字文化服务的规范管理与资源共享。

（3）与市博物馆、文化馆等建立网络链接，提供互动、便民的公共文化服务。

（4）完善总分馆的服务网络，在所有硬件条件具备的分馆及基层网点实现全市文献协调采购、规范编目、通借通还。

（5）将长春市公共图书馆服务体系融入"智慧长春"建设，推广便民、利民的公益文化服务。

（二）任务 2：促进数字资源与传统资源协调发展，构建结构多元、特色突出的现代馆藏体系

构建满足地区性市民自我学习、教育提升、文化休闲的文献资源建设保障体系，实现图书馆资源建设的科学化、系统化、多元化、共享化发展，提高文献资源利用率。

策略 1：完善馆藏发展，构建学科互补、藏用结合的现代文献信息资源体系

（1）拓展馆藏范围，增藏各学科领域的重要著作、前沿著作与研究成果汇编、国家规划重点出版项目图书及国际、国内获得重要奖项的图书，各类体裁的文学、艺术作品的研究与评论等。增加馆藏数量，计划年增加纸本图书 3.5 万种 13 万册，数字图书 5 万种，"十三五"期间增加馆藏 100 万册（件）以上。

（2）优化馆藏结构，收藏具有本地特色、反映东北三省及本市周边地区情况的图书及经济发达地区出版发行的对我市经济建设具有决策参考价值的图书，同时增加特色藏书，一是完善历史形成的并有一定规模和体系的藏书，如：伪满资料，古籍善本、珍本，"文革"资料等；二是根据本馆藏书结构、藏书建设而逐渐确定的具有特色的藏书，如地方文献、台港澳文献、外文文献、各种专题文库等，进而构建学科互补、藏用结合的现代文献信息资源体系。

（3）根据用户需求、出版市场变化及打造东北亚现代文化名城建设的需求，调整和优化报刊、视听、特殊群体资源的采购策略。

（4）强化对长春市公共图书馆服务体系及基层服务点文献资源建设的统筹协调，提升对基层文献的保障力度。

策略 2：加大数字资源建设力度，建设整合、开放的数字资源服务体系

（1）在以印刷型文献建设为重点的资源发展模式上，逐年加大数字资源、网络资源、共享资源的采选比重，强化支持智能手机、平板电脑及个人电脑终端等多平台使用的数字资源采购。年均增购数字资源内容 5% 以上，2020 年数字资源存贮量达 120TB

以上。

（2）推进网络信息资源采集与保存，对长春市社会发展重点领域和重大事件进行系统的网络资源采集、保存、共享和利用。

（3）与全球主要图书馆、知识网络、开放资源、阅读网站建立连接，加入图书馆共享组织，实现知识信息尤其是研究性资源、特色文献的全球获取和共享。

（4）广泛推进多区域、多类型文献资源互补与共享，完善与创新共享印本管理机制。

（5）引进数字资源服务能力检测评估系统，有效评估外购数字资源使用效能，选购适用性强、利用率高、具有相当学术水平或资源特色的数字资源。同时完善数字资源评估指标体系，结合实际情况制定量化指标，纵向分析同类资源，提供合理有效的资源筛选评估依据。

（6）全面完善地方文献数据库、馆藏特色数据库的建设。建设标准规范、资源共享，便于用户研究利用的数字资源库，并为数字图书馆的建设起到开拓发展、引导示范的作用。

策略3：加强多渠道文献信息资源的采集与管理

（1）加强地方出版物的采集，特别是地方文史资料、地方志等文献的收集与管理。与市内各出版社建立紧密联系，实现长春市内正式出版物的完整入藏。

（2）完善特色文献补藏制度，拓宽文献补藏渠道和方式，重点开展伪满时期典籍补藏和数字化建设，丰富和完善伪满文献专题分馆的馆藏体系建设。

（3）拓宽资源建设、获取渠道，广泛与网上书商、实体书店、出版社及国内外专业机构合作，以网购、交换、赠予、竞拍等方式，补充和完善特色馆藏。

策略4：加强区域文献资源保障体系建设

（1）整体规划、合理布局，指导并协调县（市、区）、乡镇（街道）、村（社区）图书馆（室）各级图书馆（室）资源配置，推进区域性联盟资源建设与协作，建立地区性文献保障体系。

（2）确定文献资源发展协作的基本原则，编制文献资源发展政策，明确参与各方的权利及义务。

（3）推动全市公共图书馆数字资源的协调采购，实现各馆数字资源互补、共享。

策略5：强化利用与评估，提高文献利用率

探索大数据技术应用，强化用户服务、用户需求、用户行为的收集、整理、统计、分析，构建科学的按需定制的馆藏发展计划，引导资源建设从重规模建设向重利用实效转变。

（三）任务3：完善多元化服务体系建设，不断提高服务水平和服务能力

狠抓基础、突出重点，拓展学习中心、社会教育、文化空间职能，完善图书馆多元化的服务体系。重点为市民终身学习提供服务，积极开展为政府决策服务，加强为科研与生产单位服务，努力做到普遍均等的无障碍服务。

策略1：加强用户研究，以需求拉动服务体系建设，促服务效能提升

（1）构建大数据存储与分析平台，深入分析用户需求，为资源建设、服务模式的创新提供科学的数据支持。

（2）加强与读者的沟通、互动，通过图书馆网站留言互动、读者荐购、读者意见箱、发放调查问卷、微信互动等方式，建立用户需求征集机制和反馈机制，准确了解和掌握用户需求，提高图书馆服务与用户需求的黏合度。

（3）建立和健全服务评价体系，促进服务工作的标准化与规范化。

（4）提升馆员的服务意识，创新服务举措，优化业务服务流程，实现自助化、智能化、网络化、数字化的快速、高效服务。

（5）加强文献宣传力度，及时推送文献荐读信息，拓展图书外借渠道，提供送书上门、集体借阅、汽车流动图书馆等服务，促进图书流通，逐年提高图书流通率。

策略2：全面推进全民阅读，促进市民终生学习与素质提升

（1）培育公众的阅读习惯，引领并带动社会阅读风尚。依托媒体、网站、微信平台等，利用现代信息技术，创新阅读推广的内容、形式，扩大阅读推广的影响力，全面推广全民阅读。

（2）以节庆日、世界读书日、重大纪念日、图书馆服务宣传周、科普周、寒暑假等为契机，围绕全民阅读主题，策划组织开展各类主题活动，通过举办特色活动、读者荐购、专题沙龙、知识讲座、文化展览、故事会、文献推介、数字阅读推广、专题文献展阅、知识窗等多种形式的文化活动，吸引更多市民开卷读书，激发阅读兴趣，营造全民阅读风尚。全年举办5—6个系列阅读主题活动，每个系列活动下设15—30项阅读活动。

（3）策划组织每年一度的长春市市民读书节，在全市范围内，联动各县（市、区）协作分馆，推进全民阅读。

（4）拓展社会教育培训范畴、内容与形式，全面改版升级"城市热读"公益讲座，对各类型公益文化讲座进行重新整合，规划讲座版块，如"关东文化讲坛""文苑百家谈""长图雅音""成长课堂""市民学堂"等。推进公益讲座服务延伸，一方面继续推进讲座"进机关、进企业、进院校、进社区、进军营、进乡村"，将优秀的讲座资源推送给更多市民；另一方面加强讲座资源的开发利用，开辟"网上文化讲堂"，实现精品栏目的在线点播，每年编辑出版《文化之隅——"城市热读"讲座精编》系列图书，打破讲座的时空局限，扩展讲座的受众范围。

（5）培育视听艺术、展览和公开课品牌服务项目，开展常规性、系列化的公益性社会教育培训，发挥图书馆"第二课堂"作用。

（6）建立市民数字学习平台，整合馆藏及网络的多媒体讲座资源，提供个性化、系统化的网上教育学习服务。

策略3：加强对少年儿童的阅读指导，深入开展对特殊群体的爱心服务

（1）加强对少年儿童服务工作的研究，开展各类少儿阅读指导活动，巩固青少年思想道德教育服务品牌，提升青少年阅读推广服务水平。

（2）扩大现有为未成年人提供的服务空间，重新规划，从人员、设备、资金等方面入手，成立手工坊、绘画坊、益智房、心理咨询室、家长交流室、公益课堂等，打造多样化的服务阵地。

（3）弘扬公益事业，关注志愿者成长，组建市图青少年爱心志愿者团队，鼓励人人参与，并承担相应责任。成立由专家、学校、家长、图书馆组成的小读者阅读指导委员会。定期推荐优秀出版物、影片、有声读物等有利于青少年身心健康的优秀作品。根据读者荐书书单，图书馆进行针对性采购，促进馆藏合理化，提高馆藏流通率。

（4）增加亲子互动交流，促进少儿的阅读习惯养成和阅读能力培养。创办"小树苗"亲子阅读系列活动品牌，下设"亲子故事屋""亲子手工坊""亲子荐购活动""亲子阅读沙龙""亲子阅读讲堂""亲子数字阅读"等项目，常年开展故事会、手工制作、读书沙龙、知识讲座等活动。

（5）拓展未成年人服务的范围，在长春市中小学校、幼儿园、福利院等地开设市图"小树苗"图书角，定期开展阅读推广活动。

（6）加强针对老年人、残疾人、进城务工人员等特殊群体的服务。针对老年读者开展作品展示、讲座、沙龙等形式的读者活动，开展新媒体技能、书画艺术、养生保健等学习活动，丰富老年读者精神文化生活；针对残疾人开展送书上门和网上传递等形式的服务，方便残障读者获取信息资源。

策略4：推广数字阅读，提升公共数字文化服务水平

（1）优化环境，建立技术先进、内容丰富、反应迅速的信息平台，开展信息推送服务和个性化定制服务。强化扩充现有阅读服务平台，建立移动阅读、自助终端、订制服务平台；分批次快速建立大型数字阅读服务资源体系，扩大在线服务范围，实现全市范围数字化阅读服务的全覆盖。

（2）完成市民在线阅读需求分析，加大需求性阅读的引导性，扩大对数字化阅读服务的推广宣传，以媒体宣传、平面宣传、讲座、微博、微信推文等方式，精心打造免费数字阅读刊物并向市民免费发放，逐步加大市民对数字资源的知晓率、使用率。

（3）重点培育2—3个数字阅读推广活动平台与服务品牌，形成社会影响力，打造文化品牌，如数字公益讲堂、网上市民学习平台等，与报纸、电视台、广播电台等主流媒体联合开展市民需求强烈、趣味性强、影响力大、效果好的数字阅读推广活动。

（4）强化在线参考咨询示范作用，拓宽文献获取渠道，丰富网上服务功能及手段，完善工作制度，优化服务流程，提升数字文化服务水平。

策略5：强化为政府决策服的信息参考咨询服务

（1）开展立法决策服务，培养立法决策服务的人才队伍，建设面向长春市政府立法决策服务的文献信息保障基地。加强与国家图书馆立法决策服务方面的合作，积极加入全国公共图书馆立法决策服务平台，开展立法决策咨询服务的合作，吸收先进的服务理念、经验与方法，提高立法决策服务的水平。

（2）研究面向本市高层领导的决策参考服务模式与方式，拓宽服务范围。以本市高层领导需求为导向，利用新媒体、互联网技术，加强手机移动及网络服务互动，形成文献信息研究、文献提供、专题咨询等多元服务链。进一步深化《决策参考信息》服务内容，继续优化编辑方式，不断提高决策参考信息的服务能力，将《决策参考信息》打造成为展示长春市图书馆立法决策服务水平的一个精品。

（3）依托全国公共图书馆立法决策服务平台，建立起与各大公共图书馆联合服务的立法决策平台，把图书馆打造为立法决策文献信息资源服务基地。

策略6：强化创新、创业服务，为社会经济发展助力

（1）为社会公众创新创业提供工具、文献和咨询服务。

（2）拓展对科研、教育、企业等团体用户的服务，提升面向企业创新、技术改造、科学研究、经济发展的服务水平与服务能力。

（四）任务4：制定"互联网+"行动计划，提高现代公共数字文化服务效能

策略1：搭建地区性数字化服务整合平台，提升信息化服务能力

（1）利用大数据、云计算、物联网技术，构建长春地区数字图书馆门户网站集群，以总馆为中心，以县（市、区）图书馆为骨干，以联合协作、共建共享为基点，在全市建成一个资源丰富、服务快捷、技术先进、稳定可靠的分布式数字图书馆服务网络，催生网络环境下新的文化服务业态。

（2）优化门户网站结构，构建可视化、便利化、自适应、动态化的网络、移动服务系统，提升用户"一站式"服务的体验效果。

（3）构建全市公共图书馆云计算服务平台，实现网络、服务器、存储和资源的统一调度管理，建立长春地区核心级数据中心，提高数字化安全生产、存储、应用水平；建立数据分析模型，以云计算、云服务为手段，组建大数据分析、应用中心。

（4）提高馆内无线网络服务水平。采用有线无线一体化管理系统，对全馆整体网络进行合理的带宽分配、行为监控、安全管理等有效的管理，使网络能够长期稳定地运行。

（5）推进文化服务与科技融合，采用新技术，将公共数字文化建设与"智慧长春"建设、全国数字图书馆推广工程等项目联合，推进资源共享与服务。

策略2：拓展、提升新媒体技术服务手段与能力

（1）以读者需求为驱动，加大与电子阅读供应商的合作，培育阅读市场，重塑图书馆在阅读服务中的地位，向产业链中上游发展。通过线下体验、线上互动、分享会等形式发挥图书馆阵地作用，搜集用户群体需求信息，建造整合平台，抢占产业链中上游地位。

（2）进一步加强数字化阅读载体的均衡配比，完成线上线下资源互动，建立阅读移动终端借阅体验中心，完善移动阅读渠道，建立创意空间，实现图书馆的智力与设备支持，助力高校、中小型企业、个人科技成果转化，形成移动阅读、传统互联网阅读为主，线下体验、离线阅读为辅的数字化阅读格局。

（3）与传统业务融合，以数字图书馆为龙头，提高数字阅读服务供给。加大数字图书馆与微信、微博、微视等自媒体平台的整合与互动，着力建立移动图书馆与数字图书馆之间的响应机制，逐步提高数字阅读的易用性及智能性，加大数字图书馆在全民数字阅读中的覆盖能力。

（4）创新新媒体服务方式，完善新媒体服务策略，针对未来三网融合的趋势，探索 IPTV 服务模式，优化服务形式与内容，主动推送高质量的音视频公众教育学习资源服务。

策略 3：提升智能化、数字化服务水平

（1）利用 RFID 技术，实现全市联网的智能图书馆服务。在馆门外、地铁及商场、超市、银行等场所设立 24 小时自助图书馆，联动各县（市、区）分馆、社区图书室，实现全市纸本文献通借通还。

（2）引入新技术，将传统的以馆藏类型为导向的空间设置理念转变为以用户活动或需求为导向的空间创新理念。在现有实体空间的基础上，重点打造以数字图书馆为核心的文献信息网络空间，以实体和虚拟双空间为依托，积极为社会文化创新提供场所，大力推进数字体验空间、创客空间、社群项目展示中心、学习空间、数据可视化实验室、协作工作间的创建。

（3）实施对图书馆业务和服务的全流程数字化、网络化管理，建立完善的信息安全管理机制，提升馆务信息化水平，为办公自动化、移动办公提供安全保障。

（4）整合图书馆人力资源、数字资源、用户资源、社会资源，发展虚拟社区平台并嵌入用户日常活动与社交空间，提供在线、互动交流服务。

（5）提供基于知识关联的统一检索与知识发现服务。深层次整合文献资源，全面实现基于用户身份的统一认证的单点登录，提供对馆藏文献及网络共享文献的统一检索与发现服务，提升用户使用的便捷性与有效性。

（6）提高基于大数据的数据分析和服务能力，加强对读者服务、资源服务的信息采集、发掘、整理、分析，采用科学的大数据分析，为馆藏发展策略和用户服务提供有价值的数据支持。

策略 4：加大公共领域宣传，扩大数字阅读受众群体规模

（1）创建并精心打造免费数字阅读刊物，并在车站、商场、学校、影院等公众密集场所进行投放。

（2）与报纸、电视台、电台等主流媒体联合开展市民需求强烈、趣味性强、影响力大的数字阅读活动。

（3）加大自媒体建设力量，以读者阅读需求为基础，培育核心用户群体。建立以微信为主，微博、网络社区等为辅的自媒体平台体系，紧跟时代脉搏，精确分析读者阅读需求，进行阅读传播。

策略 5：挖掘目标群体，以联合项目带动数字阅读推广

（1）以项目深度合作为切入点，将数字资源、硬件资源、专家团队、品牌活动带入基层单位，设立试点单位进行扶植与推广，激发各级图书馆对数字阅读推广活动的积极性，实现资源共用、读者共享的开放式推广格局。

（2）开展系列化、规模化公益性数字文化服务讲座，通过开展基础性用户信息素质培训、中高端数字技术应用讲座、基层馆员业务培训等，提升用户群体的信息素养水平。

策略 6：开展社会化合作，以多元化读者服务活动带动数字阅读整体发展

（1）与资源厂商、政府信息门户网站、联通电信等单位建立合作，以线上线下活动、资源推荐链接、手机客户端推广等形式，扩大资源受众面。

（2）组建志愿者团队，重点打造市民口碑好、参与度高、形式各异的数字阅读推广活动，激发市民数字阅读的活跃度，汇聚人气，增强服务延伸能力。

（五）任务 5：加强文献保护、挖掘与整理，彰显地域文化特色，传承优秀传统文化

策略 1：进一步改善文献存藏条件，推进书库标准化建设

（1）优化书库空间存藏条件，重点做好古籍书库的恒温、恒湿等硬件基础设施建设，到"十三五"末，使书库达到国家标准要求。

（2）规划典藏文献存储布局，重视文献长期保存。探索基藏图书转移，推进标准书库及贮藏书库建设，力争以租用、新建的方式，设立一个 2 万平米以上的分类贮存及专题利用性图书馆，解决书库危机，并使文献库房达到国家标准。

（3）实现典藏文献本地、异地长久战略保存，实现重要数字资源异地灾备保存。

策略 2：积极开展古籍及地方文献征集管理与开发，提高资源利用率

（1）全面、系统地征集伪满时期资料，力争建成东北一流的伪满文献研究基地，为铁南分馆建设做好资源储备。

（2）为完善地方文献馆藏体系，加强对地方史料、地方志及与长春地方性社会有关发展的文献、图片、音视频资料的收集、整理；制定《长春市地方文献征集管理办法》和《长春市图书馆地方文献采购专家委员会管理办法》，保证地方文献征集工作的有效运行。

（3）深入开展特藏文献的整理，全面完成民国文献、旧日文文献、"文革"资料、中华人民共和国成立前旧报纸的标准化编目、揭示工作。逐步开展对古籍文献的研究工作，对文献的版本价值、文献内容、文献价值等做深入的揭示。

（4）有序推进珍贵古籍、馆藏特色文献的数字化工作，加强典藏文献再生性保护和利用，推进古籍和馆藏特色文献整理与利用。

（5）有计划、分步骤地修复珍贵古籍。

策略3：深入推进重点文献的研究与利用，注重专业人才培养

（1）通过大众媒体、读者活动、馆刊等渠道，对古籍文献的形式、内容、外延等各个方面进行宣传推广，积极推进珍贵古籍保护利用。

（2）加强人才队伍培养，选拔专业人员定期参加各种古籍工作培训班，提高专业知识与技能。

（六）任务6：强化学术研究，关注馆员职业规划与发展，促进人才成长，激发事业发展内动力

完善科研管理机制，以机制驱动、项目带动，加强行业间培训、交流，定岗定向培养，提高科研产出。

策略1：进一步健全科研管理机制，提高学术研究的质量与水平

（1）完善科研管理制度，建立科学合理的科研成果立项、研究、评价、表彰机制，加强激励作用，促进馆员多出成果，出好成果。

（2）明确年度科研成果指标，实施目标管理。确保每年专业技术人员在省以上刊物或国内外各级学术会议发表论文30篇以上。

策略2：加强重点领域研究，打造专业科研队伍

（1）针对现代化图书馆的业务发展需要，加强在深度参考咨询、阅读推广、古籍保护、数字图书馆建设与服务方面相关理论、方法与技术的研究，强化学术研究对业务发展的基础支撑作用，提升图书馆学术研究水平。

（2）鼓励学习，培养学术带头人，打造学术研究团队。以项目带动，推动人才成长。

策略3：强化继续教育、业务培训及学术交流，提升专业技术人员职业素养

（1）围绕公共图书馆多元文化服务需求，重点针对图书馆文献信息资源建设、读者活动策划、图书馆学术热点追踪、现代化技能、管理制度等主要内容，进一步丰富培训内容，广泛开展相关技能培训。

（2）根据馆员的专业特长，为员工接受专业的继续教育创造条件，采用定向培养、专业教育、岗位培训、继续教育等形式，鼓励馆员学习。

（3）推进与在长高校联合培养专业硕士项目，支持馆员参加图书馆学及相关专业的在职进修。

（4）加强行业间交流与合作，积极举办和组织参加各种学术活动，为馆员提供学术交流平台，与高校、科研机构等建立合作伙伴关系，通过有组织、有计划的人才交流，互相借鉴、学习先进经验和技术。每年聘请高校或科研机构专家进行专业培训一次，每年开展集中培训 6 次以上。

（5）加强针对基层社区、农村乡镇及特殊群体的服务及相关培训。

策略 4：促进科研成果的转化与利用

（1）重点加强对业务工作和图书馆事业发展的科研课题选题、研究，积极推动科研成果转化，保障科研成果的决策应用价值，提升本馆在业界的影响力及社会效益。

（2）加强对科研成果出版的支持，鼓励科研成果以多种形式实现共享利用。

（七）任务 7：探索体制机制改革，打造高质量人才队伍，为图书馆事业发展提供坚实保障

策略 1：落实法人治理结构建设

（1）组建理事会，制定《章程》和相关配套制度，基本形成政府宏观管理、图书馆自主办事业、社会力量积极参与的办馆格局。

（2）根据理事会工作运行情况，进一步健全工作制度，完善《章程》，使理事会的决策更加科学、民主。

策略 2：建立健全多元化选人用人机制

（1）修订和完善各项人事规章制度，建立鼓励员工岗位成才的制度与环境，实施规范化管理。

（2）完善社会公开招聘录用制度，引进适应本馆未来需求的、具有学科专长的人才。

（3）进一步完善社会化用工机制，建立和完善购买服务、社会化用人机制。

（4）完善志愿者队伍建设与管理，组建一支由各领域专家构成的志愿者队伍，对本馆各项业务工作提供指导意见；同时与大中专院校协作，建设大学生志愿者基地，形成双赢。

策略 3：优化岗位管理，强化绩效考核

（1）按照现代化图书馆的服务需求，因需科学设岗，进一步细化岗位责任，评聘分开，竞争上岗。采用初级岗轮换交流、中高级竞聘上岗的方式，择优聘任。

（2）进一步活化绩效管理，完善分配激励机制，实现岗位管理、薪酬管理与绩效管理科学结合，充分发挥收入分配机制的激励作用。

（3）对业务流程与组织架构进行优化，构建转型期图书馆业务流程工作与管理模式，实施标准化、规范化、统一化管理。

策略 4：调整管理体制与运行机制，确保管理实效

（1）建立健全人员管理、业务管理、目标管理、项目管理、绩效管理等相关制度，完善服务与管理考核指标，建立科学、系统的管理体制，提高服务效能。

（2）细化目标管理制度，指定职能部门规划、落实、考核、督查、评估，确保规划得到落实、取得成效。

（3）建立部门管理责任制，在规范部门管理职责的基础上，加大部门管理自主权，以双向选择方式，择优选人、用人。

（4）加强组织文化建设，提升员工爱岗敬业的职业素养，激发员工的主动性、创造性。

（八）任务 8：创新服务模式，积极探索社会参与、联合、协作、共享的发展策略

策略 1：强化行业内的协作与共享

（1）建立协调采购工作机制，广泛实施联合编目，实现长春地区文献资源共建共享。

（2）结合数字图书馆推广工程、公共电子阅览室工程建设，建立上连国家、下通基层的现代化服务网络，实现纸本图书的通借通还及数字资源的广泛共享。

策略 2：拓展与社会各界的交流与合作，拓展图书馆社会服务功能

（1）吸纳社会力量共同参与图书馆建设，汇集社会资源，包括图书馆用户、文献作者、民间性群众组织、公益性慈善机构、政府与准政府组织及其他知识群体等，寻求项目合作，形成政府主导、全社会积极参与的建设格局。

（2）加大对跨部门、跨行业、跨地域公共文化资源的整合力度，加强与博物馆、文化馆、纪念馆、美术馆、文化宫、妇女儿童活动中心等公共文化服务机构深度合作与融合，以最大限度地利用和分享其他机构的信息资源，进而提升公共图书馆服务效能。

（九）任务 9：强化党的领导，发挥党组织先进引领作用，保障事业健康发展

策略 1：抓好党员干部作风建设

（1）加强领导班子作风与能力建设，以"三严三实"为标准，提升干部队伍的行政能力、决策能力。

（2）建立领导班子工作考核制度，形成民主监督机制。

（3）增强党员干部的务实工作意识和创新工作能力。加强党员队伍的理论学习和日常教育管理，以实践活动引领党员自觉学习意识、自觉强化党性锻炼、自觉地担当工作和发挥作用。

策略 2：创新领导方法、党群活动形式及精神文明建设载体

（1）充分发挥党委领导的组织作用，探索党委工作的新思路、新方法，勇于担当、落实有力。

（2）党委带领党员干部开展党建主题活动，如：召开座谈会、上党课、民主生活会以及政治理论学习和开展学雷锋志愿服务活动等。

（3）加强精神文明建设，重点带领全体员工共同参与创建文明活动，如设立"敬老文明号""读者服务文明岗""巾帼标兵岗""志愿者服务岗"等创建活动标识。开展"道德讲堂"和"城市热读"讲座活动，引领社会正能量，提升职工和市民的道德精神、道德思想，强化自我约束。

策略 3：重点进行领导班子建设、党风廉政建设、基层党支部建设，实现党务（政务）公开

（1）加强领导班子建设，重点是作风建设，加强其理论学习，提高其理论水平和责任担当意识，每年开展 4 次以上集中学习和 2 次以上调研活动，并形成相关材料。

（2）按照廉政建设反腐倡廉的精神要求，领导班子成员要自觉地遵守中央"八不准"和省、市的纪律规定要求、落实"三严三实"，查找自身存在的问题，边查边改，提升廉政建设的工作质量。

（3）加强党员干部的廉政文化教育活动，切实督促党员干部自觉履行中央"八不准"，严格要求自己，认真落实廉政准则所规定的要求，形成常态化的廉政教育机制。

五、重点项目

（一）基础设施建设项目

结合图书馆自身定位、发展需求，实施馆舍新建、改造、修缮工程，优化服务环境，打造城市第三文化空间。

1. 铁北分馆项目。完成铁北分馆安全设施维修改造。

2. 伪满专题研究分馆项目。定位、规划、设计、完成分馆建设，以伪满时期资料收藏、研究为服务重点，建设伪满专题研究中心。

3. 总馆维修及院落改造项目。实施总馆的馆舍维修、院落改造，建设临同志街的24小时自助图书馆，实现公共图书馆从理念到环境的全方位开放。

4. 贮藏书库建设项目。规划仓储式藏书库建设，提供全市各类图书馆文献贮藏统一管理与有效利用。

5. 分馆建设项目。开展分布式、标准化、统一化直属分馆建设与管理，计划建设2—3家直属分馆。

（二）资源建设项目

1. 政府公开网络信息资源采集与保存项目。年均采集、发布政府公开网络信息1万条以上。

2. 馆藏伪满时期文献数字化建设项目。对馆藏3 000余册特色文献进行深度数字化加工、发布，提供篇目检索服务。

3. 《长图瑰宝》工程建设项目。对馆藏特色、地方特色及珍贵古籍文献加大入藏、整理、宣传、利用。

（三）平台建设项目

1. 长春地区数字云图书馆项目。提供网站与移动服务互动的一站式、开放共享服务。

2. IPTV图书馆服务项目。随着三网融合技术发展，建立整合平台，将数字图书馆内容服务通过交互式网络电视延伸至百姓家庭。

（四）服务拓展项目

1. 长春城乡图书馆"一体化"服务项目。陆续在全市范围内发展 100 个符合规范标准的基层（社区）图书室，与本馆、各县（市、区）馆共同实现统一、标准、规范的通借通还服务。

2. 地铁自助图书馆项目。在地铁 1、2 号线，陆续建成 5 个自助图书馆服务站点，实施便民自助借阅服务。

3. 汽车流动图书馆项目。增加汽车流动图书馆数量，保障流动借阅服务供给。

4. 数字、移动阅读网点项目。在商场、超市、银行、火车站、机场等人流密集场所，设立 50 台自助电子读书机，提供二维码扫描下载、移动阅读推广服务。

（五）品牌服务项目

1. "长图悦读"项目。创新全民阅读推广内容与形式，依托"城市热读"公益讲座、"长图雅音"艺术活动、市民数字学堂、公益文化展览、"小树苗"少儿活动、老年乐读等系列活动，打造规模化、系列化的"长图悦读"全民阅读推广服务品牌。

2. 市民读书节。每年组织承办一次大型的市民读书节活动，吸引社会力量广泛参与，联合广播、电视及网络媒体广泛宣传，营造全民阅读气氛，建设书香长春。

3. "城乡一体化"图书馆服务。以总馆为中心，联动县（市、区）图书馆、乡镇（街道）、村（社区）图书馆（室），以标准、规范、统一化的服务，实现图书馆联盟资源共享及高效便捷的公共文化服务。

六、保障措施

1. 经费保障。按照《公共图书馆服务标准》测算所需经费，将保障资金纳入财政预算，并针对增量的公共文化服务逐年增加投入，为图书馆事业发展提供充足的资金支持。

2. 管理保障。推进法人治理管理模式，积极开展图书馆法人治理的成效评价，以全面、深入的公共图书馆法人治理模式，保障图书馆科学化发展。

3. 制度保障。逐步完善公共图书馆法制化与标准化规范体系，推进"图书馆法律与标准"等重点领域相关法律与标准的制定、修订、颁布与实施等工作，完善公共图书馆制度保障机制。

4. 人才保障。优化馆员的知识结构，积极引进人才，改善人员队伍结构，培养和造就一批知识丰富、才能全面的复合型人才，保障新时期现代化图书馆的快速发展。

长春市图书馆

2016 年 5 月 3 日

参考文献

1. 中华人民共和国公共图书馆法［M］. 北京：中国民主法制出版社，2017.

2. 全国信息与文献标准化技术委员会. 公共图书馆服务规范：GB/T 28220—2011［S］. 北京：中国标准出版社，2012.

3. 长春市统计局，国家统计局长春调查队. 长春统计年鉴：2020［M］. 北京：中国统计出版社，2020.

4. 长春市图书馆. 长春市图书馆藏古籍善本图录［M］. 北京：国家图书馆出版社，2018.

后记

述往思来，向史而新。

2020年初，本书编撰工作项目正式启动。当时正值新型冠状病毒肺炎疫情肆虐期间，为抗击疫情，长春市图书馆先是闭馆，后是限流开馆，在这期间大力开展各项线上服务，继续为读者提供不间断的服务。为应对疫情，和大多数单位一样，我们单位的同事也同样在全国各地居家在线办公。彼时，项目正处于确定提纲、搜集资料、编写初稿阶段，参与项目的长春市图书馆老师们在为读者提供线上服务的同时，也在远程与我们团队的人员进行沟通，编委会既要做好日常工作，又要做好馆志编撰工作，还要克服疫情带来的心理压力，诸多艰辛，不一而足。

驻足回眸，正是在那段时间，我们和长春市图书馆的老师们一起梳理回顾了长春市图书馆过去10年的发展历程，体会颇深。2011—2020年是我国公共文化服务事业迅猛发展的10年，也是长春市图书馆发展史上的黄金10年。作为在东北地区乃至全国有重要影响的公共图书馆，长春市图书馆底蕴深厚，又得天时地利人和之便，因此，各方面工作精彩纷呈，成就斐然。

过去10年是长春市图书馆不忘初心、砥砺创新的10年。长春市图书馆的发展经验不仅仅属于长春市图书馆，更属于全国图书馆行业。因此，认真梳理和总结长春市图书馆过去10年的发展历史，不仅仅有助于大家系统地了解长春市图书馆，更有助于大家窥一斑而见全豹，系统地了解我国公共图书馆事业的发展历程和经验，从而为我国公共图书馆事业未来的发展提供借鉴。

由于水平和时间有限，本书难免存在不足，敬请广大读者批评指正。

是为记。

刘锦山

2021年8月18日